锦天城律师事务所经典案例集

证券与资本市场卷

上海市锦天城律师事务所
证券与资本市场专业委员会

—— 编 ——

上海人民出版社

编委会成员

序 言 PREFACE

　　党中央高度重视资本市场发展，1990 年上海、深圳证券交易所成立，2021 年北京证券交易所成立，经过 30 多年的发展，我国资本市场发展取得了举世瞩目的成就。市场规模上，沪深北股票市值居全球第二。A 股上市公司数量从上交所成立时的"老八股"、深交所成立时的"老五股"，增长到超过 5 000 家。板块层次日益丰富，从 1990 年沪深主板，到 2004 年设立中小板（2021 年与深主板合并），2009 年设立创业板，2019 年设立科创板，2021 年成立北交所，形成了多板块的市场体系。板块定位日益明确，主板突出"大盘蓝筹"、科创板突出"硬科技"、创业板突出"三创四新"、北交所突出"专精特新"，为不同类型、不同成长阶段的企业提供了多元化、差异化的融资服务。市场基础制度持续完善，新修订的《证券法》和《公司法》，为资本市场高质量发展提供了强有力的法治保障。

　　律师事务所作为资本市场的重要参与主体，为市场提供专业的法律服务。作为中介机构的一员，锦天城积极为资本市场发展贡献专业力量。锦天城是经司法部和中国证监会批准、最早取得证券业务资格的律师事务所之一。在所内较早成立了证券与资本市场专业委员会，证券与资本市场业务是锦天城具有领先优势的核心业务领域之一，在国内同行业近年一直名列前茅。2022、2023 年度，锦天城服务的新增 A 股上市公司数量连续两年在行业内排名第一。科创板开板 5 年多来，锦天城服务的科创板上市项目数量位居行业领先地位。

为庆祝锦天城建所 25 周年，证券与资本市场委员会组织合伙人、律师撰写汇编了此案例集。每一篇案例，均系锦天城律师经办，是专业问题的提炼，也是实践经验的总结。业务类型上，涵盖了 A 股上市、H 股上市及境外上市、上市公司再融资、收购、重大资产重组；市场板块上，涵盖了主板、科创板、创业板、北交所。

作为一名从事证券法律服务 30 多年的资本市场老律师，见证了锦天城 25 年的发展壮大，见证了锦天城证券与资本市场业务的稳步成长。这些都离不开时代给予的机遇，离不开客户的信任支持，离不开合作伙伴的并肩奋斗，离不开同事的辛勤努力。一路同行，心存感恩。

凡是过往、皆为序章。今年四月，国务院印发《关于加强监管防范风险推动资本市场高质量发展的若干意见》，新"国九条"充分体现资本市场的政治性、人民性，充分体现强监管、防风险、促高质量发展的主线，进一步压实各类主体责任，强化了中介机构在资本市场中的"看门人"角色，因此，锦天城律师未来将继续秉持勤勉尽责精神，加强培训学习，进一步提升专业能力，更好地服务实体经济，通过高质量的法律服务，促进企业与资本市场的良性互动，助力发展新质生产力，为我国资本市场高质量发展作出应有的贡献。

上海市锦天城律师事务所执行主任

目 录 CONTENTS

科创板IPO篇

锦天城律师事务所经典案例集

ALLBRIGHT
LAW OFFICES
锦天城

安集科技科创板 IPO 项目

胡家军* 严 杰**

一、案情介绍

安集微电子科技（上海）股份有限公司（以下简称"安集科技"）于 2019 年 6 月 5 日通过上海证券交易所科创板股票上市委员会 2019 年第 1 次审议会议（科创板开板以来第一次召开的审议会议，市场关注度高），成为科创板首批审议通过的企业，并于 2019 年 7 月 22 日成为首批挂牌上市的企业。

本项目由锦天城高级合伙人沈国权律师、高级合伙人胡家军律师，以及严杰律师、荀为正律师、顾慧律师、高萍律师经办。

安集科技主营业务为关键半导体材料的研发和产业化，目前产品包括不同系列的化学机械抛光液和光刻胶去除剂，主要应用于集成电路制造和先进封装领域。安集科技具有较好的科技创新能力，成功打破了国外厂商对集成电路领域化学机械抛光液的垄断，实现了进口替代，使中国在该领域拥有了自主供应能力。

* 上海市锦天城律师事务所高级合伙人。
** 上海市锦天城律师事务所律师。

二、办案难点

第一，在项目初期尽调和重组阶段，本所律师协助公司设计和论证境外架构拆除方案，最终巧妙地利用了后续股权融资资金，未利用过桥资金和债权融资，完成了境外股东的境内落地和境内外员工持股平台的设立，减少了交易环节的税负成本，降低了整个架构拆除过程的成本。

第二，2018 年 11 月科创板相关政策出台后，在尚未有具体法规的情况下，本所律师综合分析公司的科创属性和财务规模，合理建议科创板作为公司最佳的上市选择，并据此着手准备科创板上市材料，为之后能高效申报科创板奠定了基础。

第三，安集科技的控股股东为设立在开曼群岛的公司，并且在历史上存在多轮融资的情况。本所律师在查阅开曼群岛相关融资文件和注册文件后，联系和沟通开曼律所，一同根据境内上市要求和开曼群岛的法律体系核查控股股东历史沿革、股本结构、主体资格等相关情况。在交易所首轮问询中，本所律师也在开曼律师的协助下解释开曼群岛的公司治理规定，打消交易所的疑虑，使离岸公司作为拟上市公司控股股东逐渐能被境内监管机构所接受。

第四，安集科技的控股股东中存在股份代持情形，系境外美元基金常规的运行模式。为了符合境内上市的要求，在首次申报及后续的问询阶段，本所律师与证监会和交易所进行多次沟通，试图在现有法律体系下找到合适的方案，并最终与该基金的法务人员一同妥善解决了该代持问题。

三、法律分析

（一）境外架构重组

2015 年，为筹备上市，安集微电子科技（上海）有限公司（以下简称"安集有限"，系安集科技前身）和 Anji Cayman 对股权架构进行调整。本次境外架构重组前，安集有限和 Anji Cayman 架构如图 1。

上述架构中，Anji Cayman 为一家投资控股型公司，通过安集有限和安集微电子（上海）有限公司（以下简称"上海安集"）开展研发和生产经营。Anji

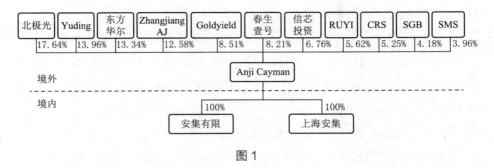

图 1

Cayman 股东中 RUYI、CRS、SGB、SMS 分别为 Anji Cayman 创始人 Shumin Wang、Chris Chang Yu、Shaun Xiao-Feng Gong、Steven Larry Ungar 100% 持股的公司；Yuding、Goldyield 为 2004 年至 2005 年期间开始投资 Anji Cayman 的早期投资者持股的公司；北极光、东方华尔、Zhangjiang AJ、春生壹号、信芯投资为 2010 年至 2014 年期间投资 Anji Cayman 的投资者。

本次境外架构重组通过安集有限收购上海安集、境外平台增资，Anji Cayman 回购落地境内股东的股份，落地境内的股东、境内员工平台向安集有限增资等步骤完成。具体步骤如下：

1. 安集有限收购上海安集，境外平台增资

本次重组确定安集有限为上市主体。为避免同业竞争、减少关联交易、增强上市主体业务独立性和可持续经营能力，2015 年 12 月 9 日，Anji Cayman 作出股东决定，同意将其持有的上海安集全部股权以 775 万美元（以上海安集注册资本为依据）的对价转让给安集有限。同日，安集有限与 Anji Cayman 签署了关于上海安集的股权转让协议。2015 年 12 月 21 日，上海安集就本次股权转让事宜完成了工商变更登记手续。该次收购属于同一控制下的企业合并。

本次重组授予 Shumin Wang、Steven Larry Ungar、中国大陆籍员工和境外员工等人员股份。其中，授予 Shumin Wang 17 515 426 股 Anji Cayman 股份，由 RUYI 出资认购，认购价格为 0.05 美元 / 股；授予 Steven Larry Ungar 342 783 股 Anji Cayman 股份，由 SMS 出资认购，认购价格为 0.05 美元 / 股；授予 Shumin Wang 等境外员工 2 810 290 股 Anji Cayman 股份，由 Anjoin 出资认购，认购价格为 0.05 美元 / 股；授予中国大陆籍员工安集有限股权，该部分股权等值于 2 711 000 股 Anji Cayman 股份，认购价格按 0.05 美元 / 股折算，由境内员工持

股平台安续投资以人民币认购。

2015 年 12 月 31 日，Anji Cayman 分别作出董事会和股东会决议，决定向原股东 RUYI 发行 17 515 426 股股份，向原股东 SMS 发行 342 783 股股份，向新股东 Anjoin 发行 2 810 290 股股份。同日，Anji Cayman 办理了本次股份发行的股东名册变更登记手续。

2. Anji Cayman 回购落地境内股东的股份

为解决部分境外架构股东境内落地，Zhangjiang AJ、Goldyield、春生壹号、信芯投资将持有 Anji Cayman 境外权益转换为直接持有上市主体的境内权益。具体方案为：由 Anji Cayman 回购上述四家落地股东全部股份，并在考虑对 Shumin Wang、Steven Larry Ungar、中国大陆籍员工和境外员工等人员授予的权益后，保证落地前后上述四家落地股东持有的上市主体权益比例不变。回购对价根据 Anji Cayman 可用资金，按本次境外架构重组前四家落地股东对 Anji Cayman 各自投资总额的比例进行确定，之后四家落地股东将回购对价按约定的美元兑人民币汇率 6.4 所折算的人民币等额增资到上市主体。

2015 年 12 月 31 日，Anji Cayman 分别作出董事会和股东会决议，同意 Anji Cayman 回购部分股东持有的 Anji Cayman 已发行合计 46 467 552 股普通股。同日，Anji Cayman 办理了本次股份回购的股东名册变更登记手续。被回购方及回购股数和对价如表 1。

表 1

序号	被回购方	回购股数（股）	回购对价（美元）
1	Zhangjiang AJ	16 212 042	6 064 480
2	Goldyield	10 964 286	2 543 713
3	春生壹号	10 573 604	4 209 881
4	信芯投资	8 717 620	3 929 900

3. 落地境内的股东、境内员工平台向安集有限增资

信芯投资、张江科创（张江科创间接持有 Zhangjiang AJ 100% 的股权）、春生壹号及大辰科技（Goldyield 出资人在中国境内控制的公司）共同对安集有限增资，公司中国籍员工已在中国境内设立了持股平台安续投资，按照与境外员

工持股平台同样的价格向安集有限增资 135 550 美元对应的人民币。2016 年 2 月 19 日，安集有限就本次增资事宜完成了工商变更登记手续。

境外架构重组及增资后，安集有限和 Anji Cayman 架构如图 2。

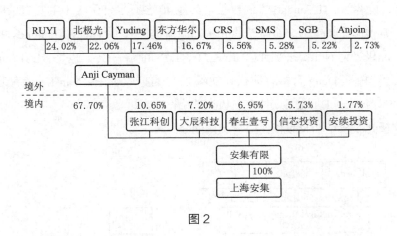

图 2

4. 巧妙的资金安排

Anji Cayman 回购部分股东股份的主要资金来源于：（1）公司账上留存的资金 165.95 万美元（截至 2015 年 12 月 25 日，为 Anji Cayman 股东累计投资金额中未向安集有限和上海安集增资或提供借款的余额部分）；（2）安集有限所支付的上海安集 100% 股权收购价款 775 万美元；（3）上海安集归还 Anji Cayman 外债借款合计 775 万美元；（4）境外员工等人员认购 Anji Cayman 股份所支付 103.342 5 万美元。上述款项合计 1 819.292 5 万美元，已超过回购所需资金 1 636.443 2 万美元，不需要其他融资方式。

上海安集归还外债借款合计 775 万美元的资金来自安集有限 5 100 万元人民币借款；安集有限 5 100 万元人民币的借款和支付上海安集股权收购价款 775 万美元的资金来自国家集成电路基金的增资款 10 880.00 万元人民币。Anji Cayman 回购部分股东股份的资金未采用其他融资方式，不存在内保外贷的情况。

（二）美元基金代持事项

北极光系代 Northern Light Strategic Fund II, L.P.（以下简称"NLSF II"）、Northern Light Venture Fund II, L.P.（以下简称"NLVF II"）、Northern Light

Partners Fund II，L.P.（以下简称"NLPF II"，与 NLSF II、NLVF II 合称"NL II Funds"）持有 Anji Cayman 22 737 180 股股份。

Northern Light Partners II，L.P. 为 NL II Funds 的唯一普通合伙人（以下简称"GP"），持有 NL II Funds 1% 的权益，其他 40 名有限合伙人（主要为私募股权基金、其他基金、个人、金融机构和法律服务提供者）持有 NL II Funds 99% 的权益；北极光为 Northern Light Partners II，L.P. 的唯一 GP，也是 NL II Funds 的最终 GP。Feng Deng 为持有北极光 90% 股份的控股股东，Yan Ke 持有北极光 5% 股份，Jeffrey David Lee 持有北极光 5% 股份。

北极光股权结构及股权代持情况如图 3。

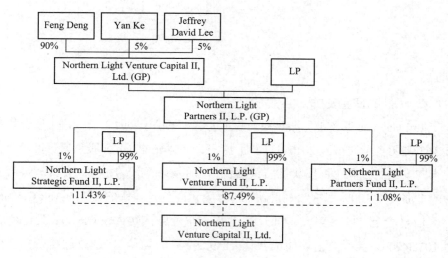

图 3

注：虚线部分表示北极光系 Anji Cayman 名义股东，代 NL II Funds 持有股份。

就股权代持事项，在提交注册环节中，审核机构仍要求对还原股份进行彻底还原代持。在注册阶段，审核机构提出两轮问询意见。

经过与交易所、证监会及北极光的多轮沟通后，北极光同意股份代持还原。2019 年 6 月 25 日，北极光与 NLSF II、NLVF II、NLPF II 签署了《终止协议》，同意解除北极光代 NL II Funds 持有 Anji Cayman 股份的代持关系，并根据原代持安排中受益所有权还原 NLSF II、NLVF II、NLPF II 持有的 Anji Cayman 股份，其中 NLSF II 持有 Anji Cayman 2 598 860 股普通股，NLVF II 持有 Anji Cayman 19 892 759 股普通股，NLPF II 持有 Anji Cayman 245 561 股普通股。

开曼律师和美国律师分别对代持还原过程中的合法性及税务风险发表了意见。北极光与 NLSF II、NLVF II、NLPF II 签署的《终止协议》适用美国特拉华州法律，对协议各方是合法有效，未违反美国的法律和法规，代持解除不是一项应税交易，不会导致美国联邦所得税法下的应税收入或纳税义务；本次代持股份还原后的股东已根据开曼群岛法律登记在股东名册上，北极光代持解除过程不违反开曼群岛法律法规；北极光代持解除过程不涉及开曼群岛纳税义务。

（三）控股股东为开曼公司并且无实际控制人

Anji Cayman 为公司的控股股东，持股比例为 56.64%。Anji Cayman 成立于 2004 年 6 月 23 日，为一家注册在开曼群岛的公司。

交易所第一轮问询的第一个问题就关注到控股股东开曼公司的内部决策程序及无实际控制人的认定。

在开曼律师的协助下，项目组需要引用开曼公司章程、《开曼群岛公司法》说明开曼公司股东的议事与表决规则、董事提名与选任规则、董事会的议事规则。结合上述说明和事实情况，以及境外律师和项目组对于境外股东的核查，通过论述无最终股东控制发行人股东大会、董事会和经营管理事项，项目组认定开曼公司无实际控制人。

在第一轮问询之后，交易所也未再追问关于 Anji Cayman 的无实际控制人认定及开曼的制度和法律。

境外律师对于控股股东 Anji Cayman 的每一个股东都单独出具了法律意见书（尽职调查报告），如境外股东是境外投资机构的，其管理人（机构）也需要由境外律师出具了法律意见书（尽职调查报告）。

首次申报时，控股股东 Anji Cayman 的尽职调查报告较为详细，其主要内容包括主体资格、基本信息、存续情况、股权结构、业务情况、设立及历史沿革、诉讼和仲裁、行政处罚和治理结构；在交易所的第二轮问询中，法律问题关注到了北极光的代持及是否存在其他代持情形，为了充分说明该问题，项目组以表格的形式将股东（包括境内和境外股东）的穿透核查情况披露 ①。

（四）上市板块选择

2018 年 11 月科创板刚刚宣布时，安集科技管理层也曾就是否应该让公司选择一个全新的板块而放弃目前正常推进的创业板产生疑虑。在尚未有具体法规的情况下，本所律师综合分析公司的科创属性和财务规模，合理建议科创板作为公司最佳的上市选择。

本所律师总结了安集科技可以成为科创板首批上市及第一批审议企业的原因：

第一，公司设立以来经营的规范意识强，内控制度严格，申报前合规成本小。

第二，公司在 2015 年就筹划架构重组，2018 年就正式启动创业板的申报工作，在 11 月份科创板制度推出前，公司已经做了相关准备工作，使得之后申报及问询答复都能高效完成。

第三，公司所处行业为半导体行业，承担国家重要项目和进口替代的任务，2018 年的中兴通讯事件以及国家对于半导体行业的扶持，使得公司在上市过程中能享受到更多支持。

四、案件结论

2018 年 11 月 5 日，习近平主席在首届中国国际进口博览会上发表主旨演讲时宣布，将在上海证券交易所设立科创板并试点注册制。作为中国资本市场的一项重大改革举措，律所和项目组积极参与安集科技申报科创板的各项工作，研究讨论科创板新出台的制度，在审核过程中保持和监管机构良好的沟通，高效答复了证监会和交易所的问询，最终促成安集科技成为首批科创板上市企业，取得了良好的市场示范效应。

安集科技上市后业务获得巨大突破，连续多年实现收入和净利润的大幅增长，实现发行上市带来的理想效果。

---

① 当时尚未出台股东信息披露的相关规定。

中芯国际回归 A 股科创板上市项目

王　立[*]

一、案情介绍

2020 年 7 月 16 日，Semiconductor Manufacturing International Corporation（中芯国际集成电路制造有限公司，以下简称"中芯国际""发行人"）顺利登陆A 股科创板，中芯国际作为具备巨大影响力的集成电路制造企业，其回归科创板上市项目是中国现阶段最具有标杆意义的 A 股 IPO 案例之一，集科创板上市委 19 天最快过会、科创板募集资金规模最大（人民币 532 亿元，约 76 亿元美金）、A 股近 10 年募资规模最大、第一单境外已上市红筹公司回归 A 股上市等多重荣誉加身。

锦天城组成了一支由高级合伙人朱林海律师牵头，证券、跨境重组、知识产权等与项目相关领域的多名合伙人及资深律师组成的专家团参与。

中芯国际项目是香港证券及期货事务监察委员会及香港联交所处理的首单红筹架构港股上市公司发行 A 股并在内地证券交易所上市项目，对类似项目具有标杆意义。通过中芯国际项目，香港联合交易所有限公司（以下简称"联交所"）明确了类似项目在香港端的审批程序，明确了港股上市公司新发行的 A 股

---

* 上海市锦天城律师事务所高级合伙人。

可以和已上市股票视为一类股票，明确了如何在联交所现有上市规则体系下对该类公司进行持续监管，也明确了类似项目中香港上市公司可以申请豁免适用的联交所具体条款。

中芯国际作为一家注册于开曼群岛的港股上市公司，在本项目完成后需同时遵守香港和内地关于上市公司治理及投资者保护方面的规定，因此在内控制度设计方面具有非常大的挑战。在项目执行过程中，本所律师在香港律师的配合下，逐条比对了联交所上市规则与上海证券交易所（以下简称"上交所"）科创板上市规则的差异，在此基础上，结合中国证券监督管理委员会（以下简称"中国证监会"）和上交所关于已上市红筹企业发行 A 股项目在 A 股投资者权益保护方面的要求以及公司实际情况，对公司章程进行了修订，制定了股东大会上市规则、董事会议事规则、关联交易管理制度、对外担保管理制度、募集资金管理制度等一系列内控规定，并就公司投资者保护事项向上交所出具了专项意见。

二、办案难点

中芯国际回归科创板项目是国内首单已上市红筹企业发行 A 股股票并上市项目，因此涉及诸多重大无先例事项，在多个辉煌的"历史之最"的背后是团队攻克的一系列疑难法律问题，其中最具代表性的包括以下三大方面。

（一）红筹架构及两地上市相关的公司治理、投资者保护等问题

1. 公司治理结构与适用于内地法律法规和规范性文件的上市公司存在差异的问题

对于本案发行人中芯国际，该差异主要体现在监事会和独立董事职责以及投资者保护两方面。就监事会和独立董事职责而言，团队需要论证发行人独立非执行董事和审计委员会能否有效替代行使监事会全部职责、A 股独立董事职责与发行人独立非执行董事职责的差异，发行人未设监事会及独立董事职责差异是否对投资者保护造成不利影响等问题。而就投资者保护问题，团队需要论证股利分配政策、A 股与 H 股股东的分类表决制度、派生诉讼的判决及裁定的可执行性等问题对投资者是否会产生不利影响等问题。同时团队也需研究，中芯国际在科创板上市后，发行人在股份优先认购安排、独立董事股权激励等方

面与中国内地现行公司证券法律法规要求的差异，以及此种差异是否会对投资者造成不利影响。

2. 《开曼群岛经济实质法》对中芯国际的适用问题

中芯国际系注册于开曼群岛的中资企业，而《开曼群岛经济实质法》要求在开曼注册成立的从事"相关活动"的"相关实体"应当满足有关经济实质的要求。这涉及本案中芯国际是否适用《开曼群岛经济实质法》的相关规定、是否符合关于经济实质的要求、是否存在被处罚或被注销的风险、《开曼群岛经济实质法》及相关细则对发行人持续经营的影响等问题。

3. 有关授权签署文件的问题

本案涉及中芯国际非执行董事高永岗签署发行上市文件，有关授权的合理性、合规性和真实性对于公司治理稳定性具有重要意义。

4. 有关诉讼适用中国法律及法院管辖的问题

因中芯国际注册于开曼群岛并已在联交所上市，投资者保护案件中涉及复杂的跨境法律适用与管辖问题。团队需对中芯国际相关的，对当发行人合法权益受到董事、高级管理人员或他人侵害时，A 股投资者提起的派生诉讼，以及因发行人信息披露出现虚假记载、误导性陈述或者重大遗漏，致使 A 股投资者在证券交易中遭受损失，A 股投资者针对发行人及其他相关责任人提起的民事赔偿诉讼适用中国内地法律和受中国内地法院管辖的承诺进行核查。

（二）无控股股东和实际控制人

本案中芯国际股权较为分散，第一大股东大唐控股（香港）投资有限公司（以下简称"大唐香港"）彼时持股比例 17%，第二大股东鑫芯〔香港〕投资有限公司（以下简称"鑫芯香港"）持股比例 15.76%，各股东提名的董事人数均低于董事总人数的二分之一，且公司主要股东之间无关联关系、一致行动关系，因此，发行人无控股股东、实际控制人，发行人公司治理与内控的有效性可能存在隐患。

（三）中芯国际项目的其他重要法律问题

1. 环境保护问题

中芯国际作为中国境内最大的集成电路制造企业，其在上海、北京、天津等地区均有生产线,环境保护相关的合规性问题至关重要。团队须核查有关污染物排放、中芯国际环保投资和相关费用成本支出情况、募投项目所采取的环保措施及相应的资金来源和金额等环保问题是否符合国家和地方环保要求、相关项目是否履行环评手续、公司排污达标检测情况和环保部门检查情况等环保问题。

2. 对于持股中芯绍兴的问题

团队需通过中芯集成电路制造(绍兴)有限公司(以下简称"中芯绍兴",已于 2023 年 11 月更名为芯联集成电路制造股份有限公司)的设立背景、股权结构、出资情况及实缴情况,证明中芯国际对中芯绍兴的控制程度,以及二者之间的业务对发行人经营状况不存在不良影响等问题。

3. 对于控股子公司中芯南方的问题

与中芯绍兴类似,团队须阐明中芯国际对中芯南方集成电路制造有限公司(以下简称"中芯南方")的控制程度以及发行期内相关股权变动的依据以及充分性问题。

4. 对于全资控股学校的问题

中芯国际存在北京市中芯学校、上海市民办中芯学校两所全资控股学校,以及三所幼儿园。团队需为发行人说明相关学校的合规、是否存在利益输送等问题。

三、法律分析

(一)红筹架构及两地上市相关的公司治理、投资者保护等问题

1. 公司治理结构与适用于中国内地法律、法规和规范性文件的上市公司存在差异的问题

如前所述,本问题中的差异主要体现在监事会及独立董事职责以及投资者保护两方面。

(1)关于监事会及独立董事职责的对比

对于非执行董事和审计委员会能否有效替代行使监事会全部职责的问题,本所律师逐项比对了《中华人民共和国公司法》(2018 年修正)(以下简称"《公

司法》") 第 53、54 条及《中华人民共和国证券法》(2019 年修订)(以下简称"《证券法》") 第 82 条规定的监事会职责，和其目前适用的或本次发行上市后适用的相关内控制度规定的独立非执行董事及审计委员会职责。通过对比，本所律师认为在发行人未设立监事和监事会的情况下，一方面发行人的独立非执行董事及审计委员会能替代行使监事会全部职责，另一方面发行人的其他制度（例如给予股东召集股东大会的权利、向股东大会的提案权）能够在保障投资者权益方面提供有效的替代措施。因此发行人未设监事会不会导致发行人对投资者保护造成不利影响。

同时，本所律师也对比了独立董事职责和发行人独立非执行董事的职责。通过查阅《上海证券交易所科创板股票上市规则》(以下简称"《科创板上市规则》") 以及《香港联合交易所有限公司证券上市规则》(以下简称"《香港上市规则》") 相关规定，本所律师发现，虽然《香港上市规则》项下独立非执行董事的任职资格和职权与一般 A 股上市公司对独立董事的要求存在差异，但《科创板上市规则》项下需要独立董事发表意见的关联交易、并购重组、重大投融资活动等同时为《香港上市规则》要求独立非执行董事审批或发表意见的事项。因此，独立非执行董事与独立董事在职责方面的差异不会对投资者保护造成不利影响。

（2）对于投资者保护的问题

对于投资者保护方面，本所律师通过查阅中芯国际《有关利润分配政策及人民币股份发行后三年的股息回报计划之决议案》，对其利润分配政策进行总结，并认为其在利润分配原则、利润分配形式、现金分红条件、现金分红比例与时间间隔、发放股票股利的条件、利润分配的决策程序和机制、利润分配政策调整的决策机制和程序等方面与《中国证券监督管理委员会关于进一步落实上市公司现金分红有关事项的通知》和《上市公司监管指引第 3 号——上市公司现金分红》等内地法律法规规定的 A 股上市公司应执行股利分配政策没有实质差异，不会导致对投资者权益的保护水平低于内地法律法规要求。此外，通过查阅《有关人民币股份发行及特别授权之决议案》以及《有关人民币股份发行不及资金的用途之决议案》等文件，本所律师发现本次募集资金将用于 12 英寸芯片 SN1 项目、先进及成熟工艺研发项目储备资金及补充流动资金，因此，本次发行形成的股本溢价不会用于分红。并且，中芯国际于 2020 年 4 月 30 日召开董事会，审议并通过了《募集资金管理制度》，该制度完备可行，故发行人也制定了有效的募集资金监管措施。

（3）关于股东分类表决制度

股东分类表决制度是投资者保护相关的重要监管事项。中芯国际注册于开曼群岛，且依据开曼群岛相关法律法规成立，其彼时发行的每股面值 0.004 美元的普通股（"港股"）均在联交所上市，中芯国际本次拟发行面值同样为 0.004 美元的人民币普通股（"A 股"），这种差异产生了港股和 A 股是否可视为一类股票这一问题。

站在联交所的角度，其对于中芯国际是否需设立类别股份的主要考虑有两方面：一方面是虽然公司章程可以规定 A 股和港股属于相同的类别，但实际上两者之间不能相互转化，即 A 股无法在联交所流通，港股也无法在上交所科创板流通，在这一点上和其他只发行一类普通股的上市公司显然存在差异；另一方面，《香港上市规则》彼时有第十九 A 章对 H 公司进行专门监管，但对于中芯国际科创板上市后的两地上市案例，彼时的《香港上市规则》缺乏有针对性的规定。对于前述第一个问题，开曼律师出具了明确的意见，如果 A 股和港股具有相同的面值，且公司经修订的章程中明确两者为一类股份且享有相同权益，A 股和港股在开曼法项下可以构成一类股票，不受上市地不同、相互之间不能转换的影响。对于前述第二个问题，香港律师通过比较两地上市规则主要规定和逐条说明《香港上市规则》第十九 A 章的适用性，说明香港联交所可以基于《香港上市规则》的规定对中芯国际进行 A 股上市后的监管。

上交所对中芯国际是否需设立类别股份主要从对 A 股股东权益的保障方面进行考察，即在没有设置类别股东表决机制的情况下，A 股投资者权益保护水平总体上是否不低于内地法律法规规定的要求。经过中介机构的论证，开曼群岛和中国香港适用的法律法规对于投资者权益保护的规定不低于内地法律法规的要求，在未设立类别股份的情况下，A 股股东和港股股东享有同样权益，因此不设立类别股份不会导致 A 股股东权益保障受到不利影响。

在本项目的实践操作层面，中芯国际在股东特别大会审议通过之关于本次科创板上市的决议案中明确，本次发行的 A 股与其目前在香港联交所上市流通的股票属于相同的普通股类别。此外，经中芯国际股东特别大会以特别决议案审议通过的 A 股上市后适用的章程大纲和章程细则中亦明确所有普通股彼此间于各方面均拥有同等权利。因此，中芯国际本次发行上市未设置类别股东分类表决制度。

（4）关于派生诉讼

《公司法》第一百五十一条明确规定了股东派生诉讼制度，监管机构关注发行人作为开曼公司，是否有相关股东权益保护机制？本所律师通过分析认为，中芯国际系注册于开曼群岛的有限公司，因此并不适用《公司法》。此外，依据开曼群岛相关法律及《香港上市规则》，发行人治理架构中无须设置监事会，因此《公司法》中涉及监事会或监事的内容公司也无法参照适用。

根据开曼律师的确认，《开曼群岛公司法》没有类似《公司法》派生诉讼的规定。如果发生了董事、监事、高级管理人员执行公司职务时对公司实施的不当行为，公司通常是提起诉讼的适格原告，一般情况下，股东不能提起派生诉讼。但是，开曼群岛大法院一般会遵循和适用普通法原则，可能允许对公司无控制力的股东提起诉讼并以公司名义提起针对下列事项的派生诉讼：①公司采取非法或越权行为，且（若关乎越权行为）不能通过股东事后追认的方式变为合法且不越权；②虽未越权，但公司某一行为未取得需要的有效或特定多数股东（即超过简单多数）的授权；③对公司实施控制的人士对少数股东构成欺诈的行为，并且行为不当者操控公司，使得公司无法对行为不当者采取法律行动；以及④有关行为伤害到相关股东的个人权利。

因此本所律师认为开曼公司虽然不适用《公司法》，但是根据开曼群岛的司法实践，股东在特定情况下依然有权提起派生诉讼。

（5）特定股东的优先认购权

根据《公司法》第一百二十六条的规定，同种类的每一股份应当具有同等权利。据此，对于一家根据《公司法》在中国注册的股份有限公司，其无法向持有同种类股份股东中的特定股东授予在股份有限公司后续增发股份时的优先认购权。根据开曼群岛律师事务所 Conyers Dill & Pearman 为发行人本次发行上市事宜于 2020 年 6 月 1 日出具的法律意见书（以下简称"《开曼群岛法律意见书》"）和 Slaughter and May（香港司力达律师楼）为发行人本次发行上市事宜于 2020 年 6 月 1 日出具的法律意见书及 DLA PiperHong Kong（香港欧华律师事务所）就发行人遵守《香港上市规则》事宜于 2020 年 6 月 1 日出具的法律意见书（以下简称"《香港法律意见书》"），发行人的特定股东基于其与发行人签署的协议对发行人享有优先认购权不违反开曼群岛和香港地区适用法律的规定，不会损害投资者权益。

（6）独立非执行董事参与股权激励

根据《上市公司股权激励管理办法》（2018 年修正）第八条的规定，激励对象不应当包括独立董事。据此，对于一家根据《公司法》在中国注册并且发行的人民币普通股在中国内地证券交易所上市的股份有限公司，其独立董事不得参与其实施的股权激励计划。但一家在开曼群岛注册并且其普通股在联交所上市的公司以其港股股票作为激励方式实施股权激励计划时，并不适用《上市公司股权激励管理办法》。根据开曼律师和香港律师出具的意见，发行人独立非执行董事参与其股权激励计划未违反《香港上市规则》及发行人注册地开曼群岛的相关法律法规。

2.《开曼群岛经济实质法》对中芯国际的适用问题

上交所在项目审核过程中关注了《开曼群岛经济实质法》对公司的影响。中芯国际作为一家在开曼群岛注册成立的控股主体，需要满足《开曼群岛经济实质法》项下的简化经济实质测试要求，具体要求包括：按照《开曼群岛公司法》的要求完成了所有适用的备案；在开曼群岛具有充足的人力及合格的办公场所开展控股业务。在发行人仅从事"控股业务"的情况下，由于此前已取得了《存续证明》并在开曼群岛委聘了注册代理，彼时已经满足《开曼群岛经济实质法》的简化经济实质测试要求，不存在因违反《开曼群岛经济实质法》受到重大处罚或被注销的风险。鉴于《开曼群岛经济实质法》及相关细则仍在进一步完善过程中，如果发行人从事的业务未来不能被归类为"控股业务"，则需要满足更加复杂的经济实质测试要求。

3. 有关授权签署文件的问题

本案中芯国际部分非执行董事、独立非执行董事在国外居住，彼时由于新冠肺炎疫情等原因难以回国。为提高发行人本次发行上市相关申报文件的签署效率，发行人全体非执行董事、独立非执行董事签署了《声明及授权书》，授权发行人执行董事高永岗先生代表其签署在本次发行上市申报、审核及实施过程中需要由其本人以公司董事身份签署的一切文件，该等签字真实有效。

因此，根据《证券法》《公开发行证券的公司信息披露内容与格式准则第41号——科创板公司招股说明书》的相关规定以及《声明及授权书》中的特殊承诺，有关非执行董事、独立非执行董事授权执行董事高永岗先生代表其签署招股说明书等发行文件不违反适用法律法规的禁止性规定，该等非执行董事、独立非执行董事仍须对招股说明书等发行文件的真实性、准确性、完整性承担个别和连带的法律责任。

4. 有关诉讼适用中国内地法律及法院管辖的问题

通过查阅发行人出具的经修订的《Semiconductor Manufacturing International Corporation（中芯国际集成电路制造有限公司）关于适用法律和管辖法院的承诺函》，本所律师发现中芯国际就法律适用及法院管辖做出如下承诺，即若因发行人首次公开发行人民币普通股（A股）并在上交所科创板上市以及发行人在科创板上市期间所发生的纠纷，将适用中国内地法律，并由中国内地有管辖权的人民法院管辖。因此，本所律师认为发行人不会对上述法律适用及法院管辖提出异议。

（二）无控股股东和实际控制人

发行人申报科创板上市时股权结构较为分散，无控股股东、实际控制人。就此问题，监管审核主要关注发行人无控股股东的认定是否准确，以及无控股股东情况下发行人的治理结构是否健全。具体而言，监管关注发行人的股权结构、董事提名委派、高管聘任、重大事项决策、业务经营等具体情况，要求发行人说明认定无控股股东、实际控制人的依据是否充分，是否符合实际情况，以及报告期内董事、高级管理人员的履职情况，发行人内部控制制度是否健全、有效，是否存在与该等人员或其实际控制企业的关联交易、资金往来，及相应的决策程序。

本所律师通过查验公司章程及相关内部控制制度、开曼地区法律法规及联交所上市规则等规范性文件，发行人董事会、专门委员会的决议文件及高管选任文件，结合发行人在联交所披露的历年年度报告等公开信息，对监管关注问题予以了充分说明。

1. 无控股股东的认定是否准确

发行人第一大股东彼时持股比例为 17%，第二大股东彼时持股比例为 15.76%，二者无关联关系、一致行动关系，发行人股东持股比例较为分散，未有单一股东控制有表决权的股份数量超过发行人已发行普通股总数 30% 的情形。发行人董事会由 14 名董事组成，董事会下设的提名委员会负责就董事委任、继任向董事会提出建议，不存在单一股东通过实际支配发行人股份表决权决定董事会半数以上成员任免的情形。发行人高级管理人员 4 名，均通过董事会审议选聘，不存在单一股东控制发行人高管选聘的情形。此外，发行人的公司章程规定的重大事项决策及重大业务经营决策均需履行董事会、股东大会审议程序，不存在单一股东能够通过控制董事会、股东大会进而对公司施加控制的情形。

2. 无控股股东情况下公司的治理结构是否健全

发行人是设立于开曼群岛的红筹企业，其发行的普通股股票在联交所上市已根据《开曼群岛公司法》《香港上市规则》等适用法律法规设立了股东大会、董事会、董事会下属专门委员会等内部机构。根据开曼律师和香港律师出具的有关法律意见，发行人彼时有效的《公司章程》中关于发行人组织机构的相关规定符合联交所及开曼群岛相关法律法规的要求。根据普华永道中天会计师事务所（特殊普通合伙）出具的内控鉴证报告，发行人内部控制制度运行良好。针对发行人于科创板上市，发行人依据开曼群岛公司法、香港上市规则及内地法律法规制定了《股东大会议事规则》《董事会议事规则》《对外担保管理制度》《对外投资管理制度》《关联（连）交易管理制度》等内控制度，因此发行人内控完善。

（三）其他中芯国际项目的重要法律问题

1. 环境保护问题

本所律师对中芯国际环保问题的核查主要从以下几方面进行。

首先，对于发行人的环保情况是否符合国家和地方环保要求，本所律师通过查验《国民经济行业分类与代码》（GB/T4754-2017）、《上市公司行业分类指引（2012 年修订）》、《关于对申请上市的企业和申请再融资的上市企业进行环境保护核查的通知》(环发〔2003〕101 号)及《关于进一步规范重污染行业生产经营公司申请上市或再融资环境保护核查工作的通知》(环办〔2007〕105 号)等规定,认为报告期内发行人及其中国内地子公司不存在因违反环境保护相关法律法规而被相关主管部门处以重大行政处罚的情形。因此发行人的环保情况符合国家和地方环保要求。

其次,对于已建项目和已经开工项目的在建项目是否履行环评手续,本所律师对中芯国际中国内地子公司建设项目的环评批复及验收情况做了详细的核验,并得出了相关项目皆符合环评手续的结论。

最后,对于公司排污达标检测情况、环保部门现场检查情况以及环保事故或环保事件的核查,本所律师通过查验各项污染物排放检测频次以及相关媒体报道,认为中芯国际不存在上述情况。

2. 对于持股中芯绍兴的问题

首先,经过查验相关资料,本所律师认为中芯绍兴的设立有利于发行人与中芯绍兴实现产业链上的差异化互补和协同发展。同时,发行人及其子公司未在中芯绍兴的其他股东[即绍兴市越城区集成电路产业基金合伙企业(有限合伙)、绍兴日芯锐企业管理合伙企业(有限合伙)及共青城橙芯股权投资合伙企业(有限合伙),以下合称"中芯绍兴的其他股东"]中持有权益;除发行人通过中芯国际控股有限公司(以下简称"中芯控股")投资中芯绍兴外,发行人及其子公司与中芯绍兴的其他股东不存在其他共同投资情形。根据发行人现任董事、高级管理人员填写的调查表及发行人的确认,发行人现任董事、高级管理人员未在中芯绍兴的其他股东中持有权益,亦未在中芯绍兴的其他股东处任职,故中芯绍兴其他股东与中芯国际及其董事、高级管理人员之间、间接股东中主要自然人股东与中芯国际之间不存在不利于公司治理和独立性的关系。

其次,本所律师查验了中芯绍兴的注册资本实缴情况,并对各股东对于中芯绍兴的持股比例与其实缴比例的差异进行了解释,说明了中芯绍兴的股东持股比例与实际出资的差异具有合理原因。通过查明审计报告、中芯绍兴独立于员工签订合同、《中芯集成电路制造(绍兴)有限公司拟收购资产涉及的设备和技术使用权资产评估报告》(万隆评报字〔2018〕第 1145 号)等文件,本所律师确认中芯绍兴的人员、资产、技术、业务、客户和供应商与中芯国际之间并无不良关系，中芯国际境内子公司向中芯绍兴授权使用知识产权的交易价格为评估价格，具备公允性。因此，未来中芯国际与中芯绍兴的业务合作具有可持续性，无不利于公司治理的情况。

最后，根据中芯绍兴的公司章程，董事会为公司最高权力机构，决定公司的一切重大事宜。中芯绍兴的董事会由 5 名董事组成，其中中芯控股和绍兴市越城区集成电路产业基金合伙企业（有限合伙）分别委派 2 名董事，绍兴日芯锐企业管理合伙企业（有限合伙）委派 1 名董事。董事会行使职权的任何行为或决定均需由全体董事的四分之三以上董事投票通过方可生效，因此发行人对于中芯绍兴不构成实际控制。同时根据《企业会计准则讲解》的规定以及中芯国际境内子公司与中芯绍兴签署的《资产转让协议》中的约定，主要涉及固定资产的转让，及生产和研发人员的转移，上述无法独立计算其产出的成本收入，因此相关交易不构成一项完整的业务转让。此外，根据发行人的确认，发行人基于自身经营策略进行部分资产处置，对发行人自身业务和财务影响较小，不影响自身业务和资产的完整性。故发行人与中芯绍兴的相关业务与关系不会对发行人公司治理及独立性产生不利影响。

3. 对于控股子公司中芯南方的问题

本所律师通过查验总结发行人对中芯绍兴的历轮增资后认为，报告期内发行人通过全资子公司持有中芯南方 50% 以上股权，可以决定中芯南方董事会半数以上成员的任免，发行人全权负责公司的日常运营和管理，并将中芯南方纳入合并财务报表范围，因此对中芯南方拥有控制权；在中芯南方第一次股权转让及第二次增资完成后，中芯控股仍为中芯南方的第一大股东，可以决定中芯南方董事会半数以上成员的任免，并全权负责公司的日常运营和管理，因此仍可以对中芯南方拥有控制权，不存在对发行人公司治理和独立性的不利影响。

4. 对于全资控股学校的问题

经本所律师向发行人确认，发行人成立之初存在部分外籍员工。为解决外籍员工子女就学问题，发行人通过境内子公司中芯上海和中芯北京以自有资金于 2001 年和 2009 年分别举办两所民办非营利学校。前述办校情况符合国家教育委员会发布的《国家教育委员会关于开办外籍人员子女学校的暂行管理办法》项下允许外资企业申请开办外籍人员子女学校的精神。随着后续发展，发行人下属机构进一步举办了三所幼儿园。而在发行上市的审核过程中，相关机构关注的问题集中在以下几方面。

首先，将民办非营利学校纳入上市公司范围，是否符合《民办教育促进法》《民办教育促进法实施条例》《民办学校分类登记实施细则》及学校所在地相关实施细则的规定并履行相应的审批登记程序。本所律师查阅相关资料后认为，两所学校旨在保证员工的稳定性，不以营利为目的；两所学校设立以来所有办学结余均用于办学再投入，未进行分红；两所学校由中芯国际集成电路制造（上海）有限公司（以下简称"中芯上海"）和中芯国际集成电路制造（北京）有限公司（以下简称"中芯北京"）使用自有资金举办，不存在向学生、学生家长或者社会公开募集资金举办民办学校的情形；此外，两所学校设立至今均为非营利性机构，未从事营利性经营活动，学校的设立合法合规，并且相关学校已按照《中华人民共和国民办教育促进法》《民办教育促进法实施条例》《民办学校分类登记实施细则》及学校所在地相关实施细则的规定的要求，并已按照规定履行审批登记程序。

其次，相关学校是否存在集团化办学安排，是否通过管理协议、咨询协议或服务协议等方式，将民办非营利学校产生的收益转移或输送给利益关联主体。经本所律师查验，北京市中芯学校、上海市民办中芯学校系独立运营。中芯上海和中芯北京作为举办方根据自身资源优势及两所学校实际需要在后勤支持及工程服务等方面给予相应服务支持并每月合计收取服务费用，截至本所律师为该项目出具法律意见书之日，前述服务费用占两所非营利学校办学收入的比例均较低，发行人不存在通过管理协议、咨询协议或服务协议等方式，将民办非营利学校产生的收益转移或输送给利益关联（连）主体的情形。

再次，对于对外捐赠学前教育学校的情况，捐赠前的举办行为是否存在被处罚的风险这一问题。本所律师经查验后认为，发行人举办的三所幼儿园均已取得《民办非企业单位登记证书》及《办学许可证》，履行了必要的登记程序。同时，发行人捐赠前的举办行为未违反《中共中央、国务院关于学前教育深化改革规范发展的若干意见》的禁止性规定。因此，发行人不会被主管机关处罚。

最后则是发行人将与主业无关的民办非营利学校并表的原因及合理性的问题。本所律师根据《企业会计准则第 33 号——合并财务报表》，认为在被投资单位为非营利性组织的情况下，能否纳入合并财务报表范围，需要结合具体情况进行判断。据此，非营利性组织存在纳入发行人并表范围的法律依据。

同时，根据上述规则，并表的依据主要体现在拥有控制力及享有可变回报。而对于发行人拥有的两所学校而言，根据学校的决策制度以及董事／理事换届改选方式，本所律师认为发行人对于两所学校重大经营决策（包括财务预算、聘任校长和财务负责人、确定教师的薪酬水平等）具有控制力。此外，两所学校的历年财务预算需经发行人提前审批通过方能提交学校理事会／董事会进一步表决。最后，两所学校的经营用地均系向发行人租赁取得。因此，发行人拥有对两所学校的控制力。

而对于可变回报，两所学校的相关活动主要包括教师招聘、课程设定、招生人数确定、入学资格及学费调整等，发行人通过委派理事／董事主导参与两所学校的相关活动，包括决定发行人员工子女入学的人数、条件及学费。该等事项实际为发行人为员工提供的间接福利，发行人通过留存人才享有可变回报；此外，《民办教育促进法》规定非营利性学校的举办者不得取得办学收益，但并未明确限制通过对外转让举办权等方式获取相关的经济利益。因此发行人能够通过参与两所学校的相关活动而享有可变回报，并有能力运用对两所学校的权力影响回报金额。

四、案件结论

中芯国际作为中国现阶段最具有标杆意义和巨大影响力的集成电路制造企业，其回归 A 股科创板具有重大意义。本次 IPO 在实体和程序上创下多个第一，中芯国际不仅在发行上市后成为首家登陆 A 股资本市场的中国内地以外地区已上市红筹企业，同时，中芯国际的此次登陆 A 股实现了内地与香港两地资本市场的跨越，具有深远战略意义，亦从资本市场层面为中国内地以外地区已上市红筹企业在 A 股上市所涉不同证券交易所上市规则衔接、持续监管及信息披露等方面进行了先驱性探索和实践。

纳芯微科创板 IPO 项目

李和金[*]　张东晓^{**}　庄东红^{***}

一、案情介绍

2022 年 4 月 22 日，苏州纳芯微电子股份有限公司（简称"纳芯微"或"公司"，股票代码 688052）在上海证券交易所科创板上市。本次上市，纳芯微发行 2 526.6 万股，发行价为 230 元／股，募资总额高达 58.12 亿元。本项目由锦天城高级合伙人李和金、张东晓，律师庄东红经办。

纳芯微主营业务是高性能、高可靠性模拟集成电路研发和销售，产品在技术领域覆盖模拟及混合信号芯片，主要应用于信息通信、工业控制、汽车电子和消费电子等领域。客户涵盖包括中兴通讯、汇川技术、霍尼韦尔、智芯微、阳光电源、海康威视、韦尔股份在内的众多行业龙头。

*　上海市锦天城律师事务所高级合伙人。

**　上海市锦天城律师事务所高级合伙人。

***　上海市锦天城律师事务所律师。

二、办案难点

（一）尚未行权完毕期权计划的整改

科创企业在上市前的股权激励计划对于吸引和保留关键人才、推动公司长期发展至关重要。然而，在上市推进过程中，常面临期权未全部行权的问题，这可能使公司难以满足《科创板股票发行上市审核问答》（当时适用）等相关法规标准。尽管政策和市场监管机构对企业带期权上市持开放态度，但当时同类案例并不多，为谨慎起见，大部分申请上市的企业在提交申报文件的同时，选择先行权完毕，2020 年仅有 5 家企业在 A 股市场成功带期权上市，占比 0.12%。本项目核心挑战为如何在遵守法律法规的框架内优化股权结构，并防止员工股权争议和人才流失的发生。

（二）突遇股东穿透核查新规

因财务报告有效期的限制，项目必须于 2021 年 6 月底之前申报。临近申报，2021 年 2 月证监会发布《监管规则适用指引——关于申请首发上市企业股东信息披露》，要求明确股东适格性，穿透核查。纳芯微共有 42 名股东，其中 29 名机构股东，初期尚无"企查查"一键穿透等核查手段协助、无停止穿透的标准等进一步规定及披露核查情况的案例。

（三）核心技术人员曾在同行业企业任职并持有相关专利

公司创始股东王升杨和盛云在 2013 年共同创立了发行人，两人先前分别在之前就职的单位担任关键职位，后者主要研发生产 MEMS 压力传感器和裸芯片。发行人在 2014 年申请了两项发明专利，涉及 CMOS 温度传感器和高精度模拟平方电路。发行人的 5 名核心技术人员中，有 4 人曾在同一家世界知名的半导体技术公司工作过，包括盛云和马绍宇，后者在 2019 年 10 月离开原单位，并于 2020 年 2 月加入发行人。

科创企业的核心技术人员离职创业可能面临劳动人事、商业秘密和知识产权三大法律问题。例如，发行人技术来源 / 已有技术是否与前雇主有关、核心技术人员是否侵犯前雇主的商业秘密或违反竞业禁止条款。

三、法律分析

（一）办案难点一的法律分析

1. 法律规定

2019 年 3 月，上交所发布《上海证券交易所科创板股票发行上市审核问答》（已失效），证监会在 2020 年 6 月发布《首发业务若干问题解答》（已失效），这些文件的出台为拟上市企业在满足一定条件下"带期权激励计划申报上市"提供了法律依据。

结合公司的期权激励方案以及合伙企业的设置情况，对比当时适用的《上海证券交易所科创板股票发行上市审核问答》规定，公司期权激励方案主要问题为在设置期权激励计划的同时仍保留了部分预留权益，这与科创板规定中禁止设置预留权益的规定相冲突。因此，为满足上市规定，公司需要对现行的期权激励方案进行调整并由会计师测算产生的股份支付费用及对当期利润的影响。

2. 解决方案

为区分 2016 年期权激励计划中已行权和等待期股权，公司于 2020 年设立 2 个员工持股平台纳芯壹号、纳芯贰号，分别受让纳芯咨询所持股份。转让前后合伙人不变，转让价格定为 1 元 / 股。转让后，纳芯咨询不再持股。纳芯壹号受让已行权的 30.8 万股，纳芯贰号受让等待期的 16.6 万股。2019 年 12 月 17 日，公司通过股东大会加速行权 11.325 万份期权，预留权益名义持有人盛云将等待期期权份额转给被激励对象，完成工商变更。2020 年 10 月 15 日，股东大会通过决议将 16.6 万份等待期期权转为限制性股票，盛云转让相应合伙份额给被激励对象，完成工商变更。

同时，纳芯微在 2018 年 11 月和 12 月通过董事会和股东大会对 2016 年 8 月制定的《员工期权方案》进行了追认。随后，公司在 2020 年 10 月审议通过了《期权转为限制性股票激励方案》。

完成上述方案调整后，公司及时办理工商变更登记，并在招股说明书中详细披露整改过程和对公司财务状况的影响。

通过上述措施，有效解决公司所实施期权激励方案无法带着上市的问题，同时保护激励对象的合法权益，兼顾了公司的人才战略及长期稳定发展。

（二）办案难点二的法律分析

自 2021 年 2 月起，监管部门出台了多项规定，对股东穿透核查要求予以规范。

2021 年 4 月"最终持有人"定义出台前，项目组基于 2021 年 2 月指引初定要求需"一穿到底"，根据当时已有穿透核查规定制订计划，包括梳理禁止和受限的股东类型、确定核查手段、撰写相关股东需出具的文件、争取股东理解与配合，以在穿透工作量巨大的背景下保证项目进度。

核查手段方面。项目组通过国家企业信用信息公示系统、企查查、天眼查、事业单位在线、Capital IQ 等网络查询平台，获取公司的直接及间接自然人股东的身份信息，通过这一基础性步骤梳理股东的初步信息。此外，收集大量需穿透股东的调查问卷和声明承诺文件，以核查股东的适格性及关联关系。此环节中理想情况下，各级股东均应提供完整资料。但实际中工作量、股东的配合程度存在困难，若无法取得间接股东资料，则通过网络核查对上层股东进行穿透，并要求股东出具专项确认函或承诺，以满足核查要求。

穿透主体方面。穿透至基金管理人为股东的，则考虑是否为契约性基金、信托计划、资产管理计划等"三类股东"的名义登记人；穿透至股份公司的，重点考虑是否为初始股权结构，并与股份公司调查表或工商档案内容交叉复核；穿透至外资股东的，考虑相应国家、地区，尽量通过官方网站检索穿透，同时考虑是否能够在境内外上市或再融资等公开渠道获得其股权结构；穿透至注销企业、吊销企业，则载明对应情况，根据重要性可不再穿透。

2021 年 4 月，"最终持有人"定义出台，项目组既有核查结果不低于相关要求，项目顺利推进。同月，监管部门提出证监会系统离职人员核查要求，因证监会系统离职人员并未限定其持股数量多少，从该角度而言股东穿透核查时"一穿到底"又是必须的。项目组在此前工作成果基础上汇总穿透自然人股东名单，通过工商档案或向股东索取身份信息，并由机构股东出具文件确认其穿透后的自然人出资人中是否存在证监会系统离职人员，以确保核查的完整性和合规性。最终结果由保荐机构提交省证监局取得证监会系统离职人员信息查询比对结果。

最终，项目组核查完成并出具了长达 1 566 页的股东核查报告，如期顺利推进项目于 2021 年 5 月成功获申报受理。

（三）办案难点三的法律分析

该问题涉及的相关法律规定包括《劳动法》《劳动合同法》《反不正当竞争法》《专利法》《专利法实施条例》。

核查手段方面。获取前雇主的说明、确认或访谈前雇主相关人员是常规且有效的核查方法，符合监管部门的期望，有助于确认核心技术人员是否遵守了相关规定。具体至本项目，前雇主为世界知名的半导体技术公司无法配合。项目组将核查重点转为内部。

首先，获取核心技术人员的身份信息、工作简历、劳动合同、与原雇主签署的劳动合同及竞业限制或保密协议（如有）等文件，确认核心技术人员在加入发行人前是否与原雇主签订有竞业禁止或保密条款。同时，核查银行流水确认是否有竞业禁止津贴的支付，并由相关人员出具调查表、确认函对核查结果予以确认。

其次，使用专利公开检索平台，明确相关人员作为发明人在原雇主、纳芯微取得的专利情况，对比发行人与前雇主在主营业务、专利技术方向、专利技术内容的差异，确认技术开发与人员离职的时间间隔。明确相关人员加入发行人后所参与的发明专利是否独立于原雇主技术。

再次，通过公开信息平台查询核心技术人员的涉诉信息，确认相关人员与前雇主、前雇主与纳芯微均不存在任何与知识产权相关的诉讼或仲裁事项。

最后，考虑但未实施的备用方案为引入第三方专业机构核查并出具专项意见，避免潜在的法律风险。

综合以上措施，项目组就上述事项完成核查及反馈问询回复，为顺利上市打下坚实基础。

四、案件结论

在上市过程中，项目组面对复杂的法律环境和监管要求，展现了出色的专业能力和高效的工作态度。项目组成功解决了期权激励计划、股东穿透核查以及核心技术人员合规问询等一系列挑战，助力公司顺利通过上市审核。我们深信，遵循合规原则，主动面对并克服挑战，周密制定和实施法律合规策略，是推动企业顺利上市的重要因素。

芯联集成科创板 IPO 项目

王　立*

一、案情介绍

2023 年 5 月 10 日，芯联集成电路制造股份有限公司［曾用名绍兴中芯集成电路制造股份有限公司、中芯集成电路制造（绍兴）有限公司，以下简称"芯联集成""发行人"或"公司"］首次公开发行股票并在科创板挂牌上市，股票代码 688469。

本项目由锦天城高级合伙人朱林海律师团队的高级合伙人鲍方舟律师、高级合伙人王立律师、高级合伙人沈诚律师、合伙人杨继伟律师等合伙人及律师组成的服务团队作为特聘法律顾问、发行人律师为上市计划提供全程法律服务。

芯联集成是国内领先的特色工艺晶圆代工企业，主要从事 MEMS 和功率器件等领域的晶圆代工及封装测试业务，为客户提供一站式服务的代工制造方案。公司的工艺平台涵盖超高压、车载、先进工业控制和消费类功率器件及模组，以及车载、工业、消费类传感器，应用领域覆盖智能电网、新能源汽车、风力发电、光伏储能、消费电子、5G 通信、物联网、家用电器等行业。芯联集成是

目前国内少数提供车规级芯片的晶圆代工企业之一，建立了从研发到大规模量产的全流程车规级质量管理体系。根据 Chip Insights 发布的《2021 年全球专属晶圆代工排行榜》，芯联集成的营业收入排名全球第十五，中国大陆第五。根据赛迪顾问发布的《2020 年中国 MEMS 制造白皮书》，芯联集成在营收能力、品牌知名度、制造能力、产品能力四个维度的综合能力在中国大陆 MEMS 代工厂中排名第一。

二、办案难点

（一）关于公司无控股股东和实际控制人

公司第一大股东越城基金持股比例为 22.70%，第二大股东中芯控股持股比例为 19.57%，任一股东均无法控制股东大会的决议或对股东大会决议产生决定性影响；公司董事会由 9 名董事组成，其中越城基金提名 2 名董事，中芯控股提名 2 名董事，任一股东均无法决定董事会半数以上成员的选任。故而，公司认定自身无控股股东和实际控制人。在申报审核阶段，监管重点关注无控股股东、实际控制人结构可能对公司生产经营稳定性产生负面影响；公司各股东之间设定的意见分歧解决机制，是否可能出现"公司僵局"境况并已预备了应对措施；公司主要股东未来的持股安排及计划，是否谋求公司的控制权；公司控制权是否清晰、稳定，能否保持公司治理和生产经营的持续稳定。

（二）关于中芯国际拥有单方面终止技术许可的权利

公司分别于 2018 年 3 月 21 日、2021 年 3 月 21 日与中芯国际上海、中芯国际北京、中芯国际天津签署了《知识产权许可协议》《知识产权许可协议之补充协议》，中芯国际上海、中芯国际北京、中芯国际天津授权许可公司使用微机电及功率器件（MEMS & MOSFET & IGBT）相关的 573 项专利及 31 项非专利技术从事微机电及功率器件的研发、生产和经营业务，该授权许可为非独占、可经授权方同意转授权的许可，许可期限长期有效，同时约定衍生知识产权共享及特殊终止事件，即公司上市完成后若与中芯国际存在竞争的公司及其他组织成为公司第一大股东或实际控制人，中芯国际有权终止许可协议。对此，监管重点关注未来如果因上述情形或者其他不确定因素导致知识产权许可终止，相关知识产权涉及的公司产品的生产及销售是否受到影响。

（三）关于业务布局及独立性，中芯国际的限制竞争期限 2024 年到期后将不再续期

根据《知识产权许可协议之补充协议》，自 2021 年 3 月 21 日起 3 年内，中芯国际在中国境内的所有控股子公司及其他实际控制的子公司不使用该等知识产权开展微机电及功率器件业务。2024 年 3 月 20 日后，中芯国际将不再对限制竞争期限进行续期，届时存在中芯国际与公司从事同类或相似业务的可能。中芯国际作为中国最大的半导体企业之一，其对同业竞争的解禁将对公司开展微机电及功率器件业务的商业机会及生态造成重大影响。

（四）关于子公司芯联越州的相关安排

芯联集成通过子公司芯联越州实施拟使用募集资金投资的二期晶圆制造项目，但公司仅持股子公司芯联越州 27.67% 股权、提名 2 名董事的安排。对此，公司需进一步阐明将芯联越州纳入合并财务报表的依据，公司对芯联越州的控制权是否稳定，芯联越州各股东之间是否存在对赌协议、未来上市或并购的具体安排；公司设立非全资子公司芯联越州并通过芯联越州实施募投项目的原因背景及必要性；公司许可芯联越州使用 MEMS 和功率器件相关知识产权的合法性、必要性、合理性等。

三、法律分析

（一）关于公司无控股股东和实际控制人

1. 公司股东存在股东重合、交叉持股或控制、互相任职、共同投资等问题，存在构成《上市公司收购管理办法》第 83 条规定的一致行动关系，从而实质享有公司的共同控制权的可能，公司无控股股东和实际控制人认定是否为规避股份锁定安排

就本问题的回复思路，本所律师首先从法理角度进行分析，《上市公司收

购管理办法》对一致行动人做出概括性界定，并采取列举方式对构成一致行动人的情形作了较为详尽的规定，投资者认为自己不属于一致行动人的，可以提出反证。于审核当时有效的《科创板股票发行上市审核问答（二）》（以下简称"《审核问答二》"）第5问也规定，法定或约定形成的一致行动关系并不必然导致多人共同拥有公司控制权的情况，发行人及中介机构不应为扩大履行实际控制人义务的主体范围或满足发行条件而作出违背事实的认定。故即使构成法定或推定的一致行动关系，亦非必然导致相关投资者之间就所持上市公司股份表决权保持一致行动，或构成共同控制上市公司。

同时，本所律师亦积极帮助公司收集相反证据，通过逐项比对《上市公司收购管理办法》第83条第2款规定的法定一致行动情形，就不适用项予以排除。就适用项目，根据《上市公司收购管理办法》规定，通过逐项列举相反证据及其具体内容予以说明，包括但不限于：公司股东的背景及投资目的与意图存在重大差异，不具有保持一致行动关系的商业基础；公司股东在公司股东大会、董事会会议召集筹备阶段对审议事项曾发生过分歧；公司主要股东虽签署《合作框架协议》，但该框架协议关于合作安排及各方不存在控制或通过一致行动共同控制公司的合意；公司股东在减持方面为保持一致行动的客观事实；未经交叉任职人员同意，公司股东仍能分别正常进行投资决策的客观事实；公司股东已分别就不存在一致行动关系进行确认并出具声明及承诺等方面。

基于上述，本所律师认为公司股东不存在一致行动关系，亦不实质享有公司的共同控制权。

2. 公司大部分董监高来源于中芯国际、中芯国际曾向公司转让资产、许可技术、代采代加工、有权单方面终止技术许可协议等事项，中芯国际是否对公司股东结构、董事会席位、管理层构成、生产经营与技术研发产生重大影响，对公司是否享有实质控制权

在事实背景方面，2017年12月，因绍兴市人民政府在绍兴市越城区大力发展集成电路产业的需求，双方决定在微机电和功率器件领域进行合作，中芯国际与绍兴市人民政府签署了《合作框架协议》并且成立芯联集成的前身，承接中芯国际特色工艺的设备、技术、业务及团队，并对资产转让的相关事宜作出了初步约定。为支持芯联集成顺利承接并持续经营微机电及功率器件业务，原

受雇于中芯国际，与微机电及功率器件业务相关的全部或部分员工转移至芯联集成。

基于上述背景，本所律师积极取得前述人员、中芯国际双方面的确认，确认前述人员与公司建立劳动关系后，不存在作为发明人作出与其在中芯国际承担的本职工作或者中芯国际分配的任务有关的发明创造，亦不存在主要利用中芯国际的物质条件完成的发明创造。本所律师亦通过走访、访谈等方式获取书面证据以查验公司大部分高级管理人员存在曾在中芯国际或其控制企业任职的情形，但该等高级管理人员均已解除与中芯国际或其下属企业的劳动合同，并与芯联集成签署了劳动合同，不存在仍在中芯国际及其控制的企业处任职或领取薪酬的情形。该等高级管理人员均根据芯联集成相关内部治理制度及独立的专业判断履行职责。公司大部分高级管理人员曾在中芯国际或其控制企业任职的情形不影响芯联集成人员的独立性。同时，本所律师参与斡旋了芯联集成与中芯国际关于知识产权权利归属的谈判事宜，双方成功签署知识产权确权备忘录，明确了权利归属。芯联集成不存在与中芯国际人员、技术人员混同的情形。

同时，本所律师查验了公司与中芯国际之间的资产交易的作价依据，系参照第三方评估机构的评估结果由双方商议确定，中芯国际、公司均已履行了应当履行的内外部审批程序。资产交易不存在对于芯联集成控制权的特殊约定并完成了交割，各方对于资产交易不存在任何争议及潜在纠纷，不会对芯联集成控制权的清晰、稳定以及资产独立性造成影响。

基于上述，本所律师认为，中芯国际对公司不享有实质控制权。

3. 结合重要股东自身及关联企业的实际经营业务，公司是否通过无控股股东和实际控制人认定规避同业竞争监管要求

就此问题，本所律师通过大量走访与网络核查，确认公司股东及关联企业的实际经营业务，并通过枚举法以每一法律主体为单位逐项查明并列示其名称及实际经营业务。公司的主营业务为 MEMS 和功率器件等领域的晶圆代工及模组封测业务，与公司股东及关联企业的主营业务存在显著差异。公司股东及关联企业与公司不存在同业竞争的情形。同时，芯联集成第一大股东越城基金持股比例为 22.70%，与《审核问答二》第 5 问中规定的 30% 持股比例差距较大；第二大股东中芯控股比例为 19.574 5%，与越城基金的持股比例较为接近，且应公司及本所律

师的要求与协调，公司重要股东均已出具了关于避免同业竞争的承诺。

基于上述，本所律师认为，公司已根据相关法律法规的要求建立了内部治理制度和内部控制体系，具备独立性；公司的主要股东均已就避免同业竞争事宜出具了相关承诺。

4. 无控股股东和实际控制人对公司生产经营稳定性是否存在影响，各股东之间存在意见分歧时如何约定解决机制，是否可能出现"公司僵局"及应对措施

对本问题的回复，本所律师从法律分析着手，根据《最高人民法院关于适用〈中华人民共和国公司法〉若干问题的规定（二）》的规定，公司僵局情况包括："（1）公司持续两年以上无法召开股东会或者股东大会，公司经营管理发生严重困难的；（2）股东表决时无法达到法定或者公司章程规定的比例，持续两年以上不能做出有效的股东会或者股东大会决议，公司经营管理发生严重困难的；（3）公司董事长期冲突，且无法通过股东会或者股东大会解决，公司经营管理发生严重困难的；（4）经营管理发生其他严重困难，公司继续存续会使股东利益受到重大损失的情形。"根据《公司法》和《公司章程》的规定，董事会、监事会、独立董事以及连续九十日以上单独或者合计持有公司百分之十以上股份的股东均可以提议召集股东大会。因此无实际控制人状态不会导致公司无法召开股东大会。自设立至今，公司股东大会均正常召开并作出有效决议，不存在持续两年以上无法召开股东大会的情形。因此，公司无控股股东、实际控制人的情形未导致公司出现《最高人民法院关于适用〈中华人民共和国公司法〉若干问题的规定（二）》规定的公司僵局的第（1）项情形。

同时，本所律师对事实情况亦进行了查验，公司股东均合法行使了自己的表决权，报告期内未出现不能做出有效的股东大会决议的情形。因此，公司无控股股东、实际控制人情形未导致公司出现《最高人民法院关于适用〈中华人民共和国公司法〉若干问题的规定（二）》规定的公司僵局的第（2）项情形。根据公司董事会的设置及提名情况，董事会目前有9名董事，其中4名为独立董事。报告期内，公司董事会均正常召开并作出有效决议，未出现"公司董事长期冲突，且无法通过股东会或者股东大会解决"的情形。因此，公司无控股股东、实际控制人情形未导致公司出现《最高人民法院关于适用〈中华人民共

和国公司法〉若干问题的规定（二）》规定的公司僵局的第（3）项情形。进一步，应公司及本所律师的要求与协调，公司全体主要股东均就自本次发行上市完成之日起 36 个月内不谋求公司控制权事宜出具了相关承诺。在前述承诺期间内，不会出现公司主要股东争夺公司控制权导致"公司僵局"的情形。

此外，本所律师亦言明，在公司经营管理出现严重困难、公司股东的意见出现重大分歧等极端情况下，仍存在出现"公司僵局"的客观可能。对此，公司与本所律师已协调公司主要股东就避免"公司僵局"事宜出具了专项承诺，在履行作为芯联集成的股东权利时，如与芯联集成的其他股东产生分歧，将以芯联集成的长期稳定发展为目标，根据芯联集成公司章程及其他内部制度的约定，共同解决相关分歧，避免出现公司长期无法形成有效决议等"公司僵局"的情形。

（二）关于中芯国际拥有单方面终止技术许可的权利

1. 许可技术的具体用途、对于发行人的重要性，是否构成发行人研发、生产经营的底层技术，发行人是否可以脱离该等技术自主开展研发、生产经营业务

就本问题的回复思路，本所律师从行业和技术背景入手，阐明 MEMS 和功率器件在半导体领域均有数十年的漫长发展历程，在基础器件、制造技术和产品应用上经历了多次的迭代和发展。MEMS 麦克风、MEMS 加速度计、沟槽型场截止 IGBT、屏蔽栅沟槽型 MOSFET 等制造技术均为国外半导体企业在 20 世纪 70—90 年代期间发明并推广使用，相关专利多年前已过保护期限，在行业内形成了丰富的公共知识和公开技术，构成了公司和其他相关晶圆制造企业的底层技术平台。

在对事实情况进行查验的基础上，本所律师认为中芯国际许可技术相关的 MEMS 麦克风一代、沟槽型场截止 IGBT 一代、屏蔽栅沟槽型 MOSFET 一代等平台，与公司自研的二代、三代平台以及中高端领域的车载 IGBT、高压 IGBT、深沟槽超结 MOSFET 等平台，均是在行业内公共知识和公开技术的基础上开发建设后形成的应用技术平台。公司设立时，在行业内公共知识和公开技术的基础上，结合中芯国际许可技术，快速形成了第一代技术平台。此后，公司仍然基于行业内公共知识和公开技术的底层技术平台，并根据国际相关领域技术和

市场发展趋势，以客户提出的定制化需求为导向，对器件结构、制造工艺和设备材料选型进行改进研发，提升产品良率、提升器件性能、降低生产成本、提升可靠性以适应更大的应用范围，建立了产品性能及可靠性等经过优化的第二代、第三代技术平台，以及车载 IGBT、高压 IGBT、深沟槽超结 MOSFET 等中高端领域的技术平台。MEMS 麦克风 1.5 代技术平台系公司基于底层技术平台，同时结合了中芯国际授权技术及公司自研技术后形成的技术平台，是唯一存在技术来源交叉的平台。

基于上述，本所律师认为，除 MEMS 麦克风 1.5 代技术平台外，公司自研的技术平台均是以行业内的公共知识和公开技术作为底层技术，结合了公司自主研发成果包括客户定制化需求和规格等，进行改进研发形成，未使用到中芯国际许可技术。中芯国际许可技术不构成公司研发、生产经营的底层技术。

2. 中芯国际单方面终止技术许可的权利，是否构成上市后反收购条款

本所律师首先从授权协议约定及中芯国际与公司的会议纪要入手，确认中芯国际拥有的在特殊事件下单方终止技术许可的权利，主要目的为避免相关技术扩散到其竞争对手。

同时，通过对《上市公司收购管理办法》第七条、第八条等反收购相关的法律法规分析，本所律师认为，现行证券监管规则并未完全禁止设置反收购条款，但需要满足一定合规条件，如控股股东或者实际控制人不得滥用股东权利设置损害被收购公司或者其他股东的合法权益的反收购条款、公司董事会不得滥用职权对收购设置不适当的障碍的反收购条款。其次，在公司本次发行上市中，中芯国际不是公司的控股股东和实际控制人，且其系在公司设立之初通过商业磋商方式与公司达成关于技术授权许可的特殊事件终止条款，在单方解除授权许可协议方面拥有特别的商业保护条款，并未通过滥用股东权利方式设置损害公司或其他股东合法权益。再次，中芯国际单方面终止技术许可的权利，系中芯国际为避免相关技术扩散到其竞争对手而通过商业磋商方式与公司达成的商业条款安排，并非公司董事会针对收购所做出的决策及采取的措施，不存在公司董事会滥用职权对收购设置不适当的障碍，不存在公司的董事、监事、高级管理人员未公平对待收购本公司的所有收购人情形。

基于上述，本所律师认为，中芯国际单方终止技术许可的权利，其目的并

非为限制证券市场上所有公众投资者成为公司股东的权利，不存在利用反收购条款限制股东的合法权利，不违反《上市公司收购管理办法》第七条、第八条关于反收购的规定。

3. 该条款的存在是否可能造成市场对公司经营能力预期不明，难以保护上市后公众投资者合法权益

本所律师基于中芯国际作为 A+H 上市的公众公司背景及对其访谈获知的事实情况，确认中芯国际在特殊事件下单方终止技术许可的权利，可以避免相关技术扩散到竞争对手从而影响其股东的合法权益，但截至反馈回复当时，中芯国际没有解除该等条款的计划。

同时，针对该条款，本所律师亦为公司寻找如下思路以论证公司采取了相应的保护公众投资者合法权益的有效措施。第一，不断提高自研收入比例以减少该条款的潜在影响。报告期各期，公司来自中芯国际授权技术相关平台收入占主营业务收入比例呈明显下降趋势，2022 年 1—6 月授权许可技术相关的收入占比已降到 29.60%。公司通过自主研发形成的自有核心技术相关产品已经成为公司收入的主要来源，且自研收入比例未来将进一步提高。中芯国际拥有的特殊事件下单方面终止技术许可的权利的潜在影响也将随之不断减少。第二，持股 3% 以上的股东均承诺不向中芯国际竞争对手转让股份。本所律师参与协调公司单独或合计持股 3% 以上的股东越城基金、三家聚源系基金、日芯锐、硅芯锐、共青城秋实、共青城橙芯、共青城橙海、宁波振芯出具了《关于不通过协议转让方式向中芯国际竞争方转让股份的承诺函》，以降低中芯国际竞争对手取得公司股份的可能。第三，制定严格的内部保密管理办法以减轻中芯国际对于技术扩散的顾虑。鉴于中芯国际拥有特殊事件下单方面终止技术许可的权利的主要目的是为避免相关技术扩散到其竞争对手，公司已制定了严格的内部保密管理办法，建立了防火墙规则，股东知情权及外部董事知情权仅限在法定范围之内，股东和外部董事无权随意检查涉及公司核心技术秘密的文件及资料。公司通过上述制度规定以最大程度减轻中芯国际在其竞争对手取得公司 3% 以上股份及委派董事情形下对技术扩散的顾虑，并相应降低中芯国际单方终止该技术许可的可能。

基于上述，本所律师认为，公司不断提高自研收入比例，并制定了严格的内部保密管理办法，以减少该条款的潜在影响，并在招股说明书中进行了重大事项提示，不会造成市场对公司经营能力预期不明，有利于保护上市后公众投资者合法权益。

（三）关于业务布局及独立性，中芯国际的限制竞争期限 2024 年到期后将不再续期

1. 发行人与中芯国际、长电集成是否存在利益冲突、让渡商业利益以及非公平竞争的可能性

本所律师从事实及业务端入手进行底层核查，通过大量走访与网络核查确定公司、中芯国际与长电集成在主营业务、主要产品、核心技术、工艺平台、封装形式、封装工艺等方面均存在显著差异。同时，本所律师也注意到三方下游应用领域存在部分重叠，就此事项，本所律师在充分了解三方制造的主要产品的基础上对三方产品的主要区别进行书面梳理，公司制造的产品包括 MEMS 麦克风芯片、射频滤波器、用于锂电池保护的 MOSFET 器件等，而中芯国际制造的产品包括处理器芯片、存储芯片、图像传感器芯片等，长电集成主要负责将处理器相关的芯片合封为处理器芯片组。因此，本所律师认为，公司与中芯国际、长电集成的下游应用领域虽然存在部分重叠，但是制造的产品存在显著差异，公司与中芯国际、长电集成不存在竞争关系。

同时，本所律师从行业生态方面着手对上下游关系进行了说明，公司与中芯国际、长电集成的主营业务分别属于半导体行业的不同业务领域或位于产业链不同环节，不存在同业竞争的情形，亦不存在业务产品划分或销售区域划分的任何约定。公司与中芯国际、长电集成不存在利益冲突、让渡商业利益以及非公平竞争的情形，不会对公司未来业务发展产生限制或不利影响。

2. 公司相关知识产权是否涉及研发人员在中芯国际的职务成果，董事、高管、研发人员是否违反竞业禁止、保密协议

就此问题的回复思路，本所律师从法律分析入手，根据《专利法》《专利法实施细则》规定，确认了以下事实：公司部分研发人员在与中芯国际、中芯国际上海之间的劳动关系终止后 1 年内作出的，与其在原单位承担的本职工作或者原单位分配的任务有关的发明创造，应属于执行原单位的任务所完成的职务

发明创造；原单位可以依法处置其职务发明创造申请专利的权利和专利权，促进相关发明创造的实施和运用。同时，本所律师分析了已签署的相关备忘录、确认函等文件，中芯国际下属企业与公司于 2022 年 8 月 31 日签署《知识产权确权备忘录》，对截至 2021 年 12 月 31 日公司相关知识产权共有、涉及研发人员在中芯国际的职务成果进行了确认并确权，就相关知识产权的形成、申请、使用及权属不存在任何纠纷和潜在争议；中芯国际下属企业于 2022 年 9 月 2 日出具《确认函》，对补充事项期间公司知识产权权属进行了确认，补充事项期间，不存在涉及研发人员在中芯国际职务成果的情况。

基于上述，本所律师认为，公司相关知识产权中涉及研发人员在中芯国际的职务成果的，已经公司与中芯国际下属企业协商一致并确权，并确认除前述专利外，其他专利由公司单独所有，及确认双方关于本次许可所涉知识产权及衍生知识产权的形成、申请、使用及权属等不存在任何纠纷和潜在争议。

同时，本所律师查验了 7 名曾在中芯国际及其下属企业任职的公司现任董事、高级管理人员的调查表、简历、劳动合同等文件，确认其劳动关系变动、任职等情况。在此基础上，本所律师认为，公司、中芯国际下属企业与前述人员已签署《变更劳动关系协议书》，就竞业禁止及保密约定进行补充约定。同时公司与本所律师、中芯国际通过公对公邮件形式进行了确认，中芯国际与上述研发人员之间不存在因保密义务事宜发生过诉讼或仲裁的情形。

（四）关于子公司芯联越州的相关安排

1. 结合发行人仅持股 27.67%、提名 2 名董事的安排，说明对芯联越州的控制权是否稳定

首先，本所律师充分阐明了公司控股芯联越州的事实背景，公司持有芯联越州 27.67% 的股权，为保证公司对芯联越州控制权的稳定，优化芯联越州的公司治理水平，同时也为了提高对芯联越州重大事项进行决策的效率，芯联集成与部分芯联越州少数股东签署了《一致行动协议》，确认各方于《一致行动协议》签署之日起建立一致行动关系，同时确认各方于芯联越州成立后至《一致行动协议》签署之日，各方具备一致行动关系，且不存在任何违反一致行动关系约定的情形，相关《一致行动协议》有效期自生效之日至如任一方不再直接

持有芯联越州股权之日。上述各方合计持有芯联越州股东会表决权的 **51.67%**，各方同意在芯联越州的经营、管理、治理、控制、重大事项等方面采取一致意见，并以芯联集成的意见为准。基于上述，本所律师认为，公司对芯联越州的控制权稳定。

2. 发行人设立非全资子公司芯联越州的原因背景及必要性

就本问题的回复思路，本所律师主要从事实情况及行业背景着手分析，为提升公司在上述领域的制造工艺及扩充产能，公司设立芯联越州作为"二期晶圆制造项目"的实施主体，拟建成一条月产 7 万片的硅基 8 英寸晶圆代工生产线从事 MEMS 和功率器件等领域的晶圆代工业务。晶圆代工行业从前期产线建设，设备投入工艺研发，都需要大量的资金投入。产线建成以后，企业还需要维持较高的研发投入来丰富产品类型以应对下游客户多样化的需求，并为优质人才提供有竞争力的薪酬。芯联集成自设立起持续进行固定资产及研发费用投入，但由于融资渠道较为单一，公司发展主要依靠股东投入和银行贷款，因此公司尚不具备通过设立全资子公司实施"二期晶圆制造项目"的资金实力。"二期晶圆制造项目"总投资为 110 亿元，公司拟通过募集资金投入 66.60 亿元，此项目存在资金需求量大，投资回报周期长的特点，公司没有资金能力独立建设，因此公司优先向绍兴市政府及第一大股东越城基金的普通合伙人中芯科技告知了融资需求。中芯科技通过下属企业宁波高芯投资合伙企业（有限合伙）牵头成立了地方政府产业基金滨海芯兴，认购了芯联越州 25% 的股权。同时，部分财务投资人也参与共同设立芯联越州并认购了芯联越州的注册资本。基于上述，本所律师认为，公司设立非全资子公司芯联越州具有合理的原因及商业背景，且具备必要性。

四、案件结论

公司首发上市的募集资金规模为 110.72 亿元（全额行使超额配售选择权），截至公司上市时点为上交所科创板开板以来半导体企业中募集资金规模排名前三名，且公司系自科创板开板以来从公司成立至成功上市最快的上市公司，也是锦天城及本所律师继完成科创板首发募资规模最大半导体项目中芯国际首次公开发行股票并上市后又一半导体标杆项目。

康鹏科技科创板 IPO 项目

方晓杰* 卜 平** 司马臻*

一、案情介绍

上海康鹏科技股份有限公司（以下简称"康鹏科技"）是一家深耕于精细化工领域的技术驱动型企业，主要从事精细化学品的研发、生产和销售。产品主要为新材料及医药和农药化学品，新材料产品主要覆盖显示材料、新能源电池材料及电子化学品、有机硅材料等领域。康鹏科技是全球自主研发并较早实现量产新能源电池新型电解质"双氟磺酰亚胺锂盐（LiFSI）"的企业之一，也是制定 LiFSI 中国行业标准的牵头企业。

2023 年 7 月 20 日，康鹏科技上交所科创板成功挂牌上市，股票代码 688602。康鹏科技是近年境外上市公司私有化后登陆 A 股的典型案例。

---

* 上海市锦天城律师事务所高级合伙人。

** 上海市锦天城律师事务所律师。

*** 上海市锦天城律师事务所律师。

二、办案难点

（一）企业境外上市私有化后申请 A 股 IPO 的处理要点

康鹏科技前身上海康鹏科技有限公司（以下简称"康鹏有限"）于 1996 年 11 月 14 日设立，其境外相关主体 Chemspec International 曾于 2009 年 6 月在纽交所上市。2011 年，Chemspec International 完成私有化并从纽交所退市。2018 年，康鹏科技拆除其境外红筹架构。

拟上市公司需审慎选择并处理架构调整方案及事项，针对海外上市公司私有化并回归 A 股 IPO，监管机构在审核时，一般会重点关注境外红筹架构拆除和境内上市架构搭建过程中的合规性问题，包括但不限于以下两点。

1. 架构调整过程中资金出境的合规性

境外红筹架构拆除和境内上市架构搭建过程中如涉及部分资金来源于境内，需确保境内资金来源及出境手续符合商务部、国家发展和改革委员会、国家外汇管理局的相关规定。境内企业需要根据国家发展和改革委员会及商务部在不同时期对境内企业境外投资的监管政策，向国家发展和改革委员会、省级发展改革部门（或省级政府投资主管部门）、商务部、省级商务主管部门履行核准或备案程序。

2. 架构调整过程中纳税的合规性

实践中，监管机构亦重点关注境外特殊目的公司在境内设立子公司及完成境内股权收购，以及"拆红筹"环节股权转让的税款缴纳是否合规，拟上市公司需进行详细披露并取得税务主管机关的合规证明。

（二）化工类企业 A 股 IPO 的合规关注要点

化工类企业的环保及安全生产之合规性系监管机构的主要审核方向，主要包括：第一，拟上市公司在报告期内是否发生安全生产事故、是否受到环保等方面的行政处罚、后续整改情况以及相关事故和处罚对拟上市公司的生产经营的影响；第二，拟上市公司及其子公司安全生产、环保方面的内控制度是否健全、是否能够被有效执行；第三，环保相关的固定资产投入情况、环保设施实际运行情况，对比同行业可比公司是否存在重大差异。

生产安全事故会对公司的成功上市带来巨大风险，情节严重的涉及生产安全的重大违法行为仍是审核红线，无论是主板、科创板、创业板上市，还是北交所上市，都会着重关注拟上市公司的"重大违法行为"，有若干企业在审期间因为发生重大安全事故导致直接撤回 IPO 申请，同样，若报告期内公司多次发生因环保、安全生产等受到行政处罚，同样会招致监管机构对于公司内控的质疑。

三、法律分析

（一）企业境外上市私有化后申请 A 股 IPO 的路径

以回归 A 股上市为目标的前提下，如实际控制人是境内居民身份，境外架构与境内实际经营实体存在直接股权控制关系的，需将控股权及相关权益关系搭建在境内，即"拆红筹"；而存在 VIE 架构的，即境外架构与境内实际经营实体不一定存在着直接的股权控制关系，而是以签署相关协议的形式完成会计上的并表，则还需要拆除 VIE 架构，保留境内完整的股权结构。

1. 境外上市架构的拆除

如图 1 所示 ①，红筹架构通常是由境外搭建的股权结构，如果存在 VIE 架构，则再加上境内协议控制部分。

按照中国证监会过往的审核理念，如实际控制人是境内居民身份，需要将境外持股结构与境内拟上市主体之间的股权控制关系解除，进而搭建境内的上市结构，同时境外 SPV 也应当予以注销处理，除非其继续存续对境内上市不构成任何合规性障碍或有合理的商业理由。该种情形主要针对控股权及实际控制人追溯至境内自然人的情况，如控股股东或实际控制人为境外人士，原则上可以保留其境外的股权架构，且控股权和实际控制权也可保留在境外。

境外股权结构的拆除方式视上市主体、境外投资机构是否退出、境内投资

---

① 该图中所示结构仅为通常境外搭建的股权结构形式，不同案例中搭建的结构复杂程度各异，特别是中间 BVI 和 Cayman 公司架构的搭建有可能简化，层级设置相对少或不设置。

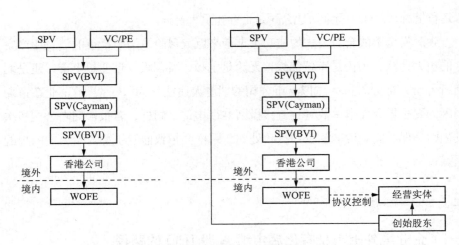

图 1　红筹架构的基本形态（股权控制 +VIE 协议控制）

机构是否投资、资金量需求等因素会有所不同，主要有以下几种方式。

（1）直接以 WFOE[①] 为拟上市主体

该种方式是最为直接的拆除方式，主要适用于境内业务经营不存在外资限制的情况，如果创始股东（特别是控股股东、实际控制人）为境内自然人，则需要其以境内的平台收购香港公司持有的 WFOE 股权，而保留境外投资机构从境外持股的架构，最终在 BVI 层面的 SPV 回购创始股东持有的股份以实现创始股东从境外架构中退出。相关案例如本团队律师经办的鹏鹞环保（股票代码：300664）以及科沃斯（股票代码：603486），虽然实际控制人控股权已回归境内，但境外投资机构保留有境外持股架构，最终保持拟上市公司为外商投资企业的身份。

在上述方式下，虽有成功案例，但鉴于境外机构的不透明及信息披露的难度，证监会在审核过程中未必会完全认可该模式，因此在通常拆除境外架构时，为降低未来证监会审核风险，如不存在穿透后真正的外资投资人，需考虑上层股权结构的整体平移，或由境内投资机构承接相应股权，WFOE 因此变更为内资企业，红筹架构中的境外主体也需予以注销处理。

前述操作中境内股东的控股权均需回归国内，即要实现境内股东股权落地

---

① 即 Wholly Foreign Owned Enterprise，外商投资企业 / 外商独资企业。

的操作。经不完全分析 A 股 IPO 中存在"拆红筹"的案例（不考虑 VIE 情形），采用境内主体收购境外主体持有的原外资企业股权的案例共 17 例（以下简称"转老股方式股权落地"），也有采用境内主体向原外资企业增资的案例（以下简称"增资方式股权落地"）。转老股方式股权落地面临转让定价、是否纳税等问题（详见后文分析），增资方式股权落地不存在前述问题。但要受限于原外资企业的净资产规模等条件限制，原外资企业净资产规模不能太大。前述拆红筹以转老股方式股权落地的其他案例简要汇总如表 1。

表 1

序号	企业简称及股票代码	上市时间	"拆红筹"时股权落地情况		
			落地方式	落地定价方式	纳税披露
1	宇信科技（300674）	2018 年 11 月	股权转让	名义对价	已披露
2	兴瑞科技（002937）	2018 年 9 月	股权转让	注册资本	已披露
3	鹏鹞环保（300664）	2018 年 1 月	股权转让	零对价	未披露
4	珀莱雅（603605）	2017 年 11 月	股权转让	评估净资产	已披露
5	起步股份（603557）	2017 年 8 月	股权转让	评估净资产	已披露
6	圣邦股份（300661）	2017 年 6 月	股权转让	注册资本	已披露
7	苏州科达（603660）	2016 年 12 月	股权转让	零对价	已披露
8	顾家家居（603816）	2016 年 10 月	股权转让	未披露	已披露
9	高伟达（300465）	2015 年 5 月	股权转让	注册资本	已披露
10	应流股份（603308）	2014 年 1 月	股权转让	注册资本	已披露
11	兴业科技（002674）	2012 年 5 月	股权转让	注册资本及评估价	未披露

（续表）

序号	企业简称及股票代码	上市时间	"拆红筹"时股权落地情况		
			落地方式	落地定价方式	纳税披露
12	博彦科技（002649）	2012 年 1 月	股权转让	注册资本	未披露
13	海联讯（300277）	2011 年 11 月	股权转让	注册资本	已披露
14	天顺风能（002531）	2010 年 12 月	股权转让	原始出资额	已披露
15	ST 中南（002445）	2010 年 7 月	股权转让	净资产	已披露
16	誉衡药业（002437）	2010 年 6 月	股权转让	注册资本	未披露
17	得利斯（002330）	2010 年 1 月	股权转让	参照实收资本协商确定	已披露

（2）VIE 架构中以境内实际经营实体为拟上市主体

VIE 架构中境内实际经营实体为企业营收和经营利润的实际创造主体，因此通常被确定为该架构下的拟上市主体，由于该架构系由 VIE 一系列协议（主要是《技术咨询服务协议》《专有技术许可协议》《借款协议》《股权质押协议》等）搭建而成，因此，拆除的方式核心就是解除 VIE 协议。

上述方式中相对重要的步骤还包括境外架构的拆除，主要涉及境外投资机构的退出需要的资金。如境外主体有足够的资金能够完成股份回购，则过程会相对简单，以"分红＋回购"模式即可完成境外投资主体的退出及境外主体的注销；如境外主体资金不足，尤其在境外主体完成私有化后，面临资金短缺的情况，则需要通过一定途径完成，主要方式为收购 WFOE 的股权以便向境外汇出需要的资金。

据不完全统计，拆 VIE 后并 A 股 IPO 的案例有：爱婴室（股票代码：603214）、科锐国际（股票代码：300662）、暴风集团（股票代码：300431）、中文在线（股票代码：300364）、腾信股份（股票代码：300392）、朗玛信息（股票代码：300288）、二六三（股票代码：002467）等。

2. 境内 A 股上市架构的搭建

除了境外架构的拆除，境内上市主体的股权结构的搭建则直接关系到境内上市架构，且两者之间息息相关，均属于需要同步考虑的事项。股东结构通常包括企业创始股东、专业机构投资人以及员工持股平台。综观上述上市架构拆除和搭建的各种方式，结合证监会以往的审核要求，境内居民控股权回归境内（"股权落地"）具体实务操作中需要重点关注的事项包括定价依据、资金是否出境以及纳税义务等。

从证监会以往的窗口指导意见来看，"将境外特殊目的公司架构去除，并将控制权转移到境内 ①。"从目前的案例来看，中国企业赴海外上市公司完成私有化后不管是通过境内 IPO 上市还是借壳的方式，控股权以回归境内为主，一则为符合证监会的审核要求，二则也是留在境外并无必要。

股权落地的方式前文已有论述，在采用转老股股权落地的情形下，主要涉及股权转让定价、资金是否汇出以及纳税义务等问题。

（1）股权转让对价的确定

通常股权转让交易以真实交易为背景，股权转让价款也需要按照公允价格确定，同时也有部分案例股权转让对价按照名义对价、注册资本甚至零对价确定，另外，部分案例在股权落地的同时根据情况兼有不同的定价方式。

采用何种股权转让对价主要考虑点包括四个方面。第一，股权转让交易方之间的关系，是不是控股权回归所涉及的同一控制下的交易（即"左手倒右手"），抑或股权转让给投资人或激励员工等第三方主体；第二，境外是否需要资金以拆除境外架构，包括境外股东股份回购、境外融资的债务偿还等；第三，主管税务机关对股权转让对价的意见；第四，其他，如考虑交易的公允性，在证监会反馈时能够合理解释等。

针对"左手倒右手"型的股权转让，由于商业逻辑均是在同一实际控制人之间的转让，可以按照注册资本或零对价确定，一方面减少资金流转，另一方面避免所得税支出（根据目前税务机关对股权转让价款核定的要求及证监会审核要求，未必能避免所得税缴纳）。目前成功 IPO 的个别典型案例鹏鹞环保（股

---

① 参见 2016 年 10 月保代培训。

票代码：300664）、泰嘉股份（股票代码：002843）。

上述案例能够成功的一个必要条件在于，取得主管税务机关的书面认可意见，如泰嘉股份取得主管税务机关"该项股权转让未产生溢价，不予代扣代缴企业所得税"的书面意见。

按照目前证监会的审核要求以及地方税务机关从严把控税务的形势，完全按照零对价或注册资本价格转让的方案不被主管税务机关认可的可能性增高，其出具书面确认意见的可操作性难度增加，也潜在增加了证监会审核风险。如2018年初上会被否的立中股份 [1]，是从新加坡证券交易所私有化并回归A股的案例，根据其披露的《招股说明书》（预披露稿），拆除红筹架构过程中，新加坡立中将其持有发行人75%的股权以零对价转让给天津企管，并解释零对价的原因在于同一控制下的企业收购，同时根据其披露信息，主管税务机关已对转让价格进行了核定并完税。证监会发审委仍然关注零对价转让的相关合规性情况。虽然该案例被否的原因较多，但可以看出监管层对红筹拆除过程的合规性问题相当关注。

针对其他第三方的股权转让，通常按照公允价值确定股权转让对价，确定公允价格的方式包括账面净资产、经评估净资产及市场估值等。相关案例如科沃斯（股票代码：603486）、爱司凯（股票代码：300521）。

以公允价值作为股权转让对价的定价依据从合规性及审核风险而言是最稳妥的方式，但如果要兼顾资金是否出境和税收合规性，可以名义对价为股权转让对价，并与主管税务机关沟通实际转让对价的核定及缴税事宜。如上科沃斯（股票代码：603486）案例，在针对实际控制人控股权回归上，以名义对价设置股权转让对价，在针对创始股东及员工持股平台上，则参照估值设置股权转让对价。

（2）资金是否出境

拆除红筹架构很重要的一点在于拆除过程中的资金成本以及与境外发生交易时的资金安排。当前国家外汇管理局对资金汇出把控仍然相对较严，红筹架

---

① 详见第十七届发审委 2018 年第 15 次会议审核结果公告，http://www.csrc.gov.cn/pub/zjhpublic/G00306202/201801/t20180116_332725.htm。

构的拆除过程中资金是否汇出境以及如何汇出境也是上市架构搭建过程中需要重点考虑的问题。

实践中，如境外确需资金完成股份回购或债务清偿（如有），股权转让要向境外股东支付真金白银以提供资金，此时，需要按照确定的股权转让对价向境外股东实际支付资金，并通过外汇银行办理支付手续，同时支付资金的资金来源也需合法合规。如境外无需资金，如上文所述科沃斯（股票代码：603486）案例，可以通过在股权转让协议中约定名义对价来避免资金出境，这也是实际操作中在与外管局沟通过程中得到明确肯定意见的方式，前提是需要在境内相应完税。

（3）税务合规性

第一，拆除红筹架构的股权转让所得税：源泉扣缴企业所得税。

《中华人民共和国企业所得税法》（2017 年修订）[①] 以及国税 37 号文均对源泉扣缴予以规定，即非居民企业取得来源于中国境内的所得，应缴纳企业所得税，并实行源泉扣缴，由支付相关款项义务方为扣缴义务人。

上文提及股权转让对价的设置，不论采用何种定价方式，除了主管税务机关以书面文件确认无需缴税外，原则上是必须符合独立交易原则和合理的商业目的且不得因此减少应纳税所得额。[②] 此外，国税 37 号文强调以"主管税务机关可以要求纳税人、扣缴义务人和其他知晓情况的相关方提供与应扣缴税款有关的合同和其他相关资料"的方式对应纳税所得额进行形式审查，而未明确提"有权按照合理方法进行调整"。虽然如此，特别纳税调整在新修订的《企业所

---

① 《中华人民共和国企业所得税法》（2017 年修订）第三条第三款的规定："非居民企业在中国境内未设立机构、场所的，或者虽设立机构、场所但取得的所得与其所设机构、场所没有实际联系的，应当就其来源于中国境内的所得缴纳企业所得税。"第三十七条规定："对非居民企业取得本法第三条第三款规定的所得应缴纳的所得税，实行源泉扣缴，以支付人为扣缴义务人。税款由扣缴义务人在每次支付或者到期应支付时，从支付或者到期应支付的款项中扣缴。"

② 该原则为《国家税务总局关于加强非居民企业股权转让所得企业所得税管理的通知》（国税函〔2009〕698 号）（即众所周知的"698 号文"），该文于 2017 年 12 月 1 日被《国家税务总局关于非居民企业所得税源泉扣缴有关问题的公告》（国家税务总局公告 2017 年第 37 号）所替换而失效，但该原则为源泉扣缴的应有之义。

得税法》及《个人所得税法》中仍然保留，实践中税务机关确实更加严格地对股权价款的真实性及其依据进行审查，但不排除税务机关在此问题上仍有纳税调整的权利。

在符合上述原则的前提下，同时兼顾考虑资金汇出境的需求，如境外无需资金周转，为减少资金流转，只要取得主管税务机关的认可，股权转让对价可设置为名义对价，甚至设置为应纳所得税，但应纳所得税需事先与主管税务机关沟通，确认公允价格的依据，并在此基础上完税，方能确保红筹落地税务方面的合规性。相关案例包括科沃斯（股票代码：603486）IPO、泰嘉股份（股票代码：002843）IPO。

第二，所得税税率。

根据《中华人民共和国企业所得税法实施条例》第九十一条的规定："非居民企业取得企业所得税法第二十七条第（五）项规定的所得，减按 10% 的税率征收企业所得税。"

第三，主管税务机关。

根据国税 37 号文的规定，"扣缴义务人应当自扣缴义务发生之日起 7 日内向扣缴义务人所在地主管税务机关申报和解缴代扣税款。"也就是在股权转让对价支付方所在地主管税务机关进行纳税申报。

第四，利润分配的所得税：税收协定及香港居民企业认定。

如上文对搭建 A 股上市结构的论述，通常由香港企业持有境内 WFOE 的股权，其原因即在于内地与香港之间由税收协议，即《内地和香港特别行政区关于对所得避免双重征税和防止偷漏税的安排》，规定了"如果股息受益所有人是另一方的居民，则所征税款不应超过：（一）如果受益所有人是直接拥有支付股息公司至少 25% 股份的，为股息总额的 5%；（二）在其他情况下，为股息总额的 10%"。也就是说，如果香港企业在香港被认定为居民企业，境内 WFOE 向相关股东分配利润时按照 5% 的税率缴纳所得税（即通常所称的"预提所得税"），相比 10% 的税率能节省一定的税。

5% 的税收优惠的前提是香港企业在香港被认定为居民企业，根据目前的实践，香港地区目前对居民企业的认定也逐渐趋严，如需要在香港有实际经营、有经常办事地、管理层有实际经营的书面文件（如董事会决议等）等，且认定香港居民企业时间也相对不可控。因此，在符合要求和公司实际的情况下，在利润分配甚至筹划整体搭建上市架构前最好预留一定时间办理香港居民企业认定。

第五，税务合规性的其他问题。

在拆除红筹架构及搭建上市架构过程中，也会视个案情况可能会遇到其他税务相关问题，如上市架构搭建涉及上市体系内重组的特殊税务处理、WFOE的境外股东以其在境内的利润再投资暂不缴纳所得税 ① 等，在拆红筹架构的时候需要予以注意，因非共性问题，在此不再展开。

3. 化工类企业 A 股 IPO 的合规方式

（1）规范内控制度并确保有效执行

建议拟上市公司设置专门机构如 EHS 委员会（环境、健康与安全委员会）专门负责处理公司相关事宜，部署、指导并组织各部门落实 EHS 工作要求，制定公司环保管理制度并负责公司环境监督和确保环保设备正常运行，确保"三废"正常排放。

相关制度主要应包含《环保管理制度》《环境因素识别及评价控制程序》《环境风险防控和应急措施制度》《安全培训管理制度》《危险化学品安全管理条例》《事故报告与调查规定》《消防管理制度》等，内容覆盖公司环保目标、环保培训、设备运行、"三废"排放、隐患排查以及应急演练等。一般，拟上市公司申报中会聘请第三方环保机构就公司环保内控制度实施效果进行评测并出具报告。

（2）积极应对已发生的安全生产事故及行政处罚并妥善整改

如若报告期内拟上市公司及其子公司确有发生生产事故或者受到行政主管部门处罚，则公司应积极整改。对于较为重大的事故和处罚，公司首先应梳理相关生产和核心技术应用环节以排查风险发生因素；其次，完善内控相关治理内容及措施，防止后续重蹈覆辙；再次，由点及面，全面排查生产过程中的其

---

① 《国务院关于促进外资增长若干措施的通知》（国发〔2017〕39 号）规定，对境外投资者从中国境内居民企业分配的利润直接投资于鼓励类投资项目，凡符合规定条件的，实行递延纳税政策，暂不征收预提所得税。财政部、国家税务总局、国家发展和改革委员会、商务部联合发布《关于扩大境外投资者以分配利润直接投资暂不征收预提所得税政策适用范围的通知》（财税〔2018〕102 号）对具体操作予以规定。

他安全风险点，举一反三，降低各环节风险。

通常，公司在整改后应取得主管部门有关整改合格的确认或者合规证明，同时，中介机构应妥善履行外部核查等义务，确认相关整改情况。

（3）降低相关事故和处罚对于公司整体生产经营的影响

化工类企业事故有时会引起集团部分范围内的停工停产，而行政处罚中的整改要求亦可能使公司陷入阶段性减产的境地，或将影响公司营业收入。对此，公司除尽快予以整改并恢复生产外，还可以考虑逐步将生产职能向其他子公司倾斜等方式，降低其对整体营收的影响。

四、案件结论

自 2010 年以来，部分在海外上市的中国企业频频启动私有化，继而谋求进入中国境内资本市场。时至今日，这一趋势也伴随着中国资本市场法治化、开放化的趋势受到更多企业的关注，私有化并回归境内上市的路径也在被不断探索尝试。康鹏科技系境外上市私有化后登陆 A 股的化工类企业，上市审核过程中，其红筹架构的拆除以及安全生产、环保合规等问题受到重点关注，作为发行人上市中介机构，应审慎、全面核查并规范其相关问题。

福光股份科创板 IPO 项目

庞 景* 郝 卿**

一、案情介绍

福建福光股份有限公司（证券简称"福光股份"，股票代码："688010"）是一家专业从事军用特种光学镜头及光电系统、民用光学镜头、光学元组件等产品科研生产的高新技术企业，是全球光学镜头的重要制造商、福建省重要的民营军工企业。公司定制产品广泛应用于"神舟"系列、"嫦娥探月""火星探测""辽宁号"等重大国防任务，以及无人机、武装直升机、远望 3 号测量船、"红旗"及"红箭"系列等尖端武器装备；非定制产品广泛应用于平安城市、智慧城市、物联网、车联网、智能制造等领域。

福光股份于 7 月 22 日在上海证券交易所科创板成功挂牌上市。福光股份从首次申报 IPO 到成功上市，前后用时不到 4 个月，是全国第一家通过科创板上市委员会审核的国防军工企业，也是上海证券交易所科创板第一批上市企业之一。

---

* 上海市锦天城律师事务所高级合伙人。

** 上海市锦天城律师事务所合伙人。

二、办案难点

（一）关于军工事项审查的问题

根据《涉军企事业单位改制重组上市及上市后资本运作军工事项审查工作管理暂行办法》（科工计〔2016〕209号）（以下简称"209号文"）的规定，涉军企事业单位改制、重组、上市及上市后资本运作应当申请并取得国防科工局的军工事项审查同意。军工事项审查是涉军企事业单位进行资本运作的先决条件，未履行军工事项审查程序，则涉军企事业单位不得进行改制、重组、上市或上市后资本运作，不得进行诸如公告有关预案，以及召开董事会、股东大会等任何程序。

福光股份作为符合209号文规定的涉军企业，其实施企业改制以及上市前依法应当取得国防科工局关于军工事项审查的批准，这是其进行一系列资本运作的必备前提，也是发行人律师在本项目中必修的第一个课题。

（二）关于军工资质的问题

军工企业在申请IPO时，相关军工业务资质的完整性、确定性、时效性及可持续性等问题都是审核机构关注的重中之重。

一方面，国家对参与军队装备和配套产品供应的企业有着严格的资质控制要求，相关企业须在保密、质量管理、科研技术水平等方面经综合审定后，方可取得开展相关涉军业务所必需的业务资质。在本项目报告期内，恰遇国家全面试行装备承制单位资格审查与武器装备质量管理体系认证"两证合一"改革，在改革过渡期间，福光股份原持有的相关证书有效期已届满，但截至IPO申报时尚未取得换发的新证。

另一方面，国家对提供军工涉密业务咨询服务的中介机构的安全保密条件亦提出了明确的要求。根据本项目申报当时有效适用的法律规定，为项目提供咨询、审计、法律、评估、评价、招标等服务的法人单位或者其他组织，应当具备军工咨询服务资质。在本项目中，为发行人股改事项提供追溯评估的评估机构未取得军工咨询服务资质。

（三）关于军品销售招投标的问题

在 IPO 审核过程中，发行人产品销售的招投标合规性是常规的审核关注点，招投标的合法合规性直接影响到企业的业务合法性、合同有效性以及持续经营能力。区别于一般的招投标，军工企业在向国家或军方销售军品时，需要遵守特殊的军品采购规定，适用特殊的招投标标准和程序。

福光股份作为军工企业，在军品销售方面即存在大量招投标情形。在本项目审核问询中，审核重点关注了公司参与招投标及中标的具体情况，军品销售招投标的程序是否合法合规以及是否存在应招标而未招标的情形等。

因此，如何充分核查军工企业军品销售招投标情况、如何准确且适当地披露相关信息并发表明确意见，是本项目过程中的一项挑战。

（四）关于国企改制的问题

福光股份作为早期国企混改的典型，其前身系从国营八四六一厂改制而来，即公司历史上通过改制实现了从国有企业到民营企业的转变。

国企改制是一项系统的法律工程，在 IPO 审核实践中，监管审核部门通常关注企业在改制中是否依法履行完毕必备的改制程序、是否造成国有或集体资产流失以及改制过程是否存在相关纠纷或潜在纠纷等问题。

作为发行人律师，全面梳理企业国企改制时适用的相关法律法规、准确发现发行人在国企改制历史中存在的程序性不规范问题、充分完善补充核查工作，并协助企业逐级申请并取得有权主管部门的确权文件，是该问题得以解决的核心。

（五）关于实际控制人认定与同业竞争的问题

发行人实际控制人的认定及其变化情况是审核监管部门对 IPO 企业的最基本的审核要点。项目 IPO 申报时，福光股份所认定的实际控制人持有发行人 37.51% 的股份，国有股东共同持有发行人 31.05% 的股份，两者持股比例较为接近。在该等股权结构下，发行人实际控制人认定的准确性及合理性问题尤为突出，亦被审核部门所关注。

实际控制人认定还关系到发行人关联交易的认定。在本项目中，主要股东福建省电子信息（集团）有限责任公司（以下简称"信息集团"）系持发行人股份最多的国有股东，其下属事业单位福建省光学技术研究所（以下简称"光研所"）主营业务为特殊工业定制镜头的研究、设计、开发以及小批量试制与测试业务，与福光股份相似。因此，审核部门对实际控制人认定与同业竞争的问题表现出了较高的警觉。

三、法律分析

（一）关于军工事项审查的问题

在本项目中，福光股份持有《武器装备科研生产许可证》，属于 209 号文所界定的涉军企事业单位，应当按照 209 号文在法定情形下履行军工事项审查。作为发行人律师，项目组对福光股份历史上是否已依法就相应事项履行完毕了军工事项审查申报进行了核查。

1. 关于改制

福光股份系由其前身福光有限 2004 年 2 月 3 日整体变更设立，其改制实施时，尚不适用 209 号文及相关法律规定，无需履行军工事项审查程序。

2. 关于重组

福光股份在申报 IPO 之前，曾计划与上市公司 *ST 厦华进行重组，但该重大资产重组最终于 2018 年 11 月正式宣告终止。在该次重组实施过程中，*ST 厦华董事会审议通过本次交易方案及相关议案之前，福光股份已就本次重组事宜先行申请了军工事项审查，并于 2017 年 12 月 18 日取得了福建省国防科技工业办公室下发的《福建省国防科技工业办公室关于厦门华侨电子股份有限公司收购福建福光股份有限公司部分股权涉及军工事项审查的意见》，相关程序符合 209 号文中"未通过国防科工局军工事项审查，上市公司不得公告有关预案，以及召开董事会、股东大会履行法定程序"的相关规定。

3. 关于 IPO

在本项目中，福光股份于 2019 年 3 月 6 日召开董事会会议，审议通过了关于本次发行的相关议案。在该董事会会议召开之前，福光股份已依法提前就本项目申请军工事项审查，并于 2019 年 2 月 22 日取得福建省国防科技工业办公室《福建省科技工业办公室关于福建福光股份有限公司首次公开发行股票并上市涉及军工事项审查的意见》，具体意见如下："根据《国防科工局关于福建福光股份有限公司首次公开发行股票并上市涉及军工事项审查的意见》（科工计〔2019〕95号）精神，经国家科工局对相关军工事项进行审查，原则同意你司首次公开发行股票并上市。"相关程序符合209号文规定的"首次公开发行股票，应在方案完成后及时向国防科工局申报，履行规定的军工事项审查程序，并接受国防科工局指导"。

（二）关于军工资质的问题

1. 关于发行人军工资质的问题

根据中国共产党中央军委装备发展部的规定，自2017年10月1日起，全面试行装备承制单位资格审查与武器装备质量管理体系认证"两证合一"改革，统一换发新版《装备承制单位资格证书》，过渡期内以原《装备承制单位注册证书》到期为节点，实施换证审查。中国新时代认证中心亦相应规定将不再单独开展武器装备质量管理体系认证。

在本项目申报时，福光股份的《装备承制单位注册证书》和《武器装备质量体系认证证书》均已届满，且当时新《装备承制单位资格证书》仍处于办理程序中。福光股份在旧证已到期且仍未取得新证的期间内，存在继续从事军品业务的情况。面对审核部门关于发行人军工业务资质的担忧，项目组律师从如下三个方面进行了充分论证。

（1）发行人在关键领域均保持了稳定和合规的运营状态

项目组对发行人进行了全面审查，其中重点核查了企业的法人资格、专业技术资格、产品质量管理、合同履行情况、财务资金情况、履约信用评价、保密管理控制等关键方面。通过核查，项目组确认了发行人在该等重要领域均未出现显著变化，证明企业在维持生产水平和质量标准方面的连续性和稳定性，可视为发行人符合签署由相关主管部门出具的审查报告中给定范围内的产品订购合同的要求。

（2）发行人的新证办理情况和开展经营行为的合法性

在项目组的建议下，公司协调中国人民解放军陆军南京军事代表局驻福州地区军事代表室及其上级部门中国人民解放军陆军装备部驻南京军事代表局，并出具相关专项证明，明确福光股份已于2019年1月25日完成整改及整改验证，于2019年2月11日自中国人民解放军陆军装备部驻南京地区军事代表局推荐注册，并于2019年4月通过装备承制资格续审/扩大范围审查，继续保持承制资格。在新证书颁发前，发行人可按照2018年续审时申报的承制范围开展相关工作。

（3）中国人民解放军陆军装备部驻南京地区军事代表局具有审核权，其出具的说明具有法律效力

根据《中国人民解放军装备承制单位资格审查管理规定》的相关规定，相关部门依托军事代表机构设立装备承制单位资格审查申请受理点。装备承制单位资格审查受理点负责受理、审核、上报装备承制单位资格审查申请，并提供相应指导和咨询。中国人民解放军陆军装备部驻南京地区军事代表局有权对发行人的装备承制资格进行审核并发表明确意见，其出具的《说明》具有法律效力。

因此，经过对事实情况的分析和相关主管部门的核实确认，项目组论证了发行人取得新版《装备承制单位资格证书》不存在实质性法律障碍，在新证书颁发前，福光股份按照2018年续审时申报的承制范围开展相关工作合法合规，不存在被处罚的风险，以此打消了监管审核部门的疑虑。

2. 关于中介机构军工资质的问题

根据本项目申报当时适用的相关法律规定，对军工涉密业务提供咨询、审计、法律、评估、评价、招标等服务的法人单位或者其他组织，应当具备军工咨询服务资质。在本项目中，因公司改制时的评估机构被中国证监会立案调查，公司另行聘请某评估机构对发行人改制事项进行追溯评估，但该评估机构未持有军工业务资质。一方面，项目组认为，相关追溯评估系基于原始评估的历史档案实施，相关历史文件不含涉及国家秘密的文件。另一方面，出于谨慎考虑，由发行人在前述追溯评估的基础上，公司又聘请具有军工业务资质的评估机构进行了再次追溯评估。

值得关注的是，在本项目之后，国防科工局于2019年12月颁布了《军工涉密业务咨询服务安全保密监督管理办法》（科工安密〔2019〕1545号），在该新规下，不再对军工咨询服务中介机构实施备案制，取得《军工涉密业务咨询服务安全保密条件备案证书》亦不再是中介机构承接军工涉密业务咨询服务的必备条件。新规实施后，军工企业应当委托具有安全保密条件的中介机构提供相关服务，并由军工单位就委托咨询服务有关情况向主管部门履行备案手续，中介机构则需要对涉密人员进行培训管理。

（三）关于军品销售招投标的问题

在本项目中，发行人定制品业务面向中科院、各大军工集团的下属企业和科研院所，通过商务谈判或竞标获取订单。审核部门在问询中对发行人的招投标程序是否合法合规、是否存在未招标或未履行招投标程序等情况予以了特别关注。

鉴于福光股份作为军工企业，其军品销售应当适用我国装备采购相关规定及其选择供应商的相关制度。根据相关规定，我国装备采购方式包括公开招标采购、邀请招标采购、竞争性谈判采购、单一来源采购、询价采购以及总装备部认可的其他装备采购方式。项目组律师就该事项履行了如下核查程序：首先，查阅相关规定，明确我国装备采购采用的方式及其选择供应商的主要原则；其次，梳理发行人相关合同及订单的具体获取方式，取得并核查项目招标、中标等相关文件，具体应对相关招投标项目的范围和规模、招标方案的审核批准，招标文件的编制规范，中标及合同的合法性等进行审查；最后，在对发行人主要客户的访谈中，进一步确认相关军品采购方式以及相关供应商选择制度，确认发行人相应程序是否合法合规。

根据《武器装备质量管理条例》等相关规定，军方武器装备实施合格供应商制度。为军品生产提供原材料及零部件的供应商一般需要经驻厂军代表审核备案，并列入《合格供方名录》。军工企业生产军品所需的物料采购必须在《合格供方名录》中选择供应商。根据相关规定以及访谈确认，因为军工业务的特殊性，在特定金额以下，相关研发项目的承研单位或配套生产商的遴选程序不对外公布，并未执行公开招标流程，仅在系统内部执行配套单位比选程序或由下游客户根据军品装备任务直接进行采购，此类项目不需履行招投标程序。建议在军工企业 IPO 项目的核查中注意这一特殊性。

（四）关于国企改制的问题

在本项目中，福光股份系经国企混改成立的。2003 年 12 月，福光光学制定了资产处置和职工安置等一揽子改制改组方案，福光光学拟将部分资产转让发行人的前身福建福光数码仪器有限公司（后更名为"福建福光数码科技有限公司"，以下统称"福光有限"）。2004 年 2 月，福光有限设立后，通过收购及承租福光光学拥有的工业产权、专有技术和部分存货等国有资产，承继了福光光学的民用和军工光学产品的科研和生产业务，并承继了国营八四六一厂厂名和番号。

针对发行人历史沿革中的国企改制事宜，作为发行人律师，我们主要履行了如下核查程序：理清国企改制的法律要点（主要包括改制审批、清产核资、资产评估及确认、职工安置、金融债权、工商变更登记等方面），梳理发行人实施国企改制时适用的相关法律法规政策规定；全面核查发行人在国企改制时已经履行的相关程序，根据当时适用的法律规定政策，发现发行人相关国企改制程序中存在的瑕疵问题；协助发行人采取补救措施，并申请取得有权主管部门的确权。

根据本项目适时有效的《企业国有产权转让管理暂行办法》（2004 年 2 月 1 日起施行，于 2017 年 12 月 29 日废止）及《福建省国有资产产权交易管理暂行规定》（1996 年 6 月 1 日起施行，于 2008 年 1 月 22 日废止）的规定，"国有资产产权交易，必须在依法设立的产权交易机构进行"，"出让省国有企业产权，占有、使用国有资产单位属于小型企业的，由政府授权投资机构或者省政府授权部门报省国有资产管理局会同省财政厅批准；属于中型企业的，由政府授权投资机构或者省政府授权部门报省国有资产管理局会同省财政厅审核后，报省政府批准"。但福光光学向福光有限转让工业产权、专有技术和部分存货等国有资产时未在产权交易机构进行，未履行信息集团、省财政厅或省政府审核批准的程序，未将福光光学的资产评估结果报经相关财政部门核准或备案，因此存在一定的程序瑕疵。

对于福光光学向福光有限出让资产的行为未在产权交易机构进行，且当时未履行审核批准的程序事项，以及福光光学的资产评估结果未经相关财政部门核准或备案的事项，项目组协助公司取得福建省国资委、省政府办公厅就上述收购程序出具的意见，确认"福光光学在 2004 年至 2007 年期间涉及的国有资产处置履行了相关程序，取得了相关部门批准，符合法律及有关政策规定"，"涉及的职工安排、借款安排、固定资产租赁，以及库存资产及无形资产、技术产权、土地使用权和机器设备等其他资产处理事项，过程符合相关规定，不存在导致国有资产流失、损害国有股东及职工利益的情形，其结果合法有效"。

因此，尽管在资产转让和评估过程中存在程序瑕疵，但福建省国资委和省政府办公厅的确认函为福光有限收购资产事宜提供了合法性支持。经项目组核查，相关资产已评估，价款已支付，并办理了资产交割手续；取得了有权机关分别就其国企改制事宜出具的确认意见，书面确认上述程序瑕疵未导致国有资产流失，上述福光有限收购资产事宜所存在的程序瑕疵不会构成本次发行上市的实质性法律障碍。

（五）关于实际控制人认定与同业竞争的问题

为论证福光股份的实际控制人为何文波，而非福建省国资委；以及光研所的主营业务与福光股份相比不具有替代性、竞争性，二者不存在利益冲突，项目组的核查及分析工作如下。

1. 公司实际控制权的归属应注重实事求是的原则进行综合分析

本项目申报时有效的《上市公司收购管理办法》（2014 年 11 月 23 日起施行，于 2020 年 3 月 20 日废止）第八十四条规定了上市公司控制权的四种情况，分别为"（一）投资者为上市公司持股 50% 以上的控股股东；（二）投资者可以实际支配上市公司股份表决权超过 30%；（三）投资者通过实际支配上市公司股份表决权能够决定公司董事会半数以上成员选任；（四）投资者依其可实际支配的上市公司股份表决权足以对公司股东大会的决议产生重大影响"。也就是说，认定公司控制权的归属，既需要审查相应的股权投资关系，也需要综合对发行人股东大会、董事会决议的实质影响、对董事和高级管理人员的提名及任免所起的作用等因素进行分析判断。《首发业务若干问题解答（一）》也明确规定，在确定公司控制权归属时，应当本着实事求是的原则，尊重企业的实际情况，以发行人自身的认定为主，由发行人股东予以确认。

本项目中，项目组通过审查股权投资关系、考察实际控制人在公司治理结构中的作用、分析实际控制人对董事和高级管理人员的提名及任免所起的作用等三个方面综合分析，论证何文波对福光股份享有实际控制权。

（1）股权投资关系

何文波控制的中融投资持有公司 36.73% 股份，为公司第一大股东，且为公司唯一的单一持股超过 30% 的股东，对公司股东大会特别决议事项享有一票否决权。

（2）实际控制人在公司治理结构中的作用

何文波控制的中融投资提名的董事占公司非独立董事的大多数席位，何文波控制的中融投资提名的监事人数与国有股东提名的监事人数相等。

何文波为公司董事长，董事会重大决策的提议均由以何文波为核心的经营管理层向董事会提出。虽然国有股东与何文波控制的股份比例较为接近，但未对公司股东大会的正常召开造成影响，未对何文波的实际控制权造成影响。

（3）实际控制人对董监高的提名及任免所起的作用

发行人经营管理层的运作由以何文波为核心的团队展开，总经理何文波对董事会负责，主持发行人的生产经营工作，组织实施董事会决议，制定发行人具体规章制度，提请董事会聘任或解聘副总经理、财务负责人，以及决定聘任或解聘董事会权限下的其他管理人员。

2. 公司与光研所不构成同业竞争的分析判断

作为发行人律师，在核查发行人与竞争方不构成同业竞争时，项目组收集并核查了发行人与光研所的注册资料、营业执照、合同、财务报表等文件，访谈实际控制人、管理层以及主要股东以获取第一手信息，并对发行人及其关联方的市场定位、主要客户及供应商关系进行深入分析，并重点针对以下方面进行了论证：相关企业历史沿革、资产、人员、主营业务（包括但不限于产品服务的具体特点、技术、商标商号、客户、供应商等）等方面与发行人的关系；评估业务是否有替代性、竞争性，是否存在利益冲突；以及是否存在在同一市场范围内销售相同或相似产品或服务的情况。

首先，找准角度突出发行人的主营业务、主要产品及应用领域与光研所存在显著差异。如在主营业务方面，发行人专业从事军用特种光学镜头及光电系统、民用光学镜头、光学元组件等产品科研生产，光研所则主要针对特殊工业定制镜头的研究、设计、开发，小批量试制与测试，以及相关产品的组装与检测维修。对此，项目组核心抓住光研所的主要产品服务特点，明确了其业务模式更侧重于定制化解决方案和技术服务而非大规模生产，与发行人相比具有显著差异，论证发行人与光研所在业务上不存在可替代性和竞争关系。

其次，强调光研所的历史沿革、资产、人员、技术等与发行人不存在关联关系。根据项目事实情况，光研所与发行人存在少量关联交易，而通过证明两者之间在前述各个方面上不存在关联关系，且不存在其他人员、技术、业务或资金往来，可以向审核部门和投资者展示发行人的业务独立性和自主运营能力，避免认为发行人与光研所之间存在利益竞争。

最后，项目组通过分析光研所和福光股份的销售渠道、主要客户及供应商，确认两者之间不存在重叠。通过核查光研所和福光股份的财务记录，包括销售和采购记录、合同等，项目组确认了合同的另一方为独立的法人实体，且与另一方无关联，确保所有的交易都是独立进行的。此外，还通过市场调研，了解发行人和光研所在市场中的定位、品牌形象和销售策略，进一步证明了两者在市场中的定位和策略存在明显差异，并以此作为销售渠道独立的有力证明。

因此，经项目组核查，发行人与光研所在主营业务、销售渠道、核心技术产品及应用领域均存在显著差异，光研所的主营业务与福光股份相比不具有替代性、竞争性，二者不构成同业竞争。

四、案件结论

福光股份 IPO 项目作为第一批科创板上市项目，不仅前述问题是本项目的办案难点，而且相关问题的解决也为后续科创板其他 IPO 项目提供了借鉴和参考。尤其对军工企业提供了注册制下的先进实践经验。

锦天城律师团队作为福光股份本项目的律师，在本项目中起到关键作用，项目组律师不仅以高度的专业素养和敬业精神为福光股份提供了坚实的法律支撑，更为本次股票发行申报工作贡献了全面、系统且高效的法律服务，对于确保整个上市过程的顺利进行具有决定性影响。

福光股份是科创板设立以来首家通过科创板上市委员会审核的国防军工企

业，也是国内第四家、福建省第一家通过科创板上市委员会审核的企业，在中国资本市场具有里程碑意义。本项目组成员不仅有力地支撑了福光股份的上市申请，确保其在 IPO 过程中的顺利进行，并为公司的长期发展打下坚实的基础。

凯赛生物科创板 IPO 项目

龚丽艳* 杨明星**

一、案情介绍

上海凯赛生物技术股份有限公司（以下简称"凯赛生物""公司""发行人"）成立于 2000 年，是一家以合成生物学等学科为基础，利用生物制造技术，从事新型生物基材料的研发、生产及销售的高新技术企业。目前凯赛生物主要产品为系列生物法长链二元酸和系列生物基聚酰胺产品。

凯赛生物生产的生物法长链二元酸系列产品于 2018 年和 2021 年被工信部评为制造业单项冠军。凭借生物法长链二元酸产品在全球的优势地位，凯赛生物与杜邦、艾曼斯、赢创等国际知名企业均建立了长期稳定的合作关系。

凯赛生物系列生物基聚酰胺产品应用于工程塑料、纺丝、交运物流、建筑材料、新能源等多个下游领域。公司持续研发生物基长链聚酰胺、高温聚酰胺、连续纤维增强型生物基聚酰胺复合材料、聚酰胺弹性体、聚酰胺发泡 / 蜂窝材料、农业废弃物利用等项目，进一步拓展下游应用和市场空间。

2020 年 8 月 12 日，凯赛生物股票在上交所科创板上市交易，股票简称"凯

* 上海市锦天城律师事务所高级合伙人。
** 上海市锦天城律师事务所合伙人。

赛生物",股票代码"688065"。

二、办案难点

凯赛生物是一家中外合资企业,设立较早。在各方确定以凯赛生物境内上市后,公司进行了一系列股权架构调整,涉及多个股东且性质不同,有境内外主体、私募基金、国有企业,具有一定的复杂性和挑战性。此外,凯赛生物作为一家科技型生产企业,其知识产权、环境保护、重大资产等问题亦是上市法律工作的重点,在同类案例中具有其个性化之处。

鉴于篇幅原因,本文仅对非专利技术出资事项、上市前的股权架构调整和不动产瑕疵事项展开详细论述。

三、法律分析

(一)关于非专利技术出资的相关问题

2000年,在凯赛生物设立阶段,其股东以两项非专利技术作价出资。《公司法》对非专利技术的出资仅有"可转让、可货币估值"的基本要求,但在上市场景下,还需全面核查关注技术权属、技术价值和出资程序等方面的问题。

1. 关于技术权属

非专利技术并非实物且无需办理权利登记,属于一种技术秘密,其权利归属往往较难全面自证,实践中,对于该问题的核查论证,通常会从以下角度进行论证:一是技术发明人是否拥有技术形成所需的合理资源,如专业背景、研发条件等;二是技术是否存在权属纠纷,如涉及职务发明或以合作研发、委托开发等形式产生等。

凯赛生物设立阶段股东出资的非专利技术具有一定特殊性,其系经政府科技部门确认的高新技术成果,并在有关认定意见中载明了权利人,有关认定意见可作为判断技术权属的一项重要依据。项目组律师还关注了技术发明人与非专利技术相关的专业背景情况,借此进一步论证出资技术形成的合理性。此外,项目组律师亦关注了技术出资至今是否出现职务发明、合作研发等类似纠纷,反向论证技术归属。

2. 关于技术价值

技术价值体现在是否具有知识产权属性、是否与主营业务相关，以及货币估值是否不低于其出资作价金额等维度。

（1）知识产权属性

最高人民法院于 1995 年做出的《关于正确处理科技纠纷案件的若干问题的意见》的司法解释现虽现已失效，但仍具有借鉴意义，其中规定非专利技术成果应当具备下列条件：

① 包含技术知识、经验和信息的技术方案或技术诀窍；

② 处于秘密状态，即不能从公共渠道直接获得；

③ 有实用价值，即能使所有人获得经济利益或竞争优势；

④ 拥有者采取了适当保密措施，并且未曾在没有约定保密义务的前提下将其提供给他人。

即非专利技术作为无形资产的一种，需要具有技术价值和实用价值，并非行业通识或经验，还需具备秘密性且采取了适当保密措施。

（2）与主营业务相关

如出资技术与主营业务无关，则其价值无法充分施展和利用，对公司而言其价值可能为零或大打折扣。

（3）货币估值

可以用货币估值是《公司法》明确规定的可出资资产的要件。

项目组律师关注了凯赛生物设立阶段用于出资的两项非专利技术与公司当时主营业务的相关性，此外，公司聘请了具有证券期货从业资质的评估机构对两项技术进行追溯评估，以确认其评估价值是否不低于其出资作价金额。

3. 关于出资程序

非专利技术出资的程序主要涉及出资比例、评估程序、权属转移和其他专项规定下的特殊程序。

（1）出资比例

《公司法》在不同时期对非专利技术作价出资金额占注册资本的比例有着不同规定：

① 在 2006 年 1 月 1 日前，以工业产权、非专利技术作价出资的金额不得超

过有限责任公司注册资本的百分之二十，国家对采用高新技术成果有特别规定的除外；

②在2006年1月1日至2014年3月1日期间，全体股东的货币出资金额不得低于有限责任公司注册资本的百分之三十，即非专利技术出资的占比最高为百分之七十；

③2014年3月1日后，不再限制非专利技术作价出资金额占注册资本的比例。

因此，对于2014年3月1日前的非货币资产出资事项，仍需核查关注是否超出了出资比例的法律限制。

凯赛生物的非专利技术出资发生在2001年，对于非专利技术作价出资金额占注册资本的比例事项，当时有效的规定主要如下。

《公司法（1999年修正）》第二十四条第二款规定，"以工业产权、非专利技术作价出资的金额不得超过有限责任公司注册资本的百分之二十，国家对采用高新技术成果有特别规定的除外"。根据该规定，以高新技术成果对有限责任公司出资的比例，可以突破20%的限制。

《国务院办公厅转发科技部等部门关于促进科技成果转化若干规定的通知》（国办发29号文，1999年3月颁布）第一条第一款规定，"以高新技术成果向有限责任公司或非公司制企业出资入股的，高新技术成果的作价金额可达到公司或企业注册资本的35%，另有约定的除外"。

《上海市促进高新技术成果转化的若干规定（2000年修订）》（2000年11月12日实施）第4条第一款规定，"高新技术成果可作为无形资产参与转化项目投资。高新技术成果作为无形资产的价值占注册资本比例可达35%。合作各方另有约定的，从其约定"。

根据上述规定，如用于出资的非专利技术属于高新技术成果，则其出资比例可以另行约定，不受35%的限制。

对于高新技术成果的认定，主要依据国家科学技术委员会（以下简称"国家科委"）1997年7月颁布的《关于以高新技术成果出资入股若干问题的规定》（2006年5月失效），出资入股的高新技术成果，应当符合下列条件：（一）属于国家科委颁布的高新技术范围；（二）为公司主营产品的核心技术；（三）技术成果的出资者对该项技术合法享有出资入股的处分权利，保证公司对该项技术的财产权可以对抗任何第三人；（四）已经通过国家科委或省级科技管理部门的认定。

凯赛生物设立阶段技术出资的比例超过了 35%。项目组律师结合《关于以高新技术成果出资入股若干问题的规定》对可用于出资入股的高新技术成果的四项要件进行了对照分析，论证出资技术是否属于高新技术成果，并在此基础上依据当时有效的《国务院办公厅转发科技部等部门关于促进科技成果转化若干规定的通知》和《上海市促进高新技术成果转化的若干规定（2000 年修订）》等文件进一步论证了出资比例的合规性。

（2）评估程序

《公司法》及其历次修订 / 修正版均规定，非货币资产出资应履行评估程序，法律、行政法规对评估作价另有规定除外。由于历史原因及一些特殊性规定，实践中存在较多出资时未履行评估程序的情形。

《中外合资经营企业法实施条例》（2001 年修订）第二十二条规定，"合营者可以用货币出资，也可以用建筑物、厂房、机器设备或者其他物料、工业产权、专有技术、场地使用权等作价出资。以建筑物、厂房、机器设备或者其他物料、工业产权、专有技术作为出资的，其作价由合营各方按照公平合理的原则协商确定，或者聘请合营各方同意的第三者评定"。

凯赛生物的技术出资在当时未履行评估程序。项目组律师基于凯赛生物的中外合资企业性质，依据《中外合资经营企业法实施条例》的上述规定，对其合规性予以了论证。

（3）权属转移

鉴于非专利技术的无形资产属性，且无需登记公示，其权属的转移无法像实物资产或专利技术有"迹"可循。实践中通常从技术资料交接、技术的实际应用、资产入账的账务处理等角度予以分析。凯赛生物的非专利技术出资事项亦参照上述思路论证了权属转移情况。

（4）高新技术成果出资相关的特殊程序

除上述常规出资程序事项外，高新技术成果的出资还存在一些特殊的出资程序。如《关于以高新技术成果作价入股有关问题的通知》（国科发政字〔1999〕

351 号，2006 年 5 月失效）及《关于以高新技术成果出资入股有关问题的补充通知》（国科发政字〔2000〕第 255 号，2006 年 5 月失效）规定，高新技术成果作价金额在 500 万元人民币以上，且超过公司或企业注册资本 35% 的，由科技部授权政策法规与体制改革司函告国家工商行政管理局企业注册局或相关地方工商行政管理部门；对于审查后不属于高新技术的，以科技部政策法规与体制改革司函形式通知企业。

根据上述规定，作价金额在 500 万元人民币以上的高新技术成果出资，需由科技部进行审查，通过审查的，由科技部政策法规与体制改革司函告被出资企业主管工商部门；未通过审查的，直接函告企业。

凯赛生物的技术出资事项系由上海市科学技术委员会函告上海市工商局，未经由科技部政策法规与体制改革司函告，存在程序瑕疵。

项目组律师从函告程序的实质目标出发，即系为确认出资技术的高新技术成果性质，并结合涉及程序瑕疵的法律文件的层级和废止时间，分析瑕疵是否影响出资技术的实质认定结果。此外，按照上市项目的论证惯例，公司在上市前就技术出资事项还取得了主管科技部门的书面确认，为论证分析结果予以确认。

（二）关于上市前进行的一系列股权架构调整

在凯赛生物早期发展过程中，其曾在控股股东 Cathay Industrial Biotech Ltd.（以下简称"CIB"）层面引进投资者并发行员工期权。在各方确认以境内公司"上海凯赛生物研发中心有限公司"（以下简称"凯赛有限"，发行人前身）作为 A 股的拟上市主体申请科创板上市后，公司进行了一系列股权架构调整。

基于不同主体的性质、原持股形式、诉求及股权调整产生的税负安排，公司在上市前的一系列股权架构调整包括：境外股东下翻；境外期权平移至境内；国有股东调整等。以下就境外股东下翻、境外期权平移至境内及国有股东调整的相关事项予以进一步分析。

1. 境外股东下翻

发行人的控股股东 CIB（注册在开曼群岛）曾拟在境外上市，部分早期投资者系在 CIB 层面持股。在确定境内上市计划和上市主体后，部分投资者继续看好公司的发展前景，经协商一致后，选择将其持有的 CIB 股权下翻，成为凯赛生物的股东。

2. 境外期权平移至境内

CIB 曾分批向部分中外籍核心人员授予了 CIB 普通股期权并相应签署期权授予协议，面对人数和类型众多的境外期权，项目组律师协助公司制定了清理和平移方案，通过设立 3 个有限合伙企业作为员工持股平台，将境外期权平移至境内行权。

此外，为满足当时有效的《上海证券交易所科创板股票发行上市审核问答》中规定的"闭环原则"① 要求，员工持股平台出具书面承诺："不在公司首次公开发行股票时转让股份；自发行人发行的股票上市交易之日起 36 个月内，不转让或委托任何第三人管理其直接或间接持有的发行人首次公开发行股票前已发行的股份，也不由发行人回购该等股份。因发行人进行权益分派等导致其直接持有发行人股份发生变化的，仍遵守上述约定。"员工持股平台全体合伙人亦分别书面承诺："在公司上市前及公司上市之日起 36 个月内（如届时相关法律法规、规范性文件对锁定期限另有规定的，以该规定为准），仅可不高于原认购价格将本人所持持股平台合伙份额，向《上海凯赛生物技术研发中心有限公司股权激励计划》内的员工或其他符合该计划规定条件的员工转让，该等转让须经持股平台的普通合伙人书面同意后方可进行；未经持股平台的普通合伙人书面同意，不得将所持持股平台合伙份额进行质押或设定其他担保义务。"

3. 国有股权的无偿划转及非公开协议转让

国有产权转让通常需要履行国资审批、评估及备案、进入产权交易市场公开挂牌交易（以下简称"进场交易"）等流程，进场交易的例外情形主要包括国有股权的无偿划转和非公开协议转让等类型。

凯赛生物在上市前的一系列股权架构调整中，经历了国有股权的无偿划转

---

① 《上海证券交易所科创板股票发行上市审核问答》第 11 条第（二）款第 1 项规定："员工持股计划遵循'闭环原则'。员工持股计划不在公司首次公开发行股票时转让股份，并承诺自上市之日起至少 36 个月的锁定期。发行人上市前及上市后的锁定期内，员工所持相关权益拟退出转让的，只能向员工持股计划内员工或其他符合条件的员工转让。锁定期后，员工所持相关权益拟转让退出的，按照员工持股计划章程或有关协议的约定处理。"

和非公开协议转让两种操作：①一名国有全资企业股东将所持有公司全部股权无偿划转给其母公司；②随后该被划转取得股权的国有股东将所持部分发行人的股权以非公开协议转让的方式转让予另一家国有全资企业。

（1）关于国有股权无偿划转

国有股权无偿划转的审批等程序要求主要规定于《关于促进企业国有产权流转有关事项的通知》《关于企业国有资产办理无偿划转手续的规定》和《企业国有产权无偿划转管理暂行办法》等文件。

《关于促进企业国有产权流转有关事项的通知》规定："三、国有全资企业之间或国有全资企业与国有独资企业、国有独资公司之间，经双方全体股东一致同意，其所持股权可以实施无偿划转。"

《企业国有产权无偿划转管理暂行办法》第十二条规定："企业国有产权在同一国资监管机构所出资企业之间无偿划转的，由所出资企业共同报国资监管机构批准。企业国有产权在不同国资监管机构所出资企业之间无偿划转的，依据划转双方的产权归属关系，由所出资企业分别报同级国资监管机构批准。"

项目组律师核查关注了无偿划转双方的股权关系，是否符合适用无偿划转的法定条件、是否经由双方全体股东一致同意。本次无偿划转的转出方为转入方的全资子公司，无偿划转双方均为国有全资企业，本次股权变动可以适用无偿划转方式。本次无偿划转经双方股东／集团母公司出具股东决定审批同意。

项目组律师同时关注了无偿划转的程序性要求。本次国有股权无偿划转股权变动时未抄报同级国资监管机构，存在一定程序瑕疵。项目组律师一则从实质角度进行了论证，二则协助公司协调取得了国资监管机构的书面确认意见，以此弥补程序瑕疵。

（2）关于国有股权非公开协议转让

《企业国有资产交易监督管理办法》第三十一条规定，同一国家出资企业及其各级控股企业或实际控制企业之间因实施内部重组整合进行产权转让的，经该国家出资企业审议决策，可以采取非公开协议转让方式。

关于国有股权非公开转让的价格，《企业国有资产交易监督管理办法》第三十二条规定，同一国家出资企业内部实施重组整合，转让方和受让方为该国家出资企业及其直接或间接全资拥有的子企业，转让价格可以资产评估报告或最近一期审计报告确认的净资产值为基础确定，且不得低于经评估或审计的净资产值。

项目组律师基于上述规定关注了凯赛生物本次国有股权非公开协议转让的适用条件、审批程序及转让价格等事宜，结合本次转让双方的股权结构、交易审批文件、股权转让价格作价依据及省国资委的确认意见等信息和文件分析了本次国有股权非公开协议转让的合规性。

（三）关于不动产瑕疵事项

不动产瑕疵情形在 IPO 项目实践中经常出现，核心关注点包括瑕疵事项是否存在违法违规情节，及关注瑕疵房产是否会影响公司正常经营。

凯赛生物上市前存在两处瑕疵不动产，其中上海办公楼未能办理不动产证书，子公司厂区部分土地未取得土地使用权证。

1. 关于上海办公楼

上海办公楼系由发行人向开发商购置取得，开发商就其房屋建设事项办理了报批报建手续，建设及预售事项取得了相应的审批许可，但因历史原因，政府相关部门就开发商工程建设项目颁发的产权证、许可证等所载的土地用途 / 性质不一致，未能办理产证。

就上海办公楼未能办理产证的瑕疵事项，项目组律师在了解瑕疵不动产形成的原因后，一方面协助公司进行内外部资料的准备，协助公司与开发商及主管政府部门进行沟通，取得建设、规划、不动产登记等部门的书面意见，据此论证瑕疵不动产是否属于违章建筑、其形成是否存在重大违法违规情形，另一方面结合瑕疵房产的办公用途，进一步论证其是否具有可替代性、是否可能对正常生产经营产生重大不利影响。

2. 关于子公司厂区部分土地

发行人子公司厂区内存在部分地块尚未取得土地使用权证。在了解问题形成背景后，项目组律师首先关注了该等地块是否符合规划用途、是否涉及基本农田、是否存在重大违法违规情形，并通过查询当地土地利用总体规划及协调当地国土资源局等主管部门出具书面确认的方式予以说明。其次，项目组律师关注了该等土地的使用情况，是否已形成房产等建筑物，如已形成，则可能涉及房屋建设方面的合规性问题。经实地勘察，瑕疵地块上系为道路和构筑物，不涉及该等问题。最后，项目组律师还重点关注了该地块在生产经营中的职能和重要性，并从瑕疵土地面积占比、职能定位，以及如最终无法取得土地使用权而被要求搬迁时的应对等角度分析其重要性，论证其是否可能实质影响公司的发行上市条件。

四、案件结论

凯赛生物的技术出资事项，具有一定的历史背景，当时适用的一些法律法规和地方性规定现已失效，项目组律师需回溯历史并多角度分析法律行为的合法性与有效性，体现了一定的专业性和挑战性。

凯赛生物在申请科创板上市前所进行的股权结架构调整，展示了一次复杂且系统的跨法域协调挑战。涉及多个股东且性质不同，从境外主体到境内私募基金，再到国有企业，交易各方都有着不同的法律规则和利益诉求。通过一系列合规高效的股权变动，凯赛生物顺利调整至预定的拟上市股权结构，为其顺利上市奠定了坚实基础。

此外，对于凯赛生物土地房屋产权存在的瑕疵，项目组通过对可能影响上市的法律风险进行分析、识别、评估，协助公司获取了必要证明和文件，有效厘清资产权属，论证法律风险，并予以充分的信息披露，其应对思路对类似案例具有一定的参考意义。

兰剑智能科创板 IPO 项目

杨依见[*]

一、案情介绍

兰剑智能科技股份有限公司（以下简称"兰剑智能""发行人"或"公司"）成立于 2001 年 2 月，公司董事长吴耀华为公司控股股东、实际控制人，就职于山东大学控制科学与工程学院，任教授、博士生导师，持有公司 47.81% 的股份，王耀华之母段重行持有公司 4.50% 的股份，二人为一致行动人，合计持有公司 52.31% 的股份；第二大股东济南科技创业投资集团有限公司（曾用名为济南科技风险投资有限公司，以下简称"济南创投"）持有发行人 16.39% 的股份，性质为国有法人股。

兰剑智能主要从事智能仓储物流自动化系统的研发、设计、生产、销售及服务，是一家智能仓储物流自动化系统解决方案提供商，是国内仓储物流自动化拣选系统装备领域的优势企业。2020 年 12 月 2 日在上海证券交易所科创板上市。

---

[*] 上海市锦天城律师事务所高级合伙人。

二、办案难点

（一）关于国有股权的变更

发行人前身济南兰剑物流科技有限责任公司（以下简称"济南兰剑"）成立于 2001 年 2 月 23 日，2009 年 4 月公司整体变更为股份有限公司（山东兰剑物流科技股份有限公司，以下简称"兰剑科技"），2010 年 6 月新变更为有限责任公司（山东兰剑物流科技有限公司，以下简称"兰剑有限"），2012 年 6 月股份公司成立。2003 年 2 月，济南创投即成为公司的国有股东，直至 2018 年 11 月，济南创投通过公开产权交易市场转让所持公司 8.169% 的国有股权。

国有股权变更作为审核问询中常被重点关注的问题，首轮审核问询函中被问及发行人国有股份变更是否存在国有资产流失的情形。因发行人由"股份有限公司"整体变更为"有限责任公司"时未按照规定进行资产评估及备案，第二轮审核问询函对该问题进行细化追问。

针对此问题，需全面汇总当时有效的国资监管相关法律法规以及地方政府的规定，并且要在国资股东较好的配合下，搜集发行人历次股权变动所涉及的资产评估报告、国资审批文件，以及国有股东内部决策文件、当时有效的《公司章程》《项目投资审批条例》等文件。

（二）关于对赌协议清理

2019 年 7 月，控股股东吴耀华、投资方中以英飞、顺德英飞、英飞善实与公司及公司除控股股东外的全体股东签订《〈增资扩股协议〉之补充协议》，涉及对赌性质的条款。对赌协议中股份回购条款一旦被触发，可能影响企业股权权属清晰和企业的持续盈利能力，从而对上市构成实质性障碍。因此，2020 年 3 月 13 日，控股股东吴耀华、投资方中以英飞、顺德英飞、英飞善实与发行人签署《〈增资扩股协议〉之补充协议（二）》，终止股份回购条款和反稀释条款，但仍保留效力恢复条款。

关于对赌协议的清理一直受到审核监管重点关注，采取彻底终止对赌协议是较为稳妥的清理方式，但若对赌协议投资方想要保留对赌协议的效力恢复条款，通过案例检索，类似情形一般需经交易所审核并认可，才可能存在保留效力恢复条款的空间。针对此事项还需要发行人实际控制人与投资方协商沟通，基于发行人成功上市的共同目标，最终终止了相关对赌条款的法律效力，确保不会对发行人股权结构的稳定造成不利影响。

（三）关于董事长在高校任职

兰剑智能董事长吴耀华就职于山东大学控制科学与工程学院，任教授、博士生导师，2001 年 3 月至 2011 年 7 月担任公司董事兼总经理，2011 年 7 月至今担任公司董事长。且在报告期内，发行人多次与山东大学开展技术研究与开发。

此类情形一般重点关注公司人员对外兼职是否符合法律规定，是否符合学校的相关要求，发行人的相关知识产权是否跟对外兼职单位有关系，是否属于职务发明。本案在审核中也被问及类似问题，但发行人董事长及核心技术人员同时兼职高校教授和博士生导师的情况，亦不多见。

（四）关于大额资金拆借

2011 年 9 月 30 日，山东天诚投资管理有限公司开始持有发行人 2.73% 的股份，后于 2017 年 12 月 13 日将其所持有的股份转让给实控人吴耀华。报告期内，发行人曾持有济南市天诚民间资本管理股份有限公司 30% 的股份，山东天诚投资管理有限公司的关联方山东天诚控股股份有限公司、山东甲申投资有限公司分别持有 30% 的股份，并于 2017 年 6 月受让发行人持有的股份。

在报告期内，济南市天诚民间资本管理股份有限公司以及山东天诚投资管理有限公司的关联方山东传诚投资有限公司为发行人提供大额借款，公司董事长为公司提供临时借款，济南创投向公司提供委托贷款。发行人报告期内大额资金拆借成为公司重点问询问题。

三、法律分析

（一）关于国有股权的变更

1. 公司历次股权变更及国有股变动事项是否取得济南创投或相应有权主管部门的确认和批准

核查思路：关于该问询问题，项目律师团队通过汇总国资监管相关法律法规以及地方政府的批示，搜集发行人历次股权变动所涉及的资产评估报告、国资审批文件，以及济南创投的投资内部决策文件，结合工商档案所示的历次变更，逐项予以分析说明。

（1）2003 年 2 月，发行人增资引入国有股东济南创投，注册资本由 600 万元增至 857.14 万元

2002 年 9 月 4 日济南创投投资决策委员会作出了《关于对济南兰剑物流公司投资的决议》。同时，为确保国有资产保值增值，2002 年 10 月 22 日山东新求是有限责任会计师事务所出具了《资产评估报告书》（鲁新求评报字［2002］第21 号）。

2003 年 5 月 27 日，国务院颁布了《企业国有资产监督管理暂行条例》（国务院令第 378 号）。该规定第二十二条明确规定：国有控股的公司、国有参股的公司的股东会、董事会决定公司的分立、合并、破产、解散、增减资本、发行公司债券、任免企业负责人等重大事项时，国有资产监督管理机构派出的股东代表、董事，应当按照国有资产监督管理机构的指示发表意见、行使表决权。国有资产监督管理机构派出的股东代表、董事，应当将其履行职责的有关情况及时向国有资产监督管理机构报告。

2008 年 10 月 28 日，《中华人民共和国企业国有资产法》（主席令第五号）正式颁布。其第三十三条规定，国有资本控股公司、国有资本参股公司有"国家出资企业合并、分立、改制、上市，增加或者减少注册资本，发行债券，进行重大投资，为他人提供大额担保，转让重大财产，进行大额捐赠，分配利润，以及解散、申请破产等重大事项"的，依照法律、行政法规以及公司章程的规定，由公司股东会、股东大会或者董事会决定。

参照上述规定要求，2003 年 2 月国有股东济南创投出资人民币 900 万元取得发行人 30% 股权的行为，无需取得国有资产管理部门批准。

2020 年 6 月 1 日，济南科技创业投资集团有限公司出具《确认函》，确认：

"1. 2003 年，经我司投资决策委员会审批同意，我司以货币形式出资 900 万元认购兰剑公司 30% 的股权（对应 257.14 万元新增注册资本），并于 2003 年 1 月 14 日向兰剑公司实际投入前述资金 900 万元。

2. 投资兰剑公司时，我司实收资本已实际增至 12 600 万元，根据当时有效的《公司章程》《项目投资审批条例》之规定，上述投资无需提交我司董事会审批。

3. 我司确认，我司对兰剑公司的上述投资已履行一切必要的审批程序，合法合规，不存在国有资产流失的情形。"

综上，济南创投本次出资履行了必要的内部决策程序，合法合规，不存在国有资产流失的情形。

（2）2009 年 4 月，整体变更为股份有限公司

2009 年 4 月 20 日，济南市财政局出具了"济财企〔2009〕13 号"《关于山东兰剑物流科技股份有限公司国有股权管理有关问题的批复》，同意山东兰剑物流科技股份有限公司设立的国有股权管理方案。

根据 2000 年 5 月 19 日财政部颁布的《关于股份有限公司国有股权管理工作有关问题的通知》（财管字〔2000〕200 号）规定，地方股东单位的国有股权管理事宜一般由省级（含计划单列市，下同）财政部门审核批准，地方国有资产占用单位设立公司和发行 A 股股票，由省级财政（国资）部门国有股权管理职能。

根据中编〔1994〕1 号文件和中编发〔1995〕5 号文件的规定，济南市属于副省级城市，享有省级计划决策权和经济管理权，济南财政局有权对发行人整体变更设立股份有限公司的行为出具批复。

综上，发行人整体变更为股份有限公司事宜，已取得有权机关批准，法律依据充分，履行的程序合法。

（3）2010 年 6 月，兰剑科技变更为兰剑有限

2010 年 6 月，发行人从股份公司整体变更为有限责任公司时，公司注册资本、实收资本、股东所占出资额、股东实缴出资额及股东出资比例均未发生变化，国有股股东济南创投所占出资额、实缴出资额和出资比例在本次变更前后均未发生变化，不涉及国有股东权益发生增减变化的情况。

2008 年 10 月 28 日颁布的《中华人民共和国企业国有资产法》第三十三条规定，国有资本控股公司、国有资本参股公司有"国家出资企业合并、分立、改制、上市，增加或者减少注册资本，发行债券，进行重大投资，为他人提供大额担保，转让重大财产，进行大额捐赠，分配利润，以及解散、申请破产等重大事项"的，依照法律、行政法规以及公司章程的规定，由公司股东会、股东大会或者董事会决定。2010 年 5 月，兰剑科技股东大会审议通过整体变更为有限责任公司的议案，但兰剑科技整体变更为有限责任公司过程中未进行资产评估及备案。

参照国务院国有资产监督管理委员会于 2005 年 8 月 25 日颁布的《企业国有资产评估管理暂行办法》（国务院国有资产监督管理委员会令第 12 号）第六条规定，企业整体或者部分改建为有限责任公司或者股份有限公司的，应当对相关资产进行评估。

2020 年 3 月 20 日，发行人的上级国资主管单位济南产业发展投资集团有限公司出具了《关于确认山东兰剑物流科技股份有限公司整体变更为山东兰剑物流科技有限公司事项的批复》，确认发行人"由'股份有限公司'整体变更为'有限责任公司'时未按照规定进行资产评估及备案，变更程序不够完善。鉴于此次变更前后兰剑公司的注册资本、各股东出资金额及出资比例等均未发生变化，本着实质重于形式的原则，本集团补充确认此次变更行为有效"。

在本次兰剑科技变更为兰剑有限过程中，兰剑科技虽未根据《企业国有资产评估管理暂行办法》（国务院国有资产监督管理委员会令第 12 号）的规定要求履行相关资产评估及国资备案程序，但 2009 年 4 月济南兰剑整体变更设立股份有限公司时，已履行一切必要的国有资产评估及国有股权管理的国资审批程序；2010 年 6 月兰剑科技整体变更为兰剑有限时，其间间隔时间较短，公司注册资本、实收资本、股东所占出资额、股东实缴出资额及股东出资比例均未发生变化，其国有股股东济南创投所占出资额、实缴出资额和出资比例在本次变更前后均未发生变化；同时，发行人的上级国资主管单位济南产业发展投资集团有限公司已出具《关于确认山东兰剑物流科技股份有限公司整体变更为山东兰剑物流科技有限公司事项的批复》，确认本次变更行为有效。法律依据充分，履行的程序合法，对发行人本次发行上市不构成实质性障碍。

（4）2011 年 7 月，第三次增资，注册资本由 2 480 万元增至 2 633.76 万元

2011 年 6 月 9 日，济南高新技术产业开发区国有资产监督管理委员会出具《关于同意山东兰剑物流科技有限公司增资扩股的批复》（济高国委字〔2011〕10 号），同意发行人本次增资。

经核查，2007 年 2 月，济南创投时任控股股东济南市国有资产运营有限公司与济南高新技术开发区财政局签署《济南科技风险投资有限公司股权托管协议》，济南市国有资产运营有限公司无偿委托济南高新技术开发区财政局以出资人的身份管理风险投资。2007 年 4 月 27 日，济南市人民政府作出《关于支持济南高新区发展现场办公会议纪要》（〔2007〕第 21 号），同意赋予高新区市级管理权，赋予高新区党工委、管委会对高新区与国家通信国际创新园规划建设区域内经济、社会、行政、组织的领导权和管理权以及执法和司法管辖权。

根据济南市人民政府上述会议纪要的文件精神，2010 年 1 月 15 日，济南市财政局出具《关于对济南科技风险投资有限公司股权管理有关事项的批复》（济财资〔2010〕80 号），同意济南市高新技术产业开发区财政局签订的《股权托管协议》，在托管期间将济南创投国有股权委托给济南市高新技术产业开发区国资委管理。

根据上述文件的规定，济南高新技术产业开发区国有资产监督管理委员会已取得了济南市财政局的授权，发行人此次增资事宜已取得有权机关批准，法律依据充分，履行的程序合法。

（5）2011 年 11 月，第四次增资，注册资本由 2 633.76 万元增至 2 897.136 万元

2011 年 9 月 21 日，济南高新技术产业开发区国有资产监督管理委员会出具《关于同意山东兰剑物流科技有限公司增资扩股的批复》（济高国委字〔2011〕13 号），同意公司本次增资扩股。发行人本次变更取得了有权单位的批准，合法合规，不存在国有资产流失的情形。

（6）2012年6月，发行人设立

2012年2月29日，济南高新技术产业开发区国有资产监督管理委员会出具《关于山东兰剑物流科技有限公司整体改制为股份有限公司国有资产折股及国有股权管理方案的批复》（济高国委字〔2012〕1号），同意兰剑有限整体改制国有资产折股及国有股权管理方案；同意将兰剑有限净资产13 003.69万元按照2.55∶1折股比例折为5 100万股。发行人本次变更取得了有权单位的批准，合法合规，不存在国有资产流失的情形。

（7）2019年2月，发行人第8次股份转让

2018年12月，济南产业发展投资集团有限公司出具《关于山东兰剑物流科技股份有限公司股权转让有关事项的批复》，同意济南创投将持有的兰剑股份8.169%的国有股权通过产权交易市场公开转让，转让底价为4 999.43万元。

根据《关于取消和下放一批审批、核准、备案事项的通知》（济国资办〔2015〕1号）的规定，济南产业发展投资集团有限公司为济南市人民政府国有资产监督管理委员会直属集团企业，为发行人的上级国资主管单位，有权对发行人的此次国有股权转让作出批复。发行人此次国有股权转让事宜，已取得有权机关批准，法律依据充分，履行的程序合法。

（8）2019年7月，兰剑智能增资，股本由5 100万元增至5 450万元

2019年8月16日，济南产业发展投资集团有限公司出具了《关于对济南创投集团提请办理兰剑物流国有股权变更的复函》，同意济南创投持有的兰剑智能股权比例由17.512%变更为16.387%。发行人本次变更取得了有权单位的批准，合法合规，不存在国有资产流失的情形。

综上，发行人历次国有股变动已取得济南创投相应有权主管部门必要的确认和批准，不存在国有资产流失的情形。

2. 发行人由"股份有限公司"整体变更为"有限责任公司"时未按照规定进行资产评估及备案，济南产业发展投资集团有限公司是否为出具相关意见的有权部门，相关意见是否有效

为深入贯彻党的十八大和十八届三中、四中全会精神，认真落实《中共山东省委、山东省人民政府关于深化省属国有企业改革完善国有资产管理体制的

意见》（鲁发〔2014〕13号），山东省国资委及中共济南市委、济南市人民政府分别先后颁布了《山东省国资委关于取消和下放一批审批、核准、备案事项的通知》（鲁国资办〔2014〕3号）及《关于深化市属国有企业改革完善国有资产管理体制的意见》（济发〔2014〕27号）。根据前述文件的要求，济南市人民政府国有资产监督管理委员会于2015年1月22日向各市管企业、各县（市）区国资监管机构下发了《关于取消和下放一批审批、核准、备案事项的通知》（济国资办〔2015〕1号），该规定明确市管三级及以下企业改制、国有产权转让、解散、清算、申请破产的审批事项下放集团公司行使，要求除需经市政府或市国资委批准之外的经济行为涉及的资产评估项目的核准或备案事项下放集团公司备案。

济南产业发展投资集团有限公司为济南市人民政府国有资产监督管理委员会直属集团企业。根据前述规定，济南市国有资产监督管理委员会已将市管三级及以下企业改制、国有产权转让、解散、清算、申请破产的审批事项及除需经市政府或市国资委批准之外的经济行为涉及的资产评估项目的核准或备案事项的权限下放至济南产业发展投资集团行使。因此，济南产业发展投资集团有限公司系对发行人2010年6月企业改制及资产评估项目备案事项出具意见的有权部门，其相关意见合法有效。

另外，发行人于2020年3月25日取得了济南市人民政府国有资产监督管理委员会出具的《关于兰剑智能科技股份有限公司国有股东标识有关问题的批复》，该文件对发行人国有股东的持股股数及比例进行了确认。

综上，经核查后认为，济南产业发展投资集团有限公司为发行人企业改制及资产评估项目备案事项出具意见的有权部门，其相关意见合法有效。

（二）关于对赌协议是否完全清理

2020年3月13日，公司控股股东吴耀华（甲方）、投资方中以英飞、英飞正奇、英飞善实（以上三方合称"乙方"）与兰剑智能（丙方）在原有协议的基础上补充签订了《增资扩股协议之补充协议（二）》，终止《增资扩股协议之补充协议》中关于股份回购及反稀释的相关约定，但如丙方撤回IPO申请材料、其IPO申请被上海证券交易所决定不予受理、其IPO被中国证券监督管理机构决定不予注册、其IPO申请被终止审查时，上述被终止的约定应立即恢复效力，并视同从未失效。根据前述《增资扩股协议之补充协议（二）》，中以英飞、英飞正奇、英飞善实与发行人、发行人实际控制人之间的股份回购及反稀释约定已终止，而恢复条款主要针对发行人最终未能注册并发行上市后的安排，如发行人未来能够注册并发行上市，前述条款将不会得以履行。该恢复条款对发行人本次发行并上市不构成实质性障碍。

出于谨慎考虑，2020 年 6 月 11 日，公司控股股东吴耀华（甲方）、投资方中以英飞、英飞正奇、英飞善实（以上三方合称"乙方"）与兰剑智能（丙方）等各方在原有补充协议的基础上补充签订了《增资扩股协议之补充协议（三）》，彻底终止《增资扩股协议之补充协议》中关于股份回购及反稀释的相关约定，上述该等被确认无效／不再生效的条款不再恢复，且视为从来不曾约定过。

2020 年 6 月 11 日，投资方中以英飞、英飞正奇、英飞善实出具书面《确认函》，确认投资方及其关联方与发行人、发行人控股股东、实际控制人吴耀华未签署任何含有股份回购、反稀释等对赌性质条款的特别约定、安排或做出任何承诺。

综上，鉴于投资方中以英飞、英飞正奇、英飞善实均已与发行人及其实际控制人签署对赌解除协议，终止了相关对赌条款的法律效力，对发行人股权结构的稳定不存在不确定性，对本次发行上市不构成实质性障碍；对赌协议已完全清理，对赌各方不存在纠纷或潜在纠纷，亦不存在应当披露的其他利益安排。

（三）关于董事长在高校任职

核查思路：针对此问题，山东大学出具了关于吴耀华同志身份及校外兼职事宜的《说明》以及《控制科学与工程学院关于吴耀华教授校外兼职期间所取得知识产权情况的说明》。此外，项目组律师获取了发行人与山东大学签署的《技术合同书》并了解其履行情况，查阅发行人资产相关的验资报告、资产评估报告、不动产权证书、商标注册证、专利证书、计算机软件著作权证书等，核查是否有权利共有等影响发行人技术独立性的情形。查阅发行人的重大采购、销售等业务合同，核查是否有影响发行人资产独立性的情形。项目组律师还对吴耀华进行了访谈，了解其兼职事项对发行人技术独立性和资产独立性的影响，并取得吴耀华出具的《情况说明》和《承诺函》。

1. 对吴耀华的兼职情况是否影响公司的技术独立性和资产独立性

针对此项问题，主要从发行人技术创新、生产经营以及业务发展三个方面讨论吴耀华兼职事项未影响发行人的技术独立性和资产独立性。具体如下。

（1）技术创新方面

报告期内，发行人独立自主确定研发项目、安排研发投入，年均研发投入占营业总收入的比例达 7% 以上。根据山东大学出具的《山东大学关于吴耀华教授校外兼职期间所取得知识产权情况的说明》，自 2017 年起，吴耀华教授未向山东大学申请或使用科研项目经费，不存在将山东大学的科研经费或科研成果用于发行人及其子公司生产经营活动的情形；山东大学亦不存在为发行人承担或变相承担研发费用的情形。

吴耀华作为发行人实际控制人、董事长及核心技术人员，负责公司技术与设备研发工作，引导公司技术发展方向。发行人拥有独立自主的研发团队，截至 2019 年 12 月 31 日，发行人拥有研发人员共计 196 人，占员工总数的29.97%；研发团队拥有专门的研发中心和新产品中试车间，发行人具备完整、独立的研发体系。

报告期内，发行人与山东大学就"物流新技术研究与开发项目"开展产学研合作，并与山东大学签署了《技术合同书》。但是，吴耀华教授虽担任山东大学控制科学与工程学院教授、博士生导师，并非山东大学领导班组成员，不参与山东大学与发行人的技术合作项目的高校内部决策程序，山东大学根据其内部决策程序自行确定与发行人的合作安排。

（2）生产经营方面

根据山东大学出具的《山东大学关于吴耀华教授校外兼职期间所取得知识产权情况的说明》，吴耀华教授在发行人兼职期间取得的知识产权及研发成果，系在其完成山东大学要求的教育、科研本职工作之外完成的，不存在执行山东大学的任务或利用山东大学学校经费及其他物质技术条件进行研究开发的情形，也不存在任何书面、口头及其他形式协议（包括职务发明协议、委托研发协议或共同研发协议等）约定该等成果与山东大学有任何关系，不属于职务发明，相关成果归发行人所有；吴耀华教授、发行人及下属子公司不存在任何侵犯山东大学知识产权及其他权益的情形，山东大学与发行人之间不存在任何知识产权方面的纠纷或潜在纠纷。

根据相关资产评估报告、验资报告，发行人提供的不动产权证书、商标注册证书、专利证书、计算机软件著作权证书等有关文件资料，发行人具备与生产经营有关的生产系统、辅助生产系统和配套设施，合法拥有与生产经营有关的土地使用权、房屋所有权、机器设备、注册商标、专利权、计算机软件著作权等，具有独立的原料采购和产品生产、销售系统，其资产独立完整。

（3）业务发展方面

发行人拥有独立完整的生产、供应、销售系统。发行人的业务独立于控股股东、实际控制人，具有完整的业务体系；发行人拥有独立的决策和执行机构，并拥有独立的业务系统；发行人独立地对外签署合同，独立采购、生产并销售其生产的产品；发行人具有面向市场的自主经营能力。

吴耀华长期担任发行人董事长，正常履行发行人董事长职权，其兼职事宜未对发行人业务发展产生不利影响。

未来发行人将继续坚持独立自主发展，在增强技术创新能力、完善生产经营设施、扩大业务发展规模的同时，仍将适当开展产学研合作，以加强对先进技术的吸收、再创新与科技成果转化。因此，吴耀华兼职事项不会对公司未来技术创新、生产经营、业务发展产生重大不利影响或风险，亦不会对发行人的技术独立性和资产独立性产生不利影响或风险。

2. 吴耀华在山东大学的任职，其能否保证足够的精力投入公司日常经营管理

（1）关于吴耀华先生在山东大学的任职及工作情况

山东大学出具《说明》确认："1. 吴耀华同志在我校的任职不属于党政领导干部、高校党员领导干部或副处级及以上行政级别的干部职务；2. 我校已知悉吴耀华同志投资发行人和发行人的子公司山东洛杰斯特物流科技有限公司并在上述公司兼职一事；3. 吴耀华同志投资发行人及洛杰斯特并在上述公司兼职期间，未利用我校的物质技术条件或人才资源，能够尽职完成我校的本职工作，未影响其在我校的正常教学及科研工作。"

吴耀华目前任职山东大学控制科学与工程学院教授、博士生导师，为山东大学普通教职工，除负责学校安排的日常教学及科研工作外，在山东大学不担任任何党政领导干部、高校党员领导干部或副处级及以上行政级别的干部职务。吴耀华在完成山东大学日常教学科研工作的同时，仍有足够的精力投入公司经营管理。

（2）发行人已建立健全完善的公司治理结构及经营管理制度并有效运作

吴耀华作为发行人董事长及核心技术人员，主要负责公司重大发展战略方向、公司核心技术与设备、产品研发工作、引导公司技术发展方向等；发行人的股东大会、董事会、监事会及管理层各岗位人员，根据公司的内部经营管理制度的规定各司其职，保证公司治理结构有效运作。

（3）吴耀华先生参与发行人经营管理的情况

吴耀华作为发行人董事长、控股股东均亲自参加了报告期内发行人召开的历次董事会会议、股东大会会议并进行表决，积极参与发行人经营决策过程，勤勉尽责且忠实地履行董事长义务，行使法定代表人的职权等。

为保证吴耀华能够将足够的精力投入公司日常经营管理，吴耀华出具了书面《承诺函》："本人虽在山东大学从事教学科研工作，但身体状况良好，精力充沛，依然具有足够的精力履行发行人董事义务、行使股东决策权；同时，本人承诺将勤勉尽责、忠实地履行董事应尽义务，积极行使股东决策权以保证发行人正常经营并维护发行人利益最大化。"

综上，吴耀华在完成山东大学日常教学科研工作的同时，仍有足够的精力投入公司经营管理，吴耀华先生能够积极参与发行人经营决策过程，勤勉尽责且忠实地履行董事长义务。

（四）关于大额资金拆借

核查思路：全面检查发行人与关联方之间的资金往来，查阅山东天诚投资管理有限公司的在入股发行人时的增资协议、后续股份转让协议及股权转让款支付凭证、出具的书面确认函；查阅了发行人报告期内主要资金拆借协议及银行授信协议；对发行人的董事长及财务负责人进行访谈，了解上述资金拆借的背景及合理性，了解发行人向济南创投借款的背景及合理性；对前述资金拆借按照同期贷款利率的利息进行模拟测算，分析该事项对发行人的影响。说明发行人报告期内内控制度不规范情形已经进行了整改纠正，发行人现已建立完善了相关内部控制制度，且得到有效执行。

1. 山东天诚投资管理有限公司向吴耀华转让股权的定价依据和定价的公允性

根据山东天诚投资管理有限公司 2011 年 9 月、2011 年 10 月对发行人投资时所签署的《〈股权转让协议〉之补充协议》及《〈增资扩股协议〉之补充协议》约定，如发行人在 2014 年 3 月之前没有向中国证监会申报上市材料并被受理，山东天诚投资管理有限公司有权要求发行人或股东（原股东济南创投除外）回购本次投资的全部股权，退还全部出资额及自实际缴纳出资日起至实际支付回购价款之日按年利率 8%（单利）计算的利息。2014 年 11 月，山东天诚投资管理有限公司、发行人实际控制人吴耀华先生及发行人共同签署《增资扩股协议之补充协议（二）》，将发行人上市申报对赌期间从 2014 年 3 月延长至 2017 年 3 月，同时天诚投资同意免除 2014 年 9 月 30 日之前因其受让和增资扩股而持有的发行人的股权所实际缴纳的出资额为基数计算的应计付的全部利息及违约金。

2017 年 12 月，山东天诚投资管理有限公司要求发行人实际控制人吴耀华先生回购其所持公司全部股份。经协商一致后，双方签署了《股份转让协议》，约定天诚投资将其所持有的公司 139.128 万股（占总股本比例为 2.73%）作价 1 846.845 2 万元转让给吴耀华，转让价格系根据天诚投资的投资金额加上自 2014 年 9 月 30 日起的三年合计收益率 24% 计算确定。该转让价格经双方协商一致确定，定价公允。

2. 前述资金拆借的原因及其合理性，利息支付情况，前述资金拆借目前的状态，模拟测算前述资金拆借按照同期贷款利率的利息

（1）前述资金拆借的原因及其合理性、利息支付情况、前述资金拆借的状态

表 1

拆借方	拆借金额（万元）	起始日	到期日	付息情况
吴耀华	30.00	2017/2/27	2017/3/17	免息，实际控制人提供资金支持
吴耀华	25.00	2017/4/28	2017/5/2	
吴耀华	600.00	2017/6/14	2017/6/28	
吴耀华	450.00	2017/7/4	2017/8/3	
吴耀华	500.00	2017/8/15	2017/12/6	

（续表）

拆借方	拆借金额（万元）	起始日	到期日	付息情况
济南市天诚民间资本管理股份有限公司	300.00	2017/5/19	2017/5/31	付息金额 5.10 万元
济南市天诚民间资本管理股份有限公司	300.00	2017/7/14	2017/8/3	
济南市天诚民间资本管理股份有限公司	1 000.00	2018/3/13	2018/3/26	
济南市天诚民间资本管理股份有限公司	200.00	2018/6/4	2018/6/8	付息金额 41.40 万元
济南市天诚民间资本管理股份有限公司	500.00	2018/7/27	2018/8/6	
济南市天诚民间资本管理股份有限公司	500.00	2018/11/1	2018/11/5	
山东传诚投资有限公司	1 300.00	2015/1/23	2017/6/19	免息，股东提供资金支持
山东传诚投资有限公司	300.00	2015/1/27	2017/6/19	
山东传诚投资有限公司	600.00	2015/1/28	2017/6/19	
山东传诚投资有限公司	800.00	2015/2/4	2017/6/19	
济南科技创业投资集团有限公司（委托贷款）	500.00	2018/7/27	2018/10/26	付息金额 25.28 万元
济南科技创业投资集团有限公司（委托贷款）	500.00	2018/8/3	2018/11/2	

　　基于对公司未来良好的业绩预期，发行人股东及其关联方通过借款、委托贷款等形式向发行人提供了资金支持，符合公司当时经营的实际情况，具有合理性。具体说明如下：

　　① 吴耀华作为发行人董事长、控股股东及实际控制人，为发行人提供临时周转资金。该部分资金占用时间短，发行人未支付相关利息，上述情形自 2018 年起不再发生。

　　② 济南市天诚民间资本管理股份有限公司是一家经济南市金融办批准成立的民间资本管理公司，其向发行人提供资金支持系正常经营行为，发行人已按照合同约定支付相关利息，交易公允。

③ 山东传诚投资有限系发行人时任股东天诚投资的关联方，为支持公司业务发展，其为公司提供了无息资金扶持，不存在损害发行人及股东利益的情形。

④ 济南科技创业投资集团有限公司是发行人主要股东之一，为支持公司业务发展，通过委托贷款的形式为发行人提供了短期流动资金支持，发行人已按照委托贷款合同约定支付相关利息，交易公允。

截至 2018 年 11 月，前述借款均已偿还完毕。

（2）模拟测算前述资金拆借按照同期贷款利率的利息

报告期内，发行人实际控制人吴耀华和发行人股东的关联方山东传诚投资有限公司为发行人提供了无息融资，2017 年当期银行同期贷款利率在 5.20%—6.50% 之间，假设按照同期贷款最高利率 6.50% 测算，上述无息融资事项影响发行人 2017 年度当期利润总额 −104.36 万元，影响当期净利润 −88.71 万元，对发行人整体影响较小。

3. 结合公司可以在一定额度内迅速从银行融资，说明向济南科技创投借款的原因及合理性

2018 年间，受唯品会、南京医药、北京中彩等大型项目前期资金投入需求大，发行人仍面临流动资金周转压力。同时，济南科技创业投资集团有限公司系发行人主要股东之一，资金实力强，为支持发行人业务发展，通过委托贷款的形式为发行人提供了短期流动资金支持，符合发行人当时经营的实际情况，具有合理性。

综上，发行人报告期内存在的关联方资金拆借和转贷情况未对发行人财务状况和经营成果产生重大影响，发行人报告期内内控制度不规范的情形已经进行整改纠正；发行人现已建立完善了相关内部控制制度，且得到有效执行；发行人的财务内控制度在审计基准日后能够持续符合规范性要求，不存在影响发行条件的情形。

四、案件结论

近年来中国仓储物流市场规模不断发展，兰剑智能成功 IPO 上市，成为科创板上市的第 3 家仓储物流集成商、山东第 8 家科创板上市公司。在全面注册制实施之前，科创板是中国资本市场的"试验田"，担当着科技创新的重任，研发投入更是检验科创板企业"硬科技"含量的重要指标。公司在研发方面长期保持高投入，技术实力较强，自研自产率较高。

　　兰剑智能上市启动时间较早且较为曲折，项目律师团队凭借专业的法律素养为其历史遗留等复杂问题的解决提供了强有力的专业技术支持，该项目审核过程中法律相关问询问题相对较少且项目推进较为顺利。

司南导航科创板 IPO 项目

——新三板挂牌公司申报 IPO 时如何进行股东信息核查

徐　军* 裴振宇** 肖文艳***

一、案情介绍

上海司南卫星导航技术股份有限公司（以下简称"司南导航"或"公司"或"发行人"）成立于 2012 年，是完全自主掌握高精度北斗 /GNSS 模块核心技术并成功实现规模化市场应用的国家级专精特新"小巨人"企业。司南导航在高精度算法、专用芯片和核心板卡 / 模块等方面持续投入实现了进口替代，并达到国际先进水平，在国内处于行业领先地位。

2023 年 8 月 16 日，司南导航正式在上交所挂牌上市，股票代码 688592。

二、办案难点

司南导航在新三板挂牌后，成交一直较为活跃，导致其股东数量及类型一直处于变化之中，因此其 IPO 申报时股东情况核查的难度大增。同时，公司在

* 上海市锦天城律师事务所高级合伙人。

** 上海市锦天城律师事务所合伙人。

*** 上海市锦天城律师事务所律师。

新三板挂牌期间曾进行 3 轮定增, 吸引了多个机构股东, 其中部分股东穿透后的股权结构极其复杂, 给核查工作增加了较大难度。

(一) 如何解决新三板挂牌公司 IPO 受理前无法停牌与股东核查需明确股东情况的矛盾

根据当时适用的《全国中小企业股份转让系统挂牌公司股票停复牌业务实施细则》, 新三板挂牌公司的股票只有在其向交易所提交申报材料的次一交易日才能向全国中小企业股份转让系统有限责任公司 (以下简称"股转公司") 申请股票停牌。因此, 在实际项目操作中, 律师对于此类公司的股东情况核查, 只能在公司股票尚在交易的过程中进行, 这将导致核查的对象即股东情况并不是最终的, 由此导致核查的结论存在局限性。

此外, 股东核查工作涉及的工作量较大, 且依赖全体股东的配合, 往往需要做反复沟通、解释和确认工作, 因此需要打好"提前量", 即在审计基准日后1—2 个月内尽快开展核查工作。然而, 审计基准日至申报前, 一般还存在 4—6 个月的期间, 这段时间如果目标公司股票交易量活跃, 势必导致股东情况变化较大, 而这与核查的股东情况应尽量接近最终状态的要求相矛盾。

该问题在成交量活跃的新三板挂牌公司身上体现得尤为明显。

(二) 多轮核查时如何避免股东配合度低的情况

实践中, 股东情况核查是非常需要股东进行配合的一个环节, 这对一个已在新三板挂牌且成交活跃的公司而言显得格外重要。而就客户 (发行人) 而言, 由于他们也无法熟知其全部股东, 因此股东情况核查的工作基本全靠项目律师进行推动。这十分考验项目律师对相关法规的理解、对披露尺度的把握、项目经验及与各股东尤其是散户股东的沟通能力。更为困难的是, 本项目需要在短时间内进行至少 4 轮核查, 一旦核查方式或内容过于繁杂, 股东尤其是持有股份较少如低于 1 000 股的股东自然会产生厌烦情绪。

(三) 经多种途径依然无法取得联系的股东如何处理

实践中, 由于各种原因导致股东人数较多而无法全部取得联系如何处理的案例已很常见。对于该等无法取得联系的股东，应秉承"实事求是、应查尽查"的原则进行核查，确保无法联系的股东人数及所持发行人股份占比均控制在极少范围内。

（四）《监管指引》及《指引2号》对于穿透的不同要求

业内一直对这两项规定要求的"穿透到底"的标准是否一致存在争议。事实上，在《监管规则适用指引——关于申请首发上市企业股东信息披露》（以下简称"《监管指引》"）和《监管规则适用指引——发行类第2号》（以下简称"《指引2号》"）刚出台时，各家机构本着从严理解的原则，对股东核查一律穿透到底，导致部分项目在实操中遇到了极大困难，笔者在当时上会前的另一个科创板项目也遇到了该问题，工作量巨大且核查对象配合度不高。

此后，监管部门注意到了此问题，上交所也于2021年6月出台了《上海证券交易所关于进一步规范股东穿透核查的通知》，明确解释了立法目的，并强调了："对于持股较少、不涉及违法违规'造富'等情形的，保荐机构会同发行人律师实事求是发表意见后，可不穿透核查。""持股较少可结合持股数量、比例等因素综合判断。原则上，直接或间接持有发行人股份数量少于10万股或持股比例低于0.01%的，可认定为持股较少。"据此，持股较少的股东，可以由中介机构根据实际情况在不穿透到底的情况下就《监管指引》所涉的问题发表意见。

但是，《监管指引》发布于2021年2月，《指引2号》发布于2021年6月，前者重点关注持股的适格性、真实性及是否突击入股，而后者只关注是否存在证监会系统离职人员入股情况，因此两者的关注点并不相同，简单认为持股较少即可不穿透从而就是否存在证监会系统离职人员入股情况发表意见并不合适。事实上，上交所《科创板审核动态》（2021年第6期）也认为："在审核过程中，本所将始终坚持从严监管，发现系统离职人员入股拟上市企业的，不论持股数量多少、比例高低，都将按照防范离职人员不当入股相关规定开展审核工作。"

作为印证，实践中也有证监会系统离职人员间接持股比例极低（不足1股）的情况下也被要求核查并回复相关问询的案例（参见得一微电子股份有限公司、江苏康为世纪生物科技股份有限公司等案例）。因此，我们认为，《监管指引》和《指引2号》对于是否穿透到底的认定尺度应该是不同的，前者存在持股较少可不穿透的敞口，而后者原则上必须穿透到底。

但在实践中，考虑到股东配合度问题，往往将以上两个规定的核查内容合并在一次调查中以减轻股东填写问卷的工作量，这就导致实际上除两个规定可豁免核查的情形外，几乎所有的机构股东都需要穿透核查至最终持有人。

三、法律分析

本所律师在分析了司南导航的历史交易情况、历次股东名册的基础上，结合 IPO 申报进度各个时点，本着"尽量减少核查次数、减轻股东需配合的工作量"的原则，制定了核查方案。最终，本所律师根据《监管指引》《指引 2 号》的要求，充分履行了核查义务，先后出具了股东核查报告及两份补充核查报告，获得了发行审核部门的认可。

（一）如何解决新三板挂牌公司 IPO 受理前无法停牌与股东核查需明确股东情况的矛盾

对该问题，我们的解决方案是申报前做不少于两轮的股东核查，申报后再对最终股东情况做至少一轮补充核查（实际上，审核过程中往往需要补充半年报或年报，也即更新报告期，因此申报后的股东情况补充核查一般至少还需要做两轮）。

具体而言，考虑到申报前公司股东较多（司南导航当时的股东超过 300 人）且在 IPO 辅导备案公告后交易量有所增大而必然导致股东结构发生变化，这会导致核查的工作量增大，因此我们选择在 2022 年 1 月份根据截至 2021 年 12 月 31 日的《全体证券持有人名册》进行首轮核查。

此后，我们选取申报前截至 2022 年 5 月 12 日的《全体证券持有人名册》进行第二轮核查，以尽可能逼近停牌前的股东状态。

2022 年 6 月 23 日，发行人向上交所递交 IPO 申报材料，股票随即停牌，此后股东状态确定。为此，我们又在停牌后调取最终的股东名册进行核查，并在《补充法律意见书（一）》及《股东核查补充报告（一）》中披露核查情况。

就具体核查方式，我们原则上要求被核查对象签署相关书面调查表或确认函，对于持股数量极少或部分拒绝提交书面文件的，我们也视情况允许以录音电话访谈或微信视频访谈的方式进行核查。

（二）多轮核查时如何避免股东配合度低的情况

我们充分考量了核查要求与股东配合度，制定了可行的核查方案，最终的核查效果令人满意。我们的核查方案如下。

首先，我们在 2022 年 1 月取得了公司截至 2021 年 12 月 31 日的《全体证券持有人名册》。针对该名册，考虑到自然人股东和机构股东的核查内容有较大差异，为避免自然人股东对存在大量专业术语的问题较为抵触，我们对两类股东做了区分，制作了《自然人股东调查表》和《机构股东调查表》。前者更注重持股的真实性，语言表述相对通俗，调查的问题在文字描述上相对简洁；后者更注重考查入股合理性及穿透后的出资人情况，调查的问题也相对繁杂。

其次，考虑到公司大部分股东持股数额较少且推测多为二级市场买入，因此根据《监管指引》及《指引 2 号》的要求可予以豁免核查大部分内容，同时参照《上海证券交易所关于进一步规范股东穿透核查的通知》的要求，按照持股 10 万股的标准，再将《自然人股东调查表》和《机构股东调查表》细化为简化版（持股 10 万股以下）及详细版（持股 10 万股以上）。

这里需要提醒注意的是，《监管指引》第九条的豁免核查的表述为"发行人在全国中小企业股份转让系统挂牌、境外证券交易所上市交易期间通过集合竞价、连续竞价交易方式增加的股东，以及因继承、执行法院判决或仲裁裁决、执行国家法规政策要求或由省级及以上人民政府主导取得发行人股份的股东，可以申请豁免本指引的核查和股份锁定要求"。但在实践中，由于新三板设立至今，其股票交易方式历经多次变更，对于挂牌时间较久的公司，可能存在协议转让、大宗交易等非竞价交易入股的股东。因此，除非有相反证据，理论上需对每一名股东的入股方式进行核查，这也是我们在本项目中尽可能穷尽地多次、多方式联系全体股东的原因，且对于联系到的股东，首先应就其入股方式做确认。

（三）经多种途径依然无法取得联系的股东如何处理

就本项目而言，经电话、微信、邮件及实地走访方式及超过 4 轮核查，最终未取得联系的股东所持发行人股份占比约为 0.55%，属于极少范围，我们对此进行了如实披露，且经核查确认该等股东均为竞价买入的股东，因此不影响法律意见的出具。

（四）《监管指引》及《指引 2 号》对于穿透的不同要求

就本项目而言，我们剔除了竞价交易的机构股东后，对除 CTZ 外的所有机构股东进行了穿透核查直至最终持有人，并让最终持有人填写了《自然人股东调查表》（简版）。

CTZ 股权结构极其复杂，穿透至最终持有人时多达 10 层，好在该机构股东的管理人已做了充分准备，提供了穿透至最终的自然人的身份信息，使得我们对《指引 2 号》的核查内容发表了明确意见。但即便如此，我们在每次补充核查时依然对该管理人提供的穿透图做了复核核查，验证了近千条穿透后的信息并整理成表，最终由管理人盖章确认，这项工作不可谓不复杂。

针对《监管指引》的间接股东核查，CTZ 复杂的股权结构无疑增加了我们的工作量。我们在说明核查困难的同时，也穷尽了核查手段，最终对不能核查到的间接持股主体做了梳理，确认其持股极小而根据上交所的要求对该等股东信息核查发表了意见。

在笔者撰写本文时，中国证监会于 2024 年 4 月 26 日发布了《证监会系统离职人员入股拟上市企业监管规定（试行）》并向社会公开征求意见。其中提出，延长发行监管岗位和会管干部离职人员入股拟上市企业禁止期，从离职后 3 年拉长至 10 年。此外，该文件扩大了离职人员监管范围，从离职人员本人扩大至离职人员及其父母、配偶、子女及其配偶。虽然该文件尚在征求意见，但无疑，监管部门对证监会系统离职人员的核查要求已经越来越严格，这对中介机构提出了更高的要求，也给实务操作带来更大的挑战。

四、案件结论

幸运的是，证监会系统同步提供了证监会系统离职人员信息查询比对服务，因此在确实无法穿透核查至最终主体但有方法获得最终主体身份信息的情况下，依然可以对《指引 2 号》的核查内容发表意见，从而做到与《监管指引》核查要求的平衡。

本项目中，由于发行人系新三板挂牌公司且申报 IPO 前并未摘牌，相关核查工作较一般项目有所增加，其中，股东信息核查工作是区别于一般非挂牌项目最典型的工作之一。

在处理该问题时，除需严格按照《监管指引》《指引 2 号》等要求进行全面核查外，项目律师应当更多从核查对象的配合程度方面考虑，从而制定既符合监管要求又避免重复劳动，且能获得尽可能多的股东配合的核查方案，做到核查与股东配合的平衡。

在具体执行过程中，应对各类股东进行区分，安排有经验的律师负责对接层级复杂、沟通困难的股东，这类沟通实质上也是对项目律师经验和能力的一个挑战。

事实上，由于保持新三板挂牌的状态，相比一般的拟 IPO 公司，除了股东信息核查工作增加较大工作量外，挂牌期间信息披露与申报文件的差异情况核查及 IPO 受理后的各项信息披露也会给中介机构增加巨大的工作量。因此，在本项目立项阶段，券商、会计师及我们与发行人曾考虑过先摘牌后 IPO 的方案，这也是很多已挂牌企业拟申报 IPO 时会选择的。但经充分论证，我们还是选择了对发行人相对有利的方案，即在保持新三板挂牌状态下申报 IPO。为此，我们在立项时即做好了充分准备，尤其在股东信息核查方面，我们与发行人在前期做了充分沟通，也告知了可能会遇到的困难，最终制定了切实可行的核查方案并得以执行。

本项目组律师充分履行了前述核查义务，先后出具了《股东核查报告》及两份补充核查报告，获得了发行审核部门的认可。

威腾电气科创板 IPO 项目

李云龙[*]　陈禹菲[**]

一、案情介绍

2021 年 7 月 7 日，威腾电气集团股份有限公司（以下简称"威腾电气""公司"，股票代码：688226）正式登陆上海证券交易所科创板。

本项目由锦天城高级合伙人李云龙律师团队经办。

威腾电气成立于 2004 年 1 月 7 日，自成立以来一直以母线产品的研发、制造及销售为主营业务，经过十余年的不懈努力，公司已经发展成为国内输配电及控制设备制造行业中母线细分行业的知名企业，是国内母线产品主要生产供应商之一。威腾电气是国家火炬计划重点高新技术企业、国家级重信用守合同企业、江苏省 AAA 级质量信用企业、江苏省文明单位。2019 年 12 月，威腾电气的生产车间被认定为江苏省示范智能车间，2021 年，威腾电气的低压密集型母线被认定为"江苏精品""江苏省专精特新产品"，威腾电气坚持以客户为中心，以提高母线产品输电效率、绝缘性能、材料导电率、降低能耗为研发方向，致力于为客户提供安全、节能、可靠、智能的母线产品，通过自主创新已拥有

[*]　上海市锦天城律师事务所高级合伙人。

[**]　上海市锦天城律师事务所合伙人。

母线系列产品专利百余项。威腾电气母线产品已成功应用于国家体育场（鸟巢）、上海世博园、北京大兴国际机场、港珠澳大桥等多项国家重点工程，并远销东南亚、大洋洲、欧洲、中东、非洲、美洲等40多个国家和地区。

二、办案难点

第一，威腾电气于 2020 年至 2021 年申报科创板上市期间，科创板进一步强化了其服务于硬科技企业的市场定位，鼓励和支持拥有关键核心技术、科技创新能力突出的科创企业通过科创板进行融资。证监会和上交所提高了科创板上市企业的科技创新能力要求，明确了上市企业必须具备的科技属性和研发投入标准，科创属性的论证是首要难点。

第二，近年来，随着科创板推出，越来越多的高新技术企业申请上市，专利技术属于该等企业的核心资产，科创企业专利的权属是否存在瑕疵、产生收益的归属、是否存在侵权争议、纠纷及由此引发的相关问题也屡屡成为企业申请上市审核中的关注重点。公司存在与第三方共有专利、受让专利等情况，公司与该第三方合作过程中涉及的明晰财产权属、明确权责、避免争议、纠纷等相关事项是审核重点。

第三，威腾电气曾为新三板挂牌公司的，在新三板阶段信息披露的合规性，与发行人的申报文件提供的信息是否一致，被监管机构重点关注并予以询问。

第四，威腾电气被关注历史、现有股东是否属于国有企业，也存在保荐机构下属企业入股威腾电气的情况。

三、法律分析

（一）科创属性

锦天城律师对《战略性新兴产业分类（2018）》《上海证券交易所科创板企业发行上市申报及推荐暂行规定》、"十二五"国家战略性新兴产业发展规划、"十三五"国家战略性新兴产业发展规划、《战略性新兴产业重点产品和服务指导目录》、《关于在上海证券交易所设立科创板并试点注册制的实施意见》等相关法律法规及政策文件进行了深入细致的研究，结合对企业产品的充分了解，认定公司符合科创属性要求。

威腾电气主营业务为母线产品的研发、制造及销售。公司的产品包括低压母线、高压母线、涂锡铜带、中低压成套设备、铜铝制品，其中，公司主营业务收入主要来源于母线。根据证监会颁布的《上市公司行业分类指引》（2012 年修订），公司属于"C38 电气机械和器材制造业"，根据国家统计局颁布的《国民经济行业分类》（GB/T4754-2017），公司属于"C382 输配电及控制设备制造"。

根据国家统计局颁布的《国民经济行业分类》（GB/T4754-2017）以及《2017 国民经济行业分类注释》，母线、涂锡铜带与中低压成套设备均属于输配电及控制设备，在行业大类上同属于"C382 输配电及控制设备制造"。从行业细分来看，母线属于"C3829 其他输配电及控制设备制造"，为用于连接发电机至变压器、变压器至中低压成套设备、中低压成套设备至用电设备等用途的配电设备；中低压成套设备属于"C3823 配电开关控制设备制造"，指用于输电、配电及电能转换和电能消耗设备的控制设备、系统；涂锡铜带属于"C3825 光伏设备及元器件制造"，是光伏组件中电池片之间的连接结构，发挥导电作用。从应用领域来看，威腾电气母线、中低压成套设备主要应用于配电环节，应用领域存在较多重叠，为各类工业企业、公建设施等社会电力用户接受、分配电能的核心设备；涂锡铜带的下游客户则主要为光伏组件制造企业。

《上海证券交易所科创板企业发行上市申报及推荐暂行规定》（上证发〔2020〕21 号）第三条规定，申报科创板发行上市的发行人，应当属于相关行业领域的高新技术产业和战略性新兴产业，并列举了 7 个行业领域及相应行业领域所包含的具体产业。

2010 年 3 月，全国人民代表大会提出发展战略性新兴产业后，国务院相继发布"十二五"国家战略性新兴产业发展规划和"十三五"国家战略性新兴产业发展规划。国家发展和改革委员会于 2017 年制定了《战略性新兴产业重点产品和服务指导目录》，以引导社会资源投向，并最终由国家统计局以《战略性新兴产业重点产品和服务指导目录（2016）》等文件为主线，制定了《战略性新兴产业分类（2018）》且明确《战略性新兴产业分类（2018）》为各地区、各部门开展战略性新兴产业统计监测的依据。

此外，中国证监会发布的《关于在上海证券交易所设立科创板并试点注册制的实施意见》(证监会〔2019〕2号公告)明确规定,国家设立科创板的目的之一即为促进战略性新兴产业的发展。

因此,威腾电气以《战略性新兴产业分类(2018)》作为《上海证券交易所科创板企业发行上市申报及推荐暂行规定》(上证发〔2020〕21号)中规定的"战略性新兴产业"的认定和分类标准,有明确的国家政策依据。

根据国家统计局颁布的《国民经济行业分类》(GB/T4754-2017),公司的主要产品母线属于"C382输配电及控制设备制造"之"C3829其他输配电及控制设备制造"。2018—2020年,母线收入占公司主营业务收入比例分别为60.32%、56.66%和50.47%;其中,低压母线收入占公司主营业务收入比例分别为54.76%、51.55%和45.85%,高压母线收入占公司主营业务收入比例分别为5.56%、5.11%和4.62%。

输配电系统是整个电力系统的重要组成部分,承担着将电能从发电厂输送到终端用电客户的职能。输配电系统分为输变电系统和配电系统,其中输变电又分为输电和变电。输电是指电能的传输,把距离较远的发电厂和负荷中心联系起来,使电能的开发和利用突破地域的限制;变电是指利用一定的设备将电压由低等级转变为高等级(升压)或由高等级转变为低等级(降压)的过程;配电是指将电力分配至用户和终端设备,直接为用户服务。

从应用场景来看,母线不能应用于输电领域,而主要应用于配电系统,即从电力系统的配电点把电能直接传送到各种用电设备,以及用于发电厂、用电设备等建筑内部电能输配。具体来说,威腾电气低压母线的额定电压为1 000 V以下,作为配电环节中连接配电变电站的变压器至低压成套设备、低压成套设备至用电设备等用途,属于配电领域;高压母线的额定电压为3.6—40.5 kV,可以在配电环节中连接配电变电站的变压器至中压成套设备,如离相封闭母线和共箱封闭母线;亦可以在变电环节中连接发电厂的发电机至升压变电站的变压器,如全绝缘管型母线。威腾电气高压母线属于配电、变电领域。

因此,威腾电气生产的母线产品主要应用于配电系统,属于配电设施。《战略性新兴产业分类(2018)》之《重点产品和服务目录》列示的产品内容,虽未明确提及"母线"产品,但从母线产品的功能、用途来看,其主要起电能传输和分配的作用,属于配电设施,因此威腾电气生产销售的母线产品属于《战略性新兴产业分类（2018）》中"6 新能源产业"之"6.5 智能电网产业"之"6.5.1 智能电力控制设备及电缆制造"领域之"智能配电设施"产品，即威腾电气主要产品母线属于《战略性新兴产业分类（2018）》中"6 新能源产业"之"6.5 智能电网产业"，所以威腾电气属于"新能源产业"之"智能电网产业"。

此外，在威腾电气的其他产品中，中低压成套设备主要应用于配电环节，是各类工业企业、公建设施等社会电力用户接受、分配电能的核心配电设施；涂锡铜带、铜铝制品中的铝边框产品的主要客户为新能源领域的光伏企业。

2021 年 4 月 19 日、2021 年 4 月 21 日，国家电网下属华北电力科学研究院有限责任公司之高电压技术研究所、南方电网科学研究院有限责任公司分别出具《说明》，载明"威腾电气集团股份有限公司生产销售的母线产品属于《战略性新兴产业分类（2018）》中'6 新能源产业'之'6.5 智能电网产业'之'6.5.1 智能电力控制设备及电缆制造'领域之'智能配电设施'产品"。

根据对中国工程院院士 / 清华大学电机系教授、浙江大学电气学院教授、武汉大学电气与自动化学院教授、华中科技大学教授、华北电力大学柔性电力技术研究所所长、西安交通大学电气工程学院教授等行业专家的访谈，该公司的母线属于《战略性新兴产业分类（2018）》大力推动的"智能电网产业"领域之"智能配电设施"产品。

如上所述，《中国制造 2025》《高端装备创新工程实施指南（2016—2020 年）》将"智能电网用输变电及用户端设备"作为重点发展领域之一；从母线产品的功能、用途来看，其主要起电能传输和分配的作用，应用于配电环节，是用户端的配电设施；因此，威腾电气的母线产品也属于"智能电网用输变电及用户端设备"。

中国电器工业协会电控配电设备分会作为母线行业的行业自律组织，于 2020 年 12 月 24 日出具证明，载明："威腾电气集团股份有限公司生产的母线产品属于输配电设备的一种，广泛应用于配电系统，属于《中国制造 2025》《高端装备创新工程实施指南（2016—2020 年）》提及的'智能电网用输变电及用户端设备'。"

根据对国家智能电网输配电设备质量监督检验中心主任 / 教授级高级工程师、早稻田大学信息通信院副教授、中国电器工业协会副会长兼秘书长 / 教授级高级工程师、中国电器工业协会电控配电设备分会副理事长／教授级高级工程师、南京工程学院教授、南京工程学院电力工程学院院长教授、国网信通产业集团有限公司北京智芯微电子科技有限公司总工程师／教授级高级工程师、江苏大学电气工程学院教授、全球能源互联网研究院有限公司电工材料所所长／教授级高级工程师、河海大学电气工程学院教授等多名行业专家的访谈，该公司的母线产品属于《中国制造2025》《高端装备创新工程实施指南（2016—2020年）》提及的"智能电网用输变电及用户端设备"。

综上所述，从母线产品的功能、用途来看，其主要起电能传输和分配的作用，属于配电设施，属于《战略性新兴产业分类（2018）》中"6 新能源产业"之"6.5 智能电网产业"之"6.5.1 智能电力控制设备及电缆制造"领域之"智能配电设施"产品，也属于《中国制造2025》《高端装备创新工程实施指南（2016—2020年）》提及的"智能电网用输变电及用户端设备"。所以，威腾电气属于"新能源产业"之"智能电网产业"。

根据《上海证券交易所科创板企业发行上市申报及推荐暂行规定》（上证发〔2020〕21号）第三条，属于科创板定位的行业领域的高新技术产业和战略性新兴产业包括新一代信息技术领域、高端装备领域、新材料领域、新能源领域、节能环保领域、生物医药领域等六大行业领域和符合科创板定位的其他领域。

如上所述，威腾电气属于《战略性新兴产业分类（2018）》之"6 新能源产业"之"6.5 智能电网产业""6.5.1 智能电力控制设备及电缆制造"分类，属于《上海证券交易所科创板企业发行上市申报及推荐暂行规定》（上证发〔2020〕21号）规定的"新能源领域"，符合《上海证券交易所科创板企业发行上市申报及推荐暂行规定》（上证发〔2020〕21号）第三条的规定。

威腾电气最近3年研发投入金额累计在6 000万元以上，形成主营业务收入的发明专利5项以上，最近一年营业收入金额达到3亿元，符合《上海证券交易所科创板企业发行上市申报及推荐暂行规定》（上证发〔2020〕21号）第四条的规定。

（二）继受取得或与他人共用专利

项目组律师在公司与该等第三方合作过程中涉及的明晰财产权属、明确权责、避免争议、纠纷等相关事项中提供了专业的法律意见和规范建议，并根据科创板对专利等知识产权严格的披露要求，帮助企业满足监管要求，准备充分的披露文件。

第一，威腾电气存在 19 项受让自 J 公司的专利权，威腾电气受让前述 1—19 项专利的具体情况和原因如下：

2018 年初，威腾电气拟与 D 公司开展合作，由威腾电气在 D 公司及 J 公司共有专利权的原产品"高精度高可靠剩余电流保护开关""永磁式换相开关"的基础上，主导开发全系列新一代高精度高可靠剩余电流保护开关和新一代永磁式换相开关，因此威腾电气与 J 公司、D 公司协商一致，J 公司将其所持上述 1—19 项的专利权转让给威腾电气，转让后由威腾电气和 D 公司共同拥有或由威腾电气单独拥有相关专利权，J 公司不再拥有专利权。2018 年 8 月 27 日，J 公司、D 公司与威腾电气签署转让协议，约定将前述 1—19 项专利的原权利人中的 J 公司变更为威腾电气。2018 年 4 月 1 日，J 公司召开股东会议，会议审议通过将前述 1—19 项专利权转让给威腾电气的相关事宜。

第二，2016 年 9 月，威腾股份与 H 大学签署了《技术开发（委托）合同》，约定威腾股份委托 H 大学研究开发高导热性铝合金材料研发项目。H 大学就该项目的初步研究开发成果申请了"一种大容量非热处理型高导电铝合金导体材料"（专利号为 ZL201110329589.6）的专利权，威腾电气为进一步进行研发及产业化之目的，向 H 大学购买前述专利。

2019 年 1 月，威腾电气与 H 大学签署《技术转让（专利权）合同》，约定 H 大学将专利号为 ZL201110329589.6 的"一种大容量非热处理型高导电铝合金导体材料"的专利权转让给威腾电气。《技术转让（专利权）合同》已进行 H 大学内部合同登记并加盖公章。

第三，甲某、乙某将其分别或共同持有的 11 项专利申请权、专利权转让给威腾电气。威腾电气自甲某、乙某受让专利的具体情况和原因为：威腾电气与甲某、乙某协商一致开展合作，甲某、乙某在威腾电气处任职，从事智能开关相关业务的研发、市场开拓等方面工作，甲某、乙某同意将其拥有的相关专利权转让给威腾电气。

第四，受让取得和共有专利的权属是否存在瑕疵、纠纷和潜在纠纷的问题。

威腾电气已于 2020 年 7 月 24 日分别与 M 公司、Z 公司签署了《专利共有协议》，主要约定如下："1. 双方作为共有专利的共有人，分别可以单独实施共有专利，但未经本合同一方书面同意，另一方无权将共有专利进行传授、转让、出资、设置质押或担保、以任何方式许可第三方实施或与第三方合作用于商业经营（前述第三方不包括本合同附件中列明的本合同双方各自的控股子公司），实施的形式包括但不限于普通实施许可、独占实施许可及排他实施许可；2. 双方各自实施共有专利所取得的经济利益，归各自所有，一方不得参与、干涉另一方的收益分配；3. 任意一方均有权利用共有专利的研发成果进行后续改进，由此产生的具有实质性或创造性技术进步特征的新的技术成果及权利归属，由完成方所有；4. 本合同任何一方转让其拥有的共有专利的专利权的，另一方享有以同等条件优先受让的权利。"

2018 年 4 月 12 日，威腾电气、D 公司以及 J 公司签署了《合作框架协议》（以下简称"《合作框架协议》"），《合作框架协议》中约定了 D 公司与 J 公司原签订的"2012.6.12 科技合作合同""2016.5.27 合作协议""2016.8.19 补充协议"中涉及的 J 公司的权利由威腾电气代替享有。其中，"2016.5.27 合作协议"约定："第七条：共同开发项目的成果归属于分享，1. 产品知识产权归双方共同拥有，各方均有独自使用的权利。任何一方不得以任何理由私自与第三方合作生产该类产品。未经双方同意，任何一方不得向第三方转让技术秘密。2. 合作双方中，单方声明放弃专利申请权的，可由另一方单独申请，放弃专利权的一方可以免费取得该项专利的普通实施许可，该许可不得撤销。3. 研发小组人员在就业期间和研发期间申请的该产品专利权属于职务创造，归属公司所有。4. 经双方同意，一方转让其有专利权的，另一方可以优先受让其共有的专利权。共有的专利技术实施转让，而获得的经济收益由双方共享。收益共享方式应在行为实施前另行约定。""2016.8.19 补充协议"第四条约定："双方承诺，除作为附件的专利清单中列明的专利外，所有双方合作项目产生的知识产权将共同拥有。"第五条约定："本协议签订后，双方合作项目产生的知识产权申请专利事宜，可由双方共同办理，双方共同拥有，未经对方书面许可，双方都不得将相关技术方案向任意第三方披露和授权生产，也不得单独或单独授权第三方生产对方产品。"第六条约定："若有一方违反本补充协议第二条、第五条约定的义务或者有证据表明一方违背第四条的承诺，则表明该方无条件放弃自 2012 年 6 月产生的双方共有的专利权。"

就上述受让取得的专利权，相关转让方与受让方已签署专利权转让协议、履行相关内部审批程序并办理完毕了专利权变更的登记手续；就共有专利，威腾电气与共有方已签署约定了共有专利的使用方式的相关协议，未发生涉及上述专利权的争议或纠纷。上述受让取得和共有专利权的权属不存在瑕疵、纠纷和潜在纠纷。

（三）曾属新三板挂牌公司

威腾电气在全国中小企业股份转让系统信息披露情况，与威腾电气本次发行所披露的信息对比，存在一定差异。

威腾电气于新三板挂牌及挂牌期间的信息披露系按照《非上市公众公司监督管理办法》《全国中小企业股份转让系统业务规则（试行）》《全国中小企业股份转让系统挂牌公司信息披露细则》等相关业务规则的要求进行披露，本次申报文件的信息披露系按照科创板相关配套的业务规则要求进行披露，两者在信息披露规则、要求、细节、信息披露覆盖期间等方面存在一定差异。

威腾电气于新三板挂牌期间的财务信息主要披露于《公开转让说明书》、2013 年至 2016 年的审计报告。本次科创板发行上市申请文件涉及的报告期为 2017 年度、2018 年度和 2019 年度。本次申报的报告期与新三板公开披露的财务信息无差异。

除信息披露规则引致的差异外，威腾电气于新三板挂牌期间与本次科创板发行上市申请文件内容之间不存在差异。上述差异不构成重大差异。

（四）股东适格性

项目组律师对股东相关事项重点核查，并协助企业与国有股东进行有效沟通，及时取得了国资委出具的国有股权管理事项的批复，有效推进了 IPO 进程，体现了律师的专业性和主动性。通过专业的法律服务，律师帮助威腾电气确认了股东适格性等关键问题，为其顺利上市扫清了障碍。

第一，威腾有限曾经的股东为 Y 公司，威腾有限设立时，Y 公司的股权结构较为分散，第一大股东 N 公司持股 20.60%，国有股权比例未超过 50%，且根据 Y 公司的公司章程，不存在 N 公司能够对 Y 公司实际支配的相关约定。另外，根据 N 公司 2004 年度审计报告、2006 年度审计报告、2007 年度审计报告，Y 公司未被纳入 N 公司的"存在控制关系的关联方"名单。

2009 年 11 月 13 日，N 公司将其所持 Y 公司 20.6% 股权在北京产权交易所挂牌转让，本次股权转让完成至 Y 公司将其所持威腾有限股权全部对外转让之日的期间内，Y 公司的第一大股东变更为丙某，其余股东中 J 公司为国有企业，持有 Y 公司 5% 的股权，根据上述法律法规的规定，2009 年 11 月至 Y 公司将其所持威腾有限股权全部对外转让之日的期间内，Y 公司的国有股权比例未超过 50%，且根据 Y 公司的公司章程，不存在 N 公司能够对 Y 公司实际支配的相关约定，因此，Y 公司属于国有参股企业，不属于国有独资或国有控股企业。

因此，2004 年 1 月，威腾有限设立至 Y 公司将其所持威腾有限股权全部对外转让之日的期间内，Y 公司属于国有参股企业，不属于国有独资或国有控股企业。

第二，根据《证券公司直接投资业务监管指引》第三条第九款规定："担任拟上市企业的辅导机构、财务顾问、保荐机构或者主承销商的，自签订有关协议或者实质开展相关业务之日起，公司的直投子公司、直投基金、产业基金及基金管理机构不得再对该拟上市企业进行投资。"H 公司于 2017 年 6 月增资入股威腾电气时，中信证券尚未担任威腾电气的辅导机构、财务顾问、保荐机构或者主承销商，保荐机构 IPO 项目组亦未实质开展相关业务，H 公司入股威腾电气符合《证券公司直接投资业务监管指引》的相关规定。

H 公司于 2017 年 6 月增资入股威腾电气，中信证券自 2018 年 5 月起为威腾电气开展保荐业务。2020 年 5 月 28 日，中信证券与威腾电气签署了《威腾电气集团股份有限公司（作为发行人）与中信证券股份有限公司（作为保荐人、主承销商）关于首次公开发行人民币普通股（A 股）并在科创板上市之承销及保荐协议》，威腾电气本次申请文件于 2020 年 6 月 11 日获得上交所受理。根据上述期间有效适用的《证券发行上市保荐业务管理办法》（2009 年 5 月修订）第三十九条规定，"保荐机构及其控股股东、实际控制人、重要关联方持有威腾电气的股份合计超过 7%，或者威腾电气持有、控制保荐机构的股份超过 7% 的，保荐机构在推荐威腾电气证券发行上市时，应联合 1 家无关联保荐机构共同履行保荐职责，且该无关联保荐机构为第一保荐机构"。2017 年 6 月，H 公司增资后持有威腾电气 4.05% 股权，H 公司持有威腾电气 3.66% 股权。中信证券通过其控制的下属企业 H 公司持有威腾电气的股份未超过 7%，无需联合无关联保荐机构共同履行保荐职责。

第三，2015 年 12 月 25 日，江苏省国资委出具《江苏省国资委关于江苏威腾电气集团股份有限公司国有股权管理事项的批复》（苏国资复〔2015〕204号），载明原则同意镇江市政府国资委提出的威腾电气国有股权设置方案，威腾电气总股本 100 000 000 股，其中 G 公司（国有股东）持有 16 000 000 股，占总股本的 16.00%；L 公司（国有股东）持有 10 000 000 股，占总股本的 10.00%。如股份公司在境内发行股票并上市，上述国有股东在中国证券登记结算有限公司登记的证券账户应加注"SS"标识。

根据上述法律法规的规定，保荐机构中信证券自 2018 年 5 月起为威腾电气开展保荐业务，晚于 H 公司入股威腾电气的时间，且 H 公司持有威腾电气的股份未超过 7%，符合《证券发行上市保荐业务管理办法》《证券公司直接投资业务监管指引》等证券公司直接投资业务和保荐业务的相关规定。

四、案件结论

在威腾电气申请上市的过程中，锦天城律师通过全面的尽职调查，及时发现并解决了公司在股权结构、财产权属、合规性方面的潜在问题。律师团队深入研究了相关法律法规及政策文件，确认了威腾电气的行业属性，并有效论证了企业符合科创板的标准。在专利技术与知识产权管理方面，锦天城律师严格审查了相关合作协议，进行了侵权风险评估，并协助公司制定了风险防范措施，帮助企业明晰了专利权属问题。在股东适格性核查方面，律师团队重点核查了威腾电气股东的背景，准确识别了包含国有企业的股东，并协助企业与国有股东沟通，取得了国资委的批复，有效推进了 IPO 进程。锦天城律师还提供了专业法律意见，帮助企业在与第三方合作过程中明晰财产权属、明确权责、避免争议和纠纷。同时，律师对企业潜在的法律风险进行了评估，并提出了相应的防范措施，增强了企业的法律合规性。

最终，威腾电气于 2021 年 7 月成功登陆上交所科创板。上市后，威腾电气的业务发展持续向好，2023 年度公司营业收入、归属于上市公司股东的净利润和归属于上市公司股东的扣除非经常性损益的净利润分别同比增长 74.03%、72.30% 和 76.91%，这些成绩的取得，与锦天城律师在上市过程中提供的全面法律服务和专业法律建议密不可分。

智翔金泰科创板五套标准上市项目

——未盈利创新药企上市的难点、特点及应对

张优悠* 王　朝** 秦永强***

一、案情介绍

重庆智翔金泰生物制药股份有限公司（以下简称"智翔金泰"或"公司"，股票代码：688443；其前身重庆智翔金泰生物制药有限公司简称"智翔有限"）是采用科创板第五套标准申报并成功于 2023 年 6 月 20 日在上海证券交易所科创板挂牌上市的生物创新药公司。智翔金泰发行上市时，公司市值为 138.90 亿元，募集资金总额为 34.73 亿元；其上市发行时已自主研发单克隆抗体药物和双特异性抗体药物 12 个，核心产品进度国内领先，其中 1 个产品（1 个适应症）已提交新药上市申请，7 个产品（11 个适应症）已进入临床试验阶段。

智翔金泰是近年来国内新近崛起的抗体药物"独角兽"企业，聚焦于自身免疫系统疾病、传染性疾病和肿瘤三大治疗领域，是一家专注于新型单克隆抗体药物的产业化高新技术企业，公司主营业务为抗体药物的研发、生产与销售，

---

*　上海市锦天城律师事务所高级合伙人。

**　上海市锦天城律师事务所律师。

***　上海市锦天城律师事务所律师。

在研产品为单克隆抗体药物和双特异性抗体药物。公司的研发管线涵盖了治疗自身免疫性疾病、感染性疾病和肿瘤等领域的单克隆抗体药物和双特异性抗体药物。智翔金泰通过持续的创新和研发努力，旨在为患者提供更有效的治疗方案。

二、办案难点

（一）关于上市标准和科创属性

智翔金泰作为尚未盈利的创新药企业，选择采用科创板第五套上市标准进行上市申报。该标准对于企业的盈利能力、营业收入、现金流量等不设具体指标，但对预计市值有较高要求，并要求主要业务或产品需经国家有关部门批准，市场空间大，目前已取得阶段性成果。对于医药行业企业，公司至少需要有一项核心产品获准开展二期临床试验。这些难点综合反映了科创板第五套上市标准对于企业的要求，旨在确保申报上市的未盈利医药公司具备高科技创新能力和成长潜力，同时保护投资者利益，促进资本市场的健康发展。

基于上述背景，智翔金泰的上市申请文件需围绕科创板第五套标准的要求充分说明智翔金泰符合各项条件，并论证智翔金泰具备科创属性。

（二）关于资产重组

2020年11月，各方确定以智翔有限作为未来上市主体，并对公司整体架构作出相应调整。本次重组完成后，智翔（上海）医药科技有限公司（以下简称"上海智翔"）、北京智仁美博生物科技有限公司（以下简称"智仁美博"）转变为智翔有限的全资子公司，同时，为了补偿单继宽和刘志刚转让其原持有的上海智翔及智仁美博权益，也为了奖励单继宽、常志远及刘志刚对公司的贡献，同意通过换股和激励相结合的方式使三人取得并持有智翔有限股权。

本次资产重组具有一定特殊性，重组的三个主体，即智翔有限、上海智翔、智仁美博，当时均为未盈利的研发型企业，其账面均处于持续亏损状态。重组过程中各个环节交易价格的定价依据是问题核心，且定价依据将最终影响重组过程所涉的激励股权认定、税收缴纳等事项。

对于智翔金泰的本次资产重组，审核提出的法律问题主要围绕以下几个方面：重组的背景及过程；重组交易的定价方式是否合理，是否存在利益输送情形，是否存在税务合规风险；各主体的业务安排及协同性；收购完成后运行时间是否符合相关规定。

（三）关于同业竞争

控股股东、实际控制人控制的其他企业共有 9 家主营业务涉及医药领域，其中重庆宸安生物制药有限公司从事重组多肽药物研发及产业化工作，重庆精准生物技术有限公司（以下简称"精准生物"）及子公司从事 CAR-T 细胞治疗技术的研究，重庆智飞生物制品股份有限公司（以下简称"智飞生物"）及其子公司从事疫苗的研发、生产及销售。

针对医药企业的同业竞争问题，审核机构更关注针对相同或相似适应症的产品是否存在实质竞争关系及是否对公司构成重大不利影响。就该项目而言，审核机构重点关注如下问题：智飞生物的狂犬病、破伤风、水痘带状疱疹等相同 / 相似适应症所涉产品是否存在同业竞争；精准生物在多发性骨髓瘤和急性髓系白血病适应症领域的在研产品 C-4-29 和 C-2-X，与公司在研的相关产品存在适应症相同且适用患者无法区分的情形，产品存在一定的竞争关系，但不构成重大不利影响的合理性。

三、法律分析

针对智翔金泰科创板申报审核过程中遇到的法律难点，我们通过充分核查和论证，并结合公司研发投入大、尚未盈利的实际情况以及生物创新药研发领域的特点，在公司的上市申请文件及相关问询回复中进行了详细阐述。

（一）关于上市标准和科创属性

1. 公司满足科创板上市标准

智翔金泰符合当时适用的《上海证券交易所科创板股票上市规则》第 2.1.2 条第一款第（五）项及《上海证券交易所科创板股票发行上市审核规则》第二十二条第二款第五项规定的上市标准，具体如下：

第一，2021 年 9 月，公司最近一轮私募融资的投后估值为 66 亿元，符合"预计市值不低于人民币 40 亿元"的条件。

第二，截至项目申报日，公司 GR1501（重组全人源抗 IL-17A 单克隆抗体，通用名赛立奇单抗）针对中重度斑块状银屑病适应症已于 2021 年 7 月完成Ⅲ期临床试验入组，预计 2022 年第四季度完成Ⅲ期临床试验；GR1501 针对放射学阳性中轴型脊柱关节炎适应症于 2022 年 6 月进入Ⅲ期临床试验；GR1801（重组全人源抗狂犬病病毒 G 蛋白双特异性单克隆抗体）针对疑似狂犬病病毒暴露后的被动免疫适应症正在开展Ⅱ期临床试验，同时已经提交 EOP2 沟通申请，预计 2022 年四季度启动Ⅲ期临床试验；GR1802（重组全人源抗 IL-4Rα 单克隆抗体）针对中重度哮喘适应症正在开展Ⅱ期临床试验。公司产品立足于未被满足临床需求，具备市场空间大的特点，符合"主要业务或产品需经国家有关部门批准，市场空间大，目前已取得阶段性成果。医药行业企业需至少有一项核心产品获准开展二期临床试验，其他符合科创板定位的企业需具备明显的技术优势并满足相应条件"的条件。

2. 公司符合科创属性评价标准

公司符合当时适用的《科创属性评价指引（试行）》规定的科创属性评价标准一，具体情况如下：

第一，2019 年度、2020 年度及 2021 年度，公司累计研发投入合计 64 839.08 万元，符合"最近三年累计研发投入占最近三年累计营业收入比例 ≥ 5%，或最近三年累计研发投入金额 ≥ 6 000 万元"的规定。

第二，截至 2021 年 12 月 31 日，公司员工总数 313 人，其中技术研发人员 273 人，占比为 87.22%，符合"研发人员占当年员工总数的比例不低于 10%"的规定。

第三，公司拥有 12 项境内及 8 项境外与主营业务相关的境内发明专利，符合"形成主营业务收入的发明专利（含国防专利）≥ 5 项"的规定。

第四，公司系采用《上海证券交易所科创板股票上市规则》第 2.1.2 条第一款第（五）项规定的上市标准申报科创板的企业，不适用"最近三年营业收入复合增长率 ≥ 20%，或最近一年营业收入金额 ≥ 3 亿"的规定。

（二）关于资产重组

1. 重组的背景及过程

智翔有限成立于 2015 年 10 月，2017 年启动抗体产业化基地建设，2019 年完成一期工程的第一阶段建设并获得《药品生产许可证》，具备 4 400 L 规模（2*2 000 L 和 2*200 L）的原液生产能力；公司已经建成两条制剂生产线，预充针生产线产能为 182 万支 / 年；西林瓶灌装生产线的产能为 500 万支 / 年。根据规划，智翔有限将作为药品上市许可持有人，承担抗体药物商业化环节中的生产与销售，因此选择智翔有限作为未来上市主体。

本次资产重组前，智翔有限、上海智翔和智仁美博的股权结构及主要业务情况如图 1。

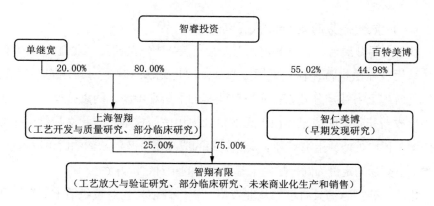

图 1

本次重组过程主要如下：

第一，上海智翔将其持有的智翔有限 5 000 万元注册资本以 1 333.33 万元分别转让给单继宽、常志远和刘志刚，其中单继宽、常志远以 1 000 万元合计获得智翔有限 3 750 万元注册资本，刘志刚以 333.33 万元获得智翔有限 1 250 万元注册资本。

第二，智翔有限以 5 000 万元的价格收购上海智翔 100% 股权（对应上海智翔 5 000 万元注册资本）；其中，智翔有限以 4 000 万元受让智睿投资持有的上海智翔 80% 股权（对应上海智翔 4 000 万元注册资本），智翔有限以 1 000 万元受让单继宽持有的上海智翔 20% 股权（对应上海智翔 1 000 万元注册资本）。前述转让完成后，上海智翔变更为智翔有限全资子公司。

第三，智翔有限以 333.33 万元受让百特美博（刘志刚为其实际控制人）所持有的智仁美博 44.98% 股权，智翔有限以 476.64 万元受让智睿投资持有的智仁美博 55.02% 股权；前述股权转让完成后，智仁美博变更为智翔有限全资子公司。

第四，本次重组协议约定，因员工持股平台尚未成立，故由单继宽、常志远和刘志刚过渡性地持有员工持股平台股权，待成立员工持股平台后，将该部分股权转让给员工持股平台，并进行相应股权激励；单继宽、常志远和刘志刚后续将其持有的部分股权分别转让给员工持股平台汇智鑫、众智信和启智兴。

2. 重组交易的定价方式是否合理，是否存在利益输送情形，是否存在税务合规风险

（1）重组交易的定价方式是否合理

重组交易开展前，各方商定，上海智翔仅从事新药研发产业链的部分环节，无法采用收益法进行评估，采用资产基础法也无法反映上海智翔的真实价值；智仁美博和上海智翔分处新药研发产业链的上游和中游，两家公司消耗的资源最终形成新药研发的成果，由于无法单独采用估值模型，因此交易价格按照两家公司（智仁美博、上海智翔）实际耗用的股东出资及借款额的比例进行换算。上述重组交易的定价为同一控制下基于成本的相对定价方法。

此后，公司聘请具有证券从业资格的资产评估机构对重组前上海智翔和智仁美博的价值进行追溯评估。根据估值报告，2020 年 11 月 30 日上海智翔的估值为 20 074.37 万元，2020 年 11 月 30 日智仁美博的估值为 3 717.90 万元。本次追溯评估仅供交易各方确认 2020 年重组交易的公允价值，交易各方不再根据追溯评估结果调整当时的交易价格。

（2）是否存在利益输送情形

为整合公司架构，在公司 2020 年 12 月重组时，单继宽、刘志刚、常志远通过换股和激励的方式直接获取了公司股份，并将其取得的公司股份确认为获取子公司股权对价及股权激励，股权激励部分为一次性直接授予，未设定行权条件和等待期。但重组各方商定的重组交易初始定价系按照两家公司（智仁美博、上海智翔）实际耗用的股东出资及借款额的比例进行换算。

2022 年 9 月，公司聘请具有证券从业资格的资产评估机构，对重组前上海智翔和智仁美博的价值进行追溯评估，并根据评估报告调整了原根据实际交易价格认定的单继宽、刘志刚和常志远换股数量和股权激励数量，调整前后的情况如表 1。

表 1

序号	股东姓名	根据实际交易价格认定		根据评估值认定	
		换股部分	股权激励部分	换股部分	股权激励部分
1	单继宽	1 000.00 万元	454.00 万元	501.86 万元	952.14 万元
2	刘志刚	188.33 万元	436.67 万元	101.01 万元	523.99 万元
3	常志远	0.00 万元	250.00 万元	0.00 万元	250.00 万元

按照评估值重新认定单继宽、刘志刚等将持有的上海智翔、智仁美博的股权置换为公司股权时对价后，与初始定价的差异情况如表 2。

表 2

序号	交易事项	评估值	初始定价
1	单继宽换股持有智翔有限 1 000 万元出资的对价	4 014.87 万元	1 000.00 万元
2	刘志刚换股持有智仁美博 188.33 万元出资的对价	808.11 万元	188.33 万元

针对上述差异，公司确认，单继宽付出的上海智翔 1 000 万元出资的公允价值为 4 014.87 万元，换股数量为 501.86 万股，其余 498.14 万股应按照股权激励进行账务处理，并确认 3 985.13 万元为股份支付；刘志刚付出持有的智仁美博的价值为 808.11 万元的股权，换股数量应为 101.01 万股，其余 87.32 万股应按照股权激励进行账务处理，并确认 698.56 万元为股份支付。

综上，按照追溯评估的评估值重新认定被重组方股权公允价值后，公司关键管理人员在重组过程中取得的公司股权依照前述公允价值确定换股数量及应确认股份支付的激励股权数量，因此不存在利益输送的情形。

（3）是否存在税务合规风险

鉴于本次追溯评估值高于协商确定的初始交易价格，为避免潜在的税收风险，交易各方根据评估值进行了纳税自查补申报并补缴了税款及滞纳金，交易各方已经获得税务机关出具的完税证明，股权转让不存在税务合规风险。

3. 各主体的业务安排及协同性

重组前，智仁美博负责分子发现阶段研究，上海智翔负责中试及部分临床研究，智翔有限负责部分临床研究及工艺放大研究。三方的业务属于抗体产业链上中下游的合作关系，三方相辅相成，共同推动抗体药物的分子发现、临床研究和工艺放大研究的全生命周期研究。三方均为独立法人主体，技术团队相对独立，在产品开发不同阶段三方或两方共同参与。三方处于同一产业链的上中下游，且三方之间需对抗体分子、研究成果进行移交，并在前一工序的基础上进行下一环节的研究，故三方之间存在紧密的研发合作关系，并在合作过程中，共同申请了多项专利。

重组后，三方定位与重组前一致，三方业务未发生变化。公司根据股权转让协议收购了上海智翔和智仁美博 100% 股权，完整接收了其全部资产和相关权利，未对上海智翔和智仁美博原有资产、技术及人员等进行处置，重组后核心技术人员均在原公司任职，公司技术人员稳定。因此，不存在纠纷或潜在纠纷。

4. 收购完成后运行时间是否符合相关规定

（1）符合科创板发行条件，重组不构成主营业务变更

根据《〈首次公开发行股票并上市管理办法〉第十二条发行人最近 3 年内主营业务没有发生重大变化的适用意见——证券期货法律适用意见第 3 号》（以下简称《证券期货法律适用意见第 3 号》）第二条规定，发行人报告期内存在对同一公司控制权人下相同、类似或相关业务进行重组情况的，如同时符合下列条件，视为主营业务没有发生重大变化：被重组方应当自报告期期初起即与发行人受同一公司控制权人控制，如果被重组方是在报告期内新设立的，应当自成立之日即与发行人受同一公司控制权人控制；被重组进入发行人的业务与发行人重组前的业务具有相关性（相同、类似行业或同一产业链的上下游）。

被收购主体重组前的实控人、经营业务情况如表 3。

表3

被重组方	重组前实际控制人情况	重组前的实际经营业务	与公司的业务相关性
上海智翔	自2015年起，控股股东为智睿投资，实际控制人为蒋仁生	药物研发中的工艺开发与质量研究、部分临床研究	相同行业，具有相关性
智仁美博	自2015年起，控股股东为智睿投资，实际控制人为蒋仁生	药物研发中的早期发现研究	

被重组方自2015年起与智翔有限受同一公司控制权人控制，且被重组方与智翔有限重组前的业务具有相关性。依据《证券期货法律适用意见第3号》，本事项未导致公司主营业务发生重大变化。

依据当时适用的《科创板首次公开发行股票注册管理办法》，2020年、2021年公司主营业务未发生重大变化，符合发行条件要求。

（2）符合《证券期货法律适用意见第3号》运行时间要求

根据《证券期货法律适用意见第3号》的规定，被重组方重组前一个会计年度末的资产总额或前一个会计年度的营业收入或利润总额达到或超过重组前发行人相应项目100%的，为便于投资者了解重组后的整体运营情况，发行人重组后运行一个会计年度后方可申请发行。

智翔有限对上海智翔100%股权及智仁美博100%股权的收购均于2020年完成。智翔有限收购上海智翔、智仁美博的前一个会计年度（即2019年度），智翔有限、上海智翔及智仁美博的资产总额、资产净额、营业收入、利润总额情况如表4。

表4

公司名称	资产总额	净资产	营业收入	利润总额
上海智翔	19 867.81 万元	−17 428.33 万元	2.36 万元	−6 896.02 万元
智仁美博	2 840.49 万元	134.08 万元	—	−1 770.42 万元
小计	22 708.30 万元	−17 294.25 万元	2.36 万元	−8 666.44 万元
智翔有限	36 924.30 万元	−4 380.20 万元	0.75 万元	−7 057.40 万元
占比	61.50%	394.83%	312.50%	122.80%

被重组方上海智翔和智仁美博在重组前一个会计年度的营业收入和利润总额均超过重组前智翔有限相应项目100%。截至公司本次申请在科创板上市并首次公开发行文件受理日，公司重组后已运行一个会计年度，符合《证券期货法律适用意见第3号》要求。

综上，公司完成收购上海智翔和智仁美博后的运行时间符合相关规定。

（三）关于同业竞争

医药企业有两个重要特点：一是创新驱动，技术壁垒是医药企业的核心壁垒，技术决定了医药企业的竞争格局；二是临床需求，临床需求决定了具体药品是否直接竞争。

基于以上特点，我们主要从如下四个层次论证不构成重大影响的同业竞争：第一层次是宏观层次，即从产品及技术上对智翔金泰与关联方的业务进行分类，梳理不同企业及产品类型之间的技术壁垒，分析产品定位、核心技术团队和核心技术是否存在较大差异，企业的主要业务、技术、人员、资产等是否均独立形成；第二层次是微观层次，即从临床需求的角度逐一分析智翔金泰产品（包括在研产品）与关联方产品（包括在研产品）在科室、适应症和适用患者等角度的差异，对于具有相同/相似适应症的产品，进一步从产品类型、产品特点、适应症具体区别、应用场景、适用患者所处不同、用药场所等角度分析产品差异；第三层次是未来发展规划，即从不同业务板块的研发方向分析，确定是否存在同业竞争；第四层次是在上述分析的基础上，实际控制人出具避免同业竞争的承诺函，从宏观层次和微观层次承诺不构成重大不利影响的同业竞争。

根据当时适用的《科创板首次公开发行股票注册管理办法》的规定，发行人与控股股东、实际控制人及其控制的其他企业间，不得存在对发行人构成重大不利影响的同业竞争。因此，我们采用前述思路，全面分析论证智翔金泰、智飞生物、精准生物的各项产品（包括在研产品）之间是否存在竞争关系；若确存在一定竞争关系，则进一步论证是否属于对发行人构成重大不利影响的同业竞争。该等分析的关键结论如下。

1. 与智飞生物的相关产品不存在竞争关系

智翔金泰与智飞生物的产品定位、核心技术团队和核心技术存在较大差异，两家企业的主要业务、技术、人员、资产等均独立形成。经分析智翔金泰与智飞生物的产品在科室、适应症和适用患者的区别，尽管智翔金泰产品与智飞生物产品具有相同／相似的适应症，但是相互之间不能替代，不存在竞争关系，具体如下。

（1）关于狂犬病

根据《狂犬病暴露预防处置工作规范（2009 年版）》中关于狂犬病临床用药的规定，判定为Ⅲ级暴露者，应当立即处理伤口并注射狂犬病被动免疫制剂，随后接种狂犬病疫苗；如未能在接种狂犬病疫苗的当天使用被动免疫制剂，接种首针狂犬病疫苗 7 天内（含 7 天）仍可注射被动免疫制剂；不得把被动免疫制剂和狂犬病疫苗注射在同一部位；禁止用同一注射器注射狂犬病疫苗和被动免疫制剂。

根据《狂犬病暴露预防处置专家共识》、中华人民共和国国家卫生和计划生育委员会发布的《狂犬病暴露预防处置工作规范（2009 年版）》以及中国疾病预防控制中心发布的《狂犬病预防控制技术指南（2016 年版）》，人的狂犬病99% 由犬咬伤传播，及时、规范的暴露后预防处置是预防狂犬病的最有效策略，核心策略包括伤口的有效冲洗彻底清创、规范接种狂犬病疫苗、合理使用被动免疫制剂，具体情况可参考表 5。

表 5

暴露分级	接触方式	暴露后预防处置
Ⅰ级暴露	完好的皮肤接触动物及其分泌物或排泄物。	清洗暴露部位，无需进行其他医学处理。
Ⅱ级暴露	符合以下情况之一：（1）无明显出血的咬伤、抓伤；（2）无明显出血的伤口或已闭合但未完全愈合的伤口接触动物及其分泌物或排泄物。	（1）处理伤口；（2）接种狂犬病疫苗；（3）必要时使用狂犬病被动免疫制剂 *。
Ⅲ级暴露	符合以下情况之一：（1）穿透性的皮肤咬伤或抓伤，临床表现为明显出血；（2）尚未闭合的伤口或黏膜接触动物及其分泌物或排泄物；（3）暴露于蝙蝠。	（1）处理伤口；（2）使用狂犬病被动免疫制剂；（3）接种狂犬病疫苗。

* 当判断病例存在严重免疫功能缺陷等影响疫苗免疫效果的因素时，Ⅱ级暴露者也应该给予狂犬病被动免疫制剂。

根据上述规定和用药实践，公司 GR1801 与智飞生物的狂犬病疫苗的适应症不同、患者相近，二者的应用场景差异明显。

一方面，智飞生物的狂犬病疫苗属于主动免疫制剂，被疑似动物抓伤或咬伤后，必须接种狂犬病疫苗，最佳接种时间是在受伤后的 24 小时内，最好不要超过 48 小时；狂犬病疫苗是抗原，抗原进入机体后还要经过一系列免疫反应，使机体生成抗体，才能发挥保护机体不受狂犬病毒侵害的作用，从而有效地预防狂犬病的发生，这一过程需要 2 周左右的时间。

另一方面，公司的 GR1801（重组全人源抗狂犬病病毒 G 蛋白双特异性抗体）属于被动免疫制剂，是一种单克隆抗体药物，注射到人体以后可以迅速发挥保护作用，清除体内入侵的狂犬病毒，通常仅用于出现狂犬病Ⅲ级暴露的伤者，且必须在使用被动免疫制剂的基础上联合主动免疫使用。

综上，智飞生物的狂犬病疫苗与智翔金泰的狂犬病被动免疫制剂为互补关系，不存在替代性、竞争性或利益冲突，且两者的用药场景也有区别，因此公司的 GR1801 和智飞生物的狂犬病疫苗不存在竞争关系，双方不构成同业竞争。

（2）关于破伤风

根据国家卫健委《非新生儿破伤风诊疗规范（2019 年版）》以及指导原则、专家共识均提示，在非全程免疫或免疫史不详，且伤口为不洁或污染伤口的情况，必须被动免疫制剂联合破伤风疫苗全程免疫使用；其余情形下，均无需使用被动免疫制剂。智飞生物的百白破疫苗与智翔金泰的破伤风被动免疫制剂在产品特点、适用人群、用药场所有明显区分，不存在替代性、竞争性或利益冲突，不构成同业竞争。

（3）关于水痘带状疱疹

公司的 GR2201 与智飞生物的灭活水痘带状疱疹疫苗、重组带状疱疹疫苗（CHO 细胞）产品类型不同、适应症不同、适用患者不同、用药场所不同，不存在同业竞争。

2. 与精准生物产品的竞争关系不会构成重大不利影响

公司与精准生物的产品定位、核心技术团队和核心技术存在较大差异，两家企业的主要业务、技术、人员、资产等均独立形成。经分析公司与精准生物的产品在科室、适应症和适用患者的区别，公司与精准生物均有针对多发性骨髓瘤和急性髓系白血病适应症的在研产品，如果均获批上市，则存在一定的竞争关系。

但通过分析双方的产品类型及特点存在的差异，并结合公司产品预计上市时间，从关联方产品所处研发阶段、研发风险、预计市场规模、市场上其他竞品研发情况等角度，我们充分论证了公司与精准生物之间不存在对公司构成重大不利影响的同业竞争。

（1）关于多发性骨髓瘤

精准生物的 C-4-29 产品与公司 GR1803 产品存在竞争关系。但精准生物的 C-4-29 为 CAR-T 产品，在体外将免疫 T 细胞经过基因工程技术改造后回输患者体内以攻击肿瘤细胞，其与智翔金泰的 GR1803 双特异性抗体药物在药物设计、分子特性、药品制备过程等均存在显著差异，GR1803 和 C-4-29 目前均定位三线疗法，在用药频次上存在部分差异。

此外，公司的 GR1803 预计于 2030 年上市，届时 GR1803 的收入预计占公司整体收入比例较小，不会对公司造成重大不利影响，主要理由有三点。

第一，C-4-29 与 GR1803 均处于 I 期临床研究阶段，C-4-29 累计完成 8 例受试者入组，GR1803 累计完成 5 例受试者入组，两个产品的研发风险较大且暂未产生收入。

第二，多发性骨髓瘤每年新发患者较少，预计市场规模较智翔金泰主要产品所针对的自身免疫性疾病等领域较小。

第三，GR1803 的适应症为多发性骨髓瘤，除传统药物外，针对多发性骨髓瘤适应症，国内有 1 个抗体药物上市，1 个生物制剂 NDA，14 个抗体药物和 7 个 CAR-T 药物处于临床研究阶段，在研产品较多。

（2）关于急性髓系白血病

精准生物的 C-2-X 产品与公司 GR1901 产品存在竞争关系。但精准生物的 C-2-X 为 CAR-NK 产品，在体外将 NK 免疫细胞经过基因工程技术改造后回输患者体内以攻击肿瘤细胞，其与智翔金泰的 GR1901 双特异性抗体药物在药物设计、分子特性、药品制备过程、作用机制等均存在显著差异，GR1901 和 C-2-X 目前均定位三线疗法，在用药频次上存在部分差异。

同时，考虑 GR1901 是通过激活 T 细胞杀伤肿瘤细胞，而 C-2-X 是通过 NK

细胞杀伤肿瘤细胞，所以理论上可以存在治疗失败相互补充的情形。

此外，公司的 GR1901 预计于 2030 年及以后上市，届时 GR1901 的收入预计占公司整体收入比例较小，C-2-X 与 GR1901 不构成重大不利影响的同业竞争的主要理由如下：

第一，C-2-X 处于临床前研究阶段，预计 2023 年上半年提交 Pre-IND 会议申请；GR1901 启动 I 期临床研究，已经完成 1 例受试者入组；两种产品的研发风险较大且暂未产生收入；

第二，急性髓系白血病每年新发患者较少，预计市场规模较智翔金泰主要产品所针对的自身免疫性疾病等领域较小；

第三，GR1901 的适应症为急性髓系白血病，除传统药物外，针对急性髓系白血病适应症，国内有 9 个抗体药物和 1 个 CAR-T 药物处于临床研究阶段，在研产品较多。

四、案件结论

基于前述事实及分析，智翔金泰符合科创板第五套上市标准，且符合科创板定位，具备科创属性；未盈利的重组主体也应当采用评估或其他合理方式确定公允价值，并据此确定重组交易中所涉的激励股权和税务等方面处理方案，避免论证逻辑出现矛盾，且若属于重大资产重组的，重组完成后的运行时间应当符合相关规定方可申报上市；针对创新药企的同业竞争问题，应当采用多层次、多角度的论证思路，并着重论述关联方具有相同或相似适应症的产品不会对公司构成重大不利影响的同业竞争。

选择科创板第五套上市标准进行申报的未盈利医药企业具有其特殊性，相关法律问题的论述逻辑相较于其他类型企业而言亦存在差异。作为该类型企业的上市法律顾问，不仅要熟悉上市审核规定及市场案例，还需结合公司研发投入大、尚未盈利的实际情况以及生物创新药研发领域的特点，充分阐释重点问题的法律分析过程和结论。智翔金泰等未盈利企业采用科创板第五套上市标准申报并成功上市，正是对股票发行注册制改革精神的最好诠释。

赛伦生物科创板 IPO 项目

——历史沿革瑕疵的补救及阐述

徐　军[*]　裴振宇[**]　吕希菁[***]

一、案情介绍

上海赛伦生物技术股份有限公司（以下简称"赛伦生物""发行人"或"公司"）成立于 1999 年，是一家专业从事研究、开发、生产及销售针对生物毒素及生物安全领域的预防和治疗药物的生物医药企业。其核心产品主要包括马破伤风免疫球蛋白（F（ab'）$_2$）及抗蛇毒血清两大类，其中抗蛇毒血清为治疗蛇伤唯一特效药。

2022 年 3 月，赛轮生物成功完成在科创板的发行与上市。

二、办案难点

本项目难点主要是关于项目历史沿革中国资股东出资程序合规性及公司股权清晰性的问题。

* 　上海市锦天城律师事务所高级合伙人。

** 　上海市锦天城律师事务所合伙人。

*** 　上海市锦天城律师事务所律师。

赛伦生物前身为上海赛伦生物技术有限公司（以下简称"赛伦有限"），系由赛伦生物实际控制人与上海生物制品研究所（以下简称"上生所"）共同合作设立。双方约定的合作方式为：公司实际控制人及其控制企业上海艺缘工贸有限公司（以下简称"艺缘工贸"）以货币出资 2 000 万元，持股 70%（分两期投资，首次出资 500 万元，若第一期投资合作基本成功并盈利，经赛伦有限董事会确认可进入第二期，缴纳剩余出资 1 500 万元）；上生所以精制白喉抗毒素、精制破伤风抗毒素、精制抗五步蛇毒血清、精制抗银环蛇毒血清、精制抗蝮蛇毒血清、精制抗眼镜蛇毒血清、精制抗狂犬病血清等 7 种产品的品名、产品使用权、技术使用权和该产品业务经营权作价出资 857 万元，持股 30%。

但实际设立时，因上生所以前述无形资产出资设立赛伦有限事项尚未取得上生所上级主管部门同意等原因，上生所决定先由其控制企业上海科苑生物工程技术中心（以下简称"科苑生物"）代上生所参与设立赛伦有限，持股 30%，赛伦生物设立时各股东的出资方式均为货币。赛伦有限设立时的股权结构如表 1。

表 1

股东姓名	认缴出资额（万元）	实缴出资额（万元）	出资方式	股权比例（%）
艺缘工贸	50	50	货币	10
科苑生物	150	150	货币	30
赵爱仙	300	300	货币	60
合计	500	500	—	100

赛伦有限设立后，在 2002 年至 2005 年期间，经上生所上级单位中国生物制品总公司（以下简称"中生总公司"）审批同意，上生所分批将除已不再生产的精制白喉抗毒素以外的 6 个产品的生产文号转移至赛伦有限。在此期间，上海上审资产评估有限公司出具上审资评报（2003）第 1010 号《关于上海生物制品研究所部分无形资产的评估报告》，确认截至 2002 年 12 月 31 日，上生所根据相关《合资合同》拟作出资的无形资产评估价值为人民币 6 798 251.62 元。前述《资产评估报告书》经上生所申请、中生总公司同意转报备案后，未完成由中生总公司的上级单位的最终备案。

2009 年 6 月，上生所、科苑生物作为原告向上海市青浦区人民法院（以下简称"青浦法院"）提交《民事起诉书》，要求判令其与艺缘工贸签署的《合资合同》无效并要求赛伦有限返还已过户的 6 种产品文号、请求确认上生所与艺缘工贸在赛伦有限的实际持股比例，并以此为依据判令各方当事人对赛伦有限依法清退财产，清退后科苑生物退出赛伦有限。后经青浦法院及上海市第二中级人民法院一审、二审审理，判决不予支持上生所的所有诉讼请求。

诉讼判决后，股东间的分歧仍未解决，为避免股东之间的矛盾影响公司的持续经营，经各方协商，达成如下解决方案：将赛伦有限注册资本先由 500 万元变更为 300 万元，科苑生物及艺缘工贸退出赛伦有限；减资完成后，上生所再以经评估的价值为 857 万元的无形资产增资，赵爱仙现金增资 1 414.30 万元，置源投资现金增资 285.70 万元，增资完成后，上生所出资 857 万元，持股比例 30.00%，赵爱仙出资 1 714.30 万元，持股比例 60%，上海置源投资有限公司出资 285.70 万元，持股比例 10%。该方案经上生所向其上级单位中国生物技术集团公司（以下简称"中生集团"，前身为中生总公司）请示，中生集团再向其上级单位请示，最终于 2011 年 3 月 2 日获得中国医药集团总公司（以下简称"中国医药"）批复同意。

在取得中国医药的批复后，赛伦生物于 2011 年完成减资至 300 万后增资至 2 857 万元的工商变更程序。变更完成后，各方出资金额及比例与最初签署的《合资合同》约定一致，股东之间的纠纷也得以解决。

三、法律分析 ///////////////////////

赛伦生物上述股权纠纷及国有股东出资合规性的问题在 IPO 两次申报的过程中均受到了重点关注，审核关注的要点主要包括以下几个方面。

第一，公司设立、减资、增资这几次变更中的出资方式及出资程序是否合法合规，是否存在出资不实的情况。

为回答该等问题，项目组首先将每一次变动具体的出资金额、出资方式及所履行的出资程序进行了完整的列示，并对照当时有效的法律法规进行判断，确认是否存在违法违规的情况。

在进行合规性判断方面，主要包括两大类问题的考量，一是是否符合当时有效的《公司法》等与公司设立登记及变更相关的法律法规，二是是否符合国有资产管理的相关规定。

针对第一类问题，项目组主要是通过获取发行人的工商资料、历次变动相关的资金划付凭证、验资报告等材料，对照当时有效的《公司法》等法律法规进行判断。可以看到，发行人在设立时所有股东以货币出资，并由会计师事务所出具验资报告，符合当时《公司法》的有关规定。2011年减资时，发行人通过了股东会决议同意减资事项，完成了减资登报、退减资款及验资等程序，并办理了工商变更登记，符合当时《公司法》的有关规定。2011年增资时，发行人亦通过了股东会决议，对拟作价出资的无形资产进行了评估，并取得会计师事务所出具的验资报告，最后办理了工商变更手续，亦符合当时《公司法》的有关规定。因此，发行人的设立及2011年先减资后增资的相关流程均是符合当时有效的《公司法》的规定的。

当然，这其中有个小问题是，由于上生所用于出资的相关无形资产实际上在2002—2005年期间已经过户至公司名下，因此，从表面上看，上生所是以公司名下财产对公司进行出资，容易被误解为出资不实。造成这个问题主要原因是，公司在进行投资状态还原时（主要是在减资时），没有同步将无形资产权属先退回至上生所，再由上生所以该等无形资产进行出资，而发生这一情况系考虑到以下因素：该等无形资产履行完毕先减资再增资程序后，其权属仍然属于发行人；相关文号已经主管部门审批变更至发行人，若先退回文号、再重新变更至发行人，则涉及多次审批、程序过于繁杂，影响发行人的正常经营，因此发行人减资时并未同步变更无形资产权属。对此项目组认为具有合理性，且对股权变动的合规性并不会产生实质性的影响。

针对第二类是否符合国有资产管理的问题，项目组首先将每一次变更所涉及的国资主体进行梳理，判断上生所上级国资主管部门具体是哪些主体。根据梳理后的结果来看，上生所的上级主管单位为中生集团，中生集团的上级主管单位为中国医药，中国医药系国务院国资委履行出资人职责的企业。为确认该事项，除网络检索外，项目组还分别调取了上生所、中生集团及中国医药的工商档案进行查阅。在确认上生所的上级管理单位以后，项目组又查询了上生所重新出资时有效的国有资产管理相关规定，以确认上生所重新出资所应履行的程序及审批权限，最终判断该等程序是否合法、合规。

可以看到，发行人设立时，上生所未以自身名义投资，且未以无形资产而是以货币方式出资，未涉及国资审批，也是造成公司出资情况与《合资合同》不符及后续股东产生纠纷的主要原因。而上生所重新出资时，根据表 2 中所列规定，中国医药有权决定上生所的重大事项，并有权对相关国有产权评估结果履行备案程序。

表 2

事　项	法规依据
同意上生所提交的赛伦有限先减资后增资的方案	《中华人民共和国企业国有资产法》（中华人民共和国主席令第五号，2009 年 5 月 1 日起施行） 第二十一条第一款：国家出资企业对其所出资企业依法享有资产收益、参与重大决策和选择管理者等出资人权利。 第三十八条：国有独资企业、国有独资公司、国有资本控股公司对其所出资企业的重大事项参照本章规定履行出资人职责。具体办法由国务院规定。 《企业国有产权转让管理暂行办法》（国务院国资委、财政部令第 3 号，2004 年 2 月 1 日起施行，2017 年 12 月 29 日废止） 第九条：所出资企业对企业国有产权转让履行下列职责： （一）按照国家有关规定，制定所属企业的国有产权转让管理办法，并报国有资产监督管理机构备案； （二）研究企业国有产权转让行为是否有利于提高企业的核心竞争力，促进企业的持续发展，维护社会的稳定； （三）研究、审议重要子企业的重大国有产权转让事项，决定其他子企业的国有产权转让事项； （四）向国有资产监督管理机构报告有关国有产权转让情况。
接受相关资产评估结果备案	《企业国有资产评估管理暂行办法》（国务院国资委第 12 号令，2005 年 9 月 1 日起施行） 第四条第三款：经国务院国有资产监督管理机构批准经济行为的事项涉及的资产评估项目，由国务院国有资产监督管理机构负责备案；经国务院国有资产监督管理机构所出资企业（以下简称中央企业）及其各级子企业批准经济行为的事项涉及的资产评估项目，由中央企业负责备案。

经核查后项目组确认，发行人先减资后增资的过程按照规定取得了有权国资管理部门的批复同意，且对用于出资的无形资产进行了评估并履行了国资备

案程序，符合当时有效的国有资产管理相关规定。

第二，上生所未按照《合资合同》出资的原因。

针对上述问题，项目组查阅了变动过程中所有的请示、批复文件，并赴上生所查询了档案情况以确认该等文件的真实性，同时与上生所当时经手合作事项的人员进行了访谈，进一步了解和确认了相关情况。上生所未按《合资合同》出资的主要原因是以无形资产出资需履行相应的药品文号转让审批程序，该等程序审批时间较长，为了尽快实现本次合作以落实相关人员的就业问题，故上生所与艺缘工贸决定先以货币形式出资，并由科苑生物代上生所持股。

除上述两类问题外，交易所审核也对股东纠纷所产生的诉讼判决情况及判决理由进行了询问，项目组对一、二审法院主要的判决理由进行了总结和归纳。案件一、二审法院主要的判决理由如下：

1. 第一原告（上生所）和第一被告（艺缘工贸）签订的《上海赛伦生物技术有限公司合同》是双方当事人的真实意思表示，内容不违反国家相关法律法规等强制性规定，应确认为有效的经济合同，双方应严格按照合同的约定履行各自的义务。现原告方以上级主管部门不同意第一原告以无形资产投资入股为由主张合同无效，缺乏相应的法律依据，本院不予支持。

2. 针对原告方要求确认第一原告和第一被告占第三被告（赛伦有限）实际持股比例的请求，本院认为，股东持股比例是否调整及调整的幅度，属联营公司自理范围，本院对此不予干预，故本院对原告的该项请求也不予支持。

3. 至于原告方主张第一原告以无形资产低价入股致国有资产流失，并据此要求第三被告返还 6 种产品文号的请求，本院认为，第一原告以无形资产入股时，已经委托相关部门进行评估，也报上级主管部门备案。并且国家药监局及第一原告的上级主管单位也同意将系争产品文号转至第三被告名下，故原告方的该项请求缺乏事实和法律依据，本院难以支持。

从判决结果来看，两审法院认可了发行人股东合资设立公司及以无形资产转移至发行人的有效性。

可以看到，在公司股东发生纠纷以后，各方经过协商，通过先减资后增资的方式对先前未能按照约定的出资方式出资的情况进行了调整和纠正，还原了双方最初约定的合作模式和合作本意。而且，2011 年先减资后增资的整个过程发行人及上生所履行了完整的国资审批及评估备案流程，对最初程序上的不完备进行了整改和确认。最终，监管机构也认可了这样的解释思路。

四、案件结论

从本案例可以看出，公司历史沿革和股权清晰性问题的表现形式往往是多种多样的，乍看之下有些操作甚至显得有点不合常理，只有将整个过程梳理清楚，还原其本质及核心，才能将问题解释清楚。

南模生物科创板 IPO 项目

曹宗盛[*]

一、案情介绍

上海南方模式生物科技发展有限公司（以下简称"南模有限"；后变更为"上海南方模式生物科技股份有限公司"，以下简称"南模生物"或"发行人"）设立伊始，由国有资本与民营资本共同出资，曾作为国家高科技研究发展计划（863 计划）的项目之一，肩承国家基因实验研发使命。

历经近 20 年的砥砺前行，南模生物逐渐从一家初创企业发展成为基因修饰动物模型行业的领军企业。秉持着"编辑基因，解码生命"的崇高理念，南模生物打造了以模式生物基因组精准修饰、基因功能表型分析、药物筛选与评价为核心的技术平台，为客户提供定制化模型、标准化模型等基因修饰动物模型，以及模型繁育、药效评价及表型分析、饲养服务等相关技术服务。

二、办案难点

如何在短时间内，对南模生物存在的历史沿革、疑似混同、高校人员兼职、

---

* 上海市锦天城律师事务所高级合伙人。

业务规范性等问题进行规范整改，并在与交易所沟通中，使"A 股基因修饰动物模型第一股"这个对于很多人来说还很生僻、技术和业务不常见的项目顺利通过审核和注册，是项目组面临的艰巨挑战。

（一）企业性质及国有股东变动问题

2000 年 9 月，南模有限由上海人类基因组研究中心（以下简称"基因组中心"）、中国科学院上海生命科学研究院（以下简称"上海生科院"）、成国祥共同出资设立。其中，基因组中心系上海市科学技术委员会主管下的事业单位法人，2011 年其主管单位变更为上海科学院，上海生科院系中国科学院主管下的事业单位法人。

随着时间推移，南模生物经历了多次涉及国资企事业单位的股权变动，国资股东的持股比例曾一度超过 50%，使其企业性质的认定成为本项目的难点之一，项目组需要依据相关法律法规及政策文件，结合发行人公司治理的具体情况，进行细致的法律分析与认定。

同时，国有股东出资的合规性亦是本项目的关注重点。在南模生物设立之初及后续的股权变动中，国有股东的出资、减资行为是否符合国有资产评估、审批、登记等法定程序，是否存在未经批准擅自转让、低价转让或无偿划转等可能导致国有资产流失的情况，需要进行全面核查。

（二）混同问题

上海南方模式生物研究中心（以下简称"南模中心"）成立于 2002 年，是上海市科学技术委员会（以下简称"上海市科委"）下属自收自支的事业单位，主要发展转基因和基因剔除等技术，推动功能基因组学研究以及新药研究、开发。

南模中心设立早期，与南模生物之间存在着明显的关联与交织。一方面，两家机构在人员上出现了交叉重叠现象，发行人部分科研人员同时服务于南模中心，发行人实际控制人之一费俭曾经于 2000 年 9 月至 2016 年 6 月任南模中心副主任。另一方面，发行人存在部分专利与南模中心共有的情况，其中包括一项重要的美国授权专利。

南模中心与发行人之间关系的复杂性，是否存在资产、人员、业务混同的情况，发行人与南模中心是否相互独立，是本项目法律尽调的一大难点及上市审核中的关注重点。

（三）核心技术人员兼职问题

南模生物实际控制人之一、核心技术人员费俭先生系同济大学在职教授、曾任中国科学院下属机构科研人员。实际控制人、高级管理人员或核心技术人员任职于高校或科研机构，这一情况在以科技创新为核心竞争力的拟 IPO 企业中并不鲜见，可以说是典型问题之一。

费俭先生的职务发明归属问题，直接关系到发行人的资产完整性和独立性。若其在同济大学或中科院任职期间的部分科研成果被认定为职务发明，可能影响发行人的自主知识产权构成，进而对发行人的核心竞争力、持续创新能力及市场估值产生重大影响。

此外，高校教师的特殊身份意味着费俭先生的对外兼职需要满足更多合规性要求。与此同时，其在高校教学、科研任务和发行人处研发职责的双重压力之下，是否能平衡两者之间的关系，并且有足够的精力投入发行人的研发工作，对于发行人的研发能力亦是至关重要。

（四）客户认定问题

在南模生物的业务运营中，其主要客户群体为科研实力雄厚的科研院所、知名高等院校以及具备高水平研究能力的综合性医院等专业科研机构。然而，实际交易过程中，这些机构的采购行为主要由科研项目的主要研究者（"PI"，Principal Investigator）与南模生物进行直接对接，并且部分业务合同仅由 PI 签字确认，缺少相关科研机构的正式签章。这一独特的业务模式，为本项目的客户认定工作带来了显著困难。

同时，在认定客户为科研机构的前提下，仅有 PI 签字而未有科研机构盖章的业务合同，合同效力如何，亦需要抽丝剥茧进行分析。

三、法律分析

（一）企业性质及国有股东变动问题

在 IPO 过程中，准确界定企业性质，特别是关于国有成分的识别，是确保历史股权变动合规性的重要环节。这一过程不仅关乎法规遵循，也是对企业发展历程中股东结构变迁合理性的一次全面审视。

在我国复杂的经济体制转型背景下，"国有企业"与"国有资产"的概念随着政策导向和法律法规的演进不断细化，呈现出多维度、多层次的特点。

回望 21 世纪初期，我国对企业性质的划分主要遵循《国家统计局、国家工商行政管理局关于印发〈关于划分企业登记注册类型的规定〉的通知》（国统字〔1998〕200 号）和《国家统计局、国家工商行政管理总局关于划分企业登记注册类型的规定调整的通知》（国统字〔2011〕86 号）。前述文件明确指出，国有企业或集体企业特指资产完全归国家或集体所有的非公司制经济组织。

而在国有资产管理的层面，其定义又更为宽泛。例如，《企业国有资产交易监督管理办法》规定："本办法所称国有及国有控股企业、国有实际控制企业包括：（一）政府部门、机构、事业单位出资设立的国有独资企业（公司），以及上述单位、企业直接或间接合计持股为 100% 的国有全资企业；（二）本条第（一）款所列单位、企业单独或共同出资，合计拥有产（股）权比例超过 50%，且其中之一为最大股东的企业；（三）本条第（一）、（二）款所列企业对外出资，拥有股权比例超过 50% 的各级子企业；（四）政府部门、机构、事业单位、单一国有及国有控股企业直接或间接持股比例未超过 50%，但为第一大股东，并且通过股东协议、公司章程、董事会决议或者其他协议安排能够对其实际支配的企业。"这从更广泛的视角界定了"国有及国有控股企业、国有实际控制企业"，覆盖了从直接全资到间接控制的各种情形，凸显出国有资产管理的复杂性。

因此，就企业性质而言，仅就登记层面而言"国有企业"的概念显然更狭窄，而当涉及国有资产交易时，其规制的范畴便更宽泛一些。

面对这一法律框架，项目组针对发行人历史沿革及相关国有股东进行了深入的核查与分析，以期准确把握其在国有资产管理中的确切位置。经核查，虽然发行人的股东构成中包含多个国有成分，但在以下几个关键点上，并不符合传统意义上"国有企业"的特征。

第一，持股比例及控制关系方面，发行人的股权结构多元，从未出现单一国有股东持股比例超过 50% 即绝对控股的情况，且公司各国有股东隶属于不同的国资体系，彼此间独立决策、未签署一致行动协议，不存在单独或联合控制发行人的情况。

第二，股东身份方面，发行人自 2002 年起第一大国有股东始终为上海科技创业投资有限公司，而上海科技创业投资有限公司是一家主要负责科技投资的国有创投企业，其自身侧重财务性投资而非直接经营，这与承担产业运营或资本运作的国有企业有本质区别。

第三，国资监管方面，发行人从未被任一国资监管机构认定为国有企业并纳入国有企业监管范围，亦未作为国有企业建设管控体系并实施管控，其治理结构遵循现代企业制度，以股东（大）会为最高决策机构，经营团队拥有充分的自主经营权。

第四，财务处理方面，发行人从未被任一国有股东单位纳入合并报表范围。

综上所述，虽然发行人国有股东合计持股比例曾超过 50%，但在实际经营过程中，从未被纳入国有企业监管范围。发行人（包括其前身）自设立之日起即为国有股东和民营资本股东共同投资运营的公司（国内合资），不属于国有企业或集体企业。

尽管发行人本身不属于国有企业，但鉴于其历史上存在大量国有股东，项目组按照每一阶段其时有效的国有资产管理相关法律法规及各国有股东内部的治理规则，对发行人历史上国有股东的每一次股权变动，包括增资、减资、股权转让等行为进行了逐一梳理，核查了其内部决策程序、国资主管部门审批程序、股权变动定价依据、评估程序、评估备案程序、产权登记程序等内容。对于历史沿革存在的瑕疵，发行人均进行了追评、追认、补正等整改程序并取得了有权部门的确认，以确保整个历史沿革的合规。

（二）混同问题

南模生物与南模中心高度相似的名称以及部分人员的重叠，难免使人对双方之间的历史渊源及潜在关联关系产生联想或疑惑。对双方关系的厘清，则需要追溯到两家机构设立的初期。项目组取得了南模中心设立时的相关批复文件，南模中心是根据上海市科委的正式文件《关于同意上海南方模式生物研究中心为事业单位的批复》（沪科〔2002〕第 207 号）设立，实行自给自足财务管理模式的事业单位，直接隶属于上海市科委。发行人则是由多元化的投资主体——包括多个国有股东与民营资本——共同组建并遵循现代企业制度运营的法人实体。因此，南模生物自设立之初的企业性质就与南模中心截然不同，这从根本上确立了两者之间不存在任何从属或控制关系。

项目组通过访谈、查阅业务合同等查验方式，进一步核查了发行人与南模中心的业务情况。在业务运营方面，发行人的市场定位清晰，专注于为高等院校、科研机构、生物医药创新企业及 CRO 服务商提供高质量的基因修饰动物模型产品和技术服务，其市场竞争力和客户基础是通过持续的市场拓展和品牌建设逐步建立的。相比之下，南模中心作为科研事业单位，其使命在于承担国家科研任务及接受企业委托的研究项目，盈利并非其首要目标，且其组织结构中未设市场推广及类似商业运营部门，客观上无法为发行人提供商业业务，进一步明确了两者业务领域的界限与独立性。

针对固定资产和无形资产的独立性，项目组核查了发行人相关资产购置合同、支付凭证、发票、登记资料等内容，发行人的资产均源于自身的购置和研发活动，与南模中心无直接关联。对于双方共同持有的专利，项目组通过对相关专利的申请资料、登记信息的审查以及对参与研发人员的访谈，确认该等共有专利的研发人员以发行人的科研人员为主，研发过程中的核心技术和物质条件也主要来自发行人，南模中心则更多地体现在学术信息共享和研究成果验证方面，双方在共有专利研发中存在着差异显著的角色分工，不存在发行人的核心技术或核心专利直接来源于南模中心的情况，亦不会对发行人的技术独立性产生影响。

在对人员独立性的核查过程中，项目组通过对发行人的花名册、南模中心的人事任命文件、相关人员的劳动合同、社保缴纳证明等文件的核查，梳理出了双方之间历史上存在的人员重叠情况。经访谈，该等人员重叠主要是由于早期管理不规范以及后期事业单位体制改革等历史原因造成，仅为个别情况，并非常态。同时，发行人对此已经采取了有效的整改措施，相关人员消除了兼职情形，仅保留一处任职，且这一整改在报告期外就已经完成。

除上述情况外，项目组还对发行人及前身南模有限自成立起的董事、监事、高级管理人员选举/聘任程序、领薪情况，发行人的人事管理制度、财务会计制度等内容进行了核查。进一步验证了发行人在治理结构和财务管理上的独立性与规范性，排除了可能引发混同风险的因素。

除了上述核查外，鉴于南模中心已于 2018 年 1 月根据上海市机构编制委员会出具的《关于同意调整上海市科学技术委员会所属部分事业单位机构编制的批复》（沪编〔2018〕19 号）被撤销，职能划归上海实验动物研究中心承担，尽管发行人与上海实验动物研究中心亦无任何关联关系，项目组仍对双方之间的各类往来进行了梳理，打消了监管的疑虑。

（三）核心技术人员兼职问题

核心技术人员若为高校教职工，其对外兼职及投资行为将受到中共中央组织部、教育部等部门出台的相关法律法规和规范性文件的约束，主要包括中共教育部党组《关于进一步加强直属高校党员领导干部兼职管理的通知》，中共中央组织部《关于进一步规范党政领导干部在企业兼职（任职）问题的意见》，中央纪委、教育部、监察部《关于加强高等学校反腐倡廉建设意见》，以及中共中央组织部《关于进一步规范党政领导干部在企业兼职（任职）问题的意见》等。

对于费俭的任职合规性，项目组主要从以下几个方面进行核查：费俭的聘用合同，同济大学内部关于教师对外兼职的相关管理规定，费俭就在发行人处持股及兼职履行审批、备案的相关文件，其所任职的同济大学生命科学与技术学院出具的确认文件，以及费俭与其任职高校之间关于保密或技术成果归属的相关协议。项目组还对其任职高校的相关负责人进行了访谈。经核查，费俭在发行人处的持股和任职情况未违反其与所在单位的协议、未违反其所在单位的相关内部规定，不存在纠纷或潜在纠纷。

核心技术人员在发行人处形成的技术成果及专利，是否属于其兼职单位或过往任职单位的职务成果，关系到发行人相关技术成果和专利的合法性和独立性。通常的解决思路之一是请其兼职单位或过往任职单位就发行人的相关技术成果和专利与其无关、不属于相关人员在其处任职的职务成果等内容进行书面确认。

然而，单方面确认在现行审核口径之下已不具备足够的说服力。项目组通过进一步核查费俭先生在中科院下属机构及同济大学的具体工作内容和研究方向，比较其在中科院下属机构及同济大学形成的职务发明等归属于任职单位的知识产权或技术成果情况与其在发行人处形成的知识产权或技术成果存在的差异情况和具体区分情况，进一步佐证了上述书面确认的内容。

经核查，费俭在中科院下属机构及同济大学的研究方向主要系基因功能层面的基础性研究，科研成果以论文为主，内容包括新的知识发现或者是潜在的疾病诊断和治疗方法；费俭在发行人处的研发方向主要系基因修饰动物模型的制备，研发成果包括专利、非专利技术、论文等多种形式，内容包括基因修饰动物模型品系和制备方法。因此，费俭在中科院下属机构及同济大学与在发行人处形成的知识产权或技术成果在研究方向、研究内容和目的、科研成果及成果表现形式方面存在显著差异。

此外，高校兼职人员作为核心技术人员，其在发行人中的角色不同于一般职位，特别是对于科创板企业来说，核心技术人员在发行人处的精力投入是否足够亦将受到关注。

在本项目中，费俭不仅为发行人核心技术人员，而且还担任发行人董事长一职。对此，项目组根据发行人历次董事会、股东大会的召开情况，核查了费俭作为董事长的履职情况。同时，根据发行人相关研发活动立项与项目实施文件，费俭作为发行人科学与技术研究部经理、核心技术人员及研发方向的主要负责人，主导和参与了公司多项重要技术的立项和项目实施。费俭在同济大学主要开设"21世纪生命科学前沿"和"基因工程小鼠技术"等课程，指导研究生应用模式生物开展科学研究。上述工作与费俭在发行人处的研发工作都需要费俭对生命科学研究和技术的发展现状及趋势有全面的、即时的了解以及判断，费俭在同济大学担任特聘教授与在发行人处从事研发工作并不冲突。

综上所述，项目组判断费俭在同济大学担任特聘教授，不影响其在发行人履行相关职责，不会对发行人生产经营活动产生不利影响。

（四）客户认定问题

IPO 项目中，客户认定的准确性至关重要。就本项目而言，合同签署中存在部分合同仅有 PI 签字而无科研机构的盖章的情形，使得客户认定存在一定困难。项目组通过核查发行人业务合同履行情况、业务合同对应的科研课题项目的申请主体及业务合同对应的科研课题项目的科研成果归属情况，认定发行人客户为科研机构而非 PI 个人。

第一，业务合同的履行情况。

首先，业务合同相对方为科研机构。在发行人签署的业务合同中，相对方为科研机构，而非 PI 个人。科研机构认可自身作为该等业务合同的相对方：一方面，项目组向部分科研机构相关负责人（财务处——负责采购支付事项；科研处——负责知识产权归属事项）访谈求证，科研机构认可 PI 在职权范围内有权以科研机构名义与供应商签署合同；另一方面，发行人以此模式开展业务多年，科研机构均能对自身作为业务合同相对方予以认可，业务合同履行正常。

其次，商品交付接收地为科研机构。对于科研机构客户，发行人交付小鼠等商品，其交付接收地（即收货地址）为科研机构的动物房或实验室。

再次，发票开具对方为科研机构。在商品交付及产品确认后，发行人执行发票开具程序。相关业务发票的开具对方为科研机构，不存在向 PI 团队开具发票的情况。

最后，回款对方为科研机构。根据发行人业务回款情况，相关款项均由科研机构（通常为财务处）直接向发行人支付，不存在从 PI 团队处取得业务回款的情况。

因此，无论从合同签署情况，还是从商品流、发票流、资金流的角度出发，均能够认定发行人客户为科研机构。

第二，业务合同对应的科研课题项目在具体申请时，由科研机构作为项目申请单位，负责统筹、组织下属所有 PI 团队的科研课题项目申请工作，履行管理和监督职责；科研人员负责科研项目的具体执行，包括探索研究方向、编制研究计划及项目预算、具体科研工作的开展等。因此，不存在 PI 团队脱离或独立于科研机构、以自身作为申请主体申请科研经费的情况。

第三，业务合同对应的科研课题项目的科研成果归属于科研机构。

《中华人民共和国科学技术进步法》《关于国家科研计划项目研究成果知识产权管理的若干规定》《关于加强国家科技计划知识产权管理工作的规定》等法律法规及规范性文件均明确科研项目的成果及其形成的知识产权归属于项目承担单位。

科研机构下属 PI 团队使用科研经费系执行其所在单位的科研任务，过程中所形成的发明创造属于职务成果，根据《专利法》《高等学校知识产权保护管理规定》等规定应当归属于科研机构。发行人主要科研机构客户的内部规定与前述《专利法》《高等学校知识产权保护管理规定》之规定相一致。

因此，由我国现有的法律法规等规范性文件及科研机构客户内部的具体管理规定可知，科研项目的科研成果归属于科研机构。

综合以上三点，项目组认定科研机构为发行人客户。在这一基础上，引申出了另一个问题，即在科研机构作为客户的情况下，发行人部分合同仅有 PI 签字而无科研机构盖章，其合同的效力如何。

在厘清这一问题前，需要先了解我国目前的科研项目管理制度。经核查《关于改进加强中央财政科研项目和资金管理的若干意见》《关于进一步完善中央财政科研项目资金管理等政策的若干意见》《关于优化科研管理提升科研绩效若干措施的通知》《关于进一步加强高校科研项目管理的意见》《教育部办公厅关于进一步落实优化科研管理提升科研绩效若干措施的通知》等文件，其中对于科研经费的监管、使用的规定具有概括性和一致性，明确了科研项目的承担单位对科研项目的实施和资金使用承担管理和监督职责，PI 对科研项目的人财物有制定预算和自主支配权。

各科研机构的内部管理规定也进一步明确了科研机构是科研经费管理的责任主体，PI 对经费使用的真实性、合法合规性等承担直接责任。

在上述制度背景下，加之实践中科研机构掌管着大量项目经费，并下辖大量 PI 团队，各团队、项目的采购种类多、范围广，科研机构签章流程在实务中不具备便利性，因此在一些金额较小的合同中，存在仅有 PI 签名的情况。该等业务合同签章模式属于行业惯例，在发行人业务开展过程中也长期存在，未发生过违约纠纷情况，业务对接及销售回款均能够顺利开展。

第四，合同有效性的法律层面分析。

项目组认为发行人部分合同仅 PI 或项目联系人签名，未包含科研机构签章，属于职务代理行为，其合同有效，具体分析如下。

首先，职务代理的相关规定。

《民法总则》第一百七十条规定："执行法人或者非法人组织工作任务的人员，就其职权范围内的事项，以法人或者非法人组织的名义实施民事法律行为，对法人或者非法人组织发生效力。法人或者非法人组织对执行其工作任务的人员职权范围的限制，不得对抗善意相对人。"

《民法典》第一百七十条规定："执行法人或者非法人组织工作任务的人员，就其职权范围内的事项，以法人或者非法人组织的名义实施的民事法律行为，对法人或者非法人组织发生效力。法人或者非法人组织对执行其工作任务的人员职权范围的限制，不得对抗善意相对人。"

职务代理是指根据代理人所担任的职务而产生的代理，即执行法人或者非法人组织工作任务的人员，就其职权范围内的事项，以法人或者非法人组织的名义实施的民事法律行为，无须法人或者非法人组织的特别授权，对法人或者非法人组织发生效力。

职务代理能够弥补商事交易中法定代表人制度的不足，满足法人对外交易的需求，也能够增强交易结果的确定性和可预见性，使交易相对人能够迅速、准确地判断代理人是否有代理权，维护正常的交易秩序、降低交易成本、提高交易效率。

其次，PI 或项目联系人签字属于职务代理行为。

根据前述规定，职务代理行为的构成要件为：代理人须是执行法人或者非法人组织工作任务的人员；代理事项须是职权范围内的事项；代理人以法人或非法人组织的名义实施法律行为。PI 或项目联系人向发行人采购并签署合同的行为，属于职务代理行为，项目组的具体认定理由有如下三点。

一是 PI 或项目联系人属于执行科研机构工作任务的人员。

① PI 属于执行科研机构工作任务的人员。

项目组通过走访相关科研机构客户的 PI 并查询相关 PI 的公开任职信息，发行人科研机构客户的 PI 均系科研机构客户聘任的教授、研究员等，主要从事生命科学领域的相关科研工作，该等人员均属于科研机构的科研人员。

同时，通过访谈相关 PI 并查询相关 PI 以所在科研机构名义申请的科研项目公示信息，该等 PI 均有作为科研项目的负责人且正在实施的科研项目，该等项目的申请单位（依托单位）为 PI 所在科研机构，PI 作为科研项目的项目负责人实施该等科研项目属于执行科研机构的工作任务。

② 项目联系人属于执行科研机构工作任务的人员。

项目联系人为 PI 指定人员，通常为 PI 下属高年级研究生，负责具体科研项目执行工作。合同由项目联系人签字时，发行人均核实项目联系人身份，确信其属于 PI 团队成员。一方面，在课题项目层面，PI 与 PI 团队成员存在上级与下属的工作关系；另一方面，通过取得 PI 对于 PI 联系人的授权确认，以及向部分 PI 抽样电话访谈，确认项目联系人签署合同系经 PI 认可。因此，项目联系人签署合同属于执行工作任务。

二是 PI 或项目联系人向发行人采购基因修饰动物模型及相关服务属于其职权范围内的事项。

如前所述，根据我国目前关于科研项目管理的指导性文件和科研机构的内部管理规定，PI 作为科研经费使用的直接责任人，有权自主使用科研经费。以前述发行人部分客户中国科学院、复旦大学、同济大学、中国医科大学的内部管理规定为例，该等管理规定均明确了 PI 对经费使用的真实性、合法合规性等承担直接责任。

鉴于发行人提供的基因修饰动物模型及相关服务为生命科学领域研究项目所需的材料和服务，PI 为完成相应的科研任务，有权使用科研项目资金采购该等材料或服务。同时，经向相关科研机构客户的财务处、科研处负责人求证，PI 根据其科研项目需要自行采购并与发行人签订相应的合同，该行为属于 PI 职权范围内的事项。

因此，PI 作为科研机构的科研人员，依据其项目负责人对项目经费的使用权，有权代表科研机构签署所需材料和服务的采购合同，其自然享有相应的代理权，无须科研机构特别授权。

此外，PI 组建项目团队执行科研课题项目，对于项目联系人予以授权，项目联系人签署合同属于其职权范围内的事项。

三是 PI 或项目联系人系以科研机构的名义与发行人签订合同。

如前所述，发行人由 PI 或项目联系人签字的合同，其合同相对方均明确约定为科研机构，合同约定发行人向科研机构提供基因修饰动物模型产品或相关技术服务，并经科研机构内部流程后，由科研机构承担该合同的价款支付义务。

综上，PI 或项目联系人作为科研机构的项目负责人及科研人员，向发行人采购基因修饰动物模型和相关服务并以科研机构的名义与发行人签订合同的行为，符合《民法典》第一百七十条关于职务代理行为的构成要件，属于职务代理行为。

四、案件结论

经过长达两年多的不懈努力，2021 年 7 月 29 日，南模生物以"零反馈问题"的优异表现顺利通过上海证券交易所科创板上市委第 51 次会议的审议。2021 年 12 月，南模生物正式登陆科创板，成为"A 股基因修饰动物模型第一股"，首发募集资金总额高达 16.49 亿元人民币。这一金额不仅反映了资本市场对南模生物商业模式、技术创新及行业前景的高度认可，更为公司后续的规模化扩张、技术研发升级、产能提升及市场拓展提供了强有力的资金保障。

赛恩斯科创板 IPO 项目

李云龙[*]　陈禹菲^{**}

一、案情介绍

赛恩斯环保股份有限公司（以下简称"赛恩斯"或"公司"，股票代码：688480）成立于 2009 年 7 月 9 日，是一家从事重金属污染防治的高新技术企业，以成为重金属污染防治领域的领航者为核心发展目标，业务涵盖重金属污酸、废水、废渣治理和资源化利用、环境修复、药剂与设备生产销售、设计及技术服务、环保管家、环境咨询、环境检测等领域。公司长期坚持研发与创新，以"资源化、减量化、无害化、经济适用"这四项技术研发原则，瞄准"源头预防、过程控制、末端治理"全工艺过程，始终专注于重金属污染防治技术研发与应用推广。赛恩斯主营业务对应的产品及服务主要为重金属污染防治综合解决方案、产品销售、运营服务。

锦天城高级合伙人李云龙律师团队自 2015 年接受赛恩斯的委托，为本次发行上市提供了全程专业法律服务。2022 年 11 月 25 日，赛恩斯作为"A 股首家重金属污染防治企业"正式登陆上海证券交易所科创板。

---

* 上海市锦天城律师事务所高级合伙人。

** 上海市锦天城律师事务所合伙人。

二、办案难点

第一，赛恩斯于 2021 年底向上海证券交易所科创板提交首次公开发行并上市申请，当时科创板的"硬科技"属性被进一步强调，对企业的独立研发能力、科技创新能力提出了更高的要求。

第二，公司与高校共有专利，被许可实施的高校专利等知识产权事项，是上市审核中的重点关注事项。

第三，在 IPO 过程中，股权权属清晰、不存在纠纷和潜在纠纷始终为监管机构重点关注的问题之一。赛恩斯历史上曾存在股权代持行为。

第四，赛恩斯在报告期内曾存在员工薪酬支付方式不合规的情形，经办律师协助赛恩斯采取了必要的整改措施，在上市申报文件中对相关事项进行了完整、充分的披露，就该等事项的整改、核查、披露结果取得了监管机构的认可，为赛恩斯成功上市提供了坚实的法律支持。

三、法律分析

（一）研发能力与技术先进性

锦天城律师深入了解了赛恩斯研发的组织方式和研发模式、分析了这些模式如何支持公司的科技创新和产品开发；通过细致的调查，评估了赛恩斯的核心技术人员在不同研发模式发展过程中参与研发的具体情况，以及他们在推动技术创新和成果转化中的关键作用；仔细分析了赛恩斯的自有发明专利与其核心技术的对应关系，确保了公司技术成果的合法性和独立性；研究了赛恩斯如何将自有专利应用于生产或服务的主要环节，并评估了这些专利对于公司主要产品或服务的贡献，以及对主营业务收入的影响；充分论证了赛恩斯的重金属污染治理新技术与传统治理方法（如石灰中和法）相比所具有的技术先进性和市场优势，为公司取得监管机构对其科创属性的认可提供了有力的专业支持。

赛恩斯是一家专业从事重金属污染防治的高新技术企业，制定了健全的研发管理制度，并建立了完善、高效的研发组织体系。赛恩斯董事长统筹负责公司的技术研发、技术成果推广应用等工作，赛恩斯总经理分管的技术中心以及子公司信泰环是一家专业从事重金属污染防治的高新技术企业，赛恩斯始终致力于重金属污染防治前沿技术的研发和知识产权的积累，坚持培育自己的研发团队。

自成立以来，赛恩斯研发模式主要经历了三个阶段：第一阶段（2009—2011 年）为技术许可使用阶段，以 Z 大学授权许可专利技术为主，赛恩斯进行中试、产业化研发及技术推广应用；第二阶段（2012—2015 年）为合作研发阶段，赛恩斯主要与 Z 大学开展深度的合作研发，在研发链条上积极参与上游实验室研究工作；第三阶段（2016 年至今）为以独立研发为主的阶段，赛恩斯已经组建了独立的研发团队，并开展核心技术的研发工作，形成了以独立研发为主、产学研合作为助力的研发模式。研发团队、子公司赛恩斯工程研发部门负责赛恩斯研发立项、组织研发项目实施、形成内部技术规范、申报知识产权、对研发成果的持续改进等工作。

赛恩斯始终重视重金属污染防治领域前沿技术的研发和知识产权的积累，坚持培育自己的研发团队。报告期内，赛恩斯已经建立了一支 100 多人的高水平、专业化技术研发团队，拥有核心技术人员 5 人。赛恩斯的研发人员主要来自环境学、矿物加工学、冶金学、化学、生物学、机械设计、计算机与自动化、软件等多个专业，可实现多专业、多学科交叉的技术研究开发，具备从理论研究、实验室论证、中试研究、工业化推广应用等完整研发链条的研发能力。赛恩斯总经理分管的技术中心负责公司的研发业务，已经制定了完备的研发制度，并不断完善创新机制，能够独立开展技术研发工作。

赛恩斯是一家研发驱动型的高新技术企业，高度重视对研发平台建设和技术研发的资金投入，为技术研发提供了持续、稳定的资金保障。

赛恩斯拥有重金属污酸实验室、重金属废水实验室、重金属废渣实验室、土壤修复实验室、膜工艺研究实验室、电感耦合等离子体质谱检测室等实验研究和分析检测室，并配备先进的实验、检验设备，研发设施较为完备。同时，赛恩斯还拥有"中国有色行业污染治理与装备工程技术研究中心""湖南有色行业重金属污染治理技术与装备工程技术中心""有色重金属污染治理装备湖南省工程实验室""博士后科研流动站协作研发中心"等多个省部级科研平台，同时赛恩斯还是国家重金属污染防治工程技术研究中心和国家环境保护有色金属工业污染控制工程技术中心的产业化基地。科研平台的建设能够推动赛恩斯专业技术的升级，助力赛恩斯核心技术的攻关及突破，承担或参与政府、企事业单位交予的科研任务。

2016 年以来，赛恩斯通过自主研发已经独立获得 16 项发明专利、17 项实用新型、9 项非专利技术、10 项软件著作权，其中部分主要发明专利已经在赛恩斯主营业务中运用，并且在报告期内实现了业务收入。同时，赛恩斯独立和牵头承担了省部级研究课题 5 项。赛恩斯通过自主独立研发取得了一系列技术成果，如选择性吸附回收稀散金属技术、氟氯混酸高纯度氟化钙氯化钙制备技术等核心技术，生物制剂 S-006、高分子吸附剂等核心产品，显著提高了赛恩斯的市场竞争能力。

（二）与高校合作相关事宜

在处理公司与高校之间的知识产权合作问题时，律师团队提供了专业的法律意见，帮助明晰权属问题，审查了许可协议，并为合作双方的权利和责任提供了法律保障。

赛恩斯与 Z 大学共有的专利，系赛恩斯与 Z 大学产学研合作的共同研发成果，双方就相关产学研合作事项签订了《产学研合作框架协议书》。并且，赛恩斯和 Z 大学就双方共有专利签订了《共有专利合同》，主要约定"双方作为本合同项下共有专利的共有人，未经本合同一方书面同意，另一方无权将前述共有专利进行传授、转让、出资、设置质押或担保、以任何方式许可第三方实施或与第三方合作用于生产经营（前述第三方不包括本合同附表 2 中列明的赛恩斯的控股子公司），形式包括但不限于普通实施许可、独占实施许可及排他实施许可""作为本合同项下共有专利的共有人，甲乙双方均可以单独实施共有专利，取得的经济利益属于实施方所有，另一方不得参与、干涉实施方的收益分配""甲乙任意一方均有权利用共有专利涉及的研发成果进行后续改进，由此产生的具有实质性或创造性技术进步特征的新的技术成果及权利归属，由完成方所有"。

公司与 Z 大学于 2011 年 4 月、2012 年 8 月和 2015 年 1 月，分别签订专利实施许可协议，主要约定公司对 Z 大学的 9 项发明专利具有独占使用权，由于许可期限已经到期或即将期满，2021 年 1 月，公司已经与 Z 大学续签了《专利实施许可合同》，根据双方签订的协议约定，赛恩斯可以在中国范围内独占实施上述专利，并可以在项目申报中使用；赛恩斯享有以同等条件优先受让的权利；赛恩斯有权利用 Z 大学上述许可实施的专利技术和技术秘密进行后续改进，由此产生的具有实质性或创造性技术进步特征的技术成果归赛恩斯所有。

2021 年 12 月 20 日，Z 大学出具《关于赛恩斯环保股份有限公司相关事项的说明》："赛恩斯环保股份有限公司（以下简称'赛恩斯环保'）是一家专业从事重金属污染治理的高新技术企业，为加快科技成果转化，Z 大学与赛恩斯环保建立了全方位的产学研合作关系，共同积极开展重金属污染治理技术领域的研发合作。根据湖南省人民政府办公厅《关于加快推进企业上市的若干意见》（湘政办发〔2019〕61 号）、人力资源社会保障部《关于进一步支持和鼓励事业单位科研人员创新创业的指导意见》（人社部发〔2019〕137 号）、Z 大学科技成果转化管理办法（中大科字〔2020〕11 号）等文件精神，现本校特就相关事宜，说明如下：一、赛恩斯环保及其子公司不存在侵犯本校知识产权的情况，与本校不存在任何纠纷或潜在的争议或纠纷。"

（三）股权代持

针对历史上的股权代持行为，锦天城律师提出了规范建议，进一步确认了股权权属，避免了潜在纠纷，满足了监管要求。

为了积极响应国家政策的号召并实现科研成果的顺利转化，2009 年 7 月，甲某、乙某带领 Z 大学科研团队与丙某、丁某共同创办了赛恩斯有限，主要进行生物制剂生产的中试孵化及应用推广工作。为了保证中试孵化工作顺利进行，甲某同意将其持有赛恩斯有限 18% 的股权，无偿赠予公司技术团队成员戊某、己某、庚某、辛某（其中除辛某为 Z 大学普通教师外，其余均为甲某的学生），但未进行具体分配。在生物制剂中试线初步建成后，由于后续规模化的推广应用和销售还存在一定的不确定因素，甲某等原教师股东出于继续专注于教学和科研工作的考虑，并无意愿长期从事产业化推广等经营活动。因此，甲某、丙某、乙某与丁某于 2012 年 7 月将其持有公司全部股权转让给壬某，公司技术团队成员戊某、己某、庚某由于继续留在公司从事后续研发及产业化推广，因此继续由甲某代为持有公司的 18% 股权，并未转让。

2012 年 6 月，甲某将其所持赛恩斯有限 42% 的股权转让给壬某，本次转让完成后，甲某代戊某、己某、辛某以及庚某持有赛恩斯有限 18% 的股权，其自身不再持有赛恩斯有限的股权；2015 年 1 月，甲某将其受托持有的赛恩斯有限 18% 的股权转让给庚某，由庚某自行及代为持有前述股权，甲某与戊某、己某、辛某以及庚某之间的委托持股关系解除。自此，甲某不存在以直接或间接方式持有赛恩斯有限股权、委托他人或受他人委托持有赛恩斯有限股权的情形。

因赛恩斯拟申请首次公开发行并上市，为了符合证监会相关法律法规的要求，需对公司历史沿革中存在的股权（份）代持进行清理，戊某、己某、辛某、庚某进行协商后认为，因前述各被代持人对赛恩斯的贡献难以进行明确的量化区分，因此同意被代持人之间平均分配被代持股份，并对在历次增资过程中向壬某所借款项产生的债务根据各自所持赛恩斯股份的相对比例予以承担。2020 年 6 月 17 日，在股权原赠予方甲某的见证下，戊某、己某、庚某、辛某、甲某及壬某签署《股份分配协议书》，约定将涉及股权（份）代持的赛恩斯 918 万股股份按照如下方式进行分配：戊某拥有赛恩斯 229.50 万股股份以及相应股东权利；己某拥有赛恩斯 229.50 万股股份以及相应股东权利；辛某拥有赛恩斯 229.50 万股股份以及相应股东权利；庚某拥有赛恩斯 229.50 万股股份以及相应股东权利。

就上述股权代持、解除相关事项，Z 大学出具了《关于赛恩斯环保股份有限公司相关事项的说明》，壬某、戊某等 4 人、甲某出具了相关承诺。

（四）员工薪酬支付问题

报告期内，赛恩斯曾存在通过费用报销形式向职工支付薪酬的情形，公司的员工薪酬构成包括底薪加奖金 / 提成，奖金 / 提成具体包括项目开发奖励、项目制奖励、药剂销售提成和特殊贡献奖等。公司每年度根据企业经营计划设置业务奖励或提成政策，依据各个部门在每个具体项目 / 客户所作出的贡献，根据公司统一的提成奖励办法核算各部门总奖金额（提成额），由公司总经理办公会确定发放额度到二级部门，由二级部门经理负责员工的具体考核发放，具体发放情况二级部门经理需向部门分管副总经理汇报备案。2018 年至 2020 年 9 月期间，赛恩斯出于为员工降低个人所得税负的目的，存在通过由员工收集增值税普通发票并通过公司报销形式支付至员工，或通过运费支付给予公司具有运输服务关系的物流供应商后由物流供应商返回款项至员工、用于向职工支付奖金及提成的情形。

针对前述事项，公司及时进行了整改，公司通过自查向主管税务部门长沙市岳麓区税务局申报补缴个人所得税，并主动向长沙市岳麓区税务局申请对公司进行纳税评估。长沙市岳麓区税务局收到相关申请后，根据国家税务总局《纳税评估管理办法（试行）（国税发〔2005〕43号）》第二十条的相关规定，长沙市岳麓区税务局向长沙市税务局申请纳税评估立项，经批准后，长沙市岳麓区税务局税收管理员到企业生产经营现场履行了为期一个月的实地调查、审核账目凭证、核实评估等法定程序核实需补缴的税金。国家税务总局长沙市岳麓区税务局完成了在公司现场的纳税评估工作后，根据《纳税评估管理办法（试行）》第十八条的相关依据对公司2018年1月1日起至2020年12月31日止履行纳税义务的情况及有关涉税事项出具了《国家税务总局长沙市岳麓区税务局纳税评估税务事项通知书（纳税人自行补正）》（长岳税通〔2021〕9508号）。2021年4月28日，赛恩斯根据《纳税评估税务事项通知书》（长岳税通〔2021〕9508号），补缴齐了相应事项涉及的个人所得税、增值税及附加税等。其次，公司对相关会计处理主动进行了调整，严格落实薪酬管理制度、严格制定和落实费用管理制度，并由内审部门对公司薪酬发放、费用报销等实际执行情况进行定期检查。

赛恩斯制定了《反商业贿赂制度》，规定在从事物料采购、委外加工、设施工程、业务销售、设备采购和维护、质量监督等经济活动中，需要遵守《反商业贿赂制度》；赛恩斯重要岗位人员违反《反商业贿赂制度》的，应当根据行为的情节轻重，依照有关规定给予相应的处理；与赛恩斯有经济活动往来的公司人员违反本制度的，坚决取消其供应商、服务商资格，构成商业贿赂（行贿）犯罪的交由司法机关追究刑事责任。赛恩斯制定了《会计基础工作规范管理办法》《货币资金管理制度》《费用报销管理制度》《投标管理制度》《采购业务管理制度》等内控制度，通过内控制度的实施对项目招投标、合同签订、物料采购、费用报销、资金支付、销售回款等赛恩斯各业务环节进行管理，从而在日常经营中防范商业贿赂；赛恩斯与部分主要客户签署的项目合同中包含了反商业贿赂的相关廉政条款。

2021 年 4 月 28 日，国家税务总局长沙市岳麓区税务局针对赛恩斯该事项出具证明："针对上述事项，赛恩斯股份主动整改，主观上不存在骗取国家税款的非法目的，且补齐了上述事项涉及的个人所得税、增值税及附加税等，并已按规定缴纳了相应的税收滞纳金，不存在欠缴税款的情形，未造成税款流失等不良的法律后果，同时已主动将相关科目进行调整，赛恩斯股份也保证今后不会发生类似情形。因此，我局认为上述行为不构成重大违法违规行为，且赛恩斯已自行纠正，根据相关法律法规我局不会因上述事项给予赛恩斯股份及相关人员行政处罚或追究法律责任。"

2021 年 7 月 20 日，长沙市岳麓区人民检察院针对赛恩斯该事项出具证明："根据 2021 年 4 月 28 日国家税务总局长沙市岳麓区税务局出具的涉税事项证明，赛恩斯环保股份有限公司（以下简称'赛恩斯股份'或'公司'）2018 年至 2020 年 9 月期间的相关行为，主观上不具有骗取国家增值税款的非法目的，客观上未造成国家税款流失等不良后果，事后公司能主动改正。该证明认定准确，我院不会就赛恩斯股份上述事项对赛恩斯股份及相关人员采取相关法律措施。"

四、案件结论

赛恩斯于 2022 年 11 月成功登陆上交所科创板。上市后，赛恩斯的业务发展持续向好，2023 年度公司营业收入同比增长 47.47%，利润总额同比增长 31.24%，归母净利润同比增长 36.39%。这些成绩的取得，与锦天城律师在上市过程中提供的全面法律服务和专业法律建议密不可分。

理工导航科创板 IPO 项目
（保荐人律师）

——科技成果转化的"北理工"模式

张优悠[*]　　张　颖[**]　　洪小妹[***]

一、案情介绍

北京理工导航控制科技股份有限公司（以下简称"理工导航"或"公司"，股票代码：688282）成立于 2012 年 2 月，是北京理工大学（以下简称"北理工"）科技成果转化的学科性公司。

理工导航致力于研究和发展适应复杂战场环境的高精度惯性导航及精确制导控制技术，从事惯性器件、惯性导航系统、卫星导航系统、组合导航系统的设计、开发、生产和服务，在飞行器导航与控制方面拥有雄厚的技术实力，拥有多项核心技术和专利。核心产品基于光纤陀螺的高动态载体导航控制系统融合了多种传感器误差精确建模与补偿技术、动基座快速传递对准技术、SINS/

---

[*]　上海市锦天城律师事务所高级合伙人。

[**]　上海市锦天城律师事务所合伙人。

[***]　上海市锦天城律师事务所律师。

GNSS 多源信息融合技术、复杂环境下载体导航抗干扰技术，适应各种复杂环境下的飞行器及车辆导航。理工导航军工资质齐全，是国家级高新技术企业，其"高动态载体导航控制技术"入选 2017 年中关村十大优秀科技成果转化项目，同时入选 2018 年"中关村示范区引进落地高精尖项目"，2019 年公司多个产品被评为"北京市新技术新产品（服务）"。理工导航立足军工的同时，积极拓展民品领域。公司已研究和开发出适用于无人机、无人车、无人船、能源勘采、测绘等各种应用场景的高精度定位导航产品，并成功入选北京市 2020 年首批 100 家专精特新"小巨人"企业。

二、办案难点

（一）科创属性

就科创板而言，审核关注要点往往聚焦于 IPO 企业的科创属性问题，理工导航招股说明书中重点阐释了公司是否符合《上海证券交易所科创板企业发行上市申报及推荐暂行规定》的规定、是否符合科创板定位等科创属性问题。

（二）科技成果转化合法合规性

根据《赋予科研人员职务科技成果所有权或长期使用权试点实施方案》第二条的规定，职务科技成果赋权转化主要有两条路径，即转化前赋予职务科技成果所有权（先赋权后转化）或转化后奖励现金、股权（先转化后奖励）。

2016 年 12 月，北理工以无形资产（6 项国防发明专利和 4 项专有技术）对理工导航出资，后于 2017 年 9 月同意将持有公司 30% 股权中的 60% 奖励给汪渤等 7 名核心技术人员，即为上述"先转化后奖励"模式。

基于上述背景与事实，在 IPO 审核过程中，理工导航被要求披露：第一，7名股东在北理工任职期间入职公司并持股是否需履行审批、报备程序，是否属于党政领导干部、高校党员领导干部或副处级及以上行政级别的干部职务，是否符合《关于进一步规范党政领导干部在企业兼职（任职）问题的意见》《中共教育部党组关于进一步加强直属高校党员领导干部兼职管理的通知》及北理工内部管理等相关规定以及相关方的确认文件，是否具备担任公司股东、实际控制人的资格；第二，北理工将所持股份奖励给汪渤等人履行的审批决策程序，是否需要取得北理工主管单位的审批或备案，是否完整履行国资审批程序。

（三）7 人共同实际控制公司

公司控股股东、实际控制人汪渤、缪玲娟、董明杰、沈军、石永生、高志峰、崔燕 7 人于 2016 年 11 月入股理工导航且入职时均在北理工任职，后于 2019 年 5 月签署《一致行动协议》，合计持股 78%；董事长汪渤于 2016 年 11 月入职公司，曾分别于 2008 年 11 月至 2016 年 6 月、2016 年 7 月至 2018 年 12 月担任北理工自动化学院副院长、研究员，并于 2018 年 12 月离岗创业，后续全职在公司处工作；董事缪玲娟担任北理工自动化学院教授、导航制导与控制研究所所长；其余 5 人陆续于 2018 年 9 月、12 月从北理工离职或退休，部分人员曾任职北理工及自动化学院副研究员。

基于上述事实，在 IPO 审核过程中，理工导航被要求披露：第一，结合《一致行动协议》的主要内容、相关权利义务安排、是否存在提前解除条款等，说明是否存在影响一致行动关系的其他安排并分析论证公司控制权的稳定性；第二，结合三会运作、人事任免、重大事项表决等结果、纠纷解决机制的实际执行情况，论证在 7 名股东持股比例接近且其中 2 名股东持股比例一样的情况下，如何执行"以合计股份多的意见为最终意见"的纠纷解决机制，是否实际发生触发上述纠纷解决机制的情形、是否具备可执行性、是否将导致无法形成有效决议的情形。

三、法律分析

我们协助保荐机构（本所律师在理工导航科创板上市项目中担任保荐机构的法律顾问）进行了充分核查和论证，分别在发行人招股说明书和发行人问询回复中进行了详细阐述，具体情况如下。

（一）科创属性

1. 公司符合《上海证券交易所科创板企业发行上市申报及推荐暂行规定》的规定

公司所属行业分类为计算机、通信和其他电子设备制造业（C39），主要从事惯性导航系统及其核心部件的研发、生产和销售，并基于自有技术为客户提供导航、制导与控制系统相关技术服务。根据《国务院关于印发"十三五"国家战略性新兴产业发展规划的通知》（国发〔2016〕67号），公司属于新一代信息技术产业，符合《上海证券交易所科创板企业发行上市申报及推荐暂行规定》第四条规定的行业领域。参照中国证监会发布的《科创属性评价指引（试行）》及《上海证券交易所科创板企业发行上市申报及推荐暂行规定》的相关规定，公司有关科创属性具体评价指标体系的情况具体如下。

第一，2018年、2019年和2020年，公司研发投入分别为610.44万元、1 266.04万元和1 940.31万元，占当期营业收入的比例分别为6.59%、5.60%和6.34%，最近三年累计研发投入占最近三年累计营业收入比例为6.11%，超过5%。因此，公司符合《科创属性评价指引（试行）》第一条第一款与《上海证券交易所科创板企业发行上市申报及推荐暂行规定》第五条第一款规定。

第二，截至2020年12月31日，公司共有研发人员15人，占当年员工总数的比例为18.52%，超过10%；截至2021年6月30日，公司共有研发人员14人，占当期员工总数的比例为17.07%，超过10%，上述情况符合《科创属性评价指引（试行）》第一条第二款与《上海证券交易所科创板企业发行上市申报及推荐暂行规定》第五条第二款规定。

第三，截至2021年6月30日，公司累计取得国防发明专利6项，均应用于公司的主要产品，并通过产品销售形成主营业务收入，符合《科创属性评价指引（试行）》第一条第三款与《上海证券交易所科创板企业发行上市申报及推荐暂行规定》第五条第三款规定。

第四，2018年、2019年和2020年，公司营业收入分别为9 267.81万元、22 598.83万元和30 594.32万元，复合增长率达到81.69%，超过20.00%。因此，公司符合《科创属性评价指引（试行）》第一条第四款与《上海证券交易所科创板企业发行上市申报及推荐暂行规定》第五条第四款规定。

2. 公司符合科创板定位的具体情况

（1）公司所处行业属于国家鼓励发展的战略性新兴产业

惯性导航与制导控制行业涵盖了光、机、电制造技术、精密测量、微小信号处理、微小误差模型建立等关键技术，在军事及民用各领域有广泛应用。根据《战略性新兴产业分类（2018）》，公司属于新一代信息技术产业中的新型计算机及信息终端设备制造行业。2006年，工信部发布《信息产业科技发展"十一五"规划和2020年中长期规划纲要》，规划重点发展卫星导航地面系统及接收机、用户终端，航空、航天测控系统，TDRSS测控网及民用终端，导航、测控基础性电子产品系列。2016年，国务院发布的《"十三五"国家战略性新兴产业发展规划》指出，做强信息技术核心产业，推动智能传感器、电力电子、印刷电子、半导体照明、惯性导航等领域关键技术研发和产业化，提升新型片式元件、光通信器件、专用电子材料供给保障能力。2018年，国防科工局发布的《国防科技工业强基工程军工"双百"工艺攻关专项行动计划项目指南（2018年）》的主要内容包括探测制导系统元器件制造工艺的重点方向，具体为在陀螺仪偶件和惯性器件等项目的精密加工技术的研究，公司主要产品光纤陀螺仪属于上述惯性器件。

（2）公司主要产品惯性导航系统技术先进且为相关配套装备唯一供应商

公司主要产品惯性导航系统主要应用于远程制导弹药，三个已定型型号惯性导航系统均为相关配套装备的唯一供应商，且新研发产品于2020年以第一名成绩中标军方项目，技术处于国内先进水平，产品的核心技术包括如下三个方面：一是基于实战要求的误差标定补偿技术，基于产品应用领域的特点，公司研发出长期免标定、快速初始对准、综合标定补偿等一系列技术，能够满足军用产品的严苛使用条件；二是优秀的导航算法设计：公司自主研发了惯性导航解算算法、基于卡尔曼滤波的动态传递对准和组合导航算法等技术及用于数据处理、转换、传输的专用电路模块；第三，丰富的军用惯性导航系统产品设计经验：依靠核心技术团队在惯性导航系统领域丰富的研发经验以及对多型制导弹药需求的熟悉，公司研制的产品与下游制导弹药的适配性较好。

（3）公司自主研发的光纤陀螺仪配套的惯性导航系统中标军方项目，已达到国内先进水平

公司自主研发多款光纤陀螺仪，包括单轴、双轴和三轴等，零偏稳定性覆盖了2°/h—0.01°/h等不同范围，标度因数误差可以达到10×10^{-6}，精度可达导航级，领先于战术级和消费级产品，仅次于应用于航天和航海的战略级产品，

产品性能指标与部分境外知名惯性导航厂商应用于航空、导弹等领域的导航级陀螺仪基本一致。

（4）公司核心技术团队具有丰富的产品和技术研发经验，科研成果丰富

公司核心技术团队拥有深厚的专业基础、资历背景和研发技术经验，5名核心技术人员均为博士，团队具有三十余年惯性导航装置及系统开发经验，并参与多项重要科研项目，多人曾担任军方某型号武器装备副总设计师、主任设计师、总体组专家等重要职务，研发成果广泛应用于陆军、空军多型远程火箭弹、精确制导弹药等武器，受到了终端用户的高度认可，参与的项目曾获得国防科学技术奖一等奖、国防科学技术奖二等奖、国防科学技术进步奖二等奖、国防科学技术进步奖三等奖，以及中国兵器工业总公司的科技类奖项。

（二）科技成果转化合法合规性

第一，北理工确认汪渤等7人通过现金出资的方式在理工导航的持股行为符合《中华人民共和国促进科技成果转化法》《实施〈中华人民共和国促进科技成果转化法〉若干规定》《北京理工大学促进科技成果转化实施办法》等法律法规和相关规定；北理工知悉并同意汪渤等7人在公司的任职和兼职情况，确认汪渤等7人在公司的任职符合《北京理工大学促进科技成果转化实施办法》等相关文件的规定，符合我国关于科研人员兼职、离岗创业的相关法律法规和规范性文件的规定。

1. 根据《中华人民共和国促进科技成果转化法》《国务院关于印发实施〈中华人民共和国促进科技成果转化法〉若干规定的通知》《北京理工大学促进科技成果转化实施办法》等相关规定，汪渤等7名股东在北理工任职期间入职公司并持股需要向北理工履行必要的审批、报备程序。

2. 北理工属于工信部直属高校，不适用《中共教育部党组关于进一步加强直属高校党员领导干部兼职管理的通知》的相关规定，且根据中组部于2016年发布的《关于改进和完善高校、科研院所领导人员兼职管理有关问题的问答》的相关精神，高校、科研院所领导人员兼职管理不严格意义上适用《关于进一步规范党政领导干部在企业兼职（任职）问题的意见》（中组发〔2013〕18号）

的相关规定。根据北理工的书面说明，汪渤不属于党政领导干部，不属于正职领导干部，亦不属于中央管理的干部职务。汪渤自 2016 年 7 月卸任北理工自动化学院副院长职务后不再在北理工担任任何领导职务。故其于 2016 年 11 月开始投资并入职公司的行为未违反相关规定。缪玲娟、董明杰、沈军、石永生、高志峰和崔燕均未在北理工担任过党政领导干部职务，故其于 2016 年 11 月开始投资并入职公司的行为未违反相关规定。

3. 汪渤等 7 名股东在北理工任职期间入职公司并持股符合北理工内部管理相关规定，其入职公司并持股履行的审批程序如下：

关于汪渤等 7 名股东持股公司的事宜，已取得北京理工大学科技成果转化领导小组作出的《北京理工大学科技成果转化领导小组工作会会议纪要》、中共北京理工大学委员会作出的《常委会会议纪要》、北理工作出的《北京理工大学关于同意北京理工导航控制科技有限公司股权奖励方案的意见》的批准。汪渤等 7 名股东现金出资，符合《北京理工大学学科性公司管理办法（暂行）》的相关规定。

汪渤等 7 名股东在《关于拟成立"北京理工导航与控制科技有限公司（暂定名）"学科性公司的请示》之附件《北京理工导航与控制科技有限公司组建方案及可行性研究报告》中对其 7 人入职公司进行整体预设安排；总经理由惯性导航与控制团队推荐。但是，在公司实际进行工商变更登记时的董事会和不设监事会的监事成员略有调整，该请示和方案业经北京理工大学自动化学院、北京理工大学科技成果转化领导小组、中共北京理工大学委员会、北理工逐级批准。

北理工已于 2020 年 9 月 19 日出具《北京理工大学关于汪渤、缪玲娟、董明杰、沈军、石永生、高志峰、崔燕、戴斌投资、兼职及其他相关情况的说明》，对汪渤等 7 人在公司的兼职、任职和投资情形予以确认。汪渤等 7 名股东不存在影响其担任公司股东、实际控制人资格的限制或禁止情形。

第二，北理工作为科技成果完成单位对相关科技人员进行科技成果转化奖励应按照内部制度或约定执行，北理工履行的内部审批程序如下：

1. 北理工已经依据《中华人民共和国促进科技成果转化法》的规定制定了《北京理工大学促进科技成果转化实施办法》《北京理工大学科技成果转让、许可管理细则（暂行）》等制度，对科技成果转化过程、组织和实施、收益分配与奖励等事项进行规定。

2. 北理工将所持股份奖励给汪渤等 7 人由北京理工大学科技成果转化领导小组按照《北京理工大学促进科技成果转化实施办法》的规定审核并由北理工作出《北京理工大学关于同意北京理工导航控制科技有限公司股权奖励方案的意见》（北理工发〔2017〕54 号）同意，无需单独就股权奖励事宜取得北理工主管单位的审批或备案，已完整履行股权奖励相关的国资审批程序。

3. 根据北理工向工信部提交的《研究开发机构和高等院校科技成果转化年度报告（2017 年）》、北京理工大学技术转移中心的书面说明，北理工已根据《国务院关于印发实施〈中华人民共和国促进科技成果转化法〉若干规定的通知》第一条第（五）款的规定就向理工导航进行科技成果转化事宜向工信部进行年度汇报，其中，所汇报的科技成果转移转化情况包括对理工导航的科技成果转化，所汇报的成果转化收入及分配情况包括对汪渤、缪玲娟、董明杰、沈军、石永生、高志峰、崔燕等 7 人的股权奖励。

因此，本次北理工对相关科技人员进行科技成果转化奖励已完整履行股权奖励相关的国资审批程序，无需单独履行北理工主管单位的审批或备案程序。

（三）7 人共同实际控制公司

第一，保荐机构与项目组律师经过审慎核查并仔细研读、论证汪渤、缪玲娟、董明杰、沈军、石永生、高志峰、崔燕等 7 人共同签署的《一致行动协议》相关条款、安排后，认为汪渤等 7 人不存在影响一致行动关系的其他安排，理工导航的控制权具有可预期期限内的稳定性。

首先是《一致行动协议》的主要内容及相关权利义务安排。

2019 年 5 月 31 日，汪渤、缪玲娟、董明杰、沈军、石永生、高志峰、崔燕等 7 人签署《一致行动协议》，该协议的主要内容、相关权利义务安排如下：

"第一条　各方同意，在根据《中华人民共和国公司法》等法律、法规和规范性文件以及公司章程的规定需要由各方在股东（大）会上行使提名权、提案权或表决权时（以下简称'一致行动事项'），应采取一致行动。

第二条　各方同意，在进行一致行动事项前，应进行充分协商，不能达成一致意见的，应遵循以下原则最终形成统一意见：各方应当按照过半数原则[以人数计算，即同意共同采取某一行为的人数应多于 4 人（含）]确定协商结果，以达成统一意见；如经前述协商原则无法达成一致意见的，各方同意以合计股份多（不含弃权的协议方）的意见为最终意见并据此执行一致行动事项。

第三条　各方同意，鉴于部分一致行动人担任公司董事，其作为董事身份行使相关表决权利时，仍应按照本协议第二条的约定由全体一致行动人充分协商并严格按照协商结果采取相应行为；未经全体一致行动人协商，该等董事不得私自作出行为。

第四条　各方同意，在一致行动事项涉及关联交易时，如关联交易事项涉及本协议一方的，其他各方也应进行回避。

第五条　各方同意，各方共同对股东（大）会、董事会的表决承担相应责任，不得采取任何方式、以任何理由对上述表决结果提出异议。

第六条　各方同意，由于任何一方的违约，造成本协议不能履行或不能完全履行，由违约方承担违约责任，就其违约给守约方造成的损失承担赔偿责任。

第七条　各方同意，自协议自签署之日起生效，且有效期持续至公司在中国境内公开发行股票并上市之日起 60 个月。如协议方未提出书面异议，到期后本协议自动延续；如协议方提出书面异议，各方应在书面异议发出之日起 30 日内另行协商确定新的一致行动协议；否则，本协议自前述 30 日届满之日不再对异议方具有法律约束力，异议方亦不再继续作为本协议约定方，剩余协议方协商签署新的一致行动人协议。

第八条　各方同意，在本协议有效期间，如一方不再为公司股东，本协议对其他各方仍具有约束力。"

基于上述，《一致行动协议》约定的提出书面异议的情形仅适用于协议初次有效期届满后的后续延续或调整安排，不存在提前解除一致行动关系的条款。除前述《一致行动协议》外，汪渤等 7 人之间不存在影响一致行动关系的其他安排。

其次，汪渤等 7 人之间的一致行动关系具有可预期期限内的持续性及稳定性，具体情况如下：

1. 汪渤等 7 人原均系北理工自动化学院惯性导航与控制团队教师，经北理工批准，为科技成果转化目的，通过自主投资、由北理工股权奖励的方式取得并持有公司的股权，有共同投资公司的历史背景和意愿。

2. 汪渤等 7 人于 2016 年 11 月持股之初，合计持股比例达到 60%；后于 2018 年 1 月取得北理工的奖励股权后，合计持股比例增加至 78%。汪渤等 7 人所持有的公司股份不存在任何代持或委托持股，自持股以来的合计持股比例达到对公司及其前身理工导航有限的绝对控制。

3. 汪渤等 7 人自持股以来，分别担任公司董事、不设监事会的监事 / 设监事会的监事会主席、高级管理人员等重要职务，对公司的生产经营决策具有重大影响，就涉及公司重要生产经营等决策事项，汪渤等 7 人均能够形成一致表决并作出有效决策，未出现过因意见分歧导致无法作出有效决议的情形。

4. 汪渤等 7 人于 2019 年 5 月 31 日签署了《一致行动协议》，就其 7 人自持有公司前身理工导航有限股权以来的一致行动事实予以确认，并对其 7 人在《一致行动协议》签署后的公司各项经营及财务决策过程中的一致行动关系进行了约定。前述协议初次有效期限自签署之日（2019 年 5 月 31 日）起，持续至公司在中国境内公开发行股票并上市之日起 60 个月，此外，该协议对有效期限届满后的自动延续安排进行了约定。

此外，汪渤等 7 人已签署《关于股份锁定及减持的声明与承诺》，对公司上市后的股份锁定和减持安排作出承诺，其中，汪渤等 7 人均已承诺自公司股票上市之日起 36 个月内，不转让或者委托他人管理其持有的首发前股份，也不提议由公司回购该部分股份；在前述锁定期限届满后，汪渤等 7 人作为公司董事、监事、高级管理人员，已承诺在任职期间每年转让的股份不超过本人所持有的公司股份总数的 25%；如在任期届满前离职，在就任时确定的任期内和任期届满后 6 个月内，本人将继续遵守：每年减持股份的数量不超过本人所直接或间接持有公司股份总数的 25%；本人在离职后半年内，将不会转让所直接或间接持有的公司股份，以及《中华人民共和国公司法》对董事、监事或高级管理人员股份转让的其他规定。

第二，保荐机构与项目组律师经过审慎核查并仔细研读、论证后，认为在 7 名股东持股比例接近且其中 2 名股东持股比例一样的情况下，"以合计股份多的意见为最终意见"的纠纷解决机制具备可执行性，不会导致公司发生无法形成有效决议的情形。

1. 公司的三会运作、人事任免、重大事项表决等相关情况。

公司已依法建立了股东大会、董事会、监事会，历次股东大会、董事会、监事会的召开及决议合法有效。汪渤等 7 人自持股以来，分别担任公司董事、不设监事会的监事 / 设监事会的监事会主席、高级管理人员等重要职务，对公司的经营决策具有重大影响，事实上构成了对公司经营上的共同控制；且在三会运作、人事任免、重大事项决策过程中，前述 7 人均通过充分协商形成一致表决，不存在无法形成有效决议的情形。

2. "以合计股份多的意见为最终意见"的纠纷解决机制的执行情况。

根据《一致行动协议》第二条，"以合计股份多的意见为最终意见"这一表决机制的具体条款内容为："各方同意，在进行一致行动事项前，应进行充分协商，不能达成一致意见的，应遵循以下原则最终形成统一意见：（1）各方应当按照过半数原则［以人数计算，即同意共同采取某一行为的人数应多于 4 人（含）］确定协商结果，以达成统一意见；（2）如经前述协商原则无法达成一致意见的，各方同意以合计股份多（不含弃权的协议方）的意见为最终意见并据此执行一致行动事项。"因此，"以合计股份多的意见为最终意见"系在无法通过过半数原则（以人数计算）形成一致意见的前提下启动，对赞成"同意票""反对票"的人员所持股份合计数进行比较，取其股份合计数孰多为最终意见。如前述股份合计数相同，则视为汪渤等 7 人未形成一致意见。

《一致行动协议》第一条约定，"各方同意，在根据《中华人民共和国公司法》等法律、法规和规范性文件以及公司章程的规定需要由各方在股东（大）会上行使提名权、提案权或表决权时，应采取一致行动"，以及第六条约定，"各方同意，由于任何一方的违约，造成本协议不能履行或不能完全履行时，由违约方承担违约责任，就其违约给守约方造成的损失承担赔偿责任"。因此，在未达成一致意见的情况下，该等 7 人不得对相关审议事项基于股东身份、董事身份投"同意票"或"反对票"，否则违约方应就其违约给守约方造成的损失承担赔偿责任。

公司股东大会的有效表决为出席会议的股东所持表决权的 1/2 或 2/3 以上通过，董事会的有效表决为过半数董事出席会议且经全体董事的过半数同意，监事会的有效表决为经全体监事的过半数同意。汪渤等 7 人在公司董事会中享有 3 名董事席位（董事会合计 7 名董事），在公司监事会中享有 1 名监事席位（监事会合计 3 名监事），公司股东大会、董事会、监事会将不会因汪渤等 7 人不基于股东身份、董事身份或监事身份发表意见导致无法形成有效决议。因此，汪渤等 7 人未在"以合计股份多的意见为最终意见"的纠纷解决机制形成一致意见不会导致公司无法形成有效决议。

四、案件结论

基于前述事实及法律分析：第一，理工导航符合《上海证券交易所科创板企业发行上市申报及推荐暂行规定》的规定，符合科创板定位，具备科创属性；第二，汪渤等 7 人在北理工任职期间入职公司并持股、北理工将所持股份奖励给汪渤等人已履行审批、报备程序，不存在违反相关法律法规及北理工内部管理等相关规定的情形，具备担任公司股东、实际控制人的资格；第三，汪渤等 7 人不存在影响一致行动关系的其他安排，理工导航的控制权具有可预期期限内的稳定性；在 7 名股东持股比例接近且其中 2 名股东持股比例一样的情况下，"以合计股份多的意见为最终意见"的纠纷解决机制具备可执行性，不会导致公司发生无法形成有效决议的情形。

理工导航历史上"转化后奖励"的科技成果转化模式也是本案的最大亮点之一。通过我们与保荐人的充分合理论证，采取"转化后奖励"科技成果转化模式的合法合规性及操作方式得到了监管的认可，为日后高校科技成果转换、资本运作提供了典型参考蓝本！

创业板IPO篇

锦天城律师事务所经典案例集

ALLBRIGHT
LAW OFFICES
锦天城

华厦眼科创业板 IPO 项目

马茜芝[*]　陈　霞[**]

一、案情介绍

华厦眼科医院集团股份有限公司（以下简称"华厦眼科"）是一家专注于眼科专科医疗服务的大型民营医疗连锁集团，向国内外眼科疾病患者提供各种眼科疾病的诊断、治疗等眼科医疗服务，已建立覆盖白内障、屈光、眼底、斜弱视与小儿眼科、眼表、青光眼、眼眶与眼肿瘤、眼外伤共八大眼科亚专科科室及眼视光的眼科全科诊疗服务体系。截至 IPO 材料申报时点，公司已在国内开设 53 家眼科专科医院，覆盖 17 个省及 45 个城市，辐射国内华东、华中、华南、西南、华北等广大地区，已通过连锁运营的模式建立了全国范围内的诊疗服务网点体系。

二、办案难点

华厦眼科的主营业务是提供眼科八大亚专科及眼视光专科的眼科全科诊疗服务，其在行业分类上属于"Q 卫生和社会工作"中的"Q8415 专科医院"，因

[**]　上海市锦天城律师事务所资深律师。

此本项目组在华夏眼科的尽调中也发现其存在与相同行业相关企业类似的风险，包括但不限于医保控费的风险、业务经营资质及许可无法续期的风险、专业医务人才流失的风险、无法继续获评三级甲等的风险、品牌和声誉受损的风险、医疗广告违法违规的风险，等等。鉴于篇幅原因，本文将仅对华夏眼科物业租赁瑕疵问题、高校冠名问题和合作办医问题展开详细论述。

（一）物业租赁瑕疵问题

在华夏眼科及其控股子公司的大量租赁中，存在一些瑕疵。除了常见的未能提供相关的产权证明的瑕疵外，还存在审批程序不完善的国有资产、规划用途与实际用途不一致、所涉土地为划拨性质用地或集体性质用地等问题。此外，违反的是效力性规定还是管理性规定同样会对瑕疵的认定产生影响。

（二）高校冠名问题

医院的高校冠名问题首先就是医院是否有权在其名称或标识中使用大学名称，即在医院名称中加入大学名称的行为是否得到相应大学的授权和有关部门的许可，且相关法律法规也无此方面的禁止性规定。其次，部分高校冠名的医疗机构往往拥有两个名称，那么就需要对其命名应当符合哪些要求、如何才能拥有两个名称，以及第一名称和第二名称的使用是否存在区别、营利性医疗机构的工商登记名称是否必须与医疗机构执业许可证名称相一致等问题进行逐一解答。

（三）合作办医问题

随着改革开放和经济发展，国家对合作办医的态度随着其对社会资本的态度的变化而变化，由开放到鼓励，再到分类管理逐渐规范。指导思想逐步调整，一系列配套制度落地，合作办医模式逐渐走向规模化、制度化、规范化。总体上，法律对合作办医持积极开放态度并多加鼓励。

然而，2020 年 6 月 1 日我国卫生健康领域的第一部基础性法律《基本医疗卫生与健康促进法》的正式实施打破了这一情况。此法第四十条第三款规定，政府举办的医疗卫生机构不得与社会资本合作举办营利性医疗卫生机构。

对何种情况属于"政府举办"以及何种情形归于"合作举办"尚未有法律法规或规范性文件进行明确。在定义尚不完全明朗的情况下，相关的法律责任也相对较为模糊。《基本医疗卫生与健康促进法》第九章法律责任部分，并未规定公立医院与社会资本合作举办营利性医疗卫生机构的法律责任。但这并不意味着这样操作没有法律风险。一方面，不排除后续出台的配套法规和作出补充性规定。而从实践中可以看到，部分地方卫生监管部门已开始就《基本医疗卫生与健康促进法》第四十条进行专项整治行动。另一方面，即便没有设定行政法律责任，从民事法律风险角度来看，《民法典》第一百五十三条规定，"违反法律、行政法规的强制性规定的民事法律行为无效。但是，该强制性规定不导致该民事法律行为无效的除外"。同时，结合已有案例，部分法院认为此法的出台导致合作办医协议的合同目的无法达到而赋予了一方解除合同的权利。因此，违反合作办医存在引发合作协议效力争议纠纷的潜在风险。

综上，《基本医疗卫生与健康促进法》的有关规定对合作办医模式产生了根本冲击，使得此种操作存在较大的法律风险。如何判断并减少、规避此种法律风险就成了当下工作中的难点。

三、法律分析

针对上述项目重难点问题，项目律师分析要点如下。

（一）物业租赁瑕疵问题

1. 部分承租物业为审批程序不完善的国有资产

国有性质资产是指国家对企业各种形式的出资所形成的权益，由于其特殊性，国家颁布了《中华人民共和国企业国有资产法》来维护国家基本经济制度，巩固和发展国有经济，加强对国有资产的保护。

针对审批程序不完善的国有资产，经过沟通，出租方就出租相关国有资产提供了其有权出租或处置相关物业的文件、当地市政府会议纪要、其上级主管单位或其他政府部门、国有资产管理单位出具的证明、相应物业对外招租的招投标文件或其他证明文件，证明其对外出租相应的国有资产履行了相应的必要审批程序。

截至 2021 年 6 月 16 日，暂时未取得前述替代性的证明文件的物业面积占公司自有和租赁物业总面积的比例仅为 3.84%，涉及子公司 2018 年至 2020 年年均营业收入之和占公司报告期内年均营业收入的比例为 3.86%。在该瑕疵不会影响发行人持续经营能力并做风险提示的情况下，该租赁房产瑕疵影响较小。

2. 部分承租物业规划用途与实际用途不一致

土地使用者需要改变土地使用权出让合同约定的土地用途的，必须取得出让方和市、县人民政府城市规划行政主管部门的同意，签订土地使用权出让合同变更协议或者重新签订土地使用权出让合同，相应调整土地使用权出让金。因此，规划用途和实际用途需要一致。医疗行业由于其特殊性，区别于一般的租赁。在华夏项目中，经过核查，发行人及其子公司共有 14 处共计 76 642.33 平方米物业的规划用途与实际用途不一致。

《城乡规划法》也给这种规划用途与实际用途不一致提供了解决方案：建设单位应当按照规划条件进行建设；确需变更的，必须向城市、县人民政府城乡规划主管部门提出申请。因此，可以看出规划用途的变更最重要的需要主管部门的审批。经过与出租方及所在地的规划部门沟通，已经有 13 处取得了相关证明文件，进行了事后追认。

最后 1 处未获得相关证明文件的物业的租赁面积仅占公司自有和租赁物业总面积的比例为 1.86%，对公司的可持续经营影响较小。

3. 所涉土地为划拨性质用地

我国现行的划拨用地的主要项目是党政机关和人民团体用地、军事用地、城市基础设施用地、公益事业用地，以及国家重点扶持的能源、交通、水利等基础设施用地和特殊项目（如监狱等）用地。从这个目录中可以看出，由于划拨性质的土地是无偿取得的，所以政府严格限制了它的规划目的。发行人作为营利性医疗机构，在租赁划拨性质用地的时候需要经过主管部门的审批。经过核查，一共有 22 处物业所涉的土地的性质为划拨。

其中 17 处物业已经由当地区、县级房管部门、土地管理部门或其上级部门出具相关《证明》或其他文件，证明出租方出租相应物业符合规定程序，认可公司及其控股子公司继续将相应物业用于营利性医疗用途或实际用途。还有 5 处物业暂时无法取得相关的证明，但是报告期内的年收入占比在 5% 以下，影响较小。

4. 所涉土地为集体性质用地

农村和城市郊区的土地，除由法律法规属于国家所有的以外，属于农民集体所有；宅基地和自留地、自留山，属于农民集体所有。审核中对于集体土地较为关注的是取得的合法性以及规范性。根据集体土地这一性质，需要提供集体组织及其他利益相关人的同意证明，来减少潜在的纠纷的可能性。

在华厦项目中，存在一块集体性质的土地，遂提供了一份证明该项物业所有权属于出租方且三分之二以上村民（代表）同意该项房产出租用于开办营利性医疗机构的文件。当地县、区级自然资源局出具《证明》，证明出租方出租相应物业符合规定程序，认可公司及其控股子公司继续将相应物业用于营利性医疗用途。此外，实际控制人也对上述的瑕疵出具了专项承诺：如公司及其控股子公司本次发行上市因其存在瑕疵的租赁房产被拆除或拆迁，或租赁合同被认定无效或者出现任何纠纷，并因此给公司及其控股子公司造成任何经济损失，由此产生的一切支出均由本人无条件全额承担，以避免公司遭受任何损失。

5. 违反效力性规定或管理性规定对瑕疵的影响

合同自由、意思自治两大原则一直贯穿民法的始终，而效力性规定的出现是为了保护更高阶层的利益，比如公共利益、国家利益。在如何权衡一个规定是管理性规定还是效力性规定，理论界和实践界一直也没有一个明确的定论。

最高人民法院在 2009 年的时候明确将"强制性规定"限定在"效力性强制性规定"范围内，明确了管理性的强制性规定不影响合同效力。而区分效力性规定跟管理性规定对合同的效力认定至关重要。《中华人民共和国合同法》关于合同无效规定了 5 种情形，其中第五种情形是指"违反法律、行政法规的强制性规定"。由上可知，此处的强制性规定指的应该是效力性规定，对于违反管理性规定的情形并不能导致合同无效。最新的《民法典》第一百五十三条第一款明确表明，"违反法律、行政法规的强制性规定的民事法律行为无效。但是，该强制性规定不导致该民事法律行为无效的除外"。

目前判决表明，管理性规范是指法律及行政法规未直接约定违反此类规范将导致合同无效的规定，只是出于政府管理的目的制定的规定。例如，《城市房地产管理法》第四十条第一款划拨用地审批要求的规定。与之相反，效力性强制规定则指法律及行政法规明确规定违反此类规定将导致合同无效的规范，或者虽未明确规定违反之后导致合同无效，但若使合同继续有效将损害国家利益和社会公众利益等的规范，例如《民法典》第一百五十三条第二款。

针对国有资产、集体土地、划拨用地以及规划用途的特点，为了便于管理，相关部门规章例如《企业国有资产评估管理暂行办法》《事业单位国有资产管理暂行办法》中存在一些管理性规定。但上述租赁合同的瑕疵均不会导致发行人及其子公司与出租方签署的租赁合同因《民法典》第一百五十三条"违反法律、行政法规的强制性规定的民事法律行为无效"的规定而被认定为无效。上述租赁合同的继续履行侵害国家利益和社会公共利益的可能性较小。并且，申报之前，华厦眼科就上述租赁行为均已获得大部分出租方上级单位或主管部门批准同意，未获得批准材料的租赁面积占发行人自有和租赁物业总面积的比例较小，不会对发行人的持续性生产经营产生重大影响。

综上，上述瑕疵土地绝大多数已完善相关程序以符合法律规定，而未能处理的瑕疵土地占公司自有和租赁物业总面积的比例较低，在报告期内年收入中的占比也较少，或是获得了实际控制人对瑕疵的专项承诺。并且这些瑕疵并不会使得租赁合同因违反效力性规定而无效。因此，这些瑕疵土地不会对公司的可持续经营产生重大影响。

（二）高校冠名问题

1. 高校冠名的基本情况

高校冠名指的是企业在其名称或其标识中使用大学名称的行为。医疗行业中，比较常见的高校冠名形式为在医院的名称中加入大学的名称，例如，北京大学人民医院、北京大学口腔医院、南京医科大学附属无锡人民医院、南京医科大学附属友谊整形外科医院、上海交通大学附属仁济医院等。

高校冠名的医院与其冠名的高校之间常用附属两个字作为连接，其中附属关系在实质上可分为两种：直属附属与非直属附属。直属附属即实际附属，高校与医院之间的关系为上下级关系，一般医院为其高校医学院下面的二级学院，医院里的医生在高校中一般有担任教学职位。非直属附属即名义附属，高校与医院之间为合作伙伴关系，冠名是一种合作关系的外在体现，但是两者之间的行政系统和财政系统完全独立。

然而,《医疗机构管理条例》《医疗机构管理条例实施细则》《普通高等医学教育临床教学基地管理暂行规定》等法律法规和部门规章未规定附属医院名称中的高校需持有该医院的股份,亦未规定营利性医院不能成为高校的附属医院。

现实中也存在不少高校冠名的相关案例,涉及北京大学、厦门大学、武汉大学、暨南大学、安徽医科大学、首都医科大学、温州医科大学、中山大学、上海交通大学、延安大学、南京医科大学、东南大学等知名高校。其中,北京大学就对自身"企业冠名权"进行了细致系统的规定,实行分类管理、分类收费。

2. 医疗机构名称使用规范问题

从上述实例中可以发现,医疗行业中存在部分医疗机构拥有两个名称的情况,如"武汉爱尔眼科医院"又称"武汉大学附属爱尔眼科医院"。那么医疗机构的名称命名应当符合哪些要求,如何才能拥有两个名称,第一名称和第二名称的使用是否有区别呢?《医疗机构管理条例及实施细则》对上述行为和问题进行了规范和解答。

《医疗机构管理条例及实施细则》第三十九条规定:"医疗机构开业、迁移、更名、改变诊疗科目以及停业、歇业和校验结果由登记机关予以公告。"《医疗机构管理条例及实施细则》第四十条规定:"医疗机构的名称由识别名称和通用名称依次组成。医疗机构的通用名称为:医院、中心卫生院、卫生院、疗养院、妇幼保健院、门诊部、诊所、卫生所、卫生站、卫生室、医务室、卫生保健所、急救中心、急救站、临床检验中心、防治院、防治所、防治站、护理院、护理站、中心以及国家卫生计生委规定或者认可的其他名称。医疗机构可以下列名称作为识别名称:地名、单位名称、个人姓名、医学学科名称、医学专业和专科名称、诊疗科目名称和核准机关批准使用的名称。"《医疗机构管理条例及实施细则》第四十七条规定:"医疗机构只准使用一个名称。确有需要,经核准机关核准可以使用两个或者两个以上名称,但必须确定一个第一名称。"《医疗机构管理条例及实施细则》第五十一条规定:"医疗机构的印章、银行账户、牌匾以及医疗文件中使用的名称应当与核准登记的医疗机构名称相同;使用两个以上名称的,应当与第一名称相同。"而根据《关于城镇医疗机构分类管理的实施意见》的规定，取得《医疗机构执业许可证》的营利性医疗机构，依据有关法律法规还需到工商行政管理、税务等有关部门办理相关登记手续。

那么营利性医疗机构的工商登记名称是否必须与医疗机构执业许可证名称相一致呢？公司制的工商企业的命名要求主要体现在《公司法》和《企业名称登记管理规定》中。《公司法》第八条规定："依照本法设立的有限责任公司，必须在公司名称中标明有限责任公司或者有限公司字样。"《企业名称登记管理规定》第六条规定："企业名称由行政区划名称、字号、行业或者经营特点、组织形式组成。跨省、自治区、直辖市经营的企业，其名称可以不含行政区划名称；跨行业综合经营的企业，其名称可以不含行业或者经营特点。"上述法规并未要求营利性医疗机构的工商登记名称须与医疗机构执业许可证名称一致。

故医疗机构经核准机关核准可以使用两个或者两个以上名称，但必须确定一个第一名称。医疗机构的印章、银行账户、牌匾以及医疗文件中使用的名称应当与核准登记的医疗机构名称相同；使用两个以上名称的，应当与第一名称相同。截至目前，暂未有文件规定营利性医疗机构的工商登记名称须与医疗机构执业许可证名称完全一致。

3. 华厦眼科的高校冠名情况

厦门眼科中心以"厦门大学附属厦门眼科中心"作为医院名，已经经过相关行政部门审批确认，具备合理性和合法性。且厦门眼科中心作为厦门大学的非直属附属医院于 2006 年已经厦门大学内部审议同意，厦门眼科中心作为厦门大学的非直属附属医院并使用"厦门大学附属厦门眼科中心"作为医院名称，已经厦门大学内部审议同意，且厦门眼科中心已与厦门大学就此签署合作协议，已履行了相关的内部程序。具体情况如下：

华厦项目中，厦门大学附属厦门眼科中心和厦门大学之间的关系即属于非直属附属关系，双方通过签署《厦门大学附属医院协议书》，约定厦门眼科中心（民非）成为厦门大学的无行政隶属关系的附属医院。

2006 年 6 月 7 日，厦门大学为了加强临床教学基地建设，培养高质量的医学专门人才和加强临床科研工作，厦门眼科中心（民非）为了加强学科建设、提高学术人才和医疗技术水平，双方签署《厦门大学附属医院协议书》，约定厦门眼科中心（民非）成为厦门大学的无行政隶属关系的附属医院，"厦门大学附属厦门眼科中心"作为厦门眼科中心（民非）的第二名称；协议期限为 5 年（2006 年 6 月 7 日至 2011 年 6 月 7 日）。

2007 年 1 月 19 日，福建省卫生厅出具"闽卫函〔2007〕31 号"《福建省卫生厅关于同意厦门眼科中心作为厦门大学非行政隶属附属医院的复函》："为加强我省高等医学院校教学工作，进一步提高医学教育质量，以适应医学教育事业发展的需要，我厅组成厦大非行政隶属附属医院评估专家组，对厦门眼科中心进行了评估并同意厦门眼科中心作为厦门大学非行政隶属医院，使用'厦门大学附属厦门眼科中心'名称。"

2007 年 6 月 4 日，福建省卫生厅出具"闽卫函〔2007〕352 号"《福建省卫生厅关于同意厦门眼科中心变更名称的批复》，同意厦门眼科中心（民非）将名称变更为厦门大学附属厦门眼科中心，作为医院的第一名称。

2009 年 4 月 6 日，厦门大学和厦门眼科中心（民非）签署《厦门大学附属医院补充协议》，约定厦门大学同意厦门眼科中心（民非）将"厦门大学附属厦门眼科中心"作为第一名称，用于开展临床医疗、教学和科研与学术交流等活动；补充协议期限 5 年（自协议生效之日计算）。

2016 年 10 月 27 日，厦门眼科中心与厦门大学签署协议，约定厦门眼科中心作为厦门大学的非隶属附属医院的名称为"厦门大学附属厦门眼科中心"；厦门眼科中心作为厦门大学的人才培训基地，承担厦门大学有关临床教学工作、担任指导研究生工作及相关科学研究工作。协议有效期为 5 年，协议期满前 3 个月，由双方友好协商续签协议事宜。如双方无异议，本协议有效期将自动顺延。双方确认 2006 年 6 月 7 日签署的《厦门大学附属医院协议书（厦门大学附属厦门眼科中心）》及 2009 年 4 月 6 日签署的《厦门大学附属医院补充协议书》到期后至该协议生效前双方的合作无任何异议及潜在纠纷。

根据《福建省卫生厅、福建省教育厅关于加强普通高等医学院校临床教学基地管理的通知》，非直属医院和教学医院实行动态管理，每 4 年进行一次重新评审。根据福建省卫生健康委员会和福建省教育厅于 2018 年 12 月 14 日发布《福建省卫健委福建省教育厅关于公布 2018 年福建省普通高等医学院校临床教学基地名单的通知》（闽卫科教〔2018〕110 号），经专家评审，厦门眼科中心作为厦门大学的非直属附属医院复审合格，有效期 4 年。

　　厦门大学相关管理办法规定，使用厦门大学校名、校标应当报校长办公会审议，经许可使用校名、校标的任何单位和个人，应当与学校签订相关使用协议。而在 2006 年 5 月，厦门大学第 10 次校长办公会议就已经同意接受厦门眼科中心作为非隶属附属医院。上述管理办法并未明确要求该管理办法发布前使用校名、校标且仍在合同合作有效期内的情况需要重新履行内部审批程序。

　　《教育部直属高等学校国有资产管理暂行办法》第十八条规定："高校应当坚持安全完整与注重绩效相结合的原则，建立国有资产有偿使用制度，积极推进国有资产整合与共享共用，提高国有资产使用效益。"根据《教育部直属高等学校国有资产管理暂行办法》第二十条，"高校应当加强对本单位专利权、商标权、著作权、土地使用权、非专利技术、校名校誉、商誉等无形资产的管理，依法保护，合理利用，并按照国家有关规定及时办理入账手续，加强管理"。

　　根据 2016 年 10 月 27 日厦门眼科中心与厦门大学签署的合作协议，协议双方并未约定厦门眼科中心在使用"厦门大学附属厦门眼科中心"名称时需直接向厦门大学支付对价。针对该情况，华夏眼科承诺，如未来厦门大学要求本公司或本公司下属子公司厦门眼科中心进一步直接支付一定的冠名使用费，本公司将与厦门大学积极协商，并愿意在合理对价范围内支付冠名使用费。

　　鉴于前期合作协议已到期，厦门大学与厦门眼科中心合作协议的签署流程于 2021 年 6 月启动。2021 年 6 月 8 日，厦门眼科中心取得换发后的营业执照，登记名称为"厦门眼科中心有限公司"。根据厦门眼科中心于 2021 年 1 月 26 日取得的医疗机构执业许可证，厦门眼科中心登记有两项医疗机构名称，分别为"厦门大学附属厦门眼科中心""厦门眼科中心"。经过协商，2021 年 6 月 18 日，厦门大学与厦门眼科中心合作协议正式签署，双方根据协议条款延续合作关系。

　　故在 2021 年 6 月前，厦门大学冠名厦门眼科中心，厦门眼科中心成为厦门大学的非隶属附属医院。厦门大学助力厦门眼科中心加强学科建设、提高学术人才和医疗技术水平。厦门眼科中心作为厦门大学的人才培养基地，虽未直接支付厦门大学冠名费，但是为厦门大学承担了教学、科研等相关义务，为厦门大学眼科医学专业的科研、教学提供了相关资金、技术、专业人员支持，为厦门大学加强临床教学基地建设，培养高质量的医学专门人才和加强临床科研工作提供支持。同时，厦门眼科中心作为全国范围内知名的三级甲等眼科专科医院，为厦门大学的眼科医学学科建设作出了一定贡献，系双方共赢的合作关系。后续虽然厦门眼科中心变更其工商名称为"厦门眼科中心有限公司"，但是其医疗机构名称中仍保留了"厦门大学附属厦门眼科中心"。

华厦眼科的高校冠名已经过相关行政部门审批确认且已经获得厦门大学的授权许可，完全合法合规。其名称的使用也完全符合相关法律法规的要求，并不存在不当之处。

（三）合作办医问题

社会资本与公立医院合作办医（以下简称"合作办医"）是民营医疗机构和公立医疗机构的中间形态。法律对于合作办医尚未进行明确定义，有相关学者将其定义为"由企事业单位、社会团体及其他社会组织和个人，利用非国家财政资金举办或参加举办的非公立医疗机构"。但从实践角度出发，合作办医不仅仅是社会资本的注入，更意味着公立医疗机构的医护人员及土地设备向社会资本的开放。

2020 年《基本医疗卫生与健康促进法》第四十条第三款规定，政府举办的医疗卫生机构不得与社会资本合作举办营利性医疗卫生机构。其中，"医疗卫生机构"是指基层医疗卫生机构、医院和专业公共卫生机构等，包括乡镇卫生院、社区卫生服务中心（站）、村卫生室、医务室、门诊部、诊所、疾病预防控制中心、专科疾病防治机构、健康教育机构、急救中心（站）和血站等机构。而关于"营利性医疗卫生机构"，国务院于 2000 年在《关于城镇医疗卫生体制改革的指导意见》提出营利性医疗机构和非营利性医疗机构的概念，随后出台的《关于城镇医疗机构分类管理的实施意见》明确指出非营利性、营利性医疗机构采取不同的财政、税收等政策和管理模式。

1. 新政策下公立医院合作模式的案例分析——以"营利性综合医院泰康仙林鼓楼医院"为例

虽然法律禁止公立医院与社会资本合作举办营利性医疗卫生机构，但由于前文所述"合作举办"的边界尚未明确，严格意义上，法律并未明令禁止公立医院与社会资本共同设立其他形式的营利法人并通过该营利法人设立营利性医疗卫生机构。营利性综合医院泰康仙林鼓楼医院即按此模式设立的。

南京鼓楼医院与泰康人寿保险股份有限公司共同出资设立了南京仙林鼓楼医院投资管理有限公司，注册资本 135 000 万元人民币，其中南京鼓楼医院持股比例 20%，泰康人寿保险股份有限公司持股比例 80%。南京仙林鼓楼医院投资管理有限公司又设立了全资子公司泰康仙林鼓楼医院有限公司，即泰康仙林鼓楼医院的持证主体。

该公司成立于 2016 年 4 月 5 日，自《基本医疗卫生与健康促进法》生效后至今未从公开渠道查询到依据《基本医疗卫生与健康促进法》作出处罚的相关记录。

2. 华厦眼科下属医院针对新政策的合作办医整改情况

《基本医疗卫生与健康促进法》生效前（2020 年 6 月 1 日前），华厦眼科医院集团股份有限公司（以下简称"华厦眼科"）及其子公司与几家公立医院分别合作设立或出资了福州眼科医院有限公司（以下简称"福州眼科医院"）、镇江康复眼科医院有限公司（以下简称"镇江康复"）、徐州复兴眼科医院有限公司（以下简称"徐州复兴"）、上海和平眼科医院有限公司（以下简称"上海和平"）。

虽然法不溯及既往，但是由于部分医院合作办医期限届满、部分医院收到当地卫生监管部门的整改要求，华厦眼科的相关医院积极进行了整改。正如前文所述，合作办医不仅仅是社会资本的注入，更意味着公立医疗机构的医护人员及土地设备向社会资本的开放，因此社会资本的退出也不仅仅意味着股东名册的变更，医院需要对医护人员、土地等一系列人员资产进行分割。华厦眼科的整改具体如下。

（1）福州眼科

2010 年 12 月 14 日，厦门眼科中心有限公司（民办非营利医院）与福州市第二医院签署《合作组建福州眼科医院框架协议》，约定合作成立福州眼科医院，协议有效期至 2020 年 7 月 31 日。

截至 2020 年 8 月 1 日，《合作组建福州眼科医院框架协议》已经终止。经福州市第二医院眼科主任以及发行人确认并经核查员工花名册以及劳动合同，自合作终止后，除王峥以及合作期间已离职的一名医师外，其他合作医师均已不在福州眼科多点执业。

2020 年 12 月 11 日，福州仓山国有资产营运有限公司与福州眼科签署《房屋租赁合同》，约定福州仓山国有资产营运有限公司将其拥有的坐落于福州市仓山区六一南路 88 号房屋出租给福州眼科使用，租赁期限自 2020 年 8 月 1 日至 2023 年 7 月 31 日。

（2）镇江康复

2013 年 7 月 29 日，镇江市第一人民医院（以下简称"镇江一院"）与华厦眼科签署《合作协议》，"为了适应国家公立医院改革"，对双方合作创办镇江康复相关事宜进行了约定。

华厦眼科与镇江一院共同出资设立镇江康复，其中华厦眼科持股 58%，镇江一院持股 42%，镇江一院提供经营场所。协议期间，镇江一院的医生可由新设的镇江康复聘用，新设的镇江康复为营利性医院，独立法人，自负盈亏。

2020 年 12 月 18 日，镇江一院出具说明，承诺："本医院取得标的股权时履行了相应程序，合法合规。2020 年 6 月 1 日生效实施的《中华人民共和国基本医疗卫生与健康促进法》以及政府主管部门尚未要求本医院对持有标的股权进行清理。若未来生效的法律、行政法规或者政府规章规定及主管部门要求本医院不再持有标的股权的，则本医院将根据相关规定和要求对所持标的股权作出妥善安排。"

镇江市卫生健康委员会已向镇江一院下达《关于纠正与社会资本合作举办营利性医疗卫生机构等违法行为的通知》，要求镇江一院与合作方积极协商的基础上，向镇江市卫生健康委员会提交具体整改方案，并于 2021 年 12 月 31 日前完成整改。镇江康复尚未收到经镇江市卫生健康委员会批复的整改方案。

（3）徐州复兴

根据《合作组建徐州复兴眼科医院、徐医附三院眼科中心框架协议》以及徐州复兴公司章程，华厦眼科与徐州嘉信美誉医院管理有限公司（简称"嘉信美誉"）以现金投入方式投入 6 000 万元，将徐州复兴建成为江苏乃至全国技术领先、设备先进、专科齐全、管理服务优良的国家三级眼科医院，成为徐州医疗体制改制的成功范例，为徐州医疗体制改制提供借鉴，满足徐州及周边地区群众的眼科医疗服务需求。华厦眼科与嘉信美誉投资用于购买设备、房屋设计、装修等。徐州医科大学附属第三医院（以下简称"徐医附三院"）提供办医场所。协议期间，徐医附三院原眼科医护人员可以加入徐州复兴工作。收益及费用结算方面，签订之日起第一个合作年度，徐州复兴支付给徐医附三院60万元作为保底收益；自第二个合作年度起，徐州复兴支付120万元作为徐医附三院保底收益，另外根据约定的合作收入比例提取收益：年医疗总收入数3 000万元以上，医疗总收入数×3%；年医疗总收入数5 000万元以上，医疗总收入数×4%；年医疗总收入数8 000万元以上，医疗总收入数×6.5%；年医疗总收入数10 000万元以上，医疗总收入数×10%。新设徐州复兴为独立法人，独立核算；由华厦眼科及嘉信美誉进行管理，投资购买先进设备等。

根据2021年1月18日，徐州市卫生健康委员会向徐医附三院、徐州复兴下达《关于对政府督查室交办单〔2020〕616号责成整改的通知》，要求：1.徐医附三院变更其机构许可性质为非营利性（政府办）；2.徐州复兴变更其单位设置人；3.两家机构终止其合作协议，徐医附三院编制内4位眼科执业医师变更其执业地点回原单位，双方作好善后工作。

（4）上海和平

根据复旦大学附属眼耳鼻喉医院相关人员说明，因当时国内青少年近视情况愈发严重，眼科诊疗技术和设备相对落后，为提升当地眼科诊疗的技术实力，为国家培养眼科相关的人才，满足当地市民眼科就诊需求，相关方共同设立上海和平，复旦大学附属眼耳鼻喉医院提供部分技术人员对上海和平的设立和发展进行支持，并参与投资上海和平。2002年10月，上海商投创业投资有限公司、复旦大学附属耳鼻喉科医院、上海宏阳实业有限公司、吴洒川、韩丽荣、朱莉、夏风华发起设立上海和平。相关各方未单独签署合作协议。2010年12月，华厦眼科通过增资的方式入股上海和平。复旦大学附属眼耳鼻喉科医院目前持有上海和平6.25%股权，华厦眼科持有上海和平90.625%股权。

上海和平尚未收到当地卫生健康主管部门就公立医院与社会资本合作举办营利性医疗卫生机构事宜出具的整改通知。

与复旦大学附属眼耳鼻喉科医院相关人员进行访谈后得知，政府主管部门尚未要求复旦大学附属眼耳鼻喉科医院对持有的上海和平的股权进行清理。若未来生效的法律、行政法规或者政府规章规定及主管部门要求其不再持有上海和平的股权，则复旦大学附属眼耳鼻喉科医院将根据相关规定和要求对所持股权作出妥善安排。复旦大学附属眼耳鼻喉科医院没有为上海和平的管理、经营场所设置、医师配置、合作科室、设备、对外宣传等方面提供便利条件，与上海和平在业务、资产、机构、人员、财务上均是独立的，复旦大学附属眼耳鼻喉科医院允许该单位的医生在上海和平等多家医院进行多点执业。

综上，2020 年 6 月 1 日《基本医疗卫生与健康促进法》正式实施，对合作办医模式产生了冲击。目前，部分合作医院已在尝试新的合作模式，例如公立医院与社会资本共同设立其他形式的营利法人并通过该营利法人设立营利性医疗卫生机构，目前该种模式暂未发现被主管部门予以处罚的记录。但是华厦眼科医院涉及 4 家与公立医院合作的子公司，其中福州眼科已终止其与公立医院的合作，镇江康复、徐州复兴已收到整改通知书，并进行相应整改，包括但不限于场地搬迁、执业人员回到原工作医院等，而上海和平由于公立医院仅存在持股行为，不存在场地、人员等问题，目前暂未收到相关整改通知。结合新政策下营利性综合医院案例分析以及华厦眼科下属医院对合作办医的整改情况，《健康促进法》对华厦眼科合作办医模式所带来的法律风险能够极大地被限制在可控范围。

四、案件结论

医院项目的特殊性，导致其法律问题的特殊性。在华厦眼科医院上市项目中，其租赁物业的瑕疵、合作办医事项的整改以及高校冠名事宜，是 IPO 审核机构关注的重点问题，也是项目组成员在整个项目申报过程中着重论证和不断研究的部分。实务中此类问题也在医疗行业 IPO 项目中不断重复出现。对上述三个问题的回答，一方面有助于规范化企业日常经营活动，从而避免不必要的商事风险，最终推动华厦眼科医院上市项目的顺利进行。另一方面，这也是在为医疗领域 IPO 项目有关问题的处理提供一种具有普适性的论证思路与解决方案，从而提高处理同类问题时的效率，标准化、系统化 IPO 中相关问题的解决。希望这能够给其他医疗行业的企业的法律服务带来一定的借鉴意义。

华宝新能创业板 IPO 项目

韩美云[*]

一、案情介绍

2022 年 9 月 19 日，便携储能产品全球领导品牌深圳市华宝新能源股份有限公司（以下简称"华宝新能"或"公司"）正式登陆深圳证券交易所创业板，成为 A 股首家消费级储能企业。

锦天城高级合伙人韩美云律师、资深律师边婧、律师肖荣涛以及项目组成员赵之赫、南宇宁组成律师团队，接受华宝新能的委托，为华宝新能首次公开发行股票并在创业板上市提供了全程专业的法律服务。

公司是行业领先的便携储能品牌企业，秉承"让绿色能源无处不在"的使命，以及"成为全球消费者最信赖的绿色能源品牌"的愿景，致力于锂电池储能类产品及其配套产品的研发、生产及销售。其中，便携储能产品为公司的核心产品，可应用于户外旅行、应急备灾等场景，为客户提供绿色低碳的能源解决方案，产品得到消费者广泛认可。公司依托"Jackery"和"电小二"两大品牌布局境内外市场，通过线上、线下相结合的模式，实现在中国、美国、日

---

[*] 上海市锦天城（深圳）律师事务所高级合伙人。

本、英国、德国、加拿大等全球多个国家销售，已成为便携储能垂直领域的领先品牌。在谷歌、亚马逊、日本乐天、日本雅虎、天猫、京东等搜索引擎或电商平台的搜索榜单中，公司品牌在便携储能产品关键词的检索热度中排名领先。2020 年以来，公司便携储能产品持续入选亚马逊平台最畅销产品（Best Seller）、亚马逊之选（Amazon's Choice），连续两年获得日本"防灾安全协会推奖"奖章。2021 年公司获得日本亚马逊颁发的年度创新品牌奖，公司便携储能产品先后入选 CNET、《纽约时报》年度最佳便携储能榜单，并得到全球超百家权威媒体及评测机构的强力推荐。

二、办案难点

（一）公司二级子公司 Generark US 因"GENERARK"商标侵权被诉

Generark US，全名 Generark Energy Inc.，是一家在美国特拉华州设立的公司，系华宝新能的境外二级子公司。Generac（全名 Generac Power Systems，Inc. 是一家位于美国的公司，其主要业务为发电设备（包括便携发电机）和其他发动机驱动产品的制造、销售）。该公司于 2021 年 7 月 30 日以 Generark US 及华宝新能为共同被告向美国特拉华联邦地区法院提起诉讼，主张 Generark US 在美国使用的"GENERARK"商标侵犯其商标权。Generac 主要诉讼请求包括要求公司停止使用或注册"GENERARK"商标，赔偿因侵权行为而遭受的利润损失3 倍的金额，但尚未提出明确的诉讼金额，亦未提供赔偿金额计算依据。

针对该诉讼纠纷，尽管其发生于 2021 年下半年，但出于审慎核查披露的考虑，3 家中介机构在 2021 年半年报更新披露信息的文件中，详细披露了该纠纷发生的背景、原因、具体进展情况等。深圳证券交易所（以下简称"深交所"）在对该项目的二轮反馈问题中，也明确要求保荐机构和发行人律师发表明确意见。

（二）股东信息披露新规的出台，对中介机构的核查工作提出了新要求

2021 年 2 月 5 日，中国证监会出台了《监管规则适用指引——关于申请

首发上市企业股东信息披露》，对首发上市企业股东信息核查、披露、新增股东的新增股份锁定等事项作出规范要求。为进一步落实《监管规则适用指引——关于申请首发上市企业股东信息披露》的监管要求，深交所于 2021 年 2 月 23 日下发了《关于创业板落实首发上市企业股东信息披露监管相关事项的通知》，就申报及在审创业板 IPO 项目如何落实股东信息披露进行了明确规定。

2021 年 5 月 28 日，中国证监会发布了《监管规则适用指引——发行类第 2 号》，主要规范证监会系统离职人员的入股行为，以维护资本市场的良好秩序。同时，深交所于 2021 年 6 月 5 日就落实上述 2 号指引发布了《关于创业板落实首发上市企业证监会系统离职人员入股监管相关事项的通知》。

新规的突然发布，对 IPO 项目的股东信息披露核查工作提出了新的要求。3 家中介机构应当按照股东信息披露及核查工作的新要求，全面对公司的股东结构进行穿透核查。发行人律师团队通过流水核查、填写调查问卷、访谈等方式，最终发现公司的间接股东存在股份代持的情形。鉴于监管新规对于股份代持情形的明确要求，确保在提交上市申请前，对现存的所有代持股份进行合法且合规的还原处理，以符合监管机构的相关规定，显得尤为关键。

（三）报告期内公司曾存在的"刷单"行为

2021 年，《华尔街日报》披露了中国卖家在亚马逊使用小卡片强迫用户打好评的行为。此事传播开之后，一度冲上媒体热搜。亚马逊也不得不在媒体面前树立杀立决的形象，由此揭开了全面封杀中国卖家账号的高潮。火热发展多年的跨境电商，在 2021 年遭遇考验，大量店铺和账号被亚马逊平台关闭，"封号潮"使得众多从事跨境电商业务模式的中国企业压力重重。

就华宝新能而言，由于其便携储能产品通过境内外电商平台销售的占比相对较高，因此，中介机构在申报前也需要重点关注并核查公司通过境内外电商平台销售产品是否存在"刷单""刷好评"行为。经核查，报告期内，公司的境内线上电商销售业务曾存在"刷单"行为，但该等"刷单"行为涉及的交易金额公司均未确认收入，亦不存在虚增公司业绩的情形。

三、法律分析

（一）境外被诉商标侵权

2021 年 7 月 30 日，Generac 以 Generark US 及华宝新能为共同被告向美国特拉华联邦地区法院提起诉讼，Generac 主要诉讼请求包括：请求法院发出要求被告停止使用或注册"GENERARK"商标的禁令；判令被告赔偿原告实际损害及向原告支付相当于原告因侵权行为而遭受的利润损失三倍的金额，及相当于侵权人因侵权行为获取的利润的金额；判令被告赔偿原告因维权支付的费用和律师费；判令被告支付前述赔偿金额在判决前和判决后产生的利息。Generac 在起诉状中并未提出明确的赔偿金额，亦未提供任何损害或其他救济的具体计算依据。截至 2021 年半年报更新补充法律意见出具之日，Generark US 已委托 Durie Tangri LLP 在上述案件中提供诉讼代理法律服务，法院尚未就该案件审理进行排期。

经核查，Generark US 设立于 2020 年 6 月，自 2020 年 10 月开始销售"GENERARK"品牌产品，经营时间较短，"GENERARK"品牌产品进入市场时间不长，尚处于品牌运营初期阶段。Generark US 2020 年销售额及 2021 年 1—6 月销售额在公司同期销售总额中占比均显著低于 5%。此外，公司在美国持有在第 9 类商品上注册的其他商标，同时公司也正在积极注册其他商标，如果该诉讼案件导致 Generark US 无法继续使用"GENERARK"品牌进行销售，公司可尽快调整品牌后进行销售。据此，上述诉讼案件不会对公司持续经营造成重大不利影响。

深交所在对华宝新能第二轮反馈问题中，要求保荐机构及发行人律师对如下问题发表明确意见：第一，说明截至反馈意见回复日上述未决诉讼案件的进展相关情况，包括案件受理情况，诉讼请求，判决或裁决结果及执行情况；第二，分析相关诉讼事项及诉讼结果对公司生产经营及财务成果的具体影响，是否需同步调整"GENERARK"品牌在其他地区名称及销售策略等。

首先，上述诉讼纠纷发生后，Generark US 与 Generac 积极洽谈诉讼和解事宜，双方讨论了主要包含以下条款的和解方案：1. 除为引述历史上曾用名外，

Generark US 及公司不得为其他任何目的使用"GENERARK"品牌，并将从"GENERARK"品牌过渡到新品牌；2. Generark US 在 2021 年 11 月 1 日之后已无新增"GENERARK"品牌任何产品的订单；3. Generark US 及公司承诺在不晚于未来的某个特定日期时停止销售"GENERARK"品牌产品；4. 任何一方都不会因为本次和解向一方支付相关的款项；5. Generac 将免除对 Generark US 及公司提出所有主张。

其次，2021 年 12 月 6 日，Generac 向美国特拉华联邦地区法院提交关于上述诉讼案件状态问询的回复，确认双方一直在进行和解谈判，且相信双方争议将会得到友好解决。

根据双方的和解方案，发行人律师团队认为，该案件不会对公司生产经营及财务成果产生重大不利影响。具体理由如下。

一是"GENERARK"作为公司新生品牌，现对公司业务的贡献较为有限。Generark US 设立于 2020 年 6 月，自 2020 年 10 月开始销售"GENERARK"品牌产品，经营时间较短，"GENERARK"品牌产品进入市场时间不长，尚处于品牌运营初期阶段，不构成公司的核心品牌。截至 2021 年 6 月 30 日，"GENERARK"品牌对公司的营业收入和业务增长的贡献较为有限。

二是公司已准备启用新商标，停用"GENERARK"商标不会影响公司的持续经营能力。根据 Generac 提出的和解方案，Generark US 及公司将不再使用"GENERARK"商标。为继续开拓境外市场，Generark US 已着手在美国、加拿大、欧盟、英国、日本、澳大利亚等二十多个国家和地区申请注册新商标、新域名，拟用于新产品品牌的推广和运用。同时，公司已根据新品牌的特点制定合适的推广方案，可根据公司的业务发展需要适时启用新商标和新的推广方案。

三是诉讼事项所涉损失可控，不会对公司财务状况造成重大不利影响。根据 Generac 提出的和解方案，关于"GENERARK"品牌产品的停止销售日期将会影响到公司处理现有库存产品的进度。如"GENERARK"品牌库存产品无法在双方约定的期限内销售完毕，公司可以在保证产品质量的前提下为库存产品更换外壳，新产品经检验合格后继续销售。同时，根据 Generac 提出的和解方案，Generark US 无需就本次和解向 Generac 支付任何费用，不会额外造成直接经济损失。因此，上述诉讼事项所涉损失可控，不会对公司财务状况造成重大不利影响。

最后，如上所述，Generark US 已于 2021 年 10 月开始着手在境外二十多个国家和地区申请新的商标和域名，并已制定新品牌推广方案，公司可根据业务发展需要适时推出新的产品品牌，针对新品牌优化各境外市场的销售策略。

在上述纠纷处理过程中，发行人律师团队与保荐机构及审计机构通力配合、紧密沟通。并且，发行人律师团队还及时向公司的境外诉讼律师持续跟进了解诉讼进展，最终监管机构认可了发行人律师团队对反馈问题的回复意见。

（二）间接持股代持的还原

2021 年，深交所发布新规，对申报及在审创业板 IPO 项目股东信息的核查、披露、新增股东的新增股份锁定等事项提出了明确的规范要求。监管机构的一系列新规，旨在适应注册制改革新变化，收紧对股份代持、突击入股、异常入股等乱象的约束。IPO 项目保荐机构及发行人律师则需按照新规的要求进行全面深入核查，分别出具股东信息披露的专项核查报告。在该专项核查报告中，保荐机构及发行人律师还应说明核查方式，并对核查问题出具明确的肯定性结论意见。

在华宝新能上市项目中，发行人律师团队在梳理公司历史沿革的过程中发现，公司股东深圳市成千亿企业管理咨询合伙企业（有限合伙）（以下简称"成千亿"）在合伙人层面存在代他人持有财产份额的情形。

成千亿合伙人看好公司的发展前景，希望能尽早设立投资主体完成对公司的投资。在合伙人人员名单及出资份额未完全协商一致的情况下，部分实际出资人约定先由陈某代其作为名义合伙人与成千亿其他合伙人完成合伙企业设立，并尽快完成对公司的增资。此外，部分实际出资人因担心公开信息披露对其个人生活产生不便，所以不愿意直接作为合伙人在公开文件中显名。

根据中国证监会于 2021 年 2 月 5 日出台的《监管规则适用指引——关于申请首发上市企业股东信息披露》、深交所于 2021 年 2 月 23 日下发的《关于创业板落实首发上市企业股东信息披露监管相关事项的通知》，发行人律师需要就华宝新能上市申报项目如何落实股东信息披露进行细化明确，并出具《关于深圳市华宝新能源股份有限公司股东信息披露专项核查报告》。

在核查公司相关非自然人股东之合伙人的银行流水过程中，发行人律师团队注意到，在陈某向成千亿出资的时间前后，存在有其他个人先后向其账户打款的情形。经过进一步访谈核查确认，发行人律师团队了解到了财产份额代持的原因及安排。

为避免影响公司的 IPO 进程，经成千亿名义合伙人陈某与实际出资人协商，各方决定将名义合伙人代持的成千亿的财产份额还原给实际出资人，约定陈某将其代实际出资人持有的财产份额分别以人民币 1 元的价格转让给全部实际出资人。但其中一名实际出资人因个人原因决定退出对成千亿的投资，经其与公司实际控制人协商，实际控制人同意以该实际出资人向成千亿实际出资原价受让其实际持有的全部成千亿财产份额。上述代持还原相关方均签署了书面的财产份额转让协议，完成了转让款项的支付，并最终完成了工商变更登记程序。本次变更完成后，成千亿合伙人不存在代他人持有财产份额的情形。

除上述财产份额代持情形外，公司历史沿革中不存在其他股权 / 股份代持情形。截至专项核查报告出具之日，上述财产份额代持情形均已解除。保荐机构及发行人律师在专项核查报告中明确发表意见：涉及份额代持的各方均不存在任何股权纠纷或潜在纠纷，公司股东中已不存在股份代持情形；代持的形成、演变及解除的过程中，均不存在不适格担任股东的个人或单位持有或委托他人持有公司股份的情况，不存在违反当时法律法规的禁止性规定的情况，不构成公司重大违法违规情形，不会对公司本次发行构成实质性障碍。

（三）"刷单"行为的核查

"刷单"是一个电商衍生词。卖家付款请人假扮顾客，用以假乱真的购物方式提高网店的排名和销量获取销量及好评吸引顾客。本质上，"刷单"就是网店通过虚假交易，哄抬交易量或者商家信誉。通过这种方式，网店可以获得较好的搜索排名，比如，在平台搜索时"按销量"搜索，该店铺因为销量大（即便是虚假的）会更容易被买家找到。一般可分为单品刷销量为做爆款等做准备和刷信誉以提高店铺整体信誉度两种。

2018 年，市场监管总局、发展改革委、工业和信息化部、公安部、商务部、海关总署、网信办、邮政局等八部门联合开展 2018 网络市场监管专项行动（网剑行动），重点打击的就是包括网络侵权假冒、刷单炒信、虚假宣传、虚假违法广告等违法行为。同时，国家市场监督管理部门，也明确要求电商第三方平台切实履行监管职责，并对"刷单""假评论"涉嫌违反《广告法》《反不正当竞争法》《消费者权益保护法》的违法行为进行查处。

2021 年，亚马逊针对其平台上的违规行为进行了大规模整顿，导致大量中国电商账户遭到查封。这些违规行为主要包括刷单、虚假评论、侵犯知识产权等。结合这样的背景情况，在对华宝新能的线上销售进行核查时，发行人律师团队与保荐机构及审计机构共同设计了针对性的程序，以检查公司是否存在刷单、虚假评论的情况。主要核查程序如下。

1. 信息系统内部控制测试

IT 审计机构的专业力量，按照《企业内部控制基本规范》等标准，对公司的信息系统及相关内部控制进行了测试，包括公司层面信息技术控制、信息技术一般性控制、信息技术应用控制，以及计算机辅助审计技术，这种方法不仅关注系统的功能性，还重视系统的安全性和稳定性，确保了信息处理的准确性和完整性。

2. 销售订单与资金流水匹配核对

通过获取线上销售平台的订单明细、销售对账单及绑定银行账户或第三方支付平台账户的收款明细，确认各线上平台的订单明细与销售对账单的匹配性，以及销售对账单金额与通过银行或第三方支付账户收款金额的一致性。将线上销售订单与实际的资金流水进行匹配，对于核查公司实际收入的真实性十分重要，提高了财务报告的透明度和可信度。

3. 电商平台走访与邮件问询核查

对国内电商平台进行实地走访，与相关工作人员访谈确认经营情况。通过邮件问询核查境外电商平台，获取交易情况、店铺状况、交易流水及平台费用情况。同时，在公司相关负责人登录各电商平台店铺后，发行人律师团队成员自行操作检查有无平台发送的警告、处罚信息或其他异常信息。

结合实地走访和邮件问询的核查方法，从多个角度了解公司的线上销售情况。这种方法不仅包括与电商平台的直接沟通，还包括对电商平台规则的深入理解和分析，确保了核查的全面性和深入性。

4. 发货物流匹配核查

核对订单明细、发货记录与第三方物流对账单，确认物流发货地址与订单信息的一致性，确保销售订单的真实发货。

基于完整交易的流程，发行人律师团队通过详细核对订单明细和物流记录，以确认每一笔订单都有实际的物流活动支持，提高了识别虚假交易风险的可能性，进一步加大了对销售真实性的检查力度。

5. 线上销售终端客户回访核查

采用大规模的客户回访方法，包括电话和邮件回访，确认客户真实收到线上订购的货物，排除刷单、刷好评的可能性。对于国内线上终端客户电话的回访确认，由公司客服人员进行，保荐机构和律师全程旁听，以确保其真实性。

6. 线上销售客服聊天记录核查

通过核查和分析公司主要线上销售店铺的部分客服聊天记录或者邮件，通过搜索与刷单、刷好评相关的关键词对公司售前及售后客服与终端客户的沟通内容进行核查分析，确认公司电商平台店铺的售前及售后客服人员不存在主动要求客户刷单或者主动向客户提供好评返现等刷好评的情况。

7. 线上销售客户评论核查

通过线上店铺后台管理系统导出主要电商平台店铺的客户评价内容，对客户评论的评论长度、评论内容、评论时间等方面进行分析，核查评论是否符合真实订单的评论逻辑，是否存在明显属于刷单、刷好评的评论情况。

8. 境外线上销售海关进出口数据匹配核查

基于跨境出口电商业务的海关监管、资金监管等情况，获取了公司母公司出口主体的出口报关单，以及相关境外子公司进口报关单，将进出口报关数据和子公司采购入库数据进行匹配核对，以核查是否存在重大异常。

此外，3家中介机构对于国内外线上销售的真实性结合不同方面共同进行了分析，包括分析客户重复购买情况、新增客户情况、客户收货地址情况、月度消费情况、消费时间情况、消费金额分布区间统计和消费集中度，以检查是否存在异常情况。

经核查，报告期内，公司的境内线上电商销售业务曾存在"刷单"行为，但该等"刷单"行为涉及的交易金额公司均未确认收入，亦不存在虚增公司业绩的情形。公司报告期内在国内电商平台存在的刷单行为涉及的订单数量及订单金额占公司线上销售的比例极小，刷单行为产生的交易额未被确认收入，不存在通过刷单虚增收入和利润的情况；公司已进行规范整改并全面停止刷单行为，同时，公司还取得了深圳市市场监督管理部门出具的无违规的证明，公司报告期内在国内电商平台存在的刷单行为不属于重大违法违规行为。

此外，为加强公司线上销售的合规性，发行人律师团队协助公司于 2020 年 3 月制订并颁布了适用于公司及其子公司的《电商销售与运营业务管理办法》，明确禁止员工从事各种类型的虚构交易、未经客户正式授权的代下单等不当行为。

在线上销售及线上终端客户核查方面，发行人律师团队与保荐机构及会计师团队紧密配合，基于完整网上交易的全流程，从不同环节入手，采取了一系列核查方法，这些方法提高了核查的效率和准确性，相对全面地核查了线上销售和线上终端客户的真实性。

四、案件结论

华宝新能的上市，为采取 M2C 商业模式的出海企业境内资本市场上市融资走出了一条非常成功的路径，成为首家登陆 A 股的消费级储能企业。

华宝新能本次 IPO 最终募资 58.29 亿元，成为上市当年创业板融资规模最大的 IPO 项目，同时亦是创业板设立以来融资规模排名第三的 IPO 项目。

通过本次首发并在创业板上市，华宝新能将募集资金用于便携储能产品扩产、研发中心建设、品牌数据中心建设等项目。华宝新能积极顺应全球"绿色低碳"发展大势，坚定落实国家"双碳"战略目标，以创新技术、先进制造、全方位渠道为驱动，打造链接全世界消费者的领先消费级储能品牌，为全球用户提供物超所值的绿色能源解决方案，成为世界一流的绿色能源高端品牌。

天益医疗创业板 IPO 项目

孙 林* 邓 颖** 季培雯***

一、案情介绍

2022 年 4 月 7 日，由锦天城律师经办的宁波天益医疗器械股份有限公司（以下简称"天益医疗""公司"或"发行人"），首次公开发行 A 股在深圳证券交易所创业板成功挂牌上市，股票代码为 301097。

天益医疗成立于 1998 年，是主要从事血液净化及病房护理领域医用高分子耗材等医疗器械的研发、生产与销售的高新技术企业，是国内较早专注于该领域的企业之一。公司主营业务为血液净化及病房护理领域医用高分子耗材等医疗器械的研发、生产与销售，拥有独立完整的采购、生产、销售和服务体系。

由锦天城高级合伙人孙林律师，合伙人王高平、彭昕、邓颖律师及项目组成员季培雯、陈炜佳律师等组成的锦天城律师团队接受天益医疗的委托，为本次发行上市提供了全程专业法律服务。

---

* 上海市锦天城律师事务所高级合伙人。
** 上海市锦天城律师事务所律师。
*** 上海市锦天城律师事务所律师。

二、办案难点

（一）同业竞争问题

天益医疗关联自然人关系密切的家庭成员控制的关联企业主要从事 X 射线影像系统及设备、医用干式打印机及干式胶片的贸易，医用自动终端机的生产和销售。该等情形是否构成同业竞争是监管重点关注问题，要求分析是否简单依据经营范围对同业竞争作出判断，是否仅以经营区域、细分产品、细分市场的不同来认定不构成同业竞争。

（二）天益医疗产品的境外销售需要相应的境外资质，且资质面临即将到期问题

发行人产品出口至亚洲、欧洲、北美、南美、非洲等国家和地区，部分产品已通过欧盟 CE 认证与美国 FDA 产品列名。公开资料显示，2020 年 5 月 26 日，《欧盟医疗器械法规》（MDR）正式执行，在此日期前取得的 CE 证书在其有效期内仍然有效，并于 2024 年 5 月 27 日全部失效，已获得认证的产品到期后需重新申请 CE 认证。

发行人境外资质到期问题引起监管关注，要求分析发行人是否已按照《欧盟医疗器械法规》（MDR）启动重新申请 CE 认证以及最新进展情况、发行人能否满足 MDR 的相关要求、是否存在认证失败的风险，分析并补充披露上述法规对发行人境外销售以及持续经营能力的影响，并结合前述情况作风险提示。

（三）关于销售模式的变化

报告期内，发行人喂食器和喂液管销售模式存在变化。发行人与宁波汉博、Synecco 和 NeoMed 自 2006 年至 2019 年 7 月初，进行喂食器和喂液管等医疗器械产品的 OEM 方式合作，由天益医疗生产，销售给宁波汉博，由宁波汉博报关出口后销售给 Synecco，并由 Synecco 最终销售给美国的 NeoMed。2019 年 7 月，NeoMed 被 Avanos Medical 收购后，改为直接向发行人采购，由发行人将产品直接销售给 NeoMed（包括 Avanos Medical Sales LLC 及 NeoMed, Inc.，上述公司

均受 Avanos Medical 控制）。因上述合作终止，发行人与 Synecco、宁波汉博三方协商结清往来款项，同时由发行人向 Synecco 支付因合作终止产生的商业补偿款。

就此销售模式变化，监管要求披露 NeoMed 改为直接向发行人采购的原因，分析是否具有合理的商业逻辑，并结合相关合同的具体约定，详细分析并披露发行人与宁波汉博、Synecco 和 NeoMed 的具体合作模式及其商业合理性，Synecco 是否与发行人存在经销协议或类似约定，发行人向其支付补偿金而未向宁波汉博支付的原因，是否具有合同或法律依据。此外，监管对于宁波汉博、Synecco 和 NeoMed 与发行人的实际控制人、董事、监事、高级管理人员、主要客户、供应商及主要股东是否存在关联关系、利益输送或资金、业务往来同样存在疑问。

三、法律分析

（一）同业竞争问题

发行人关联自然人关系密切的家庭成员控制的关联企业主要从事 X 射线影像系统及设备、医用干式打印机及干式胶片的贸易，医用自动终端机的生产和销售。经办律师核查了发行人控股股东、实际控制人及其夫妻双方近亲属控制的其他从事医疗器械相关业务的关联企业与发行人在主要产品分类、主要业务模式、采购销售渠道、客户和供应商的独立性、资产、人员、业务和技术的独立性、生产经营和管理决策的独立性等方面的差异，认为其他关联企业与发行人不存在经营相同或相似业务的情形，不属于同业竞争情形。

1. 主要产品分类不同

根据《医疗器械监督管理条例》和《医疗器械分类规则》，国家药监局制定了《医疗器械分类目录》（国药监械〔2002〕302 号），将除体外诊断试剂产品外的医疗器械分为 42 个一级目录。

发行人主要产品有体外循环血路、一次性使用机用采血器、一次性使用一体式吸氧管、喂食器及喂液管、一次性使用输血（液）器，归属于一级目录中"6845 体外循环及血液处理设备""6856 病房护理设备及器具"和"6866 医用高分子材料及制品"项下具体产品。

其他关联企业主要产品有 X 射线影像系统及设备、医用干式打印机及干式胶片，归属于一级目录中"6831 医用 X 射线附属设备及部件"和"6870 软件"项下具体产品。

综上，根据《医疗器械分类目录》，发行人与其他关联企业的主营产品分属于医疗器械不同的一级目录。

2. 主要业务模式不同

发行人主要业务模式由采购模式、生产模式、销售模式三部分构成。发行人采购部门根据生产计划和物料需求向供应商采购粒料、医疗器械零配件以及包装材料等辅材。发行人以市场和客户需求为导向，采取以自主生产为主、外协生产为辅的生产模式进行生产；发行人拥有自主的生产场地和设备，并具备医疗器械生产许可资质。在经销模式下，公司将产品销售给经销商，再由经销商将产品销售给终端客户（医院及其他医疗机构）。

经核查，其他关联企业业务模式均为向境外采购 X 射线影像系统及设备、医用干式打印机及干式胶片后，向国内分销商和医院及其他医疗机构进行销售。

3. 发行人在采购销售渠道、供应商、客户与其他关联企业相互独立

经核查，发行人的采购均为境内原材料及设备等采购，上述其他关联企业多为贸易型公司，主要产品从境外直接采购，在采购渠道、供应商等方面与发行人相互独立。

发行人和上述其他关联企业的主要客户为全国各地的经销商，但双方的经销商销售产品的终端客户均为医院及其他医疗机构，因此双方的终端客户存在重合的情形。但是，前述终端客户对双方产品独立进行招投标，招投标流程与具体产品相对应，采购流程差异明显，发行人的产品在参与招投标流程并中标后即获得市场准入，在中标期限内终端客户可对同类产品进行多次、重复采购；上述关联企业的产品为对单一产品或单一批次产品单独招投标。而且发行人和上述其他关联企业因产品种类不同，产品对接医院不同的科室和针对不同类型的患者。发行人的销售渠道与其他关联企业相互独立。

4. 发行人的资产、人员、业务、技术等与其他关联企业相互独立

经核查，发行人的生产经营场地为宁波东钱湖旅游度假区莫枝北路 788 号

及宁波东钱湖旅游度假区新业路 1 号，独立拥有与生产经营有关的土地、厂房、机器设备以及商标、专利等资产。而上述其他关联企业的主要办公场所与发行人独立，主要资产为日常办公设备及贸易产品的存货。发行人与上述其他关联企业的生产经营场地、资产均相互独立。

经核查，报告期内，上述其他关联企业与发行人均为独立开展业务，发行人与上述其他关联企业不存在机构混同和人员交叉任职、领薪的情形；各自拥有独立的业务及财务核算体系，独立作出财务决策，不存在共用银行账户的情形。

经核查，发行人独立拥有与生产经营活动有关商标、专利、技术，与上述其他关联企业不存在共用技术、技术合作等情况。

5. 发行人的生产经营和管理决策与其他关联企业相互独立

根据对发行人实际控制人吴志敏、吴斌及其他关联企业主要负责人的访谈，发行人共同实际控制人吴志敏、吴斌与其夫妻双方近亲属在家庭和事业方面均相互独立，在企业的生产经营和管理决策方面，上述其他关联企业也不受吴志敏、吴斌或发行人其他管理人员的控制，均独立开展生产经营和独立进行管理决策。

综上所述，发行人与控股股东、实际控制人及其夫妻双方近亲属控制的其他从事医疗器械相关业务的企业在主要产品分类、主要业务模式、采购销售渠道、客户和供应商、资产、人员、业务和技术、生产经营和管理决策等方面均具有独立性。发行人与关联企业不存在同业竞争的情形，也不存在其他可能导致利益冲突或者转移的情形。

（二）天益医疗产品的境外销售需要相应境外资质，且资质面临即将到期的问题

欧盟《医疗器械第 2017/745 号法规》（Medical Devices Regulation，MDR）系对欧盟现行的《医疗器械指令 93/42/EEC》（Medical Devices Directive，MDD）和《有源植入性医疗器械指令 90/385/EEC》（Active Implantable Medical Device Directive，AIMD）的整合、升级。该法规于 2017 年 5 月 25 日生效，并设置 3 年过渡期，原定于 2020 年 5 月 26 日起强制执行，受疫情影响，欧盟将 MDR 强

制执行时间推迟一年至 2021 年 5 月 26 日，且已取得的 CE 证书在其有效期内仍然有效。

根据 MDR 的分类规则，发行人产品仍然属于 IIa 类。针对该类产品的 CE 证书申请，欧盟要求制造商建立 CE 技术文件以证明其产品符合相关法规的要求，同时建立质量管理体系以保持其产品在整个生命周期内的安全性与有效性，经第三方公告机构审核后，即可发放新的 CE 证书。与 MDD 相比，CE 证书认证所需的资料没有重大变化，但是 MDR 对于技术文件以及质量体系的要求更加严格，比如专门增加了关于上市后监督的技术文件，同时在符合性声明中要求增加唯一器械标识（UDI）。

MDR 新规对医疗器械产品质量要求显著提高，强化了制造商的责任并进一步严格上市前审批，提高透明度和可追溯性，加强警戒和市场监督。产品制造商需要对销往欧盟市场的产品进行全面审查，并采取措施以确保符合 MDR 新规在分类、技术文档、标签和一般安全和性能要求等方面的合规要求。

自 MDR 发布以来，发行人高度重视其实施对于公司生产经营的影响，聘请了第三方咨询机构对相关员工进行培训辅导，组织员工对 MDR 法规进行了深入的学习和交流，并严格按 MDR 的法规要求申请重新认证。发行人已递交体外循环血路产品的 MDR 认证申请，正积极准备一次性使用动静脉穿刺器（内瘘针）、一次性使用输液器（重力输液式）等产品的 MDR 认证申请。

发行人结合现状，基于历史经验及对相关法规要求的理解，预计未来能够满足 MDR 的相关要求，存在认证失败的风险，但该风险较低。MDR 新规的实行对发行人境外销售以及持续经营能力不会造成重大不利影响，具体分析如下。

第一，发行人的产品用于血液透析器的体外循环管、血液透析滤过器、血液滤过器、一次性使用动静脉穿刺器（内瘘针）、一次性使用输液器（重力输液式），已经取得了 CE 认证证书，证书编号 G20593880014，有效期至 2024 年 5 月 26 日。根据 MDR 相关法规要求，公司产品在 CE 证书有效期到期前，在欧盟成员国的销售不会受到影响。因此，公司有充足的时间进行重新认证，在可预期的 3 年内，公司的经营情况将保持稳定。

第二，发行人生产和销售的医疗器械产品分类在现行 MDD 和 MDR 新规中保持一致，意味着发行人重新申请 MDR 新规认证将更便捷，质量体系变动越少，越有利于发行人取得 MDR 认证。

第三，发行人已经建立了严格的质量管理体系。在美国市场，公司 2017 年已完成 FDA 企业备案，企业备案号为 3006795797，公司多项产品已经取得 FDA 产品列示；在欧洲市场，公司取得了欧盟 CE 认证以及 TüV 的质量管理体系认证。这些认证的取得表明公司产品技术标准与质量控制体系符合国际标准，获得权威机构的认可。未来，发行人仍将不断改进质量管理体系，确保新规执行时，产品符合质量管理要求。

MDR 实施可能对发行人的持续经营能力产生影响的风险分析如下：欧盟医疗器械法规（Medical Devices Regulation，MDR）将于 2021 年 5 月 26 日起正式执行。在此日期前取得的 CE 证书在其有效期内仍然有效，并于 2024 年 5 月 27 日全部失效，因此已获得认证的产品到期后需重新申请 CE 认证。

与 MDD 相比，MDR 对于技术文件以及质量体系的要求更加严格，比如专门增加了关于上市后监督的技术文件，同时在符合性声明中要求增加唯一器械标识（UDI）。若发行人无法满足新法规下作为制造商的责任和义务，无法在现有 CE 证书到期后进行续期，将对发行人的持续经营能力产生影响。

综上，发行人按照 MDR 要求已经启动重新申请 CE 认证的相关工作，预计能够满足 MDR 下 CE 认证的相关要求，认证失败的风险较低，对发行人境外销售以及持续经营能力不会造成重大不利影响。

（三）关于销售模式的变化

就报告期内销售模式的变化，经办律师实地走访 NeoMed 并查看仓库等，了解其发展情况、向发行人采购情况、与发行人合作历史、与发行人合作模式变化等，并查阅发行人与宁波汉博、Synecco 之间的销售合同、订单、《保密协议》，以及与 Synecco 签署的《和解协议》和《和解协议之补充协议》。

1. 发行人与宁波汉博、Synecco 和 NeoMed 的具体合作模式及其商业合理性

2006 年至 2019 年 7 月，喂食器和喂液管产品主要销售给宁波汉博，并最终销售给 NeoMed。

发行人与宁波汉博、Synecco 和 NeoMed 自 2006 年至 2019 年 7 月初，进行

喂食器和喂液管等医疗器械产品的 OEM 方式合作，由天益医疗生产，销售给宁波汉博，由宁波汉博报关出口后销售给 Synecco，并由 Synecco 最终销售给美国的 NeoMed。其中，天益医疗系 OEM 产品的生产商；宁波汉博系 OEM 产品销售的经销商；Synecco 委托发行人生产 NeoMed 所需的医疗器械产品，宁波汉博系 Synecco 的国内代理商；NeoMed 系宁波汉博、Synecco 的下游客户。

在上述期间，Synecco 向 NeoMed 提供医疗器械产品，同时指定宁波汉博作为其中国代理商，代表 Synecco 直接向发行人采购喂食器和喂液管等医疗器械产品，主要系 Synecco 需要宁波汉博代为处理医疗器械产品出口涉及的事项。因此，发行人与宁波汉博、Synecco 和 NeoMed 的合作模式具备商业合理性。

新三板企业天康医疗（股票代码：835942.OC）为安徽的一家从事一次性静脉留置针、安全自毁式注射器、自毁式注射器、输液器、输血器等系列医疗耗材产品的研发、生产和销售的公司。天康医疗也为 NeoMed 通过 OEM 方式提供喂食器的生产，在 2017 年至 2019 年上半年，均通过宁波汉博、Synecco 经销给 NeoMed。

综上，发行人与宁波汉博、Synecco 和 NeoMed 的合作模式具备商业合理性。

2. Synecco 是否与发行人存在经销协议或类似约定，发行人向其支付补偿金而未向宁波汉博支付的原因，是否具有合同或法律依据

2020 年 4 月 13 日，发行人已向 Synecco 指定银行账户汇款 35 万美元。发行人与 Synecco 已签署协议并履行协议的约定，不存在纠纷和诉讼的风险。

发行人向 Synecco 支付商业补偿款而未向宁波汉博支付商业补偿款的原因如下：

第一，发行人与宁波汉博、Synecco 的交易中，Synecco 委托发行人生产 NeoMed 所需的医疗器械产品，宁波汉博系 Synecco 的国内代理商，负责产品出口等事项；由于宁波汉博系 Synecco 指定的中国代理商，故发行人与 Synecco 在《和解协议之补充协议》中约定：Synecco 保证宁波汉博国际贸易有限公司知晓且对本补充协议涉及的往来款项、商业补偿款直接支付至 Synecco 指定银行账户无异议，且不会对此向天益医疗提出任何主张；

第二，发行人销售喂食器和喂液管与宁波汉博的年度协议中，Synecco 与宁

波汉博同样作为采购方签署该协议；日常业务中，采购订单也以 Synecco 及宁波汉博两方名义发至发行人处；

第三，发行人与 Synecco 的前身 Global Product Supply Limited 与 2006 年开始合作时曾签订《保密协议》，主要约定如下：发行人认可通过 GPS 向发行人披露的详细客户资料与 GPS 业务是一个整体。发行人承诺非经 GPS 书面明示同意，不会直接或间接地与 GPS 介绍的第三方进行业务往来。发行人确认若违反该义务会给 GPS 的业务造成损害。

因此，发行人向 Synecco 支付商业补偿款而未向宁波汉博支付商业补偿款具备商业合理性，存在合同及法律依据。

发行人与宁波汉博所有订单已履行完毕，相关往来款项已结清。

经宁波汉博确认，宁波汉博与发行人不会因合作中断产生相关法律及业务纠纷。目前发行人通过上述协议的履行与 Synecco/ 宁波汉博已达成和解。

综上，发行人与宁波汉博、Synecco 和 NeoMed 的具体合作模式具备商业合理性；发行人向 Synecco 支付商业补偿款而未向宁波汉博支付商业补偿款具备商业合理性，存在合同及法律依据。

3. 宁波汉博、Synecco 和 NeoMed 与发行人的实际控制人、董事、监事、高级管理人员、主要客户、供应商及主要股东是否存在关联关系、利益输送或资金、业务往来

宁波汉博的基本信息如下：宁波汉科医疗器械有限公司为宁波汉博唯一股东，持有宁波汉博 100% 股权。Synecco 系 Synecco Ltd.，成立于 2004 年，总部位于爱尔兰，为全球医疗器械公司提供工业设计、合同生产服务。

NeoMed 系 NeoMed, Inc.，一家专注于为新生儿提供肠内营养的美国医疗器械公司，于 2019 年 7 月被美国上市公司 Avanos Medical, Inc.（纽约证券交易所代码：AVNS.N）收购。Avanos Medical 是一家全球性企业，旨在通过防止感染、消除疼痛来推动医疗保健事业的发展，2014 年从世界 500 强企业金佰利（Kimberly-Clark）公司拆分上市。按照 2021 年 4 月 27 日的收盘价计算，Avanos Medical 的市值约 22 亿美元。

综上，报告期内，除宁波汉博与 Synecco 之间存在合作外，宁波汉博、Synecco 和 NeoMed 与发行人的股东、实际控制人、董事、监事、高级管理人员、前五大客户及供应商不存在关联关系，与发行人的股东、实际控制人、董事、监事、高级管理人员不存在利益输送或资金、业务往来。

四、案件结论

就同业竞争问题，经办律师从主要产品分类、主要业务模式、采购销售渠道、客户和供应商、资产、人员、业务和技术、生产经营和管理决策等方面进行分析，认为发行人与控股股东、实际控制人及其夫妻双方近亲属控制的其他从事医疗器械相关业务的企业之间相独立。发行人与关联企业不存在同业竞争的情形，也不存在其他可能导致利益冲突或者转移的情形。

就天益医疗境外资质即将到期且欧盟 MDR 新规正式执行的问题，经办律师重点核查天益医疗能否满足 MDR 新规的要求，虽然 MDR 新规对医疗器械产品质量要求显著提高，但发行人聘请了第三方咨询机构对相关员工进行培训辅导，组织员工对 MDR 法规进行了深入的学习和交流，并严格按 MDR 的法规要求申请重新认证，预计未能取得资质认证的风险较低。

就发行人销售模式的变化进行核查时，经办律师重点论述了发行人与宁波汉博、Synecco 和 NeoMed 之间的销售关系及变化，说明合作模式具备商业合理性。经办律师协助发行人与 Synecco 就《和解协议》及《和解协议之补充协议》进行谈判与签署，并论述了发行人向 Synecco 支付补偿金符合合同及法律规定。

就涉及发行人上市的其他问题中，经办律师勤勉尽责，运用专业知识，独立作出查验结论，出具法律意见，全程提供了专业的法律服务。2022 年 4 月 7日，天益医疗首次公开发行 A 股在深圳证券交易所创业板成功上市。

通灵股份创业板 IPO 项目

杨依见 *

一、案情介绍

　　江苏通灵电器股份有限公司（以下简称"通灵股份"）前身为成立于 1984 年 7 月的集体企业扬中县五金厂，其后经过历次变更及承包经营。2005 年 6 月起，实际由严荣飞家族承包经营。2008 年，改制为镇江市通灵电器有限责任公司。2021 年 12 月 10 日在深圳证券交易所创业板上市，成功登陆资本市场，本次发行共募集资金 117 200 万元。

　　通灵股份是专业从事太阳能光伏组件接线盒及其他配件等产品的研发、生产和销售的高新技术企业。公司一直秉承更智能、更安全、更高效的产品设计理念，凭借过硬的产品质量、优良的售后服务，为企业创造了品牌优势。

二、办案难点

（一）本次申报信息与 2017 年申报信息的披露内容差异

　　通灵股份曾于 2017 年 12 月申请上交所主板上市，2018 年 10 月终止审查。

---

*　上海市锦天城律师事务所高级合伙人。

鉴于公司两次申报信息披露存在差异，因此具体差异情况及原因是审核重点关注问题，审核问询函要求发行人及保荐机构、律师"**核查两次申报信息披露差异情况及差异原因，主营业务及收入结构变动情况及变动原因**"。

（二）发行人与诚和商务的诉讼纠纷

2016 年底，通灵股份与扬中市诚和商务咨询服务有限公司（以下简称"诚和商务"）合作开始进行中科百博下属寿县双庙集镇农光互补光伏电站的建设和经营，但在后续过程中，通灵股份与诚和商务就双方是否尽职履约存在分歧，导致其全资子公司中科百博的股权存在诉讼纠纷，中科百博股权稳定性存在不确定性。因此，审核问询函对发行人及保荐机构、律师提出以下要求：

第一，披露寿县双庙 40 兆瓦光伏电站建设权的初始拥有方，诚和商务是否拥有该建设权，相关项目与该单位的关系，发行人及其子公司、关联方是否与该单位签订共同建设合作协议，如有，请披露相关协议的主要内容、执行情况、执行情况与实际情况差异的原因；是否就中科百博或其他主体的股权合作、经营进行商定、签订协议，如有，请披露相关协议的主要内容、执行情况、执行情况与实际情况差异的原因；

第二，说明诚和商务与发行人、中科百博的关系，双方的合作背景和现状，选择诚和商务合作的原因及考量，双方在项目设计、建设和运行等全周期环节中的角色、分工、投入（包括不限于人员和资金）、参与、合作、纠纷情况，保荐工作报告所称"就双方是否尽职履约存在分歧"的具体内容，存在纠纷和诉讼的具体情形、原因、诉讼请求、进展，相关诉讼是否完结，诚和商务与发行人是否存在其他潜在纠纷或争议。

（三）关于对赌协议

通灵股份引入扬中金控等股东时，通灵股份控股股东尚昆生物、通灵股份、实际控制人与投资方签订《股权转让协议》和《股权转让协议之附属协议》，有回购条款约定。对赌条款在通灵股份首次公开发行申报时已经全部终止履行，对赌协议实际已完成清理，但未在招股书等文件进行信息披露对赌相关内容。

审核问询函要求发行人及保荐机构、律师回复："发行人作为签约主体之一而保荐人、发行人律师认为发行人不作为对赌协议的当事人的原因及其合理性，是否有相应的法律法规规定支持，相关认定的准确性，不在申报前进行清理的原因，未按要求在招股说明书进行披露的原因，相关招股说明书披露的真实性、准确性、完整性。"

三、法律分析

（一）本次申报信息与 2017 年申报信息的披露内容差异

回复思路：关于该问询问题，首先查阅发行人前次 IPO 申请文件并与本次 IPO 申请文件进行比对；其次对发行人相关人员进行访谈；并针对差异情况进一步取得并查阅明细数据统计表，以核查两次申报信息披露差异情况及差异原因并如实披露。

1. 主营业务及收入结构变动

较前次申报材料，发行人本次申报材料中，2017 年主营业务收入及主营业务成本分别减少 587.96 万元和 507.01 万元，2017 年其他业务收入及其他业务成本分别增加 587.96 万元和 507.01 万元，营业收入和营业成本总额未发生变化。

差异原因：发行人前次申报材料将光伏发电收入计入主营业务收入，但受"531"光伏新政等政策变动影响，将未来发展方向聚焦至接线盒主业，不再将光伏发电业务作为主营业务发展计划。因此，发行人本次申报材料中不再将光伏发电业务作为主营业务核算，导致主营业务相关数据列示有所差异。

2. 关联方范围

通过查询《企业会计准则》《深圳证券交易所创业板股票首次公开发行上市审核问答》《公司法》《首发业务若干问题解答》及《深圳证券交易所创业板股票上市规则》等相关规定，分析得出差异原因及合理性。

前次申报材料将严荣跃作为关联方列示。严荣跃系实际控制人之一严荣飞的堂弟，系公司员工，虽不属于《上海证券交易所股票上市规则》规定的与严荣飞关系密切的家庭成员，但鉴于 2014 年至 2016 年，严荣跃负责公司各类后勤保障物资采购，从而导致与公司的其他往来款金额较大，故根据《上海证券交易所股票上市规则》关于实质重于形式原则的规定，出于谨慎考虑，发行人前次申报材料将严荣跃作为关联方列示。

本次申报未将严荣跃作为关联方列示。2017 年以来，公司进一步加强内控管理，严荣跃与公司资金往来均为领取工资、备用金或报销款等合理情形，金额较小且报告期各期末均不存在与公司的其他往来款余额。因此根据《企业会计准则》及《深圳证券交易所创业板股票首次公开发行上市审核问答》《深圳证券交易所创业板股票上市规则》等规定，发行人本次申报材料未将严荣跃作为关联方列示。

3. 会计差错更正

较前次申报财务报表，发行人本次申报财务报表中，2017 年其他收益增加 68.11 万元，营业外收入减少 68.11 万元。

差异原因：公司将与日常经营活动相关的政府补助从营业外收入调整至其他收益，因此形成上述会计差错更正。

4. 无锡尚德收入数据

发行人本次申报材料中，2017 年，公司对无锡尚德收入为 11 694.90 万元，较前次申报材料增加 7.18 万元。

差异原因：发行人本次申报材料对无锡尚德收入的合并统计范围增加江苏顺风光电电力有限公司，导致对无锡尚德收入统计数据有所增加。

5. 境外销售收入确认原则

较前次申报材料，发行人本次申报材料中，境外销售收入确认原则中增加对 EXW 贸易模式收入确认原则的描述。

差异原因：发行人前次申报材料时，以 EXW 贸易模式交易的境外销售规模较小，2017 年，该等贸易模式确认的境外销售收入仅为 0.37 万元；报告期内，EXW 贸易模式确认的境外销售收入有所增加，2020 年 1—6 月，该等贸易模式确认的境外销售收入为 520.76 万元，因此本次增加对 EXW 贸易模式收入确认原则的描述。

（二）发行人与诚和商务的诉讼纠纷

1. 寿县双庙 40 兆瓦光伏电站建设权初始拥有方

中科百博成立于 2015 年 6 月，注册地为安徽省淮南市寿县，原股东为唐新海、赵作温、张贤辉、王越、安靖，系为光伏电站建设而成立的项目公司。2015 年 7 月中科百博获得六安市发展和改革委员会关于寿县双庙集镇农光互补 20MW 光伏项目备案同意，同年 10 月获得寿县双庙集镇农光互补 20MW 光伏二期项目备案同意。因此，寿县双庙 40 兆瓦光伏电站建设权初始拥有方为中科百博。

2. 该项目与诚和商务的关系

回复思路：对发行人实际控制人进行访谈并取得书面访谈记录，了解发行人与诚和商务合作的相关事项。

2016 年 12 月，诚和商务经扬中宏业信息咨询管理有限公司与扬中云联商务管理有限公司的居间介绍知悉该项目，因中科百博原股东无资金能力承担项目建设，而发行人为扬中本地从事光伏产业的知名企业，诚和商务向发行人推荐该项目以获取资金支持。鉴于发行人对集中式光伏电站发展前景的看好，为稳固战略布局，增强综合实力和盈利能力，经协商后发行人拟与诚和商务合作进行该项目的建设。

2016 年 12 月，发行人、诚和商务与扬中宏业信息咨询管理有限公司签订《合作框架协议》，同月诚和商务与中科百博原股东唐新海、赵作温、张贤辉、王越、安靖及中科百博签署《合作协议》，约定诚和商务与发行人共同合作开发该项目，诚和商务主要负责选定 EPC 总承包商、该项目建设质量、项目进度及并主导项目完成后收购相关事宜。

3. 发行人及其子公司、关联方是否与诚和商务签订共同建设合作协议，是否就中科百博或其他主体的股权合作、经营进行商定、签订协议，如有，请披露相关协议的主要内容、执行情况、执行情况与实际情况差异的原因

回复思路：首先，对发行人实际控制人进行访谈并取得发行人或其子公司、关联方与诚和商务签订的共同建设合作协议。

（1）具体协议内容

①《合作协议》。

2016 年 12 月，诚和商务（甲方）与唐新海、赵作温、张贤辉、王越、安靖（丙方）及中科百博（乙方）签订《合作协议》，就项目合作达成基本协议，其主要条款见表 1。

表 1

合同条款	内 容
一、甲方义务	1. 甲方为乙方选定 EPC 总承包方，且 EPC 总承包方垫资完成本项目建设。
	2. 项目建成之后，甲方负责本项目的收购事宜。
二、甲方权利	1. 甲方享有本项目的经营权，并有权获得本项目的所有收益。
	2. 甲方有权要求乙方或丙方签署相关合同，办理包括但不限于股权质押、股权转让等事宜，乙方或丙方须予以配合。
	3. 按照甲方的指令，乙方应将乙方的印章、授权网银、财务账套、营业执照等资料交由甲方或甲方指定的第三方保管。
三、乙方和担保方的义务	1. 乙方和丙方须配合甲方要求的合同签订事宜。
	2. 乙方和丙方须配合甲方要求的股权转让、股权质押事宜。
	3. 乙方和丙方须配合本项目的收购事宜。

②《合作框架协议》。

2016 年 12 月，通灵股份（甲方）、诚和商务（乙方）与扬中宏业信息咨询管理有限公司（居间方）签订《合作框架协议》，就项目投资、设备采购、建设安装、并网及收购等事宜进行约定，关键内容为：公司提供不超过 6 000 万元的垫付建设资金；诚和商务负责项目建设质量，并保证 2017 年 4 月 30 日前完成项目。

协议主要条款见表 2。

表 2

合同条款	内 容
一、合同内容	1.2 甲方以 EPC 总承包方形式取得本项目被收购后的利润收益（EPC 总价要以本项目实际建设过程中投资及上述条款约定的利润合计计算）。
	1.3 由于乙方资金短缺，甲方同意为本项目垫付建设资金不超过 6 000 万元（含本数），在 6 000 万元范围内按本项目实际建设资金需求提供。
	1.4 本项目建设期间，乙方应负责将本项目主体股权质押给甲方（或甲方指定的第三方）并签订相关的股权质押协议。
	1.5 乙方应负责将项目公司的股权按照甲方和乙方应得款项的比例转让给甲方（或甲方指定的第三方）和乙方，并签订相应的股权转让协议，双方按股权比例获得相应的建设投资收益，股权转让协议的生效条件为本项目建成并网，且乙方在并网后六个月内未能完成本项目被收购事宜。

（续表）

合同条款	内　　容
二、双方的 责任划分	2.2.2 本项目建设质量由乙方全部负责。 2.2.3 乙方保证在 2017 年 4 月 30 日之前完成本项目的建设及并网工作。
四、担保条款	为保证本项目真实可行性及甲方投资所承担的风险，乙方及居间服务方须签署相应的担保承诺函，未按要求签署担保承诺函人员视同放弃本项目的任何利益。
七、争议解决	7.1 所有与本项目签订的任何协议（EPC 总承包协议、股权质押协议、股权转让协议等）如与本协议有冲突的，以本协议为准。
八、其他	本协议自双方签字或盖章后并附件 1 协议（股权质押协议）、附件 2 协议（股权转让协议）、附件 3 协议（担保承诺函）签署后生效。

（2）协议实际执行情况及差异原因

其次，对发行人实际控制人进行访谈并取得书面访谈记录，了解协议实际执行的情况及差异原因。

① 实际执行情况。

《合作框架协议》签订后，实际履行并未依照原有约定进行，也未能达到预设目标，主要包括：

1. 诚和商务未按照合同约定正常推进项目建设；

2. 2017 年 4 月 30 日，项目未达成约定建成及并网，且公司投资将超过 6 000 万元；

3. 在公司单方推进下，2017 年 6 月完成并网 10MWP，2017 年 11 月完成并网 9MWP，未达成预期 20MWP+20MWP 规模；

4. 公司投入规模远大于协议所约定的 6 000 万元。

② 差异原因。

2019 年 11 月 11 日江苏省镇江市中级人民法院作出《民事判决书》[（2019）苏 11 民终 2858 号]，其认定"诚和商务未能依照合作框架协议的约定保证本项目工程顺利建设，且未能采取有效措施保障通灵电器投资不超过 6 000 万元，未能完全尽到其合同义务"。

4. 纠纷及诉讼情况、诚和商务与发行人是否存在其他潜在纠纷或争议

回复思路：通过查阅诚和商务提交给江苏省高级人民法院的再审申请书、

江苏省高级人民法院向发行人寄送的应诉通知书及第三方律师事务所出具的有关发行人与诚和商务股权纠纷案情分析报告等了解诉讼情形与进展。

（1）诉讼情形与进展

诚和商务与公司已经一审判决、二审裁定发回重审、发回重审一审判决及二审判决四次诉讼，其中镇江市中级人民法院二审判决驳回诚和商务诉讼请求。诚和商务不服镇江市中级人民法院二审判决，已向江苏省高级人民法院申请再审。截至本问询函回复出具日，江苏省高级人民法院已受理其再审请求，案件尚在审理过程中，具体见表3。

表 3

序号	案号	原告/上诉人/申请人	被告/被上诉人/申请人	诉讼请求	法院	判决/裁定结果
1	（2017）苏 1182 民初（2018）3922 号	诚和商务	通灵股份、中科百博原股东	请求法院判令被告通灵股份（被告）将所持有的中科百博 20% 的股权变更至诚和商务名下、中科百博原股东张贤辉、安靖、唐新海、赵作温、王越（被告）承担连带责任。	江苏省扬中市人民法院	判决驳回诚和商务诉讼请求。
2	（2018）苏 11 民终 1716 号	诚和商务	通灵股份、中科百博原股东	请求撤销一审判决，依法改判支持诚和商务诉讼请求。	江苏省镇江市中级人民法院	裁定撤销江苏省扬中市人民法院作出的《民事判决书》[（2017）苏 1182 民初 3922 号]，并发回江苏省扬中市人民法院重审。
3	（2019）苏 1182 民初 64 号	诚和商务	通灵股份、中科百博原股东	请求法院判令被告通灵股份（被告）将所持有的中科百博 20% 的股权变更至诚和商务名下、中科百博原股东张贤辉、安靖、唐新海、赵作温、王越（被告）承担连带责任。	江苏省扬中市人民法院	判决驳回诚和商务诉讼请求。

（续表）

序号	案号	原告/上诉人/申请人	被告/被上诉人/被申请人	诉讼请求	法院	判决/裁定结果
4	（2019）苏11民终2858号	诚和商务	通灵股份、中科百博原股东	请求撤销一审判决，依法改判支持诚和商务诉讼请求。	江苏省镇江市中级人民法院	判决驳回诚和商务上诉，维持原判。
5	（2020）苏民申6318号	诚和商务	通灵股份、中科百博原股东	请求撤销二审终审判决，依法改判支持诚和商务诉讼请求。	江苏省高级人民法院	尚在审理过程中

（2）诉讼原因、请求等主要内容

回复思路：对发行人实际控制人进行访谈并取得书面访谈记录，了解发行人与诚和商务诉讼纠纷相关事项；登录裁判文书网、扬中市人民法院、镇江市中级人民法院、江苏法院网、中国仲裁网等网站进行检索查询，以查明诉讼原因、请求等主要内容。

在诚和商务（原告）与公司的诉讼纠纷中，诚和商务诉讼请求为将通灵股份（被告）所持有的中科百博20%的股权变更至诚和商务名下，主要诉讼理由为基于合作框架协议，以及与公司和中科百博原股东签订股权转让协议，对股权转让、权利义务、违约责任等已作出约定，中科百博原股东及公司违反股权转让协议直接将中科百博所有股权转让给公司。

经审理，2019年6月28日江苏省扬中市人民法院作出《民事判决书》[（2019）苏1182民初64号]，判决驳回原告诚和商务的诉讼请求。判决主要理由为：

① 原告（诚和商务）与被告（通灵电器）合作共建安徽省中科百博光伏发电有限公司20MWP+20MWP光伏发电项目，未能实现合作框架协议设定的项目预期。在此情况下，原告仍要求按照合作框架协议的约定，履行附件约定的股权转让协议分配股权，不符合合作框架协议的约定条件；

② 被告取得中科百博股权，也不是依据合作框架协议的附件1的股权转让协议。故原告以2016年12月26日签订的股权转让协议要求分享股权，证据不足，其诉讼请求不能成立。

经审理，2019年11月11日江苏省镇江市中级人民法院作出《民事判决书》

[（2019）苏 11 民终 2858 号]，判决驳回上诉，维持原判。判决主要理由为：

诚和商务请求通灵电器交付中科百博 20% 股权既不符合合作框架协议的约定，也有违权利义务相一致原则，本院不予支持。但是，诚和商务为本项目的形成、建设等亦履行了部分义务，双方亦应依照公平原则进一步加强协商，妥善处理。上诉人诚和商务的上诉请求不能成立，本院不予支持。

2020 年 4 月 27 日，因不服二审终审判决，诚和商务向江苏省高级人民法院申请再审。江苏省高级人民法院已受理其再审请求 [（2020）苏民申 6318 号]，并于 2020 年 11 月 23 日向公司发出应诉通知书。

（三）关于对赌协议

1. 发行人作为签约主体之一而保荐人、发行人律师认为发行人不作为对赌协议的当事人的原因及其合理性，是否有相应的法律法规规定支持，相关认定的准确性

回复思路：发行人非协议签约主体，不承担协议约定的义务。

发行人作为签约主体之一但不作为对赌协议的当事人的原因及其合理性的具体原因如下：

第一，在发行人实际控制人之一李前进与浙农鑫翔、浙科汇福、舟山畅业所签订的《股权转让协议之回购协议》中，李前进为签约主体及回购义务承担方，发行人非协议签约主体，不承担协议约定的义务，不作为对赌协议的当事人；

第二，在发行人控股股东尚昆生物、发行人、发行人实际控制人与扬中金控、大行临港、镇江国控及杭州城和签订的《股权转让协议之附属协议》中，关于回购义务承担主体的约定如表 4。

表 4

序号	外部投资者	回购义务承担主体	具体条款及内容
1	扬中金控	发行人实际控制人或控股股东	9. 投资人回购权 9.1 发生以下任一情况，投资人有权要求实际控制人及（或）控股股东回购投资人所持有的公司的全部或者部分股份：……
2	大行临港		
3	镇江国控		
4	杭州城和		

由表4可知，公司虽然作为签约主体之一，但股权回购条款涉及的回购义务人不包括公司，公司不承担任何与股权回购相关的权利、义务或责任。因此，发行人不作为对赌协议的当事人，其认定准确，依据充分。

2. 不在申报前进行清理的原因

回复思路：根据《创业板首发审核问答》的有关规定，分析对赌协议是否符合其中可不予清理的对赌协议情形。

根据《创业板首发审核问答》第十三条的相关规定，"投资机构在投资发行人时约定对赌协议等类似安排的，原则上要求发行人在申报前清理，但同时满足以下要求的可以不清理：一是发行人不作为对赌协议当事人；二是对赌协议不存在可能导致公司控制权变化的约定；三是对赌协议不与市值挂钩；四是对赌协议不存在严重影响发行人持续经营能力或者其他严重影响投资者权益的情形"。

根据上述对赌协议主要条款可知，相关对赌协议符合《创业板首发审核问答》中可不予清理的对赌协议情形，具体原因如下。

（1）发行人不作为对赌协议当事人

相关对赌协议中的对赌相关条款，履行回购义务的主体不涉及公司，仅涉及公司实际控制人与控股股东，公司并非股份回购义务的承担主体，不作为对赌协议的当事人。

（2）对赌协议不存在可能导致公司控制权变化的约定

公司股权结构中，严荣飞与其妻孙小芬、其女严华、其女婿李前进合计持有尚昆生物100%股权，尚昆生物持有公司38.77%股权；严荣飞、孙小芬合计持有通泰投资100%股权，通泰投资持有公司3.33%股权；李前进直接持有公司18.84%股权；严华直接持有发行人17.22%股权。严荣飞家族合计持有公司78.16%股权，目前严荣飞担任公司董事长，李前进担任公司董事和总经理，严华担任公司董事。根据严荣飞家族出具的承诺，若发生回购义务，严荣飞家族具有足够资金实力进行回购，其所持有的公司股份将会增加，不存在可能导致公司控制权变化的情形。

（3）对赌协议不与市值挂钩

根据相关对赌协议条款，对赌协议中的内容均不与公司市值挂钩。

（4）对赌协议不存在严重影响发行人持续经营能力或者其他严重影响投资者权益的情形

根据对赌协议条款，对赌协议内容不涉及公司自身的责任承担，也不影响公司的具体经营活动，不存在严重影响公司持续经营能力或其他严重影响投资者权益的情形。

综上所述，公司所签订的对赌协议符合《创业板首发审核问答》中可不予清理的对赌协议情形。

3. 未按要求在招股说明书进行披露的原因，相关招股说明书披露的真实性、准确性、完整性

回复思路：对赌协议符合《创业板首发审核问答》中可不予清理的对赌协议情形，且相关对赌协议在公司公开发行申报时实际已完成清理，不会对发行上市申请构成实质障碍，稳妥起见进行补充披露。

（1）未在招股说明书进行披露的原因

根据《创业板首发审核问答》第十三条，发行人应当在招股说明书中披露对赌协议的具体内容、对发行人可能存在的影响等，并进行风险提示。如前所述，公司相关对赌协议符合《创业板首发审核问答》中可不予清理的对赌协议情形，且相关对赌协议在公司公开发行申报时实际已完成清理，不会对发行上市申请构成实质障碍，因此未在招股说明书进行披露。

（2）对赌协议事项进行补充披露

公司所有对赌协议已完全终止，公司与股东之间不存在特殊权益安排、对赌或回购性质的约定或安排。公司已将对赌协议相关事项在招股说明书"第五节　发行人基本情况"之"九、发行人股本情况"之"（九）对赌协议的签订及解除"中补充披露，招股说明书相关信息披露真实、准确、完整。

四、案件结论 //////////////////////

通灵股份曾申报上交所主板；2020年申报创业板，随着注册制的实施及审核环境、信息披露要求等变化，其两次申报文件存在差异。此外，其一子公司系收购而来，股权收购相关诉讼、举报及注册阶段会计差错调整等事项极为复

杂。通灵股份能够最终成功上市，除了其自身经营良好、极度重视上市事项外，也离不开中介机构对相关法律法规及案例的仔细研究，对其业务情况的深入了解与梳理，使得该项目合理解释两次申报差异并被审核人员所认可，最终能够被审核监管机构认可。

南王科技创业板 IPO 项目

李明文 *

一、案情介绍

福建南王环保科技股份有限公司（股票代码：301355.SZ，以下简称"南王科技""发行人"或"公司"）首次公开发行股票并于 2023 年 6 月 12 日在创业板上市。

南王科技主营业务为纸制品包装的研发、生产和销售，主要产品为环保纸袋及食品包装。环保纸袋主要应用于日用消费品和快速消费品的外带包装，包括服装、鞋帽、休闲食品、餐饮、商超及百货、药店等社会消费领域，主要终端用户包括特步、以纯、鸿星尔克、安踏、奥康、优衣库、耐克、阿迪达斯、无印良品、COACH（蔻驰）、Uber Eats（优步外卖）、美团、喜茶、美心、来伊份、海底捞、书亦烧仙草等国内外知名消费品牌。食品包装主要为餐饮行业提供符合食品直接接触标准的纸质内包装，包括 QSR 餐厅、咖啡茶饮、烘焙、休闲食品、会议场所等，主要终端客户包括肯德基、麦当劳、星巴克、华莱士、蜜雪冰城、九阳豆业、巴比食品、头号粥铺、永和大王等国内外知名餐饮品牌。

---

* 上海市锦天城律师事务所高级合伙人。

二、办案难点

在上市过程中，审核机构主要关注以下法律事项，也是本项目的难点所在。

（一）关于实际控制权

发行人控股股东、实际控制人系陈凯声。陈凯声直接持股比例23.78%，并作为晋江永瑞投资合伙企业（有限合伙）（以下简称"晋江永瑞"）的执行事务合伙人控制发行人6.45%股份、作为惠安众辉投资中心（有限合伙）（以下简称"惠安众辉"）的执行事务合伙人控制发行人6.24%股份，陈凯声通过直接及间接的方式合计控制公司36.47%的股份。晋江永瑞系由外部人员主要持有的合伙企业，陈凯声仅持有晋江永瑞0.53%合伙份额；晋江永瑞存在部分合伙人为发行人客户或供应商的关联方，其中包含福建省华莱士食品股份有限公司及其下属企业（以下合称"华莱士"）关联方2人，2人合计持有份额1.33%。华莱士关联方合计持有发行人27.95%股份，其中惠安华盈投资中心（有限合伙）（以下简称"惠安华盈"）持股14.63%，惠安创辉投资中心（有限合伙）（以下简称"惠安创辉"）持股7.46%。

由于陈凯声持有晋江永瑞、惠安众辉的出资份额较低（其中晋江永瑞主要系由外部人员出资），陈凯声能否有效并持续通过晋江永瑞、惠安众辉控制发行人6.45%、6.24%的表决权存疑；同时，华莱士关联方合计持有发行人较大比例股权，发行人存在可能导致控制权变化的重大权属纠纷或潜在控制权争夺的风险，影响发行人控制权稳定，从而影响发行人可能不符合"控股股东和受控股股东、实际控制人支配的股东所持发行人的股份权属清晰"的发行条件。因此，实际控制权稳定的分析与论证成为本案例的难点。

（二）关于关联方与关联交易

发行人向华莱士及其关联方福建可斯贝莉烘焙科技有限公司（以下简称"可斯贝莉"）及福建省酸柠檬餐饮管理有限公司（以下简称"酸柠檬"）销售食品包装和环保纸袋，报告期各期销售额分别为8 033.17万元、10 546.05万元、13 570.39万元、8 580.56万元。发行人募集资金投资项目"纸制品包装生产及销售项目"拟通过子公司湖北南王环保科技有限公司（以下简称"湖北南王"）
实施，湖北南王 2021 年向华莱士销售的收入为 1 108.30 万元。

由于发行人与华莱士之间存在金额较大的关联交易，且拟实施募集资金投
资项的子公司湖北南王与华莱士之间亦存在大额关联交易，可能会影响发行人
的经营独立性、构成对华莱士的依赖，发行人如何持续保持关联交易价格公允
性、发行人关于关联交易的内部控制制度是否完善并有效执行等问题存疑。因
此，关联方与关联交易的分析与论证成为本案例的难点。

三、法律分析　//

就上述办案难点，本所律师从法律法规、法学理论、定量分析等多角度进
行深入分析。

（一）关于实际控制权

以发行人事实情况为依据，以彼时有效的《创业板首次公开发行股票注
册管理办法（试行）》（已废止）中关于"发行条件"规定："控股股东和受控
股股东、实际控制人支配的股东所持发行人的股份权属清晰，最近两年实际控
制人没有发生变更，不存在导致控制权可能变更的重大权属纠纷。"彼时有效
的《〈首次公开发行股票并上市管理办法〉第十二条"实际控制人没有发生变
更"的理解和适用——证券期货法律适用意见第 1 号》（证监法律字〔2007〕15
号）（已废止）、彼时有效的《深圳证券交易所创业板股票首次公开发行上市审核
问答》（已废止）问题 9 的法律规定为准绳，本所律师通过以下角度进行分析和
论述。

第一，通过分析晋江永瑞、惠安众辉关于执行事务合伙人、实际控制人及
其变更机制、权限约束的约定，表决权与存续期限的相关约定，说明陈凯声可
以有效并持续通过晋江永瑞、惠安众辉控制发行人 6.45%、6.24% 的表决权，发
行人符合"控股股东和受控股股东、实际控制人支配的股东所持发行人的股份
权属清晰"的发行条件。

经查阅《晋江永瑞投资合伙企业（有限合伙）合伙协议》（以下简称"《永瑞
合伙协议》"）及《惠安众辉投资中心（有限合伙）合伙协议》（以下简称"《众

辉合伙协议》"），关于晋江永瑞、惠安众辉的执行事务合伙人、实际控制人及其变更机制、权限约束、表决权与存续期限的约定如表 1 所示。

表 1

序号	约定内容	相关条款内容	《永瑞合伙协议》条款	《众辉合伙协议》条款
1	合伙期限	合伙期限为：20 年，自营业执照签发之日起计算。	第十条	第九条
2	执行事务合伙人的选举	有限合伙企业由普通合伙人执行合伙事务。执行事务合伙人应按如下程序选举产生：由全体合伙人推举产生。 经全体合伙人决定，委托陈凯声作为执行事务合伙人执行合伙事务，其他合伙人不再执行合伙事务，执行合伙事务的合伙人对外代表企业。	第十五条	第十四条
3	执行事务合伙人的权限	执行事务合伙人排他性的拥有合伙企业及其投资业务以及其他活动之管理、控制、运营、决策的全部权力，执行事务合伙人为执行合伙事务所作的全部行为，包括与任何第三人进行业务合作及就有关事项进行交涉，均对合伙企业具有约束力。执行事务合伙人的权限和责任如下： 1. 全体合伙人一致同意，普通合伙人作为执行事务合伙人拥有《合伙企业法》及本协议规定的对于合伙企业事务的执行权，包括但不限于： （1）决定、执行合伙企业的投资及其他业务，代表合伙企业行使合伙企业对外投资的股东权利等； （2）取得、拥有、管理、维持和处分合伙企业的资产（包括对被投资企业的股权 / 股份处置），制定合伙企业收入分配方案，支付合伙企业费用；……	第十六条	第十五条
4	执行事务合伙人的变更	未经全体合伙人一致同意，不得变更执行事务合伙人。	第十八条	第十七条

（续表）

序号	约定内容	相关条款内容	《永瑞合伙协议》条款	《众辉合伙协议》条款
5	合伙会议表决权	合伙人对合伙企业有关事项作出决议，实行合伙人一人一票；除法律、法规、规章和本协议另有规定以外，决议应经全体合伙人过半数表决通过；但下列事项应当经全体合伙人一致同意： 1. 以合伙企业名义为他人提供担保； 2. 修订本协议； ……	第十九条	第十八条
6	合伙企业解散事项	合伙企业有下列情形之一的，应当解散： （一）合伙期限届满且未按照合伙协议约定获得延长； （二）合伙人一方或数方严重违约，致使执行事务合伙人判断合伙企业无法继续经营； （三）全体合伙人决定解散； （四）合伙人已不具备法定人数满三十天； （五）合伙协议约定的合伙目的已经实现或者无法实现； （六）依法被吊销营业执照、责令关闭或者被撤销； （七）法律、行政法规规定的其他原因。	第三十三条	第三十二条

根据上述约定，本所律师认为，《永瑞合伙协议》及《众辉合伙协议》均由全体合伙人会议审议通过，系全体合伙人真实意思表示，对各合伙人均具有法律效力；该等合伙协议已在工商登记机关备案，对外具有公示效力。陈凯声作为晋江永瑞和惠安众辉的普通合伙人及执行事务合伙人，有权按照合伙协议的约定，行使对晋江永瑞、惠安众辉的管理、控制、运营、决策等全部权力，《永瑞合伙协议》和《众辉合伙协议》的相关约定有利于巩固陈凯声的控制权。

本所律师统计了晋江永瑞、惠安众辉自 2015 年 11 月增资入股发行人后，其参加历次股东会 / 股东大会及表决情况，并结合《永瑞合伙协议》和《众辉合伙协议》的相关约定，认为陈凯声能够有效并持续通过晋江永瑞、惠安众辉控制发行人 6.45%、6.24% 的表决权。发行人满足"控股股东和受控股股东、实际控制人支配的股东所持发行人的股份权属清晰"的发行条件。

第二，通过晋江永瑞份额转让与退出存在限制，人员变动对陈凯声控制权的影响不大，说明陈凯声对晋江永瑞的控制权稳定。

根据《永瑞合伙协议》第二十四条约定，（1）未经执行事务合伙人同意，有限合伙人不得将其在合伙企业中的份额进行转让，有限合伙人合伙份额受让方须为普通合伙人或普通合伙人指定的第三方；（2）有限合伙人死亡的，由普通合伙人或普通合伙人指定的第三方受让该死亡合伙人的合伙份额，并将价款向该合伙人的继承人支付；（3）除合伙协议另有明确约定，普通合伙人可以自行将其所持有的合伙企业份额转让给任一有限合伙人或现有合伙人外的任何第三方，均无须经过其他合伙人同意，且其他合伙人无优先购买权；（4）若转让方在转让完成后不再持有合伙企业份额，应相应完成该转让方的退伙程序，由执行事务合伙人办理相关退伙及工商变更手续。根据《永瑞合伙协议》第二十七条约定，除合伙协议另有明确约定，在合伙协议按照本协议约定解散或清算之前，有限合伙人退伙须经执行事务合伙人同意，并由执行事务合伙人办理相关退伙及工商变更手续。根据《永瑞合伙协议》第二十八条约定，有限合伙人发生下列情形之一时，当然退伙：（1）持有的全部合伙份额被法院强制执行；（2）作为有限合伙人的自然人死亡、被依法宣告死亡；（3）发生根据《合伙企业法》规定被视为当然退伙的其他情形。

根据《永瑞合伙协议》约定可知，除非陈凯声同意，晋江永瑞的其他合伙人不得转让合伙份额或退伙，而且，经陈凯声同意的前提下，其他合伙人合伙份额受让方须为陈凯声或陈凯声指定的第三方；其他有限合伙人发生变动不会对陈凯声对晋江永瑞的控制权产生重大影响。因此，晋江永瑞合伙人的变动不会对陈凯声控制权产生重大影响。

根据《永瑞合伙协议》约定，陈凯声是晋江永瑞执行事务合伙人，对晋江永瑞的合伙事务享有决策权，拥有对晋江永瑞的控制权；虽然陈凯声仅持有晋江永瑞0.53%出资份额，但其他合伙人无法依据其所持晋江永瑞的出资份额变更陈凯声作为普通合伙人及执行事务合伙人的身份，该等约定符合《中华人民共和国合伙企业法》相关规定，合法有效。因此，依据《中华人民共和国合伙企业法》以及《永瑞合伙协议》规定，虽然陈凯声持有晋江永瑞出资份额较少，但陈凯声对晋江永瑞的控制权稳定。

第三，通过历史持股及表决情况、历史董事委派情况，说明华莱士关联方合计持有发行人较大比例股权对发行人生产经营决策不会产生重大影响，发行人不存在可能导致控制权变化的重大权属纠纷或潜在控制权争夺的风险，对发行人控制权稳定不具有重大不利影响。

本所律师统计了自股份公司设立以来，华莱士关联方参加历次股东大会情况，华莱士关联方作为发行人股东正常行使其依法享有的股东权利，除涉及回避表决事项及未参会外，惠安华盈、惠安创辉、黄蓉、陈小芳及陈正苍对其参与的股东大会各项会议议案投赞成票，未曾出现反对票、弃权票的情形。

本所律师统计了自股份公司设立以来，华莱士关联方提名董事情况，根据发行人历届董事会提名情况，华莱士关联方仅向发行人提名过一名董事，并且该董事对其参与的董事会各项会议议案投赞成票，未曾出现反对票、弃权票的情形。根据发行人出具的书面说明，除依法行使股东权利、曾向发行人提名一名董事外，自股份公司设立以来，华莱士关联方未曾向发行人委派过任何高级管理人员，未参与公司日常经营管理。

此外，惠安华盈、惠安创辉等签署了《关于不签署〈一致行动协议〉的申明》《不存在一致行动关系及不谋求控制权的承诺函》等文件，并承诺发行人首次公开发行股票并上市后三十六个月内，不通过提名、推荐、委派等任何形式安排董事、监事或高级管理人员进入发行人，不参与发行人日常生产经营管理与决策。

综上所述，华莱士关联方合计持有发行人较大比例股权不会对发行人生产经营决策产生重大影响，发行人不存在可能导致控制权变化的重大权属纠纷或潜在控制权争夺的风险，对发行人控制权稳定不具有重大不利影响。

第四，通过现有公司治理结构说明陈凯声持股比例较低不影响发行人控制权稳定性及公司治理的有效性。

陈凯声直接持有发行人 23.78% 股份，为发行人控股股东，其通过晋江永瑞控制发行人 6.45% 股份表决权，通过惠安众辉控制发行人 6.24% 股份表决权，合计控制发行人 36.47% 股份表决权。发行人第二大股东惠安华盈所持股份比例为 14.63%，第三大股东惠安创辉所持股份比例为 7.46%，第六大股东温氏成长壹号（珠海）股权投资合伙企业（有限合伙）（以下简称"温氏一号"）所持股份比例为 6.07%，其余 52 名股东合计所持股份比例为 35.37%，股权相对分散。惠安华盈、惠安创辉以及温氏一号等合计持股比例与陈凯声控制的股权比例存在差距，实际控制人可以实现对公司的实际控制。

报告期内，陈凯声提名的董事人选超过全部董事会成员半数，该等提名董事由公司股东大会选举通过，陈凯声通过提名董事人选能够对董事会的决策构成控制。

陈凯声系发行人的主要创始人，自发行人设立以来，一直担任公司的董事长、总经理，是公司的领导核心，对公司日常生产经营活动、企业发展方向等具有决定性影响力。

发行人已制定《公司章程》《股东大会议事规则》《董事会议事规则》及《监事会议事规则》等公司治理文件，并依法设立股东大会、董事会、监事会等公司治理机构，报告期内，公司治理机构能够按照公司治理文件的规定，有效运作。陈凯声直接持股比例较低不影响发行人控制权稳定性及公司治理的有效性。

1. 股东大会方面

报告期内，发行人已根据相关法律法规，制定了《公司章程》《股东大会议事规则》等治理制度，股东大会均按照相关法规及内控制度的规定履行相应职责，运作情况规范、良好，不存在因陈凯声直接持股比例较低导致股东大会无法正常审议的情形。除涉及回避表决事项外，发行人报告期内的股东大会审议事项均经出席会议的全体股东一致审议通过，不存在其他股东对陈凯声提出的议案持反对意见或与陈凯声的表决意见相异的情形，陈凯声所控制的表决权能够对股东大会的审议产生重大影响。

2. 董事会方面

报告期内，发行人已根据相关法律、法规及《公司章程》的规定，制定了《董事会议事规则》《独立董事工作制度》及董事会专门委员会议事规则等公司治理的相关制度及规则，董事会均按照相关法规及内控制度的规定履行相应职责，运作情况规范、良好。

报告期内，陈凯声提名的董事人选超过全部董事会成员的半数，该等提名董事由股东大会选举通过，能够对董事会的决策构成控制。报告期内，除涉及回避表决事项外，陈凯声所提名的董事均出席并参与各项议案表决，董事会审议事项均经全体董事一致审议通过。

3. 监事会层面

报告期内，发行人已根据相关法律、法规及《公司章程》的规定，制定了《监事会议事规则》，监事会均按照相关法规及内控制度的规定履行相应职责，运作情况规范、良好。

4. 经营管理层方面

报告期内，发行人经营管理主要由具备企业管理能力和行业经验的经营管理团队负责管理运营，发行人的高级管理人员包括总经理、副总经理、财务总监、董事会秘书，由董事会聘任或解聘。发行人已根据相关法律、法规及《公司章程》的规定，制定了《总经理工作细则》《董事会秘书工作细则》等公司治理的相关制度及规则。

报告期内，发行人根据内部治理要求，设置 1 名总经理、2 名副总经理、1 名董事会秘书、1 名财务负责人。其中，总经理由陈凯声担任，副总经理、董事会秘书、财务负责人均由陈凯声提名。发行人经营管理层履职情况良好，能够按照相关法规及内控制度的规定履行相应职责。陈凯声能够通过经营管理层实现对公司的日常经营管理的实际控制。

5. 公司内控有效性

报告期内，发行人各级组织机构结构合理、分工明确，形成了权力机构、经营决策机构、监督机构与经营管理层之间相互平衡、相互制约的架构。根据大华出具的《内部控制鉴证报告》（大华核字〔2021〕004237 号）并经公司确认，公司内部控制制度健全且被有效执行。

综上所述，陈凯声直接持股比例较低不会对发行人控制权稳定性及公司治理有效性产生重大不利影响。

第五，说明发行人上市后实际控制人稳定控制权的措施。

发行人、控股股东、实际控制人及 5% 以上股东已采取如下措施，以保证控制权稳定，维护公司的有效治理及规范运作：

1. 陈凯声、晋江永瑞和惠安众辉作出关于股份锁定的承诺；

2. 其他持有公司 5% 以上股份的股东惠安华盈、惠安创辉、温氏一号作出关于不谋求发行人控制权的承诺；

3. 惠安华盈、惠安创辉作出关于不委派董事的承诺；

4. 加强公司治理与内部控制建设。发行人不断健全公司治理体系、不断完善内部控制制度，严格遵守相关法律法规及内部规章制度，注重法人治理和内部控制基础的建设与完善，促进公司治理的制度化及规范化。

发行人、控股股东、实际控制人及相关股东已采取措施，保证本次发行上市后发行人控制权的稳定性和公司治理运作的有效性。

综上所述，本所律师得出结论：陈凯声可以有效并持续通过晋江永瑞、惠安众辉控制发行人 6.45%、6.24% 的表决权，发行人不存在可能导致控制权变化的重大权属纠纷或潜在控制权争夺的风险，发行人符合"控股股东和受控股股东、实际控制人支配的股东所持发行人的股份权属清晰"的发行条件。

（二）关联方与关联交易

以发行人事实情况为依据，以《创业板首次公开发行股票注册管理办法（试行）》（已废止）中关于"发行条件"规定："……不存在严重影响独立性或者显失公平的关联交易"；以及彼时有效的中国证监会《首发业务若干问题解答（2020 年 6 月修订）》（已废止）问题 16 规定的法律规定为准绳，本所律师通过以下角度进行分析和论述。

第一，通过发行人与华莱士及其关联方的关联交易对应的收入、成本费用或利润总额占发行人相应指标的比例，结合关联交易产生的收入、利润总额合理性等，说明关联交易不影响发行人的经营独立性、不构成对华莱士的依赖。

报告期内，公司与华莱士及其关联方的关联交易对应的营业收入及占比情况如下：

表 2

项 目	2021 年 1—6 月	2020 年	2019 年	2018 年
关联销售收入	8 580.56 万元	13 570.39 万元	10 546.05 万元	8 033.17 万元
其中：华莱士	8 555.02 万元	13 549.29 万元	10 546.05 万元	8 033.17 万元
可斯贝莉及酸柠檬	25.54 万元	21.10 万元	—	—
营业收入	54 768.58 万元	84 821.12 万元	69 141.08 万元	51 298.17 万元
占营业收入比例	15.67%	16.00%	15.25%	15.66%

根据表 2，报告期内，公司与华莱士及其关联方的销售收入占全部营业收入的比例分别为 15.66%、15.25%、16.00% 及 15.67%。

报告期内，公司与华莱士及其关联方的关联交易对应的营业成本、期间费用及占比情况如下：

表 3

项　　目	2021 年 1—6 月	2020 年	2019 年	2018 年
关联交易相关成本	6 827.42 万元	10 801.44 万元	7 840.37 万元	6 064.59 万元
营业成本	44 900.18 万元	67 223.42 万元	50 825.93 万元	37 802.96 万元
占营业成本的比例	15.21%	16.07%	15.43%	16.04%
关联交易相关期间费用	936.17 万元	1 579.17 万元	1 836.35 万元	1 268.64 万元
期间费用	5 899.68 万元	9 559.29 万元	10 647.33 万元	6 782.71 万元
占期间费用的比例	15.87%	16.52%	17.25%	18.70%

根据表 3，报告期内，华莱士及其关联方关联交易相关成本占比分别为 16.04%、15.43%、16.07% 以及 15.21%，期间费用占比分别为 18.70%、17.25%、16.52% 及 15.87%。

报告期内，公司与华莱士及其关联方的关联交易对应的销售毛利、利润总额及占比情况如下：

表 4

项　　目	2021 年 1—6 月	2020 年	2019 年	2018 年
关联交易毛利①	1 753.14 万元	2 768.96 万元	2 705.68 万元	1 968.59 万元
关联交易期间费用②	936.17 万元	1 579.17 万元	1 836.35 万元	1 268.64 万元
关联交易税金及附加、减值损失及处置收益③	78.39 万元	57.87 万元	28.52 万元	30.99 万元
关联交易利润总额④（=①-②-③）	738.58 万元	1 131.92 万元	840.81 万元	668.96 万元
毛利总额⑤	9 868.40 万元	17 597.69 万元	18 315.15 万元	13 495.20 万元
利润总额⑥	3 415.62 万元	7 664.99 万元	7 480.11 万元	6 742.74 万元

（续表）

项　　目	2021 年 1—6 月	2020 年	2019 年	2018 年
关联交易毛利占比⑦ （＝①÷⑤）	17.77%	15.73%	14.77%	14.59%
关联交易利润总额占 比⑧（＝④÷⑥）	21.62%	14.77%	11.24%	9.92%

根据表 4，2018 年至 2020 年，关联交易毛利和利润总额占发行人总体毛利和利润总额的比例较低，2021 年上半年，关联交易毛利占发行人总体毛利的比例上升，引起关联交易利润总额占比上升。2021 年上半年，发行人食品包装毛利率相对稳定，而环保纸袋毛利率有所下降，引起食品包装毛利贡献度和利润贡献度提升，环保纸袋毛利贡献度和利润贡献度有所下降，由于发行人与华莱士及其关联方的关联交易内容主要为食品包装，导致关联交易相关利润总额占比提高。

如上所述，发行人与华莱士关联交易金额占营业收入的比例分别为 15.66%、15.25%、16.00% 及 15.67%；关联交易形成的利润总额占全部利润总额的比例分别为 9.92%、11.24%、14.77% 以及 21.62%。除华莱士外，发行人还拥有必胜食品、乐信贸易、美团、蜜雪冰城、猩米科技等重要知名客户。同时，由于华莱士业务规模和门店数量不断扩张，其向发行人的采购金额持续增加与其财务状况和经营情况相匹配。

综上，发行人与华莱士及其关联方的关联交易不影响发行人的经营独立性，发行人对华莱士不构成依赖。

第二，通过募投项目不会导致关联交易相关占比上升，说明关联交易不影响发行人的经营独立性、不构成对华莱士的依赖。

报告期内，发行人与华莱士的关联交易占营业收入的比重分别为 15.25%、15.97% 以及 15.72%，关联交易占比相对稳定。

发行人募投项目是现有主营业务的进一步扩张，募投项目投产之后的客户结构在很大程度上仍将以现有主要客户为主。同时，发行人持续不断地开拓新增客户，在商超零售、外卖/快递配送等领域仍具备巨大的市场开拓空间，随着国家"限塑""降塑"环保政策的推行以及社会环保意识的加强，发行人产品的应用场景不断丰富，应用领域和客户结构趋于多元化、合理化，将有效防止募投项目投产后关联交易占比的大幅提升。

除关联方华莱士外，发行人现有主要客户的未来需求前景情况如表 5 所示。

表 5

序号	名称	未来需求前景
1	必胜食品（肯德基）	（1）目前肯德基外卖打包袋以塑料袋为主，随着国家"限塑""降塑"环保政策的推行，预计将逐步替换为纸袋，需求量较大； （2）预计未来发行人可增加对华北、华中等区域肯德基的供应，供应份额扩大； （3）未来肯德基门店数量将持续增加，门店覆盖率不断提高，线上订单的比例也将进一步提升，纸袋需求量将持续扩大； （4）百胜中国持续投资或收购不同领域的餐饮品牌，如黄记煌、塔可贝尔（西式快餐）、COFFii & JOY（咖啡品牌）、Lavazza（咖啡品牌）等，带来潜在新的纸袋需求。
2	乐信贸易（麦当劳）	（1）预计未来发行人可增加供应产品品种，如纸杯类、纸吸管等； （2）预计未来发行人可增加供应区域和供应份额，除中国市场外，积极拓展麦当劳全球市场，如日本、美国、欧洲等市场。
3	蜜雪冰城	蜜雪冰城近年来逐渐实行"以纸代塑"，未来纸包装需求量较大，如外带 / 外送打包袋、方底袋、纸杯、纸盒等。
4	美团	美团在餐饮外卖、药品、生鲜、零售等领域具备很强的覆盖率和服务能力，而纸袋在上述领域应用场景十分广泛，未来纸袋需求量较大。
5	星巴克	（1）目前发行人主要供应纸袋、纸吸管等，未来可扩展供应品种，包括纸杯、纸盒等； （2）除中国市场外，发行人积极扩展星巴克全球市场，目前已跟美国、东南亚等国家和地区展开合作，未来可拓展市场空间较大。
6	海底捞	目前发行人供应品种以环保纸袋为主，未来可扩展纸杯、纸吸管、一次性环保纸制品包装等，同时，发行人也积极为海底捞研发新品种，业务有较大增长空间。
7	Inno-Pak LLC	（1）Inno-Pak LLC 主要终端客户为美国 SYSCO，SYSCO 为美国餐饮供应链巨头，终端需求量巨大； （2）Inno-Pak LLC 目前在餐饮外卖市场有一定的市场占有率，同时积极开拓鞋服、零售、洗护用品等应用领域，未来业务拓展空间较大。
8	猩米科技（喜茶）	（1）喜茶为新式茶饮知名品牌，深受年轻消费者欢迎，未来发展空间较大； （2）目前发行人供应品种以环保纸袋为主，未来可扩展纸杯、纸盒、食品纸袋等产品，未来业务增长空间较大。

综上所述，发行人现有客户结构中，华莱士关联交易占比相对较低，且报告期内华莱士关联交易占比相对稳定。募投项目投产后，预计很大程度上仍将以现有主要客户为主，并且随着新增重要客户的持续开拓，发行人客户结构日趋多元化、合理化，募投项目不会导致关联交易占比大幅上升。

第三，通过发行人持续保持关联交易价格公允性的措施，说明关联交易不影响发行人的经营独立性、不构成对华莱士的依赖。

1. 发行人将严格履行关联交易决策程序

发行人未来发生的关联交易，将严格按照《公司章程》《股东大会议事规则》《董事会议事规则》《关联交易管理制度》《独立董事工作细则》等制度的规定履行审批决策程序，确保关联交易按照正常、公允的市场价格进行，关联交易不损害发行人和全体股东的利益。

2. 发行人及控股股东、实际控制人承诺

发行人及控股股东、实际控制人陈凯声承诺：发行人将公平、公正地参与华莱士纸制品包装供应的业务竞争，通过正常市场竞争过程确定交易价格，并严格按照公允的正常市场价格进行关联交易，保证不利用关联交易进行利益输送，不利用关联交易损害发行人及其他股东的利益。

3. 主要关联方出具保证关联交易价格公允性的承诺

为保证关联交易的公允性，主要关联方华莱士承诺：华莱士与南王科技之间关联交易系因合理原因而发生的，华莱士将持续遵循公平、公正、公允和等价有偿的原则进行，交易价格持续按照市场公认的合理价格确定，依法签订协议，保证不利用关联交易进行任何利益输送、不通过关联交易损害南王科技及其股东的合法权益。

4. 通过发行人关于关联交易的内部控制制度完善并有效执行，说明关联交易不影响发行人的经营独立性、不构成对华莱士的依赖

发行人已建立健全关联交易相关内部控制制度，在《公司章程》《股东大会议事规则》《董事会议事规则》《关联交易管理制度》《独立董事工作细则》等制度中对关联交易的审批、回避表决等进行了具体规定，以保证关联交易的公允性，确保关联交易不损害发行人和全体股东的利益。

报告期内，发行人关联交易已按《公司章程》《股东大会议事规则》《董事会

议事规则》《关联交易管理制度》《独立董事工作细则》等规定履行了相应程序，独立董事对发行人报告期内发生的关联交易进行了独立核查后，认为：

"公司 2019 年度、2020 年度以及 2021 年度发生的关联交易事项符合公司当时经营业务的发展需要，关联交易遵循了公平、公正、公开的原则，真实、合法、有效，定价方法公平、合理，交易价格公允，符合交易当时法律法规的规定以及交易当时公司的相关制度，不存在损害公司及其他股东的利益的情形。"

综上所述，本所律师得出结论：发行人与华莱士之间的关联交易不会影响发行人的经营独立性、不构成对华莱士的依赖，发行人可以持续保持关联交易价格公允性，发行人关于关联交易的内部控制制度完善并有效执行。

四、案件结论

自 2015 年发行人筹备新三板挂牌起，本所便为发行人提供法律服务，直至 2023 年成功上市，实际控制权、关联方与关联交易问题一直是本项目重点与难点，尤其在本项目被随机抽取现场检查时，检查组亦重点关注了上述问题。发行人及中介机构积极准备、应对及沟通，经过多轮反馈问询及回复，以扎实的事实基础及法律依据，就上述问题进行充分的解释说明，最终顺利通过现场检查并成功上市。

多浦乐创业板 IPO 项目

——历史股东转让股权给实控人但未配合访谈

金益亭*　余欣玥**

一、案情介绍

广州多浦乐电子科技股份有限公司首次公开发行股票并在创业板上市项目（以下简称"多浦乐项目"）历史沿革部分较为复杂，其中涉及一位曾持股 5% 以上的重要历史股东（以下简称"历史股东"）不配合中介机构访谈和核查，且该名历史股东最终以将其股权转让给发行人的实控人（以下简称"实控人"）方式退出，而实控人在该次转让中并未支付对价。具体情况如下：2011 年 12 月，该历史股东受让实控人 14.5% 股权及另一名老股东 0.5% 股权，历史股东未实际支付股权转让款；2012 年 5 月，历史股东认缴发行人新增注册资本，本次增资的增资款系由实控人为历史股东提供；2014 年 1 月，该历史股东将其持有的发行人 15% 股权转让给实控人。因历史股东在获得股权时未支付股权转让款及增资款，故实控人在取得该 15% 的股权时亦未向历史股东实际支付转让款。

鉴于上述股权涉及实控人的股权变动，且股权比例较大，根据相关审核要

---

* 　上海市锦天城律师事务所高级合伙人。

** 　上海市锦天城律师事务所律师。

求，项目组律师需访谈历史股东，就该历次股权变动是否真实、有效，是否存在争议取得历史股东的确认。然而，在访谈过程中，该历史股东不予配合，并口头提出与实控人存在未了结事项。项目组对该情况非常重视，并就该历史股东事宜制定了详细的核查计划。

项目组律师通过核查该名历史股东任职及投资情况，其自发行人退股后任职或投资的企业与发行人业务往来情况，及其入股及退股中相关增资、转让、借款等协议签订情况、入股期间发行人分红等情况，全面核查该名历史股东的持股真实性，同时项目组律师对《中华人民共和国民法典》等相关法律法规关于债务抵销规定进行了深入分析，从而论述控股股东主张债务抵销，以结清双方的债权债务有充分的法律依据，最终协助多浦乐通过上市委审核。

二、办案难点

（一）实控人主张债权债务已经抵销的事实依据和法律依据是否充分？

历史股东在退出发行人时，与实控人签署了《股权转让协议》，约定了相应的股权转让价款，实控人并未实际支付相应对价，而是主张其与历史股东的债权债务已经抵销。

（二）历史股东是否有权就其曾转让的股权提出权利诉求？是否影响实际控制人股权的清晰稳定？

报告期内发行人与历史股东控制的企业仍有业务往来，但历史股东均未就中介机构多次关于多浦乐股权变更相关问题的询证进行明确回复。

三、法律分析

（一）针对办案难点一

第一，就实控人主张债权债务已经抵销的事实依据，主办律师开展了以下核查工作：

1. 查阅发行人的全套工商档案，核查股权变动情况；

2. 查阅发行人历次股权变动涉及的股东会决议、股权转让协议、增资协议等，确认是否就股权转让款的支付作出明确约定、是否存在违约条款；

3. 查阅历史股东入离职材料，以及实控人出具的相关承诺及说明、汇款凭证、股权变动时点前后的银行流水、历史股东入股、增资及退出的相关股东会决议等相关资料；

4. 分别访谈实控人、发行人其他股东，确认历史股东是否向实控人支付股权转让对价，实控人是否代历史股东向其他股东支付股权转让款；

5. 取得发行人、实控人、发行人其他股东报告期内的银行流水，核查报告期内历史股东公开披露的任职或投资企业与发行人业务往来情况；

6. 通过"裁判文书网""全国法院被执行人信息查询系统""企信网""信用中国"等公开网站查询实控人与历史股东是否存在纠纷。

第二，就实控人主张债权债务已经抵销的法律依据部分，结合事实核查，主办律师认为：

根据《中华人民共和国民法典》第五百六十八条的相关规定，当事人互负债务，该债务的标的物种类、品质相同的，任何一方可以将自己的债务与对方的到期债务抵销。当事人主张抵销的，应当通知对方。通知自到达对方时生效。

鉴于历史股东 2011 年受让股权未向实控人、发行人其他股东实际支付股权转让款且 2012 年增资的资金系实控人提供，同时实控人已与发行人其他股东结清了历史股东从发行人其他股东处受让的股权所对应的股权转让价款，即历史股东此前持有的多浦乐全部股权的转让价款均未向实控人归还，故历史股东退出并向实控人转让所持有的全部多浦乐股权时，实控人也未向历史股东实际支付股权转让款（与历史股东此前尚未归还的款项金额相等）。根据实控人出具的说明，实控人已经向历史股东主张双方的债务抵销。此外，我国现行法律并未对抵销权的行使设置法定的除斥期间。其本质是为了给互负债权、债务的抵销关系双方提供担保作用，以维持双方当事人的平衡态势。就本项目而言，实控人对历史股东享受的债权分别自 2011 年 12 月和 2012 年 5 月生效。历史股东对实控人的债权于 2014 年 1 月生效。双方在《股权转让协议》中均未约定股权转让款的支付期限。因此，双方相互间的债权均在有效期内。对于合法有效的债权，实控人主张抵销权没有除斥期间限制。

结合上述法律规定和分析，实控人与历史股东互负债务（支付股权转让款的义务），该债务的标的物种类、品质相同（均为金钱支付义务），实控人可以将自己的债务与历史股东的到期债务抵销。根据实控人说明，实控人已经通知对方，因此该债务抵销合法有效。

根据发行人律师查询"裁判文书网""全国法院被执行人信息查询系统""企信网""信用中国"等公示系统及实控人出具的相应说明，自历史股东退出多浦乐时（即 2014 年 1 月）至报告期末已经八年有余，历史股东未曾就该等债权债务抵销事宜向人民法院提起诉讼。

同时，根据实控人出具的说明和承诺，若因上述股权变更事宜产生债权债务纠纷则由实控人自行承担，与发行人无关。如给发行人造成损失的，其愿意赔偿相应损失。

综上，根据相关法律法规的规定，实控人主张债权债务抵销，以结清双方的债权债务有充分的法律依据，不会对实际控制人股权权属的稳定性造成实质性影响。

（二）针对办案难点二

第一，历史股东是否有权就其曾转让的股权提出权利诉求？

结合事实核查，发行人律师认为，虽历史股东未就多浦乐股权变更相关问题进行明确回复，但历史股东与实控人于 2014 年 1 月签署的《股权转让协议》合法有效，且该等股权转让已办理相应工商变更登记。经查询"裁判文书网""全国法院被执行人信息查询系统""企信网""信用中国"等公示系统，自历史股东退出多浦乐（即 2014 年 1 月）以来，历史股东未曾就该等股权变更事宜向人民法院提起诉讼。

根据《中华人民共和国民法典》第一百五十二条第二款规定，当事人自民事法律行为发生之日起五年内没有行使撤销权的，撤销权消灭。鉴于自历史股东退出多浦乐时（即 2014 年 1 月）至报告期末，历史股东未曾就该等股权变更事宜向人民法院提起诉讼要求行使撤销权，其撤销权已经消灭。

同时，根据《中华人民共和国民法典》第五百六十四条第二款的相关规定，法律没有规定或者当事人没有约定解除权行使期限，自解除权人知道或者应当知道解除事由之日起一年内不行使，该权利消灭。另根据《最高院关于适用〈中华人民共和国民法典〉时间效力的若干规定》第二十五条的相关规定，民法典施行前成立的合同，当时的法律、司法解释没有规定且当事人没有约定解除权行使期限，对方当事人也未催告的，解除权人在民法典施行前知道或者应当知道解除事由，自民法典施行之日起一年内不行使的，人民法院应当依法认定该解除权消灭。鉴于历史股东与实控人签署的《股权转让合同》未明确约定解除权行使期限，应适用前述法规规定的解除权期限，即自历史股东知道或者应当知道解除事由之日起一年内不行使，历史股东行使解除权的权利消灭。该历史股东退出多浦乐是在 2014 年 1 月，且双方是通过签署股权转让协议并在工商局进行变更登记的方式进行的股权转让，具有公示性。至报告期末，历史股东未曾就该等股权变更事宜向人民法院提起诉讼要求行使解除权，其就前述《股权转让合同》的解除权已经消灭。

就上述撤销权和解除权，项目组律师进一步开展讨论。"解除权"的起算时间为知道或应当知道之日。对于"应当知道"如何认定，是司法实践中的难点，容易产生争议，而且对于主张一方而言举证责任比较重。实践中主张一方往往采取客观过错标准，即看权利人是否尽到一般人的注意义务，是否在合理的时间内提出解除权的请求。本项目中历史股东自退出发行人股权至报告期末近八年的时间，均未提出过解除权，因此，可以推定其未尽到一般人的注意义务，其已经满足应当知道的情形。

另就"撤销权"而言，其法律性质上亦属于形成权。形成权是指权利人依单方意思表示就能使民事法律关系发生、变更与消灭的权利。形成权必须通过行使才能产生效力，权利人虽享有该权利但不行使，不会影响现存的法律关系。① 鉴于形成权系单方意思表示到达对方即为生效，不以相对人的同意为要件，仅仅取决于权利人的单方意志，所以必须对其行使期间作出严格限定，这一期间就是除斥期间。除斥期间的意义在于，诉讼时效可能出现中止、中断或延长的情形，属于可变期间，而除斥期间不存在中止、中断、延长的规定，为

---

① 李建伟：《民法专题讲座精讲卷》，人民日报出版社 2020 年版。

不变期间。除斥期间的最大的特征是，除斥期间经过则实体权利消灭，而诉讼时效经过则仅是丧失胜诉权，实体权利并不消灭。

《民法典》第一百五十二条规定了两款除斥期间，第一款是一般除斥期间，其规定了几种情形下，撤销权消灭。① 该等情形包括了"知道或者应当知道撤销事由""重大误解""受胁迫"或"明确表示放弃"。一般除斥期间可以理解为是有条件的，在满足该等条件下，并且在规定的期限内不行使撤销权的，则撤销权消灭。目的在于促使权利人尽快行使权利，以维护交易秩序的稳定和善意相对人的利益。第二款规定的是撤销权的最长除斥期间，即"当事人自民事法律行为发生之日起五年内没有行使撤销权的，撤销权消灭"。该撤销权的消灭是无条件的，仅需满足经过五年的期间。最长除斥期间的法意在于维护法律秩序稳定，对权利人行使撤销权的最长期间进行限制，在该期间内，无论任何原因，只要权利人不行使该权利，则该权利即消灭。就本项目而言，项目组律师认为，历史股东自退出发行人股权至报告期末近八年的时间，均未提出过撤销权，因此，可以适用最长除斥期间的法律规定。历史股东撤销权的消灭，导致其无法撤销原来的股权转让交易，因此亦将不会影响实控人取得该股权的有效性。

第二，是否影响实际控制人股权的清晰稳定？

发行人律师进一步开展了如下工作：

1. 取得了实控人出具的说明和承诺，若因上述股权变更事宜产生债权债务纠纷则由实控人自行承担，与发行人无关。如给发行人造成损失的，其愿意赔偿相应损失。

2. 核查了实控人的个人财务状况和资金实力，确认其资金实力足以覆盖可能因股权变更事宜产生的债务，不会影响其在发行人的控股地位。

结合前述的事实核查，发行人律师认为，历史股东历史上入股和退出发行

---

① 《民法典》第一百五十二条　有下列情形之一的，撤销权消灭：

（一）当事人自知道或者应当知道撤销事由之日起一年内、重大误解的当事人自知道或者应当知道撤销事由之日起九十日内没有行使撤销权；

（二）当事人受胁迫，自胁迫行为终止之日起一年内没有行使撤销权；

（三）当事人知道撤销事由后明确表示或者以自己的行为表明放弃撤销权。

当事人自民事法律行为发生之日起五年内没有行使撤销权的，撤销权消灭。

人的行为均不会对实控人持有的发行人股份权属清晰造成不利影响，也不会对实际控制人股权权属的稳定性造成实质性影响。

四、案件结论

综上，根据相关法律法规的规定，实控人就主张债权债务抵销，以结清实控人与历史股东双方的债权债务有充分的法律依据。自历史股东退出多浦乐时（即 2014 年 1 月）至报告期末，历史股东未曾就该等股权变更事宜向人民法院提起诉讼，历史股东就前述股权转让的撤销权和解除权已经消灭，历史股东历史上入股和退出发行人的行为均不会对实控人持有的发行人股份权属清晰造成不利影响，也不构成导致发行人控股权发生变更的重大权属纠纷。

就本项目而言，项目组律师除了按一般的 IPO 项目核查手段进行核查以外，重点在法理上对抵销权、撤销权和解除权的形成、行使，及其除斥期间的适用发表了相关意见，就项目成功通过审核发挥了重要作用。2023 年 8 月 28 日，多浦乐电子科技股份有限公司在深交所创业板上市，证券简称"多浦乐"，股票代码 301528。

泽宇智能创业板 IPO 项目

宋正奇[*]

一、案情介绍

江苏泽宇智能电力股份有限公司（以下简称"泽宇智能""公司"或"发行人"）是一家专注于电力信息化业务的高新技术企业，以提供电力信息系统整体解决方案为导向，具备为客户提供电力咨询设计、系统集成和工程施工及运维等一站式智能电网综合服务能力，公司服务及方案广泛应用于电力系统的发电、输电、变电、配电、用电和调度等环节。

公司于 2021 年 12 月 8 日在深圳证券交易所创业板上市，股票代码为 301179，募集资金总额为人民币 145 167.00 万元。

二、办案难点

（一）体外支付薪酬费用的问题

办案难点主要体现在两点，其一为相关交易流水涉及面广，涉及账户众多，

为确保核查结果的真实性和完整性，需要取得完整流水并穿透交叉核查，工作量大、沟通成本高，且多家配合体外支付的服务商并不存在实际业务经营，相关人员亦不愿意接受项目组的访谈，更无法取得有关服务商或真实供应商的资金流水，对整体核查工作增加了难度，且该项目在反馈阶段，交易所曾围绕资金流水多次进行问询，问询面之广度及深度在此前鲜有案例。项目组在回复过程中将相关资金流水的流向情况及涉及的具体人员、最终资金用途等，均逐一进行了详细披露。其二是针对部分不存在真实业务的服务商开具发票的行为，虽然当时已有明确的文件说明了一般涉税违法行为与以骗取国家税款为目的的涉税犯罪行为的界限，但实践中由检察机关对此出具书面确认文件存在非常大的难度；项目组对市场案例进行全面检索后发现同类项目通常也仅取得税务部门的合规证明，并未取得检察机关的认可，但该项目在反馈阶段中仍被交易所多次追问相关法律风险。

（二）实际控制人未持有股份的问题

办案难点在于实际控制人之一为外籍身份，一直从事电力及相关行业，负责公司的整体运营和业务开展，但自公司设立至今未持有过任何股权，且泽宇智能主要从事国家电网相关建设工作。实际控制人之一持有外籍身份且自身并未持股而是通过配偶持股的情形，致使监管部门对于公司业务开展是否存在法律或其他事实障碍，以及是否存在故意规避相关规定的情形产生了一定怀疑。

（三）主要业务来源于招投标

办案难点在于需要对发行人报告期内数千个项目进行统一梳理，对项目是否需要招投标进行区分，并逐个判断其是否应当招标而未招标，并就其未招标的项目进行合理说明；同时因发行人涉及体外支付事宜，且外部股东中亦存在在主要客户单位任职的人员，发行人获取业务的程序合法性以及是否存在商业贿赂亦成为本次发行上市中的监管关注重点。

三、法律分析

（一）关于体外支付薪酬费用的问题

由于公司员工人数有限，公司在业务经营过程中存在采购外部服务以完成公司项目实施的情况。对于外协服务采购，若向正规供应商进行采购，对方通常在报价中会包含相应的增值税、所得税等税收成本，采购价格较高，相比之下，个人供应商通常规范意识较弱，出于税收成本考虑通常不会开具发票，采购价格较低，且个人供应商具有机动灵活、费用较低的特点。因此，对于部分临时性、紧急性的线缆布放、简单制图等辅助性工作，发行人会向个人供应商进行采购，但若通过公账向其支付费用，需要履行代扣代缴个人所得税义务，因此为了降低采购成本，发行人选择通过体外向个人供应商支付采购成本，即通过供应商付款，再由供应商将款项最终流转用于向个人供应商支付外协费用。同时，由于为支付员工额外奖金、降低员工税负等原因，发行人通过同样的方式向发行人员工支付薪酬及费用。

为核查上述资金流水，确保核查过程和核查结论的真实性和完整性，项目组对发行人实际控制人及相关员工进行访谈，了解通过体外支付薪酬及费用的背景和发生原因；取得配合发行人体外支付薪酬和费用服务商及相关人员名单；取得发行人与具有真实业务关系的供应商的采购合同、采购入库凭证等，核查业务往来的真实性、公允性；获取实际控制人及其父母和子女、董事、监事、高管、核心技术人员、自然人股东、出纳、实际控制人司机等 79 人共计 288 个银行账户的银行流水，就有关资金往来填列《自然人资金流水情况表》，让相关人员逐笔说明交易对手方性质、资金往来原因和用途等事项，将《自然人资金流水情况表》与配合发行人体外支付薪酬和费用服务商及相关人员名单进行匹配，核查相关资金流入自然人账户的情况，对流入自然人账户的流水逐笔进行追查，核查相关资金的最终流向、资金的最终用途，并对相关服务商进行了现场走访。

在核查过程中，项目组协同发行人、保荐机构、会计师事务所及相关人员，按照穿透核查的原则，对 79 人共计 288 个银行账户的银行流水进行了梳理，核查范围、核查程序及重点核查方面如表 1 所示。

表1

项目	发行人	实际控制人	其他关联自然人	关联法人
核查范围	发行人及下属分、子公司在报告期内的所有银行账户对账单（包括报告期内销户的账户）	发行人实际控制人（包括子女）报告期内所有银行对账单	其他间接持股5%以上股东、董事（不含独立董事）、监事、高管、财务经理、出纳、实际控制人司机、核心技术人员等自然人在报告期内的所有个人账户流水	其他间接持股5%以上股东、其他发行人实际控制人（包括子女）、间接持股5%以上股东控制的自然人股东控制的企业报告期内所有银行对账单（包括报告期内注销的企业）
重点核查方面			资金流水的完整性	
核查程序	（1）从基本户开立银行查询并打印已开立银行结算账户清单，获取账户清单原件；（2）获取信用报告；（3）对报告期内所有银行账户（包括新设立及注销的）进行银行函证	（1）获取并查阅了实际控制人账户流水，获取纳入核查范围的人员出具的"关于个人银行卡完整性的承诺函"；（2）陪同发行人实际控制人至中国工商银行、中国农业银行、中国银行、中国建设银行等17家主要银行打印其在该银行的开户清单	（1）获取并查阅了其他关联自然人报告期内所有银行个人卡对账单；（2）交叉复核交易对手方属于核查范围银行卡完整性的承诺；（2）交叉核查交易范围对手方的明细，从而核实资金往来的完整性	（1）从本户开立银行查询并打印已开立银行结算账户原件，获取所有账户的银行流水；（2）获取信用报告

（续表）

项目	发行人	实际控制人	其他关联自然人	关联法人
重点核查方面	发行人与关联法人及其客户、供应商之间的资金往来	实际控制人与关联法人客户、供应商之间的资金往来	其他关联自然人与关联法人、关联法人及其客户、应商之间的资金往来	关联法人与实际控制人、关联自然人、发行人及其客户、供应商的资金往来
核查程序	（1）从银行对账单中抽取单笔金额10万元以上的资金流入和流出样本，与关联法人及关联法人客户、主要客户、供应商清单进行匹配；（2）对与关联法人和关联法人客户、与供应商的资金往来、会计账簿的记录核对、核查原始凭证（包括但不限于发票、合同等），核查销售或采购的真实性	（1）从银行对账单中抽取单笔金额5万元以上的资金流入和流出样本，与关联法人客户、供应商清单进行匹配；（2）对与关联法人客户、供应商相关的资金往来、核查相关往来发生的原因，并取得相关往来发生情况说明	（1）从银行对账单中抽取单笔金额5万元以上的资金流入和流出样本，与关联法人及关联法人客户、供应商清单进行匹配；（2）对与关联法人客户、供应商相关往来、核查相关往来发生的原因，并取得相关往来发生情况说明	（1）从银行对账单中抽取单笔金额20万元以上的资金流入和流出样本，与发行人、发行人主要客户、供应商清单及其他关联法人名单进行匹配；（2）对与发行人会计账簿核对、核查原始凭证（包括但不限于合同等），核查与发行人相关采购或销售的真实性；（3）对与发行人关联方的资金往来、供应商的资金往来、核查相关往来发生必要性、合理性及情况说明；核查原始出入库凭证、出/入库凭证（包括但不限于发票、出入库凭证、合同等），对与其他关联往来或采购人发生的资金往来、核查相关往来发生的原因，并取得相关往来发生情况说明

基于上述核查标准，项目组对协助进行体外支付的各家供应商的汇入和汇出资金进行梳理，并在核查中发现存在多个供应商名字相近、成立时间相同或相近的情况，为此项目组经了解，多家供应商名字相近、成立时间相同或相近的原因是其相关实际控制人出于降低税务成本而进行税收筹划所致。由于小规模纳税人的销售额认定标准较低，在销售规模较大的情况下，为了避免小规模纳税人的销售额限制，相关人员同时设立多家小规模纳税人企业，从而导致多个供应商名字相近、成立时间相同或相近的情况。

在发行人向上述供应商支付资金、供应商将相关资金汇入公司员工账户后，通常通过该员工账户直接对外支付薪酬或费用，同时也存在该员工将资金转给其他员工，由其他员工直接对外支付薪酬或费用或再次转给其他员工支付薪酬或费用的情形，项目组根据具体资金流转路径按照以表2的形式进行了全面梳理和披露，有利于监管部门及投资者能够较为清晰地了解体外支付资金的具体走向和用途。

表2

流水路径	供应商资金汇入（第一手）			员工账户A上直接支付薪酬费用		员工账户A资金汇出给员工账户B用于支付薪酬费用（第二手）	
	金额①	员工账户A	款项用途	金额②	款项性质	金额③=①－②	员工账户B
【姓名】							
合计							

流水路径	员工账户B上直接支付薪酬费用			员工账户B资金汇出给员工账户C用于支付薪酬费用（第三手）			员工账户C对外支付薪酬费用	
	款项用途	金额④	款项性质	金额⑤=③－④	员工账户C	款项用途	金额	款项性质
【姓名】								
合计								

对于体外支付的具有真实业务的外协供应商，项目组对主要供应商进行了访谈，访谈覆盖比例超过80%，并对有关项目的结算单、往来邮件、设计图纸、设计成品校审单等能够反映外协服务内容真实性的底稿进行了收集，再结合相关个人供应商，即"包工头"的简历工作情况，确认外协供应商的服务能力和

业务的真实性。

在确认发行人体外支付薪酬及费用的情况后，发行人对相关费用进行了还原处理，并补缴了相关税款，涉及企业所得税、个人所得税及增值税等共计768.87 万元。同时，为确保相关税收的合规性以及避免行政处罚的风险，发行人在缴纳税款后取得了当地主管税务机关出具的《涉税事项证明》，具体内容如下："就泽宇智能出于为员工降低个人所得税负以及向不愿开具发票的个人支付费用的目的，通过获取供应商开具的发票后将资金汇出，相关资金最终汇入公司员工个人账户用于向职工支付薪酬、支付无票费用或成本的情形，泽宇智能主动整改，主观上不存在骗取国家税款的非法目的，且补齐了上述事项涉及的企业所得税、个人所得税及增值税等，不存在欠缴税款的情形，未造成税款流失等不良的法律后果，泽宇智能也保证今后严格遵守国家的法律、法规，不会发生类似情形。因此，我局认为上述行为属轻微违法，不构成重大违法违规行为，且该单位已自行纠正，根据相关法律法规我局不会因上述事项给予泽宇智能及相关人员行政处罚或追究法律责任。"

由于发行人在上述体外支付薪酬费用的过程中存在涉嫌接受虚开发票的行为 ①，具有一定的刑事责任风险 ②，在上市审核过程中亦被重点关注，并被多次追问。为彻底打消监管机构的顾虑，保证公司顺利完成上市，项目组结合 2020年 7 月最高人民检察院印发的《最高人民检察院关于充分发挥检察职能服务保

---

① 根据当时有效的《中华人民共和国发票管理办法（2019 年修订）》的规定，任何单位和个人不得有下列虚开发票行为：（一）为他人、为自己开具与实际经营业务情况不符的发票；（二）让他人、为自己开具与实际经营业务情况不符的发票；（三）介绍他人开具与实际经营业务情况不符的发票。

② 根据《中华人民共和国刑法（2017 年修正）》的相关规定，虚开增值税专用发票或者虚开用于骗取出口退税、抵扣税款的其他发票的，处三年以下有期徒刑或者拘役，并处二万元以上二十万元以下罚金；虚开的税款数额较大或者有其他严重情节的，处三年以上十年以下有期徒刑，并处五万元以上五十万元以下罚金；虚开的税款数额巨大或者有其他特别严重情节的，处十年以上有期徒刑或者无期徒刑，并处五万元以上五十万元以下罚金或者没收财产。单位犯本条规定之罪的，对单位判处罚金，并对其直接负责的主管人员和其他直接责任人员，处三年以下有期徒刑或者拘役；虚开的税款数额较大或者有其他严重情节的，处三年以上十年以下有期徒刑；虚开的税款数额巨大或者有其他特别严重情节的，处十年以上有期徒刑或者无期徒刑。

障"六稳""六保"的意见》中所明确的"注意把握一般涉税违法行为与以骗取国家税款为目的的涉税犯罪的界限，对于有实际生产经营活动的企业为虚增业绩、融资、贷款等非骗税目的且没有造成税款损失的虚开增值税专用发票行为，不以虚开增值税专用发票罪定性处理，依法作出不起诉决定的，移送税务机关给予行政处罚"的相关意见，与当地检察机关就发行人上述体外支付薪酬费用事宜进行了沟通，向当地检察机关详细阐述了发行人体外支付薪酬费用的背景及原因，主动分析了发行人体外支付的行为性质，并说明发行人已就相关情况进行了财务还原，依法补缴了相关的税款，进而就发行人的行为寻求当地检察机关的准确意见。在经过积极的沟通后，当地检察机关就发行人体外支付薪酬及费用的行为出具《情况说明》进行了确认，确认公司体外支付薪酬及费用的相关行为，主观上不具有骗取国家增值税款的非法目的，客观上未造成国家税款流失等不良后果，事后公司能主动改正，并认定主管税务机关就此事专门出具的《涉税事项证明》准确，不会就上述事项对公司及相关人员采取相关法律措施。

在对发行人体外支付事宜的资金流向进行完整梳理并披露给监管机构，以及取得主管税务部门和检察机关的专项证明文件后，成功打消了上市监管机构的疑虑。

（二）关于实际控制人之一系外籍且未持有股份的问题

公司控股股东为张剑，上市前直接持有发行人74.33%股份，公司实际控制人为张剑、夏耿耿，夏耿耿担任公司总经理，为加拿大籍，与张剑为夫妻关系，但自公司设立至今未持有过公司股权，夏耿耿主要工作经历均涉及电力及相关行业，张剑早期未有相关行业从业经历。

为确认公司实际控制人，项目组结合公司实际情况、夏耿耿在公司生产经营中的重要程度，以及对张剑、夏耿耿的访谈，最终确认公司实际控制人为张剑、夏耿耿二人，并了解到夏耿耿未持有公司股份的原因系其夫妻二人在多年的创业历程中形成的默契，为二人共同的意愿表示，两人在创业过程中，夏耿耿主要负责公司的业务开拓，张剑主要负责公司的后勤管理、人事行政等内部管理工作。

由于夏耿耿的外籍身份，项目组结合发行人的主营业务情况，就夏耿耿未持有股份是否存在故意规避相关法律限制的情形，对涉及的相关规定进行了完整梳理，具体如下。

1. 外商投资企业负面清单

根据发行人及其下属子公司设立至今的相关产业限制情况，项目组对电力行业、信息传输、软件和信息技术服务业的外商投资企业负面清单进行整理，《外商投资产业指导目录》（2007 年修订）、《外商投资产业指导目录》（2011 年修订）、《外商投资产业指导目录》（2015 年修订）、《外商投资产业指导目录》（2017 年修订）、《外商投资准入特别管理措施（负面清单）（2018 年版）》、《外商投资准入特别管理措施（负面清单）（2019 年版）》、《外商投资准入特别管理措施（负面清单）（2020 年版）》中，限制外商投资产业、禁止外商投资产业均不涉及发行人从事的业务。

2. 外商投资建筑业企业管理

由于发行人亦从事电力工程，项目组对建筑业企业相关规定进行了梳理，根据《外商投资建筑业企业管理规定》（已于 2020 年 1 月 17 日废止）的规定，外资建筑业企业（即外商独资设立的建筑业企业）只允许在其资质等级许可范围内承包以下特定。除外商独资设立的建筑业企业外，中外合资经营建筑业企业和中外合作经营建筑业企业取得建筑业企业资质后均可在其资质等级许可的范围内承包工程，无特定承包工程的限制。

根据上述规定，《外商投资建筑业企业管理规定》中并未对中外合资经营建筑业企业和中外合作经营建筑业企业作出限制性规定，即便夏耿耿持有股份，发行人亦可以承包相关工程，并不会对发行人的业务产生影响。

3. 股东资格

根据夏耿耿的调查表及相关简历核查，并结合《中华人民共和国公司法》《中华人民共和国证券法》《中华人民共和国公务员法》《中共中央、国务院关于进一步制止党政机关和党政干部经商、办企业的规定》《中共中央、国务院关于严禁党政机关和党政干部经商、办企业的决定》等法律、法规、规章和规范性文件中规定的不得担任股东的情况，夏耿耿并不具有公务员、党政机关干部、职工、现役军人等不得担任公司股东的身份，不存在因其身份不合法不得担任发行人股东的情况。

综上，夏耿耿未持有股权系因夫妻之间创业初期根据各自的分工而自然形成的，并不存在任何利益安排或规避法律规定的情形。

（三）招投标程序的合法性

为确认发行人业务的合规性，确认是否存在应当履行招投标而未履行的项目，项目组根据《中华人民共和国招标投标法》《工程建设项目招标范围和规模标准规定》和《必须招标的工程项目规定》的相关规定，结合发行人实际业务情况，对发行人实际业务所对应的应履行招投标的项目金额标准确认如表 3 所示。

表 3

序号	业务类别	合同金额
1	电力设计	100 万元以上（2018 年 6 月 1 日前为 50 万元以上）
2	系统集成	200 万元以上（2018 年 6 月 1 日前为 100 万元以上）
3	工程施工	400 万元以上（2018 年 6 月 1 日前为 200 万元以上）

根据上述业务类型及合同金额，项目组对发行人报告期内全部销售合同进行了完整梳理，整理出高于上述合同金额、且未履行招投标的项目清单，再根据甲方单位是否为民营企业进行逐一筛选。筛选完成后，根据发行人所承接的项目未履行招投标程序的原因总结如下。

1. 客户为民营企业

发行人合同甲方为民营企业，其自主选择是否采取招投标程序或其他比价方式，如询价、商业谈判等方式进行采购。

2. 合同金额未达到必须招标的金额标准

发行人项目合同金额未达到《必须招标的工程项目规定》所规定必须履行招投标程序的金额标准，无需按照《招标投标法》《必须招标的工程项目规定》的规定履行招投标程序。

3. 合同甲方非业主方

在此类模式下，发行人合同甲方并非项目业主方，其在承接项目后根据项目情况向发行人采购货物或服务，或通过"中标供货"等方式，即在投标前就品牌、成本及售后服务等事项指定谈判提纲并组建采购小组，发行人根据业主方提出的技术等需求，向客户提供建设方案及产品型号、报价等信息，待项目中标后进行采购落地谈判并直接签署项目合同，该等模式并非发行人特有现象，具有商业合理性且符合行业惯例。

经核查，上述情况均不属于法律规定必须招投标的情况，因此发行人在报告期内不存在应履行招投标程序而未履行的情况。

四、案件结论

在项目组完整、全面的核查方式以及结论清晰的基础上，上市监管部门最终认可了有关意见，同意发行人首次公开发行股票的注册申请及上市申请。

ALLBRIGHT
LAW OFFICES
锦天城

锦天城律师事务所经典案例集

主板IPO篇

江苏徐矿能源主板 IPO 项目

颜　强* 何年生** 颜　彬*** 王　斑**** 王贺贺*****

一、案情介绍

2023 年 3 月 29 日，由上海市锦天城律师事务所（以下简称"锦天城"）律师承办的江苏徐矿能源股份有限公司（以下简称"苏能股份"或"公司"）首次公开发行股票并在上海证券交易所主板上市项目在上海证券交易所上市交易，股票代码为 600925，苏能股份是国内近十年来首家实现首次公开发行股票并上市的煤矿采掘类公司。

苏能股份主营业务为煤炭采掘、洗选加工、销售和发电等业务，是江苏省唯一省属煤电一体化大型能源实体企业。公司成立以来，以服务江苏能源安全保障为重大使命，以推进绿色低碳发展为鲜明导向，高质量推进"新疆煤电一体化"和"蒙电送苏""陕电送苏""晋焦入苏"等煤电基地建设和煤炭贸易网

* 上海市锦天城律师事务所高级合伙人。

** 上海市锦天城律师事务所高级合伙人。

*** 上海市锦天城律师事务所合伙人。

**** 上海市锦天城律师事务所律师。

***** 上海市锦天城律师事务所律师。

络构建，积极发展太阳能光伏发电等新能源，大力推进高碳企业绿色低碳发展，能源基地建设取得重大进展，能源结构调整呈现良好态势，已实质成为江苏省际能源合作重要平台、区外煤电保供重要渠道、能源结构优化重要引擎。公司总部坐落于苏鲁豫皖四省接壤的江苏省徐州市境内，位于"一带一路"交汇、"长三角一体化"北翼腹地、淮海经济区中心城市、国际新能源基地，交通区位优势明显，经济营商环境优越，科技资本生态发达，公司运营发展的职责使命和外部生态独特而优越。公司具有完善的科技创新管理体系，先后建立了江苏省煤矿冲击地压防治中心、自然资源部煤炭资源勘察与综合利用重点实验室、国家级博士工作站等科技创新平台，在煤矿冲击地压防治、软岩支护、瓦斯治理、水害防治、热害治理等领域取得了多项科技创新成果，达到行业领先水平。公司现拥有煤炭生产矿井 6 对，生产能力 1 830 万吨 / 年。

二、办案难点

苏能股份以煤炭采掘、洗选加工、销售和发电等业务为主业，聚焦于传统能源领域，下属企业以煤矿企业和电力企业为主，为重资产投入行业，从事相关业务历史较为悠久，部分煤矿开采历史已达几十年，且公司为江苏省人民政府实际控制的国有企业，与改制上市相关法律问题较为复杂，在规范和解决同业竞争问题、安全生产合规问题等方面，因涉及国有企业发展历史问题及国家安全生产高压态势等因素，解决难度较大。上述同业竞争问题和安全生产行政处罚问题，从公司首次向中国证监会递交申请文件之日至通过中国证监会审核之日，均为中国证监会审核重点关注事项，为该公司上市过程中重大难点事项。

三、法律分析

（一）同业竞争问题

为解决苏能股份与其控股股东徐州矿务集团有限公司（以下简称"徐矿集团"）之间现实与潜在的同业竞争问题，锦天城律师与其他中介机构配合苏能股份及徐矿集团实施了一系列规范措施。

第一，在递交首次公开发行股票并上市申请文件前，苏能股份及徐矿集团实施了一系列的资产重组措施。

苏能股份于 2021 年 9 月递交首次公开发行股票并上市申请文件前，锦天城律师与其他中介机构配合苏能股份及徐矿集团实施了一系列资产重组措施，该等资产重组措施主要包括如表 1 所示。

表 1

序号	交易时间	交易对方	内　容	资产重组的目的
1	2020.7	徐矿集团	收购江苏华美热电有限公司 100% 股权	江苏华美热电有限公司从事电力业务，收购江苏华美热电有限公司，可以解决同业竞争
2	2020.7	江苏省能源投资有限公司	收购徐州垞城电力有限责任公司 97.22% 股权	徐州垞城电力有限责任公司从事电力业务，收购徐州垞城电力有限责任公司，可以解决同业竞争
3	2020.7	江苏省能源投资有限公司	收购江苏能投新城光伏发电有限公司 51% 股权	江苏能投新城光伏发电有限公司从事电力业务，收购江苏能投新城光伏发电有限公司，可以解决同业竞争
4	2020.7	徐矿集团	收购新疆库车县夏阔坦矿业开发有限责任公司 70% 股权	新疆库车县夏阔坦矿业开发有限责任公司从事煤炭开采业务，收购新疆库车县夏阔坦矿业开发有限责任公司，可以解决同业竞争
5	2020.8	徐矿集团	收购徐矿集团下属旗山、三河尖、庞庄、张集分公司煤矿托管业务	收购徐矿集团下属煤矿托管业务，可以解决同业竞争
6	2021.3	徐矿集团	收购江苏省能源投资有限公司 100% 股权	江苏省能源投资有限公司从事电煤采购、售电业务，收购江苏省能源投资有限公司，可以降低关联交易，提高经营独立性，解决同业竞争
7	2021.3	徐矿集团	收购江苏省能源国际有限公司 100% 股权	江苏省能源国际有限公司从事煤炭贸易业务，收购能源国际，可以解决同业竞争
8	2021.3	徐矿集团	收购江苏省矿业工程集团有限公司下属花草滩、红石岩煤矿托管业务	收购江苏省矿业工程集团有限公司下属托管业务，可以解决同业竞争

注：江苏省能源投资有限公司原为徐矿集团全资子公司，后被收购进入苏能股份。

经过上述资产重组，截至 2021 年 9 月递交首次公开发行股票并上市申请文件前，控股股东徐矿集团控制的电力企业已全部注入苏能股份，徐矿集团控制的大部分煤矿企业已注入苏能股份。但是，徐矿集团仍保留了可能与苏能股份构成同业竞争的业务，包括保留生产煤矿和在建煤矿、保留探矿权、保留煤炭技术服务/劳务业务、保留参股电厂。锦天城律师在进行了大量的调研与分析基础上，配合苏能股份针对上述不同类型的可能存在同业竞争的事项，制定并实施了分类化避免和解决同业竞争的措施，具体情况详见表 2。

第二，在递交首次公开发行股票并上市申请文件后，苏能股份及徐矿集团又实施了一系列的模式优化与资产重组措施。

在递交首次公开发行股票并上市申请文件后，锦天城律师就上述可能存在的同业竞争情况，配合苏能股份向中国证监会审核机构进行了数轮反馈与回复，问题重点集中在赛尔能源、哈密能源与中宝矿产等煤炭采掘业务领域内存在的可能同业竞争情况的处置。

对此，锦天城律师进行了大量的实证研究与探索论证，配合苏能股份进一步实施了一系列的模式优化措施：一方面，针对赛尔能源、哈密能源与中宝矿产等煤炭采掘业务领域内的可能同业竞争情况，在已由各方签署了《煤炭代理销售协议》、由苏能股份下属子公司新疆苏能运销独家代理销售赛尔能源和哈密能源全部煤炭产品的基础上，苏能股份与徐矿集团、赛尔能源、哈密能源又签署了《委托经营管理合同》，徐矿集团将赛尔能源、哈密能源的生产运营权委托给苏能股份，苏能股份为赛尔能源、哈密能源的日常生产经营活动提供唯一且排他的运营管理服务，同时终止上述《煤炭代理销售协议》；另一方面，徐矿集团与苏能股份签署了收购赛尔能源 100% 股权、哈密能源 50% 股权、华电新疆哈密煤电开发有限公司（"哈密煤电"）50% 股权（哈密煤电与哈密能源为煤电一体化项目，因此一并收购哈密煤电 50% 股权）以及中宝矿产 53.02% 股权的框架合同，苏能股份将在赛尔能源完成分立、下属煤矿完成矿业权出让收益有偿处置等条件成就时收购赛尔能源 100% 股权，将在哈密能源达产、完善资产权属手续等条件成就时收购哈密能源 50% 股权、哈密煤电 50% 股权，将在中宝矿产取得项目核准等条件成就时收购中宝矿产 53.02% 股权，上述资产收购行为均应在框架合同生效后的 24 个月内完成。

表 2

序号	苏能股份的主要业务类别	相同业务类别下控股股东徐矿集团可能存在的同业竞争情况	可能存在的同业竞争情况发生的原因	避免和解决同业竞争的措施
1	煤炭采掘	徐矿集团新疆赛尔能源有限责任公司（以下简称"赛尔能源"）名下拥有在产煤矿赛尔能源六矿、在建煤矿赛尔能源红山煤矿，以及两宗探矿权"新疆和布克赛尔蒙古自治县莫特格乡煤矿勘探"和"新疆和布克赛尔蒙古自治县博尔乌散煤矿勘探"。 徐矿集团哈密能源有限公司（以下简称"哈密能源"）名下拥有在产煤矿大南湖矿区西区五号煤矿，以及一宗探矿权"新疆哈密煤田哈密能源四号矿井勘探"。	报告期内，赛尔能源因瓦斯爆炸导致 4 人死亡、1 人受伤，构成较大安全事故，受到了金额较大罚款，且附随责任令停产整顿等处罚措施，对赛尔能源生产经营短期内造成较大影响，导致赛尔能源三矿关闭，涉及探矿权转为采矿权并建设开发建设、安全预评价、土地预审、立项核准，环境影响评价、涉及项目选址，复杂的审批程序，探矿权何时能够转为采矿权并进行开发建设具有不确定性，因此赛尔能源暂未注入苏能股份。 2018 年、2019 年，哈密能源受到了金额较大罚款，对哈密能源生产经营短期内造成较大影响；探矿权转为采矿权并进行开发建设，涉及项目选址、土地预审、安全预评价、立项核准，探矿权何时能够转为采矿权并进行开发建设具有不确定性，因此哈密能源暂未注入苏能股份。	徐矿集团与苏能股份签署了《煤炭代理销售协议》，约定赛尔能源生产的煤炭全部交由苏能股份下属企业新疆苏能煤炭运销独家委托苏能股份（以下简称"新疆苏能煤销"）代理销售。同时，徐矿集团承诺赛尔能源在现有生产规模上（生产矿井转为生产矿井、已有能力核增、在建矿井转为生产矿井，探矿权转为采矿权等情形除外）不再发展任何竞争性业务，双方签署《避免同业竞争的协议》，赋予苏能股份收购徐矿集团持有的赛尔能源股权的选择权。 徐矿集团与苏能股份签署了《煤炭代理销售协议》，约定哈密能源生产的煤炭全部交由苏能股份下属企业新疆苏能煤炭运销独家委托苏能股份代理销售。同时，徐矿承诺哈密能源在现有生产规模上（生产矿井转为生产矿井、已有能力核增、在建矿井转为生产矿井，探矿权转为采矿权等情形除外）不再发展任何竞争性业务，双方签署《避免同业竞争的协议》，赋予苏能股份收购哈密能源持有的哈密能源股权的选择权。

序号	苏能股份的主要业务类别	相同业务类别下控股股东徐矿集团可能存在的同业竞争情况	可能存在的同业竞争情况发生的原因	避免和解决同业竞争的措施
		宝鸡中宝矿产资源开发有限公司（以下简称"中宝矿产"）名下拥有一宗探矿权"陕西省黄陇侏罗纪煤田老爷岭勘查区勘探（保留）"。	探矿权转为采矿权并进行开发建设、涉及项目选址、环境影响评价、安全预评价、土地预审、立项核准、探矿权转采矿权等复杂的审批程序，探矿权何时能够转为采矿权并进行开发建设尚具有不确定性，因此中宝矿产暂未注入苏能股份。	苏能股份与徐矿集团签署了《避免同业竞争的协议》，赋予苏能股份收购徐矿集团持有的中宝矿产股权的选择权，在国家矿发委向中宝矿产出具老爷岭东勘查区矿井开发建设项目核准文件后，苏能股份有优先权利收购徐矿集团持有的中宝矿产53.02%股权，收购价格以经备案的中宝矿产53.02%股权对应的净资产评估价值为基础。
2	发电	徐矿集团参股了江苏华通州热电有限公司、江苏华电句容发电有限公司、贵州华电桐梓发电有限公司、江苏华电昆山热电有限公司、江苏阚山发电有限公司、贵州省习水鼎泰能源开发有限公司、国家能源集团宿迁发电有限公司、华电新疆哈密烽烽热电开发有限公司、大唐杨杨热电有限公司、华润电力（锦州）有限公司等发电类企业。	徐矿集团对各参股电厂无法实施有效控制，因此未进入上市范围。	徐矿集团承诺：维持现有参股电厂规模不变，不谋求增加在该等参股电厂的持股比例；不再新参股电厂，如后续经营过程中存在参股电厂的商业机会，将无偿让渡给苏能股份。

（续表）

序号	苏能股份的主要业务类别	相同业务类别下控股股东徐矿集团可能存在的同业竞争情况	可能存在的同业竞争情况发生的原因	避免和解决同业竞争的措施
3	煤炭技术服务/劳务业务	徐矿集团仍参与了孟加拉人民共和国巴拉普库利亚煤矿井下巷道施工、煤炭开采、运管维护及其他相关工程项目（以下简称"孟巴项目"）。 徐矿集团下属张双楼煤矿仍在实施陕西煤业集团黄陵矿业有限公司井下巷道掘进项目。 徐矿集团下属张双楼煤矿仍在实施山西朔州山明金海洋有限公司机电运行系统、通风系统运行承包项目。 徐矿集团下属三河尖煤矿仍在实施山西介休大佛寺煤业有限公司项目。	由于苏能股份历史上未作为总承包商或承包商从事境外煤炭开采、运管相关的合同在境外采开采、运管维护工程项目（以下简称"孟巴项目"）承揽相关的合同，不符合该项目的条件，且项目合同价值超过 2 亿美元的合同，且该项目不允许整体对外分包，因此该项目不进入上市范围，亦未由苏能股份提供分包服务。 该等项目为煤矿单项工程技术服务、煤炭生产部分环节的技术服务，不属于苏能股份从事的煤矿"整体托管业务"。	孟巴项目所在地为孟加拉国，服务的煤矿，且该煤矿所产煤为孟加拉国当地的煤矿，且该煤矿所产煤为孟加拉国当地供应给孟加拉国的火力发电厂，未全部销售给其他国家和地区，与苏能股份的销售范围不重合。徐矿集团与该煤矿中机公司共同为该煤矿提供技术服务，对该煤矿的安全生产提供技术指导，方案设计及管理，不会主导该项目的销售。徐矿集团承诺：在徐矿集团现有的煤炭服务/劳务业务基础上，不再发展任何竞争性业务。 经与业主方协商，陕西煤业集团黄陵矿业有限公司井下巷道掘进项目将于 2021 年 12 月 31 日前退出。山西朔州山明金海洋台东山煤业有限公司的项目、通风系运行系有限公司机电运行系统、通风系有限公司项目将分别于苏能股份合同到期日退出，山西介休大佛寺煤业有限公司项目后续将不再承接该等项目，同时力争将该业务推荐为该业务的主体，由苏能股份作为该业务的主体，重新份，由苏能股份作为该业务的主体与业主方签署合作协议。

注：上表中赛尔能源为徐矿集团持股 100% 的企业、哈密能源为徐矿集团持股 50% 的企业、中宝矿产为徐矿集团持股 53.02% 的企业。

上述三家公司在递交申报文件时点均为徐矿集团实际控制的企业。

尽管采取了上述一系列模式优化措施，但是中国证监会审核机构通过反馈意见的方式对上述措施能否彻底解决苏能股份与徐矿集团之间同业竞争问题表示了持续的重点关注。对此，锦天城律师配合苏能股份与其控股股东徐矿集团、徐矿集团的上级股东江苏省人民政府进行了再次分析论证，认为现有解决问题框架下已穷尽了相关措施，需采取进一步的资产重组措施，彻底解决可能存在的同业竞争问题。为了支持苏能股份首发上市，推进徐矿集团不良资产处置，实现国有资本的保值增值，在江苏省人民政府的关心及江苏省政府国有资产监督管理委员会的主导下，徐矿集团将其持有的赛尔能源100%股权、哈密能源50%股权和中宝矿产53.02%股权无偿划转给了江苏省政府国有资产监督管理委员会下属主要从事"资产管理、贸易和废弃资源综合利用"的专业化公司江苏省惠隆资产管理有限公司，同时解除了上述《委托经营管理合同》及股权转让框架合同，彻底解决了潜在同业竞争问题。

（二）安全生产行政处罚问题

申报期间（自2019年1月1日至2022年7月31日），苏能股份受到的罚款以上行政处罚合计136项，主要为安全生产类行政处罚；2019年度、2020年度及2021年度收到的罚款金额合计分别为337.4万元、336.8万元、388.9万元。

锦天城律师在根据首次公开发行股票并上市规则在论证上述行政处罚不属于重大行政处罚、涉及相关行为不属于重大违法违规行为过程中，除了对处罚依据进行法律分析及取得作出行政处罚机关出具的认定相关行政处罚不属于重大行政处罚、涉及相关行为不属于重大违法违规行为的证明文件外，针对上述行政处罚主要集中在安全生产领域、存在一定频次和累计金额行政处罚的情况，重点结合了煤矿开采行业的行业特点及同行业公司比较论证的方式，深入论证了相关安全生产行政处罚事项不构成苏能股份申请首发上市的重大法律障碍。

第一，通过对煤矿开采行业分析，论证苏能股份报告期内安全生产类行政处罚事项多次反复发生属于行业普遍现象。

锦天城律师通过走访煤炭开采行业主管部门及行业协会并分析国家煤矿安全监察局年度煤矿监管监察执法情况报告，从以下三个方面展开了论证：

从行业特点来看，苏能股份属于煤炭开采行业，煤矿生产地质条件先天复杂多变且较为恶劣，工作场所大多在地下受限空间且处在不断变化和移动中，生产系统复杂、环节多，经常受到瓦斯、煤尘、火、水、顶板等灾害的威胁。煤矿企业最大的特点就是生产区域不固定，属于不断变化的动态管理，采煤工作面和掘进工作面地点是不断变化的，不同区域地质条件存在差异性，对设备的要求及支护材料和支护方式等要求各异，且不断变化的工作地点，对生产系统、设备等需要动态的延伸和重新建设，在不断的动态变化管理过程中，相较于其他行业管控难度更大。因此，煤炭开采行业受到安全生产处罚的频率较其他行业而言也相对较高。

从监管要求来看，近年来，国家对煤矿安全生产监管力度不断加大，陆续出台或修订了《安全生产法》《煤矿重大事故隐患判定标准》等安全监管法律法规，进一步提高了煤矿安全生产的监管要求、强制性技术标准以及检查频次和力度，全国煤矿行业监管监察频次和执法处罚力度逐年加大。根据中国煤炭工业协会的统计数据，2019—2021 年，全国煤矿安全监察系统年均监察煤矿 10 万次左右、形成处罚 1 万次左右、年均行政处罚 20 亿元左右。

从公司自身情况来看，苏能股份所属生产及托管矿井分布区域广，地质条件差异性较大，水文地质条件复杂，且部分矿井开采年限较长，开采范围大，环节复杂，安全生产管理工作难度更高。公司牢固树立"安全第一、预防为主、综合治理、整体推进"的安全生产方针，坚持"生命至上，人民至上"，把职工的生命安全和身体健康放在第一位，落实"意识＋责任＋标准化"安全生产管理体系，报告期内守住了不发生重大安全事故的底线，实现了公司管控范围内的安全生产。尽管公司建立健全了安全生产制度，在安全生产方面不断加大投入，持续强化员工安全生产意识，但随着行业监管的趋紧在日常生产经营中仍难免受到处罚。

综上分析，苏能股份报告期内安全生产类行政处罚事项多次反复发生属于行业普遍现象。

第二，通过对全国煤炭开采行业统计数据、行业可比公司披露数据的对比分析，论证苏能股份所受行政处罚次数较小、频率较低。

2019 年、2020 年及 2021 年，全国煤炭开采行业与苏能股份安全生产类的行政处罚情况比较分析如下：

表 3

项目	2019 年			2020 年		
	处罚次数	合计罚款金额	平均单次罚款金额	处罚次数	合计罚款金额	平均单次罚款金额
全国煤炭开采行业	9 040	172 518.7 万元	19.1 万元	9 483	204 740.7 万元	21.6 万元
苏能股份	25	337.4 万元	13.5 万元	26	336.8 万元	12.95 万元

项目	2021 年		
	处罚次数	合计罚款金额	平均单次罚款金额
全国煤炭开采行业	10 581	192 159.8 万元	18.2 万元
苏能股份	37	388.9 万元	10.51 万元

注：以上数据来源于国家煤矿安全监察局年度煤矿监管监察执法情况，2022 年 1—6 月相关数据未披露，下同。

根据表 3 可知，上述期间内，与全国煤炭开采行业统计数据相比，苏能股份安全生产类的行政处罚平均单次罚款金额较小，且呈现逐年下降趋势。

同行业已上市公司在年度报告中并不单独披露行政处罚明细情况，基于公开披露信息的可得性，以及生产规模与苏能股份相近、开采条件类似、装备水平相近等条件，苏能股份就报告期内的行政处罚情况与淮北矿业、华晋焦煤进行了对比分析。

根据同行业上市公司淮北矿业公告的《淮北矿业控股股份有限公司公开发行可转换公司债券申请文件反馈意见》，淮北矿业 2019 年至 2021 年行政处罚情况如表 4 所示。

表 4

	项 目	2021 年	2020 年	2019 年	合计
淮北矿业	行政处罚数量合计	105	99	102	306
	煤炭产量（万吨）	2 257.55	2 168.14	2 084.10	6 510
	每百万吨行政处罚数量	4.65	4.57	4.90	4.70

（续表）

	项　　目	2021 年	2020 年	2019 年	合计
苏能 股份	行政处罚数量合计	51	34	35	120
	煤炭产量（万吨）	1 664.48	1 721.14	1 875.15	5 261
	每百万吨行政处罚数量	3.06	1.98	1.87	2.28

注：淮北矿业未披露 20 万以下行政处罚分年度明细，因此将其平均分摊至报告期估算。

同行业上市公司淮北矿业 2019 年至 2021 年行政处罚是 306 项，苏能股份同期行政处罚 120 项，远低于同行业上市公司淮北矿业。考虑规模因素，最近三年淮北矿业每百万吨行政处罚数量分别是 4.90、4.57 和 4.65，苏能股份同期每百万吨行政处罚数量分别为 1.87、1.98 和 3.06，均远低于淮北矿业的行政处罚数量。

根据山西焦煤公告的《发行股份及支付现金购买资产并募集配套资金暨关联交易报告书》，标的资产华晋焦煤及其分支机构、子公司受到的罚款 5 万元以上的行政处罚情况与苏能股份的对比如表 5 所示。

表 5

	项　　目	2021 年	2020 年	2019 年	合计
华晋 焦煤	行政处罚数量合计	16	24	18	58
	煤炭产量（万吨）	819.63	873.47	862.38	2 555.48
	每百万吨行政处罚数量	1.95	2.75	2.09	2.27
苏能 股份	行政处罚数量合计	29	16	20	65
	煤炭产量（万吨）	1 664.48	1 721.14	1 875.15	5 261
	每百万吨行政处罚数量	1.74	0.93	1.07	1.24

注：1. 华晋焦煤披露 2021 年数据根据 1—11 月数据年化；2. 华晋焦煤仅披露 5 万元以上行政处罚，苏能股份的行政处罚数据也为 5 万元以上。

2019 年至 2021 年，同行业公司华晋焦煤生产每百万吨煤炭受到的 5 万元以上的行政处罚数量分别是 2.09、2.75 和 1.95，苏能股份同期生产每百万吨煤炭受到的 5 万元以上的行政处罚数量分别为 1.07、0.93 和 1.74，均低于华晋焦煤的行政处罚数量。

综上分析，根据与全国煤炭开采行业统计数据相比，苏能股份平均单次罚款金额较小；与行业可比公司淮北矿业、华晋焦煤相比，苏能股份所受行政处罚次数较小、频率较低。

第三，通过计算报告期苏能股份百万吨煤死亡率、百万吨煤安全生产事故次数以及百万吨煤因安全生产受到的行政处罚次数，并与同行业公司比较，说明苏能股份相关数据均优于全国煤炭开采行业数据。

2019年、2020年及2021年，全国煤炭开采行业与苏能股份百万吨煤死亡率、百万吨煤安全生产事故次数以及百万吨煤因安全生产受到的行政处罚次数情况比较分析如表6所示。

表6

项　目	2019年			2020年		
	百万吨事故次数	百万吨死亡率	百万吨处罚次数	百万吨事故次数	百万吨死亡率	百万吨处罚次数
全国煤炭开采行业	0.044 7	0.083%	2.37	0.031 4	0.058%	2.44
苏能股份	0	0	1.33	0.060 7	0.058%	1.51

项　目	2021年			平均数		
	百万吨事故次数	百万吨死亡率	百万吨处罚次数	百万吨事故次数	百万吨死亡率	百万吨处罚次数
全国煤炭开采行业	0.022 5	0.044%	2.62	0.032 9	0.061 7%	2.5
苏能股份	0	0	2.22	0.020 2	0.019 3%	1.69

注：以上数据来源于国家煤矿安全监察局年度年煤矿监管监察执法情况。

根据表6，上述期间内，苏能股份百万吨煤死亡率、百万吨煤安全生产事故次数以及百万吨煤因安全生产受到的行政处罚次数平均数分别为0.019 3、0.020 2和1.69，均低于全国煤炭开采行业数据。2020年苏能股份因发生一起1人死亡的安全生产事故，百万吨事故次数高于全国煤炭开采行业数据、百万吨死亡率与全国煤炭开采行业数据持平外，其余年度内，苏能股份百万吨煤死亡率、百万吨煤安全生产事故次数以及百万吨煤因安全生产受到的行政处罚次数均优于全国煤炭开采行业数据。

四、案件结论 ///

　　公司申请首次公开发行股票并上市过程中，会面临大量法律问题。经过多年资本市场发展，这些法律问题及解决思路大同小异。在解决问题思路及方案同质化的背景下，如何结合不同企业的特性，作出针对性更强、更加灵活的解决方案，更好地服务企业上市，是未来证券业务律师需要重点关注的事项。在苏能股份申请首次公开发行股票并上市案例中，无论是同业竞争问题还是安全生产行政处罚问题的解决，锦天城律师认为都是一个渐进的过程，在该过程中，锦天城律师与其他中介机构配合苏能股份，根据审核进展的不同阶段综合采用了更为灵活的解决方案，紧扣苏能股份煤矿与发电为主业的特性，设计了个性化的解决问题方案，并发散思维多角度开展相关论证，为相关问题的最终解决及苏能股份成功上市奠定了坚实的基础。

宁波港分拆宁波远洋上市项目

马茜芝* 刘入江**

一、案情介绍

宁波远洋成立于 1992 年 7 月 14 日，主营业务为国际、沿海和长江航线的航运业务、船舶代理业务及散货货运代理业务。根据国际权威研究机构法国 Alphaliner 最新数据显示，宁波远洋位列世界集装箱班轮公司百强榜 26 位。宁波远洋三十年来，形成了以宁波舟山港为核心，打造了辐射近洋、沿海及沿江的航线体系，在客户中积累了广泛的认知度和良好的品牌形象。

宁波舟山港是我国大陆重要的集装箱远洋干线港，国内重要的铁矿石中转基地和原油转运基地，是国家的主枢纽港之一，也是国家"丝绸之路经济带"和"21 世纪海上丝绸之路"的交汇点，"长江经济带"的重要组成部分。港口汇聚了全球一线船公司，有效保障了庞大的货源。宁波远洋以宁波舟山港为母港，辐射沿海、内陆及亚洲区域，拥有强大的港口支撑，宁波远洋与宁波舟山港的良好合作关系保障了旗下船舶在系统对接、靠泊 / 装卸作业衔接上的流畅，有利于码头生产工艺组织安排和陆端运输资源的提前布局，增强集装

---

* 上海锦天城律师事务所高级合伙人。

** 上海锦天城律师事务所合伙人。

箱流转效率和运输时效性，提升服务质量，实现财务结算、运营维度的协同效应。

2019 年以来资本市场改革提速，中国证监会、上交所先后发布一系列促进资本市场发展有关政策，宁波远洋拟借助分拆上市政策优势独立进入资本市场，优化宁波远洋的管理体制、经营机制并提升管理水平，加大对航运业务的资本投入，积极构建创新、协调、绿色、开放、共享的航运物流生态，成为全国领先的航运物流综合服务供应商。宁波远洋主营国际、沿海和长江航线的航运业务、船舶代理业务及干散货货运代理业务，与宁波港之间保持着较高的业务独立性，分拆上市有利于宁波港和宁波远洋未来进一步聚焦各自核心主业。

2020 年 11 月起，宁波远洋通过业务重组、搭建架构、引入战投等一系列举措，启动分拆上市工作，借助资本市场力量，为提升航运服务核心竞争力打开空间，进一步完善宁波舟山港的内支、内贸、近洋航线网络，优化"一带一路"沿线国家和地区航线网络布局。鉴于项目组律师在宁波港上市过程中的出色表现，宁波远洋聘请锦天城律师作为其在上交所主板上市的专项法律顾问，协助其完成上交所主板上市项目。

2022 年 12 月 8 日，上市公司宁波舟山港股份有限公司（以下简称"宁波港"，股票代码：601018）分拆其控股子公司宁波远洋运输股份有限公司在上海证券交易所主板成功上市，股票代码：601022.SH，系国内港口航运企业首家实现"A 拆 A 上市"的企业。

二、办案难点

根据中国证监会《上市公司分拆所属子公司境内上市试点若干规定》（以下简称《若干规定》，现已失效）、中国证监会《上市公司分拆规则（试行）》的定义，上市公司分拆（含境内分拆及境外分拆）指，上市公司将部分业务或资产，以其直接或间接控制的子公司形式，在境内或境外证券市场首次公开发行股票并上市或者实现重组上市的行为。

诚然，上市公司分拆子公司上市在一定程度上可以缓解资金压力、提炼核心业务、改善公司治理，但是如果监管不当，上市公司分拆子公司上市也会成为扰乱资本市场秩序的难点问题，并引发风险。因此，监管机构会特别关注分拆上市对各方股东特别是中小股东、债权人和其他利益相关方的影响，对于合规性、独立性、关联交易及同业竞争等方面给予更多关注。

三、法律分析

就宁波港分拆宁波远洋上市而言，监管机构的审核关注要点如下。

（一）合规性

《若干规定》第一条对分拆上市条件进行了硬性规定。根据《若干规定》，本次分拆需要满足以下七个条件，即母公司的上市年限、盈利能力、合规性、母子公司的净利润 / 净资产占比、管理层持股比例、子公司独立性等方面。监管的目的在于确保母公司的上市地位和投资者的利益不会因为分拆子公司上市而受到重大损害，同时确保分拆后的子公司具备独立的运营能力和上市资格。据此，本次分拆的具体情况如表 1 所示。

表 1

条　件	具体规定	本次分拆具体情况
母公司上市满三年	上市公司股票境内已满 3 年	宁波港股票于 2010 年 9 月在上交所主板上市，至今已满三年
母公司三年盈利能力	上市公司最近 3 个会计年度连续盈利，且最近 3 个会计年度扣除按权益享有的拟分拆所属子公司的净利润后，归属于上市公司股东的净利润累计不低于 6 亿元人民币	宁波港最近 3 个会计年度扣除按权益享有的宁波远洋的净利润后，归属于宁波港股东的净利润约为 76.84 亿元
母公司享有子公司净利润 / 净资产占比	上市公司最近 1 个会计年度合并报表中按权益享有的拟分拆所属子公司的净利润不得超过归属于上市公司股东的净利润的 50%；上市公司最近 1 个会计年度合并报表中按权益享有的拟分拆所属子公司净资产不得超过归属于上市公司股东的净资产的 30%	宁波港最近 1 个会计年度合并报表中按权益享有的宁波远洋的净利润比例为 8.86%；宁波港最近 1 个会计年度合并报表中按权益享有的宁波远洋净资产比例为 4.70%

（续表）

条件	具体规定	本次分拆具体情况
母公司合规性	上市公司不存在资金、资产被控股股东、实际控制人及其关联方占用的情形，或其他损害公司利益的重大关联交易。上市公司及其控股股东、实际控制人最近36个月内未受到过中国证监会的行政处罚；上市公司及其控股股东、实际控制人最近12个月内未受到过证券交易所的公开谴责。上市公司最近一年及一期财务会计报告被注册会计师出具无保留意见审计报告	普华永道就宁波港最近三个会计年度的大股东占用资金情况分别出具了《关于宁波舟山港股份有限公司控股股东及其他关联方占用资金情况专项报告》（普华永道中天特审字（2019）第0977号）、《关于宁波舟山港股份有限公司控股股东及其他关联方占用资金情况专项报告》（普华永道中天特审字（2020）第1893号）、《关于宁波舟山港股份有限公司控股股东及其他关联方占用资金情况专项报告》（普华永道中天特审字（2021）第0962号），确认不存在上市公司资金、资产被控股股东、实际控制人及其关联方占用的情形
募投项目/重组资产/金融业务分拆限制	上市公司最近3个会计年度内发行股份及募集资金投向的业务和资产，不得作为拟分拆所属子公司的主要业务和资产，但拟分拆所属子公司最近3个会计年度使用募集资金合计不超过其净资产10%的除外；上市公司最近3个会计年度内通过重大资产重组购买的业务和资产，不得作为拟分拆所属子公司的主要业务和资产。所属子公司主要从事金融业务的，上市公司不得分拆该子公司上市	宁波港最近3个会计年度内发行股份及募集资金投向的为码头工程、泊位改造工程、拖轮、桥吊设备等与其主营业务相关的业务与资产，不存在使用最近3个会计年度内发行股份及募集资金投向的业务和资产、最近3个会计年度内通过重大资产重组购买的业务和资产作为宁波远洋的主要业务和资产的情形
管理层持股比例	上市公司董事、高级管理人员及其关联方持有拟分拆所属子公司的股份，合计不得超过所属子公司分拆上市前总股本的10%；上市公司拟分拆所属子公司董事、高级管理人员及其关联方持有拟分拆所属子公司的股份，合计不得超过所属子公司分拆上市前总股本的30%	宁波远洋的股东为宁波港、舟山港务、富浙资本、机场集团、杭钢集团，皆为国有股东，不存在宁波港董事、高级管理人员及其关联方持有拟分拆所属子公司的股份情形；不存在宁波港拟分拆所属子公司董事、高级管理人员及其关联方持有拟分拆所属子公司的股份情形

（续表）

条　件	具体规定	本次分拆具体情况
独立性	本次分拆有利于上市公司突出主业、增强独立性。本次分拆后，上市公司与拟分拆所属子公司均符合中国证监会、证券交易所关于同业竞争、关联交易的监管要求，且资产、财务、机构方面相互独立，高级管理人员、财务人员不存在交叉任职，独立性方面不存在其他严重缺陷	宁波港、宁波远洋资产相互独立完整，在财务、机构、人员、业务等方面均保持独立，分别具有完整的业务体系和直接面向市场独立经营的能力，在独立性方面不存在其他严重缺陷

根据项目组律师核查，宁波港分拆宁波远洋至上交所主板上市符合《若干规定》规定的分拆条件，有利于上市公司突出主业、增强独立性，符合同业竞争、关联交易的监管要求，满足独立性要求，不存在利用分拆上市实施利益输送的情况。

（二）独立性

《上市公司治理准则》对独立性进行了明确规定，即资产独立、财务独立、人员独立、机构独立、业务独立。因此，分拆后，母子公司之间应当在资产、人员、财务、机构及业务等五个方面保证独立性，也就是俗称的"五独立"。上市审核如此强调独立性，归根到底是关注公司核心业务是否具有成长性和可持续经营能力。分拆后的子公司只有具有完整的业务体系和直接面向市场独立经营的能力，才能保证其拥有独立的竞争力及行业地位。

但是，鉴于在分拆前，分拆资产与业务位于上市公司合并财务报表范围内，且上市公司通常会采取集团化运作的模式，故拟分拆公司与上市公司及其控制的其他企业之间难免存在共用资产、人员兼职以及资金拆借等情况。为满足 IPO 的要求，根据目前的监管法律法规及证监会出台的相关窗口指导意见，公司应当在资产、人员、财务、机构及业务等五个方面对拟分拆资产进行规范。

1. 财务独立

财务独立要求拟分拆公司已建立独立的财务核算体系、能够独立作出财务决策、具有规范的财务会计制度和对分公司、子公司的财务管理制度；拟分公司未与控股股东、实际控制人及其控制的其他企业共用银行账户。

经项目组律师核查，发现宁波远洋曾存在统一将资金存放在财务公司的行为。根据宁波远洋与财务公司的约定，宁波远洋人民币账户资金存储在与财务公司挂接的二级联动户或通过转账至二级联动户，实现集团资金池统一资金归集管理。为了减少关联交易，增强宁波远洋财务独立性，在项目组律师建议下，宁波远洋于 2021 年 6—7 月逐步减少与财务公司的存贷款业务，并陆续撤销了在财务公司开立的账户，退出财务公司现金管理服务网络。截至 2021 年 8 月末，除宁波远洋在财务公司的贷款专户、保函保证金账户、接收海通物流委托贷款利息的专用账户外，其余银行账户皆非财务公司关联账户，宁波远洋已解除了在财务公司存款业务。同时，宁波远洋制定了《资金管理办法（试行）》，规定了宁波远洋及下属企业资金管理原则、管理职责、管理内容与方法。就银行账户管理事项，其规定"公司及所属企业应在公司公款存放、结算招投标中标银行开具资金存放账户"。

2. 业务独立

"五独立"中业务独立显得尤为重要，我们需要重点关注上市公司与拟分拆公司之间的业务关联问题，譬如拟分拆公司是否有独立的生产、采购、销售、研发业务体系，独立签署各项与其生产经营有关的合同，独立开展各项生产经营活动，已有或潜在的关联交易、同业竞争等问题的梳理、解释口径、解决方案等。

经项目组律师访谈公司相关人员，发现宁波远洋子公司宁波港船务货运代理有限公司自公司成立至今一直负责托管宁波舟山港集团有限公司旗下的全资子公司宁波宏通铁路物流有限公司，中国舟山外轮代理有限公司托管至少 3 家股东单位所属其他公司。

在项目组律师的督促下，宁波港船务货运代理有限公司解除了对宁波宏通铁路物流有限公司的托管关系，以及中国舟山外轮代理有限公司对其他公司的托管关系。

3. 人员独立

拟分拆公司的董监高多数来源于其控股股东（上市公司）体系，且在递交上市申请时亦可能存在拟分拆公司的董事、监事在其控股股东或其控制的企业任职／兼职的情形，这种情况违背了人员独立的要求，相关人员应当尽快辞去在一方的任职，避免此类情形的长期存在。

经项目组律师核查，发现宁波宏通铁路物流有限公司执行董事（法人代表）由宁波港船务货运代理有限公司总经理兼任，总经理由宁波港船务货运代理有限公司镇海分公司经理兼任，财务负责人由宁波港船务货运代理有限公司财务部人员兼任；中国舟山外轮代理有限公司存在高管或财务兼职的事项。在项目组律师的督促下，宁波港船务货运代理有限公司及中国舟山外轮代理有限公司逐步解除了人员兼职。

（三）同业竞争

同业竞争通常是指发行人与控股股东、实际控制人及其控制的其他企业存在主营业务相同或相似，且与发行人构成竞争的情形。同业竞争可能会导致发行人和与其构成"同业竞争"关系的企业（以下简称"竞争方"）之间的非公平竞争，致使发行人与竞争方之间存在利益输送，造成发行人与竞争方之间相互或者单方让渡商业机会情形，或对发行人未来发展带来潜在不利影响。

根据规定，上市公司分拆子公司上市的，拟分拆公司需要具有直接面向市场独立持续经营的能力，不得与其控股股东、实际控制人及其控制的其他企业间存在对其构成重大不利影响的同业竞争。与一般的境内上市不同，分拆上市是上市公司将部分业务或资产剥离出来由子公司独立上市，该等剥离出来的业务或资产原本属于上市公司业务或资产的组成部分，拟分拆公司系上市公司合并财务报表范围内的控股子公司，实践中拟分拆公司一般都与上市公司处于同一行业，这意味着二者的主营业务可能存在相似的情形。

在判断同业竞争时，应当按照实质重于形式的原则进行核查。首先，应当确定核查范围，对监管机构认为的竞争方进行核查，包括但不限于控股股东、实际控制人及其能够控制的其他企业。其次，判断相同或相似的业务是否与发行人构成"竞争"。是否构成"竞争"与竞争方和拟分拆公司的实际业务及其经营情况紧密相关，此时可结合相关企业历史沿革、资产、人员、主营业务（包括但不限于产品服务的具体特点、技术、商标商号、客户、供应商等）等方面与发行人的关系，以及业务是否有替代性、竞争性，是否有利益冲突，是否在同一市场范围内销售等综合考虑。再次，判断已存在的同业竞争是否对发行人构成重大不利影响。对于竞争方与拟分拆公司所从事的业务构成"同业"，但是不构成"竞争"的，可以认定竞争方与拟分拆公司之间不存在同业竞争；如果竞争方与拟分拆公司所从事的业务构成"同业"，且构成"竞争"的，需要进一步判断该等"竞争"对拟分拆公司是否构成"重大不利影响"。结合相关规定和审核实践，如果竞争方的同类收入或者毛利占拟分拆公司主营业务收入或者毛利的比例达百分之三十以上的，如无充分相反证据，原则上应当认定为构成重大不利影响的同业竞争，一旦该等"竞争"被认定为构成重大不利影响，拟分拆公司将不符合发行上市的条件。最后，应当披露避免同业竞争的措施或承诺及其履行情况。

在项目组律师前期尽调过程中，通过对省海港集团、宁波舟山港集团和宁波港及旗下企业的主要经营范围进行梳理，发现共有 **59** 家企业（含分公司）的经营范围与宁波远洋及其子公司的经营范围存在重合，其中涉及航运业务、无船承运、船代业务、干散货代理业务等。为彻底解决同业竞争问题，充分落实宁波港的公开承诺，确保宁波远洋分拆上市顺利推进，项目组律师建议通过取消营业范围中相关业务、变更营业范围、股权转让等方式进行解决。同时，针对温州港口服务有限公司、大麦屿港务有限公司、嘉兴市东方物流有限公司等 **6** 家重点企业，项目组律师提出了个案解决方式。譬如，以温州港口服务有限公司为例，其经营范围有：温州水路货物运输代理、国内及国际船舶代理、无船承运业务；货运：普通货运、货物专用运输（集装箱）等。经项目组律师了解，温州港服存在租赁驳船、经营港口之间水上运输业务，与宁波远洋存在同业竞争。因此，项目组律师提出了如下解决方案：（1）温州港服停止租赁驳船经营水上运输业务，基于业务发展需要，可以改为委托其他船公司运营；（2）去掉经营范围中"船舶代理、无船承运业务"表述；明确"温州水路货物运输代理"的营业范围为"集装箱货运代理"；明确"普通货运、货物专用运输（集装箱）"为陆路运输。通过前述方案的实施，宁波远洋逐步清理了现存的同业竞争。

从审核实践看，监管机构除关注已存在的同业竞争问题外，还会关注潜在可能的同业竞争，且经常会通过公开渠道查询相关企业的经营范围进行比对，如经营范围相近或相似，一般会被认为存在潜在或可能同业竞争。因此，为进一步打消监管机构的疑虑，项目组律师建议省海港集团及宁波舟山港集团作为宁波远洋的间接控股股东、宁波港作为宁波远洋的直接控股股东出具承诺函，进一步避免同业竞争问题；以及省海港集团旗下相关企业出具承诺函，承诺目前与将来不从事宁波远洋经营业务。

（四）关联交易

在分拆上市前，子公司是在母公司体内进行孵化、培育和发展的，母、子公司之间的交易不作为关联交易披露。但是子公司分拆上市后，子公司就是一个独立的上市主体，母、子公司之间难免会因为过往的业务重合而存在关联交易，交易双方通常为拟分拆公司与上市公司及其关联方。关联交易可能伴随着上市公司利润转移、侵害中小股东权利等问题，对此监管机构会特别关注拟分拆公司与上市公司及其关联方是否存在显失公允的关联交易，是否存在利益输送、业务依赖等违规行为，严防利用关联交易进行输送利益或调节利润等行为。

为顺应港航一体化的政策，大多航运公司均会以母港为支撑展开各条航线的运输业务，因此，在运营过程中，航运公司需要持续向控股股东采购包括码头装卸服务在内的各项港口服务以及船用燃料油，以停靠诸多码头并开展航运业务。同时，基于对运输船舶建造及日常经营需求，航运公司会与关联方发生资金拆借以用于支付船舶及集装箱的建造款。针对航运企业与母港企业间的不同种类的关联交易，是上市审核的关注要点之一。因此，针对日常经营关联交易，一般需要论证关联交易的必要性、合理性，关联交易价格的公允性，以及关联交易是否影响发行人独立性；针对与关联方发生的资金拆借，需要论证关联方发生的资金往来是否具有真实的交易背景、必要性及合理性，以及公司是否规范了资金集中管理，确保资金独立的内控制度和措施是否健全有效。

宁波远洋作为宁波港下属的运输公司，以宁波舟山港为母港开展运输业务。分拆上市前，宁波远洋与宁波港发生的交易，因属于同一上市公司体系内，不作为关联交易进行单独披露或计算。但是，分拆上市后，宁波远洋作为宁波港下属的上市公司、重要控股子公司，其与宁波港发生的交易均应当按照关联交易进行披露。

以关联采购为例，经项目组律师核查，宁波远洋与宁波港下属合并范围内码头公司装卸费的结算享有优惠条款。在同等装卸量下，宁波远洋支付的装卸费低于其他船公司在宁波港的装卸费，关联交易的公允性存在问题，存在宁波港向宁波远洋输送利益风险。项目组律师根据宁波远洋业务部门提供的数据，针对传统业务，从横向（对比其他港口）、纵向（对比宁波港其他客户，比如中远海、中谷物流）角度，对宁波远洋获取的优惠进行了分析，并提出初步解决方案及初步分析回复；针对特殊计费模式，在参考会计师测算数据的基础上，对该等业务的商业合理性予以充分论证。

四、案件结论

宁波远洋遵循服务"一带一路"、长江经济带、长三角一体化等国家战略的目标定位，助力打造国内大循环的战略节点、国内国际双循环的战略枢纽。自上市以来，宁波远洋先后完成了 5 艘"宁远系"船舶的交付使用，包括 2 艘散货船舶及 3 艘内贸集装箱船舶。目前，宁波远洋旗下船队规模为 79 艘，运力规模为 41 330 TEU。Alphaliner 最新数据显示，宁波远洋成为世界集装箱航运业内第二梯队中运力规模增幅最大的集运公司。与此同时，宁波远洋在全球集运公司排行榜中首次进入前 30 位。宁波远洋快速发展的背后，是以宁波舟山港为母港，辐射内陆、沿海及亚洲区域的强大港口支撑。

国家政策的有力支持，对水路运输高质量发展具有重要的战略意义和深远影响。宁波远洋致力于集装箱物流行业。近年来，国家出台一系列政策推进物流降本增效，以更好地服务实体经济发展。开展多式联运、集装箱铁水联运、江海中转等多式联运方式成为行业发展导向。同时在国家"扩大内需"政策的驱动下，近年来国内贸易出现高速增长，从而创造了大量的集装箱物流需求。另外随着全球疫情步入拐点，世界经济预期将出现复苏态势，全球货物贸易量将稳步增长，这也将推动集装箱物流行业持续增长。得益于国家政策支持和市场需求的扩张，这也使得宁波远洋未来财务状况和盈利能力前景良好。

同时，随着"一带一路"建设的继续推进，合作与政策改革持续加强，后续源源不断的经济援助和贸易物流将在"一带一路"区域极大地带动物流需求。"一带一路"建设是新形势下中国对外开放的重要战略布局，是对古丝绸之路的传承和提升，将加快推进亚洲区域经济一体化进程，并将促进经济要素有序自由流动、资源高效配置和市场深度融合，对物流行业的政策红利将陆续释放，是我国加快区域经济合作的重要典范和模板。作为目前国内少数的综合性航运公司，宁波远洋同时经营国际航线和国内航线。"一带一路"建设将促进国内外资源的自由流动，并将加快推进公路、铁路、民航、海运等多种运输方式的互联互通，有望为宁波远洋发展带来新的机遇。

由此可见，上市公司分拆子公司境内上市是公司理顺业务架构、拓宽融资渠道、获得合理估值以及进一步提升整体竞争力的有效手段。上市公司应当在注重并规范独立性、同业竞争、关联交易、信息披露等合规性事项的基础上，提升上市公司及拟分拆子公司的经营能力及盈利能力、提高营业收入及净利润等关键指标，避免因分拆上市出现母公司"空心化"风险，进而导致分拆上市实质障碍。

合盛硅业沪主板 IPO 项目

沈国权 * 李攀峰 ** 张玲平 ***

一、案情介绍

合盛硅业股份有限公司（以下简称"合盛硅业"或"公司"）成立于 2005 年 8 月，主要从事工业硅及有机硅等硅基新材料产品的研发、生产及销售，是我国硅基新材料行业中业务链最完整、生产规模最大的企业之一。根据中国有色金属工业协会硅业分会的统计，截至公司 IPO 申请材料签署之日，公司是我国最大的工业硅生产企业。根据《中国硅产业年鉴（2014）》的统计，以有机硅单体的产量计算，截至公司 IPO 申请材料签署之日，公司位列世界有机硅行业前十。

公司的主要产品包括工业硅及有机硅产品两大类，并有少量多晶硅产品。工业硅是由硅矿石和碳质还原剂在矿热炉内冶炼成的产品，主要成分为硅元素，是下游光伏材料、有机硅材料、合金材料的主要原料。有机硅是对含硅有机化合物的统称，其产品种类众多、应用领域广泛。由于有机硅材料具备耐温、耐

---

* 上海市锦天城律师事务所高级合伙人。
** 上海市锦天城律师事务所高级合伙人。
*** 上海市锦天城律师事务所律师。

候、电气绝缘、地表面张力等优异的性能，因此在建筑、电子电气、纺织、汽车、机械、皮革造纸、化工轻工、金属和油漆、医药医疗、军工等行业广泛应用，形成了丰富的产品品类，大约有 8 000 多个品种应用在各个行业，有工业味精之称。

公司的工业硅及有机硅生产技术处于国内领先地位。公司是高新技术企业，也是浙江省创新型试点企业。近年来，公司主起草或参与了《有机硅环体单位产品能源消耗限额》《工业硅》《工业硅化学分析方法》等近 10 项国家或行业标准的制定或修改；建立了省级"合盛硅基新材料省级高新技术企业研究开发中心"及"浙江合盛硅基新材料研究院"；完成了"大型有机硅生产装置节能减排关键工程技术开发及应用"等浙江省重大科技专项；"利用甲基三氯硅烷生产气相法白炭黑产业化技术"等多个项目被列入浙江省省级工业新产品试制计划项目。

公司股票于 2017 年 10 月在上海证券交易所主板挂牌上市。

二、办案难点

合盛硅业 IPO 项目在审核过程，经历了因存在尚待调查核查并影响明确判断的重大问题而被发审会暂缓表决，审核机构主要关注如下问题。

（一）自备电厂报告期内生产经营的合法合规性是否符合有关规定

报告期各期，合盛硅业子公司新疆西部天富合盛热电有限公司（以下简称"合盛热电"）净利润分别为 5 336.24 万元、29 236.54 万元及 48 679.46 万元，占合盛硅业各期净利润比重分别为 23.83%、85.92% 及 63.41%，为合盛硅业重要子公司。合盛热电 2×330 MW 热电联产项目于 2013 年首台机组投入试运行到 2016 年 9 月，一直未取得《电力业务许可证》，报告期内绝大部分时间属于无证生产。2016 年 9 月 20 日，合盛热电取得了国家能源局新疆监管办公室颁发的《电力业务许可证》，准许合盛热电从事发电类电力业务，有效期自 2016 年 9 月 20 日至 2036 年 9 月 19 日。合盛热电报告期内生产经营的合法合规性是否符合有关规定。

（二）自备电厂报告期内未缴纳政府性基金及附加的原因，是否需要预提相关费用，有关补缴对发行人财务状况的影响

（三）子公司使用国有划拨土地在建设公租房是否合法合规

发行人子公司西部合盛在石河子北工业园区建设公租房，涉及两宗土地，其中第一宗土地面积为 22 340.66 平方米，西部合盛已办理取得国有划拨土地证；第二宗土地面积为 63 828.00 平方米，根据政府有关规定，西部合盛需要在第一宗土地上建设公租房达到一定的条件时才能申请办理第二宗土地的国有划拨土地证，该公租房项目计划总投资 3.35 亿元，建设 2 496 套公租房。

西部合盛使用国有划拨土地在石河子建设公租房，是否符合《土地管理法》《土地管理法实施条例》、国务院办公厅《关于保障性安居工程建设和管理的指导意见》等法律法规的规定。

（四）申报 IPO 材料后，发行人控股股东股权转让的合理性、必要性

申报 IPO 材料后，发行人控股股东合盛集团的股份发生了多次转让，上述股份转让完成后，罗立伟（实际控制人罗立国弟弟）、王宝珍（罗立国配偶王宝娣妹妹）等老股东退出，罗烨栋（罗立国儿子）作为新股东加入，上述股份转让其具体原因、主要目的和合理性、必要性，请结合上述股份转让价格的合理性等因素，说明罗立伟、王宝珍原来是否属于替实际控制人罗立国代持股份，是否属于代持还原，发行人相关信息披露是否真实、准确。

三、法律分析 ///

（一）自备电厂报告期生产经营的合法合规性是否符合有关规定

为支持当地发展，合盛集团响应石河子政府号召于 2011 年 1 月出资设立合盛热电，建设合盛热电 2×330 MW 热电联产项目（下称"合盛热电电厂项目"），作为西部合盛工业硅配套自备电厂。后因业务整合需要，合盛集团将合

盛热电 100% 股权转让给合盛硅业。合盛热电电厂项目建设过程中，为加快进度，经当地政府同意边建设边办理相关手续，存在审批手续滞后于建设进度的情形，但已经办理了审批相关手续并经发改、环保、安监、消防、水土保持等主管部门确认处理完毕，不存在潜在处罚。

在电力监管方面，合盛热电电厂项目并网、机组试运均经相应主管机关同意，并已取得电力业务许可证，主管部门确认合盛热电电力生产合法合规，具体如下。

1. 合盛热电机组并网经过主管部门批准

新疆维吾尔自治区经济和信息化委员会、国家电监会新疆电力监管专员办公室于 2012 年 10 月出具《关于农八师石河子市四家电厂接入电网的通知》(新经信电力〔2012〕508 号)，同意合盛热电 2×330 MW 热电联产项目办理机组并网的相关手续。

2. 合盛热电机组试运行经过主管部门批准

新疆电力建设工程质量监督中心站分别于 2012 年、2014 年出具《质量监督检查结论签证书》，同意合盛热电 2×330 MW 热电联产项目两台发电机组进入整套启动试运阶段。

3. 合盛热电取得了电力业务许可证

2016 年 9 月 20 日，国家能源局新疆监管办公室向合盛热电颁发《电力业务许可证》(编号：1031416-00290)，准许合盛热电从事发电类电力业务，有效期自 2016 年 9 月 20 日至 2036 年 9 月 19 日。

4. 国家有权电力监管机关对合盛热电合规经营出具了证明

（1）国家能源局新疆监管办公室作为国家能源局的派出机构，有权对合盛热电经营合规性进行监管确认

根据第十二届全国人民代表大会第一次会议批准的《国务院机构改革和职能转变方案》和国务院发布的《国务院关于部委管理的国家局设置的通知》(国发〔2013〕15 号)，自 2013 年 3 月起，原国家电力监管委员会不再保留，其职能整合进入新的国家能源局，由整合后的国家能源局作为国家能源监管部门。

根据《中央编办关于国家能源局派出机构设置的通知》(中央编办发〔2013〕130 号) 以及国家能源局《关于明确下放电力业务许可证核发职责等事项的通知》(国能综合〔2013〕448 号)、《国家能源局派出机构权力和责任清单（试行）》（国能法改〔2015〕425 号），国家能源局新疆监管办公室作为国家能源局在新疆地区的派出机构，有权实施其辖区内电力业务许可，并对违反电力业务许可有关规定等进行监管、处罚。

2017 年 7 月 7 日，国家能源局出具《国家能源局政府信息公开依申请答复》，确认国家能源局派出能源监管机构有权按照法定程序，在其辖区内核发电力业务许可证，有权按照法定程序对其辖区内电力企业执行电力市场运行规则的情况实施监管，有权按照法定程序对其辖区内发电企业违反《电力监管条例》（国务院令第 432 号）中关于电力业务许可有关规定的行为进行认定和处罚。

2017 年 7 月 24 日，新疆生产建设兵团发展和改革委员会上报《兵团发展改革委关于请确认新疆天富合盛热电有限公司 2×330 MW 热电联产园区电站工程合规性的请示》，认定合盛热电相关手续齐备，企业生产运营符合《电力监管条例》等相关规定，不存在潜在被处罚的问题，并请国家能源局予以复核确认。

2017 年 8 月 1 日，国家能源局综合司出具复函，确认国家能源局新疆监管办公室负责颁发和管理新疆维吾尔自治区内的电力业务许可证，并按照国家能源局有关规定开展辖区内许可证制度执行情况监管、处罚等工作，对于合盛热电的监管意见按职责应由国家能源局新疆监管办公室出具。

因此，根据上述规定，国家能源局新疆监管办公室作为国家能源局的派出机构，有权对合盛热电经营合规性进行监管确认。

（2）国家能源局新疆监管办公室已书面确认合盛热电经营合法合规，不存在潜在处罚

2017 年 6 月 14 日，国家能源局新疆监管办公室出具证明，确认合盛热电 2×330 MW 热电联产项目核准、建设、试运行、正式运营符合国家和地方关于电力供应管理的相关规定，为合法合规，不存在受到该办行政处罚的情形，也不存在因电力业务许可证取得前的试运行事项被该办给予行政处罚的风险。

5. 新疆生产建设兵团对合盛热电合规经营出具了确认文件

2017 年 6 月 29 日，新疆生产建设兵团第八师出具《关于请兵团确认新疆西部天富合盛热电有限公司合规生产有关事宜的请示》，对合盛热电合规经营相关事项进行了确认，并请新疆生产建设兵团审核确认。

2017 年 7 月 7 日，新疆生产建设兵团书面复函同意第八师"合盛热电自备电厂项目建设符合党中央、国务院支持新疆及兵团发展的政策要求，符合国家电力发展规划和产业政策、相关审批手续均已办理完成，生产经营符合国家和地方电力监管法律法规和政策规定"的意见。

综上所述，合盛热电电厂项目并网、机组试运均经相应主管机关同意，取得了电力业务许可证，并取得了国家有权电力监管部门和地方政府出具的合规确认文件，合盛热电取得电力业务许可证之前的电力试运行和生产经营合法合规。

（二）自备电厂报告期内未缴纳政府性基金及附加的原因，是否需要预提相关费用，有关补缴对发行人财务状况的影响

合盛热电自备电厂自发电以来，均在当地电力监管机关的监督下运行。自设立以来，合盛热电未收到所在地各级政府部门及当地电网企业发来的需缴纳政府性基金及附加的通知。公司就自备电厂自发自用电量是否需缴纳政府性基金及附加的情况也进行了政策咨询，确认新疆地区并未开征。因此，合盛热电自设立以来未缴纳政府性基金及附加。此外，公司在编制以前各期（2014 年度、2015 年度、2016 年度及 2017 年 1—3 月）财务报表时，新疆地区尚未有对自备电厂开征相关政府性基金及附加的明确政策变化或动向，因此公司也未对相关政府性基金及附加作预提。

新疆维吾尔自治区人民政府办公厅于 2017 年 7 月 8 日下发了《关于印发 2017 年自治区城乡居民生活用电同网同价改革实施方案的通知》（新政办发〔2017〕140 号），规定 2017 年 7 月 1 日起自备电厂足额缴纳政府性基金及附加用于同网同价。

国家发改委和国家能源局也在近期表示，将全面清理自备电厂欠缴的政府性基金及附加，督促所有自备电厂公平承担社会责任。

根据国家和地方相关政策的最新变化，合盛热电从谨慎性角度出发，按照财政部、发改委等国家部委制定的征收标准，补充计提并追溯调整了相关政府性基金及附加。此外，考虑到新疆地区将从 2017 年 7 月起开征相关政府性基金及附加，对以前各期相关政府性基金及附加进行补提并追溯调整，也更有利于投资者对公司过去及未来各年度间的财务数据进行比较，从而更有利于投资者对公司价值做出判断。

表 1

资产负债表	2017 年 3 月 31 日	2016 年 12 月 31 日	2015 年 12 月 31 日	2014 年 12 月 31 日
应交税费—调整前	11 269.13	12 038.32	5 531.46	2 312.52
应交税费—调整后	40 894.92	39 002.12	21 904.52	10 419.78
调整金额	29 625.79	26 963.80	16 373.06	8 107.26
资产负债表	2017 年 3 月 31 日	2016 年 12 月 31 日	2015 年 12 月 31 日	2014 年 12 月 31 日
未分配利润—调整前	151 475.39	121 683.80	48 909.92	16 747.17
未分配利润—调整后	121 849.60	94 720.00	32 536.86	8 639.92
调整金额	−29 625.79	−26 963.80	−16 373.06	−8 107.26
资产负债表	2017 年 3 月 31 日	2016 年 12 月 31 日	2015 年 12 月 31 日	2014 年 12 月 31 日
归属于母公司所有者权益—调整前	321 113.99	291 322.40	217 491.32	189 765.98
归属于母公司所有者权益—调整后	291 488.20	264 358.60	201 118.26	181 658.73
调整金额	−29 625.79	−26 963.80	−16 373.06	−8 107.26
利润表	2017 年 3 月 31 日	2016 年 12 月 31 日	2015 年 12 月 31 日	2014 年 12 月 31 日
税金及附加—调整前	1 915.10	5 186.25	1 626.43	1 878.96
税金及附加—调整后	4 577.08	15 776.98	9 892.24	6 867.68
调整金额	2 661.99	10 590.74	8 265.81	4 988.72
利润表	2017 年 3 月 31 日	2016 年 12 月 31 日	2015 年 12 月 31 日	2014 年 12 月 31 日
净利润—调整前	30 411.55	76 767.01	34 028.82	22 392.76
净利润—调整后	27 749.57	66 176.28	25 763.01	17 404.04
调整金额	−2 661.99	−10 590.74	−8 265.81	−4 988.72
利润表	2017 年 3 月 31 日	2016 年 12 月 31 日	2015 年 12 月 31 日	2014 年 12 月 31 日
归属于母公司所有者的净利润—调整前	29 791.59	75 751.08	33 209.28	22 010.35
归属于母公司所有者的净利润—调整后	27 129.60	65 160.34	24 943.47	17 021.63
调整金额	−2 661.99	−10 590.74	−8 265.81	−4 988.72

（三）子公司使用国有划拨土地在建设公租房是否合法合规

发行人子公司西部合盛在石河子北工业园区建设公租房，相关手续如下。

1. 项目用地批准手续

2013 年 11 月 23 日，石河子市国土资源局出具编号为 6590012013DC87 的《国有建设用地划拨决定书》。

2014 年 4 月 2 日，石河子市人民政府向西部合盛颁发石市国用〔2014〕第 05000004 号《国有土地使用证》。

2. 划拨用地合法合规性

（1）西部合盛划拨用地符合划拨用地目录范围

《土地管理法》第五十四条第（二）项规定，建设单位使用国有土地，应当以出让等有偿使用方式取得；但是，下列建设用地，经县级以上人民政府依法批准，可以以划拨方式取得："……（二）城市基础设施用地和公益事业用地；……"

《土地管理法实施条例》（国务院令第 256 号）第二十二条第一款第三项规定，划拨使用国有土地的，由市、县人民政府土地行政主管部门向土地使用者核发国有土地划拨决定书。

《划拨用地目录》（国土资源部令第 9 号）规定，"福利性住宅"属于可以划拨用地的范围，法律法规未对划拨用地使用主体进行限制。

（2）西部合盛划拨用地符合公租房建设管理政策

国务院办公厅《关于保障性安居工程建设和管理的指导意见》（国办发〔2011〕45 号）第二条第一款规定"公共租赁住房项目采取划拨、出让等方式供应土地"。

《公共租赁住房管理办法》（住房和城乡建设部令第 11 号）第三条第二款规定："公共租赁住房通过新建、改建、收购、长期租赁等多种方式筹集，可以由政府投资，也可以由政府提供政策支持、社会力量投资。"

3. 主管部门已出具证明西部合盛划拨用地合规

石河子市国土资源局已于 2017 年 3 月 10 日出具证明，证明西部合盛取得的该划拨土地用于建设公共租赁住房，符合《划拨用地目录》等相关法律、法规和政策的规定，也符合国务院等政府部门关于公租房建设及用地管理的相关规定。该土地使用权的划拨、登记、使用等均合法合规，西部合盛的股东合盛硅业股份有限公司申请首次公开发行股票并上市不影响该划拨土地的继续使用。

综上，西部合盛公租房项目用地符合《土地管理法》《土地管理法实施条例》、国务院办公厅《关于保障性安居工程建设和管理的指导意见》等关于公租房用地管理的法律法规，项目用地合法合规。

（四）申报 IPO 材料后，发行人控股股东股权转让的合理性、必要性

第一，申报 IPO 材料后，发行人控股股东合盛集团的股权转让的具体原因、主要目的和合理性、必要性。

发行人申报 IPO 材料后，合盛集团历次股权转让均系家族内部财产调整需要，历次股权变动均未导致发行人实际控制人发生变化。

合盛集团历史上的股东之间关系如下：罗立国系发行人的实际控制人，王宝娣系罗立国的配偶，罗燚系罗立国的女儿，罗烨栋系罗立国的儿子，罗立伟系罗立国的弟弟，王宝珍系罗立国配偶王宝娣的妹妹。

第二，上述股份转让完成后，罗立伟（实际控制人罗立国弟弟）、王宝珍（罗立国配偶王宝娣妹妹）等老股东退出，罗烨栋（罗立国儿子）作为新股东加入，上述股份转让均系其家庭内部股权调整所致。根据罗立国、罗立伟、罗燚、王宝珍、王宝娣、罗烨栋等人出具的经公证的确认函，转让方曾持有的合盛集团股权、受让方现持有的合盛集团股权均为其真实所有，不存在代持还原情形。发行人相关信息披露真实、准确。

四、案件结论

合盛硅业于 2015 年 12 月向中国证监会提交 IPO 申请材料，于 2017 年 10 月完成挂牌上市，在会排队审核时间将近 2 年，经历了书面反馈和十几次口头反馈，第一次发审会因存在尚待调查核查并影响明确判断的重大问题被暂缓表决，本次被暂缓表决的尚待调查核查并影响明确判断的重大问题为合盛热电生产经营的合法合规性，其中包括国家能源局新疆监管办公室是否有权限就合盛

热电生产经营的合法合规及不存在被处罚风险出具证明文件。项目组律师向国家能源局提出了关于"法条释义"的政府公开申请、取得其回复，同时公司取得国家能源局综合司复函等方式解决了国家能源局新疆监管办公室就合盛热电生产经营的合法合规及不存在被处罚风险出具证明文件的权限问题。第二次发审会获审核通过，并于 2017 年 10 月正式在上海证券交易所主板挂牌交易。

合盛硅业上市之后，发展迅速，已成为全球工业硅、有机硅双料龙头企业。

移远通信沪主板 IPO 项目

李云龙[*]　陈禹菲[**]

一、案情介绍

上海移远通信技术股份有限公司（以下简称"移远通信""公司"，主板股票代码为：603236）成立于 2010 年，是一家在上海证券交易所主板上市的从事物联网领域无线通信模组及其解决方案的设计、研发、生产与销售服务的高新技术企业。公司是全球领先的物联网整体解决方案供应商，拥有完备的 IoT 产品和服务，涵盖蜂窝模组（5G/4G/3G/2G/LPWA）、车载前装模组、智能模组（5G/4G/ 边缘计算）、短距离通信模组（WiFi&BT）、GNSS 定位模组、卫星通信模组、天线等硬件产品，以及软件平台服务、认证与测试、工业智能、农业智能等服务与解决方案。公司具备丰富的行业经验，产品广泛应用于智慧交通、智慧能源、金融支付、智慧城市、无线网关、智慧农业 & 环境监控、智慧工业、智慧生活 & 医疗健康、智能安全等领域。

锦天城高级合伙人李云龙律师团队自 2015 年起接受移远通信的委托，为其本次发行上市提供了全程专业法律服务。2019 年 7 月 16 日，移远通信正式登录

---

[*]　上海市锦天城律师事务所高级合伙人。
[**]　上海市锦天城律师事务所合伙人。

上海证券交易所主板。移远通信首次公开发行 2 230 万股，发行价 43.93 元，募集资金总额 97 963.90 万元。

二、办案难点

第一，锦天城律师自 2015 年起即为移远通信提供法律服务，当时公司所处通信设备及物联网行业属于新兴的高新技术产业，锦天城律师在法律尽职调查过程中，进行了大量的法律研究以及核查工作，对通信设备及物联网行业的法律法规进行深入的了解和研究，以确保公司在法律框架内健康发展。同时，在服务过程中，公司高速发展，生产规模快速扩张，逐渐成为全球领先的物联网整体解决方案供应商，锦天城律师及时根据公司发展情况，提供相应的法律支持，作为全球领先的物联网解决方案供应商，公司需要遵守的不仅是国内的法律法规，还包括国际上的相关标准和规定，锦天城律师需要帮助公司处理复杂的合规性问题，确保公司在全球范围内的业务合法合规。另外，公司主要客户、供应商中存在境外企业，锦天城律师在提供服务时还重点考虑了跨国法律方面，如国际贸易法、境外投资、外汇管理等方面的合规性，并帮助公司评估和管理潜在的国际贸易风险，包括合同风险、汇率风险、政治风险等。

第二，移远通信申请 IPO 的报告期内，移远通信部分原材料系境外采购，其中 3G 及 4G 产品的基带芯片主要采购自 G 公司、美国 I 公司。申报期间，适逢中美贸易摩擦，该等事件对于公司采购稳定性、成本的影响成为公司能否成功上市的重要因素之一。锦天城律师通过查阅大量国内外政策、法规、规定，结合移远通信的实际情况，就中美贸易摩擦对移远通信采购行为的影响及风险进行了深入分析与评估，协助公司制定应对贸易摩擦带来的潜在风险的策略和预案，提醒公司避免与受到美国制裁的国家的企业进行交易，并在法律文件中充分阐释和论证了发行人对美采购的可持续性、稳定性。

第三，在 IPO 过程中，发行人业务完整，资产、财务、人员、机构等方面独立，具有直接面向市场独立持续经营的能力属于上市的实质性条件之一。锦天城律师在本项目初期法律尽职调查阶段，注意到移远通信的实际控制人及公司设立时的部分人员存在原任职单位重合的情况，因而对移远通信资产权属是否清晰，是否与该等人员原任职单位之间存在侵权等纠纷情况予以了重点关注，就公司业务完整性、资产、财产、人员、机构等方面的独立性进行了大量的核查论证工作，并协助相关人员与该等原任职单位积极取得联系，取得了原任职单位及相关人员对于事实情况的认可及确认。该等事项的核查、披露情况最终取得了监管机构的认可，为移远通信成功上市提供了坚实的法律支持。

三、法律分析

（一）中美贸易摩擦

移远通信申请 IPO 的报告期内，移远通信部分原材料系境外采购，其主要供应商中，G 公司、I 公司为美国公司，L 公司为中国台湾公司。锦天城律师结合我国商务部 2018 年第 63 号公告及国务院税委会公告〔2018〕6 号文、我国政府发布的对美加征关税商品清单，查阅了美国的贸易政策、总统备忘录、美国贸易代表办公室、美国国际贸易委员会关于针对中国产品征收关税的公告等文件，并对照公司的进口报关信息的 HS 编码进行分析，论证了移远通信向美国采购的芯片等原材料未进入加征关税清单，因此未对公司的采购造成不利影响。同时，公司所采购芯片，虽然部分供应商为美国公司，但产品并不在美国生产，未来，中美贸易摩擦对公司原材料采购产生直接影响的可能性较低。

随着 L 公司、华为、紫光展锐、翱捷等公司的基带芯片性能和质量不断提升，Vanchip、中科汉天下等公司的射频芯片技术逐步成熟，移远通信不断进行国产替代，以降低对美国的依赖。因此即便未来中美贸易摩擦导致基带芯片等原材料的进口关税增加，公司亦可以选择其他非原产于美国的基带芯片进行替代，因此贸易摩擦对移远通信影响有限。同时随着未来 NB-IoT、5G 技术的发展和普及，华为等国产芯片企业在产业中具有更高的市场地位，移远通信对原产美国的芯片采购量将进一步减少，亦将进一步降低移远通信在贸易摩擦中的经营风险。

若未来贸易摩擦继续升级，即便出现移远通信在原材料采购方面受到加征关税、短期内无国产替代品等影响导致成本上升的不利局面，但是由于移远通信处于物联网产业链中间环节，移远通信也可以将加征关税带来的成本增加传导至下游终端企业。因此，加征关税可能会带来成本增加，但是预计对移远通信总体影响有限。

由于 A 公司、L 公司两家公司其产品性能及品质较好，为当前通信领域公认的首选基带芯片供应商，因此占据了较大市场份额，但市场中亦存在其他供应商。因此尽管移远通信向 G 公司及 L 公司两家供应商采购相对集中，但对其采购存在可替代性，因此尚不对上述两家供应商形成依赖。移远通信向 G 公司及 L 公司采购的主要为基带芯片，L 公司的基带芯片与 G 公司的基带芯片互相具有替代性。近年来，为降低对上述境外供应商采购的集中度，移远通信持续进行芯片的国产替代。2G 产品方面，紫光展锐公司生产的基带芯片在公司 2G 模块中已经具有较高的使用率，可以作为 L 公司基带的有效补充和替代；3G 产品方面，公司当前同时使用 G 公司和 B 公司平台，此外还有 L 公司和翱捷的基带芯片可供选择；4G 产品方面，国内翱捷科技生产的基带芯片也已经可用于公司多款 4G 模块，此外 L 公司、美国 I 公司、华为等公司均推出了 4G 基带芯片；NB-IoT 方面，移远通信主要使用了华为海思的基带芯片，同时亦有少量基于 L 公司平台的产品。随着未来国产芯片技术的不断成熟，以及在 NB-IoT、5G 技术中话语权的提升，移远通信会进一步提升国产芯片的使用率，降低对 G 公司和 L 公司的采购集中度。在上述两家供应商之外，公司仍有较多基带芯片厂商可供选择，因此移远通信对 G 公司和 L 公司不存在依赖。

L 公司不存在相关进出口政策、贸易摩擦、技术封锁等原因停止向移远通信供货的风险。中美近期贸易摩擦较多，但全面停止供货的可能性很小，其主要原因如下：（1）中国是美国芯片企业重要市场，禁运会使美国芯片厂商蒙受巨大损失；（2）贸易摩擦主要意在获取谈判筹码，技术封锁可能性较小。

中国已成为 G 公司最重要市场，因出口政策、贸易摩擦、技术封锁等原因停止向移远通信供货的风险很小；而 L 公司是中国台湾企业，大陆亦是其非常重要的市场，且受政策影响的可能性较小。因此，从政策层面，G 公司及 L 公司停止向移远通信供货的风险很小。

其次，移远通信与 G 公司及 L 公司建立了紧密的战略合作关系。移远通信于 2011 年开始和 A 公司合作，并从 3G 产品开始与 A 公司建立了紧密的合作关系；移远通信于 2010 年开始与 L 公司合作，与其合作的 2G 模块产品，成为市场的主流产品。移远通信已成为国内领先的龙头模块厂商，对 G 公司及 L 公司占领市场份额做出了较大贡献，因此 G 公司、L 公司也需要依赖移远通信去抢占芯片市场，主动停止与移远通信合作的可能性很小。

综上，移远通信对 G 公司及 L 公司的采购较为集中，但具有可持续性和稳定性，不会对移远通信的持续盈利能力造成重大不利影响。

（二）业务完整，资产、财务、人员、机构等方面独立性

移远通信 IPO 审核过程中，监管机构关注甲某自 Y 公司离职、创立移远通信的背景，移远通信设立时其部分人员来自 Y 公司的情况，上述人员是否存在竞业禁止情形，自设立起移远通信与 Y 公司业务范围、产品的关系，双方之间是否存在竞争或替代关系，是否存在利益冲突；移远通信核心技术来源是否与 Y 公司相关，是否存在潜在的纠纷和争议等问题。

2010 年 7 月之前，Y 公司同时从事无线 M2M 终端设备、无线通信模块的研发、销售，其中 Y 公司的实际控制人乙某负责无线 M2M 终端设备的研发、销售，甲某负责无线通信模块的研发、销售。2010 年 7 月之前，Y 公司同时从事无线 M2M 终端设备、无线通信模块的研发、销售，两块业务分别由乙某、甲某负责。2010 年 7 月，经与乙某友好协商后，甲某、丙某退出 Y 公司股权架构，退出价格按照注册资本金额确定。定价依据为参考 Y 公司当时财务状况（2009 年亏损，净资产为负，2010 年刚刚实现盈亏平衡），经创业团队友好协商确定的。甲某、丙某退出 Y 公司股权架构的原因主要有两方面：一方面，乙某、甲某对 Y 公司发展方向具有不同的理解，乙某专注于无线 M2M 终端设备市场，甲某认为无线通信模块应用范围更广，发展前景巨大，两人对于公司未来的发展方向持不同意见。而 Y 公司当时处于创业初期，规模仍然较小，刚实现盈亏平衡，资源、精力、资金实力都有限，同时从事无线通信模块与无线 M2M 终端设备业务比较困难；另一方面，无线 M2M 终端设备业务系无线通信模块业务的下游产业，如果 Y 公司同时从事上下游两项业务，不利于上游无线通信模块的销售。因此，甲某考虑单独成立公司从事无线通信模块业务。甲某、丙某退出 Y 公司以后于 2010 年 10 月投资设立移远有限，丙某及其他人原在 Y 公司均从事与无线通信模块相关工作，因此均一起从 Y 公司离职加入移远有限。

根据访谈及 Y 公司出具的声明，甲某、丙某及其他原任职单位为 Y 公司的

人员均未与 Y 公司签署过任何形式的竞业禁止协议，Y 公司与上述人员不存在关于专利技术纠纷，亦不存在其他纠纷或者潜在纠纷，Y 公司与移远通信不存在关于商标、专利技术和软件著作权的纠纷，亦不存在其他纠纷或潜在纠纷。同时，Y 公司也于 2019 年 4 月 25 日出具声明，载明与已离职员工未签署任何形式的竞业禁止协议，上述人员不存在违反本公司竞业禁止要求的情况，上述人员从本公司离职至今，与本公司不存在诉讼、仲裁等纠纷情况。本公司与上述人员不存在关于专利技术纠纷，亦不存在其他纠纷或者潜在纠纷。

移远通信与 Y 公司业务范围具有差异，移远通信与 Y 公司系产业链的上下游，在产业链上均有清晰稳定的定位，双方之间不存在竞争或替代关系，亦不存在利益冲突；移远通信实际控制人及主要董事高管不存在违反原任职单位竞业禁止要求的情况；移远通信核心技术均为自主研发形成，来源与 Y 公司无关，不存在潜在的纠纷和争议。

四、案件结论

在移远通信申请上市的过程中，锦天城律师发挥了重要的作用。通过全面的法律尽职调查，律师团队深入研究了通信设备及物联网行业的法律法规，为公司提供了前瞻性的法律建议，确保了公司在法律框架内健康发展。面对公司快速发展带来的法律挑战，律师团队及时帮助公司在全球范围内的业务合法合规提供相应法律支持。

针对公司主要客户和供应商中存在的境外企业，锦天城律师重点考虑了跨国法律问题，如国际贸易法、境外投资、外汇管理等，并帮助公司评估和管理国际贸易风险。特别是在中美贸易摩擦期间，律师团队通过查阅大量政策、法规，结合公司实际情况，深入分析与评估了贸易摩擦对公司采购行为的影响及风险，并协助公司制定了应对策略和预案。此外，律师团队在法律文件中充分阐释和论证了发行人对美采购的可持续性、稳定性，并与监管机构进行了有效沟通，确保了监管机构对公司披露情况的认可。

最终，锦天城律师的工作确保了移远通信在法律和监管方面的合规性，为公司的顺利上市提供了关键的法律保障。移远通信于 2019 年 7 月成功登录上交所主板，开启了公司发展的新篇章。

德才股份沪主板 IPO 项目

王　蕊[*]

一、案情介绍

德才装饰股份有限公司（德才股份，股票代码 605287，以下简称"德才股份""发行人"或"公司"）成立于 1999 年，是一家集工程建设、装饰装修、规划设计、新材料研发与生产的建筑类全产业链企业。德才股份涵盖 3 大业务领域：施工领域、设计领域、科技产业园领域。2019 年，德才股份在全国建筑装饰行业位居第 5 名，全国建筑装饰设计行业位居第 5 名，全国建筑幕墙行业位居第 6 名，同时公司以突出的业绩、雄厚的实力荣获了中国建筑工程鲁班奖、国家优质工程奖、中国建筑工程装饰奖、全国科技示范工程奖、全国科技创新成果奖等多项荣誉。

德才股份首次公开发行股票于 2021 年 7 月 6 日在上海证券交易所主板上市。德才股份成为山东省第一家在国内 A 股上市的建筑业企业。

因行业的特殊性，一直以来，建筑业企业都存在上市难的问题，已上市的多为国有企业，德才股份作为山东省第一家在 A 股上市的建筑业企业，具有较

* 上海市锦天城律师事务所高级合伙人。

大的影响力，也展示了中介机构的专业水平和问题解决能力。

二、办案难点

德才股份有限公司的主营业务为装修装饰及工程建设。该类产业为传统产业，因为业务原因，规范性弱、涉及法律问题众多、业务收入难以确认。在德才股份上市前已多年没有建筑行业的成功上市案例。

在首发及上市核查过程中，工程项目取得过程、分包、工程管理、业务、资金往来、资产等方面的合规性及诉讼仲裁等是重点关注问题。公司体量大、项目多，对上述问题的核查是该项目工作的一大难点。本项目完成时，律师纸质工作底稿使用的 A4 纸大型活页夹多达近 300 卷。

在公司上会前，新华联控股"爆雷"，而发行人对新华联控股控制的新华联文旅及其子公司的逾期应收账款 2 042.50 万元，未到合同应收节点确认的应收账款和建造合同形成的资产 16 415.26 万元。中国证监会对公司客户新华联文旅及其子公司的应收账款回收是否存在较大风险予以特别关注，并连续追问，是本案例面临的重大挑战，项目组律师结合优先受偿权，进行层层分析，最终问题的回复得到了监管部门的认可。

因建筑类业务的特殊性，公司生产经营中发生了较多行政处罚，如何论证相关行政处罚是否构成重大违法行为，诉讼是否对公司的生产经营产生重大不利影响，也是本项目的重点难点问题。

三、法律分析

（一）新华联控股"爆雷"情况下，就公司对新华联文旅及其子公司的应收账款的回收风险问题的论述分析

1. 从优先受偿权角度，论述新华联文旅及其子公司的应收账款回收的可行性

项目组针对发行人作为承包人，就建设工程价款享有优先于抵押权及其他债权的优先受偿权的问题，对发行人应收账款收回的影响等，进行了深入的法律分析和论证。

发行人作为承包人，在发包人逾期不支付的情况下，可就建设工程价款主张优先受偿，具体情况如下。

（1）优先受偿权的适用范围

根据原《合同法》第二百八十六条规定，发包人未按照约定支付价款的，承包人可以催告发包人在合理期限内支付价款。发包人逾期不支付的，除按照建设工程的性质不宜折价、拍卖的以外，承包人可以与发包人协议将该工程折价，也可以申请人民法院将该工程依法拍卖。建设工程的价款就该工程折价或者拍卖的价款优先受偿。

就上述优先受偿权，根据《最高人民法院关于建设工程价款优先受偿权问题的批复》（法释〔2002〕16 号）的规定，建筑工程的承包人的优先受偿权优于抵押权和其他债权；此外，根据《企业破产法》第一百零九条之规定，对破产人的特定财产享有担保权的权利人，对该特定财产享有优先受偿的权利。据此，即使发包方破产，就建设工程所涉建筑物，承包方将优先于享有抵押权的债权及普通破产债权等债权得以受偿。

基于上述规定，优先受偿权人为与发包人订立建设工程施工合同的承包人。根据公司提供的应收账款明细，截至 2020 年 9 月 30 日，发行人对新华联文旅的应收账款中，除 46.58 万元为设计费用、358.16 万元为销售费用外，其他 16 999.91 万元均为发行人作为承包人提供房屋建筑施工、装饰装修产生的建设工程价款，发行人可在发包人逾期不支付的情况下，与发包人协议将该工程折价或申请人民法院将该工程依法拍卖，并就折价或者拍卖的价款优先受偿。

根据公司提供的应收账款明细及新华联文旅出具的确认，发行人应收账款余额对应的项目包含新华联文旅的销售项目及自有经营项目两类。

对于销售项目，根据《最高人民法院关于建设工程价款优先受偿权问题的批复》（法释〔2002〕16 号）的规定，消费者交付购买商品房的全部或者大部分款项后，承包人就该商品房享有的工程价款优先受偿权不得对抗买受人。经经办律师核查，销售项目所对应的发行人应收账款余额为 1 282.7 万元，占比较低。其中，对于已销售部分，如买受人已支付相关房产的全部或大部分款项，发行人就该房产的工程价款优先受偿权不得对抗买受人。除销售项目外，新华联文旅自有经营项目不存在买受人可对抗发行人优先受偿权的情况，截至 2020

年 9 月 30 日，该部分应收账款余额为 15 717.21 万元。

（2）优先受偿权的行使期限

根据《最高人民法院关于审理建设工程施工合同纠纷案件适用法律问题的解释（二）》（法释〔2018〕20 号）的规定，承包人行使建设工程价款优先受偿权的期限为六个月，自发包人应当给付建设工程价款之日起算。

经经办律师审阅发行人提供的与新华联文旅签订的建设施工合同，发包人给付建设工程价款均以办理完工结算手续作为确定结算总价款并支付的前提。对此，经办律师审阅了发行人及新华联文旅出具的说明、提供的《结算书》，其中新华联文旅的自有项目所对应发行人应收账款，除芜湖新华联绿心谷酒店精装修工程已结算且正在办理以房抵债手续之外，其余项目均未完成结算手续，均未超出优先受偿权的行使期限。

基于上述，截至 2020 年 9 月 30 日，发行人对新华联文旅应收账款 17 404.65 万元中，共有 16 999.91 万元应收账款为发行人提供房屋建筑施工、装饰装修产生的建设工程价款，发行人可在新华联文旅出现逾期不支付的情况下，与发包人协议将该工程折价或申请人民法院将该工程依法拍卖，并就折价或者拍卖的价款优先受偿。其中，不存在买受人因已支付购房款可对抗优先受偿权的应收账款金额为 15 717.21 万元，占应收账款余额的比例为 90.31%。

2. 论述分析发行人以以房抵债方式收回逾期应收款项的实施情况

就逾期应收账款，发行人从效率及便捷等角度出发，通过综合判断，选择易变现、价格好的房产进行以房抵债，发行人同时拥有的建设工程价款的优先受偿权还可为发行人应收账款的收回提供更充足的偿债保障。

项目组对相关抵房价格来源、抵房资产目前状况及法律权属情况进行了说明。根据公司提供的材料、说明，就前述逾期应收账款，公司已与新华联文旅协商确定通过以房产抵债的方式偿还，签订抵房协议，办理网签手续。根据《商品房销售管理办法》《城市商品房预售管理办法》之规定，待商品房交付后，买受人 / 承购人可办理房产的权属登记手续。

在就上述抵债房产办理正式产权过户登记手续之前，可能存在他人申请查封抵债房产的情况。根据《最高人民法院关于人民法院民事执行中查封、扣押、冻结财产的规定》第十七条规定，被执行人将其所有的需要办理过户登记的财产出卖给第三人，第三人已经支付全部价款并实际占有，但未办理过户登记手续的，如果第三人对此没有过错，人民法院不得查封、扣押、冻结。根据发行人说明，发行人受让上述抵债房产后将其再抵给供应商，并由符合条件的相关方办理网签手续。在以房抵债方式下，房产全部价款均由发行人持有的金钱债权冲抵，不存在再支付金钱的需求，可以视为已支付全部价款。基于上述，发行人作为抵债房产的受让方（即上述规定中的第三人）在符合一定条件的情况下，对房产的权利可以得到有效保障。

项目组还结合新华联自持物业情况、预计结算进度等，对项目应收账款的收回安排进行说明。

此外，根据发行人说明，虽然公司就对新华联文旅的建设工程价款享有优先受偿权，但从效率及便捷等角度出发，发行人通过综合判断，选择易变现、价格好的房产进行以房抵债。若出现抵债房产无法清偿债务的情况，发行人可继续行使优先受偿权。

3. 再次结合优先受偿权，进一步说明公司应收账款回收是否存在重大法律风险或实施障碍

发行人选择以房抵债是基于相关抵债房产销售良好、易于变现，在此基础上，发行人拥有的建设工程价款的优先受偿权还可提供更充足的偿债保障。

（1）优先受偿权优先于抵押权及其他债权行使

根据原《合同法》第二百八十六条规定，发包人未按照约定支付价款的，承包人可以催告发包人在合理期限内支付价款。发包人逾期不支付的，除按照建设工程的性质不宜折价、拍卖的以外，承包人可以与发包人协议将该工程折价，也可以申请人民法院将该工程依法拍卖。建设工程的价款就该工程折价或者拍卖的价款优先受偿。根据《最高人民法院关于建设工程价款优先受偿权问题的批复》（法释〔2002〕16 号）的规定，建筑工程的承包人的优先受偿权优于抵押权和其他债权。

根据《最高人民法院关于人民法院民事执行中拍卖、变卖财产的规定》，拍卖应当确定保留价。拍卖保留价由人民法院参照评估价确定；未作评估的，参照市价确定，并应当征询有关当事人的意见。拍卖、变卖的建筑工程评估多采取重置成本法进行，根据发行人说明，发行人对新华联应收账款所涉项目多在

2018 年后投入使用，且目前建设工程所涉人工费用及材料费用成本均呈现上升趋势，一般情况下，未来评估价格会以所涉项目目前的产值为基础确定。

（2）发包方破产情况下优先受偿权的行使

根据《企业破产法》第一百零九条规定，对破产人的特定财产享有担保权的权利人，对该特定财产享有优先受偿的权利。根据《最高人民法院关于适用〈中华人民共和国企业破产法〉若干问题的规定（二）》第三条规定，债务人已依法设定担保物权的特定财产，人民法院应当认定为债务人财产。对债务人的特定财产在担保物权消灭或者实现担保物权后的剩余部分，在破产程序中可用以清偿破产费用、共益债务和其他破产债权。

根据上述规定，即使发包方破产，承包方可对建设工程优先受偿权所涉建筑物进行优先受偿，该优先受偿权优先于抵押权、破产费用、共益债务和破产人所欠职工的工资、所欠税款等其他破产债权。即如该建设工程拍卖价款高于或等于该建设工程上优先受偿权所涉建设工程价款，通过行使优先受偿权可实现所涉全部建设工程价款的收回。

（3）发行人通过优先受偿权收回应收账款的可能性

根据发行人提供的应收账款项目明细，发行人目前对新华联文旅应收账款涉及的项目，合计已收款金额占累计含税产值的比例已达到 70% 以上，即应收账款占累计含税产值的比例低于 30%。发行人如行使优先受偿权，将对建设工程基于目前产值确定的全部拍卖价款仅就目前应收账款进行主张，应收账款全额收回可能性较大。

（4）优先受偿权行使所需时间

根据《合同法》规定，承包方可通过申请人民法院将该工程依法拍卖行使优先受偿权。根据《中华人民共和国民事诉讼法》第一百四十九条及第一百七十六条规定，如承包方就优先受偿权提起诉讼，适用普通程序审理的案件，所需时间如下：

人民法院适用普通程序审理的案件，应当在立案之日起六个月内审结；有特殊情况需要延长的，由本院院长批准，可以延长六个月；还需要延长的，报请上级人民法院批准。

人民法院审理对判决的上诉案件，应当在第二审立案之日起三个月内审结；

有特殊情况需要延长的，由本院院长批准；人民法院审理对裁定的上诉案件，应当在第二审立案之日起三十日内作出终审裁定。

综上，发行人拟采用以房抵债方式及优先受偿权方式收回应收账款，当前不存在重大法律风险或实施障碍。

（二）关于发行人报告期内多次受到行政处罚的问题

报告期内，发行人及子公司因税务、环保等问题受到多次行政处罚。经办律师从法规分析角度对行政处罚所涉行为进行分析，协助企业进行整改，并协助企业与相关主管部门进行沟通，最终认定为均非重大违法行为。

1. 相关行政处罚事项发生的原因，是否构成重大违法行为

根据发行人提供的材料及说明，经经办律师核查，报告期内，发行人及其子公司受到的行政处罚及原因情况如表 1 所示。

表 1

序号	处罚原因	处罚数量	
		罚款 2 万元以上	罚款不足 2 万元
	未办理施工许可手续，擅自开工建设	3	2
	项目现场问题	—	47
	未按照规定期限办理分公司纳税申报和报送纳税资料及账簿保管问题	—	6
	合　计	3	55

根据发行人提供的行政处罚决定书，上述行政处罚发生原因主要如下。

（1）因未办理施工许可手续，擅自开工建设被处罚

根据公司提供的行政处罚决定书等材料，报告期内，发行人及其子公司被处以的罚款金额 2 万元以上的行政处罚，均为因未办理施工许可手续，擅自开工建设被处罚。

据发行人说明，上述行政处罚原因为：建设单位尚未办理施工许可证即因工期紧张等原因要求发行人或其子公司尽快进场开始施工。根据住房城乡建设部 2014 年下发的《建筑工程施工许可管理办法》，申请领取施工许可证为建设单位义务。根据青岛市崂山区城乡建设局出具的证明及经办律师对青岛市住房和城乡建设局的访谈，上述行政处罚均已整改完毕，不涉及"情节严重"的情形，所涉行为不属于重大违法行为。

（2）因项目现场问题被处罚

据查阅《行政处罚决定书》及与发行人相关人员访谈，发行人及其子公司存在因现场少部分劳务人员对公司施工及管理制度掌握不熟悉、不准确等情况，导致发行人及其子公司存在因施工现场脚手架搭设不规范、临时用电不符合要求、涂改技术材料及扬尘、裸土未覆盖、未保持施工现场清洁、施工噪声等问题被建设管理部门、城管部门等部门处以行政处罚的情况，其中，涂改技术材料问题具体为项目技术资料、安全资料填写不规范、时间不对应等，就该问题所取得行政处罚罚款金额均为 1 000 元，金额较小。

该部分行政处罚的罚款金额多为 1 000 元，经核查相关处罚的依据文件，该部分行政处罚均不属于规定的"情节严重"的情形，据发行人及其子公司提供的罚款缴纳凭证及青岛市城乡建设委员会、青岛经济技术开发区规划建设局、青岛市黄岛区城市建设局、青岛市崂山区城乡建设局、青岛市李沧区城市管理行政执法局、潍坊市潍城区综合执法局出具的《证明》，并经经办律师对青岛市住房和城乡建设局的访谈，上述行政处罚均已整改完毕，不涉及"情节严重"的情形，所涉行为均不属于重大违法行为。

（3）未按照规定期限办理分公司纳税申报和报送纳税资料及账簿管理问题

据查阅《行政处罚决定书》及与发行人相关人员访谈，报告期内，税务部门做出的处罚均为发行人财务人员因工作疏漏，未按照规定期限办理分公司纳税申报和报送纳税资料导致，详见《律师工作报告》正文"十六、发行人的税务（四）发行人及其子公司纳税情况 1、发行人及其分公司受到的税务行政处罚情况"及本补充法律意见书"第一部分年报更新十六、发行人的税务（四）发行人及其子公司纳税情况 1、发行人及其分公司受到的税务行政处罚情况"。

根据相关主管税务部门出具的《证明》并经经办律师核查，报告期内发行人受到的行政处罚所涉行为均不属于重大违法行为。

2. 上述行政处罚的整改措施、整改效果，内控措施是否健全有效，能否保证生产经营合规性

根据发行人提供的材料并经经办律师访谈发行人相关人员，上述违法违规行为主要系有关经办人员或负责人员的疏忽大意，并非发行人管理层主观故意；发行人管理层对工作疏忽进行了认真总结，组织各级管理人员对公司的规范发展和内控管理情况进行梳理和总结，并鼓励各级管理人员提出意见和建议，将完善公司的各项管理制度及规范管理的理念落实到细节，将内部控制理念深入每一名员工。

针对上述行政处罚，发行人采取了以下措施：（1）梳理、完善《工程项目管理规定》，①明确开工前必须进行开工申报，工程部督促配合施工许可手续的办理，②明确项目施工过程中的施工程序，要求项目避免进行夜间施工，确因技术需要必须进行夜间施工的，应提前 3 个工作日向当地主管部门申办夜间施工手续；（2）深化对员工及劳务分包方的施工人员的教育和培训，通过召开培训会、交底会等形式，提高安全生产意识，增强安全生产技能；（3）加强巡检制度，按时进行规范检查并严格问责；（4）加强施工管理，定时清理施工现场，并在施工现场增加喷淋装置；（5）加强培养财务部门相关人员依法纳税意识，建立相关制度，确保公司依法纳税；（6）加强财务管理，严格按照公司规定设置和保管财务资料。

根据经办律师对青岛市住房和城乡建设局的访谈及相关处罚部门出具的证明，上述行政处罚均已整改完毕。

为防止上述情况再次发生，发行人及其子公司完善了内部管理制度，制定了《集中采购管理规定》《供应商评估及分级评定管理规定》等制度，对劳务分包、材料设备、建筑机具、咨询服务等招标采购活动进行了规定并明确了对劳务分包方的考核评价体系等；制定了《劳务管理制度》《工期管理制度》《质量管理制度》等制度，对劳务人员进场教育、现场劳务管理和安全生产管理进行了规定，并明确了监督检查与处罚的制度；完善了《工程项目管理规定》、财务管理制度等。

根据《审计报告》《内部控制鉴证报告》《内部控制自我评价报告》等文件，报告期内，发行人的内部控制制度健全且被有效执行。

基于上述，报告期内，发行人的内部控制制度健全且被有效执行，发行人及其子公司的生产经营不存在重大违法行为。

（三）关于招投标问题

基于公司客户涵盖政府、事业单位、国有企业等主体，项目多通过招投标程序取得，招投标程序的合法合规性、是否存在违规获取项目的情形，是审核部门重点关注的问题，而且建设工程项目数量众多，导致律师的核查工作量巨大，在查清事实的基础上协助客户理清需要招投标的业务范围以及招投标本身的流程规范是保证企业业务合法合规的重要体现。

1. 核查方式

针对招投标问题，项目组采取了以下核查方式：

（1）经办律师通过国家企业信用信息公示系统网站检索发行人相关客户的股权结构；

（2）核查发行人的招标文件、中标通知书等材料；

（3）检索全国公共资源交易平台（http://www.ggzy.gov.cn）、招标网（http://www.bidchance.com/）、千里马网（http://www.qianlima.com/）等网站公示的招投标信息及全国建筑市场监管公共服务平台网站（http://jzsc.mohurd.gov.cn/home）的诚信数据；

（4）访谈发行人的相关业务负责人及其主要客户，并取得发行人的书面说明；

（5）查阅发行人报告期内主要建造合同以及《廉政责任书》；

（6）发行人主要客户进行实地访谈；

（7）查阅发行人《财务管理制度》《费用管理制度》等相关管理制度；

（8）登录国家企业信用信息公示系统、信用中国、国家市场监督管理总局、中国裁判文书网、中国执行信息公开网、人民检察院案件信息公开网等网站的查询。

2. 招投标项目范围

根据《中华人民共和国招标投标法》《必须招标的工程项目规定》（国家发展计划委员会令第3号）以及《工程建设项目招标范围和规模标准规定》（国家

发展计划委员会令 2000 年第 3 号，已于 2018 年 6 月 1 日废止）之规定，对于大型基础设施、公用事业等关系社会公共利益、公众安全的项目、全部或者部分使用国有资金投资或者国家融资的项目，以及使用国际组织或者外国政府贷款、援助资金的项目，且合同价格达到一定金额以上的（2018 年 6 月 1 日之前为 200 万元以上，2018 年 6 月 1 日之后为 400 万元以上），应当进行招投标；除此之外的其他项目，发行人可以通过包括招投标、自行协商等方式取得。

（四）关于建设工程项目的分包问题

该问题也是工程企业面临的重点关注问题，在辅导阶段通过研究分析专项分包与劳务分包的法律界限及业内通常处理方式后，针对公司的基本情况协助公司建立分包等相关制度，就可供分包的范围、业务类型予以明确，就劳务分包的主体予以详细核查，充分核查是否具备分包业务所对应的资质，是否存在关联交易、利益输送等情况。

四、案件结论

德才装饰股份有限公司于 2021 年 7 月 6 日在上海证券交易所主板上市。德才股份成为山东省第一家在国内 A 股上市的建筑业企业。对于传统产业，业务特殊性、规范性弱、业务收入难以确认等事项的核查，以及建筑工程款优先受偿、招投标和分包等法律问题梳理和规范具有比较好的借鉴意义。

五芳斋沪主板 IPO 项目

沈国权 *　李攀峰 **　黄非儿 ***

一、案情介绍

"五芳斋"品牌始于 1921 年，发源于嘉兴，是全国首批"中华老字号"，浙江五芳斋实业股份有限公司（以下简称"五芳斋"）的粽子制作方法源于百年传承的传统工艺，其制作技艺于 2011 年被文化部收录进第三批国家级非物质文化遗产名录。公司主要从事以糯米食品为主导的食品研发、生产和销售，在传承民族饮食文化的基础上不断创新，对明清两代极具盛名的"嘉湖细点"的制作工艺进行现代化改造，目前已形成以粽子为主导，集月饼、汤圆、糕点、蛋制品、其他米制品等食品为一体的产品群，拥有黑龙江优质稻米基地和江西高山箬叶基地，在嘉兴、成都建立了两大食品生产配送基地，并建立起覆盖全国的商贸、连锁门店、电商的全渠道营销网络。

五芳斋 2022 年 8 月 31 日登录上海证券交易所主板。

---

* 上海市锦天城律师事务所高级合伙人。

** 上海市锦天城律师事务所高级合伙人。

*** 上海市锦天城律师事务所律师。

二、办案难点

五芳斋是 20 世纪 90 年代嘉兴首批国有企业改制设立的股份公司,员工持股人数较多,历史沿革复杂,为中介机构核查发行人股权清晰及历史沿革的合规性、是否存在争议等造成较大难度,是本项目法律上最大的难点,具体如下。

(一)五芳斋历史沿革复杂

1. 工商登记股东情况与实际股东不一致

五芳斋是经浙江省人民政府证券委员会批准,于 1998 年 4 月 27 日注册成立的股份有限公司。浙江省人民政府证券委员会核发的批文中载明根据发起人协议批准的自然人发起人数量为 631 人。但由于当时对公司法理解不到位、国企改制等历史原因,五芳斋设立时存在先签署发起人协议,取得浙江省人民政府证券委员会核发的成立批复后再认股、出资的情形,股东实际为 582 人,另外有 2 万股形成无实际出资的余留股份(以下简称"余留股份")。

经办人员办理五芳斋设立工商登记时,存在为凑足政府批文规定的发起人人数,违背五芳斋实际出资结构填写股东的情况,将部分未出资的人员填写为股东,遗漏填写了部分实际出资人员,导致五芳斋设立时工商登记的发起人名录与实际股东不一致。

2. 五芳斋部分期间的股东变更未及时办理工商变更手续

1998—2003 年,五芳斋发生多次自然人股权转让及回购,均未及时办理工商登记。

对于上述问题,项目组未搜索到相同案例。股权清晰、历史沿革合法合规始终是上市红线问题,IPO 监管审核要求中介机构对于历史沿革及股东涉及较多自然人股东的公司,应核查历史上自然人股东入股、退股程序是否符合当时有效的法律法规,并抽取一定比例的历史股东进行访谈。而对于访谈的股东名单是以发起人协议签署人员为准,抑或工商登记发起人名录为准,存在不同意见。另外,五芳斋更正工商错误登记后,不断有在发起人协议签字的、工商登记过名字的等实际未出资的人员,向五芳斋主张为公司"股东"、要求恢复股份或给予补偿的不在少数。

厘清五芳斋实际的出资结构，解决五芳斋"股东"确权之争，成为五芳斋上市的重中之重及难点。

（二）五芳斋曾存在无实际控制人的余留股份

五芳斋成立时，形成了 2 万股余留股份，1998 年至 2003 年期间部分人员因离职等原因将其所持五芳斋总计 50 万股股份退股，由五芳斋回购，上述股份由五芳斋员工代持。客观上导致五芳斋股东出资未到位。

三、法律分析

（一）未出资但误登记在工商股东名录中的自然人并非五芳斋股东

1. 郭瑜等自然人不具备作为五芳斋股东的实质及形式条件

五芳斋筹建过程中，部分自然人在发起人协议中签字购股，被工商登记为公司股东，但实际未缴纳出资，未被记载入经嘉兴市产权事务所托管登记的五芳斋股东名册，亦未取得五芳斋股权证，该部分自然人不是五芳斋股东。

（1）该部分自然人未向五芳斋缴付出资

根据五芳斋股东名册及天健的查账复核，该部分自然人未向五芳斋缴付出资。针对嘉兴会计师事务所于 1997 年 12 月 25 日出具的验资报告，其出具时间早于嘉兴市国有资产管理局批准五芳斋国有股权管理方案的时间以及发起人协议签署时间，报告出具时自然人发起人尚未确定，不存在出资的可能，该验资报告关于自然人出资的系虚假描述。

根据五芳斋设立时有效的公司法第四条第一款规定："公司股东作为出资者按投入公司的资本额享有所有者的资产收益、重大决策和选择管理者等权利。"依照该规定，股东基于出资在公司中享有的权利，出资是股东取得股权的事实根据和法律根据。另外，根据《最高人民法院关于适用〈中华人民共和国公司法〉若干问题的解释（三）》关于"当事人依法履行出资义务或者依法继受取得股权后，公司未根据公司法第三十二条、第三十三条的规定签发出资证明书、记载于股东名册并办理公司登记机关登记，当事人请求公司履行上述义务的，人民法院应予支持"的规定，实际出资作为认定股东享有股权的首要依据和向公司提出确权请求的先决条件，即出资为取得股东资格的必要条件。

（2）该部分自然人未被载入五芳斋股东名册，其也未取得五芳斋股权证

根据当时有效的公司法第一百三十四条第一款"公司发行记名股票的，应当置备股东名册，记载下列事项：（一）股东的姓名或者名称及住所；（二）各股东所持股份数；（三）各股东所持股票的编号；（四）各股东取得其股份的日期"。五芳斋成立后即在嘉兴市产权事务所办理股份托管，并取得《嘉兴市股份化企业股权登记表》，郭瑜等自然人未被载入五芳斋股东名册。

五芳斋章程第四十六条第一款规定，"公司股份以股权证作为股东持股凭证，采用发放股权证形式，按一户一证办理。认购人凭公司协议书和股东有效资格证明在公司成立后领取股权证，股权证面值为认股人的缴款额。股权证须经董事长签名、公司盖章后生效"，五芳斋根据章程规定向股东发放、换发股权证过程中，从未向该部分自然人核发过股权证。

（3）自五芳斋设立至今，该部分自然人从未实际享有也从未向五芳斋主张过参加股东大会、参与分红等股东权利，也从未向五芳斋提出过异议

2. 从法理上分析，该部分自然人不是五芳斋股东

法理上对于如何认定股份公司股东，需要根据出资金额、股东名册、股权证、参与公司重大决策、享受分红等多种因素综合确定。股东取得完整无瑕疵的股东资格和股东权利，无论是原始取得还是继受取得，均需符合两个要件，即实质要件和形式要件。实质要件是以出资为取得股东资格的必要条件，形式要件是对股东出资的记载和证明，是实质要件的外在表现。投资人向公司缴付出资或者股金后，完成了成为股东的实质要件，但该权利取得还经过一定形式的公示，以确保其权利的顺利行使，这种外在形式包括公司章程记载、股东名册记载和工商部门登记。形式要件存在的意义主要在于涉及交易第三人时对善意方的保护。在公司与债权人等公司之外主体的公司外部法律关系上，认定公司股东应遵循保护善意第三人、维护商事交易安全，遵循外观主义、采用形式要件优先的原则。但涉及公司内部法律关系时，当股东与股东之间、股东与公司之间发生股东资格争议时，应当遵循实质要件优先的原则、侧重于对是否出

资进行审查。

因此，上述自然人从未向五芳斋缴纳任何出资，未被记载入经嘉兴市产权事务所托管登记的五芳斋股东名册，未取得五芳斋股权证，从未实际享有也从未向五芳斋主张过股东权利，不具备作为五芳斋股东的实质要件和形式要件，故郭瑜等自然人不是五芳斋股东，未曾持有过五芳斋任何股份。

3. 虽然部分自然人在五芳斋发起人协议上签字购股，但也因失权程序丧失作为五芳斋发起人的资格

按照五芳斋缴纳股金通知、公司章程的规定，该部分自然人已丧失作为五芳斋发起人的资格。依照五芳斋发起人拟定并经创立大会通过的《公司章程》第十七条第（二）项股东有义务"依其所认购股份和入股方式缴纳股金，逾期不缴纳股金，视为自动放弃"以及嘉兴市五芳斋粽子公司（五芳斋前身）于1998年2月12日《关于公布职工入股缴纳股金等规定的通知》第四条"职工个人股股金交纳期限从1998年2月13日至2月16日，为期四天，逾期作弃权论处"的规定，要实际享有五芳斋股东权利，必须按期缴纳股金，逾期不缴纳股金的，则视为自动放弃五芳斋股东资格。

五芳斋设立过程中，嘉兴市五芳斋粽子公司1998年2月12日通知职工缴纳股金。该部分自然人超过规定期限未缴纳股金，已丧失了作为五芳斋发起人的资格。且对于未按规缴纳股金的部分，五芳斋已按通知要求，由他人补充认购，该部分自然人丧失的五芳斋发起人资格，已由实际补充购股的人填补。

4. 即使部分自然人被误登记在五芳斋设立工商资料中，在法律上不能为其创设持有五芳斋股份的权利

股权不属于《中华人民共和国民法典》物权篇规定的不动产，其设立、转让、变更和消灭不适用登记生效的规定，公司法也并未规定股权自工商登记后设立。且工商登记作为一种行政管理行为，实质上是在公司外部产生一种行政法律关系，并非设权性登记，仅是宣示性登记，记载于工商登记机关的股东姓名或名称不能产生创设股东资格和权利的效力。

五芳斋工商登记过程中，该部分自然人虽然曾在工商登记文件内被列为五芳斋的股东，这仅是五芳斋工作人员在办理工商设立登记时为凑足政府批文规定的发起人人数，违背五芳斋的真实资本构成和股东情况而填写，且工商登记

并无创设股东资格和权利的效力。因此，即使被误登记在五芳斋设立工商资料中，在法律上也不能为该部分自然人创设持有五芳斋股份的权利。

5. 法院判决情况

2013 年 12 月，签署发起人协议但未作为发起人的自然人丁强、朱良虹向嘉兴市南湖区人民法院提起诉讼，两人诉讼理由一致，均要求按照工商登记恢复其"股东"身份，法院对相关诉讼均作出了相同判决，驳回原告诉讼请求。以丁强的诉讼为例，相关诉讼情况如下：

根据诉讼资料，丁强为在五芳斋发起人协议上签字的自然人之一，当时签字认购 5 000 股。丁强的诉讼理由为：丁强在五芳斋 1998 年设立时出资 5 000 元，持有五芳斋 5 000 股股份，但所持股份在其不知情情况下被转让给魏荣明，要求确认转让协议无效、魏荣明返还其股份，并要求魏荣明、五芳斋共同办理返还其股份的变更手续。

2014 年 4 月 9 日，嘉兴市南湖区人民法院作出〔2013〕嘉南商初字第 1295 号《民事判决书》，法院认为，案件主要争议焦点在于五芳斋成立时丁强是否持有 5 000 股股份。法院认为，当股东之间或股东与公司之间发生股东资格争议时，涉及的是公司内部法律关系，对股东及公司而言工商登记并非设权程序，只具有证权功能，应遵循实质证据要件优先的规则，工商登记材料并不具有当然的证明效力，还应审查股东出资的实质性证据。经审理，法院认为丁强未对其持有五芳斋股份提供充分的证据，且五芳斋提供的证据可以证明丁强实际未出资，故法院认定丁强未曾出资并持有五芳斋股份。法院认定魏荣明未从丁强处受让股份，无需返还股份，也谈不上魏荣明与发行人共同办理返还股份的变更登记手续。最终，法院判决驳回丁强的诉讼请求。

此外，五芳斋设立时真实出资但于 2000 年退股的自然人朱霞萍亦于 2013 年 12 月向法院提起诉讼，诉讼理由为朱霞萍在五芳斋设立时出资 1 万元，持有五芳斋 1 万股股份，但所持股份在其不知情的情况下，被分别转让给赵建平、王建平，要求认定股份转让协议无效，赵建平、王建平各返还原告股份 12 500 股，并要求赵建平、王建平、五芳斋共同办理股份返还变更手续。

2014 年 4 月 9 日，嘉兴市南湖区人民法院作出〔2013〕嘉南商初字第 1297 号《民事判决书》，法院认为，争议焦点在于朱霞萍在五芳斋设立时实际出资

5 000 元还是 1 万元；朱霞萍所持股份是否已被公司回购。法院认为，朱霞萍未对其持有 1 万股股份提供充分证据，五芳斋提供的证据可以证明朱霞萍仅出资 5 000 元，故认定朱霞萍实际出资为 5 000 元，曾持有五芳斋 5 000 股股份。朱霞萍于 2000 年 4 月 29 日签署股权转让协议书，并于 2000 年 5 月 8 日领取退股款 5 000 元，朱霞萍转让股权后，自 2000 年度之后不再享有分红等股东权利，也从未就此提出异议，法院认为，该股权转让协议已实际履行，可以认定 2000 年 5 月之后朱霞萍已不再持有公司股份，赵建平、王建平未自朱霞萍处受让股份，也无需将股份返还给朱霞萍。最终，法院判决驳回朱霞萍的诉讼请求。

6. 中介机构核查情况

对于上述问题，项目组详细梳理事实，认真研究法律、司法案例，认为股份公司股东以出资为实质性证据，工商登记并非设权登记，应遵循实质证据要件优先的规则认定真实股东及出资金额。上述 3 人于 2013 年 12 月向嘉兴市南湖区人民法院提起诉讼，要求按照五芳斋设立时工商登记恢复其"股东"身份。其中 2 人未出资、1 人真实出资但 2000 年退股由公司回购。项目组律师分别作为五芳斋及被告代理人参加诉讼，提交了翔实的证据，发表了股份公司股东以出资为实质性证据，工商登记并非设权登记，应遵循实质证据要件优先的规则认定真实股东及出资金额的答辩及代理意见，获得法院认可。最终，法院判决驳回 3 名自然人的诉讼请求。法院判决后，各方均未上诉。

上市审核过程中，针对历史沿革涉及较多自然人股东的发行人，监管部门明确要求："保荐机构、发行人律师应当核查历史上自然人股东入股、退股（含工会、职工持股会清理等事项）是否按照当时有效的法律法规履行了相应程序，入股或股权转让协议、款项收付凭证、工商登记资料等法律文件是否齐备，并抽取一定比例的股东进行访谈，就相关自然人股东股权变动的真实性、所履行程序的合法性，是否存在委托持股或信托持股情形，是否存在争议或潜在纠纷发表明确意见。对于存在争议或潜在纠纷的，保荐机构、发行人律师应对相关纠纷对发行人股权清晰稳定的影响发表明确意见。"

五芳斋 1998 年设立时，实际自然人股东为 582 人。设立后，上述 582 人所持五芳斋股份因回购、依法转让、继承、夫妻财产份额等原因发生过多次变更，上述过程中出现过的自然人股东人数累计，并剔除重复计算人数后，截至上市前，五芳斋历史沿革中出现过的自然人股东数量为 610 人。需要注意的是，中介机构核查应基于历史上曾真实持有五芳斋股份的自然人，未出资但误登记在工商股东名录中的自然人并非五芳斋股东，故不应纳入历史自然人股东的核查范围，另外，该等情况已经人民法院生效司法文书确认，无需也无法进行访谈。综上，项目组将历史股东的核查分为 3 类情形。

（1）转让股份时已经公证的历史股东，该部分历史股东因协议转让、继承、财产分割转让五芳斋股份时已经公证确认。根据《中华人民共和国公证法》规定，经公证的民事法律行为、有法律意义的事实和文书，应当作为认定事实的根据，除非有相反证据足以推翻该项公证，上述历史股东转让股份经公证确认股份转让、继承事项真实、合法。

（2）全部股份于 1998 年至 2003 年由五芳斋回购的历史股东，股份回购已由人民法院同类型判决确认有效，根据《最高人民法院关于适用〈合同法〉若干问题的解释（二）》第一条第一款的规定，相关股东签署的协议能够确定当事人及标的、数量，已依法成立。

（3）除（1）（2）情形外的历史股东，该部分历史股东通过核查股权转让协议等法律文件并履行访谈程序。

上述核查程序总共覆盖人数 595 人，占历次股份转让过程中出现的自然人股东数量约为 97.54%。

（二）五芳斋股份回购及处置

针对五芳斋成立时，2 万股形成余留股份，以及 1998 年至 2003 年期间，部分人员因离职等原因将其所持五芳斋总计 50 万股股份转让给五芳斋，五芳斋形成共计 52 万股余留股份。为方便管理，余留股份均统一登记在五芳斋员工王建平名下，王建平离职后，登记在员工朱之杰名下，2010 年，将余留股份转让给第三人，并将税后所得及利息全部划入五芳斋作为资本公积得以解决余留股份问题。

第一，59 人主动要求退股时，分别签署了《股权转让协议》，经五芳斋时任法定代表人赵建平签字，股份转让价款已由五芳斋实际支付。根据《民法通则》第四十三条"法定代表人以法人名义从事的民事活动，其法律后果由法人承受"

的规定，以及《最高人民法院关于适用〈中华人民共和国合同法〉若干问题的解释（二）》第一条第一款"当事人对合同是否成立存在争议，人民法院能够确定当事人名称或者姓名、标的和数量的，一般应当认定合同成立"的规定，该协议已依法成立并生效。

第二，虽然 59 人退股时，按当时有效的公司法第一百四十九条第二款规定公司回购本公司股票后应当"在十日内注销该部分股份，依照法律、行政法规办理变更登记，并公告"，但该规定属于对公司收购本公司股票之后续处理的管理性规定，立法上未明确公司违反该规定将导致股份回购合同必然无效，且该回购合同继续有效并不损害国家利益和社会公共利益。因此，五芳斋收购 59 人持有的本公司股份，不因未按照该款规定办理注销、公告等程序而无效。

第三，五芳斋系在国有企业嘉兴市五芳斋粽子公司改制基础上设立的股份有限公司，由于改制的特殊性以及因公司法施行时间较短而对公司法的理解和执行不到位等原因，五芳斋在一定程度上带有内部职工定向募集股份有限公司的特征，五芳斋设立时实际缴纳出资的 582 名自然人股东均为公司职工，该自然人持有的五芳斋股份实质上均属于公司职工股，在职工离职或其他原因主动提出退股时，五芳斋均予以回购，符合国家经济体制改革委员会 1993 年 7 月 30 日《定向募集股份有限公司内部职工持股管理规定》第二十三条"内部职工持有的股份，在持有人脱离公司、死亡或其他特殊情况下，可以不受转让期限限制，转让给本公司其他内部职工，也可以由公司收购"的规定。所以，五芳斋对于公司设立时出资认购股份作为股东的职工退休、离职、家庭困难或特殊原因要求退股的情况，通过公司回购方式解决这类问题，不但符合当时的具体社会现实情况，也符合国家的相关政策。

因此，五芳斋在 59 人离职主动退股而回购其持有的本公司股份，系双方真实意思表示，并不违反《合同法》《公司法》等法律、行政法规的强制性规定，为合法有效。

2020 年 5 月 13 日，嘉兴市人民政府金融工作办公室、嘉兴市人民政府国有资产监督管理委员会出具了《关于对浙江五芳斋实业股份有限公司历史沿革相关事项予以确认的核查意见》（嘉金融办〔2020〕15 号）并针对五芳斋设立时股东登记错误及五芳斋股份回购及处置事宜作出如下核查意见："（一）五芳斋实业设立的程序、资格、条件、方式等符合国家法律、法规和规范性文件的规定，设立时存在实际自然人出资与签署发起人协议不一致、工商备案股东名册部分不一致以及验资不规范的情况，不影响五芳斋实业的合法设立和有效存续。（二）出于历史原因，五芳斋历史沿革过程中曾存在因无实际出资和股份回购形成的余留股份问题，已随着余留股份对外转让、转让价款划入五芳斋而得以解决，该情形不影响五芳斋的有效存续。五芳斋现所有权益归其现有全体股东合法所有。"

四、案件结论

五芳斋现实际控制人系 2004 年取得五芳斋股份，当时五芳斋设立时的经办人员均已退休，在职员工不了解五芳斋设立当时填报依据及原由。针对五芳斋设立时填报过 4 份股东名册、但都不完全相同的情况，项目组突破通常以工商登记认定股东的做法，仔细翻阅初始缴付凭证了解实际出资情况，商请会计师出具出资复核报告，准确认定了五芳斋自然人股东，在法院应诉时充分阐释观点并得到支持，法院判决使得历史沿革问题"一锤定音"。五芳斋上市过程中，历史沿革问题曾一度是最大的上市障碍，此问题解决可以说是上市成功的重要前提之一。历史沿革问题在证监会反馈阶段回复过一次后即通过。最终，五芳斋顺利于 2022 年 8 月 31 日登录上海证券交易所主板。

无锡派克沪主板 IPO 项目

周　菡[*]　阙莉娜^{**}

一、案情介绍

无锡派克新材料科技股份有限公司（以下简称"发行人"），由无锡市派克重型铸锻有限公司（以下简称"派克有限"）整体变更而来，是一家设立在无锡、专业从事金属锻件的研发、生产和销售的高新技术企业。发行人主营产品分为军品、民品两大系列，涵盖辗制环形锻件、自由锻件、精密模锻件等各类金属锻件，可应用于航空、航天、船舶、电力、石化以及其他各类机械等多个行业领域。在航空领域，发行人产品已覆盖在役及在研阶段的多个型号军用航空发动机及某型号民用航空发动机；在航天领域，发行人参与了长征系列及远征上面级等多个型号运载火箭的研制和配套，配套的多个型号陆基、空基和海基导弹已在部队列装，另外参与的多个型号导弹处于研制阶段；在军用舰船领域，发行人产品参与配套的某型号舰用燃气轮机已在部分海军舰艇列装。

2020 年 6 月，发行人 IPO 申请经中国证券监督管理委员会第十八届发行审核委员会 2020 年第 85 次发审委会议审核通过。

---

* 上海市锦天城律师事务所高级合伙人。

** 上海市锦天城律师事务所合伙人。

二、办案难点

本所律师较早接触发行人，辅导发行人建立和完善公司内部治理，管理和降低经营法律风险，协助发行人解决民营企业一些共性的法律问题；在 IPO 申报和审核过程中，暴发新冠肺炎疫情，增加了本所经办律师对法律尽调、法律申报文件的准备和申报工作的难度；且本项目系涉军项目，在项目保密和信息披露方面提出了较高的要求。

三、法律分析

（一）土地使用的合法合规性

首发上市申请企业在土地和/或房屋建筑方面存在瑕疵是比较普遍的现象，或因特定历史原因导致，或因企业产能快速扩张用地需求的满足具有滞后性而发生，原因不一而足。本项目中，发行人也存在免费使用土地以及地上建筑的情况。土地以及地上建筑瑕疵问题贯穿了审核整个过程，审核多次反馈补充相关问题，要求律师和保荐机构核查并发表意见。具体情况如下：

1. 相关问题

招股说明书披露，发行人免费使用无锡市滨湖区胡埭镇莲杆村 3 144.5 平方米的土地及该地块上建筑物，用于进行军品研制及生产活动。发行人有 1 处临时用地，位于滨湖区胡埭镇莲杆村 2 355.9 平方米的土地，用于厂房项目施工设备、建材临时堆放场所及工棚，使用期限两年。请发行人补充披露：（1）免费使用无锡市滨湖区胡埭资产经营公司土地和房产的原因及商业合理性，无锡市滨湖区胡埭资产经营公司是否合法拥有产权，是否有权将土地和房产免费给发行人使用；（2）免费使用土地和房产的性质，是否属于集体建设用地、划拨地、农用地、耕地、基本农田及其上建造的房产，有关房产是否为合法建筑、是否符合《土地管理法》等规定，是否对发行人持续经营构成重大影响；（3）使用临时用地是否符合《土地管理法》等相关规定，是否履行相关用地审批程序；（4）如存在瑕疵用地，请披露对发行人生产经营的影响，以及如因土地问题被处罚的责任承担主体、搬迁的费用及承担主体、有无下一步解决措施等，并对该等事项做重大风险提示。请保荐机构、发行人律师发表明确意见。

2. 核查情况

派克有限曾占用位于无锡市滨湖区胡埭镇莲杆村（以下简称"莲杆村"）的土地扩建厂房，该项目占地面积 3 144.5 平方米，并因上述事实于 2013 年 12 月 16 日收到无锡市国土资源局的行政处罚决定。

派克有限在及时执行完毕前述决定后，取得了关于行政处罚不构成重大的专项证明。无锡市国土资源局 2018 年 1 月 9 日出具的《证明函》："派克新材的前身无锡市派克重型铸锻有限公司于 2013 年 6 月因非法占地行为被我局实施行政处罚，罚款已按期缴纳，地上建构筑物已移交滨湖区财政局。该案件已于 2014 年 1 月 15 日结案。不属于重大违法违规行为。"

发行人取得过渡期内使用前述土地以及房屋建筑物的必要同意。根据无锡市滨湖区人民政府 2017 年 5 月 3 日作出的专题会议纪要（锡滨政办会纪〔2017〕30 号）："区财政局应加快履行 2013 年市国土局已收回莲杆村 3 144.5 m² 土地和罚没该地块上违章建筑的接收手续，并移交由无锡经济开发区进行处置，再由派克新材料提出过渡期间的土地使用申请。"根据 2017 年 7 月 6 日《无锡经济开发区（胡埭镇）班子会议纪要》（锡开委会纪〔2017〕8 号文件）："同意该企业现场过渡生产申请，并减免相关费用。"据此，发行人于过渡期内使用莲杆村土地厂房事宜已经无锡市滨湖区人民政府、无锡经济开发区同意。经核查，无锡经济开发区向无锡市滨湖区胡埭资产经营公司出具了书面的授权委托书。据此，无锡市滨湖区胡埭资产经营公司作为无锡市滨湖区胡埭镇人民政府下属的国有独资企业，接受无锡市滨湖区胡埭镇人民政府委托，有权与发行人就莲杆村土地厂房之过渡使用及搬迁事宜签订协议。

经核查，莲杆村土地厂房，其土地系集体建设用地，地上厂房系违章建筑，发行人免费使用莲杆村土地厂房虽不完全符合《土地管理法》相关规定，但发行人原地过渡使用莲杆村土地厂房事宜已经取得无锡市滨湖区人民政府、无锡经济开发区书面同意。同时，发行人已取得无锡市国土资源局、自然资源和规划局的合法合规证明，确认发行人在报告期及补充期间内不存在因为违反土地管理法律法规而受到行政处罚的情形。

据此，本所律师认为，发行人免费使用的莲杆村土地厂房虽存在瑕疵，但原地过渡使用莲杆村土地厂房事宜已经无锡市滨湖区人民政府、无锡经济开发区书面同意，不会导致发行人因此遭受行政处罚；发行人的控股股东、实际控制人已就该土地及厂房的搬迁费用及或有处罚事项承诺承担个人责任，因此，免费使用莲杆村土地厂房不会对发行人持续经营构成重大不利影响，不会对本次发行及上市构成实质性障碍。

（二）军工企业生产经营所需的资质

1. 相关问题

招股说明书披露，发行人持有的《三级保密资格单位证书》已过期，尚未取得更新后的证书。请发行人补充说明：（1）结合发行人生产经营的产品种类，说明发行人是否取得生产经营应当具备的全部资质许可，是否取得相关企业的服务资质；（2）《三级保密资格单位证书》到期后发行人的生产经营情况，是否存在无证经营的情形，是否受到行政处罚；《三级保密资格单位证书》续期进展情况，是否存在无法续期的法律障碍及对发行人生产经营的影响，并在重大事项提示中披露相关风险；（3）结合军工业务资质证书的取得条件，说明发行人相关资质到期后是否存在无法续期的风险。请保荐机构、发行人律师发表明确意见。

2. 核查情况

根据《武器装备科研生产许可管理条例》的相关规定，国家对列入武器装备科研生产许可目录的武器装备科研生产活动实行许可管理，未取得武器装备科研生产许可，不得从事许可目录所列的武器装备科研生产活动。

2017 年初，中央军委装备发展部拟制了《推进装备领域军民融合深度发展的思路举措》，提出降低准入门槛，实现"武器装备质量管理体系认证"与"装备承制单位资格审查"两证融合管理，实现"两证合一"。根据《中国人民解放军装备承制单位资格审查管理规定》的相关规定，为了加强和规范中国人民解放军装备承制单位资格审查工作，降低装备采购风险，提高装备采购质量和效益，中国人民解放军组织实施装备承制单位资格审查工作。装备承制单位资格经审查、核准后，由原总装备部统一注册，编入《装备承制单位名录》，装备采购应当从《装备承制单位名录》中选择承制单位，特殊情况应当报原总装备部批准。根据《武器装备质量管理条例》的相关规定，未通过质量管理体系认证的单位，不得承担武器装备研制、生产、维修任务。

根据《武器装备科研生产单位保密资格认定办法》的相关规定，国家对承担涉密武器装备科研生产任务的企事业单位实行保密资格认定制度。承担涉密武器装备科研生产任务的企业事业单位应当依法取得相应保密资格。

发行人持有《装备承制单位资格证书》《武器装备科研生产许可证》《三级保密资格证书》（发行审核过程中续展取得），发行人已取得从事军品生产所需资质许可。

（三）军工企业项目信息保密与豁免披露

1. 相关问题

为保护国家秘密或国家安全信息，军工企业在开展涉军业务及对外披露信息时需要接受和遵守较为严格的监管与限制制度。同时，《首次公开发行股票注册管理办法》要求发行人依法充分披露投资者作出价值判断和投资决策所必需的信息，充分揭示当前及未来可预见的、对发行人构成重大不利影响的直接和间接风险，所披露信息必须真实、准确、完整，简明清晰、通俗易懂，不得有虚假记载、误导性陈述或者重大遗漏。

因此，在信息披露方面，拟 IPO 的军工企业通常在满足信息披露基本要求的前提下，在履行法定程序后对涉密信息予以脱密处理或豁免披露，律师事务所需要核查信息豁免符合相关规定，且不影响投资决策判断。

2. 核查事实和律师意见

先确认发行人是否符合涉军信息披露豁免的情形。发行人持有军工行业各项准入资质证书，系《涉军企事业单位改制重组上市及上市后资本运作军工事项审查工作管理暂行办法》所称的涉军企事业单位，国防科工主管部门负责组织、实施、指导、监督全国涉军企事业单位改制、重组、上市及上市后资本运作军工事项审查管理工作。根据《军工企业对外融资特殊财务信息披露管理暂行办法》的相关规定，军工企业涉密信息应采取脱密处理的方式进行披露，部分无法进行脱密处理或者进行脱密处理后仍存在泄密风险的信息，军工企业应当取得国防科工主管部门的豁免披露批复。

发行人取得了信息豁免披露的批复。经核查确认，发行人取得国家国防科技工业局出具的关于上市特殊财务信息豁免披露有关事项的批复，并按照批复要求的内容执行。了解国防科学技术工业有权监管部门对发行人的现场检查的情况，如发行人为 IPO 工作制定的保密工作方案制定和执行，报送的申请文件满足脱密要求等具体检查结果。

发行人最终要反复核查，确保招股说明书符合相关法律规定和国防科工局批复要求，申请材料中涉及或者可能涉及国家秘密的，采用代称、打包或汇总方式进行脱密处理，对于脱密处理后可能还存在泄密风险的，予以豁免披露。

（四）营业收入与利润快速增长带来的法律核查

1. 相关问题

关于订单获得方式。发行人的产品涉及航空、航天、船舶、电力、石化等行业，且报告期内营业收入及利润增长较快。

请发行人说明：（1）获得主要客户订单的主要方式，与主要客户的合作关系的稳定性、可持续性；（2）是否存在依法需要通过招投标获得订单的情形；如是，发行人获得相关订单的过程是否合法合规；（3）是否存在通过围标等违法违规行为获得订单的情形；如是，是否构成本次发行的障碍。请保荐机构、发行人律师说明核查过程、依据，并发表明确核查意见。

2. 核查事实和律师意见

经检索招投标以及政府采购相关的法律，确认依据当时适用的法律，依法需要通过招投标获得订单的规定。在出具法律意见书时，与政府采购方式适用的相关主要规定如表 1 所示。

表 1

法律名称	主要相关条款
《中华人民共和国招标投标法》	第三条：在中华人民共和国境内进行下列工程建设项目包括项目的勘察、设计、施工、监理以及与工程建设有关的重要设备、材料等采购，必须进行招标：（一）大型基础设施、公用事业等关系社会公共利益、公众安全的项目；（二）全部或者部分使用国有资金投资或者国家融资的项目；（三）使用国际组织或者外国政府贷款、援助资金的项目。

（续表）

法律名称	主要相关条款
《中华人民共和国招标投标法实施条例》	第二条：招标投标法第三条所称工程建设项目，是指工程以及与工程建设有关的货物、服务。前款所称工程，是指建设工程，包括建筑物和构筑物的新建、改建、扩建及其相关的装修、拆除、修缮等；所称与工程建设有关的货物，是指构成工程不可分割的组成部分，且为实现工程基本功能所必需的设备、材料等；所称与工程建设有关的服务，是指为完成工程所需的勘察、设计、监理等服务。
《装备采购方式与程序管理规定》	第十三条：采购金额达到300万元以上、通用性强、不需要保密的装备采购项目，采用公开招标方式采购。
《中华人民共和国政府采购法》	第十五条：采购人是指依法进行政府采购的国家机关、事业单位、团体组织。 第二十六条：政府采购采用以下方式：（一）公开招标；（二）邀请招标；（三）竞争性谈判；（四）单一来源采购；（五）询价；（六）国务院政府采购监督管理部门认定的其他采购方式。公开招标应作为政府采购的主要采购方式。
《政府采购非招标采购方式管理办法》	第三条：采购人、采购代理机构采购以下货物、工程和服务之一的，可以采用竞争性谈判、单一来源采购方式采购；采购货物的，还可以采用询价采购方式：（一）依法制定的集中采购目录以内，且未达到公开招标数额标准的货物、服务；（二）依法制定的集中采购目录以外、采购限额标准以上，且未达到公开招标数额标准的货物、服务；（三）达到公开招标数额标准、经批准采用非公开招标方式的货物、服务；（四）按照招标投标法及其实施条例必须进行招标的工程建设项目以外的政府采购工程。

通过核查，确认发行人主要通过招投标（公开招投标、邀请招标）、竞争性谈判或协商等方式取得客户订单。向发行人调取相关合同，并以表格的方式列明报告期内，按订单获取方式划分的收入结构具体情况，逐个核查订单获取的方式及具体情形。

通过访谈客户以及发行人相关负责人，确认发行人与主要客户的合作关系的稳定性和可持续性的内外部原因，与项目组讨论研究确认发行人与主要客户合作关系稳定且可持续性。

查询招投标违法行为记录信息平台，确认报告期内，发行人不存在通过围标等违法违规行为获取订单的情形，发行人不存在曾因围标或其他违法投标行为而受到行政处罚的行为。

四、案件结论

为军工企业提供法律服务，需要树立严格的保密法律意识，并不断学习与保密相关的法律和实践案例，审慎核查项目资料。在接受军工企业委托的同时，与企业签署保密协议。认真对照《军工涉密业务咨询服务安全保密监督管理办法》，落实各项保密要求，确保项目经办律师参加足够学时的保密教育培训。

企业发展是一个动态的过程，不可避免地存在法律方面的瑕疵，律师在接受客户的委托后，要按照上市审核的各项合规性要求，及早地对企业进行辅导，挖掘企业的真实情况，存在瑕疵问题的，及时予以建议，并且督促企业尽早予以规范，协助企业完善内部治理，建立良好的法律风险控制制度，助力企业在上市后继续稳健经营和发展，回馈市场和股民。

盛景微沪主板 IPO 项目

——"小而精"企业迈入大盘蓝筹

张优悠[*] 张 颖[**] 洪小妹[***]

一、案情介绍

2024 年 1 月 24 日，由锦天城担任发行人律师的无锡盛景微电子股份有限公司（以下简称"盛景微""公司"，股票代码：603375）首次公开发行股票并在上海证券交易所主板成功上市。盛景微本次公开发行股票 2 516.666 7 万股，发行价为 38.18 元 / 股，募集资金总额 9.61 亿元。

盛景微是一家具备高性能、超低功耗芯片设计能力的电子器件提供商，主要产品为工业安全领域的电子控制模块。经过多年的研发，公司形成了高低压超低功耗芯片设计、采用扩展 Modbus 总线通信的主从级联网络、抗冲击与干扰技术等多项核心技术，并构建了具有超低功耗、大规模组网能力、抗高冲击与干扰等技术特点的开发平台。公司主要利用该平台为爆破专用电子控制模块等产品开发提供技术支撑，并积极开发地质勘探、石油开采、应急

---

[*] 上海市锦天城律师事务所高级合伙人。
[**] 上海市锦天城律师事务所合伙人。
[***] 上海市锦天城律师事务所律师。

管理与处置、新能源汽车安全系统等其他应用领域的产品。受政策红利与市场需求的双重驱动，公司近年来发展迅速，已成长为国内电子控制模块龙头企业。

二、办案难点

（一）主板定位

2023 年 2 月 17 日，《首次公开发行股票注册管理办法》等规定正式发布，标志着股票发行注册制正式在全市场推开。注册制下，沪深主板板块定位为"大盘蓝筹"，要求企业具有"业务模式成熟、经营业绩稳定、规模较大、具有行业代表性"的特征。

盛景微的主要产品为工业安全领域的电子控制模块。电子控制模块细分行业在国内发展历程相对较短，自 2006 年三峡大坝首次应用电子雷管爆破后，国内企业着手研发和推广电子控制模块，至 2018 年国家大力推广电子雷管开始，爆破专用电子控制模块市场逐步迎来爆发式增长，并在地质勘探、石油开采、应急管理与处置、新能源汽车安全系统等领域逐步拓展应用。2018 年以来，以盛景微为代表的部分业内企业在专用集成电路设计、抗冲击与干扰、大规模组网等技术上实现突破，产品在爆破领域率先打开局面。盛景微的主要产品电子控制模块属于国家鼓励、支持的产品，主营业务属于国家发改委鼓励发展的行业，顺应工业和信息化部的政策要求，符合产业政策和国家经济发展战略。公司市场占有率高，是国内爆破专用电子控制模块市场龙头企业。2021 年、2022 年及 2023 年 1—6 月，盛景微在爆破专用电子控制模块市场的占有率分别为39.02%、40.41% 及 23.10%。

经过对自身定位客观、准确的认定，盛景微选取"最近三年净利润均为正，且最近三年净利润累计不低于 1.5 亿元，最近一年净利润不低于 6 000 万元，最近三年经营活动产生的现金流量净额累计不低于 1 亿元或者营业收入累计不低于 10 亿元"作为申请上市的财务标准，并于 2023 年 3 月申报上海证券交易所主板。在仅仅三个月内，公司即通过上市委审核，于 2024 年 1 月 24 日成功登陆上海证券交易所主板。

（二）事业编人员投资入股

盛景微董事长、总经理张永刚及董事、副总经理赵先锋分别于 2016 年 4 月、2018 年 8 月投资盛景微前身无锡盛景电子科技有限公司（以下简称"盛景有限"），二人均曾于中国工程物理研究院电子工程研究所（以下简称"中物院电子所"）任职。监管在审核问询中要求保荐机构和发行人律师核查并补充披露，公司董事、监事、高管人员任职是否符合公司法、中组部以及教育部关于党政领导干部在企业兼职（任职）问题的相关规定以及适用法律法规的规定。

（三）国有参股公司资产收购

2018 年 11 月，盛景有限通过资产收购方式取得四川久安芯拥有的电子雷管延期模块及专用控制系统等相关专利和资产（以下简称"本次交易"或"本次转让"），本次交易发生当时，四川久安芯的股东为雅化集团绵阳实业有限公司（上市公司雅化集团［002497.SZ］的全资子公司，以下简称"绵阳雅化"）、四川环通电子有限责任公司（中物院电子所的全资子公司，曾用名四川省科学城环通电器总公司，以下简称"环通电子"）。本次交易属于盛景微收购国资参股公司资产，因此，监管在审核问询中要求针对本次交易，说明"收购国资参股公司资产的合法合规性，相关评估及资产收购是否在有权机关备案及审批"。

三、法律分析

（一）主板定位

盛景微从申报到挂牌上市，前后仅用了不到 1 年时间，充分说明了监管对盛景微主板定位的认可。IPO 企业要想证明自身属于"大盘蓝筹"，财务数据是一个重要衡量维度，但并非单一的衡量维度，需结合发行人的产品结构、主要客户、行业地位、业务规模、未来发展规划及同行业可比公司业务模式等各项因素综合考量。项目组结合盛景微的实际情况，主要从以下几个方面，对公司符合主板定位进行了详尽论证。

1. 业务模式成熟

主板所要求的业务模式成熟，意味着现有业务模式发展时间久且近期没有发生重大变化。IPO 企业在自身较长时期的演变中逐步完善，建立健全了各项制度，并且取得了特定的优势或成果，比如，在研发模式方面，盛景微多年来依托自研数模混合芯片，结合不同应用场景特点进行专用模块开发，形成了自主研发设计的爆破专用电子控制模块、起爆控制器等主要产品。公司始终将研发作为企业经营活动的核心，根据行业技术发展、下游终端需求变化、新应用场景的特点等，一方面，结合客户需求持续提升现有产品的安全性、可靠性等性能，保持产品的市场竞争力；另一方面，围绕业务发展目标，公司基于现有的技术平台，进行新技术、新产品的研究开发，不断扩大核心技术的应用领域，保障未来可持续发展。根据上游领域高度专业化分工的特点，公司向晶圆制造企业采购晶圆后，将封装测试、贴片组装等生产制造环节委托给外部加工商完成，在公司内部自主完成的生产环节主要为起爆控制器的软硬件总装及相关测试。

针对采购模式，公司结合行业发展预测、客户预计需求、当年销售计划及公司库存情况制定采购和生产计划，根据计划所需物料情况，向委托加工供应商与物料供应商下达采购订单。

针对销售模式，因下游呈现集中度较高的市场竞争格局，公司产品电子控制模块、起爆控制器采用直销模式进行销售。采用直销模式有利于缩短销售流程、优化服务并及时把握客户需求，并且可以与客户技术部门保持实时沟通，有利于提升技术、产品开发的时效性和准确性。此外，盛景微子公司主要采用经销模式销售放大器等产品。

当然，业务模式成熟不代表墨守成规、一成不变，因此，监管可能还会要求 IPO 企业从所处行业的发展历程及现状的角度，充分说明业务模式是否与行业发展相适应，以现有的经营模式开展业务的时间及经营模式的成熟度，并可能要求 IPO 企业将自身业务模式与可比企业之间进行对比。

基于上述，盛景微成熟的业务模式是结合行业惯例及企业自身特点形成的，不仅符合下游市场快速增长、对安全性和可靠性要求高的特征，也与行业特点和公司情况相匹配。

2. 经营业绩稳定

考察经营业绩稳定是判断 IPO 企业未来能否健康发展的重要措施。长期以来，监管对"经营业绩稳定"这一问题十分重视，通常要求 IPO 企业结合具体的情况，说明经营业绩的稳定性，未来是否存在经营业绩大幅下滑的风险。因此，IPO 企业需要结合自身的主营业务的稳定和突出，充分展现自身经营实力强、后劲足，业绩增长非偶然因素导致。

2020 年以来，盛景微以稳定优质的客户资源与充裕的在手订单为经营业绩奠定坚实基础，不仅与行业内知名民爆企业保持稳定的合作关系，还具备较强的客户拓展能力。2023 年，盛景微成功开发了多家新客户，包括辽宁华丰民用化工发展有限公司、云南燃一有限责任公司、南京理工科技化工有限责任公司等。盛景微面对客户的多元化需求，推出的普通型产品获得了新老客户的积极响应，为客户份额的进一步提升奠定了基础。除此之外，在保持国内爆破市场领先地位的同时，盛景微持续拓展空间较大的海外爆破市场，进一步将核心技术拓展应用于地质勘探、石油开采、应急管理与处置、新能源汽车安全系统等新的市场；盛景微还通过优化芯片设计与加工工艺、拓展芯片制造平台、关键元器件国产化替代等多种方式降本增效，确保公司保持较好的盈利能力。

2020 年、2021 年、2022 年及 2023 年 1—6 月营业收入、净利润稳步增长。盛景微所处行业市场空间较大，预计经营业绩在中长期仍将保持稳定增长。

3. 规模较大、具有行业代表性

申报主板的企业，必定符合财务的硬性指标，几乎都是大型企业。但主板所要求的"规模较大"是一个相对概念，与参照物进行对比之后才有意义。因而 IPO 企业在行业中具有较好的排名或者较高的市场占有率是问题的关键。"具有行业代表性"需要企业在所处行业中取得一致认可，具有品牌知名度。高市占率可以证明，靠前的市场排名也可以证明。

盛景微作为行业内的龙头企业，参与了多项行业标准的制定，是电子雷管行业规模最大的电子控制模块企业之一，市场占有率高，2020 年、2021 年、2022 年及 2023 年 1—6 月市场占有率分别为 34.19%、39.02%、40.41% 和 23.10%；盛景微资产规模、营收及利润规模较大，截至 2023 年 6 月 30 日，盛景微总资产为 90 106.80 万元，净资产为 61 329.28 万元；2020 年、2021 年、

2022 年及 2023 年 1—6 月，公司营业收入分别为 21 081.20 万元、35 555.08 万元、77 080.74 万元及 38 151.38 万元，净利润分别为 6 302.76 万元、8 679.00 万元、18 119.98 万元及 8 612.82 万元。

凭借技术优势和规模优势，盛景微不仅能够保持在国内市场的竞争地位，还在积极配合客户拓展海外市场；核心技术也具备较好的可拓展性，能够在微电子、电子、通信等新兴技术，应用于传统民用爆破领域，推动电子雷管性能提升、成本下降，推动产品在民用爆破领域（如应急管理与处置、新能源汽车安全系统等领域）的广泛应用。作为电子控制模块领域的龙头企业，盛景微拥有广阔的未来市场空间。

基于上述，总体而言，盛景微业务模式成熟、经营业绩稳定、规模较大、具有行业代表性，具备"大盘蓝筹"特色，符合主板定位要求。

（二）事业编人员投资入股

项目组律师通过：1. 查阅《关于印发参照公务员法管理的党中央、国务院直属事业单位名单的通知》《中华人民共和国公务员法》《事业单位人事管理条例》《事业单位工作人员处分暂行规定》《中共中央、国务院关于严禁党政机关和党政干部经商、办企业的决定》《中共中央、国务院关于进一步制止党政机关和党政干部经商、办企业的规定》《关于进一步规范党政领导干部在企业兼职（任职）问题的意见》以及中央纪委法规室于 2015 年 2 月做出的"关于事业单位工作人员可否在企业兼职的回复"等国家公务员、参公管理单位的人员、党政领导干部、事业编制工作人员对外投资、任职的相关规定；2. 取得并查阅张永刚和赵先锋投资入股盛景有限的相关股权变动协议、股权转让支付凭证、实缴出资凭证；张永刚与中物院电子所签署的聘用合同、中物院电子所对张永刚、赵先锋出具的《解除（终止）聘用合同登记表》；盛景微及相关主体出具的说明函和确认函；3. 查阅其他事业单位在编人员对外投资任职的案例情况，如利尔化学（002258.SZ）招股说明书、奥普生物及晶禾电子申请科创板首发上市申报和反馈回复文件等公开资料等主要核查手段，充分说明了张永刚、赵先锋投资、任职盛景微前身盛景有限未违反国家规定中物院电子所当时有效的相关任职管理规定。

具体核查论证及分析思路如下：

首先，根据《关于印发参照公务员法管理的党中央、国务院直属事业单位名单的通知》（组通字〔2006〕33号）规定，中物院电子所不属于参照《中华人民共和国公务员法》管理的范围。其次，根据张永刚、赵先锋分别与中物院电子所签署的聘用合同、中物院电子所盖章的《解除（终止）聘用合同登记表》、四川久安芯电子科技有限公司（以下简称"四川久安芯"）和中物院电子所分别出具的确认函，2013年11月至2016年11月，张永刚受聘于中物院电子所担任工程师（专业技术岗位），其间受中物院电子所委派至四川久安芯担任副总经理；赵先锋于2005年5月至2018年7月受聘于中物院电子所担任工程师（专业技术岗位），其中2010年6月至2018年7月受中物院电子所委派至四川久安芯任职。张永刚、赵先锋二人曾系中物院电子所的事业编制工作人员，不属于国家公务员、参公管理单位的人员、党政领导干部，因此，二人投资、任职盛景有限不适用公务员、参公管理单位的人员、党政领导干部投资、任职的相关规定。

张永刚、赵先锋系中物院电子所的专业技术岗位人员，其投资、任职盛景微前身盛景有限时，国家鼓励事业单位技术人员到企业任职，具体规定包括：《关于深化科研事业单位人事制度改革的实施意见》（人发〔2000〕30号）第14条规定："鼓励科研人员创办高新技术企业或在完成本职工作的前提下兼职从事研究开发和成果转化活动"；《关于加快推进事业单位人事制度改革的意见》（人发〔2000〕78号）第8条规定："改变现有单一的固定用人方式，有条件的单位应积极实行固定岗位与流动岗位相结合、专职与兼职相结合的用人办法。鼓励和支持事业单位的人才流动，促进专业技术人才资源配置的社会化、市场化"；《事业单位人事管理条例》（国务院令652号）第11条规定：事业单位工作人员可以按照国家有关规定进行交流。

尽管《事业单位工作人员处分暂行规定》（中华人民共和国人力资源和社会保障部、中华人民共和国监察部令第18号）第18条第一款对"违反国家规定从事、参与营利性活动或兼职领薪"进行了规定：有下列行为之一的，给予警告或者记过处分；情节较重的，给予降低岗位等级或者撤职处分；情节严重的，给予开除处分：……（六）违反国家规定，从事、参与营利性活动或者兼任职务领取报酬的，但通过查阅《中华人民共和国公务员法》《中共中央、国务院关于严禁党政机关和党政干部经商、办企业的决定》《中共中央、国务院关于进一步制止党政机关和党政干部经商、办企业的规定》《关于进一步规范党政领导干部在企业兼职（任职）问题的意见》及上述事业编制工作人员管理相关法律法规、规范性文件的规定，相关法律法规彼时仅对国家公务员、参公管理单位的人员、党政领导干部（副处级以上）、党员领导干部等特殊身份人员限制兼职、任职、创办企业，对仅在编无领导职务的事业编制人员在兼职、任职、创办企业，相关法律法规没有明确禁止性规定。

2015 年 2 月，中央纪委法规室做出"关于事业单位工作人员可否在企业兼职的回复"，其中提到："……《事业单位工作人员处分暂行规定》第十八条第一款第（六）项中的'违反国家规定'，是指违反国家有关事业单位工作人员从事、参与营利性活动或者兼任职务领取报酬方面的法律、法规、规章、规范性文件等规定。事业单位工作人员是否可以在企业中兼职，除了看其本身是否属于参公管理人员、行政机关任命人员等之外，还要看其所在地区、行业领域、系统、单位等是否对其在企业中兼职有相关规定，不能一概以编制、级别和是否为党员来划分。"

参照《事业单位工作人员处分暂行规定》和中央纪委法规室的上述回复，张永刚、赵先锋任职中物院电子所及四川久安芯期间并非国家公务员、参公管理单位的人员、党政领导干部、党员领导干部，其能否对外投资、任职还需要看其所在地区、行业领域、系统、单位等是否对其在企业中兼职有相关规定。经项目组律师与张永刚、赵先锋离职前时任中物院人力资源部管理人员确认，张永刚和赵先锋在职期间及离职后的较长时期内，中物院对仅在编人员经商、办企业以及参与其他营利性的在外投资或任职方面没有明确禁止性或限制性规定。

基于上述，张永刚、赵先锋投资、任职盛景有限未违反国家规定和中物院电子所当时有效的相关任职管理规定。除此之外，张永刚、赵先锋还取得了原任职单位中物院电子所及四川久安芯就其任职、持股情况的书面确认文件。

四川久安芯就张永刚、赵先锋投资、任职盛景微前身盛景有限有关事宜出具了确认函，确认张永刚、赵先锋在四川久安芯的任职、持股情况，二人均不属于党政领导干部（副处级以上）、参公管理单位的工作人员、国企领导班子成员、国家公务员，二人入股、退股、任职、离职四川久安芯符合相关法律、法规和规范性文件的规定和四川久安芯内部管理规定。

盛景微就公司高级管理人员张永刚、赵先锋向中物院电子所出具《无锡盛景微电子股份有限公司说明函》，对张永刚、赵先锋在中物院电子所及四川久安芯任职、投资情况和在盛景微前身盛景有限投资、任职情况进行了详细汇报。中物院电子所出具《确认函》，确认"张永刚、赵先锋在四川久安芯任职期间曾按程序出资和持有四川久安芯股权，后于 2016 年 12 月退股四川久安芯，其投资行为符合国家相关法律法规及院所相关规定；任职期间，未发现张永刚违法违规投资、兼职情况"。

此外，项目组律师查询了公开披露的类似案例情况如利尔化学（002258.SZ）、奥普生物（873758.NQ）、晶禾电子等作为进一步佐证说明。根据利尔化学招股说明书等公开资料，利尔化学大股东久远集团和化材所（中物院系其国有资产主管单位）将所持部分利尔化工（系利尔化学前身）股权奖励给利尔化工经营技术团队，上述股权转让完成后，部分在利尔化学任职的中物院在编员工持有利尔化学股份。进而说明中物院系统内在编员工在其他企业任职和投资属于彼时院所允许情况，张永刚、赵先锋的对外投资、任职并非中物院所禁止。

除利尔化学外，奥普生物（873758.NQ）实际控制人之一徐建新曾在中国科学院上海植物生理研究所担任研究员，其受让公司股权时仍在植物研究所任职。科创板在审公司晶禾电子实际控制人、董监高及核心技术人员等多人存在中国电科第五十四研究所、第十三研究所等任职经历，其中实际控制人之一成传湘在五十四所任职期间的对外投资和任职石家庄晶禾和晶禾有限。根据盛景微说明和中介机构的核查，上述人员对外投资及任职均未违反当时有效的国家对事业编制人员规定以及所在单位的内部管理规定。故事业编制人员对外投资任职并非个例，可在遵守当时有效的法律法规及所在单位的内部规定的前提下进行。

项目组律师通过上述核查程序，充分说明了张永刚、赵先锋投资、任职盛景微前身盛景有限未违反国家规定、中物院电子所当时有效的相关任职管理规定。

（三）国有参股公司资产收购

项目组律师首先就本次转让所涉审批、资产评估备案及产权交易所公开交易的相关法律规定展开分析如下。

《企业国有资产监督管理暂行条例（2011 修订）》（中华人民共和国国务院令第 588 号）第二十二条规定："国有资产监督管理机构依照公司法的规定，派出股东代表、董事，参加国有控股的公司、国有参股的公司的股东会、董事会。国有控股的公司、国有参股的公司的股东会、董事会决定公司的分立、合并、破产、解散、增减资本、发行公司债券、任免企业负责人等重大事项时，国有资产监督管理机构派出的股东代表、董事，应当按照国有资产监督管理机构的指示发表意见、行使表决权。国有资产监督管理机构派出的股东代表、董事，应当将其履行职责的有关情况及时向国有资产监督管理机构报告。"

本次交易发生时适用的《四川久安芯电子科技有限公司章程（2017 年 9 月）》第十六条规定："股东会行使下列职权：（十五）单笔金额超过 100 万元或最近一期经审计的净资产 30%（以孰高者为准）的资产处置。"

《国有资产评估管理办法》（中华人民共和国国务院令第 91 号）第三条规定："国有资产占有单位（以下简称占有单位）有下列情形之一的，应当进行资产评估：（一）资产拍卖、转让。"《企业国有资产评估管理暂行办法》（国务院国有资产监督管理委员会第 12 号令）第二条规定，各级国有资产监督管理机构履行出资人职责的企业（以下统称所出资企业）及其各级子企业（以下统称企业）涉及的资产评估，适用本办法。第六条规定，企业有下列行为之一的，应当对相关资产进行评估：（六）资产转让、置换。国务院国有资产监督管理委员会于 2022 年 12 月 22 日于官网发布《〈企业国有资产评估管理暂行办法〉是否适用于国有参股公司？》，明确《企业国有资产评估管理暂行办法》（国资委令第 12 号）第二条的适用范围包括国有全资、控股以及实际控制企业。

《企业国有资产法》（中华人民共和国主席令第 5 号）第五十四条第二款规定："除按照国家规定可以直接协议转让的以外，国有资产转让应当在依法设立的产权交易场所公开进行。转让方应当如实披露有关信息，征集受让方；征集产生的受让方为两个以上的，转让应当采用公开竞价的交易方式。"

根据上述收购国有参股公司资产的相关规定，结合本次交易的基本情况，本次交易应当履行资产评估、备案的程序，并通过进场方式开展；同时，根据四川久安芯彼时适用的章程，四川久安芯应当将本次交易提交其内部股东会审议。基于此，项目组律师进一步对本次交易实际履行的程序所涉及的文件进行核查，包括相关资产转让协议、交易凭证、资产评估报告、决议文件及四川久安芯就本次交易出具的确认函等，进而详细论证了本次交易已履行相应的程序，具体如下：

第一，《国有资产评估管理办法》《企业国有资产评估管理暂行办法》未对"国有资产占有单位""各级子公司"的范围进行明确规定，同时，国务院国有资产监督管理委员会于2022年12月明确《企业国有资产评估管理暂行办法》中规定的各级子企业系指国有独资、全资、控股和实际控制企业。出于谨慎性考虑，四川久安芯实施本次交易履行了相应的资产评估及备案程序。

2018年7月25日，绵阳勤德资产评估有限责任公司对本次交易标的出具《四川久安芯电子科技有限公司拟转让资产涉及的部分存货、机器设备和无形资产市场价值项目资产评估报告书》（绵勤德评字〔2018〕第62号），经评估，四川久安芯拟转让资产涉及的部分存货、机器设备和无形资产于本次评估基准日（2018年5月31日）的评估价值为2905.18万元。以上资产评估结果已经国有资产管理机构中国工程物理研究院电子工程研究所备案，备案经济行为类型为资产转让。

第二，2018年7月28日，四川久安芯召开2018年第一次临时股东会，时任股东绵阳雅化、环通电子的代表出席会议，经与会股东举手表决作出决议：同意将四川久安芯电子雷管业务涉及的存货、机器设备、无形资产（纳入本次评估范围内的）进行转让；本次交易采用在产权交易所公开转让的方式，转让底价不得低于经电子工程研究所备案的转让标的评估结果即2905.18万元，如未征集到意向方，可以降低底价但不得低于评估结果的90%，否则应当经四川久安芯股东会重新审议后决议该等资产的处置。时任股东绵阳雅化、环通电子均在四川久安芯股东会决议上盖章。

第三，2018年10月12日，四川久安芯在北京产权交易所正式披露资产转让信息，信息披露公告期满日期为2018年11月8日。

第四，2018 年 10 月 28 日，盛景有限召开股东会，全体股东一致同意参与本次交易。

第五，2018 年 11 月 7 日，盛景有限向北京产权交易所提交了营业执照、公司章程、股东会决议等申请资料，并缴纳交易保证金 800 万元。

第六，2018 年 11 月 9 日，北京产权交易所向四川久安芯、盛景有限发出《实物资产交易签约通知书》，确认四川久安芯在北京产权交易所正式披露资产转让信息的公告期内，征得意向受让方 1 个，即：盛景有限。

第七，2018 年 11 月 9 日，四川久安芯与盛景有限签署《实物资产交易合同》，四川久安芯将本次交易标的转让给盛景有限，转让价款为 3 000 万元。

第八，2018 年 11 月 19 日，盛景有限向北京产权交易所有限公司支付转让价款 2 200 万元（800 万元保证金冲抵转让价款）。

第九，2018 年 11 月 22 日，北京产权交易所就本次转让出具《实物资产交易凭证》，确认了本次转让行为符合法律法规及北京产权交易所交易规则。

第十，经绵阳雅化书面确认，绵阳雅化已按照当时有效的公司章程就本次交易履行了内部决策程序并经上市公司雅化集团董事长、总裁、财务总监等时任主管部门负责人签批。

综上，项目组律师通过上述核查程序充分说明了：盛景微本次交易根据当时收购国资参股公司转让资产的相关规定，已经转让方四川久安芯股东会批准，相关资产已经资产评估机构评估，资产评估结果已经国有资产管理机构备案，本次交易符合《企业国有资产监督管理暂行条例（2011 修订）》《国有资产评估管理办法》上述规定和资产转让当时有效的四川久安芯章程的规定；盛景微收购国资参股公司资产已依法履行了资产评估及备案，并通过北京产权交易所公开进行，取得了北京产权交易所就本次转让出具的《实物资产交易凭证》，符合《企业国有资产法》的上述规定。

四、案件结论

作为公司的法律顾问，我们围绕公司业务模式成熟、经营业绩稳定、规模较大、具有行业代表性等方面，协助公司充分论证了其具备"大盘蓝筹"特色，符合主板定位要求；同时，在论证如任职资格、国有资产收购程序等法律问题时，我们从法律规定、公开案例、说明确认等多个维度展开分析论证，最终获得监管审核的认可，进而助力公司成功上市。盛景微的成功上市，充分说明在专业细分领域"小而精"企业，只要符合主板定位，亦可迈入大盘蓝筹行列。

ALLBRIGHT
LAW OFFICES
锦天城

锦天城律师事务所经典案例集

北交所上市篇

威博液压北交所上市项目

颜　强* 　贺　雷** 　邵潇潇*** 　马薄乔****

一、案情介绍

2021 年 11 月 26 日，由上海市锦天城律师事务所（以下简称"锦天城"）承办的江苏威博液压股份有限公司（以下简称"威博液压"）向不特定合格投资者公开发行股票并在北京证券交易所上市项目，获北京证券交易所（以下简称"北交所"）上市委员会 2021 年第 1 次审议会议审核通过，威博液压于 2022 年 1 月 6 日在北交所公开发行并上市。自北交所于 2021 年 9 月 3 日成立、2021 年 11 月 15 日正式开市后，威博液压作为北交所注册制第一审、第一股，具有标志性意义。

威博液压专业从事液压动力单元及核心部件的研发、生产和销售，产品主要应用于仓储物流、高空作业平台及汽车机械等领域。经过多年技术积累、创新与实践，威博液压发展成为国内仓储物流领域技术水平及行业地位领先的液压动力单元产品提供商，主力产品液压动力单元市场竞争力逐步提升。

* 　上海市锦天城律师事务所高级合伙人。
** 　上海市锦天城律师事务所高级合伙人。
*** 　上海市锦天城律师事务所合伙人。
**** 　上海市锦天城律师事务所律师。

威博液压于 2022 年 1 月完成上市交易。

二、办案难点

第一，从全国股转系统申报精选层挂牌到申报向不特定合格投资者公开发行股票并在北交所上市的转变与关注事项；

第二，向不特定合格投资者公开发行股票并在北交所上市与首次公开发行股票的区别；

第三，作为北交所上市公司，是否需要适用首次公开发行股份的相关规定，以及是否适用证监会颁布的关于上市公司的法律法规，例如《中国证监会关于进一步推进新股发行体制改革的意见》《上市公司独立董事管理办法》《上市公司治理准则》《上市公司章程指引》《发行监管问答——落实首发承诺及老股转让规定》《发行监管问答——关于相关责任主体承诺事项的问答》；

第四，大额政府补助以及获取政府补助的中介咨询服务费是否合法、合规、真实、有效，是否存在利益输送、商业贿赂等情形。

三、法律分析

（一）从申报全国股转系统精选层挂牌到申报向不特定合格投资者公开发行股票并在北交所上市的转变与关注事项

2021 年 9 月 2 日，习近平主席在 2021 年中国国际服务贸易交易会全球服务贸易峰会致辞中宣布，继续支持中小企业创新发展，深化全国股转系统改革，设立北交所，打造服务创新型中小企业主阵地。9 月 3 日，北京证券交易所有限责任公司注册成立。同日，中国证券监督管理委员会（以下简称"证监会"）就北交所有关基础制度安排向社会公开征求意见。

北交所设立之时，证监会负责人表示，建设北交所的主要思路是，严格遵循《证券法》，按照分步实施、循序渐进的原则，总体平移精选层各项基础制度，坚持北交所上市公司由创新层公司产生，维持全国股转系统基础层、创新层与北交所"层层递进"的市场结构，同步试点证券发行注册制。

根据北交所有关基础制度征求意见稿内容以及上述证监会相关负责人发言，

对于全国股转系统精选层已经发行挂牌的存量企业，整体平移至北交所上市交易，无需行政许可或备案，亦不存在需要保荐机构保荐或律师发表意见的情形。原精选层挂牌公司经平移后，其股票交易场所、适用法律法规及规范性文件、公司内部制度应予相应调整。

对于申报精选层挂牌的在审企业，应重新向北交所按照《北京证券交易所向不特定合格投资者公开发行股票注册管理办法（试行）》《北京证券交易所上市公司证券发行注册管理办法（试行）》《北京证券交易所股票上市规则（试行）》提交向不特定合格投资者公开发行股票并在北交所上市的申请文件。该套申请文件中，全国股转系统精选层应提交并披露的《公开发行说明书》变更为北交所上市《招股说明书》，申报报告期为最近三年（及一期）。相应律师应出具的《法律意见书》《律师工作报告》以新的报告期间重新出具。

在从全国股转系统精选层挂牌切换为北交所上市过程中，比较突出的特点是，北交所设立之初即试点股票发行注册制，其推行注册制的时间晚于上交所科创板及深交所创业板。故，北交所上市审核机构系北交所，同时实际审核过程中，证监会公众公司监管司① 亦同步审核申报文件并反馈关注问题，以缩短公开发行股票注册时间。从证监会内部监管部门的职责划分也可以看出，北交所上市并非传统沪深交易所发行上市的监管部门——证监会发行监管司，表明其与沪深交易所首发上市存在实质区别。由此，在本项目重新提报北交所上市文件中，需要考虑向不特定合格投资者公开发行股票并在北交所上市与沪深交易所首次公开发行股票的共性与区别，以及是否适用现行法律法规及规范性文件对于上市公司的相关规定问题。该等问题见下文详述。

（二）关于向不特定合格投资者公开发行股票并在北交所上市与沪深交易所首次公开发行股票的共性与区别

在共性方面，向不特定合格投资者公开发行股票并在北交所上市与沪深交易所首次公开发行股票均属于公开发行股票、发行对象均为不特定对象。上交

---

① 公众公司监管司职责：拟订非上市公众公司、北京证券交易所上市公司监管制度，监管北京证券交易所和全国中小企业股份转让系统上市（挂牌）、非上市公众公司和北京证券交易所上市公司证券发行等行为，监管非上市公众公司、北京证券交易所上市公司。

所、深交所上市的首次公开发行股票、北交所上市的向不特定合格投资者公开发行股票的发行对象应为不特定对象。

在区别方面，首先，虽在北交所发行上市与沪深交易所首发上市的发行对象上均为不特定对象，但三个交易所各上市板块对投资者资格的要求不尽相同，基于保证市场的专业性和稳定性的考虑，北交所投资者的门槛较高，投资者需要一定的资金和投资经验。其次，在沪深交易所"IPO"的公司一般没有公众股东，为达到公众持股占比 25% 的要求，首发股份通常占比 25% 以上。北交所公发上市公司来源于全国股转系统创新层公司，公开发行前已经是公众公司，通过定向发行或股票交易，往往已有公众股东。因此，上市时的公开发行股份占比可能出现少于 25%。最后，创新层公司申请北交所发行上市时，是公司在北交所的首次公开发行，但不一定是公司的首次公开发行，有的公司可能在全国股转系统发生过公开发行。正是基于此，笔者理解，北交所上市的公开发行不能称为 IPO，而称为向不特定合格投资者公开发行股票并上市。

（三）北交所上市公司是否适用现行法律法规及规范性文件对于上市公司的相关规定

从北交所设立以及推出的政策背景来看，北交所上市公司监管制度在遵循上市公司监管基本要求的前提下，充分考虑了北交所服务创新型中小企业的市场定位，总结吸收了精选层运行以来的监管实践。

共性方面，《北京证券交易所股票上市规则》遵循上市公司监管一般规律，落实上市公司监管的法定职责，充分吸收上市公司监管的成熟经验，接轨现行上市公司主要监管安排，保持与沪深交易所在信息披露和公司治理标准方面的总体一致性。

特色方面，北交所相关规则充分吸收了精选层前期实践经验，承袭契合创新型中小企业特点的监管制度，形成了体现北交所市场定位和特色的差异化制度安排，有效平衡了中小企业在资本市场的规范成本与收益。例如，对现金分红比例不作硬性要求，鼓励公司根据自身实际量力而为；对于股权激励，允许在充分披露并履行相应程序的前提下，合理设置低于股票市价的期权行权价格，以增强激励功效。

尤其注意的是，在北交所上市的公司，持有股份数量在 10% 以下的投资者，其股份没有特别规定的锁定期，那么问题在于是否需要遵守《公司法》对于上市后股份锁定的相关规定。根据《公司法》第一百四十一条规定："……公司公开发行股份前已发行的股份，自公司股票在证券交易所上市交易之日起一年内不得转让。"在沪深交易所上市的公司，公司上市后的所有股份至少锁定一年。而在北交所上市交易的公司，严格按照《公司法》规定，应当也需要遵守该规定。通过项目组和北交所审核人员的沟通，北交所上市公司并不需要遵守该规定。

诸如上述的规则适用问题，还存在于北交所上市公司上市前股东锁定及减持承诺是否适用原 IPO 企业的相关要求，独立董事的设置是否需要遵守上市公司的相关约定。该等问题经项目组谨慎分析，以及与北交所审核人员的探讨确认，答案不尽相同。

对于《中国证监会关于进一步推进新股发行体制改革的意见》中对发行人控股股东、持有发行人股份的董事和高级管理人员应在公开募集及上市文件中公开承诺："所持股票在锁定期满后两年内减持的，其减持价格不低于发行价；公司上市后 6 个月内如公司股票连续 20 个交易日的收盘价均低于发行价，或者上市后 6 个月期末收盘价低于发行价，持有公司股票的锁定期限自动延长至少 6 个月"，以及"发行人及其控股股东、公司董事及高级管理人员应在公开募集及上市文件中提出上市后三年内公司股价低于每股净资产时稳定公司股价的预案，预案应包括启动股价稳定措施的具体条件、可能采取的具体措施等"，申请北交所上市企业应予以遵守。

《上市公司独立董事管理办法》《上市公司治理准则》《上市公司章程指引》则在首批申报北交所上市企业中，暂无需适用。其中存在的突出分歧——精选层独立董事仅要求不少于 2 名，未要求独立董事人数不少于董事人数的三分之一，经与审核人员的主动沟通，暂时可以保持不少于 2 名独立董事的要求无需按照"独立董事人数不少于董事人数的三分之一"的要求改选。

而对于《发行监管问答——落实首发承诺及老股转让规定》《发行监管问答——关于相关责任主体承诺事项的问答》，虽向不特定合格投资者公开发行股票并在北交所上市不属于"首发"，但应遵守上述问答内容，要求发行人及相应责任主体作出承诺。

北交所开市后至今修订以及适用法律法规逐渐清晰，也基本验证了项目组在北交所注册制第一股项目中作出的判断较为准确。

（四）大额政府补助问题

在 2022 年 2 月 27 日《律师事务所从事首次公开发行股票并上市法律业务执业细则》正式生效前，根据《公开发行证券公司信息披露的编报规则第 12 号——公开发行证券的法律意见书和律师工作报告》，律师需要对发行人享受的优惠政策、财政补贴等政策进行核查，对该政策是否合法、合规、真实、有效发表法律意见。

威博液压 2020 年智能装备高端液压泵阀研发及产业化项目申请技术改造专项 2020 年（第二批）中央预算内投资补助涉及补助金额为 3 000 余万元，并且聘请了江苏国创知识产权研究院有限公司（以下简称"江苏国创"）提供咨询服务，服务费为收到的政府补助总金额的 18%，该比例被质疑是否存在合理性、必要性，是否存在利益输送、贿赂的情形。

项目组充分论证了该项目补助金额较大且为国家发改委的申报项目，申报的要求、流程及复杂性均较高，公司需要聘请专业外部机构完成项目现场答辩、考核、评估等筹备工作，执行申报程序。为提高申报效率和申报成功概率，公司聘请江苏国创协助公司完成项目立项、中期评估、结题验收等工作，确保项目顺利实施且通过结题验收。项目组基本穷尽了核查手段，除向市级主管部门访谈、向江苏国创访谈并获取相关资料外，获取了江苏国创及其关联方向其他企业提供类似咨询服务的合同、发票，并取得其银行流水，核查是否存在利益输送、商业贿赂等不正当手段取得政府补助的情形。

对于拟上市公司政府补助的核查系律师基本核查范畴，但就政府补助的一般底稿文件（报告期内政府补助明细表、政策依据文件、银行支付凭证、补助项目履行及验收情况相关文件），较难核查出该项补助取得过程中是否存在瑕疵的情形。例如本项目中政府补助的大额咨询费用系通过核查重大合同、大额应付账款，以及供应商访谈过程中发现的，也由此增加了政府补助相关咨询服务的扩大核查。在项目问询阶段以及上会时，均如项目组判断，该问题被重点关注。

四、案件结论

北交所的设立是近十年资本市场的里程碑标志性事件，体现了党中央、国务院高度重视中小企业创新发展和全国股转系统改革，是中央发展专精特新中小企业、深化全国股转系统改革作出的重要部署。威博液压作为北交所成立后第一审、第一股，本项目难点及亮点在于项目组需要针对法律法规、监管政策的变更及时作出法律分析及判断，并通过与监管人员的充分研讨及沟通，于在审项目中首先完成申报的切换。在申报报告期内（2018 年、2019 年、2020 年、2021 年 1—6 月），威博液压单年扣非净利润未超过 2 500 万元，是非常典型的"小而美"的企业。通过深刻理解北交所设立及相关政策规定，项目组快速帮助客户完成北交所上市及募资，抓住发展机遇，公司在上市后实现了扣非净利润增长 54.23%，真正助力了企业腾飞。

汉鑫科技北交所上市项目

杨依见 *

一、案情介绍

山东汉鑫科技股份有限公司（简称为"汉鑫科技"）成立于 2001 年 4 月，2016 年 4 月在全国中小企业股份转让系统挂牌；于 2021 年 9 月 23 日经全国中小企业股份转让系统挂牌委员会 2021 年第 20 次审议会议审议通过；2021 年 9 月，北京证券交易所成立；2023 年 11 月 15 日，北京证券交易所正式开市，包括汉鑫科技在内的 10 家已完成公开发行等程序的企业将直接在北交所上市、71 家精选层挂牌企业平移至北交所上市；汉鑫科技成为第一批北交所上市公司也是山东省第一家北交所上市公司。

汉鑫科技是信息技术领域专业服务商，专注于为政企客户提供基于人工智能技术的产品与解决方案，包括系统设计、系统开发、设备选型采购、实施调试以及运营维护等。业务领域涵盖工业智能、智能网联、智慧城市三大领域。

---

* 上海市锦天城律师事务所高级合伙人。

二、办案难点

（一）订单获取合规性及商业贿赂

汉鑫科技注册地在山东省烟台市，其于报告期内的全部的营业收入来自山东省地区，其中烟台地区的营业收入占比为68.88%、69.17%、97.72%和83.88%；通过招标（含邀请招标）取得收入的比例分别是74.03%、82.83%、82.85%和54.34%。

鉴于汉鑫科技业务开展的地域集中特征明显且其客户绝大多数为政府、国有企业、事业单位，因此其订单获取的合规性是审核重点关注问题，审核问询函要求发行人及保荐机构、律师：

第一，补充披露报告期各期公司数字政府相关项目政府购买及款项支付是否符合《政府采购法》等相关规定要求，报告期内是否存在应履行公开招投标程序而未履行或者违规分包的情形，若是，请补充披露具体情况，是否存在合同被撤销等法律风险，是否对发行人业绩存在重大不利影响。

第二，说明发行人及其董监高、直接或间接股东以及其他关联方是否与客户主要人员以及负责采购的相关人员或主要负责人存在关联关系或特殊利益安排等情形，报告期内是否存在不正当竞争或商业贿赂等违法违规行为，是否受到相关行政处罚。

为回复上述问题，需全面查阅并整理《政府采购法》等法律法规对政府购买及款项支付的规定；并仔细整理、审阅发行人报告期各期合同台账及回款统计表（筛选出其中的政府机关、事业单位和团体组织客户）；在此基础上全面获取并查阅发行人与该等政府机关、事业单位和团体组织客户签署的合同及相关招投标证明文件，了解报告期内发行人销售合同招投标程序履行情况，所涉工作量巨大。如存在未严格履行政府采购程序的情形，则将无法回复问询，将对汉鑫科技公开发行申请造成重大不利影响。

第三，报告期内发行人是否存在直接或变相商业贿赂。

（二）涉密业务资质剥离

汉鑫科技于2020年4月16日取得山东省国家保密局核发的《涉密信息

系统集成资质证书》（编号：JCY251900672）。报告期各期汉鑫科技信息安全（涉密业务）收入占当期营业收入的比例分别为25.63%、48.11%、61.03%和12.7%。

根据《涉密资质单位拟公开上市或者在新三板挂牌处理意见》之规定："涉密信息系统集成资质单位不得公开上市。资质单位拟公开上市，并已通过证券监督管理部门审核的，应当主动申请注销涉密信息系统集成资质，上市后不得再持有涉密信息系统集成资质。资质单位拟在公开上市后保持涉密资质的，可以采取资质剥离方式，在作出上市计划的同时，向作出审批决定的保密行政管理部门提交资质剥离申请，按照《涉密信息系统集成资质管理补充规定》（国保发〔2015〕13号，以下简称《补充规定》）开展资质剥离审查。"

汉鑫科技拟申请公开发行股票，需按照《涉密信息系统集成资质管理补充规定》《涉密资质单位拟公开上市或者在新三板挂牌处理意见》的规定，将涉密信息系统集成资质证书剥离至子公司；并向山东省国家保密局提交了《关于山东汉鑫科技股份有限公司涉密信息系统集成资质剥离的请示》，2020年4月29日，山东省国家保密局出具《关于山东汉鑫科技股份有限公司有关事项的复函》（鲁保函〔2020〕101号），同意公司将涉密信息系统集成资质剥离至子公司金佳园科技。

但因新冠肺炎疫情防控等原因，金佳园科技取得涉密信息系统集成资质相关工作未能如期开展，进而导致汉鑫科技在提交公开发行股票申请前，并未能完成资质剥离工作，子公司金佳园科技并未取得涉密信息系统集成资质。

因此，涉密业务资质剥离情况及合规性也是审核监管重点，金佳园科技是否能够正常取得涉密业务资质、资质剥离过渡期间，汉鑫科技涉密业务开展是否合规均对汉鑫科技的正常业务经营具有重大影响；第一轮审核问询函要求发行人及保荐机构、律师：

第一，结合本次公开发行并在精选层挂牌的时间安排、涉密资质剥离的工作进度、精选层公司股权分散度的监管要求等，说明涉密资质维持及本次公开发行事项是否符合《涉密信息系统集成资质管理补充规定》等相关规定及保密管理部门的监管要求；

第二，补充披露资质剥离对当期经营业绩的影响，结合《涉密信息系统集成资质管理补充规定》等规定以及保密管理部门的监管要求，说明资质剥离的具体安排及其可行性、合规性。

鉴于，发行人提交第一轮问询函回复时，涉密资质剥离工作尚未完成、金佳园科技尚未取得涉密资质，第二轮审核问询函对该问题进行细化追问，要求：

第一，说明在剥离完成前涉密资质继续有效的具体依据；

第二，请发行人逐项列示发行人及子公司金佳园科技是否符合资质剥离的监管要求，剥离工作对发行人该项业务开展的具体影响，金佳园科技后续取得涉密资质是否存在实质性障碍或不确定性，预计获取涉密信息系统集成资质并开展业务的时间表，并提示相关风险。

（三）关于抵账房产权瑕疵

汉鑫科技存在两项房产尚未取得权属证书，均系抵账房。其中一处系汉鑫科技主要办公场所，对汉鑫科技重要性程度较高；一处系住宅，处于闲置状态。审核问询函要求发行人及保荐机构、律师：

补充披露取得上述房产的背景以及长期无法取得产权证的原因，未取得权属证书的固定资产原值、账面净值的确认依据，产权证办理是否可预期，是否存在产权纠纷或潜在产权纠纷，请根据房产用途分析对发行人业务经营的重要性及相关影响。

三、法律分析

（一）订单获取合规性及商业贿赂

1. 订单获取合规性

（1）《政府采购法》等法律法规对政府购买及款项支付的规定

回复思路：关于该问询问题，项目律师团队首先通过全面查询、梳理政府采购相关法律法规（包括但不限于法律、行政法规、部门规章、山东及烟台市的地方性法规等），全面了解政府采购/政府购买的法律定义，政府采购方式及其适用条件（如金额等）相关规定：

《政府采购法》第二条第二款、第二十六条、第二十九条、第三十条、第三十一条、第三十三条规定了政府采购的相关要求。

2014 年 2 月 1 日生效的《政府采购非招标采购方式管理办法》(财政部令第 74 号)对于通过非招标采购方式进行政府采购作出了规范。

《中华人民共和国招标投标法》(以下简称"《招投标法》")第三条、第六十六条规定了招投标的相关要求。

《国务院办公厅关于印发中央预算单位 2017—2018 年政府集中采购目录及标准的通知》(国办发〔2016〕96 号)第三条规定:"除集中采购机构采购项目和部门集中采购项目外,各部门自行采购单项或批量金额达到 100 万元以上的货物和服务的项目、120 万元以上的工程项目应按《政府采购法》和《招投标法》有关规定执行。"各级政府亦就集中采购、分散采购及公开招标数额标准作出了相关规定。

《国务院办公厅关于印发中央预算单位政府集中采购目录及标准(2020 年版)的通知》(国办发〔2019〕55 号)第三条规定:"除集中采购机构采购项目和部门集中采购项目外,各部门自行采购单项或批量金额达到 100 万元以上的货物和服务的项目、120 万元以上的工程项目应按《中华人民共和国政府采购法》和《中华人民共和国招标投标法》有关规定执行。"

烟台市财政局《关于公布〈烟台市市级政府集中采购目录及限额标准和进口产品目录〉的通知》(烟财采〔2017〕31 号)规定"同一预算采购项目金额达到公开招标数额标准以上的,应当实行公开招标。因特殊情况确需采用非公开招标采购方式的,应当在采购活动开始前获得财政部门批准。具体公开招标数额标准如下:

表 1

级次标准	货　物	服　务	工　程
市级	200 万元	200 万元(工程相关的咨询、环评、规划、勘察、设计、监理等服务为 50 万元)	200 万元
县级	100 万元	100 万元	200 万元

市级预算金额 200 万元以上(含 200 万)的货物项目(含工程所需材料及相关设备),200 万元以上(含 200 万)的服务项目(工程相关的咨询、环评、

规划、勘察、设计、监理等项目单项合同估算金额50万元以上），200万元以上（含200万）的工程项目，应当采用公开招标方式采购。县（市、区）级标准为最低数额标准，县级财政部门可以根据实际情况提高相应标准。"

（2）政府购买及款项支付情况、公开招投标程序履行情况、分包情况

回复思路：首先筛选出金额在100万元以上的合同明细：鉴于，汉鑫科技销售合同数量较大，经参照当时有效的《国务院办公厅关于印发中央预算单位政府集中采购目录及标准（2020年版）的通知》（国办发〔2019〕55号）、烟台市财政局《关于公布〈烟台市市级政府集中采购目录及限额标准和进口产品目录〉的通知》（烟财采〔2017〕31号）将政府采购类项目的招标数额标准及当时IPO案例，项目律师团队根据汉鑫科技提供的报告期内销售合同明细表筛选出发行人报告期内各期签署的合同金额在100万元以上的客户清单。

其次，确定政府购买的适用范围，以缩小核查范围、减轻工作量。根据《政府采购法》第十五条之规定，政府类主体是指各级国家机关、事业单位和团体组织。项目律师团队通过查询该等客户官方网站、国家企业信用信息公示系统等方式筛选出其中的政府机关、事业单位和团体组织客户。

再者，通过查阅汉鑫科技与上述已筛选出的政府机关、事业单位和团体组织客户签署的合同、招投标文件，对交易对方进行访谈/取得其签署的书面文件等方式，核查并统计该等合同所采取的采购方式及其依据、是否存在应履行公开招投标程序而未履行或者违规分包情形。

2. 报告期内发行人是否存在直接或变相商业贿赂

回复思路：首先，全面梳理法律法规及规范性文件关于商业贿赂的规定及监督检查机关：

《中华人民共和国反不正当竞争法》第七条规定："经营者不得采用财物或者其他手段贿赂下列单位或者个人，以谋取交易机会或者竞争优势：（一）交易相对方的工作人员；（二）受交易相对方委托办理相关事务的单位或者个人；（三）利用职权或者影响力影响交易的单位或者个人"。第十九条规定："经营者违反本法第七条规定贿赂他人的，由监督检查部门没收违法所得，处十万元以上三百万元以下的罚款。情节严重的，吊销营业执照。"

最高人民法院《关于办理商业贿赂刑事案件适用法律若干问题的意见》第十条规定："办理商业贿赂犯罪案件，要注意区分贿赂与馈赠的界限。主要应当结合以下因素全面分析、综合判断：（1）发生财物往来的背景，如双方是否存在亲友关系及历史上交往的情形和程度；（2）往来财物的价值；（3）财物往来的缘由、时机和方式，提供财物方对于接受方有无职务上的请托；（4）接受方是否利用职务上的便利为提供方谋取利益。"

根据《国家工商行政管理局关于禁止商业贿赂行为的暂行规定》，商业贿赂，是指经营者为销售或者购买商品而采用财物或者其他手段贿赂对方单位或者个人的行为，商业贿赂行为由县级以上工商行政管理机关监督检查。

其次，获取有权监督检查机关出具的证明文件：鉴于《国家工商行政管理局关于禁止商业贿赂行为的暂行规定》商业贿赂行为由县级以上工商行政管理机关监督检查，项目律师团队获取了发行人主管行政机关烟台高新技术产业开发区市场监督管理局出具的证明以论述佐证发行人报告期内不存在商业贿赂行为。

（二）涉密业务资质剥离

1. 结合本次公开发行并在精选层挂牌的时间安排、涉密资质剥离的工作进度、精选层公司股权分散度的监管要求等，说明涉密资质维持及本次公开发行事项是否符合《涉密信息系统集成资质管理补充规定》等相关规定及保密管理部门的监管要求

回复思路：关于时间安排的合规性，《涉密资质单位拟公开上市或者在新三板挂牌处理意见》第一条规定"资质单位拟在公开上市后保持涉密资质的，可以采取资质剥离方式，在作出上市计划的同时，向作出审批决定的保密行政管理部门提交资质剥离申请"，因此，发行人需在筹划公开发行时提交剥离申请，汉鑫科技实际操作亦符合该规定。

关于涉密资质剥离的工作进度，根据山东省国家保密局工作人员的实际反馈情况如实披露现场审查、验收、证书核发等进度安排，并由实际控制人出具资质剥离能够顺利完成的承诺。

关于股权分散度的监管要求，首先查阅《涉密信息系统集成资质管理补充

规定》等关于资质剥离母子公司股权分散度的监管要求；《涉密信息系统集成资质管理补充规定》第二条第（二）项规定：控股子公司持有涉密资质期间，母公司的实际控制人为中方；外方投资者及其一致行动人在母公司中的出资比例，最终不超过20%；上市母公司持股5%以上的股东中存在外籍自然人、外资法人或外方控股法人时，需及时向保密行政管理部门申报。其次论述，发行人实际情况并不触发上述情形，同时由发行人及其实际控制人出具承诺保证遵守关于股权分散度的上述监管要求。

2. 资质剥离对当期经营业绩的影响，结合《涉密信息系统集成资质管理补充规定》等规定以及保密管理部门的监管要求，说明资质剥离的具体安排及其可行性、合规性

（1）资质剥离对当期经营业绩的影响

回复思路：发行人涉密信息系统集成资质剥离完成前，发行人持有的《涉密信息系统集成资质证书》（编号：JCY251900672）仍继续有效，发行人仍可开展涉密信息系统集成业务；资质剥离完成后，发行人在建的涉密项目全部转由承接资质单位即金佳园科技承担；因此，涉密信息系统集成资质的剥离不会对发行人当期经营业绩产生影响。

（2）资质剥离的具体安排及其可行性、合规性

回复思路：首先列述《涉密资质单位拟公开上市或者在新三板挂牌处理意见》《涉密信息系统集成资质管理补充规定》等对资质剥离的监管要求，并根据发行人向山东省国家保密局提交涉密信息系统集成资质剥离申请资料及山东省国家保密局出具《关于山东汉鑫科技股份有限公司有关事项的复函》论述发行人资质剥离符合该等规定；《涉密信息系统集成资质管理补充规定》第二条第一款对"资质剥离的基本要求"的全部要求。

3. 在剥离完成前发行人涉密资质继续有效的具体依据

回复思路：公司涉密信息系统集成资质剥离工作完成前，公司原持有的《涉密信息系统集成资质证书》（编号：JCY251900672）在有效期内，且山东省国家保密局向烟台金佳园核发《涉密信息系统集成资质证书》前，并未收回或注销公司持有的前述《涉密信息系统集成资质证书》；因此，根据《涉密信息系统集成资质管理办法》第四十一条等相关规定，公司不存在应当注销资质的事

由，因此，在剥离完成前，公司原持有的《涉密信息系统集成资质证书》（编号：JCY251900672）继续有效。

4. 逐项列示发行人及子公司金佳园科技是否符合资质剥离的监管要求，剥离工作对发行人该项业务开展的具体影响，金佳园科技后续取得涉密资质是否存在实质性障碍或不确定性，预计获取涉密信息系统集成资质并开展业务的时间表

回复思路：首先通过表格的方式列述资质剥离的监管要求并论述发行人及子公司金佳园科技的实际情况是否符合表 2 内容。

表 2

资质剥离的基本要求	公司及子公司金佳园科技实际情况
拟承接资质单位与原资质单位之间存在控股隶属关系，且关联股份不低于 50%（不含）	金佳园科技系公司全资子公司
拟承接资质单位保密管理体系须符合集成资质保密标准要求	金佳园科技已建立符合集成资质保密标准要求的保密管理体系
原资质单位转入拟承接资质单位的涉密人员不低于 50%（不含）	公司转入金佳园科技的涉密人员为 57.14%，大于 50%
原资质单位在建的涉密项目能够全部转由拟承接资质单位承担，并履行涉密项目合同转签手续或征得项目委托方的书面同意	公司在建的涉密项目能够全部转由金佳园科技承担，项目委托方已出具书面文件同意
原资质单位的涉密载体、设备、文件资料等的归档、移交、销毁符合国家保密规定	公司已按照国家保密规定进行涉密载体、设备、文件资料等的归档、移交、销毁

其次，通过论述"涉密信息系统集成资质剥离完成前，汉鑫科技持有的《涉密信息系统集成资质证书》仍继续有效，公司仍可开展涉密信息系统集成业务；资质剥离完成后，公司在建的涉密项目全部转由承接资质单位即金佳园科技承担"论证涉密信息系统集成资质的剥离不会对公司该项业务开展产生不良影响。

此外，发行人在提交第二轮问询回复时，山东省国家保密局已向其子公司金佳园科技核发（2021 年 5 月核发）《涉密信息系统集成资质证书》（编号：JCY252100774），资质等级为乙级，业务种类为系统集成 / 软件开发 / 运行维护，有效期至 2024 年 5 月 18 日。因此，金佳园科技取得涉密资质不存在实质性障

碍或不确定性。

经项目委托方书面同意，原由汉鑫科技在建的 7 项涉密项目已于 2021 年 6 月上旬全部转由金佳园科技承担。根据《涉密信息系统集成资质管理补充规定》之规定"原资质单位在建的涉密项目能够全部转由拟承接资质单位承担，并履行涉密项目合同转签手续或征得项目委托方的书面同意"系资质剥离的基本要求之一，根据山东省国家保密局出具的书面证明以及向金佳园科技核发的《涉密信息系统集成资质证书》，山东省国家保密局对发行人涉密业务资质剥离以及由金佳园科技承担、开展涉密业务予以认可。

最后，论述核发证书主管部门及其合规性：

根据《涉密信息系统集成资质管理办法》第 6 条、第 12 条，涉密信息系统集成资质分为甲级和乙级两个等级，申请甲级资质的，应当向国家保密行政管理部门提交申请书；申请乙级资质的，应当向注册地的省、自治区、直辖市保密行政管理部门提交申请书。

根据《涉密信息系统集成资质审查工作规程》第 3 条、第 5 条，国家保密行政管理部门设立涉密信息系统集成资质管理委员会，主管涉密信息系统集成资质管理工作，组织开展甲级资质审查工作；省、自治区、直辖市保密行政管理部门成立省、自治区、直辖市涉密信息系统集成资质管理委员会，组织开展本行政区域内乙级资质审查工作。在公司涉密信息系统集成资质剥离完成前，公司持有的《涉密信息系统集成资质证书》为乙级资质，资质的审批由山东省国家保密局负责。本次资质剥离中，2021 年 5 月 19 日，山东省国家保密局向金佳园科技核发的《涉密信息系统集成资质证书》（编号：JCY252100774），资质等级同样为乙级。由山东省国家保密局作为核发证书的主管部门符合《涉密信息系统集成资质管理办法》《涉密信息系统集成资质审查工作规程》。

（三）关于抵账房房屋产权瑕疵

回复思路：首先通过披露房屋取得背景及相关建设手续论述房屋未取得产权证书的客观原因及目前办证进度；其次披露该等房屋的账面原值及净值、目前使用状态论证分析对发行人业务经营的重要性及相关影响；并由公司实际控制人出具承诺。

根据《房屋登记办法》第三十条之规定，因合法建造房屋申请房屋所有权初始登记的，应当提交下列材料：（一）登记申请书；（二）申请人身份证明；（三）建设用地使用权证明；（四）建设工程符合规划的证明；（五）房屋已竣工的证明；（六）房屋测绘报告；（七）其他必要材料。

经向房屋建设单位核查：

蓝海软件园 B 座 11 层房屋已取得与其建设相关的《国有土地使用证》（烟国用〔2015〕第 6017 号）、《建设工程规划许可证》（建字第 370613201310017号）、施工许可（批准文号：370671201606160101，施工单位：烟台市清泉建筑建材有限公司）。蓝海软件园 B 座 11 层房屋长期无法取得产权证书的原因系蓝海软件园整体工程开发、建设周期较长，且建设过程中政府政策变化，需待蓝海软件园整体工程建设并竣工验收完成后申请办理产权证书，目前烟台高新技术产业开发区住房和建设管理局正在进行最终竣工验收工作，除未完成验收及政府政策变化外，烟台高新区蓝海软件园 B 座 11 层房屋符合法律法规及规范性文件规定的办理房屋产权证书的其他条件，产权证书的办理不存在实质障碍。

中正公馆 B 区 29-2-11 号房屋长期无法取得产权证书的原因系中正公馆房屋需分批次办理产权证书，目前中正公馆正在办理一期房屋的产权证书，山东汉鑫科技股份有限公司享有产权的 B 区 29-2-11 号房屋系三期工程，目前三期工程均未办理完成相关产权证书；山东中正实业集团有限公司确认，中正公馆 B 区 29-2-11 号房屋符合法律法规及规范性文件规定的办理房屋产权证书的条件（相关土地证编号为烟国用〔2013〕第 10195 号，建设工程规划许可证编号为建字第 370602201300026 号，建筑工程施工许可证编号为 370602201306020118，已办理完成竣工验收和房屋测绘工作），山东中正实业集团有限公司保证相关产权证书的办理不存在实质障碍，山东汉鑫科技股份有限公司能够顺利取得中正公馆 B 区 29-2-11 号房屋相关产权证书。

蓝海软件园 B 座 11 层系发行人主要办公场所之一，对发行人重要性程度较高，但考虑到发行人业务模式对办公场所的条件及环境的需求程度，即便将来发生发行人不能正常使用蓝海软件园 B 座 11 层，发行人需更换办公用房的，发行人能够轻易找到替代房屋且能够快速完成搬迁，且发行人实际控制人已承诺"如发行人或其子公司因不能正常使用蓝海软件园 B 座 11 层、需要更换办公用房的，由本人负责协调处理，以保证发行人及其子公司生产经营免受不利影响"。因此本所律师认为，虽然蓝海软件园 B 座 11 层系发行人主要办公场所之一，对发行人重要性程度较高，但其作为办公用房可替代性较高，因此即便发行人不能正常使用蓝海软件园 B 座 11 层，亦不会对发行人的生产经营造成重大不利影响。

中正公馆 B 区 29-2-11 号房屋目前处于空置状态，发行人未使用亦未对外出租，对发行人重要性程度较低。

此外，发行人实际控制人刘文义先生已出具《关于山东汉鑫科技股份有限公司房屋建筑物相关事项的承诺函》，具体内容如下："本人刘文义，作为山东汉鑫科技股份有限公司的实际控制人，承诺将督促并协助公司办理房屋建筑物相关权属证书，积极采取相关措施解决房屋办证事项，保证公司利益不受到任何损害，保证产证证书办理完成前公司继续有效占有并使用相关房屋，如公司因前述房屋未办证事宜而遭受任何处罚或损失，由本人补偿。"

四、案件结论

汉鑫科技能够最终成功上市、成为第一批北交所上市公司暨山东省第一家北交所上市公司，除了其自身情况良好外，也离不开中介机构对相关法律法规及案例的仔细研究及系统性梳理，对其业务情况的深入了解、核查与论证，最终能够被审核监管机构认可。

灵鸽科技北交所上市项目

——如何应对上市审核中竞争对手的恶意专利诉讼

徐　军[*]　裴振宇[**]　吕希菁[***]

一、案情介绍

无锡灵鸽机械科技股份有限公司（以下简称"灵鸽科技"或"发行人"）是一家物料自动化处理解决方案提供商，入选国家级专精特新"小巨人"企业。其主要从事计量配料、混合及输送等自动化物料处理系统设备的研发、生产和销售，产品包括自动化物料处理系统和单机设备。

灵鸽科技于 2022 年 7 月 8 日向中国证券监督管理委员会江苏监管局（以下简称"江苏证监局"）提交了辅导备案材料，于 2022 年 12 月 28 日向北交所报送了申报材料，次日北交所正式受理发行人的发行上市申请。

（一）灵鸽科技专利涉诉纠纷情况

在申报文件中，本所律师已在《法律意见书》"十九、诉讼、仲裁或行政处

---

[*]　上海市锦天城律师事务所高级合伙人。
[**]　上海市锦天城律师事务所合伙人。
[***]　上海市锦天城律师事务所律师。

罚"章节披露了发行人作为被告的一起尚未了结的专利侵权诉讼，原告方为佛山市金银河智能装备股份有限公司（以下简称"金银河"）。但 2023 年 1 月 10 日，仅在发行人首次披露其在北交所发行上市暨停牌进展公告后一周，金银河就再次对发行人提起一例新的专利侵权诉讼，诉请金额达 2 300 余万元。

在《招股说明书》中，金银河（300619.SZ）被列为发行人同行业内主要企业、可比公司，在业务、技术等领域双方均有相似度，存在竞争关系。选择灵鸽科技上市的时间节点提起诉讼，无疑是有针对性的，自 2019 年至今，金银河共对灵鸽科技提起 3 起专利侵权诉讼，诉讼概况如下。

1. 第一次诉讼

金银河以发行人侵害其"一种锂电池浆料全自动连续生产系统"实用新型专利权（专利号为 ZL201821155731.3）为由，向江苏省苏州市中级人民法院提起诉讼，要求发行人停止侵权行为并赔偿损失，涉诉金额 800 万元等。江苏省苏州市中级人民法院于 2019 年 10 月 28 日立案。

在审理过程中，发行人对涉案 ZL201821155731.3 号实用新型专利权向国家知识产权局提出无效宣告请求。国家知识产权局于 2020 年 8 月 31 日出具第 45914 号《无效宣告请求审查决定书》，宣告上述专利权（一种锂电池浆料全自动连续生产系统）全部无效。2020 年 9 月 4 日，江苏省苏州市中级人民法院作出（2019）苏 05 知初 1082 号之一《民事裁定书》，基于金银河本案依据的专利权已被宣告无效，裁定驳回金银河的起诉。金银河未提起上诉。

2. 第二次诉讼

金银河以发行人销售给河南省鹏辉电源有限公司的两套设备涉嫌侵犯其"一种锂电池正负电极浆料生产系统"实用新型专利权（专利号为 ZL201320293144.1）为由，向江苏省苏州市中级人民法院起诉，要求发行人停止侵权行为并赔偿损失，涉诉金额 800 万元等。江苏省苏州市中级人民法院于 2020 年 12 月 10 日立案。

在审理过程中，发行人对涉案 ZL201320293144.1 号实用新型专利权向国家知识产权局提出无效宣告请求。国家知识产权局于 2021 年 8 月 30 日出具第 51610 号《无效宣告请求审查决定书》，宣告金银河上述 ZL201320293144.1 号实用新型的权利要求 1—3 及引用权利要求 1—3 的权利要求 6—7 无效；权利要求

4—5 及引用权利要求 4—5 的权利要求 6—7 有效。其中权利要求 1 为独立权利要求，其余均为从属权利要求，权利要求 4—5 均引用权利要求 1。

2021 年 12 月 9 日，江苏省苏州市中级人民法院作出一审判决，认为被诉侵权产品未落入涉案实用新型专利权的保护范围，不构成侵权，驳回金银河的诉讼请求。

一审判决后，金银河提起上诉。2023 年 5 月 31 日，最高人民法院作出（2022）最高法知民终 1505 号终审判决：驳回上诉，维持原判。

终审判决后，金银河申请再审。发行人于 2024 年 2 月 7 日收到（2023）最高法民申 2745 号裁定：驳回再审申请。

3. 第三次诉讼

金银河以发行人生产、销售的一种与其实用新型专利"一种混合装置"（专利号为 ZL201921412204.0）相同或等同技术结构的成品罐涉嫌侵犯其实用新型专利权，于 2023 年 1 月 10 日向江苏省无锡市中级人民法院起诉，要求判令发行人停止侵权行为、赔偿经济损失 2 300.00 万元等。江苏省无锡市中级人民法院于 2023 年 1 月 16 日立案。

金银河在提起本案诉讼前，国家知识产权局已应其申请，对涉案专利出具了实用新型专利权评价报告，初步结论为该专利全部权利要求均不符合授予专利权的条件，涉案专利不具备创造性。

发行人于 2023 年 3 月 15 日向江苏省无锡市中级人民法院就本案提起反诉，要求金银河就恶意诉讼消除影响并赔偿发行人损失。

2023 年 4 月 26 日，江苏省无锡市中级人民法院一审开庭审理，驳回了金银河的全部诉讼请求，同时，就发行人提起的反诉诉讼请求，一审法院认为金银河提起本案诉讼构成恶意诉讼。

一审判决后，金银河提起上诉。2024 年 1 月 31 日，最高人民法院进行了庭审询问，截至本文完稿之日，判决结果尚未出具。

（二）涉诉案件对后续发行审核进程的影响

2023 年 1 月 17 日，北交所下发《首轮审核问询函》，在"问题 2. 技术水平及产品竞争优势"中问询了关于知识产权纠纷与技术保护问题，直接指出金银河自 2019 年起就提起以发行人为被告的多次专利侵权纠纷，需要律师对此进行核查并发表明确意见。

鉴于 2023 年 1 月 10 日发行人受到金银河第三次专利起诉，为保证问询答复的质量，发行人分别于同年 2 月 14 日以及 3 月 15 日向北交所提出延期回复的申请，并于 3 月 15 日就金银河恶意诉讼案件提起反诉。3 月 27 日，发行人提交《审核问询函的回复》，同时本所律师出具《补充法律意见书（一）》，在"十九、诉讼、仲裁或行政处罚"章节对本次新增专利诉讼进行客观事实描述，综合考量后认定该涉诉案件不会对发行人的持续生产经营造成重大不利影响。

2023 年 4 月 12 日，发行人收到了北交所出具《第二轮审核问询函》，在"问题 1.涉诉事项对公司持续经营影响"中问询金银河两次尚未了结的专利诉讼案件（第二、第三次诉讼）是否构成本次发行上市的障碍。由于该两起案件尚处于审理过程中，判决结果存在一定的不确定性，且第三次诉讼提起时，其诉请的 2 300 万元索赔额正好满足《全国中小企业股份转让系统挂牌公司信息披露规则》所要求的"占公司最近一期经审计净资产绝对值 10% 以上"的标准，使得发行人不得不进行披露并于 4 月 17 日依规定向北交所申请中止上市审核。

至此，前述涉诉事项已对发行人的审理进程产生了重大不利影响，中止审核期间，第三次诉讼获得一审法院认定为恶意诉讼的判决，并因金银河的上诉处于移送二审阶段、第二次诉讼获得了最高人民法院驳回上诉、维持原判的终审判决，这些诉讼进展让我们得以在回复论证时有可靠的说理基础。

直到 2023 年 9 月 4 日，随着发行人向北交所提交《第二轮审核问询函的回复》，附带 2023 年半年报财务数据更新，前述中止审核的情形消除。同时本所律师出具《补充法律意见书（二）》，针对涉诉事项问询进行详细核查与论证。

最终于 2023 年 9 月 15 日，在涉诉事项未决的情况下，发行人成功过会，并于 2023 年 11 月 17 日经中国证监会同意注册，目前灵鸽科技（833284）已成功在北交所上市。

自上会至发行完成阶段，第二次诉讼被驳回了再审申请，案件终了、第三次诉讼完成了二审的庭审工作，尚等待判决结果。在此期间，发行人的上会、注册及发行进程均未再受到涉诉事项的影响。

二、办案难点

发行人遭遇竞争对手针对知识产权发起的恶意诉讼，被耽误审核超过 6 个月，严重影响上市进程。因涉诉事项尚未结案，且诉请金额较高，增加了过会难度。

如何让该项目不再因涉诉事项未决而无法推进正常上市审核进程，审慎发表关于涉诉事项的明确核查意见，以此给予监管机关审慎判断其影响的基础，是我们中介机构当时的首要难题。

三、法律分析

（一）北交所对知识产权类涉诉事项的审核要求

本案中，监管机关在仅有的两轮问询中均提及了发行人与金银河的涉诉事项：

1.《首轮审核问询函》：问题 2. 技术水平及产品竞争优势——知识产权纠纷与技术保护

根据申请文件，因专利侵权纠纷，金银河分别于 2019 年、2020 年提起以发行人为被告的专利侵权诉讼。2017 年至 2018 年，发行人发生前员工私拿控制面板非法破解，进而侵犯发行人著作权的案件。

请发行人：①补充说明专利、商标、软件著作权等无形资产的取得方式，以及是否存在权属争议、共有权利等情形，如存在，请说明是否对公司使用及持续经营产生不利影响。②结合前述知识产权侵权事项，说明公司是否采取了针对性保护措施，及其有效性。③补充披露核心技术与专利是否均为自主研发，如涉及合作研发、委托研发，或利用客户资源进行研发的，双方是否就知识产权归属、收益分配进行明确约定，是否存在权属争议或潜在纠纷，是否对公司持续经营产生不利影响。

2.《第二轮审核问询函》：问题 1. 涉诉事项对公司持续经营的影响

根据申请文件及首轮问询回复，（1）2019 年 11 月，金银河起诉发行人销售的设备涉嫌侵犯其专利权（涉及金银河"一种锂电池正负极浆料生产系统"实用新型专利），要求发行人停止侵权行为并赔偿损失，涉诉金额 800 万元，苏州市中级人民法院于 2021 年 12 月 9 日作出一审判决，认定发行人不构成侵权，驳回原告金银河的诉讼请求；一审判决后，金银河不服一审判决提起上诉，目前处于诉讼程序中。（2）2023 年 1 月 10 日，金银河认为发行人生产、销售的一种与其实用新型专利相同或等同技术结构的"一种混合装置"涉嫌侵犯其实用新型专利权，向无锡市中级人民法院起诉，要求判令发行人停止侵权行为、没收并销毁侵权产品及半成品、赔偿经济损失 2 300 万元等。发行人于 2023 年 3 月 15 日向无锡市中级人民法院就本案提起反诉，反诉请求为：判决金银河赔偿发行人预期可得利益、消除诉讼影响，以及交通费、误工费等在内的各项经济损失 200 万元、间接经济损失 200 万元，向发行人赔礼道歉、消除影响，赔偿发行人诉讼律师费用等。

请发行人：（1）补充说明上述涉侵权诉讼相关产品的具体情况，是否涉及发行人核心技术或主要技术，涉诉事项是否构成本次发行上市障碍。（2）补充说明如公司相关产品被认定侵权无法继续生产、销售，对公司持续经营、未来发展空间以及财务数据的影响。（3）补充披露上述诉讼案件的进展及预期情况，结合案件情况充分揭示诉讼风险并作重大事项提示。

监管机关之所以对专利涉诉情况持续关注，主要是依据《北京证券交易所股票上市规则（试行）》（2023 修订）第 2.1.4 条"发行人申请公开发行并上市，不得存在下列情形：……（六）中国证监会和本所规定的，对发行人经营稳定性、直接面向市场独立持续经营的能力具有重大不利影响，或者存在发行人利益受到损害等其他情形"。

关于上述条款中"直接面向市场独立持续经营的能力"，《北京证券交易所向不特定合格投资者公开发行股票并上市业务规则适用指引第 1 号》明确要求："发行人存在以下情形的，保荐机构及申报会计师应重点关注是否影响发行人持续经营能力，具体包括：……（九）对发行人业务经营或收入实现有重大影响的商标、专利、专有技术以及特许经营权等重要资产或技术存在重大纠纷或诉讼，已经或者未来将对发行人财务状况或经营成果产生重大影响；……保荐机构及申报会计师应详细分析和评估上述情形的具体表现、影响程度和预期结果，综合判断是否对发行人持续经营能力构成重大不利影响，审慎发表明确核查意见，并督促发行人充分披露可能存在的持续经营风险。"

由此可见，北交所在现行审核规则下，并未将商标、专利等知识产权重大纠纷或诉讼作为上市审核的红线，但作为警戒线，对其有极高的关注度和审核要求。从本案中历次问询的内容来看，也呈现出对涉诉事项的核查愈发细化、深化的态势。

一般来说，涉及发行人专利、技术的重大诉讼纠纷，出于审慎核查的考量，北交所更倾向于对该类诉讼等待最终判决，方可直观评价涉诉事项对发行人持续经营的影响及是否构成发行上市障碍，更便于监管机关出具审核意见。

但以本案为例，后两次诉讼贯穿整个上市审核进程，发行人已多次申请延期回复乃至中止审核，如若等待案件完全终了，金银河仅利用现行诉讼规则，便可让灵鸽科技发行上市遥遥无期。一再拖延审核进度，无论从成本与精力上，对发行人都产生巨大影响。

此时压力来到了我们中介机构身上，在发行人各项条件均符合发行上市标准的前提下，如何"审慎发表明确核查意见"，让监管机关得以依靠我们的核查意见作出审慎判断，不因此耽误审核进度，为此我们在反馈回复中探索出了自己的路径。

（二）核查意见的主要思路

1. 明确恶意诉讼性质

在回复《第二轮审核问询函》的《补充法律意见书（二）》中，针对第三次诉讼，我们在首段即通过同行业公司相同遭遇、一审法院判决结果，明确将此类诉讼定性为恶意诉讼。旨在说明此类诉讼为常见的市场竞争策略，而非发行人自身存在专利或技术瑕疵，不会对发行人业务发展、盈利能力、持续生产经营、未来发展空间以及财务数据构成重大不利影响，不会构成本次发行上市障碍。

虽与金银河的其他两起专利侵权纠纷案件未曾提起反诉，也未被法院认定为恶意诉讼，但相似的诉讼逻辑、诉讼手段以及最终判决结果，也足以给予监管机关对于第三次诉讼预期结果一个充分合理的考量空间。

2. 依托问询内容及逻辑，细化要点，仔细论证

反馈回复的主要框架及逻辑与问询内容保持一致，但对于诸如"涉诉事项

是否构成本次发行上市障碍"的概括问询，我们在回复中的论证思路就可以多角度、多层面，最大限度使得核查意见可以作为监管机关全面判断其影响的可靠依据。

本案中，关于论证涉诉事项不构成本次发行上市障碍，我们主要从 4 个层面依次核查分析：涉诉侵权产品在客户产品主营业务中成本及收入占比较低、发行人对相关产品存在替代技术方案且更换成本较低、发行人败诉及潜在赔偿风险较小、潜在赔偿金额不会对发行人产生重大不利影响，最终得出涉诉事项不构成本次发行上市障碍的结论。

除此以外，在回复关于"如公司相关产品被认定侵权无法继续生产、销售，对公司持续经营、未来发展空间以及财务数据的影响"时，各中介机构也额外核查了诉讼双方的市场地位以及行业市场竞争情况，用以论证发行人自身产品具备市场竞争力，再次说明金银河是利用恶意诉讼手段实行不正当竞争。

编写反馈回复期间，各中介机构也持续与审核员保持沟通，及时交流涉诉案件进展，最终合力完成了针对《第二轮审核问询函》的反馈回复，并最终获得了监管机关的认可与支持，使得项目在诉讼未决时也成功过会。

四、案件结论

由竞争对手发起的针对专利、商标等知识产权的恶意诉讼，是在企业上市过程中常见的竞争策略手段，尤其对于新一代信息技术领域和高端装备制造领域的企业影响重大。竞争对手通过利用诉讼规则进行拉锯战，轻则使得企业迫于上市审核的压力，选择高额的经济赔偿达到和解；重则扰乱企业正常经营，消耗其公众信誉，导致企业主动撤回上市申请，或使其当次上市申请被取消。

实务中已有不少拟上市企业最终折戟于知识产权恶意诉讼，在全面注册制下，中介机构如何出具一份具备说服力的核查意见，既发挥好中介机构"看门人"的责任，又维护好发行人的基本权益，这个平衡度需要依据项目涉诉的实际情况，在反馈回复中多角度细致论证与斟酌。

本案中发行人因恶意诉讼事项被耽误审核超过 6 个月，但最终在各中介机构的努力下，北交所依据中介机构的核查意见后审慎判断其影响，不影响后续上会、注册及发行，该案例的处理具有典型意义。

欧普泰北交所上市项目

李攀峰* 叶 帆** 彭佳宁***

一、案情介绍

上海欧普泰科技创业股份有限公司（以下简称"欧普泰"或"发行人"）成立于 1999 年，主营业务为光伏检测方案的设计及其配套设备、软件的研发、生产和销售。

在全球加速能源转型的背景下，光伏产品大批量生产的需求增加，光伏检测设备也需要具备大规模批量化检测和处理的功能。然而，传统光伏检测行业中使用的人工检测方式成为制约光伏产品生产效率和产品质量的瓶颈。欧普泰在光伏检测行业深耕多年，深知这一行业痛点，决心将 AI 机器视觉技术引入光伏检测，通过视觉缺陷检测系统实现光伏产品批量、稳定和精准的检测，降低组件厂商人力成本，同时提高生产效率。凭借多年收集的 AI 数据库、强大的 AI 模型算法能力及硬件研发能力，公司产品具有漏判误判低、稳定性高、可靠性好等优势，与隆基股份、晶澳科技、晶科能源、英利中国、通威股份等光伏行

* 上海市锦天城律师事务所高级合伙人。
** 上海市锦天城律师事务所律师。
*** 上海市锦天城律师事务所律师。

业龙头企业建立长期稳定的合作关系，是中国大陆地区领先的智能化光伏检测企业之一。

本所接受欧普泰的委托，担任其北交所上市的专项法律顾问。经项目组与合作中介机构通力协作，欧普泰于 2022 年 12 月 12 日于北交所正式上市。

二、办案难点

（一）欧普泰历史沿革中存在对赌协议问题

1. 实际控制人王振与上海洪鑫源之间存在对赌约定

2011 年 10 月 25 日，王振、罗会云、沈文忠、王连卫、朱建军、张寅颖与上海洪鑫源实业有限公司（以下简称"上海洪鑫源"，发行人的发起人股东，已退出）、欧普泰签订《增资协议书》以及《增资补充协议》，协议约定，如果欧普泰有限 2012 年实现的经审计扣除非经常性损益后的净利润低于 450 万或欧普泰有限目前经营所需的知识产权经国家司法机关或有权机关认定为侵权或无效，则上海洪鑫源有权要求欧普泰有限回购上海洪鑫源持有的全部或部分股权。上海洪鑫源要求欧普泰回购的决定须在 2013 年 4 月 30 日之前以书面通知形式送达，逾期将视为放弃回购权利（知识产权经国家司法机关或有权机关认定为侵权或无效的除外）。

2015 年 11 月 8 日，王振、上海洪鑫源、欧普泰三方签订《增资协议书之补充协议（二）》，约定：①上海洪鑫源同意放弃要求欧普泰回购其股权的权利；②若公司于 2016 年度实现的经审计扣除非经常性损益后的净利润低于 450 万元，则上海洪鑫源有权要求王振按《增资补充协议》约定的条件回购上海洪鑫源持有的全部或部分股权；如要求回购，须在 2017 年 6 月 30 日之前以书面通知形式送达，逾期将视为放弃回购权利。

2. 实际控制人王振与企巢天风、朱建军之间存在对赌约定

2015 年 6 月，王振、罗会云、张寅颖、顾晓红、王连卫、沈文忠、上海洪鑫源与朱建军、企巢天风以及欧普泰有限签订《投资协议》。同月，企巢天风、朱建军（以下合称"投资人"）与王振、欧普泰有限签订《补充协议》约定：①若公司 2015 年度合并财务报表的净利润低于人民币 500 万元，则王振向投资人给予公司

估值调整的股权补偿；②若公司 2016 年度合并财务报表的净利润低于人民币 800 万元，则王振向投资人给予现金分红补偿；③若公司至 2016 年 12 月 31 日前因非投资人因素造成未向中国证监会申请首发上市或新三板挂牌，或 2015 年公司净利润低于 250 万元，或公司累计新增亏损达到或超过投资人进入后公司净资产的 20%，则投资人有权要求王振回购其因本次增资所持有的公司全部或部分股权。

3. 实际控制人王振与中新兴富、浙创好雨、奥特维之间存在对赌约定

苏州中新兴富数智创业投资合伙企业（有限合伙）（以下简称"中新兴富"）、浙创好雨新兴产业股权投资合伙企业（有限合伙）（以下简称"浙创好雨"）、无锡奥特维科技股份有限公司（以下简称"奥特维"）于 2021 年 12 月通过全国中小企业股份转让系统以定向增发形式认购发行人股票。2021 年 10 月，实际控制人王振与中新兴富、浙创好雨、奥特维签订了《附条件生效的股票发行认购合同之补充协议》，约定如公司未完成特定经营目标（即自签订合同之日起，公司在三年内未进行 IPO 申报），则中新兴富、浙创好雨、奥特维有权根据补充协议的约定要求王振回购其因本次增资所持有的公司全部或部分股权。

（二）发行人董事沈文忠为高校教师兼职

发行人董事沈文忠于上海交通大学担任教授、博士生导师一职。根据中共中央组织部《关于进一步规范党政领导干部在企业兼职（任职）问题的意见》（中组发〔2013〕18 号）、中共教育部党组《关于进一步加强直属高校党员领导干部兼职管理的通知》（教党〔2011〕22 号）、教育部办公厅《关于开展党政领导干部在企业兼职情况专项检查的通知》（教人厅函〔2015〕11 号）等相关法律、法规、规范性文件，副处级以上党政领导干部、直属高校校级及处级（中层）党员领导干部、全国普通高等学校党政领导班子成员等，未经批准等程序，原则上不得在经济实体中兼职。

三、法律分析

（一）针对历史上存在对赌协议的处理

尽管北交所就对赌协议相关事项暂没有明确规定，但从实践来看，其监管

审核要点与证监会及全国股转公司保持一致。根据《全国中小企业股份转让系统股票定向发行业务规则适用指引第1号》，投资方在投资申请挂牌公司时约定的对赌等特殊投资条款存在以下情形的，公司应当清理：（1）公司为特殊投资条款的义务或责任承担主体；（2）限制公司未来股票发行融资的价格或发行对象；（3）强制要求公司进行权益分派，或者不能进行权益分派；（4）公司未来再融资时，如果新投资方与公司约定了优于本次投资的特殊投资条款，则相关条款自动适用于本次投资方；（5）相关投资方有权不经公司内部决策程序直接向公司派驻董事，或者派驻的董事对公司经营决策享有一票否决权；（6）不符合相关法律法规规定的优先清算权、查阅权、知情权等条款；（7）触发条件与公司市值挂钩；（8）其他严重影响公司持续经营能力、损害公司及其他股东合法权益、违反公司章程及全国股转公司关于公司治理相关规定的情形。根据《首发业务若干问题解答》，投资机构在投资发行人时约定对赌协议等类似安排的，原则上要求发行人在申报前清理，但同时满足以下要求的可以不清理：一是发行人不作为对赌协议当事人；二是对赌协议不存在可能导致公司控制权变化的约定；三是对赌协议不与市值挂钩；四是对赌协议不存在严重影响发行人持续经营能力或者其他严重影响投资者权益的情形。保荐机构及发行人律师应当就对赌协议是否符合上述要求发表明确核查意见。发行人应当在招股说明书中披露对赌协议的具体内容、对发行人可能存在的影响等，并进行风险提示。

由上述规定可以看出，对赌协议原则上应当在申报前予以清理。针对欧普泰历史沿革中存在对赌协议的问题，项目组进行了如下清理：

1. 王振与上海洪鑫源的对赌约定未实际履行且已彻底解除

本所律师访谈了上海洪鑫源相关负责人并取得上海洪鑫源出具的确认函，上海洪鑫源确认其未依据《增资补充协议》或《增资协议书之补充协议（二）》的约定，在约定时间内向欧普泰或王振提出回购要求。上海洪鑫源确认其已经放弃要求欧普泰或王振回购股权的权利，其享有的股权回购权利已经彻底终止。

此外，上海洪鑫源确认其根据相关交易文件所享有的全部特殊股东权利条款均已彻底终止，上海洪鑫源与欧普泰及其实际控制人王振就该相关交易文件的履行不存在任何纠纷，未来也不会以违反该等特殊股东权利条款为由向欧普泰及其实际控制人提请任何主张或起诉，或要求欧普泰及其实际控制人承担任何责任。

2. 王振与企巢天风的对赌约定已履行完毕，双方不存在纠纷

2017 年 6 月 15 日，企巢天风向王振发出《关于上海欧普泰科技创业股份有限公司业绩补偿及股份回购的通知》，要求王振履行股份补偿、现金分红补偿及股权回购的相关约定。

2017 年 8 月，王振与企巢天风签署了《股权回购协议》，约定由王振回购企巢天风持有欧普泰的全部股份，相关股权回购完成后《补充协议》即终止。

本所律师访谈了企巢天风相关负责人并取得企巢天风出具的确认函，企巢天风确认相关股权回购事宜已经全部执行完毕，其基于相关交易文件所享有的特殊股东权利条款均已彻底终止，且视为自始无效。

此外，企巢天风确认其与欧普泰及其实际控制人就相关交易文件的履行及后续股权回购事宜不存在任何纠纷或争议，未来也不会以违反该等特殊股东权利条款为由向欧普泰及其实际控制人提请任何主张或起诉，或要求欧普泰及其实际控制人承担任何责任。

3. 王振与朱建军的对赌约定未实际履行且已彻底解除

根据本所律师对朱建军的访谈及朱建军出具的确认函，朱建军已确认了相关文件中所约定的业绩补偿及股权回购内容、特殊股东权利条款从未实际执行，相关条款均已经彻底终止，且视为自始无效。

此外，朱建军确认其与欧普泰及其实际控制人王振就相关文件的履行不存在任何纠纷，未来也不会以违反该等特殊股东权利条款为由向欧普泰及其实际控制人提请任何主张或起诉，或要求欧普泰及其实际控制人承担任何责任。同时，朱建军确认其不存在任何其他与公司或其股东、实际控制人签订依然生效或尚未终止的对赌协议、回购安排或其他超出欧普泰公司章程所明确的股东权益以外的其他协议。

4. 王振与中新兴富、浙创好雨、奥特维的对赌约定已自动终止

根据中新兴富、浙创好雨、奥特维与实际控制人王振签订的《附条件生效的股票发行认购合同之补充协议》约定，当公司向属地中国证监会派出机构提交 IPO 辅导备案材料则视为公司经营目标已完成；同时约定，自公司向属地中国证监会派出机构提交 IPO 辅导备案材料后，该补充协议自动终止，且自始无

效、不附任何恢复条款。

中国证券监督管理委员会上海监管局已于 2022 年 1 月 26 日受理了公司提交的首次公开发行股票并上市辅导备案登记相关资料。据此本所律师认为发行人已完成上述补充协议约定之经营目标，该补充协议已自动终止，且自始无效、不附任何恢复条款。

此外，根据本所律师对中新兴富、浙创好雨、奥特维的访谈及其出具的确认函，其均已确认与公司的对赌约定已经自动终止且不存在任何争议或纠纷。同时，中新兴富、浙创好雨、奥特维均确认其不存在任何其他与公司或其股东、实际控制人签订依然生效或尚未终止的对赌协议、回购安排或其他超出欧普泰公司章程所明确的股东权益以外的其他协议。

综上所述，发行人及发行人实际控制人历史上与其他股东之间的对赌约定均已不可撤销地彻底终止。

（二）针对董事为高校教师兼职的处理

结合《中共中央纪委、教育部、监察部关于加强高等学校反腐倡廉建设的意见》（教监〔2008〕15 号规定）、《中共中央组织部关于进一步规范党政领导干部在企业兼职（任职）问题的意见》（中组发〔2013〕8 号）、《关于加强新时代高校教师队伍建设改革的指导意见》（教师〔2020〕10 号）等有关规定可知，非党政领导干部的高校教师在履行校内岗位职责、不影响本职工作的前提下，经学校同意，可在校外兼职从事与本人学科密切相关、并能发挥其专业能力的工作。基于该原则，本所律师进行了如下核查及处理：

本所律师访谈了董事沈文忠，并核查其填写的调查表，沈文忠在上海交通大学不存在担任党政领导干部、学校党政领导班子成员的情况，亦不属于校级党员领导干部或副处级及以上行政级别的干部。

同时，上海交通大学物理与天文学院对沈文忠的任职情况出具了《证明》，具体内容如下：

"沈文忠先生为上海交通大学在职教师，担任学校特聘教授岗位，具体工作部门为物理与天文学院。沈文忠教授非我校党政领导干部（包括现职和不担任现职但未办理退（离）休手续的党政领导干部、辞去公职或者退（离）休的党政领导干部）、学校党政领导班子成员，或直属高校校级党员领导干部或副处级及以上行政级别的干部。

沈文忠教授已根据学校要求，填报了《上海交通大学教职工校外兼职申报表》，我校已知悉并同意其在任上海欧普泰科技创业股份有限公司兼任非独立董事职务，并对其在校外兼职及领取津贴行为无异议。

上述行为未违反我校规定，亦未违反《中共中央纪委、教育部、监察部关于加强高等学校反腐倡廉建设的意见》（教监〔2008〕15号规定）、《中共中央组织部关于进一步规范党政领导干部在企业兼职（任职）问题的意见》（中组发〔2013〕8号）等有关院校党政领导干部兼职的法律、法规及相关规定。"

综上，发行人现任董事沈文忠任职符合中共中央组织部《关于进一步规范党政领导干部在企业兼职（任职）问题的意见》（中组发〔2013〕18号）、中共教育部党组《关于进一步加强直属高校党员领导干部兼职管理的通知》（教党〔2011〕22号）及教育部办公厅《关于开展党政领导干部在企业兼职情况专项检查的通知》（教人厅函〔2015〕11号）等相关法律、法规和规范性文件的任职资格规定。

四、案件结论

欧普泰于2022年6月申报，于2022年12月12日于北交所正式上市，项目节奏紧、高效。欧普泰成为上海市普陀区北交所上市"第一股"。

香港及境外 IPO 篇

锦天城律师事务所经典案例集

ALLBRIGHT
LAW OFFICES
锦天城

百心安香港联交所主板 IPO 项目

李明文 *

一、案情介绍

上海百心安生物技术股份有限公司（股票代码：02185.HK，以下简称"百心安"或"发行人"或"公司"）首次公开发行股票并于 2021 年 12 月 23 日在香港联合交易所主板上市。

百心安成立于 2014 年 7 月 18 日，是一家 Bioheart 生物可吸收冠状动脉雷帕霉素洗脱支架研发商，是中国仅有的四家处于临床试验阶段的第二代全降解支架产品的国内公司之一，同时，百心安另一主要方向肾神经阻断产品第二代 Iberis 也已经进行全球布局，在欧洲已经获得了 CE 证书，于中国和日本正在同步进行临床试验，有望成为中国首个获批商业化的多电极肾神经阻断产品。

二、办案难点

锦天城作为百心安本次发行上市的中国境内法律顾问，为本次发行上市提供了全程法律服务，主要发现并解决了以下几个办案难点：

---

* 上海市锦天城律师事务所高级合伙人。

（1）上市主体选择与资产重组；

（2）上海安通医疗科技有限公司股权代持解除；

（3）国有股东标识；

（4）外资股东穿透核查；

（5）租赁物业合规性；

（6）临床研发合规性。

三、法律分析

就上述办案难点，本所律师从法律法规、法学理论、定量分析等多角度进行深入分析。

（一）上市主体选择与资产重组

成立于 2011 年的上海安通医疗科技有限公司（以下简称"安通医疗"）与百心安系关联企业，且百心安和安通医疗两家公司虽然在日常运营管理（包括人力资源、财务、临床试管理及营销职能）独立运作，但在财务、临床试验管理职能方面存在若干重叠工作人员。鉴于百心安及安通医疗合计持有上百项知识产权，如通过重组将其整合为一个整体，可使上市主体的整体估值得到提升，并实现两家公司日常管理职能的整合，节约公司成本、提升公司运营效率。从历史沿革等角度看，百心安的历次股权转让、历次增资以及历次董监高变更更为规范，更适合作为上市主体。因此，在上市中介团队的建议下，公司管理层最终决定将百心安作为上市主体，通过由百心安收购安通医疗股权的方式将安通医疗变为百心安的控股子公司，进而将两个公司整合为一个整体。

（二）上海安通医疗科技有限公司股权代持解除

安通医疗存在股权代持，具体情况如下：

2011 年 9 月，胡女士、朱女士共同出资设立安通医疗，各持有安通医疗 50% 股权（对应注册资本 1 000 万元），其中胡女士所持有的安通医疗股权全部系为其子秦先生代持。

2012 年 5 月，安通医疗进行减资，将注册资本变更为 400 万元，完成减资后，胡女士、朱女士各持有安通医疗 50% 股权（对应注册资本 200 万元）。

2012 年 10 月，朱女士将其持有的安通医疗 50% 股权（对应注册资本 200 万元）转让给洪女士，洪女士通过本次股权转让所取得的安通医疗股权全部系代其配偶汪先生持有。

2016 年 9 月，胡女士和洪女士分别以人民币 27.4 万元将各自持有的安通医疗 5% 股权（对应注册资本 27.8 万元）转让给上海欣祐投资咨询合伙企业（有限合伙）（以下简称"上海欣祐"）。本次股权转让完成后，洪女士作为上海欣祐的执行事务合伙人，通过上海欣祐间接控制安通医疗 10% 股权（对应注册资本 54.8 万元）。洪女士所持有的上海欣祐财产份额亦系代汪先生持有。

安通医疗存在代持主要系安通医疗设立之初，因汪先生、秦先生长期居于海外，办理工商登记不便，故委托近亲属代持其股权，同时，秦先生与胡女士、汪先生与洪女士于 2011 年、2012 年分别签署《股权代持协议》。

项目组律师针对上述股权代持行为向百心安建议，在百心安收购安通医疗时进行代持还原。

2020 年 9 月 10 日，洪女士、胡女士、上海欣祐与百心安签订《关于上海安通医疗科技有限公司之股权转让协议》，胡女士和洪女士分别将其持有的安通医疗出资额 172.6 万元以 9 922.342 5 万元的价格转让给百心安。同时，秦先生与胡女士、汪先生与洪女士分别签署了股权代持及解除的确认函，确认在百心安收购其持有的安通医疗股权后，已将款项支付给被代持人，双方代持关系解除，同时确认在代持期间，其委托代持行为均系被代持人的真实意思表示，代持人未实际享有安通医疗任何股权权益、未收取被代持人任何代持费用，所有涉及股权转让款项均由被代持人实际收取 / 支付，亦不存在任何纠纷。

综上所述，项目组律师在根据现有资料明确上述股权代持关系后，在百心安进行重组的过程中协助百心安完成上述股权代持的解除，就代持关系形成的合理性、股权代持的真实性以及代持解除和清理的合法性和有效性予以确认。

（三）国有股东标识

《上市公司国有股权监督管理办法》（国务院国资委、财政部、中国证监会令第 36 号）第三条、《关于进一步明确非上市股份有限公司国有股权管理有关事项的通知》（国资厅产权〔2018〕760号）第三条规定了国有股东标识的相关要求。

《〈关于进一步明确非上市股份有限公司国有股权管理有关事项的通知〉的问题解答》就"股份公司拟在香港或境外证券交易所首次申请发行股票并上市，是否需要申请办理股东标识管理？"予以解答，明确股份公司拟在香港或境外证券交易所首次申请发行股票并上市，需要申请办理股东标识管理；就"办理国有股东标识管理需提供哪些材料？"予以解答，明确办理国有股东标识管理需提供股份公司的国家出资企业产权登记表（证）、股份公司各国有股东的国家出资企业产权登记表（证）、股份公司最近一期年度审计报告、律师事务所出具的股份公司股东情况的法律意见书等。

经核查发现，上海张江（集团）有限公司持有百心安股东上海张江科技创业投资有限公司（以下简称"张江科创"）100%股权，上海市浦东新区国有资产管理委员会持有上海张江（集团）有限公司100%股权。上海市浦东新区国有资产管理委员会系区政府工作部门，故上海张江（集团）有限公司为政府部门持股比例超过50%的境内企业，系《上市公司国有股权监督管理办法》（国务院国资委、财政部、中国证监会令第36号）第三条第二款所属的境内企业。

百心安虽非上市公司，但百心安作为股份公司拟在香港联交所首次申请发行股票并上市，根据《关于进一步明确非上市股份有限公司国有股权管理有关事项的通知》（国资厅产权〔2018〕760号）、《〈关于进一步明确非上市股份有限公司国有股权管理有关事项的通知〉的问题解答》的规定，应申请办理股东标识管理，即张江科创的证券账户应标注"SS"。

经与百心安管理层沟通，针对上述情况，项目组律师与百心安共同就《〈关于进一步明确非上市股份有限公司国有股权管理有关事项的通知〉的问题解答》中明确的办理国有股东标识管理需提供的材料进行准备。此外，根据《关于进一步明确非上市股份有限公司国有股权管理有关事项的通知》（国资厅产权〔2018〕760号）规定，由国有资产监督管理机构进行标识管理。故项目组律师与百心安共同配合股东张江科创向国有资产监督管理机构申报相关材料，申请办理股东标识管理。

最终，张江科创顺利取得上海市国有资产监督管理委员会于2021年2月10

日出具的编号为沪国资委产权〔2021〕51 号的《关于上海百心安生物技术股份有限公司国有股东标识管理有关事项的批复》。

（四）外资股东穿透核查

百心安股改完成后，共有 10 名外资股东，涉及外资股东的情况，一般难以通过境内公开渠道核查，因此，项目组律师事先协调百心安各外资股东分别出具包括但不限于盖章的股权穿透结构图、关于实际控制人确认函、关于是否需要办理 37 号文登记、ODI 登记的确认函以及经公证的企业注册证书等文件。

在中国证监会国际部的反馈中，其中一个问题即问询了发行人外资股东的穿透情况，并要求披露其与发行人是否存在关联关系、亲属关联或业务关系，根据项目组律师事先收集的资料，分别披露了外资股东的实际控制人、控股股东 / 执行事务合伙人以及已投资的部分境内外上市医疗企业信息。

（五）租赁物业

项目组律师经核查发现，百心安于 2018 年 7 月承租的位于上海市浦东新区瑞庆路的房产于 2019 年 5 月设置他项抵押权。

《中华人民共和国民法典》第四百零五条规定，在抵押权设立前，抵押财产已经出租并转移占有的，原租赁关系不受该抵押权的影响。

在上述抵押权设立前，百心安所承租的房产已经由百心安承租并转移由百心安占有的，根据上述规定，百心安与该房产产权人已成立的原租赁关系不受该抵押权的影响，百心安依旧可以依据租赁合同继续使用该房产。

此外，项目组律师经核查发现，百心安于 2018 年 7 月承租的位于上海市浦东新区瑞庆路的房产尚未办理房屋租赁登记备案手续；百心安于 2020 年 12 月承租的位于上海市浦东新区庆达路的房产，因租赁厂房尚未实际交付使用，暂时未能办理房屋租赁登记备案手续。

《中华人民共和国城市房地产管理法》第五十四条规定，房屋租赁，出租人和承租人应当签订书面租赁合同，约定租赁期限、租赁用途、租赁价格、修缮责任等条款，以及双方的其他权利和义务，并向房产管理部门登记备案。

《商品房屋租赁管理办法》第十四条规定，"房屋租赁合同订立后 30 日内，房屋租赁当事人应当到租赁房屋所在地直辖市、市、县人民政府建设（房地产）主管部门办理房屋租赁登记备案"；第二十三条规定，"违反本办法第十四条第一款、第十九条规定的，由直辖市、市、县人民政府建设（房地产）主管部门责令限期改正；个人逾期不改正的，处以 1 000 元以下罚款；单位逾期不改正的，处以 1 000 元以上 1 万元以下罚款"。

依据上述规定，百心安存在被房地产管理部门处以罚款的潜在风险，最高罚款金额为 2 万元。但上述事项不会对百心安的生产经营构成重大不利影响，因而不会构成百心安本次发行上市的法律障碍。

（六）临床研发合规性

项目组律师经核查发现，百心安的主营业务为完全可吸收冠脉药物洗脱支架和创新型原发性高血压治疗设备的研发、生产和销售（目前处于研发阶段，尚未实际开展生产和销售），其主要产品为可吸收冠状动脉雷帕霉素洗脱支架系统（原名雷帕霉素洗脱可吸收冠脉支架系统，简称"BRS"）和 Iberis® 肾动脉去交感神经系统（Iberis® Renal Denervation System，简称"RDN"）。其主营业务不属于《外商投资产业指导目录（2017 年修订）》规定的限制外商投资产业目录或禁止外商投资产业目录的范围，亦不属于《外商投资准入特别管理措施（负面清单）（2020 年版）》给予特别管理措施的行业。

项目组律师经核查发现，关于临床试验产品 Biohear 生物可吸收冠状动脉雷帕霉素洗脱支架系统（Bioheart®）的中国适用规则和指南，主要包括：a. 2015 年 4 月，由国家药品监督管理局颁布的《全降解冠状动脉药物洗脱支架临床试验审评要点》；b. 2019 年 3 月，由国家药品监督管理局颁布的《生物可吸收冠状动脉药物洗脱支架临床试验指导原则》。

项目组律师经核查发现，截至百心安申请于港交所上市时，国家药品监督管理局等部门尚未制定专门的临床试验指导原则或审评要点去规范肾动脉去交感神经系统（Iberis®）的临床试验；在 Bioheart® 的临床试验期间，百心安需要将可行性临床试验受试者的 6 个月随访资料、随机对照试验受试者的 36 个月随访资料（RCT）以及单臂试验受试者的 12 个月随访资料（SAT）等提交国家药品监督管理局审批。

在核查百心安研发产品是否需要进行临床评价以及临床评价合规性方面，项目组律师主要依据国家药监局发布的《医疗器械注册管理办法》(现已废止)、《生物可吸收冠状动脉药物洗脱支架临床试验指导原则》、《全降解冠状动脉药物洗脱支架临床试验审评要点》等法律法规，百心安研发产品为全降解支架，符合上述法规认定的需要进行临床评价的医疗器械产品，同时，百心安的"Bioheart 生物可吸收冠状动脉雷帕霉素洗脱支架系统治疗冠心病患者的随机对照临床试验"项目涉及开展收集（国际合作）人类遗传资源的活动，根据《人类遗传资源管理暂行办法》的规定，需要取得中国人类遗传资源管理办公室出具的审批许可，而百心安均取得了上述产品的临床试验批件及遗传办审批许可。

四、案件结论

本所律师自百心安初期融资阶段即为其提供法律服务，直至 2021 年成功上市。在为其提供法律服务的过程中，就融资、重组及首发上市过程中遇到的上市主体选择、临床研发合规性等法律问题提供解决方案，协助其顺利完成融资、重组，并最终于 2021 年 12 月 23 日在香港联交所主板发行 H 股上市。

康诺亚香港联交所主板 IPO

——专注自勉和肿瘤领域的生物药新星

杜晓东[*]　欧　彬[**]

一、案情介绍

2021 年 7 月 8 日，锦天城律师事务所（以下简称"锦天城"）担任发行人的中国律师，协助康诺亚生物医药科技有限公司（以下简称"康诺亚生物"或"发行人"，股票代码：02162）于香港证券交易所有限公司（以下简称"联交所"）主板成功挂牌上市（以下简称"本次上市"）。

本次上市全球发售股份约 5 826.45 万股，总募集金额约 31 亿港元（合 3.98 亿美元）。如超额配售选择权完全行使，募集规模将达到约 35.7 亿港元（合 4.58 亿美元）。本次上市共引入多达 15 名基石投资者，包括淡马锡、高瓴资本、瑞银集团和景顺投资等，在香港公开发售过程中获得超额认购 430 倍。

康诺亚生物，是一家注册于开曼群岛，总部位于四川成都，专注于自主发现及开发自体免疫及肿瘤治疗领域的创新生物疗法的生物科技公司。公司的产研管线十分丰富且研发进程行业领先，拥有 9 个可进入临床试验申请及临床阶

---

* 上海市锦天城律师事务所高级合伙人。

** 上海市锦天城律师事务所合伙人。

段的候选药物，其中 5 种候选药物已处于临床研发阶段，该 5 种候选药物在国产同类别药物或同靶点药物中，均处于取得中国及 / 或美国临床试验申请批准的前三位。公司核心产品中，CM310 为首个国产且获得临床试验申请批准的 IL-4Rα 抗体（白介素 4 受体 alpha 抗体），该产品有望为各年龄阶段的众多 II 型过敏性疾病患者提供良好的治疗选择，包括中重度特应性皮炎、中重度嗜酸性哮喘、慢性鼻窦炎伴鼻息肉以及慢性阻塞性肺病等患者；CM326 为中国首个、全球第三个获临床试验申请批准的国产 TSLP 靶向抗体，CMG901 是首个在中国及美国取得临床试验申请的 Claudin 18.2 抗体偶联药物。

锦天城项目组作为发行人的中国法律顾问，对项目完成境内法律尽职调查，为发行人提供上市相关中国法律意见，协助发行人与中国监管机构进行沟通，审阅与中国法律相关的申请文件及出具中国法律意见。

二、办案难点

2018 年 4 月 30 日，联交所修订《香港联合交易所有限公司证券上市规则》（以下简称"《上市规则》"），新增 18A 章《生物科技公司》。根据 18A 章，联交所允许未能满足联交所上市规则中主板上市财务指标的生物科技公司申请在联交所主板上市。同日，联交所刊发 HKEX-GL92-18 指引信《生物科技公司是否适合上市》，就生物科技公司是否具备依照 18A 章申请上市的适格性作出了细化解释。此后，联交所又分别于 2019 年 10 月和 2020 年 4 月对这份指引信进行了更新。

2020 年 4 月，联交所刊发 HKEX-GL107-20 指引信《生物科技公司上市文件的披露》，就依照 18A 章申请上市的生物科技公司的上市文件披露内容作出指引。此后，联交所于 2021 年 2 月对这份指引信进行更新。联交所审核 18A 章生物科技公司的上市申请时主要参考《上市规则》18A 章及前述 2 封指引信。

根据《上市规则》18A 章及前述 2 封指引信并结合康诺亚生物的具体情况，简单阐述依据 18A 章申请在香港上市时香港联交所和证监会重点关注、审核的问题：

（一）专利及其他知识产权

18A 章生物科技公司在赴港上市时，尚未实现盈利，因此，知识产权对于 18A 章上市企业来说，是其核心竞争力，香港联交所和证监会对其知识产权会给予很高的关注。

（二）已通过概念阶段

依据 18A 章申请在香港上市的生物科技公司除了满足 18A 章的要求之外，对于生物科技公司上市申请的指引信（HKEX-GL92-18）中"已通过概念阶段"的要求也需要予以关注，只有在其产品通过了概念阶段后才能够依据 18A 章申请上市。

（三）合作协议

为支持药物开发并使其商业价值最大化，生物医药科技企业会与第三方进行合作。根据招股书的披露，康诺亚生物与石药集团、乐普生物、天广实、诺诚健华分别进行合作，签署相关合作协议以共同开发药物。联交所在反馈意见中要求对每一合作协议的主要条款披露至相对详尽的程度。

（四）股权及业务重组的历史沿革

历史沿革反映了企业的演变及股权结构的变化，历史沿革合法合规是对寻求上市的中国境内企业的统一要求。对于通过红筹架构在联交所上市的中国境内企业而言，涉及境内股东持有境外实体股权以及公司所实施的红筹重组的合法合规性，是香港联交所和证监会一贯重点关注的法律问题。

（五）数据隐私保护

临床数据隐私的交换及保护对于生物医药科技公司十分重要，香港联交所和证监会审核中十分关注上市申请人的数据隐私保护措施，及临床数据是否会发生跨境传输转移，如涉及临床数据跨境传输转移的情况，需要在招股书中进一步披露数据传输转移是否存在困难及是否符合适用法律的相关要求。

（六）环境、社会及管治（ESG）

就 ESG 部分的披露，香港联交所和证监会要求上市申请人应提供足够的信息让投资者正确评估公司的长期可持续性和前景，包括但不限于：（1）集团关于环境、社会和气候相关风险的治理措施（包括：是否成立了董事会的任何小组委员会来评估和管理重大的 ESG 问题，以及管理层在评估和管理与气候相关的风险和机遇）；（2）环境、社会和气候相关风险对集团业务、战略和财务的实际和潜在影响绩效（包括与气候相关的短期、中期和长期风险和机遇）；（3）公司如何识别、评估、管理和改善环境，社会和气候相关风险，包括公司的 ESG 政策和 ESG 战略（特别是与气候相关的问题）；（4）用于评估和管理此类风险的指标（包括但不限于与污染物 / 温室气体排放和资源消耗）。

（七）新冠疫情的暴发的影响

自 2019 年 12 月以来，新冠肺炎疫情的暴发对全球经济产生了重大不利影响。香港联交所和证监会在上市审核中要求上市申请人披露新冠疫情产生的影响，包括对公司的业务运营及财务状况或财务业绩的重大影响，并要求公司就新冠疫情相关应对措施进行详细阐述。

三、法律分析 //

（一）专利及其他知识产权

一般情况下，发行人上市申请文件中需：（1）在招股书概要章节载列产品的主要知识产权、披露与有关知识产权及余下知识产权的有效期及重要支付责任，以及该等知识产权权利究竟是引进授权还是自有；（2）披露（a）重要知识产权应用或保护各核心产品或主要非核心产品的部分，以及（b）相关知识产权受保护的程度及形式（包括：知识产权正进行的申请程序或已完成注册、相关知识产权的权属、专有所有权的期限和地域保护范围、排他性等）；（3）在招股书概要章节及风险因素章节中概述任何知识产权侵权的风险，并披露由董事出具的就发行人 / 申请人是否有侵犯第三方知识产权的正面声明，如是，则进一步披露相关细节以及对发行人 / 申请人正常生产经营的潜在影响。

根据康诺亚生物招股书的披露，直至最后实际可行日期，康诺亚生物的 33 项专利均处于待批准状态，除上述常规披露外，康诺亚生物在招股书中进一步披露：其专利申请未曾被相关监管机构拒绝，通过对竞争对手状况的检索表明其发明获得专利的可能性很高，知识产权法律顾问预计专利申请获批不存在任何困难等内容，说明其能够获得并进一步维持在商业上对其业务属重要的专利，尤其是与其核心产品相关的专利。

此外，康诺亚生物还在风险因素章节对知识产权的有关风险进行了详尽的披露，包括：（1）第三方可能提起法律诉讼，指控康诺亚生物侵犯、盗用或以其他方式侵犯他们合法的知识产权，其结果尚不确定，且康诺亚生物或会因专利或其他知识产权有关的诉讼或其他法律程序而遭受高昂的成本或责任，或被阻止使用康诺亚生物候选药物或未来药物中包含的技术或延迟候选药物于若干司法权区的商业化；（2）即使能为候选药物取得专利保护，有关保护（如有）的期限有限，第三方可能会在专利权（如有）到期后开发及商业化与产品及技术类似或相同者并与康诺亚生物直接竞争，这将令康诺亚生物成功商业化任何产品或技术的能力受到重大不利影响；（3）取得及维持专利保护取决于是否遵守各种程序、文件提交、费用支付以及政府专利代理机构规定的其他要求，且不符合该等要求可能导致对康诺亚生物的专利保护减少或取消；（4）倘若康诺亚生物未能遵守康诺亚生物在第三方授权知识产权许可协议中的义务，或康诺亚生物与许可人之间的业务关系中断，康诺亚生物可能须支付金钱损失或可能丧失对康诺亚生物的业务属重要的权限等。

（二）已通过概念阶段

依据 18A 章申请在香港上市的生物科技公司除了满足 18A 章的要求之外，对于生物科技公司上市申请的指引信（HKEX-GL92-18）中"已通过概念阶段"的要求也需要予以关注，只有在其产品通过了概念阶段后才能够依据 18A 章申请上市，具体而言：

1. 药剂（小分子药物）

（1）核心产品属于新药剂产品（小分子药物），则申请人必须证明该产品已经通过第一阶段临床试验，且有关主管当局并不反对其开展第二阶段（或其后阶段）的临床试验；

（2）核心产品是基于先前获批产品的药剂产品（小分子药物）（例如美国食品和药物管理局的 505（b）（2）申请批准程序），即仿制药，则申请人必须证明该产品已经至少通过一次人体临床试验，且有关主管当局并不反对其开展第二阶段（或其后阶段）的临床试验；

（3）核心产品是外购许可技术或购自其他公司，联交所要求生物技术公司在外购引进或收购以来，该核心产品至少完成一项由有关主管当局监管的人体临床试验。如果生物科技公司的外购或收购的核心产品尚未完成至少一项人体临床试验，则联交所将评估尚未完成临床试验的原因，以及公司是否进行了相当于完成一项人体临床试验的实质性的研发工作和过程。联交所不会将行政报批过程视为实质性的研发工作和过程。

2. 生物制剂

（1）核心产品属于新生物制剂产品，则申请人必须证明该产品已经通过第一阶段临床试验，且有关主管当局并不反对其开展第二阶段（或其后阶段）的临床试验；

（2）核心产品属于生物仿制药，则申请人必须证明该产品已经至少通过一次人体临床试验，且有关主管当局并不反对其开展第二阶段（或其后阶段）的临床试验以证明生物等效性；

（3）核心产品是外购许可技术或购自其他公司，联交所对该核心产品的要求与前述的药剂（小分子药物）相同。

3. 医疗器械

（1）该产品是有关主管当局分类标准项下的第二级或以上分类医疗器材；

（2）该产品已至少通过一次人体临床试验，该试验将构成主管当局或认可机构所需申请的关键部分；及

（3）主管当局或认可机构同意或并无反对申请人开展进一步临床试验；或主管当局（如属欧盟委员会成员，则认可机构）不反对申请人开始销售有关器材。

由此可见，指引信对于新药和仿制药的要求是有区别的，对于新药而言，I 期临床已经完成并且可以正常开展 II 期临床即视为"已通过概念阶段"；而对于仿制药而言，则只需要完成一次临床试验，而非整个 I 期临床阶段。

根据康诺亚生物招股书的披露，康诺亚生物的核心产品已进入 II 期临床试验，因此符合"已通过概念阶段"的要求。

（三）合作协议

根据招股书的披露，康诺亚生物与石药集团、乐普生物、天广实、诺诚健华分别进行合作，签署相关合作协议以共同开发药物。

联交所在反馈意见中要求对每一合作协议的主要条款披露至相对详尽的程度，包括：合同各方的权利、义务（包括但不限于研究权利、对最终生物药物的专利所有的分配，费用及收益分配安排）；任何预付款、里程碑付款和/或特许权使用费的约定数额，以及里程碑付款的触发事件的详细信息；合同期限及独占许可期间（如有）；争议解决措施、终止条款及有关根本违约相关情况的约定；并且要求行业顾问对合作协议是否符合行业惯例发表意见。此外，联交所在反馈意见中可能会就个别合作协议中的特定方面作出更详尽的披露要求。

因合作协议中约定有保密条款等原因，如需按照联交所的要求对合作条款在上市申请文件中作出披露，需先行拿到合作方的书面同意，为加快申请进度，可先在对联交所反馈意见的回复中以附件形式对合作协议进行补充披露，并同时向联交所说明，待取得合作方的书面同意后会在招股书中进行补充披露。

（四）股权及业务重组的历史沿革

对新药研发企业历史沿革的重组环节（包括股权及业务重组）的合法、合规、合理性往往会深挖细究，其代表性反馈意见包括：（1）历次股权变动中涉及的股东是否存在需要进行返程投资登记的情况，是否均按规定履行了相关程序，返程投资登记相关事项是否合法合规；（2）报告期内上市体系股权重组的情况，包括具体时间、股权结构、转让/注销原因、是否履行了必要程序、转让交易价格、定价的公允性和依据、交易价款支付情况等。

此外，对于历史沿革中发生的包括股权代持等情况，香港联交所和证监会要求企业作出进一步的说明及解释。比如，康诺亚生物下属子公司于报告期内存在股权代持的情况，其在招股书中对代持安排的原因做出合理解释，股权代持安排系为了对初步开发阶段的候选药物进行保密，后来为了上市而终止股权代持安排；此外，确认代持人除拥有公司集团雇员（或雇员亲属）的身份外，彼等与本集团之间概无其他过往或当前的业务、财务或其他关系。

（五）数据隐私保护

康诺亚生物的大部分业务都是在中国境内开展的，其所有的临床试验过去或现在都是在中国境内进行。因此，康诺亚生物的临床试验数据没有在中国和美国之间进行过任何的转移。在临床试验过程中，康诺亚生物可能会接触医疗机构及个体患者的某些数据，根据适用的中国境内法律法规，该等数据的某些类型可能属于个人信息的范畴。康诺亚生物已制定了严格的数据保护政策，以确保收集、使用、存储、传输及传播该等数据符合适用的法律法规，包括《网络安全等级保护定级指南》以及普遍的行业惯例（包括：取得患者入组前的事先同意、去标识化［删除入组患者的个人标识］、数据储存在有内部控制协议的医疗机构并限制和监控数据访问）。为进一步确保实施数据隐私及保护措施，康诺亚生物采用了电子数据收集系统。康诺亚生物还与其雇员及第三方合作方签订了保密协议，其中载有数据隐私及保护的要求。

（六）环境、社会及管治（ESG）

就环境保护部分，根据康诺亚生物招股书的披露，其在生产过程中须遵守中国有关危险化学品、废水及化学废料使用与处理的各项法律法规。康诺亚生物日常运营涉及危险化学品的使用，在实施的安全指引条例中，明确列出生产设施的潜在安全隐患及操作程序，并在生产设施内安装视频监控系统，以监察生产过程。

康诺亚生物在运营过程中亦产生废水和化学废物，这些危险废物存放于专门的仓库中，并与符合资质的第三方签订危险材料及废物处理合同；康诺亚生物在生产过程中所产生废水集中排放于康诺亚生物生产基地所在的工业园区所运营和管理的中央污水处理设施。

此外，生产过程中所产生废气的控制及处理，完全符合法律规定以及空气污染排放标准，并通过相关符合资质的第三方审核。康诺亚生物生产过程中废气的排放率和浓度可忽略不计，远低于有关空气污染排放标准规定的阈值。

（七）新冠肺炎疫情的暴发的影响

根据康诺亚生物在招股书的披露，自 2019 年 12 月以来至挂牌上市时，新冠疫情的暴发并未对康诺亚生物的业务、财务状况及经营业绩造成重大不利影响。康诺亚生物采取多种措施证明疫情不会对公司的业务营运、开发计划及临床试验进展以及生产及供应链造成任何重大影响，具体包括：在临床试验上，与临床试验机构合作为招募的患者提供口罩等个人防护设备，持续对患者进行随访，通过受监督的交付流程为招募的患者提供研究性药物治疗，并与公司的主要研究人员进行频繁交流以识别并解决可能出现的任何问题等；在日常运营中，定期对公司的办公室及生产设施消毒通风、每日检测雇员体温、记录雇员出行记录与健康状况，并为前往公司办公室及设施的雇员提供口罩及消毒剂；在生产及供应链方面，倘公司预计供应将会或存在任何延迟，公司将物色符合公司需求及要求的其他供货商并与之谈判，以保障本集团供应的稳定。

因彼时康诺亚生物无法保证新冠疫情不会进一步加剧或不会对康诺亚生物的业务营运产生重大不利影响，在风险章节中对新冠疫情的有关风险进行了披露。

四、案件结论

本项目自 2020 年 12 月 25 日项目启动，到 2021 年 7 月 8 日正式在香港联交所挂牌上市，历时仅仅 6 个月时间。

作为实力强大的生物科技公司，康诺亚生物在 IPO 前，公司已获包括有：联想之星、高瓴资本、汉康资本、礼来亚洲基金、博裕资本、三正健康投资、丰川资本等知名投资机构的投资。本次上市，康诺亚生物还获得多达 15 家基石投资者的强劲认购，包括淡马锡、高瓴资本、瑞银集团和景顺投资等。

本项目是锦天城深圳分所成立以来所经办的第一宗 18A 生物科技公司（未盈利生物科技公司）香港上市项目，践行了锦天城服务资本市场的行业定位。在从事本项目的过程中，锦天城项目组律师积累了丰富的经验，为锦天城深圳分所今后开展类似业务打下了基础。

本项目历时仅仅 6 个月，时间短、任务重，锦天城项目组的律师勤勉尽责、迎难而上，在有限的时间里出色地提供了法律服务，与其他中介机构各司其职、互相配合，为本次上市工作的顺利推进保驾护航，使得本项目得以顺利完成。

迪马股份分拆东原仁知服务
在香港 H 股上市项目

林 可* 庞 景** 王 丹*** 姚 鑫**** 李 密*****

一、案情介绍

锦天城律师事务所接受东原仁知城市运营服务集团股份有限公司（曾用名：重庆东原仁知实业集团股份有限公司、重庆东原澄方实业有限公司，以下简称"东原仁知服务"或"公司"）的委托，担任其首次公开发行境外上市外资股（H股）并在香港联合交易所有限公司主板上市项目（以下简称"香港发行上市"）的中国法律顾问，为其提供全程法律服务。

东原仁知服务成立于 2003 年，系上海证券交易所上市公司迪马股份下属物业服务公司，多年来，东原仁知服务以"中国物业服务品质管理专家"为使命，持续创新服务理念，提升服务能力，推动着企业综合实力稳健增长，是中国物

---

* 上海市锦天城律师事务所高级合伙人。

** 上海市锦天城律师事务所高级合伙人。

*** 上海市锦天城律师事务所合伙人。

**** 上海市锦天城律师事务所律师。

***** 上海市锦天城律师事务所律师。

业服务特色品牌企业。根据中指院排名，公司上市前，已连续多年被评为"中国物业服务百强企业"，名列"2021中国物业服务百强企业"第20名，在总部位于西南地区和长三角地区的公司中分别排名第5名和第9名。

二、办案难点

（一）上市方案

1. 上市地的选择（境内资本市场 vs. 境外资本市场）

2. 上市路径选择（分拆上市 vs. 红筹架构）

3. 分拆上市的条件

4. 首发上市与全流通安排（一步到位 vs. 两步走）

（二）审核关注要点

1. 迪马股份控股股东债务危机事项

2. 关联交易与独立性

3. 物业公司 App 使用的合规性

4. 物业服务公司收费的合规性

5. 公共区域经营收益的合规性

6. 劳动用工的合规性

7. 社保公积金缴纳的合规性

8. 全流通关注要点

三、法律分析

（一）上市方案

1. 上市地的选择

在分拆上市地的选择上，可以选择境内与境外资本市场，就物业服务公司而言，绝大多数会选择境外上市，且选择的是香港联交所，这主要有以下几个方面的原因：

第一，相较于境内上市，境外上市的上市条件和审核条件更为宽松，首先境外上市的审核时间更短；其次，目前 A 股审核模式下，A 股上市的房地产开发公司分拆下属物业服务公司于 A 股上市的难度很大，主要是由于物业公司的业务来源大多高度依赖其母公司房地产开发公司，故通常关联交易的比重很高，而境内 A 股审核机构对于拟上市公司的独立性以及关联交易的审核标准严格，物业公司通过审核的难度较大。

第二，相较于其他境外资本市场，香港资本市场与内地市场联系更为紧密，并且物业企业也属于房地产行业的范畴，房地产行业作为香港的三大支柱产业之一，相关企业所获的估值大多高于其他境外资本市场。

2. 上市路径选择

对于自 A 股上市公司分拆部分资产赴香港上市，可选择分拆直接上市（即 H 股模式），亦可选择红筹架构模式，两种模式各有优劣，主要区别体现在：

（1）定义不同

H 股模式指中国境内（不包括港、澳、台地区）的股份有限公司，直接向港交所申请发行境外上市外资股（H 股），并在港交所挂牌交易的境外上市模式；红筹属于间接上市，是指中国境内股东在境外（通常为开曼、百慕大等地）新设立控股公司，对中国境内企业进行控股或协议控制，并以境外控股公司的名义在境外上市募集资金的方式。

（2）重组成本的不同

H 股模式下，系境内公司直接上市，不涉及境外重组，重组成本较低；红筹模式为间接上市，涉及在境外设立上市主体及境外重组，重组成本较高，且涉及办理 ODI 备案等手续，耗时较长。

（3）上市后股票性质不同

H 股模式下，首次公开发行外资股并上市的同时若未申请将境内未上市股份全流通，则原内资股股东持有的股份无法在境外资本市场流通，需完成中国证监会核准后方能实现全流通；红筹模式下，公司全部股份均拥有上市地位，均可在境外资本市场流通。

（4）上市后股份锁定期的不同

H 股模式下，因系中国境内公司直接申请上市，需遵循境内公司法关于股份锁定的规定，即公司公开发行股份前已发行的股份，自公司股票在证券交易所上市交易之日起一年内不得转让；红筹模式下，上市后股份锁定期按照公司注册地及上市地的要求执行，拥有更高自由度，如香港，通常的锁定期为六个月。

本次东原仁知服务对于上市架构的选择在综合考虑以上因素以及参考同行业公司上市经验的基础上，最终选择了 H 股模式。

3. 分拆上市的条件

2004 年 7 月，中国证监会发布《关于规范境内上市公司所属企业到境外上市有关问题的通知》（证监发〔2004〕67 号，以下简称"67 号文"），允许符合条件的 A 股上市公司分拆子公司到境外上市；2022 年 1 月 5 日，中国证监会发布《上市公司分拆规则（试行）》（证监会公告〔2022〕5 号，以下简称"《分拆规则》"），将上市公司分拆子公司到境内与境外上市规则予以统一。67 号文与《分拆规则》先后成为指导上市公司分拆子公司上市的重要规则，对分拆境外上市的条件均进行了明确。

该等条件主要关注以下方面的内容：（1）上市公司的盈利情况以及拟分拆上市主体对上市公司合并财务报表的贡献，考虑分拆上市是否影响上市公司的持续经营能力；（2）拟分拆上市主体的独立性；（3）上市公司的合法合规情况等。

4. 首发上市与全流通安排

根据《H 股公司境内未上市股份申请"全流通"业务指引》（中国证券监督管理委员会公告〔2019〕22 号，2019 年 11 月 14 日公布并施行）的规定，H 股上市公司或拟申请 H 股首发上市的公司，可以将其境外上市前境内股东持有的未上市内资股、境外上市后在境内增发的未上市内资股以及外资股东持有的未上市股份申请 H 股"全流通"。即，对于境内股份有限公司而言，可以在申请 H 股首次公开发行上市时一并申请，也可以在发行上市后，单独申请"全流通"或者在申请境外再融资时一并申请"全流通"，实践中，公司一般综合考虑股东意愿、股票市场价格等因素，以此决定申请"全流通"的安排。

本次东原仁知服务首发上市因上市公司迪马股份的控股股东重庆东银控股集团有限公司长期处于债务重组阶段，且其持有的上市公司迪马股份之股份已被司法冻结，存在被债权人强制执行的风险，若被强制执行，迪马股份之控股股东将面临变更的风险，在此背景下，为避免申请首发上市的同时申请"全流通"拉长中国证监会的审核期限，并考虑股东意愿等其他因素后，最终确定先申请首次公开发行股票并上市，待后续条件成熟后再行申请"全流通"。

（二）审核关注要点

1. 迪马股份控股股东债务危机事项

在境内 A 股 IPO 过程中，拟上市主体的实际控制人需穿透至最终控制公司的自然人或组织，并且拟上市公司的控制权稳定构成 A 股 IPO 的发行条件，即若拟上市主体的控制权不稳定，将构成 IPO 的实质性障碍；但在香港上市规则下，无实际控制人概念，香港规则下的实益拥有人与公司的重要股东更为关注对上市公司治理的合规性影响。

在东原仁知服务赴香港上市过程中，东原仁知服务系 A 股上市公司迪马股份下属子公司，迪马股份通过其全资子公司间接持有东原仁知服务股份；上市公司迪马股份的控股股东长期处于债务重组阶段，且其持有的上市公司迪马股份之股份已被司法冻结，存在被债权人强制执行的风险，若被强制执行，迪马股份之控股股东、实际控制人将面临变更的风险。在 A 股上市规则下，拟上市主体东原仁知服务的实际控制人存在变更风险，将不满足 IPO 发行条件；但在香港规则下，本项目中通过将拟上市主体东原仁知服务的控股股东认定为迪马股份，在 A 股上市公司迪马股份公司治理结构完善、经营合规，其控股股东或实际控制人变更不对其公司治理及经营构成重大不利影响的情况下，可保障拟上市主体东原仁知服务的经营稳定性，据此，公司及项目组向香港上市监管部门解释了迪马股份控股股东债务危机及实际控制人变更风险对东原仁知服务不构成重大不利影响。

2. 关联交易与独立性

在物业服务行业，物业公司通常通过其母公司房地产开发公司或其下属公司、联营企业获取物业服务项目，该等关联公司往往是物业公司最大的客户，为其贡献大部分的收益，而在分拆上市过程中，物业公司与前述关联方发生的交易构成香港联交所上市规则项下的关联交易，是香港联交所和香港证监会关注的首要问题。香港联交所上市规则下，关联交易是指与关联人士进行的交易，以及与第三方进行的指定类别的交易，而该指定类别的交易可令关联人士通过其于交易所涉及实体的权益而获得利益，即关联交易规则的规制重点在于防止有重大影响的人士转移上市公司的利益，从而损害上市公司及其股东的利益。

在 A 股上市规则下，关联交易对业务收入贡献的高占比将构成 IPO 审核的实质性障碍；但在香港上市规则下，该情况并不必然构成上市的实质性障碍，而是明确要求拟上市的分拆主体保持资产、业务的独立性，即在资产权属、业务经营、公司治理等方面独立于母公司，并通过签署不竞争承诺的形式，让母公司或控股股东承诺各自不会且将促使各自的联系人不会直接或间接参与可能与拟上市主体业务构成竞争的任何业务或在其中持有任何权益或以其他方式涉及有关业务。

故，在物业公司分拆上市过程中，需将拟上市公司的关联交易与独立性作为上市关注重点。

3. 物业公司 App 使用的合规性

近年来，物业公司逐步向"互联网＋物业"等技术方向转型和拓展，包括但不限于采用移动应用程序（App）等线上平台为业主或住户提供物业管理服务或增值服务，如住户认证、访客授权、物业管理费支付、意见及投诉存档、物业挂牌以及维修维护服务请求等功能，还有部分物业服务通过移动应用程序出售商品（如食品和家居用品）。

移动应用程序涉及收集并处理大量用户个人信息。因此，在物业公司赴境外上市过程中，需将数据安全与网络安全审查，以及外资准入事项纳入上市关注要点。

（1）数据安全与网络安全审查

近年来，随着《中华人民共和国网络安全法》《中华人民共和国数据安全法》《中华人民共和国个人信息保护法》陆续出台与完善，相关配套法律法规、部门规章也进一步完善，我国数据合规监管日益趋严，境外上市涉及的数据出境及网络安全成为分拆主体境外上市不可避免的问题。2022 年 2 月 15 日，由国家互联网信息办公室等多部门联合修订的《网络安全审查办法》正式实施，进一步明确了网络安全审查制度。

根据《网络安全审查办法》等相关法律法规的规定，境内企业赴香港上市的网络安全审查的主要关注点在于：①拟上市主体是否需要按照规定进行网络安全审查；②如应当进行网络安全审查的，拟上市主体应当在向境外证券监督管理机构、交易场所等提交发行上市申请前，向网络安全审查办公室申报网络安全审查；③如经网络安全审查办公室审查认定，拟上市公司赴香港发行上市影响或可能影响国家安全的，则该主体不得赴香港发行上市。

对于拟上市主体是否需要按照规定进行网络安全审查的判断，首先依赖于公司自查，根据《网络安全审查办法》的规定，关键信息基础设施运营者采购网络产品和服务，网络平台运营者开展数据处理活动，影响或者可能影响国家安全的，应当按照规定进行网络安全审查。首先公司应根据法律法规规定及行业主管部门认定，结合自身业务特征判断是否属于"关键信息基础设施运营者"或"网络平台运营者"；若属于其中之一，则需结合法律法规规定及从事业务的具体情况，判断"采购网络产品和服务"或"开展数据处理活动"是否影响或者可能影响国家安全；此外，《网络安全审查办法》中规定，掌握超过 100 万用户个人信息的网络平台运营者赴国外上市，必须向网络安全审查办公室申报网络安全审查。

在本次东原仁知服务赴香港上市过程中，因其通过"东驿站"App 向用户提供包括住户认证、门禁管理等服务，涉及收集用户个人信息，被香港联交所问询是否需进行网络安全审查，公司及项目组从该 App 系公司主营业务配套所用，公司作为网络平台运营者，处理的信息不涉及影响或可能影响国家安全，以及掌握的用户个人信息不超过 100 万，来论述其无需申报网络安全审查。

（2）外资准入

为扩大市场准入，提高外商投资自由化水平，我国实行外商投资准入前国民待遇加负面清单管理制度。根据《中华人民共和国外商投资法》《外商投资准入特别管理措施（负面清单）（2021 年版）》的规定，物业管理不属于我国外商投资禁止或限制的业务。

根据《电信业务分类目录》《互联网信息服务管理办法》等法律法规的规定，通过互联网向用户提供信息服务的业务属于第二类增值电信服务中"B25 信息服务业务"；互联网信息服务分为经营性互联网信息服务和非经营性互联网信息服务，其中从事经营性互联网信息服务的实体，须办理增值电信业务经营许可证，即 ICP 证。而根据《外商投资准入特别管理措施（负面清单）（2021 年版）》《外商投资电信企业管理规定》，增值电信业务的外资股比不超过 50%（电子商务、国内多方通信、存储转发类、呼叫中心除外）。

即对于物业公司分拆赴香港上市，若涉及通过线上平台（包括网页、移动应用程序等）提供信息服务的，需结合提供的服务类型是否属于增值电信业务，以及是否属于经营性互联网信息服务，来判断是否涉及外资准入限制以及是否需要办理 ICP 证。在东原仁知服务分拆上市过程中，因其通过"东驿站"App 向用户提供包括跟踪月度费用及支付物业费等信息服务，被香港联交所关注并问询是否属于向用户提供经营性互联网信息服务，公司及项目组如下解释得到了监管部门的认可：公司通过 App 收取的物业费系基于线下物业服务，而非通过该 App 提供信息服务产生，该 App 仅为公司收取该等线下服务费用的渠道，其提供的信息服务并未直接产生经营收益，从而该 App 未从事经营性互联网信息服务。

（3）物业服务公司收费的合规性

① 物业服务费用：根据《物业管理条例》《物业服务收费管理办法》《物业服务收费明码标价规定》等法律法规的规定，物业服务收费应当遵循合理、公开以及费用与服务水平相适应的原则，区别不同物业的性质和特点，分别实行政府指导价和市场调节价；物业服务企业向业主提供服务（包括按照物业服务合同约定提供物业服务以及根据业主委托提供物业服务合同约定以外的服务），应当实行明码标价，标明服务项目、收费标准等有关情况；收费标准发生变化时，物业管理公司应当在执行新标准前一个月，将所标示的相关内容进行调整，并应标示新标准开始实行的日期。

② 代收供水、供电等费用：根据《物业管理条例》《物业服务收费管理办法》《物业服务收费明码标价规定》等法律法规的规定，物业管理区域内，供水、供电、供气、供热、通信、有线电视等单位应当向最终用户收取有关费用。物业管理企业接受委托代收上述费用的，可向委托单位收取手续费，不得向业主收取手续费等额外费用。

物业公司向业主收取的物业服务费用应在遵守政府指导价或政府定价的前提下，在物业服务合同中进行约定；此外，物业公司代收代缴供水、供电、供气、供热等的，可向委托单位收取手续费，但不得借此向业主以手续费、转供费等名目的额外费用；若违反相关收费的规定，物业公司存在被主管部门要求交出违法所得、支付罚款，或终止业务的风险。故，在物业公司赴香港上市过程中，需对相关收费的合规性进行核查。

（4）公共区域经营收益的合规性

公共收益划分的合规性是物业企业上市过程中需要重点关注的问题之一，按照《中华人民共和国民法典》《最高人民法院关于审理建筑物区分所有权纠纷案件适用法律若干问题的解释》《物业服务收费管理办法》等法律法规的规定，物业服务公司利用物业共用部位、共用设施设备进行经营的，应当在征得相关业主、业主大会、物业服务企业的同意后，按照规定办理有关手续；物业服务企业或者其他管理人等利用业主的共有部分产生的收入，在扣除合理成本之后，属于业主共有；业主所得收益应当主要用于补充专项维修资金，也可以按照业主大会的决定使用。

实践中，物业公司利用物业共用部位、共用设施设备进行经营并取得收益的情况非常普遍，包括业主车辆或社会车辆占用公共道路、绿地或其他车辆停放场所而产生的停车费或车位租赁费，利用电梯、楼道、户外露天墙体等部位投放广告而获得的广告收益，利用比如公共会所、足球场、游泳池等活动场所对外经营而获得的收益等。根据中国法律法规的规定，物业公司不享有物业公共收益的收益权，仅能取得经营所需的合理成本，此外，为提高物业公司对公共区域经营的积极性，亦存在业主大会或相关业主与物业公司明确约定或业主共同决定将公共收益的一部分作为对物业公司的奖励或对物业公司支付的报酬的情况。实践中，物业公司取得公共收益，通常欠缺必要的收费依据：民事权利上，物业可能不具备取得收益的权利；行政监管合规性上，欠缺必备的行政审批手续。

因此，在对接资本市场过程中，物业公司收入中若存在利用物业共用部位、共用设施设备进行经营并取得收益的情况，需确保具有合理依据，确保取得主管部门的必备审批，履行向业主公示的义务，或取得业主的同意。

（5）劳动用工的合规性

因为物业服务公司的行业特性，所需员工人数众多，其中保安、保洁、管家等人员所占比例高，为了降低经营成本，物业服务企业普遍选择通过劳务派遣或劳务外包的方式采购劳动力。

根据《劳务派遣暂行规定》，用工单位应当严格控制劳务派遣用工数量，使用的被派遣劳动者数量不得超过其用工总量的10%；同时，派遣员工所在岗位应符合临时性、辅助性或者替代性的要求；再者，用工单位在选择合作的劳务派遣单位时，应对其是否取得《劳务派遣经营许可证》、年度核验情况等必要情况进行确认。

而劳务外包是企业将公司内部分业务或职能工作发包给外包公司，该外包公司承揽后自行安排人员按照企业的要求完成相应的业务或工作。物业公司在实施劳务外包过程中，应在与劳务外包协议中明确外包业务的具体内容、结算方式，由外包公司与劳动者签订劳动合同、缴纳社保公积金，并对劳动者进行劳动管理，同时避免赋予公司退工权利。此外，协议实际履行过程中，应避免出现公司对外包人员直接进行管理，为外包人员发放工资等可能被认定为构成劳动关系或者"名为外包、实为派遣"的行为。

（6）社保公积金缴纳的合规性

由于物业服务行业属于劳动密集型行业，员工人数众多，社保公积金缴纳不合规情况普遍存在，在赴香港上市过程中一般采取如下补救措施：①业绩期内不断扩大员工社保和公积金缴纳覆盖范围，保持不断整改规范的趋势，并尽量按照法律法规规定的缴存基数和缴存比例为员工合规缴纳；②为员工补缴欠缴的社保和公积金；③取得主管部门出具的无违规证明或访谈；④取得公司控股股东的兜底承诺函。除上述措施外，在香港联交所审核过程中，要求对社保公积金的潜在欠缴款项计提拨备。

值得注意的是，在香港上市过程中，因香港中介机构、监管部门不了解境内社保、公积金缴纳政策及监管体制，依赖于中国境内律师进行相关法律法规及监管规则的解读。在进行主管部门访谈过程中，区别于境内上市监管部门对社保、公积金主管部门对访谈内容的盖章确认，香港上市监管部门更看重受访者本人对受访内容的签字确认，并通过受访者的确认及中国法律顾问的专业意见以判断受访者是否有权对访谈事项作出回复和确认。

（7）全流通关注要点

在物业公司已经完成香港上市后，再行申请 H 股"全流通"的，中国证监会在审核过程中，将不再对境外上市过程中的重点审核要点予以关注，仅关注 H 股"全流通"本身对于上市公司后续的影响，关注的高频问题包括公司控股股东在"全流通"的后续安排，是否可能导致上市公司的控制权变更，若涉及变更，是否按照规定履行信息披露义务；上市公司 IPO 承诺的履行情况；IPO 募集资金的使用情况；"全流通"前后外资准入的合规性等。物业公司在实施 "H 股 IPO+ 全流通"两步走的过程中，需对后续申请"全流通"中可能涉及的监管部门关注事项予以准备。

四、案件结论

（一）交易结果

2021 年 4 月 16 日，东原仁知服务获得中国证监会行政许可申请受理单；2021 年 4 月 30 日，向香港联交所递交 A1 上市申请；2021 年 10 月 11 日，获得中国证监会关于核准东原仁知服务发行境外上市外资股的批复；2022 年 3 月 24 日，接受香港联交所上市聆讯；2022 年 4 月 29 日，东原仁知服务于香港联交所主板挂牌上市。

（二）交易亮点

因迪马股份控股股东重庆东银控股集团有限公司（以下简称"东银控股"）处于债务重组过程中，迪马股份实际控制人债务危机的情况下，实际控制人控制范围内的资产如能实现上市（独立或分拆上市）对于实际控制人控制范围内的资产增值、提升债务人还款能力、提振债务重组参与各方信心等均有明显的积极作用。

然而，在境内上市的法律政策环境下，公司实际控制人若处于债务危机状态，公司无上市可行性；而搭建红筹架构模式又基于操作过程中需要拟上市资产剥离出原控制体系，在实际控制人及其下属公司债权人众多的情况下也无可操作性。

采用直接 A 股分拆 H 股上市的模式，既无需将拟上市资产剥离出原控制体系，又可以充分利用内地与香港两地资本市场的审核差异实现 A 股子公司直接上市。然而，此模式对中介机构及公司上市团队提出了相对于其他项目更高的专业要求。在此简要列举以下几点：

第一，中介机构需精准把握内地与香港资本市场在实际控制人债务危机下的审核尺度差异，从控制权、独立性、公司治理规范性等多角度合理解释东原仁知实际控制人的债务危机对其 H 股上市无实质影响，并确保相关信息披露真实准确完整。

第二，物业管理公司增值服务是东原仁知业绩亮点之一，但国际会计师能否将该部分收入确认为合法收入，由于两地法律差异，需要与境内律师及公司上市团队充分沟通，以理解相关业务的商业模式和内地法律监管要求。

第三，H 股上市需申请全流通才能实现完整的上市目的（尤其对于东原仁知战略投资人及股权激励对象而言），在监管对于 H 股全流通已全面放开的情况下，考虑到本项目上市申请的难度及项目推进效率，中介机构及公司上市团队最终决定将 H 股上市与申请全流通分两步走（即先单纯申请 H 股上市，在上市成功后再视需要申请全流通）。

环球新材国际香港联交所主板 IPO 项目

张必望 *

一、案情介绍

环球新材国际控股有限公司（以下简称"环球新材国际"，股票代码：06616.HK）的中国境内运营实体广西七色珠光材料股份有限公司（以下简称"七色珠光"）是一家以研发、生产、销售珠光材料、人工合成云母、新能源材料及无机非金属材料等的国家级高新技术企业，是国家工信部工业强基工程关键基础新材料—人工合成云母项目的承担单位，掌握了全球领先的人工合成云母、珠光材料和新能源材料关键核心技术，拥有数十项核心专利技术，形成了涵盖高、中、低端各个层次珠光材料及合成云母产品系列。七色珠光专注于生产及销售天然云母基及合成云母基珠光颜料产品，产品主要用于工业涂料、塑料、纺织品及皮革、化妆品及汽车涂料等行业，以"七色珠光"品牌在中国及亚洲其他国家、欧洲、非洲及南美洲超过 30 个国家及地区销售。根据弗若斯特沙利文的报告，按 2020 年收益计，七色珠光为中国市场最大的珠光颜料生产商，为全球市场第四大珠光颜料生产商。

七色珠光于 2015 年 3 月 19 日在新三板挂牌，股票代码为 832080.OC。在

---

* 上海市锦天城律师事务所合伙人。

新三板挂牌期间七色珠光历经两次定增，先后引入广西国投、桂东电力等投资者，后于 2019 年 9 月 23 日从新三板摘牌退市，开始筹备香港联交所主板上市工作。2021 年 7 月 16 日，七色珠光的境外控股公司环球新材国际在香港联合交易所主板完成首次公开发行及上市。

锦天城张必望律师团队于 2019 年起接受七色珠光的委托，担任公司中国律师，协助准备香港主板上市工作，为环球新材国际本次上市提供了全程法律服务。

二、办案难点

红筹重组的最终目的是确保将中国境内运营实体的权益转移至境外上市公司旗下持有并将同意及可以前往香港上市的现有股东以及后来加入的新投资者转换成上市公司的股东。在红筹重组前，环球新材国际中国境内运营实体拥有包括法人股东、自然人股东、上市公司股东、"三类股东"等多种类型的股东，要将上述不同类型股东通过红筹重组模式实现在境外成为上市主体股东，过程复杂，类型多样，所遇到的法律问题也是多重的。锦天城律师与公司及各方中介团队就重组方案进行了充分的讨论，为不同类型的股东制定了不同的重组方案。本项目法律事项重点和难点主要如下几点：

第一，上市架构中境外上市主体并未全部拥有境内运营实体的全部股权权益，而保留境内运营实体小部分股权权益在上市架构之外，这方案是否可行？需要做哪些调整？

第二，众多自然人股东和机构股东如何实现共同办理外汇登记手续以合法合规完成投资出境？

第三，境外上市主体收购境内运营实体涉及的股权转让对价定价问题，"象征性对价转让"是否可行？

三、法律分析

（一）境内运营实体部分股权留存在境内，实现大部分股权境外上市的方案是否可行

一般情况下，企业申请境外 IPO 都能得到大多数股东的支持。然而，由于

公司部分股东主观原因或者客观情况，导致所有股东无法就公司境外上市达成一致意见，出现了公司部分股权留存境内，而以其余部分股权申报境外 IPO 的情况。境内留存部分的具体股权比例并没有确定的标准，不同资本市场的监管部门的审核尺度也不同。但是，总体的原则应为留存境内股东对境内公司不具有控制力，在公司重大经营决策方面影响较小，且应当充分保障境内留存小股东的股东权利。具体而言，一是要充分论证境内留存股权对境外上市主体经营活动和持有境内运营公司股权影响较小，境内留存股东不享有一票否决权或者其他实质性影响决策的特殊股东权利；二是要详细说明境内股东与其他股东及境内公司不存在股权纠纷；三是要详细说明部分股东不出境的客观情况及合理事由，不属于违反境内法律法规或其他恶意规避境内法律或政策监管的情况。另外一方面也应当注意保护境内留存股东的小股东权利不受损害。

就七色珠光而言，其在新三板挂牌期间的少数自然人股东登记的电话号码等联系方式一直无法联系，部分投资机构股东也出现无法联系、消极配合的情况。为保证境内留存股东持有的股权不拥有特殊权利，不会对上市公司产生重大影响。各方中介最初确认的可以留存在境内的股东的股权比例是应当不超过10%，但考虑到香港联交所 5% 以上为重要股东的有关规定和《公司法》中 3%以上股东提案权的规定（原《公司法》第一百零二条规定，单独或者合计持有公司百分之三以上股份的股东，可以在股东大会召开十日前提出临时提案并书面提交董事会。2024 年 7 月 1 日起实施的新《公司法》第一百一十五条已将股东持股比例的限制修改为"单独或者合计持有公司 1% 以上股份"），锦天城律师又提出了建议将境内留存股东的股权比例从 5% 缩小到不应超过 3%。锦天城律师协助公司与所有股东进行了积极沟通，最终将境内留存股权比例缩小到2.82%，由环球新材国际收购七色珠光 97.18% 的股权权益作为境外上市主体实现在香港联交所的上市，该方案也最终得到了其他各方中介的认可。七色珠光在进行重组前，对重组前股东进行了逐一确认，公司通过电话和短信与重组前所有股东进行了联系，对七色珠光拟以境外上市主体在香港联交所上市事宜进行了沟通。境内留存的 2.82% 股权中，其中 6 名股东为券商直投基金账户，因其自身原因确定不参加此次境外上市重组；另有 11 名股东无法取得联系，对于该 11 名无法联系的股东，公司董事会秘书和证券事务代表已多次通过其在股转系统留存的电话、短信及登报公告等方式尝试予以联系，但仍未联系到上述股东。对于 6 名不参加此次境外上市重组的股东，锦天城律师协助公司要求其分别向七色珠光出具确认函，确认七色珠光已经事先告知其拟进行的香港上市的议案，已充分明白及知晓香港上市之涵义以及可能对本公司权益的影响。因公司自身原因，经慎重考虑，决定不参与七色珠光香港上市计划，而选择直接持有七色珠光股份。据此，七色珠光已履行合理的程序对股东权益进行了保护，重组前全体股东已充分了解七色珠光香港上市事宜，不出境上市股东自愿不参与本次上市前重组，不会对本次上市产生实质性障碍，也不会损害不出境上市股东的各项股东权益。

（二）众多自然人股东和机构股东如何共同办理外汇登记手续以确保出境投资合法合规

对于中国境内自然人居民的境外投资行为，国家外汇管理局于 2014 年 7 月 4 日发布了《国家外汇管理局关于境内居民通过特殊目的公司境外投融资及返程投资外汇管理有关问题的通知》（以下简称"37 号文"）。根据 37 号文的规定，境内居民以境内外合法资产或权益向特殊目的公司出资前，应向所在地外汇局办理境外投资外汇登记手续。境内居民以境内合法资产或权益出资的，应向注册地外汇局或者境内企业资产或权益所在地外汇局申请办理登记；境内居民以境外合法资产或权益出资的，应向注册地外汇局或者户籍所在地外汇局申请办理登记。已登记境外特殊目的公司发生境内居民个人股东、名称、经营权限等基本信息变更，或发生境内居民个人增资、减资、股权转让或置换、合并或分立等重要事项变更后，应及时到外汇局办理境外投资外汇变更登记手续。其核心问题为如何认定自然人持有境内企业资产或者权益。同时，实践中各银行对于政策把握尺度不一，办理方式和材料有所不同。因此需要事先到公司所在地银行予以沟通（通常以业务往来较为密切且有相对成熟的外汇国际业务处理经验的银行作为首要的沟通对象）。

此外，根据《企业境外投资管理办法》等相关规定，境内企业境外投资，涉及非敏感类项目且投资额 3 亿美元以下的需要向省级发改委、商务厅以及外管局进行 ODI 备案（以获得《企业境外投资批准证书》）。ODI 备案方案，即境内企业作为股东设立境外持股公司，在办理 ODI 登记之后，通过境外持股公司间接持有上市集团，需要与省级发改委、商务厅以及外管局进行充分沟通。

就七色珠光而言，锦天城律师协助公司、自然人股东及机构股东与银行、外汇主管部门、商务厅、发改委等多部门进行了多轮的沟通，积极听取各主管部门的重组意见，对投资金额、投资方式等内容进行了深度的讨论。锦天城律师提出了全体股东集中在七色珠光所在地申请办理的方案，对各股东的投资金额、出境投资方式和返程投资方式都进行了解释。在办理过程中，对于投资金额，发改委与部门也提出了不同的意见，发改委认为投资金额应以公司注册资本为准，而商务部门则认为应以返程投资实际投资金额为准。同时，商务部门对于境内股东在境外设立特殊目的公司再进行返程投资是否属于其企业境外投资批准的管理范围也提出了疑问，而目前部分地区对于此类型拟上市公司股东在境外设立特殊目的公司再进行返程投资的 ODI 办理也确实存在收紧的趋势。最终各相关主管部门认可了锦天城律师提出的备案方案，帮助公司在上市申请前获得了《企业境外投资批准证书》，避免了上市申请时间表的延误。

另外，在上市成功后募集资金返程及股东出售股权资金汇回过程中也涉及了 ODI 备案变更的问题。锦天城律师又协助公司与各主管部门继续进行了沟通，解释了资金返程的路径，设计了 ODI 备案方案，避免了资金不能及时返程汇回的困境。

（三）境外上市主体收购境内运营实体涉及的股权转让对价定价问题，"象征性对价转让"是否可行

红筹重组的最后一步即境外上市主体设立的香港子公司收购境内运营实体涉及股权转让对价的定价、支付和资金来源问题。通常的做法是全体境内股东先以减资的形式退出对境内运营实体的投资再按照同等比例的投资金额以 ODI 方式在境外认购境外上市主体股权，以获得境外上市主体同等比例的股权。七色珠光在重组时的注册资本为 14 956.119 1 万元人民币，而在新三板挂牌期间的两次再融资金额均分别超过了 3 亿元。这些投资资金均已投入七色珠光的生产经营和设备购置，要实现全部投资金额退回再投资境外上市主体的方案所耗费的成本是极高的，实现的可能性很低。锦天城律师就最后一步收购提出了"象

征性对价转让"的方案。鉴于本次股权转让为上市重组需要，股权转让前各股东持有发行人股权比例和持有七色珠光股权比例相同，且在股权转让完成后仍通过 BVI 公司及发行人间接持有七色珠光相同比例的股权，因此此次股权转让并不涉及新股东，各方有可能按照象征性对价完成股权转让，实现境内股权退出和境外上市主体同比例股权的取得。"象征性对价转让"的方案得到了其他各方中介机构的认可，同时，锦天城律师协助公司与税务部门就"象征性对价转让"的方案进行了沟通，取得了税务部门的同意，避免了"象征性对价转让"方案可能产生的税务风险。

"象征性对价转让"的方案提出后，锦天城律师在后续其他的境外 IPO 项目中也成功得到了应用。2023 年 2 月 17 日，中国证监会发布了《境内企业境外发行证券和上市管理试行办法》及规则适用指引（以下统称"境外上市备案新规"），并于 2023 年 3 月 31 日起施行。根据境外上市备案新规，境内公司在境外直接或间接开展证券发行、上市活动的，应当在提交首次公开发行或上市申请之日起 3 个工作日内，按照管理试行办法的要求，向中国证监会办理备案手续。境外上市新规实施后，锦天城律师应用"象征性对价转让"方案完成红筹重组向中国证监会履行备案程序的境外上市项目也顺利获得了《境外发行上市备案通知书》，得到了中国证监会的认可。

此外，虽然应用"象征性对价转让"方案完成红筹重组已经有了部分成功案例（比如飞天兆业、大数据集团、金特安等项目），但中国证监会随后也就红筹重组最后一步收购根据《关于外国投资者并购境内企业的规定》（以下简称"十号文"）提出了新的要求。商务部网站的公开答复也认为虽然"十号文"关于关联并购的规定已经取消，但其他有关的内容仍然有效。外国投资者通过其在中国设立的外商投资企业合并或收购境内企业的，适用关于外商投资企业合并与分立的相关规定和外商投资企业境内投资的相关规定，其中没有规定的，参照规定办理。因此，对于当前以红筹重组方式进行的 IPO 项目，就收购境内运营主体股权的转让对价还应当谨慎，重点要考虑以下几个方面：（1）股权转让价格："十号文"规定的"股权转让对价应当为经评估后的公允价格，禁止以明显低于评估结果的价格转让股权或出售资产"；（2）转让对价的支付："十号文"规定的"外国投资者应自外商投资企业营业执照颁发之日起 3 个月内向转让股权的股东，或出售资产的境内企业支付全部对价"；（3）作为并购对价的支付手段，应符合国家有关法律和行政法规的规定。外国投资者以其合法拥有的人民币资产作为支付手段的，应经外汇管理机关核准；（4）股权转让的双方应当依法履行税费（所得税和印花税）申报缴纳义务。

（四）其他重要事项

除实现境内股东出境外，红筹重组的最重要一步是设计方案避免适用商务部"十号文"中的有关规定。根据"十号文"的规定，境内公司、企业或自然人以其在境外合法设立或控制的公司名义并购与其有关联关系的境内的公司，应报商务部审批。并购规定的特殊目的公司系指中国境内的公司或自然人为实现以其实际拥有的境内公司权益在境外上市而直接或间接控制的境外公司。特殊目的公司境外上市交易，应经国务院证券监督管理机构批准。上述规定的关联并购两点要件：一是并购主体是"境内身份"；二是被并购的是境内公司（不包含中外合资企业），而"十号文"自 2006 年 9 月 8 日生效至今，商务部从未批准过任何关联方外资并购。且"十号文"规定的关联并购中，境内主体并购其境内关联企业需为"境内企业"，此处"境内企业"的定义理解并不包括中外合资企业。通过变更"十号文"关联并购中的两个要素，使得股权重组行为不符合"十号文"关联并购要件，以及避免采用股权支付方式并购，从而避免适用"十号文"商务部和证监会审批要求规定。2020 年 10 月 2 日，境外投资基金（独立非关联第三方）通过其控股的间接子公司香港环球新材完成对七色珠光的增资后，持有七色珠光 8.550 2% 股权。此次增资完成后，七色珠光从而由内资企业变更为中外合资企业。鉴于香港环球新材在本次收购前并非七色珠光的关联方，故不适用"十号文"关于关联并购应报商务部审批的规定，七色珠光仅需依照《外商投资信息报告办法》办理外国投资者股权并购境内非外商投资企业的初始报告。

除协助设计境内外重组架构外，锦天城律师还进行了全面的中国法律尽职调查、分析及解决重点法律问题、出具了中国法律意见书，并协助回复香港联交所反馈问题等全方位法律服务。在尽调过程中，锦天城律师协助公司解决了核心专利的权属确认问题、票据不合规事项整改等问题。

七色珠光子公司鹿寨七色的核心专利来源于发明人杨先生（曾担任公司技术总监）与配偶的转让。杨伦全曾就职于七色珠光同行业竞争公司。2006 年 6 月至 2006 年 12 月，以及 2009 年 3 月至 2013 年 4 月期间杨先生入职该同行业竞争公司。2010 年 4 月 1 日杨先生与该公司签订专利实施许可合同，约定将其自有核心专利无偿授权给该公司独家使用，授权期限为 2010 年 4 月 1 日至 2015 年 4 月 1 日。2010 年 6 月 1 日杨先生与该公司签署一份《补充协议》，明确杨先生作为公司员工支持该公司申请高新技术企业申报而将另一项核心专利无偿授权该公司使用，在杨先生离职后，则该授权自动终止。杨先生后于 2013 年 7 月 10 日后入职七色珠光并将上述专利转让至七色珠光。锦天城律师通过走访、调档、访谈、网络核查等多种方式确认上述专利并不属于职务发明，杨先生及配偶有权根据法律规定将其专利转让至他人，专利转让并不侵犯该公司的权利，专利转让合法有效。且上述独家授权期间，七色珠光并未使用上述专利发明，七色珠光与该公司不存在任何专利纠纷。七色珠光及鹿寨七色分别合法持有上述专利，依法对该等专利占有、使用、处分、收益的权利，使公司申请港股上市不存在实质性的法律障碍。

四、案件结论

环球新材国际本次香港上市于 2020 年 12 月 29 日递交上市申请，于 2021 年 6 月 3 日就通过了聆讯，用时仅六个月，以"一次递表无需加期"的速度于 2021 年 7 月 16 日顺利完成上市。环球新材国际本次全球发售股份数目约为 2.907 亿股，发售价为每股 3.25 港元，净募集资金约 8.79 亿港元（未行使超额配售权，扣除发行费用）。锦天城律师以一贯严谨、高效的工作风格，认真、敬业的工作态度获得了客户的肯定及信任，圆满完成了环球新材国际港股 IPO 的全部各项工作。

环球新材国际是柳州市首家在香港上市的民营制造业科技企业，也是国内第一家在香港上市的珠光材料企业。2020 年，在全球合成云母基珠光材料市场中，环球新材国际以 8.9% 的市场份额位列全球第一，领先第二名 3.4 个百分点。在国内市场，环球新材国际市场占有率超过四分之一，稳居龙头。环球新材国际上市后，于 2022 年 3 月入选深港通下港股通标的名单，2023 年 3 月又获调入沪港通股票名单，成为 A 股港股两地互联互通股票。2023 年 1 月，环球新材国际与 CQV（韩国 KOSDAQ 上市公司，股票代码：101240.KS）达成并购协议，环球新材国际以总代价约 859 亿韩元（相当于约 4.7 亿元人民币）购买 CQV 原股东持有的部分股份及公司库存股份。交易完成后，环球新材国际持有 CQV42.45% 的已发行股份，成为 CQV 单一最大股东。CQV 是韩国最大的珠光材料公司，此次跨国并购 CQV，使环球新材国际成为全球领先的合成云母及珠光材料行业龙头企业。

洲际船务香港联交所主板 IPO 项目

王　蕊* 于炳光** 靳如悦*** 张晓敏**** 李雯雯*****

一、案情介绍

2023 年 3 月 29 日，洲际船务（股票代码：2409.HK）在香港联合交易所主板正式挂牌上市，为港股船舶管理第一股，是青岛市 2023 年首家上市公司，也是近 10 年来首家在香港主板上市的船运公司。

洲际船务是总部位于中国的位居首位的第三方船舶管理服务提供商、总部位于中国的第五大航运服务公司、总部位于中国的第五大干散货航运服务公司。洲际船务的船舶在新加坡、中国、巴拿马、马绍尔群岛及利比里亚等全球主要航运枢纽船旗国（地区）登记。洲际船务致力于为客户提供海运业价值链上全面的一站式航运解决方案。根据弗若斯特沙利文报告，按 2021 年管理的第三方拥有的船舶数量计，洲际船务占全球所有船舶管理服务提供商总市场份额的约 1.3%。

* 　上海市锦天城律师事务所高级合伙人。
** 　上海市锦天城律师事务所高级合伙人。
*** 　上海市锦天城律师事务所合伙人。
**** 　上海市锦天城律师事务所律师。
***** 　上海市锦天城律师事务所律师。

二、办案难点

（一）项目涉及不同法域的法律适用、境内法律问题的判断及解决

洲际集团的上市主体 Seacon Shipping Group Holdings Limited 为一家在开曼群岛注册的公司，并通过新设 BVI 持股公司①及新设香港持股平台公司对其他的"境外管理公司部分"和"航运公司部分"的各相关公司进行持股，且船舶管理及航运业务分别在中国香港、新加坡、日本等国家和地区有运营主体。

（二）船舶管理、船运业务具有极强的专业性，适用海事海商方面的法律规定，且国内水上运输业务受外商投资限制

青岛万通海运有限公司原为洲际船务实际控制人控制的主体，主要从事国内水上运输业务。申报过程中，香港监管机构关注并询问未将该公司纳入上市集团的原因。

（三）公司及其实际控制人控制公司众多，重组方案难度较高

公司境内外有几十家子公司及关联公司，涉及公司的船舶管理业务和航运业务，如何在重组过程中尽最大可能对公司进行业务整合精简、股权优化，通过收购相应公司股权，转让或注销部分子公司、变更经营范围等方式，避免同业竞争，并兼顾《外商投资准入特别管理措施（负面清单）（2021 年版）》《关于外国投资者并购境内企业的规定》《关于境内居民通过特殊目的公司境外投融资及返程投资外汇管理有关问题的通知》等规定，对于律师论证并提出重组方案提出了较高的要求。

（四）上市集团与关联公司之间的关联交易是否存在规避负面清单限制风险及向上市集团变相转移利润的论证

香港联交所在反馈问询中就上市集团为青岛万通海运有限公司进行五星旗

---

① BVI（The British Virgin Islands），即英属维尔京群岛，是世界上发展最快的海外离岸投资中心之一，在此注册的公司就被称作 BVI 公司，常见于为在境外上市而搭建的 VIE 结构中。

船舶管理是否存在规避负面清单限制的风险进行问询，就上市集团向青岛万通提供船舶管理业务是否构成向上市集团变相转移利润的情形进行问询。

（五）数据安全监管问题

香港联交所在反馈问询中，对于上市集团境内公司是否存在收集、使用或披露互联网用户的个人数据的情形使用、存储或披露互联网用户的个人数据的情形，是否涉及个人信息的处理，境内公司是否属于数据处理者或者网络平台运营者境内公司进行问询。

（六）关于员工的社保、公积金缴纳问题

项目存在关联公司为船员缴纳社会保险情况。

（七）关于上市集团的境外公司为中国籍船员缴纳社保义务及代扣个税义务

香港联交所在反馈问题中就上市集团的境外公司为中国籍船员缴纳社保义务及代扣个税义务进行询问。

三、法律分析

（一）关于不同法域法律适用问题

《中华人民共和国涉外民事关系法律适用法》第十四条第一款："法人及其分支机构的民事权利能力、民事行为能力、组织机构、股东权利义务等事项，适用登记地法律。当事人可以协议选择合同适用的法律，当事人没有选择的，适用履行义务最能体现该合同特征的一方当事人经常居所地法律或者其他与该合同有最密切联系的法律"。锦天城律师据此判断，关于马绍尔公司的股权代持协议的合法性，需要根据马绍尔的相关法律规定进行判断。锦天城律师无法直接依据中国的公司法及相关司法解释等，对马绍尔公司的股权代持协议的合法性发表法律意见。

（二）关于国内水上运输的外商投资限制问题及相关公司未纳入上市集团原因

根据国务院于 2002 年 2 月 11 日发布、2002 年 4 月 11 日生效的《指导外商投资方向规定》（国务院令第三百四十六号），外商投资项目分为鼓励、允许、限制和禁止四类；不属于鼓励类、限制类和禁止类的外商投资项目，为允许类外商投资项目。

根据国家发展和改革委员会、商务部于 2021 年 12 月 27 日发布、2022 年 1 月 1 日生效的《外商投资准入特别管理措施（负面清单）(2021 年版）》（以下简称《外商投资准入负面清单》），国内水上运输公司须由中方控股。基于上述，中国境内当前国内水上运输公司的股权结构进行特别监管，必须由中方进行控股。因此，青岛万通海运有限公司作为实际控制人郭金魁控制的企业，通过境内企业山东洲际航运集团有限公司进行控股，而未纳入上市集团范围。

（三）关于 VIE 结构的效力问题

对于监管机构关注的为何不通过一系列合同安排控制青岛万通（即通过 VIE 结构 ① 实现上市集团对青岛万通海运有限公司的控制、青岛万通海运有限公司成为 VIE 结构下的可变利益实体）的问题，锦天城律师从 VIE 结构存在较大的违法违规风险角度分析如下：

第一，虽然国务院办公厅转发的证监会《关于开展创新企业境内发行股票或存托凭证试点的若干意见》及证监会后续发布的《存托凭证发行与交易管理办法（试行）》《国务院关于境内企业境外发行证券和上市的管理规定（草案征求意见稿）》《境内企业境外发行证券和上市备案管理办法（征求意见稿）》等部门规章已有关于 VIE 结构纳入监管备案的相关规定，但目前境内现行有效的法律法规并未对国内水上运输业务可以适用 VIE 结构做出明确规定，其合法性在中国法律法规规定层面存在不确定性。

---

① VIE 结构，即可变利益实体（Variable Interest Entities），本质为境内主体为在境外上市采取的一种方式。

第二，经本所律师查询中国裁判文书网，在涉及 VIE 结构的纠纷中，当前尚无司法判例对 VIE 协议的效力做出肯定裁判。当前 VIE 协议的效力认定，在境内司法实践层面存在较大的不确定性。

第三，《中华人民共和国外商投资法》及其现行实施条例及司法解释未明确，境外投资者通过 VIE 结构控制的境内企业是否会被视为外商投资企业。但《中华人民共和国外商投资法》第二条关于外商投资的情形规定，其中第四项规定了"法律、行政法规或者国务院指引规定的其他方式的外商投资"，为未来通过法律、行政法规或部门规章将 VIE 结构控制规定为外商投资留下了空间。如前所述，青岛万通海运有限公司从事的国内水上运输业务根据《外商投资准入负面清单》的规定，需要由中方控股。如因 VIE 结构而被监管部门或司法机构认定外商投资企业，发行人将会被视为违反外商投资相关法律法规之规定，一方面 VIE 结构可能因违反法律规定而导致无效；另一方面，发行人可能被要求停止相关业务经营并面临监管部门的行政处罚，而对发行人的业务运营造成重大不利影响。

（四）数据安全监管问题

为保护数据安全，中国境内制定了一系列的法律法规，主要如下：

2016 年 11 月 7 日，全国人民代表大会常务委员会（"全国人大常委会"）颁布了《中华人民共和国网络安全法》，自 2017 年 6 月 1 日起生效；

2021 年 8 月 20 日，全国人大常委会颁布了《中华人民共和国个人信息保护法》，自 2021 年 11 月 1 日起生效；

2021 年 6 月 1 日，全国人大常委会颁布了《中华人民共和国数据安全法》，自 2021 年 9 月 1 日生效；

2021 年 7 月 30 日，国务院发布《关键信息基础设施安全保护条例》，自 2021 年 9 月 1 日起生效；

2021 年 12 月 28 日，国家互联网信息办公室（以下简称"国家网信办"）联合中国证券监督管理委员会等其他十二个相关部门颁布了《网络安全审查办法》，自 2022 年 2 月 15 日生效；

2021 年 11 月 14 日，国家网信办发布了《网络数据安全管理条例（征求意见稿）》。

经核查，境内公司主要从事船舶管理业务以及船舶监造业务，在业务经营过程中，不存在收集、使用、存储或披露互联网用户的个人数据的情形，亦不涉及个人信息的处理，境内公司均不属于中国境内法律所规定的关键信息基础设施运营者、数据处理者或者网络平台运营者。根据中国境内前述法律法规之规定现状，并基于上述境内公司的业务经营情况，项目组律师就境内公司就本次发行和上市无需申报网络安全审查进行论证。

（五）关于关联公司青岛海洲星为船员缴纳社保公积金问题

青岛海洲星持有中华人民共和国山东海事局颁发的《海洋船舶船员服务机构资质证书》，据此可以从事"为海洋船舶提供配员，代理船员用人单位管理海洋船舶船员事务，代理海洋船舶船员申请培训、考试、申领证书等业务"，为具有相应经营资格的船员服务机构。

根据青岛海洲星向本所提供的其与船员之间签署的相关协议文件样本以及青岛海洲星出具的书面确认，青岛海洲星作为船员服务机构，为船舶所配船员包括两类：①船员为青岛海洲星的员工，与青岛海洲星签署了劳动合同并约定向其支付职工薪酬，在主管政府部门办理了社会保险登记并为其员工缴纳相关社会保险费用；②船员非青岛海洲星的员工，未与青岛海洲星签订劳动合同、青岛海洲星无需向其直接支付职工薪酬，青岛海洲星作为船员服务机构，会为该等自由船员提供居间服务（以下简称"自由船员"）。

1. 青岛海洲星依法为与其存在劳动关系的船员缴纳了相关社会保险费用

《中华人民共和国社会保险法（2018 修正）》第四条规定，中华人民共和国境内的用人单位和个人依法缴纳社会保险费；第十条、第二十三条、第四十四条规定，职工应当参加基本养老保险、职工基本医疗保险、失业保险，由用人单位和职工共同缴纳基本养老保险费、职工基本医疗保险费、失业保险费；第三十三条以及第五十三条规定，职工应当参加工伤保险、生育保险，由用人单位缴纳工伤保险费、生育保险费，职工不缴纳工伤保险费、生育保险费。基于上述规定，用人单位需要履行为其职工缴纳社会保险费的义务。青岛海洲星依法为与其存在劳动关系的船员缴纳了相关社会保险费用，于报告期内不存在影响其持续经营能力的有关社保法律法规的重大违法行为或受到有关缴纳社保义务的重大行政处罚的情形。

2. 对于与青岛海洲星之间不存在劳动关系的船员，青岛海洲星无需为其缴纳社会保险费用

对于与青岛海洲星不存在劳动关系的自由船员，根据青岛海洲星提供的资料及说明，青岛海洲星作为船员服务机构，会为该等自由船员提供居间服务，但青岛海洲星主要系代理自由船员办理相关手续、为船员提供就业信息，与自由船员之间不存在劳动合同、自身不存在工资、薪金发放义务。

而根据《最高人民法院关于仰海水与北京市鑫裕盛船舶管理有限公司之间是否为劳动合同关系的请示的复函》（〔2011〕民四他字第4号），"根据交通运输部颁布的《船员服务管理规定》，船员服务机构向船员提供船员服务业务，应当与船员签订船员服务协议。本案鑫裕盛公司是具有从事对外劳务合作经营资格的船员外派服务机构，不是劳动者的用工单位。因此，仰海水与鑫裕盛公司签订的《船员聘用合同》为船员服务合同，不属于船员劳务合同，也不属于船员劳动合同，不适用《劳动合同法》的规定。对涉案纠纷，按照鑫裕盛公司与仰海水签订的《船员聘用合同》约定，并根据有关法律规定，依法审理"。此外，《最高人民法院关于审理涉船员纠纷案件若干问题的规定》（法释〔2020〕11号）第三条进一步明确规定，船员服务机构仅代理船员办理相关手续，或者仅为船员提供就业信息，且不属于劳务派遣情形，船员服务机构主张其与船员仅成立居间或委托合同关系的，应予支持。

因此，青岛海洲星与自由船员之间不构成劳动关系，无需按照《中华人民共和国劳动法》《中华人民共和国社会保险法》的规定为其缴纳社会保险费用。

（六）关于上市集团的境外公司为中国籍船员缴纳社保义务及代扣个税义务

1. 上市集团的境外公司不存在为中国籍船员缴纳社保的义务

《中华人民共和国社会保险法（2018修正）》第四条规定，中华人民共和国境内的用人单位和个人依法缴纳社会保险费，并在第九十七条进一步规定，外国人在中国境内就业的，参照本法规定参加社会保险。但未将境外的用人单位纳入该法适用范围。因此，若上市集团的境外公司雇佣中国籍船员的情况下，不存在依照《中华人民共和国社会保险法（2018 修正）》之规定为中国籍船员缴纳社会保险费的义务。

中国籍船员的社保通常由与其建立劳动关系的境内用人单位缴纳，未有建立劳动关系的境内用人单位的中国籍船员，可以根据《中华人民共和国社会保险法（2018 修正）》之规定，作为灵活就业人员等方式参加社会保险。

2. 上市集团的境外公司不存在为中国籍船员代扣个税的义务

（1）中国籍船员的境外所得应依法缴纳个人所得税

根据《境外所得个人所得税征收管理暂行办法（2018 修正）》第三条规定，纳税人来源于中国境外的各项应纳税所得（以下简称境外所得），应依照税法和本办法的规定缴纳个人所得税。因此，中国籍船员的境外所得应依法缴纳个人所得税。

（2）上市集团的境外公司对其所雇用的中国籍船员，不存在代扣代缴义务

根据《境外所得个人所得税征收管理暂行办法（2018 修正）》第七条之规定，纳税人受雇于中国境内的公司、企业和其他经济组织以及政府部门并派往境外工作，其所得由境内派出单位支付或负担的，境内派出单位为个人所得税扣缴义务人，税款由境内派出单位负责代扣代缴。其所得由境外任职、受雇的中方机构支付、负担的，可委托其境内派出（投资）机构代征税款。上述境外任职、受雇的中方机构是指中国境内的公司、企业和其他经济组织以及政府部门所属的境外分支机构、使（领）馆、子公司、代表处等。

根据上市集团的说明，上市集团的境外公司不属于中国境内的公司、企业和其他经济组织以及政府部门所属的"境外分支机构、使（领）馆、子公司、代表处"，其所雇用的中国籍船员自上市集团的境外公司处获得所得不属于"由境外任职、受雇的中方机构支付、负担"，因此，上市集团的境外公司对其所雇佣的中国籍船员不存在代扣代缴义务或者代征税款的义务。

此外，《境外所得个人所得税征收管理暂行办法（2018 修正）》第八条进一步规定，纳税人有下列情形的，应自行申报纳税：①境外所得来源于两处以上

的；②取得境外所得没有扣缴义务人、代征人的（包括扣缴义务人、代征人未按规定扣缴或征缴税款的）。

基于上述说明并根据上市集团的说明，由于船员的境外所得通常来源于多家不同的船东公司，在取得境外所得没有扣缴义务人、代征人的情况下，中国籍船员就境外所得应自行申报纳税。

四、案件结论

洲际船务香港上市项目经历了首次申报及后续联交所和香港证监会的三轮反馈，监管机构对于外商投资准入问题以及洲际集团各境内主体的数据安全监管、诉讼进展和影响、用工合规性、资产合规性、业务合规性、税务合规性等问题进行了全面的问询。

2023 年 3 月 29 日，洲际船务（股票代码：2409.HK）在香港联合交易所主板正式挂牌上市。在香港联交所主板上市之后，得益于资本市场的助力，洲际船务的业务也在迅速扩张。锦天城律师有幸见证了洲际船务的发展历程，将继续为洲际船务的发展保驾护航。

康沣生物香港联交所主板 IPO 项目

邓岚之 [*]

一、案情介绍

2013 年 3 月，康沣生物科技（上海）有限公司（以下简称"康沣有限"）成立，作为医疗器械研发企业，康沣生物在微创介入冷冻治疗领域具有优势，凭借独有的液氮冷冻消融技术专注于两大治疗领域：（1）血管介入疗法，以治疗房颤及高血压等心血管疾病；（2）经自然腔道内镜手术，以治疗泌尿、呼吸及消化系统疾病（例如膀胱癌、慢性阻塞性肺疾病、哮喘、气道狭窄、胃癌及食管癌）。康沣生物产品管线包括各种冷冻治疗系统和手术耗材，核心产品为膀胱冷冻消融系统和内镜吻合夹，截至 IPO 申报时还有 15 款处于不同开发阶段的其他在研产品及 6 款商业化医用耗材，其中 4 款管线产品获国家药监局或其省级对应机构认可为创新医疗器械。

作为未盈利的生物科技企业，康沣生物拟采用港股 18A 境外直接上市模式，2022 年 12 月 30 日，康沣生物（HK6922）成功在香港联合交易所（以下简称"联交所"）主板挂牌上市。

---

* 上海市锦天城律师事务所律师。

二、办案难点

（一）康沣生物大部分产品管线处于研发状态，核心产品尚未取得医疗器械注册证

截至提交 IPO 申报时，康沣生物大部分产品管线处于研发状态，其核心的液氮冷冻消融技术以治疗房颤及高血压等心血管疾病对应的心脏冷冻消融系统处于临床试验阶段；核心产品膀胱冷冻消融系统、内镜吻合夹已向国家药监局 / 浙江省药监局递交境内医疗器械注册申请，但尚未取得医疗器械注册证。

彼时已完成港股 18A 上市的医疗器械企业尚不存在核心产品在未取得医疗器械注册证情形下提交 IPO 申报的先例。由于港股 18A 生物科技企业的业务模式和核心产品是核查及披露的重点，康沣生物产品管线处于较为早期的研发阶段，其是否满足核心产品的上市实质条件要求系本案的难点之一。

（二）员工持股平台存在非员工零对价持股且持续

康沣生物共设有三个员工持股平台，分别为宁波脉尚投资合伙企业（有限合伙）（以下简称"脉尚投资"）、宁波弘盈康企业管理合伙企业（有限合伙）（以下简称"弘盈康"）、宁波康锐投资管理合伙企业（有限合伙）（以下简称"康锐投资"）。经核查，员工持股平台脉尚投资中存在非员工袁某，其作为有限合伙人持有脉尚投资 1.666 7% 财产份额，间接持有康沣生物 0.094% 的股份；康锐投资中存在非员工唐某，其作为有限合伙人持有康锐投资 3.33% 财产份额，间接持有康沣生物 0.16% 的股份。

中国证监会国际部于 2022 年 1 月 13 日出具《中国证监会行政许可项目审查一次反馈意见通知书》（213450 号），针对康沣生物员工持股平台提出反馈问题"请补充说明你公司员工持股平台的运作情况、出资结构、各出资人在公司包括但不限于子公司的任职情况，并说明存在非员工出资情形的原因及合理性。请律师核查并出具明确法律意见"。本案中非员工持股的原因、合理性以及不存在股权代持、委托持股及其他利益输送情形在核查及论述中存在一定的难度。

（三）康沣生物在整体变更为股份有限公司时存在累计未弥补亏损以及自然人股东未缴纳个人所得税情形

康沣生物由于持续研发投入以及产品未全面开展商业化运营等原因，其在整体变更为股份有限公司时存在累计未弥补亏损。根据 IPO 申报时招股书披露，康沣生物报告期内处于持续亏损状态。康沣生物在上述整体变更为股份公司的过程中存在以资本公积转增股本情形，截至 IPO 申报时自然人股东吕某某、刘某等暂未缴纳个人所得税。

（四）康沣生物在股本演变过程中存在诸多股东特殊权利条款

经核查，康沣生物在股本演变过程中存在股东特殊权利条款，如表 1 所示。

表 1

包含特殊权利条款的协议	享有特殊权利的股东	特殊权利条款
《关于康沣生物科技（上海）有限公司股东协议》（2018 年 3 月签署）	元生创投	3.1 董事会的组成；3.2 董事会召开；3.3 重大事项；5.1 转让限制；5.2 优先购买权；5.3 共同出售权；5.4 优先认购权；5.5 反稀释；5.6 回购权；5.7 清算优先权；5.8 优先分红权；5.9 领售权；5.10 估值调整
《关于康沣生物科技（上海）有限公司中外合资经营合同》（2019 年 5 月签署）	元生创投、杭州比邻星、银河源汇、盛山滰赢、景天医疗	4.1 董事会的组成；4.2 董事会的召开；4.3 重大事项；5.1 监事；8.1 股权转让限制；8.2 优先购买权；8.3 共同出售权；8.4 优先认购权；8.5 反稀释权；8.6 回购权；8.7 领售权；8.8 估值调整；9.3 利润分配；15.4 清算财产分配
《关于康沣生物科技（上海）有限公司之合资合同》（2021 年 1 月签署）	元生创投、杭州比邻星、苏州比邻星、刘亚、银河源汇、景天医疗、盛山兴钱、复创创投、盛山滰赢、高瓴钧恒、FutureX、通商麟沣、通商创投、富镕一号、青岛国信	4.2 股东会表决机制；4.4 董事会的组成；4.8 监事组成；6.1 转让限制；6.2 优先购买权；6.3 共同出售权；6.4 优先认购权；6.5 反稀释权；6.6 回购权；6.8 拖售权；7.3 优先分红权；11.4 清算财产分配；16.2 投资方特别权利的终止

在本所律师厘清康沣生物股本演变以及股东访谈等核查中存在较多的沟通工作。

（五）康沣生物申请 H 股"全流通"存在国资股东审批问题

根据《上市公司国有股权监督管理办法》等相关法律法规规定，康沣生物如存在国资股东申请 H 股"全流通"需履行相应的国资监管审批或备案程序，并向中国证监会提交国有股权设置管理及国有股份转为境外上市股份的有关批复文件。

截至 IPO 申报时，康沣生物共有两名国资股东：（1）青岛海洋创新产业投资基金有限公司（以下简称"青岛国信"），控股股东为青岛国信金融控股有限公司，实际控制人为青岛市人民政府国有资产监督管理委员会；（2）银河源汇投资有限公司（以下简称为"银河源汇"），系境内上市公司中国银河证券股份有限公司（股票代码：601881）全资子公司，实际控制人为财政部。由于两名国资股东分别隶属于不同的国资监管部门以及国资审批流程较长等原因，具体由哪位股东向国资监管部门申请康沣生物国有股份转为境外上市股份并"全流通"事项在实操中花费的沟通和讨论工作量较大。

三、法律分析

（一）核心产品尚未取得医疗器械注册证

联交所于 2018 年修订了《香港联合交易所有限公司证券上市规则》（"《上市规则》"），新增了第 18A 章"生物科技公司"，并于 2018 年和 2020 年分别发布了《有关生物科技公司是否适合上市的指引信（GL92-18）》（"指引信 GL92-18"）和《有关生物科技公司上市文件披露的指引信（GL107-20）》（"指引信GL107-20"），对生物科技公司是否适合上市以及上市文件的披露予以进一步规定。根据《上市规则》等相关规定，生物科技公司必须主要专注于研发核心产品，且在上市前最少十二个月已从事核心产品的研发。根据指引信 GL92-18 第3.3（c）段，对于医疗器械而言，申请人必须证明：（1）该产品是有关主管当局分类标准项下的第二类或以上的医疗器械；（2）该产品已至少通过一次人体临床试验，该试验将构成主管当局或认可机构所需申请的关键部分；及（3）主管当局或认可机构同意或并不反对申请人开展进一步临床试验；或主管当局不反对申请人开始销售有关器械。

根据国家药监局颁布的《医疗器械分类目录》，核心产品膀胱冷冻导管（连同消融设备）属于第三类医疗器械（分类编码：01-05-01/02）。公司于 2017 年 11 月开展针对膀胱冷冻导管（连同消融设备）多中心、随机、平行对照临床研究评价经尿道膀胱肿瘤电切（TURBT）后冷冻消融治疗膀胱肿瘤的安全性和有效性临床试验，并于 2021 年 5 月取得该临床试验的总结报告。根据《医疗器械分类目录》，核心产品内镜吻合夹属于第二类医疗器械（分类编码：02-13-10）。公司于 2019 年 10 月开展临床试验，并于 2021 年 11 月取得临床试验总结报告。康沣生物核心产品符合有关主管当局分类标准项下的第二类或以上的医疗器械已至少通过一次人体临床试验的要求。

根据《医疗器械监督管理条例（2021 修订）》第三十四条规定，医疗器械注册人可以自行生产医疗器械，也可以委托具备相应条件的企业生产医疗器械。第四十三条规定，医疗器械注册人经营其注册的医疗器械，无需办理医疗器械经营许可或者备案，但应当符合本条例规定的经营条件。第八十一条规定，有下列情形之一的，由负责药品监督管理的部门没收违法所得、违法生产经营的医疗器械和用于违法生产经营的工具、设备、原材料等物品；违法生产经营的医疗器械货值金额不足 1 万元的，并处 5 万元以上 15 万元以下罚款；货值金额 1 万元以上的，并处货值金额 15 倍以上 30 倍以下罚款；情节严重的，责令停产停业，10 年内不受理相关责任人以及单位提出的医疗器械许可申请，对违法单位的法定代表人、主要负责人、直接负责的主管人员和其他责任人员，没收违法行为发生期间自本单位所获收入，并处所获收入 30% 以上 3 倍以下罚款，终身禁止其从事医疗器械生产经营活动：（一）生产、经营未取得医疗器械注册证的第二类、第三类医疗器械。康沣生物如拟开展有关核心产品的生产、销售或商业化运营活动，取得医疗器械注册证为其前置条件，故而在核心产品未取得医疗器械注册证的情形下，满足指引信 GL92-18 关于核心产品的要求之"该核心产品人体临床试验构成主管当局或认可机构所需申请的关键部分；主管当局或认可机构同意或并不反对申请人开展进一步临床试验或主管当局不反对申请人开始销售有关器械"存在一定的难度。

针对上述情形，康沣生物境内外保荐人、律师共同拟定了访谈问卷，制定了包括但不限于核心产品所属医疗器械类别、对应审批机构、临床试验完成确认、注册提交材料内容、注册审核程序、是否存在技术审评不予通过情形等问题，并随同公司向国家药监局技术审评中心人员进行现场访谈。根据访谈结果，本所律师参考已完成港股上市的生物科技可比案例企业如百心安 -B（02185）、固生堂（02273）、雍禾医疗（02279）及微泰医疗 -B（02235）等，配合公司香港律师对康沣生物核心产品的详细论述出具了有关境内医疗器械注册访谈的法律意见。公司境内外保荐人、律师共同说明：（1）康沣生物核心产品临床试验已经完成；（2）因国家药监局 / 浙江省药监局已受理该核心产品的注册申请，前述临床试验视为构成主管当局所需申请的关键部分；（3）核心产品评审过程进展顺利，取得医疗器械注册证及随后开始销售不存在实质性的法律或行政障碍；（4）国家药监局不反对公司进行核心产品的进一步临床试验（包括但不限于上市后临床试验），以此向联交所论述康沣生物核心产品符合港股 18A 上市实质条件，最终联交所认可了康沣生物核心产品的上述情况及境内外中介机构对本案的创新性处理。

（二）非员工持有员工持股平台份额

港股上市中有关公司中国律师进行法律尽职调查核查事项如员工股权激励等彼时尚不存在明确的法律法规规定。参考《首发业务若干问题解答（2020 修订）》（现被《监管规则适用指引——发行类第 4 号》废止），发行人首发申报前实施员工持股计划的，原则上应当全部由公司员工构成，新《证券法》施行之前（即 2020 年 3 月 1 日之前）设立的员工持股计划，参与人包括少量外部人员的，可不做清理，在计算公司股东人数时，公司员工部分按照一名股东计算，外部人员按实际人数穿透计算。发行人应在招股说明书中充分披露员工持股计划的人员构成、人员离职后的股份处理、股份锁定期等内容。保荐机构及发行人律师应当对员工持股计划的设立背景、具体人员构成、价格公允性、员工持股计划章程或协议约定情况、员工减持承诺情况、规范运行情况及备案情况进行充分核查，并就员工持股计划实施是否合法合规，是否存在损害发行人利益的情形发表明确意见。《上海证券交易所科创板股票发行上市审核问答》以及《深圳证券交易所创业板股票首次公开发行上市审核问答》亦存在类似表述规定。

针对康沣生物非员工持股情形，本所律师履行了全面的核查程序，包括但不限于取得并查阅了康沣有限董事会决议及《康沣生物科技（上海）有限公司2017 年股权激励计划方案》、康沣生物 2021 年第二次临时股东大会决议及《康沣生物科技（上海）股份有限公司 2021 年股权激励计划方案》《康沣生物科技（上海）有限公司 2017 年股权激励计划方案修正案》；取得并查阅了脉尚投资、康锐投资、弘盈康的营业执照、工商档案材料、合伙协议、康锐投资全体合伙人变更决定书；取得并查阅了脉尚投资、康锐投资、弘盈康与被激励员工签署的《股权激励协议》《股权激励协议补充协议》、员工被激励份额款项支付凭证；取得并查阅了持股平台中的非员工的身份证复印件、劳动合同、任职情况说明、社保缴费记录；取得并查阅了非员工签署的合伙企业财产份额转让协议及相关文件；与发行人实际控制人及非员工进行访谈并取得访谈记录。

本案中脉尚投资、康锐投资持有的康沣生物股份实质来源于实际控制人吕某某股权转让的股份，该持股平台上除用于股权激励份额还存在吕某某自有份额。吕某某向非员工袁某、唐某转让合伙企业财产份额非为执行员工股权激励计划，而系其自有份额进行的转让，不存在违反员工股权激励计划的情形。此外，康沣有限、宁波胜杰康产品管线当时处于更为早期的研发阶段，公司尚未开始进行换股重组、市场化融资等资本操作，袁某、唐某持有的相应财产份额对应的股权并未具有巨额市场价值。经核查吕某某与二人进行的财产份额转让具有相应真实合理的原因，不存在股权代持、委托持股或其他利益安排情形。

（三）股改存在累计未弥补亏损以及自然人股东未缴纳个人所得税

根据彼时有效的《上海证券交易所科创板股票发行上市审核问答》，部分科创企业因前期技术研发、市场培育等方面投入较大，在有限责任公司整体变更为股份有限公司前，存在累计未弥补亏损。此类发行人可以依照发起人协议，履行董事会、股东会等内部决策程序后，以不高于净资产金额折股，通过整体变更设立股份有限公司方式解决以前累计未弥补亏损，持续经营时间可以从有限责任公司成立之日起计算。整体变更存在累计未弥补亏损，或者因会计差错更正追溯调整报表而致使整体变更时存在累计未弥补亏损的，发行人可以在完成整体变更的工商登记注册后提交发行上市申请文件，不受运行 36 个月的限制。参考前述规定，康沣生物在经审计和评估程序后，以不高于净资产金额折股 22 800 万股，履行了创立大会审议程序、发起人签署了发起人协议及股份公司章程，并完成了工商变更登记。

根据《国家税务总局关于进一步加强高收入者个人所得税征收管理的通知》（国税发〔2010〕54 号）第二条规定，对以未分配利润、盈余公积和除股票溢价发行外的其他资本公积转增注册资本和股本的，要按照"利息、股息、红利所得"项目，依据现行政策规定计征个人所得税。康沣生物在整体变更过程中，存在由资本公积转增股本情形，其中自然人股东具有缴纳个人所得税的法律义务。由于公司暂未完成上市，实操中自然人股东筹措资金存在一定难度，在取得税务主管部门出具的康沣生物合规证明前提下，经境内外中介机构协商，由吕某某、刘某等自然人股东以及实际控制人分别出具《承诺函》，保证康沣生物不因此遭受任何经济损失。后中国证监会国际部认可了前述事项。

（四）股东特殊权利条款

参考《上海证券交易所科创板股票发行上市审核问答（二）》规定，PE、VC 等机构在投资时约定估值调整机制（一般称为对赌协议）情形的，原则上要求发行人在申报前清理对赌协议，但同时满足以下要求的对赌协议可以不清理：一是发行人不作为对赌协议当事人；二是对赌协议不存在可能导致公司控制权变化的约定；三是对赌协议不与市值挂钩；四是对赌协议不存在严重影响发行人持续经营能力或者其他严重影响投资者权益的情形。保荐人及发行人律师应当就对赌协议是否符合上述要求发表专项核查意见。《深圳证券交易所创业板股票首次公开发行上市审核问答》亦存在类似规定。

鉴于康沣生物投资机构股东特殊权利繁多且存在对赌回购条款，经境内外中介机构协商，2021 年 9 月，康沣生物及全体股东共同签署了《关于康沣生物科技（上海）有限公司之合资合同之补充协议》，约定包括但不限于特殊权利自始不发生效力且不可恢复，对各方自始不具有任何法律约束力等条款，终止了投资机构享有的股东特殊权利，并对公司历史上发生的回购情形进行了事实确认。中国证监会国际部未对此事项提出反馈问题。

（五）H 股"全流通"国资股东审批

根据彼时有效的《H 股公司境内未上市股份申请"全流通"业务指引》第二条规定，"全流通"是指 H 股公司的境内未上市股份（包括境外上市前境内股东持有的未上市内资股、境外上市后在境内增发的未上市内资股以及外资股东持有的未上市股份）到香港联交所上市流通。第三条规定，在符合相关法律法规以及国有资产管理、外商投资和行业监管等政策要求的前提下，境内未上市股份股东可自主协商确定申请流通的股份数量和比例，并委托 H 股公司提出"全流通"申请。根据《上市公司国有股权监督管理办法》的规定，国有股东通过证券交易系统转让上市公司股份，按照国家出资企业内部决策程序决定，报国有资产监督管理机构审核批准。根据中国证监会国际部"全流通"申请材料，存在国有股东的，公司需提交国有股权设置管理及国有股份转为境外上市股份的有关批复文件。

2021 年 11 月，中国银河金融控股有限责任公司出具《关于银河证发〔2021〕624 号文的复函》，确认中国银河金融控股有限责任公司为中国银河证券股份有限公司控股股东，银河源汇（SS）持有康沣生物股份。2021 年 12 月，青岛市人民政府国有资产监督管理委员会出具《青岛市国资委关于康沣生物科技（上海）股份有限公司国有股权管理的批复》（青国资委〔2021〕140 号），青岛国信系青岛国信发展（集团）有限责任公司所属国有控股公司。康沣生物本次发行上市，青岛国信作为国有股东在证券登记结算公司设立的证券账户应标注"SS"标识。

两名国有股东虽提供了有关国有股权设置管理文件，但截至康沣生物提交 IPO 申报及 H 股"全流通"申请材料时，两名国资股东未能取得相应国资监管部门同意国有股份转为境外上市股份的批复，故未能在本次康沣生物港股 18A 上市时申请股份进行"全流通"。

四、案件结论

康沣生物赴港上市系在境内成立股份有限公司（由有限公司净资产折股整

体变更为股份有限公司），直接向境外投资人发行股票并在境外公开的证券交易场所流通转让，属于境外直接上市模式（直发 H 股）。由于生物科技企业产品研发周期漫长、临床试验要求严格，生物科技行业亦属于强监管行业，《上市规则》及指引信中对于该类企业的核心产品研发进程、科技含量、市场潜力、商业化运营等内容要求严谨准确披露，这对港股上市境内外中介机构的行业知识、专业判断、业务经验提出了较高的要求。康沣生物如绝大多数生物科技企业，产品管线处于长期研发状态，其核心产品在未取得医疗器械注册证的情形下能够成功完成港股 18A 上市，境内外中介机构对于《上市规则》及指引信相关规定的深刻理解以及共同配合提供了有效的帮助。本案系在境外直接上市审批制下早期生物科技公司港股 18A 上市的案例。

传丞环球纳斯达克 IPO 项目

张必望 *

一、案情介绍

传丞环球股份有限公司（Linkage Global Inc）（以下简称"传丞环球"）是一家跨境电子商务综合服务公司，于 2023 年 12 月 19 日以每股普通股 4 美元的公开发行价格发行 1 500 000 股普通股并于纳斯达克资本市场挂牌上市，股票代码为"LGCB"，是中日跨境电商综合服务赴美上市第一股。传丞环球通过在日本、中国香港和中国内地的运营实体形成了由跨境销售和综合电子商务服务两条业务线组成的综合服务体系。跨境销售业务最初由子公司 EXTEND CO., LTD 于2011 年在日本开始，销售的产品源自日本和中国的制造商和品牌，及自有智能产品。同时，传丞环球还与谷歌等平台长期合作，为客户提供数字营销解决方案。传丞环球于 2021 年通过境内运营实体开始提供电子商务培训和软件支持等服务。

在本次上市过程中，锦天城张必望律师团队（团队成员还包括律师陈婷、金鑫）担任本次上市的发行人中国法律顾问。

---

* 上海市锦天城律师事务所合伙人。

二、办案难点

（一）"跨境服务"

传丞环球项目作为中日跨境电商综合服务商赴美上市的第一股，发行人的业务涉及日本、中国香港和中国内地三地的运营实体，相比起一般赴美上市的中概股，由于发行人多了在日本与中国香港的业务，因此发行人还需要聘请日本律师、中国香港律师对其在日本及中国香港的业务进行法律尽职调查、出具相应法律意见。我们作为发行人中国内地律师，除了协助发行人完成与中国内地相关的法律服务外，还积极协助客户寻找美国律师、日本律师和中国香港律师以及开曼律师，并且协调各方出具相应的法律意见书。我们在完成与中国内地律师有关的境内外股权重组、中国内地法律有关的尽职调查的基础上，还高效协助协调公司和各方中介机构将规范要求和公司诉求相结合，制定系统的上市方案。

（二）"综合服务"

在传丞环球上市过程中，本所律师在担任项目发行人中国律师的基础上，还积极参与联系以及确定本次上市过程中的各中介机构，为发行人在上市费用预算内寻找并推荐适合其行业领域、经验丰富的各方中介机构，协助发行人与各律所、券商、审计师以及 FA 团队确定合作方案以及签署服务合同，协助发行人与其他相关各方中介机构协作配合，确保项目的顺利推进，最大限度地维护企业的利益。最后，在由美国律师主导的招股说明书撰写过程中，我们则专注于发行人历史与结构、法律法规（涉及中国法律部分）、风险因素披露中涉及中国法律部分的起草、补充和修改，以及完善发行人在中国运营的相关描述，审查提交给美国证监会的其他相关文件和协议，确保所有内容都符合中国法律的规定，并对美国律师起草的文件提供必要的补充和修改意见，做好配合工作。

（三）"高效服务"

本所律师于 2022 年 11 月与发行人正式签署法律服务合同，开始进场工作。

2023 年 5 月传丞环球首次递交招股书；2023 年 9 月美国 SEC 完成对招股书审阅；2023 年 11 月纳斯达克交易所完成审核；2023 年 12 月 19 日传丞环球完成挂牌。项目周期短，是当时市场上中概股较快通过审核的项目。

在为传丞环球提供境外上市服务的过程中，我们在进场后第一时间开展尽职调查，对发行人境内运营的业务、历史、结构、用工情况，以及任何未解决的诉讼或行政处罚等进行全方位的审查，第一时间发现问题解决问题；在境外上市备案新规落地实施前具有前瞻性地协助企业搭建整体业务架构，在不需要中国证监会备案的情况下最快完成上市目标。在整个服务过程中，我们高效协助协调公司和各方中介机构将规范要求和公司诉求相结合，搭建起各中介机构与公司之间的桥梁。

（四）"专业服务"

传丞环球通过在日本、中国香港和中国内地的运营实体形成了由跨境销售和综合电子商务服务两条业务线组成的综合服务体系，其中，日本及中国香港业务公司主要进行跨境销售业务，而中国内地的运营实体则主要进行电子商务服务。

2022 年，发行人在启动 IPO 工作之初，在构建上市架构时，原计划将日本及中国香港业务公司作为中国大陆运营实体的子公司。2022 年 11 月签署律师服务合同之时，证监会境外上市备案新规并未发布，仅有 2021 年 12 月 24 日发布的境外上市征求意见稿，而征求意见稿中并未有明确的需要备案的境外上市认定标准（后生效的试行办法第 15 条）。本所律师在该项目启动初期，与发行人及财务顾问等中介机构讨论发行人业务公司架构布局时，提出考虑到跨境销售与综合电子商务服务两项业务的相对独立性，建议两条业务线独立设立业务公司主体，日本及香港的业务公司直接由发行人作为股东在境外进行业务运营，与境内业务实体分别进行财务核算。

此外，我们在接受发行人委托后，即向发行人发出全面的法律尽职调查清单，并对发行人境内运营实体进行尽职调查。根据发行人提供资料情况，在发现发行人境内运营实体原持有增值电信业务证书后，第一时间确认公司业务的实际业务并不需要持有增值电信业务证书。我们积极协助公司与相关主管部门沟通，得到确认后协助公司申请终止注销增值电信业务证书，避免此次发行上市存在外商投资禁止的情形，扫清了上市过程中潜在的法律障碍。

三、法律分析

（一）合理考虑并安排业务架构，具有一定前瞻性

2023年2月17日，中国证监会发布了《境内企业境外发行证券和上市管理试行办法》和5项配套指引等境外上市备案管理相关制度规则（以下简称"境外上市备案新规"），自2023年3月31日起实施。境外上市备案新规实施后，境内企业的境外间接上市从此前的未纳入监管，正式进入备案制时代。根据境外上市备案新规第十五条规定，同时符合下列两种情形的应当认定为境内企业间接境外发行上市：（1）境内企业最近一个会计年度的营业收入、利润总额、总资产或者净资产，任一指标占发行人同期经审计合并财务报表相关数据的比例超过50%；（2）经营活动的主要环节在境内开展或者主要场所位于境内，或者负责经营管理的高级管理人员多数为中国公民或者经常居住地位于境内。境外上市备案新规的适用范围包括境内企业的直接境外上市和间接境外上市，而间接境外上市则包括常见的"小红筹""大红筹"及SPAC等方式。财务指标的判断有明确的数据作为依据，而对于"经营活动的主要环节在境内开展"的判断，则需要遵循"实质重于形式"的原则进行论证与识别。

传丞环球通过在日本、中国香港和中国内地的运营实体形成了由跨境销售和综合电子商务服务两条业务线组成的综合服务体系。其中，日本及中国香港业务公司主要进行跨境销售业务，而中国内地的运营实体则主要进行电子商务培训和软件支持等服务。2022年，发行人在启动IPO工作之初，原计划将日本及中国香港的业务公司作为中国内地运营实体的子公司。我们在该项目启动初期，与发行人及财务顾问等中介机构讨论发行人业务架构布局时，提出考虑到跨境销售与综合电子商务服务两项业务的相对独立性，建议两条业务线独立设立业务公司主体，日本及中国香港的业务公司直接由发行人作为股东在境外进行业务运营，与境内业务实体分别进行财务核算。同时，日本业务公司的主要负责人也作为发行人的首席运营官及董事会董事之一。

项目启动之初，证监会境外上市备案新规并未发布。而彼时适用的 2021 年 12 月 24 日发布的境外上市征求意见稿中并未有明确的需要备案的境外上市认定标准（后生效的试行办法第 15 条）。在本所律师在该项目启动初期与发行人及财务顾问等中介机构讨论并确定的发行人业务公司架构布局下，发行人传丞环球的主营业务跨境电商销售活动主要在日本及中国香港进行，而境内运营实体则通过综合电子商务服务为发行人提供培训和软件支持。境外上市备案新规正式实施后，我们结合项目实际情况，确认传丞环球的境内运营实体在最近一年会计年度的营业收入、利润总额、总资产或者净资产，任一指标均未占传丞环球同期经审计合并财务报表相关数据的 50%，且发行人的主营业务跨境销售的经营活动的主要环节并不在境内开展。因此，在此前与公司及财务顾问考虑确定的发行人业务公司架构之下，传丞环球此次发行上市不属于境外上市新规规定的需要向证监会备案的情形。

（二）严格把握上市架构搭建过程中并购审批与外汇登记的监管程序

传丞环球本次境外上市属于通过红筹架构搭建实现境外上市目的，在该模式下，完成红筹架构搭建最为关键的步骤是以并购的方式将境内运营实体传丞数字科技的股权或资产置入境外上市主体的控制之下，即传丞数字科技如需要实现以境内权益在美国纳斯达克上市，则需将境内运营实体的权益转移至境外，上市主体为境外公司，即原股东通过其持有的境内运营实体（即传丞数字科技）股权作为境内权益出资，搭建境外架构，从而持有拟上市公司的股权权益。在境外间接上市的过程中，需要处理诸多的市场、法律、监管等方面的棘手问题，其中，在重组方面，在上市框架的安排中需要严格遵守并购审批和外汇登记相关的法律规定。

在传丞环球上市项目的上市架构搭建过程中，需要我们重点关注的问题包括 10 号文关联并购规定与 37 号文外汇登记问题。

首先，根据 10 号文关联并购的限制，自然人不能简单境外设立公司收购有关联的境内权益。境内公司、企业或自然人以其在境外合法设立或控制的公司名义并购与其有关联关系的境内的公司，应报商务部审批。当事人不得以外商投资企业境内投资或其他方式规避前述要求。上述规定的关联并购两点要件：一是并购主体是"境内身份"；二是被并购的是境内公司（不包含中外合资企业）。发行人境内运营实体传丞数字科技在设立之时的股东之一为境外人士（日本籍），传丞数字科技在设立当时为外商投资企业。由于 10 号文规定的关联并购中，境内主体并购其境内关联企业需为"境内企业"，"境内企业"的定义不包括中外合资企业，因此传丞数字科技后续进行股权重组不违反 10 号文中关于关联并购的规定。

其次，根据《国家外汇管理局关于境内居民通过特殊目的公司境外投融资及返程投资外汇管理有关问题的通知》（汇发〔2014〕37 号；以下简称"37 号文"）第三条之规定，境内居民以境内外合法资产或权益向特殊目的公司出资前，应向外汇局申请办理境外投资外汇登记手续。其中"特殊目的公司"（SPV）指境内居民（含境内机构和境内居民个人）以投融资为目的在境外直接设立或间接控制的境外企业，在红筹构架中可以简单理解为用于收购境内公司股权而设立的离岸公司。若设立 SPV 时没有履行外汇登记程序，则会有受到行政处罚的风险，进而对上市产生不利影响。37 号文第 15 条规定，在境内居民未按规定办理相关外汇登记、未如实披露返程投资企业实际控制人信息或虚假承诺的情况下，若发生资金流出，外汇局根据《中华人民共和国外汇管理条例》第三十九条进行处罚；若发生资金流入或结汇，根据《中华人民共和国外汇管理条例》第四十一条进行处罚。

发行人境内运营实体传丞数字科技的境内自然人股东属于 37 号文规定下应当办理外汇登记的境内居民，应当就其在境外设立持股公司并持有上市公司股权办理 37 号文外汇登记。办理 37 号文外汇登记的核心问题为如何认定自然人持有境内企业资产或者权益。而且，实践中各银行对于政策把握尺度不一，办理方式和材料有所不同。我们在重组过程中协助发行人向其所在地可以办理个人境外投资外汇登记、有良好合作关系的银行进行咨询，按照银行提出的各项要求准备办理需要的材料，再统一组织公司境内自然人股东办理。实践中各银行对于政策把握尺度不一，办理方式和材料有所不同。因此事先协助公司与其所在地银行进行充分沟通，对于高效推进重组十分重要。

（三）涉外律师的工作内容与边界

境外上市是一项复杂的工程，需要各方中介机构通力配合。在企业准备上市的全程中，对于中国企业来说，中国律师的地位尤为重要。首先，中国律师作为境外上市不可缺少的专业机构参与项目。中国律师了解境外上市过程中的潜在法律问题、做好法律风险防控，可以为项目的展开打下坚实的基础。根据现有的法律法规和规范性规定，境外发行上市的境内监管主要分为发行股份和上市监管、外商投资和并购、境外投资登记、国有境外投资管理、跨境税收监管、国家安全、网络安全和数据安全等诸多方面。为了符合中美两地的法律要求，尤其是中国法律关于外汇监管、外商投资企业管理、境外投资等方面的监管要求，我们需要根据发行人业务性质进行股权结构或控制架构方面的调整，并进行法律尽调工作、企业全方位合法合规审查工作等，协调审计师、承销商等团队同步对企业财务、内控、业务方面进行尽职调查。

其次，境外上市项目各中介机构角色地位决定了中国律师应该更多地参与项目。境外上市并不像国内 A 股由券商主导项目。比如，美股上市项目中券商更多是承销商而非保荐人角色，券商介入项目时间通常在完成前期项目准备后甚至是招股书初稿形成之后。而中国律师通常是企业最先接触的中介机构之一，且基于信任，境外各机构通常由中国律师推荐。中国律师往往还发挥着发行人与其他各中介机构之间协调的桥梁的作用。因此，在做好中国律师本职工作的基础上，如何协助发行人最高效地与各中介机构进行沟通，协助企业做出决策，对于项目的推进十分重要。同时，对于这过程中涉及的非法律问题，中国律师亦应当始终保持谨慎态度，不可越俎代庖，这也是对律师执业风险的把控。

四、案件结论 ////////////////////////

传丞环球自 2022 年 11 月 24 日启动赴美上市的工作，于 2023 年 5 月 9 日完成向 SEC 首次秘密递交上市申请，于 2023 年 6 月 5 日及 2023 年 8 月 24 日、2023 年 9 月 13 日收到 SEC 问询，并于 2023 年 12 月 19 日最终完成发行上市，从首次递表到完成发行上市历时仅七个月时间。

在境外上市备案新规最新落地且实践中对于境外上市备案的监管理解和实

操案例均有限的情况下，我们准确解读、理解境外上市备案新规，最终帮助企业在最短时间内完成本次境外上市。作为境外上市服务过程中的境内律师，一方面，我们密切关注境外上市新规及相关监管新规的发布及变化，确保上市过程合法合规，避免因未履行或违反相关监管规定而被处罚；另一方面，全面、深入地识别境外上市存在的主要法律问题及审核、备案要点，从而提高风险识别能力，做好法律服务风险防控。

时至今日，境外上市法律服务已经是相对标准化的产品，经验丰富的境外上市法律服务团队之间的差异似乎已经越来越弱化。因此，在境外发行上市的法律服务领域已经日趋成熟的市场背景下，如何在扎实基础工作的基础上，发展服务团队的闪光点，获取客户认同，成为境外上市法律服务团队的重要考虑因素之一。

东威科技发行 GDR 并在瑞士上市项目（承销商中国律师）

韩美云 *

一、案情介绍

昆山东威科技股份有限公司（以下简称"东威科技"或"公司"）于 2021 年 6 月 15 日在上海证券交易所（以下简称"上交所"）首次公开发行股票并在科创板上市。东威科技的所属行业为专用设备制造业，是一家集研发、生产、销售为一体的设备制造企业，是国内 PCB（印制电路板）电镀设备的龙头企业。东威科技立志于 PCB 电镀设备的深入研发，专业、专注，以追求 PCB 业最佳生产力为己任，不断提高 PCB 电镀技术，并提供前沿的 PCB 电镀设备。东威科技在行业内率先实现 VCP（垂直连续电镀）电镀设备设计标准化、生产流程化、产业规模化，力求以全新的设计方式给 PCB 制造商提供性能更稳定、技术更先进、操作更简便、成本更经济的电镀设备。

本次 GDR 发行项目于 2022 年 11 月 14 日启动，在各中介机构的全力配合下，于 2022 年 12 月 29 日向中国证券监督管理委员会（以下简称"中国证监

* 上海市锦天城律师事务所高级合伙人。

会")申报，并于 2023 年 1 月 19 日收到中国证监会发出的《中国证监会行政许可项目审查一次反馈意见通知书》。

本次 GDR 发行项目于 2023 年 1 月 6 日向瑞士证券交易所（以下简称"瑞交所"）申报，并于 2023 年 1 月 18 日收到瑞交所监管局招股书办公室对招股书审阅无进一步意见的邮件，于 2023 年 2 月 2 日收到瑞交所监管局附条件允许上市的决定。

本次 GDR 发行项目于 2023 年 2 月 9 日就中国证监会发出的《中国证监会行政许可项目审查一次反馈意见通知书》进行回复说明，并于 2023 年 3 月 20 日成功收到中国证监会核发的《关于核准昆山东威科技股份有限公司首次公开发行全球存托凭证并在瑞士证券交易所上市的批复》。

2023 年 6 月 13 日，东威科技成功发行 GDR 并在瑞交所上市。

锦天城高级合伙人韩美云律师，合伙人蔡琴、楼永辉律师，资深律师边婧、孙庆凯及项目组成员罗子瑜、赵之赫、朱丽博组成律师工作团队，作为承销商中国法律顾问，为本次 GDR 发行项目提供了全程法律服务。

二、办案难点

（一）中国证监会审批及瑞交所审核同步进行

GDR 发行并在境外上市项目，不仅需要通过中国证监会审批，还需要履行境外上市地证券监管机构的审核程序。为提高项目的推进效率，减少项目审批的等待期，GDR 发行人通常会选择在向中国证监会提交 GDR 发行及境外上市申请的同时，同步向境外上市地证券监管机构提交申请文件。

就本次 GDR 发行项目而言，公司在向中国证监会国际部提交申请文件的同时，也同步向瑞交所招股说明书办公室（SIX Prospectus Office）提交招股说明书，以求在招股说明书经审阅获得批准后向瑞交所监管局提交上市申请。

基于需要同步向中国证监会、瑞交所申报的双重工作量，时间紧、任务重，中国法律顾问需要在项目节奏紧张的情况下，与境内外各中介机构高度配合、充分沟通，才能高效、高质量地完成工作并及时交付工作成果。

（二）使用中英文工作语言，对专业法律服务提出更高要求

由于在 GDR 发行并在境外上市项目中，涉及向境外上市地证券监管机构提交审核申请，故中国法律顾问重要的工作之一，就是通过对发行主体进行法律尽职调查，使用英文起草法律意见书，审核、修订英文版本的招股说明书中涉及中国法律相关的部分。

鉴于本次 GDR 发行项目需要同步向中国证监会、瑞交所提交申请，故中国法律顾问需要确保英文版本的招股说明书、法律意见书等相关申请文件与中文版本的申请文件意见一致，语义相同，表述准确，这对中国法律顾问提供专业的中英文法律服务提出了更高的要求。

（三）境内上市公司境外上市规则的新旧衔接

2018 年 10 月 12 日，中国证监会发布《关于上海证券交易所与伦敦证券交易所互联互通存托凭证业务的监管规定（试行）》（证监会公告〔2018〕30 号），对符合条件的在上交所上市的境内上市公司在境外发行 GDR 并在伦敦证券交易所（以下简称"伦交所"）上市的相关行为进行规范，正式建立了上交所与伦交所之间的互联互通机制。

随着 2022 年 2 月 11 日中国证监会发布修订后的《境内外证券交易所互联互通存托凭证业务监管规定》（以下简称"《互联互通监管规定》"），深圳证券交易所（以下简称"深交所"）符合条件的上市公司也被纳入了适用范围，将 GDR 发行主体的适用范围扩展到符合条件的在境内证券交易所上市的境内上市公司。此外，中国证监会还将互联互通存托凭证的境外证券交易所扩大至瑞士、德国等欧洲主要金融中心，并相应调整了相关规则，由此实现了"中欧通"。

2022 年 3 月 25 日，上交所、深交所分别发布了《上海证券交易所与境外证券交易所互联互通存托凭证上市交易暂行办法》、《深圳证券交易所与境外证券交易所互联互通存托凭证上市交易暂行办法》（以下简称"《深交所暂行办法》"），以及相关跨境转换、做市业务的配套指引，对 GDR 的跨境转换、基础股票上市和信息披露等事宜进行进一步规范和优化，正式拉开了《互联互通监管规定》发布后上交所、深交所符合条件的上市公司赴欧洲证券交易所发

行 GDR 的序幕。2022 年 7 月 28 日，中瑞证券市场互联互通存托凭证业务正式开通。

2023 年 2 月 17 日，中国证监会发布《境内企业境外发行证券和上市管理试行办法》（以下简称"《试行办法》"），明确境内上市公司以境内证券为基础在境外发行可转换为境内证券的存托凭证等证券品种，应当同时符合中国证监会的相关规定，并按照《试行办法》备案。

2023 年 5 月 16 日，中国证监会发布《监管规则适用指引——境外发行上市类第 6 号：境内上市公司境外发行全球存托凭证指引》（以下简称"《GDR 指引》"），对境内上市公司 GDR 境外发行上市相关事宜作出进一步明确。

本次 GDR 发行项目的启动日期为 2022 年 11 月 14 日，GDR 正式发行时间为 2023 年 6 月 13 日，历时 7 个月。在本次 GDR 发行项目启动后，中国证监会就 GDR 发行发布境内上市公司境外上市新规，导致本次 GDR 发行项目在当时的时点可能面临境内上市公司境外上市规则的新旧衔接适用的问题。中国法律顾问需要在该等情况下准确理解、适用中国境内相应规则，并与境内外各中介机构通力合作，才能配合公司在短期内成功完成本次 GDR 发行项目。

三、法律分析

（一）GDR 发行机制

GDR（全球存托凭证，Global Depository Receipt）发行机制是指以一国证券作为基础证券在另一国资本市场中发行及交易的代表外国公司有价证券的可转让凭证。每份存托凭证代表一定数量的基础证券，持有存托凭证的投资者可享有对应的基础证券权益。存托凭证的基础证券可为境外公司的已发行股票或其他证券（如债券或者其他具有股权性质的证券）。对于部分国家和地区来说，境内公司在境外直接发行股票或者境外投资者直接投资境内公司股票均有一定难度。在 GDR 发行机制下，境内公司可以依托存托凭证让境外投资者享有境内公司的基础证券权益，而无需在境外直接发行股票，而境外投资者也无需直接持有该境内公司的股票，并可以通过认购及交易 GDR 的方式来实现对境内公司的投资。

在 GDR 存续期间，境外投资者除了可以在境外交易所认购及交易 GDR 外，也可以通过跨境转换机构将 GDR 与 A 股股票进行跨境转换。具体操作如下：跨境转换机构可以根据境外投资者的指令通过委托沪深交易所会员买入 A 股股票并交托存托人，进而指示存托人签发相应的 GDR 并交付给境外投资者，由此生成的 GDR 可以在 GDR 上市的境外证券交易所市场交易。跨境转换机构亦可以根据境外投资者的指令指示存托人注销 GDR，存托人将该等 GDR 代表的 A 股股票交付跨境转换机构。跨境转换机构可以委托沪深交易所会员出售该等 A 股股票，将所得款项交付境外投资者。跨境转换机构通过在中国证券登记结算有限公司（以下简称"中证登"）开立的跨境转换专用证券账户办理因生成、兑回 GDR 引起的境内基础股票非交易过户。境外投资者生成或兑回 GDR 的时候，中证登将对 GDR 的存托人和跨境转换机构发送的指令进行匹配，若匹配一致并确定相关基础股票足额后，中证登将于该交易日日终办理相应境内 A 股基础股票的非交易过户。

（二）中国境内上市公司在境外发行 GDR 并在境外上市的法律适用

在本次 GDR 发行项目中，中国证监会分别于 2023 年 2 月 17 日、2023 年 5 月 16 日发布与 GDR 发行相关的《试行办法》《GDR 指引》，境内上市公司境外上市规则的新旧问题如何衔接，成为本次 GDR 发行项目的难点之一。

《试行办法》中规定，"发行人境外首次公开发行或者上市的，应当在境外提交发行上市申请文件后 3 个工作日内向中国证监会备案"，"境外证券公司担任境内企业境外发行上市业务保荐人或者主承销商的，应当自首次签订业务协议之日起 10 个工作日内向中国证监会备案，并应当于每年 1 月 31 日前向中国证监会报送上年度从事境内企业境外发行上市业务情况的报告。境外证券公司在本办法施行前已经签订业务协议，正在担任境内企业境外发行上市业务保荐人或者主承销商的，应当自本办法施行之日起 30 个工作日内进行备案"。

按照上述规定，作为 GDR 发行主体的东威科技和作为本次 GDR 发行项目的主承销商中信里昂证券有限公司将面临须依照《试行办法》的规定向中国证监会备案的情况。

不过，中国证监会在《试行办法》附随的《关于境内企业境外发行上市备案管理安排的通知》中明确，"一、《试行办法》自 2023 年 3 月 31 日起施行"，"二、自本通知发布之日起，中国证监会停止受理股份有限公司境外公开募集股份及上市（包括增发）的行政许可申请，同时开始接收备案沟通申请。自《试行办法》施行之日起，开始接收备案申请"，"三、对于已受理的股份有限公司境外公开募集股份及上市（包括增发）的行政许可申请，在《试行办法》施行之日前，中国证监会将按规定正常推进相关行政许可工作。自《试行办法》施行之日起，未取得核准批文的境内企业，应当按要求向中国证监会备案"，"五、《试行办法》施行之日，已在境外提交有效的境外发行上市申请、未获境外监管机构或者境外证券交易所同意的境内企业，可以合理安排提交备案申请的时点，并应在境外发行上市前完成备案"，"七、为做好境内上市公司全球存托凭证境外发行上市与对应新增基础股份发行的衔接，有关全球存托凭证备案事宜另行通知"。

就本次 GDR 发行项目，东威科技已于 2022 年 12 月 29 日向中国证监会提交申请，于 2023 年 1 月 6 日向瑞交所提交申请，适用"在《试行办法》前已被受理将正常推进相关行政许可工作"的范围，同时适用"全球存托凭证备案事宜另行通知"的范围，也即东威科技是否需要依照《试行办法》向中国证监会备案，如何备案仍处于"悬而未决"的状态。

2023 年 5 月 16 日发布的《GDR 指引》虽然对 GDR 备案进行了明确，但其规定的"在 2023 年 3 月 31 日前，境内上市公司已在境外提交 GDR 发行申请，但未获中国证监会核准的，应当履行基础股份发行注册及境外发行上市备案程序，可合理安排提交注册申请及备案材料的时点。在 2023 年 3 月 31 日前，境内上市公司境外发行 GDR 相关议案已经股东大会审议通过的，无需重新提交股东大会审议"仅适用于 2023 年 3 月 31 日前尚未获得中国证监会上市批复的企业，而东威科技已于 2023 年 3 月 20 日获得中国证监会发出的上市批复，不适用《GDR 指引》的相关规定。

从法理角度进行法律分析，新旧规则的衔接问题本质上就是新规是否能溯及既往的问题。从"法不溯及既往"的角度出发，东威科技已于《试行办法》施行前分别收到了中国证监会的上市批复和瑞交所监管局附条件允许上市的决定，也即在新规施行前完成了相应的审批监管流程，无需按照《试行办法》《GDR 指引》的规定向中国证监会进行备案。

（三）中国境内上市公司在境外发行 GDR 并在境外上市流程

若中国境内上市公司拟在境外发行 GDR 并在境外上市，需要完成公司内部决策程序及配套制度的建立完善，以及两国外部监管机关审批程序，其中包括境内发行人涉及的中国证监会，沪深交易所关于新增基础股票上市申请的审批，同时也包括瑞交所的审批。具体的流程如下：

1. 委任相关中介机构

若中国境内上市公司拟在境外发行 GDR 并在境外上市，公司须先确定参与 GDR 发行的中介机构后方能启动 GDR 上市筹备流程。以在瑞交所上市为例，通常涉及的主要中介机构及对应的分工如下：

（1）承销商、全球协调人、账簿管理人：负责项目的总体筹划及协调、GDR 的承销和发行，在项目中亦担任主要统筹角色，协调各家中介进行 GDR 发行及境外上市筹备；

（2）公司境外法律顾问：独立进行法律尽职调查工作，为公司提供境外的法律意见，负责撰写招股书、上市申请文件等工作；

（3）承销商境外法律顾问：独立进行法律尽职调查工作，为承销商提供境外的法律意见，协助撰写招股书、承销协议、GDR 发行申请文件，负责招股说明书核验、起草及审核适用境外法律的法律文件等工作；

（4）公司中国法律顾问：独立进行法律尽职调查工作，为公司提供境内的法律意见，负责起草中国证监会审批阶段全部申请文件（包括出具境内法律意见书、审核关注要点法律意见书等），负责涉及中国境内方面的法律事务，与境内监管机构进行沟通，出具英文版本的交割法律意见书等；

（5）承销商中国法律顾问：独立进行法律尽职调查工作，为承销商提供境内的法律意见，向承销商提供与上市发行相关的中国法律意见，审核适用中国法律的法律文件及与中国法律相关内容，负责主导第三方尽职调查等现场走访、现场访谈工作，出具英文版本的交割法律意见书等；

（6）申报会计师：按照中国会计准则审核发行人近三年的财务报表并出具

中英文审计报告，审核招股说明书财务相关内容；另外，审计师亦需要准备备考报表、盈利预测、现金流预测等做招股书披露之用；

（7）行业顾问：撰写行业分析报告供招股说明书披露，进行行业调研，提供行业数据；

（8）境外存托银行：负责存放 GDR，并根据公司的指示办理 GDR 的生成及注销，向持有人派息并行使表决权，协助处理基础证券 A 股相关的事宜等；

（9）境内托管银行：新增 A 股股票登记存管，由境内托管银行作为第三方管理，负责接收境外投资者的投资资金，并最终将募集资金转至公司；

（10）印刷商：负责招股书的排版、印刷、翻译等相关工作。

2. 筹划 GDR 发行的前期准备

《GDR 指引》对有关《互联互通监管规定》及境内上市公司证券发行相关规则的适用问题，作出了进一步明确。境内上市公司发行 GDR 需同时满足《试行办法》第八条所规定的境内企业境外发行上市的条件以及《互联互通监管规定》第三十五条所规定的关于境内上市公司发行 GDR 的条件。此外，《GDR 指引》亦对发行主体规定定位，即"支持具有一定市值规模、规范运作水平较高的境内上市公司，通过境外发行全球存托凭证募集资金，投向符合国家产业政策的主业领域，满足海外布局、业务发展需求，用好两个市场、两种资源，促进规范健康发展"。通常来讲，中介机构须就 GDR 筹划发行做前期准备，与中国证监会就 GDR 发行计划事项进行预沟通等。

需要注意的是，《互联互通监管规定》第三十五条规定的上市公司不得发行 GDR 的负面清单内容，与原《上市公司证券发行管理办法》（已废止）第三十九条规定的上市公司不得非公开发行股票的负面清单内容一致，包括以下几点：（1）本次发行申请文件有虚假记载、误导性陈述或者重大遗漏；（2）上市公司的权益被控股股东或者实际控制人严重损害且尚未消除；（3）上市公司及其附属公司违规对外提供担保且尚未解除；（4）现任董事、高级管理人员最近 36 个月内受到过中国证监会的行政处罚，或者最近 12 个月内受到过境内证券交易所公开谴责；（5）上市公司或者其现任董事、高级管理人员因涉嫌犯罪正被司法机关立案侦查或者涉嫌违法违规正被中国证监会立案调查；（6）最近一年及一期财务报告被注册会计师出具保留意见、否定意见或者无法表示意见的审计报告（保留意见、否定意见或者无法表示意见所涉及事项的重大影响已经消除或者本次发行涉及重大重组的除外）；（7）严重损害投资者合法权益和社会公共利益的其他情形。

但在全面注册制实施后，现行有效的《上市公司证券发行注册管理办法》规定的上市公司不得向特定对象发行股票的负面清单内容已经对上述《互联互通监管规定》的负面清单内容做出适当调整，若现阶段公司拟申请发行 GDR 涉及新增基础股票的，理解应同时满足上述规定。

3. 中介机构尽职调查工作的展开

在 GDR 发行项目启动后，在 GDR 发行计划预沟通过程中，中介机构可以同步开展尽职调查工作，其中包括管理层尽职调查，业务尽职调查，现场考察，第三方尽职调查，法律尽职调查，财务尽职调查，董监高尽职调查，反腐败、反洗钱尽职调查及专家尽职调查等。

以第三方尽职调查及实地走访为例，中介机构需要公司反馈第三方（主要为客户、供应商、往来银行）尽职调查数据搜集清单、经营场地清单（列举公司主要经营场所，举例包括总部、主要生产设施、研发中心、厂房园区等），传阅第三方尽职调查访谈及实地走访指引，确定第三方尽职、实地走访范围和第三方访谈问卷，要求公司业务人员预先联系相关被访谈人员确认访谈时间，进行第三方尽职调查访谈、实地走访，对第三方尽职调查访谈、实地走访进行记录、整理，形成第三方尽职调查访谈笔记及实地考察报告。第三方尽职调查范围及实地走访的选取，需涵盖每年前五大、前十大客户供应商，公司生产基地、研发中心、在建项目、独立仓库，若存在明显异常的客户供应商，也需要被列入范围内。

受新冠肺炎疫情的影响，本次 GDR 发行项目存在客户供应商因疫情管控政策的限制无法进行现场访谈而只能通过视频访谈作为替代的情形。在视频访谈过程中，中介机构需要要求受访者在视频中现场出示公司/个人身份证明文件（例如营业执照、身份证、名片、员工证等），并当场拍照留存以作核实，同时需要确认受访者无法进行现场访谈的原因。若受限于视频访谈软件的影像采集技术，存在清晰度过低而难以辨认身份证件信息的情况，则需要请受访者通过发送电子邮件、微信或邮寄等途径提供身份证明文件，供中介机构核对。若因受访者拒绝而无法留存身份证明文件照片，则应对该等情况说明做书面记录。

4. 公司内部决策程序的提起和配套制度文件的制定

若中国境内上市公司在境外发行 GDR 并在境外上市，则需要按照《上市公司证券发行注册管理办法》第十六条、第十七条有关规定编制相关文件，提起内部决策程序，通过召开董事会会议、股东大会审议通过 GDR 发行上市事项（包括本次证券发行的方案及决议有效期、前次募集资金使用情况报告（如涉及）、本次发行方案的论证分析报告、本次募集资金使用的可行性报告、授权董事会处理发行上市相关事宜、上市前滚存利润分配方案、投保招股说明书责任险（如需）、修改公司章程及配套文件等，并在本次发行方案论证分析报告中充分说明本次发行是否符合全球存托凭证品种定位）。

由于在境外发行 GDR 亦涉及境外发行上市，故根据《中华人民共和国证券法》《试行办法》等相关规定，需要对公司章程、三会议事规则等制度文件进行修改，以符合境外上市要求。此外，公司应制定境外发行证券及上市相关的保密和档案管理制度，做好保密和档案管理工作。

5. 向中国证监会提出 GDR 发行上市申请

在《GDR 指引》发布前，境内上市公司在境外提交 GDR 发行上市申请需以取得《中国证监会行政许可申请受理单》为前提，发行上市需以取得中国证监会核准发行 GDR 并在瑞交所上市的批复为前提。境内上市公司以其新增基础股票为基础证券发行 GDR 的，须直接向中国证监会提出行政许可申请，中国证监会在核准发行 GDR 的批复中同时明确企业发行 GDR 所对应的新增 A 股基础股票数量。

但在《GDR 指引》实施后，《GDR 指引》明确了境内上市公司以其新增基础股票为基础证券在境外发行 GDR 的，涉及境内和境外两套流程：（1）新增基础股票发行须由保荐人向境内证券交易所提交新增基础股份发行的注册申请，境内证券交易所参照上市公司向特定对象发行股票的程序出具审核意见，并报中国证监会注册，中国证监会可合并办理注册及备案；（2）GDR 在境外发行及上市需按照《试行办法》的原则和《GDR 指引》的要求向中国证监会备案。境内上市公司境外首次发行全球存托凭证，应当在境外提交发行上市申请后 3 个工作日内向中国证监会备案。

若中国境内上市公司在境外发行 GDR 并在境外上市，在提交中国证监会审核时，应提交如下资料：（1）备案报告；（2）发行人股东大会、董事会决议；（3）发行人完整股权结构及控制架构框图；（4）行业主管部门等出具的监管意见、备案或核准等文件（如适用）；（5）国务院有关主管部门出具的安全评估审查意见（如适用）；（6）境内律师事务所出具的专项法律意见书及承诺；（7）招股说明书或上市文件。

本次 GDR 发行项目于 2022 年 12 月 29 日向中国证监会提出申请，并于 2023 年 1 月 19 日收到一轮反馈，公司于 2023 年 2 月 9 日就一轮反馈进行回复说明，并成功于 2023 年 3 月 20 日收到中国证监会发出的发行上市批复，从向中国证监会提出申请至取得中国证监会批复约花费了 3 个月的时间。

6. 向瑞交所提出 GDR 发行上市申请

境内上市公司发行 GDR 并在瑞交所上市还需要遵守瑞交所上市规则等相关规定。在瑞交所发行 GDR 主要涉及两个审批部门：瑞交所监管局（SIX Exchange Regulation）负责依据瑞交所监管委员会（Regulatory Board）制定的上市规则（Listing Rules），对 GDR 上市申请进行审批；瑞交所监管局招股书办公室（Prospectus Office）负责依据《联邦金融服务法案》（Financial Services Act），对招股书进行审核和批准。

在瑞交所发行 GDR 需要符合以下主要条件：（1）发行人的设立、章程均需符合其所在地的适用法律，持续经营 3 年以上；（2）公司已经按照所适用会计准则（包括中国企业会计准则）编制了三年的财务报表，该财务报表已经由中国证监会认可的注册会计师审计；（3）在首个交易日，GDR 发行人的股本不低于 2 500 万瑞士法郎（或等值外汇）；（4）存托人必须满足以下至少一项要求：①是根据瑞士银行法设立的银行或根据金融机构法设立的证券公司；②或受到同等外国监管；（5）存托协议应明确存托人在受托基础或其他相似基础上代投资人持有基础股份；（6）GDR 的发行需遵守中国的法律法规及公司章程，已妥善获得授权，并已取得必要的法定和其他批准；（7）发行人须将所有发行的 GDR 以同一类别上市，须确保发行的 GDR 至少有 20% 被公众持有；（8）发行人需提交证据证明其招股书已根据《联邦金融服务法案》经招股书办公室批准或视为已被批准，在发行日前，发行人应提交一份经签署的载明其同意并将遵守上市相关规则的声明；（9）发行人应披露年度报告（包括经审计财报）、半年报，不强制要求披露季报；财务报告可以按照中国会计准则编制；（10）发行人的其他信息披露义务包括但不限于：披露有关股价敏感事件（包括但不限于盈利预警、并购、重组、收购要约、重大的董事和管理层的变化等）的临时公告、任何 GDR 对应权利及存托协议的变化、管理层交易、是否遵守其境内公司治理标准要求等。

本次 GDR 发行项目于 2023 年 1 月 6 日向瑞交所提出申请，并于 2023 年 1 月 18 日收到瑞交所监管局招股书办公室对招股书审阅无进一步意见的邮件，最终于 2023 年 2 月 2 日收到瑞交所监管局附条件允许上市的决定。

7. 发行、存托及上市交易

在公司取得中国证监会发行上市批复和瑞交所监管局的批准后，承销商将通过簿记方式面向合格国际投资者组织 GDR 的定价及发行。在以新增 A 股股票作为基础证券发行 GDR 的情形下，根据《深交所暂行办法》的规定，发行人应当在 GDR 上市日前 2 个交易日向所在沪深交易所提交申请新增基础股票上市的申请。基础证券 A 股股票在沪深交易所的上市日期与 GDR 在瑞交所的上市日期一致。GDR 在瑞交所上市之日起 120 日后，境外投资者可以通过跨境转换机构办理 GDR 的生成与兑回。

四、案件结论

东威科技是 GDR 新规发布后首家成功发行的企业，是江苏省科创板第一家成功发行 GDR 的公司，也是国内 A 股 IPO 后最快完成 GDR 发行的公司。本次 GDR 的成功发行和在瑞交所成功上市是境内外资本市场互联互通机制下一笔标杆性的交易，是东威科技国际化发展的重要一环。本次 GDR 的成功发行有利于公司持续强化竞争优势，稳步推进全球市场的业务发展和扩张，同时也为境外投资者提供了参与境内资本市场的新途径。

本次 GDR 发行项目亦系上海市锦天城律师事务所首单 GDR 发行项目，团队在没有经验借鉴的情况下，深度研究 GDR 发行项目的项目流程和相关规定，积极参与项目的各项讨论，与境内外各中介机构高度配合、充分沟通，提供了扎实的专业支撑，为项目顺利推进直至最终的成功发行发挥了重要作用。同时，团队律师严谨与高效的工作作风，认真、敬业的工作态度，也获得了客户与合作伙伴的高度信任与肯定。

锦天城律师事务所经典案例集

上市公司再融资篇

孚能科技向特定对象发行股票项目

何年生* 邵潇潇** 翁思雪*** 王 姝****

一、案情介绍

2022年7月20日，上海市锦天城律师事务所协助能科技（赣州）股份有限公司（以下简称"孚能科技"，股票代码：688567）向特定对象发行股票项目获得中国证券监督管理委员会同意注册的批复，孚能科技此次成功定向发行1.4亿股，募资总额33.18亿元，用于高性能动力锂电池项目及科技储备资金。

孚能科技作为"科创板"新能源车用锂离子动力电池第一股，同时也是中国新能源车用"软包锂离子动力电池"第一股，是全球领先的软包动力及储能电池生产商，以及中国首批实现三元软包动力电池量产的企业之一。孚能科技自成立以来，依托国际化的研发团队和全球化的研发机制、多项前沿科研项目的积累以及与动力电池国际知名机构的深度合作，掌握了从原材料、电芯、电池模组、电池管理系统、电池包系统、生产工艺及自动化生产设备的全产业链

* 上海市锦天城律师事务所高级合伙人。
** 上海市锦天城律师事务所合伙人。
*** 上海市锦天城律师事务所律师。
**** 上海市锦天城律师事务所律师。

核心技术。孚能科技聚焦软包锂离子电池的研发、生产和销售，在交通、储能、装备、能源物联网等应用领域快速发展，已经与戴姆勒及部分国内一线整车企业及全球领先的汽车品牌建立了稳定的合作关系，并正在进一步拓展国内外其他一线大型整车企业客户。

二、办案难点

本次发行，锦天城为孚能科技提供了包括开展法律尽职调查、参与发行方案的制定、根据证券监督管理机构要求出具法律意见书及律师工作报告以及提供本次发行相关的法律咨询等专项法律服务，自 2021 年 8 月进场至 2022 年 11 月，历时 15 个月，审核严格程度趋近 IPO。就本次发行中锦天城项目组经办律师所遇相关典型性重难点问题如下。

（一）关于环保专项核查

本次发行相关文件申报后，审核过程中，上海证券交易所向孚能科技、保荐人出具《关于孚能科技（赣州）股份有限公司向特定对象发行股票申请的专项核查函》（以下简称"专项核查函"），专项核查函要求公司、项目组律师针对孚能科技环保事项进行专项核查，包括孚能科技生产经营是否符合国家产业政策、建设项目（包括已建、在建项目及募投项目）是否满足所在地能源消费双控要求以及当地节能主管部门的监管要求、现有工程是否符合环境影响评价文件要求以及是否落实污染物总量削减替代要求、建设项目是否位于高污染燃料禁燃区内、排放污染物情况是否合规、生产产品是否属于高污染、高环境风险产品、披露生产经营中涉及污染物的具体情况、环保投入及成本费用是否与产生的污染相匹配、是否受到环保处罚等问题。专项核查函提出十大类环保相关问询，各问询中包括多项子问题，经查询比对，同期及过往上市公司再融资项目涉及的问询多数将重点关注再融资募投项目的情况，而孚能科技除募投项目外还需对诸多其他事项发表意见并进行逐条落实。因此，在申报文件及申报前核查验证事项的基础上，专项核查函提出了更高的核查要求以及更细致的核查问题。

（二）关于信息披露豁免核查

除第一轮审核问询及环保专项核查问询外，上海证券交易所、中国证券监督管理委员会还针对公司、保荐人陆续提出了第二轮、第三轮审核问询以及反馈意见落实函，鉴于公司、保荐人在相关问询回复中涉及客户意向订单需求、销量数据、采购需求等商业敏感信息，如披露将影响客户未来排产安排、提前泄漏客户部分车型的上市数量等，出于客户意愿、保密约定等孚能科技及保荐人申请部分信息豁免披露。就该等事项，项目组律师需要根据相关规定及上海证券交易所、中国证券监督管理委员会的要求，对审核问询回复豁免披露的信息进行详细比对，并结合发行人具体业务情况逐条落实判断申请豁免的必要性，在规定时间内充分履行核查程序，并对相关信息披露豁免是否符合相关法律规定发表专项核查意见，考验了项目组律师的细心程度及专业能力。

三、法律分析

就上述项目开展过程中涉及的重难点问题，项目组律师结合法律法规规定以及相关审核案例参考，履行了相应的核查手段，并就核查过程中遇到的困难进行针对性讨论及风险排查，最终解决了相应的重难点问题，协助孚能科技成功完成本次发行，具体如下。

（一）关于环保专项核查

针对环保专项核查函，项目组律师根据相关法律法规要求，收集基础底稿资料，履行相应的核查程序，并就专项核查函问题进行逐项落实回复。回复过程中，存在重难点问题的核查情况及解决途径如下。

问询问题 1：发行人的生产经营是否符合国家产业政策，是否纳入相应产业规划布局，生产经营和募投项目是否属于《产业结构调整指导目录（2019 年本）》中的限制类、淘汰类产业，是否属于落后产能，请按照业务或产品进行分类说明。

核查难点：本问题核查难点在于要求项目组律师对于发行人具体业务、生产经营、产品进行详细了解，同时需对发行人及其子公司所在地相关产业规划布局安排进行详细的检索及比对。

解决途径：针对发行人具体业务、生产经营、产品，项目组律师在申报前已进行了实地走访调查、访谈各部门负责人、取得发行人对于主要产品及主营业务的说明等核查，了解发行人的主营业务、生产产品的相关情况及产品性能以及具体生产经营流程等，因此在该问询回复时能够更准确地与国家产业政策等进行比对；针对发行人及其子公司所在地相关产业规划布局安排的检索，项目组律师结合发行人主营业务情况，对发行人及其子公司所在地相关政策发布网站进行详细网络核查，查阅了《新能源汽车产业发展规划（2021—2035年）》《江西省国民经济和社会发展第十四个五年规划和二〇三五年远景目标纲要》《江西省"十四五"制造业高质量发展规划》《江苏省国民经济和社会发展第十四个五年规划和二〇三五年远景目标纲要》《江苏省"十四五"制造业高质量发展规划》《安徽省国民经济和社会发展第十四个五年规划和2035年远景目标纲要》《安徽省新能源汽车产业发展行动计划》（2021—2023年）等与发行人主营业务相关的产业规划布局的政策性文件。经比对核查同时结合发行人本次发行的《募集说明书》、本次募投项目的可行性分析报告等，最终得出发行人的生产经营符合国家产业政策，纳入了相应产业规划布局，生产经营和募投项目不属于《产业结构调整指导目录（2019年本）》中的限制类、淘汰类产业，不属于落后产能的相关结论。

问询问题2：发行人已建、在建项目和募投项目是否满足项目所在地能源消费双控要求，是否按规定取得固定资产投资项目节能审查意见，发行人的主要能源资源消耗情况以及是否符合当地节能主管部门的监管要求。

核查难点：因已经过IPO上市审核，同期及过往上市公司再融资项目多数仅重点关注募投项目的能源消费合规情况，但本问询问题要求项目组律师就包括上市前的已建、在建项目是否符合节能主管部门的监管要求同步发表核查意见。同时，孚能科技已建项目位于江西省赣州市，在建项目位于江苏省镇江市，募投项目位于安徽省芜湖市，项目组律师应结合各省市的能源消费双控要求出具核查意见。

解决途径：针对发行人已建、在建项目和募投项目，项目组律师查阅了各建设项目相关的节能评估报告及相应主管部门出具的节能审查意见，经访谈及发行人出具说明的形式取得发行人主要能源的采购情况，根据《固定资产投资项目节能审查办法》（国家发展和改革委员会令第44号）的相关规定，节能审查机关应审查项目的能源消耗量和能效水平是否满足本地区能源消耗总量和强度"双控"管理要求，因发行人已建、在建项目和募投项目均已取得节能审查意见或因符合相关节能标准和规范进行建设而无需单独进行节能审查，满足项目所在地能源消费双控要求且符合当地节能主管部门的监管要求。

问询问题3：发行人现有工程是否符合环境影响评价文件要求，是否落实污染物总量削减替代要求；募投项目是否按照环境影响评价法要求，以及《建设项目环境影响评价分类管理名录》和《生态环境部审批环境影响评价文件的建设项目目录》规定，获得相应级别生态环境主管部门环境影响评价批复；发行人的已建、在建项目和募投项目是否需履行主管部门审批、核准、备案等程序及履行情况。

核查难点：该问询问题同样在同期及过往上市公司再融资项目重点关注募投项目的背景下，要求项目组律师针对发行人全部现有工程发表相关核查意见，同时要求项目组律师详细核查发行人各建设项目环境影响评价文件对于污染物排放的标准及污染物总量削减替代要求的落实情况。

解决途径：在查阅了发行人已建、在建项目取得的审批/核准/备案文件、环评批复、环保验收等文件的基础上，项目组律师重点针对环境影响评价文件中污染物排放标准及履行情况进行了实地走访并访谈发行人安环负责人，根据《建设项目主要污染物排放总量指标审核及管理暂行办法》（环发〔2014〕197号）的相关规定，建设项目主要污染物实际排放量超过许可排放量的，或替代削减方案未落实的，不予竣工环境保护验收，并依法处罚。因此，经核查后，项目组律师认为发行人现有工程项目符合环境影响评价文件要求，且已根据相关法规要求办理环评及环保验收手续，并已落实污染物总量削减替代要求，发行人已建、在建和募投项目均已按照《企业投资项目核准和备案管理条例》等法律法规的规定履行了主管部门审批、核准或备案等程序。

问询问题4：发行人已建、在建项目或者募投项目是否位于各地城市人民政府根据《高污染燃料目录》划定的高污染燃料禁燃区内，如是，是否在禁燃区内燃用相应类别的高污染燃料，是否已完成整改，是否受到行政处罚，是否构成重大违法行为。

核查难点：如前所述，孚能科技已建项目位于江西省赣州市，在建项目位于江苏省镇江市，募投项目位于安徽省芜湖市，该问询问题要求项目组律师需明确相关城市划定的高污染燃料禁燃区并核查发行人相关建设项目是否位于区域内，如是，应对相关项目所消耗能源的种类进行核查，明确是否属于高污染燃料。

解决途径：项目组律师首先通过网络检索发行人建设项目所在城市人民政府信息披露网站，查阅《赣州市人民政府关于划定中心城区高污染燃料禁燃区的通告》、《镇江市人民政府办公室关于重新划定镇江市区高污染燃料禁燃区范围的通知》（镇政办发〔2017〕202号）和《芜湖市人民政府关于重新划定高污染燃料禁燃区的通告》（芜政秘〔2018〕227号），了解发行人已建、在建项目或募投项目实施所在城市人民政府关于高污染燃料禁燃区的划定范围，经比对发行人已建、在建项目及募投项目的项目登记备案文件记载的项目实施地址，发行人镇江市的在建项目及芜湖市的募投项目位于高污染禁燃区内。随后，项目组律师查阅了《环境保护部关于发布〈高污染燃料目录〉的通知》（国环规大气〔2017〕2号），确认了高污染燃料具体类别，与发行人已建、在建项目及募投项目消耗能源的种类情况进行逐一对比。经核查，发行人在建项目及募投项目虽位于当地城市人民政府根据《高污染燃料目录》划定的高污染燃料禁燃区内，但不存在在禁燃区内燃用相应类别的高污染燃料的情形。

问询问题5：生产经营中涉及环境污染的具体环节、主要污染物名称及排放量、主要处理设施及处理能力，治理设施的技术或工艺先进性、是否正常运行、达到的节能减排处理效果以及是否符合要求、处理效果监测记录是否妥善保存；报告期内环保投资和费用成本支出情况，环保投入、环保相关成本费用是否与处理公司生产经营所产生的污染相匹配；募投项目所采取的环保措施及相应的资金来源和金额；公司的日常排污监测是否达标和环保部门现场检查情况。

核查难点：该问询问题要求项目组律师对发行人已建、在建及募投项目所涉及环境污染的具体环节、排放物、污染物名称、处理方法、处理标准等进行列举，与发行人实际各项污染物排放量、对应的处理设施及处理能力进行比对，判断是否符合相关节能减排要求，项目组律师应对发行人排污情况及监测记录等进行详细了解并核查，同时项目组律师需结合报告期内发行人的环保投入、环保相关成本费用的财务数据核查是否与处理公司生产经营所产生的污染相匹配，项目组律师需要取得能够真实反映发行人实际运营情况的前述各项数据的相关基础性资料并核对判断是否达标。

解决途径：项目组律师详细查阅了发行人已建、在建及募投项目的环境影响报告书/表、环评批复及验收文件以及第三方检测机构的检测报告及发行人日常监测报告，明确报告期内发行人污染物排放的具体情况及相关数据信息，取得了发行人生产经营场所环保设备运行的现场照片，了解主要环保设备的污染物处理能力；同时在取得环保投入及成本费用支出相关财务数据明细后，通过抽取样本检查环保费用核算内容及原始单据以及取得对应的合同，与发行人各环保设施的实际运营情况、环保主管部门的相关要求以及发行人对于环保投入的规划和实施安排进行比对。经核查，发行人生产经营中涉及环境污染排放物均达标排放，置备了必要的环保设施，各主要处理设施运行状况良好，治理设施的技术或工艺具有先进性，处理能力均满足实际排放量的要求，且符合节能减排的要求，发行人报告期内环保投入、环保相关成本费用与处理公司生产经营所产生的污染相匹配。发行人的日常排污监测达标。

（二）关于信息披露豁免核查

由于孚能科技及保荐人就上海证券交易所审核问询以及中国证券监督管理委员会反馈意见落实函的回复报告中部分信息属于孚能科技、客户或合作方的商业敏感信息或商业秘密，如果公开披露将不利于孚能科技后续业务开展，进而严重损害孚能科技利益，孚能科技申请了部分信息披露豁免。根据本次发行审核时适用的《上海证券交易所科创板股票上市规则》以及《上海证券交易所科创板股票发行上市审核问答》规定，上市公司和相关信息披露义务人拟披露的信息属于商业秘密、商业敏感信息，披露或者履行相关义务可能引致不当竞争、损害公司及投资者利益或者误导投资者的，可以按照相关规定暂缓或者豁免披露该信息。保荐机构及发行人律师应当对发行人信息豁免披露符合相关规定、不影响投资者决策判断、不存在泄密风险出具专项核查报告。基于上述规定要求，项目组律师针对公司及保荐人就上海证券交易所审核问询回复以及中国证券监督管理委员会反馈意见落实函回复过程中申请信息披露豁免的事项进行了专项核查。

核查难点：因孚能科技申请豁免披露的信息主要涉及具体销售情况、在手订单数量、潜在需求计划、研发进度等财务及业务相关数据信息，申请豁免披露的原因基于商业秘密等考量，项目组律师需在上海证券交易所、中国证券监督管理委员会要求的时间内谨慎复核对比进行豁免披露的数据信息，避免出现遗漏核查的情形，在核查时同步就每项数据如做披露将对孚能科技及其客户之间的合作关系的影响程度进行分析判断，同时，因发行人及保荐人出具回复报告需预留相应的时间，项目组律师所能够进行比对核查的时间更加紧迫，需具备高要求的核查效率及细致程度。

解决途径：对此，项目组律师在取得发行人及保荐人拟向上海证券交易所、中国证券监督管理委员会提交的回复完整版及豁免版后，立即进行了逐字比对确定豁免披露的信息情况，同时与孚能科技相关负责人员保持高效沟通，取得其对相关信息豁免披露的逐条说明，确认相关信息豁免披露的原因以及必要性，结合孚能科技业务模式、客户情况等，判断相关信息是否涉及商业秘密，豁免披露是否符合《上海证券交易所科创板股票上市规则》的相关规定。经细致比对核查后，项目组律师认为孚能科技信息豁免披露符合相关规定，豁免披露后的信息不影响投资者决策判断，豁免披露的信息存在泄密风险较小，并在规定时间内出具专项核查意见。

四、案件结论

在锦天城提供的专业法律服务的协助下，孚能科技此次成功定向发行 1.4 亿股，募资总额 33.18 亿元，金额较大，最终确定的发行对象为广州工业投资控股集团有限公司、广州产业投资控股集团有限公司、广州创兴新能源投资合伙企业（有限合伙）3 名投资者。在广州市国资委的加持下，募集资金到位后，孚能科技总资产和净资产同时增加，资产负债率有所下降；孚能科技整体资金实力和偿债能力得到提升，资本结构得到优化；募投项目的实施助力孚能业务的进一步拓展，巩固和发展孚能科技在行业中的竞争优势，提高孚能科技的盈利能力。

本次发行，在上海证券交易所针对环保事项提出更高的核查要求以及更细致的核查问题，以及豁免披露的信息涉及数据量大且业务相关性强的情况下，锦天城项目组律师在有限的时间内充分并高效地履行了核查程序，解决了重难点问题，在趋于 IPO 的审核严格程度下，最终协助孚能科技成功完成本次发行。

先导智能向特定对象发行股票项目

顾海涛* 张 霞** 杨 海***

一、案情介绍

无锡先导智能装备股份有限公司（简称"先导智能"，股票代码：300450）向特定对象发行股票项目于 2021 年 3 月 10 日经深圳证券交易所（以下简称"深交所"）审核通过，并于 2021 年 4 月 26 日取得中国证券监督管理委员会（以下简称"证监会"）同意注册的批复。先导智能本次发行对象为宁德时代新能源科技股份有限公司（简称"宁德时代"，股票代码：300750），融资金额为 25 亿元人民币，宁德时代作为全球领先的动力电池系统提供商，其在新能源领域的强大实力和市场影响力，使得此次合作具有重要的战略意义。本项目亦系创业板再融资注册制新规（注：《创业板上市公司证券发行注册管理办法》于 2020 年 6 月 12 日实施，并于 2023 年 2 月 17 日被《上市公司证券发行注册管理办法》废止）下首单锁价定增引进战略投资者的成功案例，其在发行方案上针对引进战略投资者的诸多方面的安排及设

---

* 上海市锦天城律师事务所高级合伙人。
** 上海市锦天城律师事务所合伙人。
*** 上海市锦天城律师事务所律师。

置，对于境内 A 股上市公司再融资方式引进战略投资者具有一定的借鉴及参考性。

二、办案难点

2020 年 2 月 14 日，证监会发布《上市公司再融资制度部分条款调整涉及的相关规则》（以下简称"《再融资新规》"），对上市公司再融资的部分规则进行调整适用，大幅放宽了上市公司再融资的发行条件。《再融资新规》发布后，上市公司申请再融资意愿强烈，其中多家公司拟通过非公开发行股票中的定价定增方式引入战略投资者。多家上市公司在发布引入战略投资者的预案后，公司股价短期内出现大幅上涨，引起市场关注。同时，部分机构投资者假借战略投资者之名，行投机炒作套利之实，很快引起了监管机构的注意。针对上述现象，2020 年 3 月 20 日，证监会发布《发行监管问答——关于上市公司非公开发行股票引入战略投资者有关事项的监管要求》（以下简称《战投监管问答》），提高对战略投资者的认定标准，严格审核尺度，给出台不满一个月的新规打上"补丁"。该《战投监管问答》实施后短时间内，多家拟引入战略投资者的上市公司纷纷撤回申请文件或修改发行方案，导致战略投资者通过再融资方式参与上市公司治理出现"急刹车"和"速冻"问题。

在前述针对上市公司再融资引入战略投资者引起监管重视审核趋严的背景下，先导智能本次向特定对象发行股票引进战略投资者宁德时代项目于 2020 年 10 月取得深交所受理，并在审核中历经三轮反馈问询，所面临的难点不仅在于论证该特定对象符合引进战略投资者的相关规定，同时战略合作的具体内容、可执行性等同样也是监管审核关注中的要点，此外还包含了引进战略投资者决策程序的合规性及对中小投资者合法权益的保护性、引进战略投资者后上市公司股权结构及上市公司控制权的稳定性等复杂的法律问题。项目组律师在项目经办过程中需要对上述问题进行充分论证分析，以佐证上市公司本次引进战略投资者符合监管所要求的向特定对象发行股票引进战略投资者的基本特征及要点。上述法律难点的分析论证对于本项目顺利过会至关重要，同时也是确保该项目成功的关键因素。

三、法律分析

针对前文所提及的本项目实施过程中的相关难点，根据监管对于战略投资者的内涵认定、上市公司再融资方面对战略投资的相关监管规定并结合项目具体办理过程，针对战略投资者认定等相关法律问题作如下梳理，以供参考。

（一）战略投资者的内涵与功能作用

1999 年 7 月，证监会发布《关于进一步完善股票发行方式的通知》（证监发行字〔1999〕94 号）（已失效），其首次提到"战略投资者"的概念。根据该通知，与发行公司业务联系紧密且欲长期持有发行公司股票的法人，称为战略投资者。战略投资者应当符合一定的要求，包括战略投资者应与发行公司订立配售协议并约定其持股时间不得少于 6 个月，应当对战略投资者的主要持股情况及其股权变更情况进行及时信息披露等。

2005 年 12 月，商务部和证监会联合五部委共同发布《外国投资者对上市公司战略投资管理办法》（已被修改），规范股权分置改革后外国投资者对 A 股上市公司进行战略投资，再次对"战略投资"进行了明确，即战略投资是指外国投资者对已完成股权分置改革的上市公司和股权分置改革后新上市的公司通过具有一定规模的中长期战略性并购投资。

2020 年 2 月，证监会发布《战投监管问答》（于 2023 年 2 月废止）的发布，更进一步对"战略投资者"的定义进行了明确，即战略投资者是指具有同行业或相关行业较强的重要战略性资源，与上市公司谋求双方协调互补的长期共同战略利益，愿意长期持有上市公司较大比例股份，愿意并且有能力认真履行相应职责，委派董事实际参与公司治理，提升上市公司治理水平，帮助上市公司显著提高公司质量和内在价值，具有良好诚信记录，最近三年未受到证监会行政处罚或被追究刑事责任的投资者。本次战略投资者的内涵更为丰富，不仅要求战略投资者具备战略性资源、愿意长期持有公司股份、持有较大比例股份，还要求委派董事参与公司治理且满足合规性要求。2023 年 2 月，随着全面注册制的落实，证监会发布《证券期货法律适用意见第 18 号》，其基本沿用了《战投监管问答》关于战略投资者认定的相关规定，未在该意见中对上市公司引进战略投资者提出其他的认定及实施要求。

因此，结合前述监管机构历年对于战略投资者的相关规定，战略投资者呈现如下共同特征：

第一，战略投资者应当具有一种或多种明显的优势资源，比如资金、技术、市场、经验等，能够对被投资公司业务拓展或综合能力的提升具有明显帮助，这是战略投资者有别于一般投资者的重要标志。

第二，战略投资者应当坚持长期主义，追求长期价值，以长时间持有公司股份为目标，有着与公司共同成长的意愿，这是战略投资者有别于资本市场投机者的重要标志。比如，《关于进一步完善股票发行方式的通知》要求持股时间不少于 6 个月，《外国投资者对上市公司战略投资管理办法》以及《战投监管问答》《证券期货法律适用意见第 18 号》要求中长期战略性并购投资或长期持有上市公司股份，都体现了这个特征。

第三，战略投资者应当持有被投资公司一定规模或者比例的股份，这是战略投资者有别于一般财务投资者的重要特征，战略投资者应当是被投资公司的重要利益相关者，也正因如此，战略投资者才能有动力将其资源投入上市公司，帮助提升其市场价值。

第四，战略投资者应当有强烈参与上市公司治理和生产经营的意愿，战略投资者可以通过派驻董事进入管理层，积极参与公司业务和治理，以提高经营效率与盈利水平从而获得较高的长期回报。

（二）上市公司再融资层面对战略投资者的监管制度架构

1.《上市公司证券发行注册管理办法》（注：其沿用了《上市公司非公开发行股票实施细则（2020 修正）》（已废止）以及《创业板上市公司证券发行注册管理办法（试行）》（已废止）对于战略投资者作为发行对象及定价基准日的相关规定）第十六条规定："上市公司董事会决议提前确定全部发行对象，且发行对象属于下列情形之一的，定价基准日可以为关于本次发行股票的董事会决议公告日、股东大会决议公告日或者发行期首日：（一）上市公司的控股股东、实际控制人或者其控制的关联人；（二）通过认购本次发行的股票取得上市公司实际控制权的投资者；（三）董事会拟引入的境内外战略投资者。"

根据该条文，上市公司拟引入境内外战略投资者的，可以提前确定全部发行对象，并以本次向特定对象发行股票的董事会决议公告日、股东大会决议公告日或者发行期首日作为定价基准日。实践中，上市公司引入战略投资者也主要选择此路径。

2.《证券期货法律适用意见第 18 号》（注：其沿用了《战投监管问答》《创业板上市公司证券发行注册管理办法（试行）》对于战略投资者认定的相关规定）规定：

"（一）关于战略投资者的基本要求

战略投资者，是指具有同行业或者相关行业较强的重要战略性资源，与上市公司谋求双方协调互补的长期共同战略利益，愿意长期持有上市公司较大比例股份，愿意并且有能力认真履行相应职责，提名董事实际参与公司治理，提升上市公司治理水平，帮助上市公司显著提高公司质量和内在价值，具有良好诚信记录，最近三年未受到中国证监会行政处罚或者被追究刑事责任的投资者。

战略投资者还应当符合下列情形之一：

1. 能够给上市公司带来国际国内领先的核心技术资源，显著增强上市公司的核心竞争力和创新能力，带动上市公司的产业技术升级，显著提升上市公司的盈利能力；

2. 能够给上市公司带来国际国内领先的市场、渠道、品牌等战略性资源，大幅促进上市公司市场拓展，推动实现上市公司销售业绩大幅提升。

（二）关于上市公司引入战略投资者的决策程序

上市公司拟引入战略投资者的，应当按照《公司法》《证券法》《上市公司证券发行注册管理办法》和公司章程的规定，履行相应的决策程序。

1. 上市公司应当与战略投资者签订具有法律约束力的战略合作协议，作出切实可行的战略合作安排。战略合作协议的主要内容应当包括：战略投资者具备的优势及其与上市公司的协同效应，双方的合作方式、合作领域、合作目标、合作期限、战略投资者拟认购股份的数量、定价依据、参与上市公司经营管理的安排、持股期限及未来退出安排、未履行相关义务的违约责任等；

2. 上市公司董事会应当将引入战略投资者的事项作为单独议案审议，并提交股东大会审议。独立董事、监事会应当对议案是否有利于保护上市公司和中小股东合法权益发表明确意见；

3. 上市公司股东大会对引入战略投资者议案作出决议，应当就每名战略投资者单独表决，且必须经出席会议的股东所持表决权三分之二以上通过，中小投资者的表决情况应当单独计票并披露。

（三）关于上市公司引入战略投资者的信息披露要求

上市公司应当按照《上市公司证券发行注册管理办法》的有关规定，充分履行信息披露义务。

1. 董事会议案应当充分披露公司引入战略投资者的目的、商业合理性、募集资金使用安排，战略投资者的基本情况、穿透披露股权或者投资者结构、战略合作协议的主要内容等；

2. 向特定对象发行股票完成后，上市公司应当在年报、半年报中披露战略投资者参与战略合作的具体情况及效果。

（四）关于保荐机构、证券服务机构的履职要求

1. 保荐机构和发行人律师应当勤勉尽责履行核查义务，并对下列事项发表明确意见：

（1）投资者是否符合战略投资者的要求，上市公司利益和中小投资者合法权益是否得到有效保护；

（2）上市公司是否存在借战略投资者入股名义损害中小投资者合法权益的情形；

（3）上市公司及其控股股东、实际控制人、主要股东是否存在向发行对象作出保底保收益或者变相保底保收益承诺，或者直接或者通过利益相关方向发行对象提供其他财务资助或者补偿的情形。

2. 持续督导期间，保荐机构应当履行职责，持续关注战略投资者与上市公司战略合作情况，督促上市公司及战略投资者认真履行战略合作协议的相关义务，切实发挥战略投资者的作用；发现上市公司及战略投资者未履行相关义务的，应当及时向监管机构报告。"

该规定提高了对战略投资者的认定标准，上述规定及相关审核要求对引进战略投资者情况的认定性描述，在项目实际操作过程中较难把握审核尺度，相关审核认定标准严格，战略投资者认定审核风险较高。自 2020 年 3 月《战投监管问答》发布后至今，除本项目外仅有少数引入战略投资者实施向特定对象发行股票项目过会。

（三）监管对上市公司引入战略投资者的具体要求

根据市场客观情况以及本项目经办过程中监管的反馈问询关注点，战略投资者的相关条款设置与监管审核始终面临着"两难"：既要通过合理的制度设计发挥战略投资者对上市公司的功能作用，又要防止战略投资者监管规则被滥用，甚至在执行中出现制度异化。上市公司通过再融资方式引入战略投资者，最易引起市场关注，也是战略投资者功能作用发挥最为充分的方式之一。特别是，上市公司以锁价定增方式向特定对象发行股票，提前确定战略投资者，提前锁定交易价格，成为战略投资者进入上市公司最有效的方式之一。证监会于 2020 年 3 月发布的《战投监管问答》以及后续沿用其相关规定的《证券期货法律适用意见第 18 号》，亦是从避免定价定增中战略投资者条款被滥用，指导市场主体正确理解和适用再融资引入战略投资者相关规则的角度出发所制定，其主要从实体和程序两个方面对战略投资者的认定提出了要求。

首先，从实体方面而言，第一，战略投资者必须具有同行业或相关行业较强的重要战略性资源，与上市公司谋求长期共同战略利益。其中，核心在于战略投资者具有"战略性资源"且该资源与发行人属于同行业或者相关行业，一些纯财务性的投资人，很难符合该要求。为了避免市场主体对战略投资者产生歧义，监管机构还进一步就战略投资者应当具备何种条件进行了说明，包括应当具备"生产能力"，即战略投资者能够给上市公司带来核心技术资源，提升上市公司的核心竞争能力和创新能力；应当具备"销售能力"，即战略投资者能够给上市公司导流，从市场、渠道和品牌等方面提高其市场开拓能力。第二，愿意长期持有上市公司较大比例股份，愿意并且有能力认真履行相应职责，委派董事实际参与公司治理，提升上市公司治理水平，帮助上市公司显著提高公司质量和内在价值。其中，核心在于"持有上市公司较大比例股份"以及"委派董事实际参与公司治理"。《战投监管问答》及后续的《证券期货法律适用意见第18号》未就"较大比例股份"给出具体的标准，但要求战略投资者应当向上市公司委派董事，实际上对投资者的出资比例提出了较高要求，在公司董事会席位有限的情况下，上市公司在引入战略投资者时，会充分考虑增加董事席位和战略投资者所持有的股份比例之间的联动关系、上市公司董事会人数组成以及对实际控制人控制权稳定性的影响。此外，《战投监管问答》及后续的《证券期货法律适用意见第18号》还对战略投资者的规范提出要求，要求战略投资者具有良好的诚信记录以及最近3年未受到证监会行政处罚或被追究刑事责任，避免滥用战略投资者的身份。

其次，从程序方面而言，尽管监管机构从实体上作出了十分详细的规定，但考虑到战略投资者的认定仍较为原则，《战投监管问答》及后续的《证券期货法律适用意见第18号》从程序上作出了要求，包括：（1）签订战略合作协议，并对未来的战略合作作出切实可行安排；（2）经股东大会审议通过，引入战略投资者将作为单独议案提交股东大会审议并经三分之二以上股东同意；（3）充分的信息披露，董事会议案中披露引入战略投资者的目的、商业合理性、合作主要内容等，向特定发行股票完成后上市公司应当在年报、半年报中披露战略合作的具体情况及效果；（4）保荐机构及律师发表核查意见，确保投资者符合战略投资者的要求，不存在借战略投资者入股名义损害中小投资者合法权益的情形。

（四）本项目办理中相关实践说明及审核关注特征归纳

1. 本项目办理中相关实践说明

先导智能本次向特定对象宁德时代发行股票项目在经办过程中，项目组律师根据对《战投监管问答》的仔细梳理及深度理解，参与客户与发行对象就本次定增事项的具体沟通过程，草拟就发行对象作为战略投资者认购股份所签署的《股份认购协议》及《战略合作协议》并在相关协议中直接落实《战投监管问答》所关注的对于战略投资者认定的相关要求，如对持股期限（锁定期为36个月）以及双方战略合作对于先导智能产生的协调效应并对合作领域、目标以及合作期限、宁德时代参与先导智能的经营管理的安排作出了明确的约定。

本项目于2020年10月取得深交所受理，在审核过程中，深交所共计反馈问询三轮，其审核关注点如表1所示。

表1

反馈问询轮次	主要审核关注点
第一轮问询	（1）结合公司所处行业的市场地位及报告期内对宁德时代的销售情况，要求详细论证公司与宁德时代是否能实现协调互补的长期战略利益 （2）说明宁德时代认购股数占发行后总股本的比例以及拟持有期限是否符合"长期持有上市公司较大比例股份"的要求 （3）说明本次发行后是否存在控制权发生变更的风险，是否有利于提升上市公司的治理水平，显著提高公司质量和内在价值 （4）战略合作协议是否具有可执行性和约束力，战略合作协议是否作出了切实可行的战略合作安排 （5）宁德时代的认购资金来源，是否存在对外募集、代持、结构化安排或者直接、间接使用发行人及其关联方资金用于本次认购的情形 （6）本次引入战略投资者是否履行相应的决策程序 （7）宁德时代是否符合战略投资者的要求，上市公司利益和中小投资者合法权益是否得到有效保护，是否存在通过引入战略投资者的方式损害中小投资者合法权益，发行人及其控股股东、实际控制人、主要股东是否存在向宁德时代作出保底保收益或变相保底收益承诺、直接或间接向宁德时代提供财务资助或补偿
第二轮问询	（1）结合《战略合作协议》的可执行性、法律约束力，充分论证并详细披露宁德时代为发行人带来国际国内领先的战略资源的具体情况，如何确保相关战略资源真正注入发行人 （2）结合宁德时代已开展或拟开展的对行业内上市公司的战略投资计划，充分论证对发行人的战略投资的影响
第三轮问询	宁德时代未来是否有采取类似方式战略投资其他上市公司的计划或安排

根据上述反馈问询，可知监管机构对于上市公司引进战略投资者，采取的是谨慎及趋严的审核态度，关注点始终聚焦发行对象是否符合战略投资者的要求、双方战略合作的可执行性及要求量化说明战略投资者可带来的战略资源的具体情况。因此在项目推进过程中，基于监管机构对于战略合作量化的细节问询，项目组律师亦就相关战略合作内容与客户及发行对象进行充分沟通交流并协助草拟《战略合作协议之补充协议》，对于战略合作目标、合作方式及合作领域问题，项目组律师从技术资源、盈利能力以及全球商务协同三个维度进行条款细化，充分论证其作为战略投资者能够给客户带来的战略资源及协同效应、

相关战略资源能够真正注入上市公司的可能性及合理性，最终取得了监管认可。

2. 审核关注特征归纳

结合监管就本项目在审核中的问询要求，关于战略投资者的认定，监管主要在审核中呈现以下关注特征：

（1）战略投资者身份的真实性。监管部门主要关注双方是否具有真实战略合作，作为新增股份的认购方是否满足战略投资者的身份要求，是否符合战略投资条件，比如，在其他实例操作中，有上市公司在最初发布预案时，称其拟引入的战略投资者为某行业龙头公司出资设立的相关投资平台，监管部门在审核问询中对此提出质疑，要求区分投资平台和某行业龙头公司作为认购对象给上市公司带来影响的区别，最终该上市公司将发行对象更改为某行业龙头公司。

（2）战略合作协议是否具有可执行性。在审核问询过程中，监管机构重点关注双方是否签署战略协议并作出切实可行的战略合作安排，要求上市公司通过定性和定量分析，说明引入战略投资者推动上市公司业绩大幅提升的具体措施，充分论证并详细披露是否能够切实有效地将国际国内领先的核心技术、渠道、市场、品牌等战略资源引入上市公司，发行人未来销售业绩大幅提升的原因及相关测算依据和过程。如本项目中，在前期《战略合作协议》的基础上，针对具体合作内容先导智能与发行对象签署了更详细的《补充协议》，对双方本次战略合作的合作细节与合作目标进行了明确约定，还就战略合作期间的业绩提升影响进行了测算。此外，在先导智能与宁德时代《补充协议》中还设置了违约责任条款并对外公告，确保协议具有可执行性和法律约束力。

（3）战略投资者的持股比例。《战投监管问答》及后续的《证券期货法律适用意见第18号》中，仅笼统规定战略投资者应"长期持有上市公司较大比例股份"，但对何为"较大比例股份"未有明确规定；结合本项目以及自《战投监管问答》施行以来市场上相关极少的向特定对象发行股票引入战略投资者的成功案例，相关战略投资者持股都在5%以上，其中持股比例最高的市场案例中，发行对象取得上市公司的股份达到26.47%。因此，如上市公司拟筹划实施向特定对象发行股票引进战略投资者，战略投资者发行后持股比例应设置在5%以上较为合适。

（4）认购股份的锁定期。根据《上市公司证券发行注册管理办法》规定，发行对象属于战略投资者的，其认购的股票自发行结束之日起十八个月内不得转让。但实践中为满足监管对于战略投资者"长期持有上市公司股份"的要求，建议对认购股份的锁定期追加认定，如本项目中先导智能在公告预案时即确定的发行对象认购的股票自发行结束之日起36个月内转让的锁定期安排，该安排亦取得了监管对于战略投资者"长期持有上市公司股份"要求的认可。

（5）是否派驻董事参与公司治理。根据《战投监管问答》施行以来市场上相关极少的向特定对象发行股票引入战略投资者的成功案例，各战略投资者均有向上市公司委派董事。本项目中，发行对象亦确认其拟根据《公司章程》的规定后续向先导智能委派1位董事，提升上市公司治理水平。

（6）战略投资者未来战略投资的计划安排。《战投监管问答》及后续的《证券期货法律适用意见第18号》均要求战略投资者帮助上市公司显著提高公司质量和内在价值，显著增强上市公司的核心竞争力和创新能力，显著提升上市公司的盈利能力。基于该"三显著"要求，监管部门亦会在审核中对战略投资者在入股上市后未来投资的计划安排进行重点关注。在本项目中，监管部门在二轮及三轮审核问询中，集中关注了战略投资者后续拟展开的战略投资计划安排，发行对象亦根据该审核关注出具承诺确认"其在获得上市公司本次发行股份之日起三年内不会作为战略投资者参与其他先导智能所处行业的竞争对手向特定对象发行股票"。因此，战略投资者对未来战略投资的计划安排属于监管部门对"三显著"的审核关注重点之一。

四、案件结论

综上所述，项目组律师根据对相关战略投资者监管规则条文的细化理解，在上市公司再融资引入战略投资者引起监管重视、审核趋严的背景下，针对发行方案中所涉及的战略投资者的认定、股份锁定期、战略投资者持股比例、战略合作具体落实等重要法律难点问题为客户提供了解决方案，使得本项目具备了监管部门所要求的战略合作"有理有据、定量定性、可执行性"等关键要素，充分满足了"作出切实可行的战略合作安排"的监管要求。最终，本项交易获得监管认可并成功发行。本项目成功通过审核及最终实施，为今后相关上市公司拟引入战略投资者提供了切实可行的法律操作路径之实例图样。

金信诺向特定对象发行股票项目

杨文明*　王成昊**

一、案情介绍

深圳金信诺高新技术股份有限公司（以下简称"金信诺"或"发行人"）系一家专注信号联接技术的民营军工企业，主要经营线缆及组件业务、高速连接产品业务、特种产品业务、PCB 产品业务，长期服务通信建设、国防军工、大数据、卫星通信领域，坚持在信号传输的各个细分领域为客户提供高端产品、定制化产品，实现了国产化替代。

金信诺本次向特定对象发行股票项目（以下简称"本项目"或"本次发行"）募集资金总额不超过 59 500.00 万元，拟用于高速率线缆、连接器及组件生产项目、高性能特种电缆及组件生产项目、卫星通信终端及电磁兼容解决方案研发项目以及补充流动资金。

接受发行人委托后，本所为本次向特定对象发行 A 股股票项目提供了全程法律服务。2022 年 11 月 7 日，中国证监会出具了同意金信诺向特定对象发行股票注册的批复。

---

* 上海市锦天城律师事务所高级合伙人。
** 上海市锦天城律师事务所律师。

二、办案难点

（一）涉军企业资本运作涉及的审批程序较为复杂且规则存在不明确

由于涉及国防及国家安全等原因，涉军企业在资本运作的过程中相比其他类型的企业具有一定的特殊性，其在军工事项审查、信息披露、业务资质等方面均有着严格的行业监管要求，但涉军企业再融资方案调整是否需重新履行军工事项审查，未取得武器装备科研生产许可证的军工企业是否需履行国防科工局涉密信息披露审查，相关规定有待进一步明确，并且审核实践中的案例情况也各有不同。

（二）研发中心建设类募投项目环评的规则存在冲突

环境影响评价（以下简称"环评"）是指对规划和建设项目实施后可能造成的环境影响进行分析、预测和评估，提出预防或者减轻不良环境影响的对策和措施，进行跟踪监测的方法与制度。编制有关开发利用规划，建设对环境有影响的项目，应当依法进行环境影响评价，未依法进行环评的开发利用规划，不得组织实施，未依法进行环评的建设项目，不得开工建设。募投项目环评是企业 IPO 及再融资过程中需要履行的重要环节，如未取得相关审批或备案文件，将直接影响申报进程，但关于研发中心建设类募投项目的环评手续问题，规则层面存在一定冲突。

三、法律分析

（一）我国军工企业资本运作涉及的审批程序

1. 募投项目调整是否需要重新履行军工事项审查程序

《涉军企事业单位改制重组上市及上市后资本运作军工事项审查工作管理暂行办法》（科工计〔2016〕209 号，以下简称"《暂行办法》"）对军工企业军工事项审查相关规定及简析如表 1 所示。

表1

序号	有关内容	简　　析
1	第二条　本办法所称涉军企事业单位，是指已取得武器装备科研生产许可的企事业单位。 本办法所称军工事项，是指涉军企事业单位改制、重组、上市及上市后资本运作过程中涉及军品科研生产能力结构布局、军品科研生产任务和能力建设项目、军工关键设备设施管理、武器装备科研生产许可条件、国防知识产权、安全保密等事项。	"涉军企事业单位"应狭义理解，未取得武器装备科研生产许可的企业，不属于《暂行办法》规定的涉军企事业单位，即该等企业改制、重组、上市及上市后资本运作无需依据《暂行办法》的规定通过国防科工局申请办理军工事项审查。
2	第六条　涉军企事业单位实施以下上市及上市后资本运作行为，须履行军工事项审查程序： （一）涉军企事业单位及其控股的涉军公司发生的境内外资本市场首次公开发行股份并上市、涉军上市公司分拆子公司在境内外多层次资本市场上市（挂牌）； （二）涉军上市公司发行普通股、发行优先股、发行可转换公司债券（一般可转债、分离交易可转债）以及其他证券衍生品。 第七条　涉军企事业单位在履行改制、重组、上市及上市后资本运作法定程序之前，须通过国防科工局军工事项审查，并接受相关指导、管理、核查。	涉军企业改制为股份有限公司、上市及上市后资本运作等均列入军工审查范围。因取得军工事项审查批复的周期较长，涉军企业应在启动上市后资本运作计划时充分考虑军工事项审查对上市后资本运作流程及时间节点的影响。
3	第二十条　未通过国防科工局军工事项审查，上市公司不得公告有关预案，以及召开董事会、股东大会履行法定程序。正式方案出现重大调整的项目，须重新履行军工事项审查程序。	《暂行办法》未对重大调整的定义做出进一步的规定。目前证监会及交易所对于IPO、再融资方案的重大调整没有规定，仅在《〈上市公司重大资产重组管理办法〉第二十八条、第四十五条的适用意见——证券期货法律适用意见第15号》（证监会公告〔2023〕38号）中对重大资产重组方案的重大调整有所定义。在重大调整无明确标准的情况下，建议与国防科工局就规则的适用问题进行沟通，避免影响项目进度。

（续表）

序号	有关内容	简　析
4	第三十四条　未取得武器装备科研生产许可，但控股子公司取得武器装备科研生产许可的企事业单位实施本办法规定的改制、重组、上市及上市后资本运作行为，按照本办法履行军工事项审查程序。	企业自身未取得武器装备科研生产许可，但控股子公司取得武器装备科研生产许可，亦需履行军工事项审查程序。

金信诺的控股子公司取得《武器装备科研生产许可》，属于《暂行办法》所称涉军企事业单位，因此在 2021 年 1 月披露《2021 年创业板向特定对象发行 A 股股票预案》前，金信诺曾履行了军工事项审查程序，但 2021 年再融资方案最终并未实施。2022 年 5 月，金信诺披露了《2021 年创业板向特定对象发行 A 股股票预案（修订稿）》，两次方案的发行对象、发行价格未变，发行数量可能因股价变化有所变动，主要变化在募投项目，具体如下：

（1）募投项目变更

除补充流动资金项目未变更，其他实体项目由 1 个变更为 3 个，由 PCB 项目变更为现有的与 PCB 基本无关的项目。

（2）募投项目实施主体变更

除补流项目外，项目实施主体由 1 家子公司变更为金信诺及 2 家子公司，但变更前后的实施主体均不涉及持有《武器装备科研生产许可》的子公司。

（3）总投资金额变更

项目总投资由 13.8 亿元变更为 7.1 亿元，募集资金上限由 6 亿元调低为 5.95 亿元。

《暂行办法》要求正式方案出现重大调整的项目，须重新履行军工事项审查程序，但未对重大调整的定义做出进一步的规定。目前证监会及交易所对于 IPO、再融资方案的重大调整没有规定，仅在《〈上市公司重大资产重组管理办法〉第二十八条、第四十五条的适用意见——证券期货法律适用意见第 15 号》（证监会公告〔2023〕38 号）中对重大资产重组方案的重大调整有所定义：拟对交易对象、标的资产进行变更的原则上视为构成对重组方案重大调整；新增或调增配套募集资金，应当视为构成对重组方案重大调整，调减或取消配套募集资金不构成重组方案的重大调整。

参照重大资产重组方案重大调整的标准，本次再融资不涉及标的资产问题；因两次方案发行对象均通过询价方式，尚未确定，不涉及交易对象变更问题；方案修订后募集资金调减为 5.95 亿元。因此如审核机构问询，可从前述角度论证不构成重大调整。然而，本次发行的确存在募投项目、实施主体、总投资金额均发生了变化，在再融资方案重大调整无明确标准的情况下，亦存在前述解释不被审核机构接受的可能。并且，随着本次发行相关工作的推进，发行人及主承销商仍可能对预案进行调整，届时，若本次预案构成重大调整，重新履行军工事项审查及相关程序将耗时数月且重大调整能否通过国防科工局及相关部门审核存在一定的不确定性。

金信诺与直管地省国防科工局沟通了募投项目的变化情况，省国防科工局对融资方案是否涉及持有《武器装备科研生产许可》的子公司进行了关注，未要求金信诺需重新履行军工事项审查程序。

鉴于此，建议发行人提前与国家国防科工局或前次批复转发及直管地方国防科工局做好预沟通，避免因需重新履行军工事项审查影响申报进度。

2. 军工企业信息披露审查

《暂行办法》第三十五条规定，取得武器装备科研生产单位保密资格，但未取得武器装备科研生产许可的企事业单位实施改制、重组、上市及上市后资本运作，按有关规定办理涉密信息披露审查。

虽然《暂行办法》第三条明确该办法适用于"涉军企事业单位"，第二条又定义"涉军企事业单位"为取得武器装备科研生产许可的企事业单位，但是第三十五条实质上将办法中的"涉密信息披露审查"的适用范围扩展至"取得武器装备科研生产单位保密资格，但未取得武器装备科研生产许可的企事业单位"。因此，从第二十二条、第三十五条来看，取得《武器装备科研生产许可证》或者《武器装备科研生产保密资格证书》均需要进行涉密信息披露审查。

此外，《暂行办法》第二十二条、第三十五条均要求按"有关规定"办理涉密信息披露审查。结合规则体系及案例来看，相关规定指《军工企业对外融资特殊财务信息披露管理暂行办法》（科工财审〔2008〕702 号）。该办法经公开途径检索无法查询到全文，部分条文在相关案例中载明如表 2 所示。

表2

案　　例	有关内容
北京东土科技股份有限公司发行股份及支付现金购买资产并募集配套资金暨关联交易	第二条　中央管理的军工集团公司及其成员单位和各省、自治区、直辖市人民政府管理的地方军工企业（以下统称军工企业），在境内资本市场和货币市场融资过程中的涉密财务信息披露活动适用本办法。 第七条　国防科工局负责对军工企业涉密财务信息的披露工作进行指导和监督检查；对申请豁免披露的财务信息进行保密审查。
红相股份有限公司发行股份及支付现金购买资产并募集配套资金暨关联交易	军工企业对外披露的财务信息应当按照规定进行保密审查，对于拟披露的财务信息是否涉及国家秘密不能确定的，应当按照保密管理的有关规定逐级上报审定。对于涉及国家秘密的财务信息，或者可能间接推断出国家秘密的财务信息，军工企业对外披露前应当采用代称、打包或者汇总等方式进行脱密处理；对于无法进行脱密处理，或者经脱密处理后仍然存在泄露国家秘密风险的财务信息，军工企业应当依照本办法规定，向国家相关主管部门或者证券交易所申请豁免披露。
深圳市特发信息股份有限公司发行股份及支付现金购买资产并募集配套资金暨关联交易	对于无法进行脱密处理，或者经脱密处理后仍然存在泄露国家秘密风险的财务信息，军工企业应当向国家国防科技工业局提出财务信息豁免披露的申请，军工企业持国防科工局审查文件向国家相关主管部门或者证券交易所申请豁免披露。

　　根据前述规定，涉密信息披露审查是指"对申请豁免披露的财务信息进行保密审查"，但实操中豁免的范围也会包括资质信息、重大合同等。申请人在取得《信息披露豁免批复》后，再持该批复向国家相关主管部门或者证券交易所申请豁免披露。此处的国家相关主管部门可能指证监会、银保监会、发改委等有可能涉及资本市场、货币市场融资的主管部门。

　　结合实践案例，根据企业取得资质的不同，分为两种情况，如表3所示。

表3

情　　形	处理方式
取得武器装备科研生产许可	由国防科工局进行涉密信息披露审查（信息披露豁免），并取得国防科工局关于信息披露有关事项的批复，根据该批复向交易所申请信息豁免披露。

（续表）

情　　形	处理方式
未取得武器装备科研生产许可，但取得了武器装备科研生产单位保密资格	**方式一：** 由地方科工局对涉密信息出具批复或由取得保密资格证的企业自主负责涉密信息审查相关工作，并向交易所申请信息豁免披露。 **方式二：** 部分企业仍取得了国防科工局涉密信息审查批复，并根据批复向交易所申请信息豁免披露。

信息披露是资本市场全面注册制改革背景下审核监管的重点，但军工企业大多与国防安全密切相关，可能直接或间接涉及国家秘密或国家安全信息，因此，在充分信息披露的同时，也需要保障信息披露的合规性。因此，建议发行人与国防科工局就信息豁免披露及是否需要履行涉密信息披露审查事项提前进行沟通，最大程度避免合规风险。

（二）研发中心建设类募投项目环评相关规则解读

1. 规则存在的矛盾

《环境影响评价法（2018修正）》第十六条规定，建设单位应当按照下列规定组织编制环境影响报告书、环境影响报告表或者填报环境影响登记表（以下统称环境影响评价文件）：（1）可能造成重大环境影响的，应当编制环境影响报告书，对产生的环境影响进行全面评价；（2）可能造成轻度环境影响的，应当编制环境影响报告表，对产生的环境影响进行分析或者专项评价；（3）对环境影响很小、不需要进行环境影响评价的，应当填报环境影响登记表。

《建设项目环境影响评价分类管理名录（2021年版）》（生态环境部令第16号）第五条规定，本名录未作规定的建设项目，不纳入建设项目环境影响评价管理；省级生态环境主管部门对本名录未作规定的建设项目，认为确有必要纳入建设项目环境影响评价管理的，可以根据建设项目的污染因子、生态影响因子特征及其所处环境的敏感性质和敏感程度等，提出环境影响评价分类管理的建议，报生态环境部认定后实施。

表 4

项目类别 \ 环评类别	报告书	报告表	登记表	本栏目环境敏感区含义
四十五、研究和试验发展				
98　专业实验室、研发（试验）基地	P3、P4 生物安全实验室；转基因实验室	其他（不产生实验废气、废水、危险废物的除外）	—	—

其中，根据《生物安全实验室建筑技术规范》（GB50346-2011）文件规定，生物实验室又称生物安全实验室，是指进行与生物科相关的实验的场所，通过防护屏障和管理措施，达到生物安全要求的微生物实验室和动物实验室。根据实验室所处理对象的生物危害程度和采取的防护措施，生物安全实验室分为四级，具体等级情况如表 5 所示。

表 5

分级	生物危害程度	操作对象
一级（P1）	低个体危害，低群体危害	对人体、动植物或环境危害较低，不具有对健康成人、动植物致病的致病因子。
二级（P2）	中等个体危害，有限群体危害	对人体、动植物或环境具有中等危害或具有潜在危险的致病因子，对健康成人、动物和环境不会造成严重危害。有效的预防和治疗措施。
三级（P3）	高个体危害，低群体危害	对人体、动植物或环境具有高度危害性，通过直接接触或气溶胶使人传染上严重的甚至是致命疾病或对动植物和环境具有高度危害的致病因子。通常有预防和治疗措施。
四级（P4）	高个体危害，高群体危害	对人体、动植物或环境具有高度危害性、通过气溶胶途径传播或传播途径不明，或未知的、高度危险的致病因子。没有预防和治疗措施。

此外，各地方政府会根据国家生态环境部发布的《建设项目环境影响评价分类管理名录》出具适用于当地的《建设项目环境影响评价分类管理名录》。

结合《环境影响评价法》《建设项目环境影响评价分类管理名录（2021 年版）》等相关规定，研发中心类募投项目的环评手续可以分为以下几种情形（见表 6）。

表6

情形	研发中心类型	环境影响评价申请文件	取得文件
1	P3、P4生物安全实验室；转基因实验室	编制环境影响报告书 依据:《建设项目环境影响评价分类管理名录（2021年版）》	环评批复
2	产生实验废气、废水、危险废物的研发基地	编制环境影响报告表 依据:《建设项目环境影响评价分类管理名录（2021年版）》	环评批复
3	不产生实验废气、废水、危险废物的研发基地	填报环境影响登记表 依据:《环境影响评价法（2018修正）》第十六条	备案回执
4		无需履行环评手续 依据:《建设项目环境影响评价分类管理名录（2021年版）》	无

从现行法规上看,《建设项目环境影响评价分类管理名录（2021年版）》第98项与《环境影响评价法（2018修正）》第十六条"（三）对环境影响很小、不需要进行环境影响评价的,应当填报环境影响登记表"存在矛盾。根据《建设项目环境影响评价分类管理名录（2021年版）》第98项,不产生实验废气、废水、危险废物的研发项目无需编制任何环境影响文件,但根据《环境影响评价法（2018修正）》第十六条则应当填报环境影响登记表并备案。

2. 相关案例

表7

类别	案例	基本情况
编制环境影响报告书并取得批复（对应情形1）	科前生物（688625）:向特定对象发行A股股票	本次募投项目拟建设的高级别动物生物安全实验室取得了武汉东湖新技术开发区生态环境和水务湖泊局出具的《关于武汉科前生物股份有限公司高级别动物疫苗产业化基地建设项目（动物生物安全实验室）环境影响报告书的批复》（武新环管〔2023〕1号）。

（续表）

类别	案例	基本情况
编制环境影响报告表并取得批复（对应情形2）	远翔新材（301300）：首次公开发行股票并在创业板上市	关于公司 IPO 募投项目之一的"研发中心建设项目"，2020 年 12 月 11 日，南平市生态环境局出具《关于批复福建远翔新材料股份有限公司研发中心建设项目环境影响报告表的函》（南环审函邸〔2020〕66 号），同意发行人在福建邵武经济开发区现有厂区内新建 1 栋研发楼（小试实验室），从事新产品探索性、开发性的科研工作。
	格力博（301260）：首次公开发行股票并在创业板上市	关于公司 IPO 募投项目之一的"新能源智能园林机械研发中心建设项目"，已于 2020 年 12 月取得常州市生态环境局《市生态环境局关于格力博（江苏）股份有限公司新能源智能园林机械研发中心建设项目环境影响报告表的批复》（常钟环告审〔2020〕16 号）。
编制环境影响登记表并取得备案回执（对应情形3）	同星科技（301252）：首次公开发行股票并在创业板上市	"研发中心建设项目"属技术研发项目，仅产生少量办公和生活垃圾，不涉及生产过程污染物。本项目已于 2021 年 5 月取得绍兴市生态环境局出具的《新昌县建设项目环境影响登记表备案通知书》（新环规备〔2021〕19 号）。
	和达科技（688296）：首次公开发行股票并在科创板上市	发行人在建的"浙江和达科技股份有限公司技术研发中心项目"经浙江环耀环境建设有限公司于 2020 年 6 月编制《浙江和达科技股份有限公司技术研发中心项目环境影响登记表》，并经嘉兴市生态环境局审查同意，嘉兴市生态环境局于 2020 年 7 月 6 日出具了《嘉兴经济技术开发区"规划环评＋环境标准"改革建设项目环境影响登记表备案通知书》[嘉环（经开）登备〔2020〕31 号]。
	亿田智能（300911）：首次公开发行股票并在创业板上市	2019 年 8 月 14 日，绍兴市生态环境局对研发中心及信息化建设项目出具了《嵊州市"区域环评＋环境标准"改革建设项目环境影响登记表备案通知书》（备案号：嵊环备〔2019〕12 号），同意对亿田股份提交的研发中心及信息化建设项目环境影响登记表予以备案。项目竣工后，亿田股份应当对环保设施进行验收，验收合格后方可投入生产。

（续表）

类别	案例	基本情况
不制作任何环境影响评价文件（对应情形4）	川恒股份（002895）：公开发行可转换公司债券	根据《建设项目环境影响评价分类管理名录》（2021年版），"专业实验室、研发（试验）基地"类项目中"P3、P4生物安全实验室和转基因实验室"需编制环境影响报告书，对产生的环境影响进行全面评价；"其他（不产生实验废气、废水、危险废物的除外）"类项目需编制环境影响报告表，对产生的环境影响进行分析或者专项评价。"贵州川恒化工股份有限公司工程研究中心"不属于分类管理项目"P3、P4生物安全实验室和转基因实验室"，无需编制环境影响报告书；根据募投项目实施规划，该项目不会对外排放实验废气、废水、危险废物，不属于需编制环境影响报告表类项目，无需编制环境影响报告表。
	浙江正特（001238）：首次公开发行股票并上市	公司募投项目之一为"研发检测及体验中心建设项目"，根据台州市生态环境局临海分局出具的"临环审函〔2021〕22号"《关于浙江正特股份有限公司研发检测及体验中心建设项目环境影响评价管理有关事宜的复函》："对照《建设项目环境影响评价分类管理名录（2021年版）》，我局认为浙江正特股份有限公司研发检测及体验中心建设项目不属于'四十五、研究和试验发展98.专业实验室、研发（试验）基地'中P3、P4生物安全实验室、转基因实验室或其他产生废气、废水、危险废物的实验室，按名录规定无需办理报告书、报告表审批手续和环境影响评价登记表手续。"
	德龙激光（688170）：首次公开发行股票并在创业板上市	公司拟投资项目"研发中心建设项目"属于《建设项目环境影响评价分类管理名录》之"四十五、研究和试验发展"项下的"专业实验室、研发（试验）基地"，但该项目不属于P3、P4生物安全实验室、转基因实验室，也不属于产生试验废气、废水、危险废物的研发项目，故不需要编制建设项目环境影响报告书、环境影响报告表以及环境影响登记表，即该项目无须取得环评批复。

3. 相关建议

针对研发中心建设类募投项目，发行人应当根据研发中心的类型办理不同的环评手续：

（1）属于 P3、P4 生物安全实验室、转基因实验室，或产生实验废气、废水、危险废物

发行人需要编制《环境影响报告书》或《环境影响报告表》并报有审批权的生态环境主管部门审批。

值得注意的是，如研发项目建设地点涉及跨行政区域，根据《环境影响评价法（2018 修正）》第二十三条规定，应当向国务院生态环境主管部门审批。

（2）不产生实验废气、废水、危险废物

因规则上存在冲突，根据《环境影响评价法》应当填制环境影响登记表并向县级环境保护主管部门备案，备案后取得《建设项目环境影响登记表备案回执》，但根据《建设项目环境影响评价分类管理名录（2021 年版）》，无需编制《环境影响报告表》，也无需填报《环境影响登记表》。

鉴于此，建议发行人根据研发中心建设项目的实施地点，结合地方性规定予以充分评估，例如《深圳经济特区建设项目环境保护条例》第八条规定"未纳入本市建设项目环境影响审批管理名录和备案管理名录的，无需实施建设项目环境影响评价审批或者备案"，根据《深圳市建设项目环境影响评价审批和备案管理名录（2021 版）》第四十四项规定，"不产生实验废水、废气、危险废物"的专业实验室、研发（试验）基地无需审批或备案。

若当地无配套制度，则建议与当地环境保护主管部门就规则的适用问题进行沟通。

四、案件结论

本项目是锦天城服务实体经济、助力我国民参军上市公司做优做强、持续创新、实现高质量发展的又一力作。自项目启动以来，锦天城律所团队凭借丰富的军工项目执行经验、严谨认真的服务态度，为本次向特定对象发行 A 股股票项目提供了全流程法律服务，助力金信诺顺利完成交易所审核及证监会注册。

本次发行涉及较多无明确规则依据且无市场先例事项，项目组根据军工企业资本运作经验提出了解决方案并取得了审核机构的认可，为其他军工企业资本运作面临的类似问题提供了思路及案例参考。

此外，中小市值上市公司发行难度普遍较大，在本次发行过程中，市场整体亦较为低迷，锦天城与发行人及各中介机构通力合作，本次发行实现项目超额认购，认购倍数为 1.51 倍，发行价格为 6.26 元 / 股，为基准价格的 103.99%，成功为金信诺引入大型公募基金、证券公司、保险公司、私募基金、产业投资者等多元化优质投资者，将有助于金信诺夯实主业基础，提升技术实力，完善产业布局，增强持续经营能力，并进一步提高公司在高速率及特种军工信号产品的市场影响力。

三安光电向特定对象发行股票项目

答邦彪* 邹佳慧**

一、案情介绍

三安光电股份有限公司（以下简称"三安光电"或"发行人"）成立于2000年，以打造拥有自主知识产权的民族高科技企业为己任，是国内化合物半导体领域产销规模首位、全产业链布局的龙头企业。三安光电在全球多个国家和地区设有研发中心和产业化基地，是理想、三星、飞利浦、科锐等国内外重要客户的战略合作伙伴，是全球化合物半导体企业的重要竞争者，特别是从事的微波射频、滤波器、电力电子、光技术等二三代化合物半导体填补了国内空白，突破国际对国内的技术封锁和垄断，是该领域国产替代的主力军，是我国半导体集成电路产业实现从第一代硅基半导体到第二代第三代化合物半导体换道超车的重要支柱性企业。

2022年3月29日，中国证监会下发了《关于核准三安光电股份有限公司非公开发行股票的批复》，批复核准三安光电非公开发行不超过671 901 196股新股。2022年11月24日9时至12时为本次发行询价时间，由于证券市场整体低

* 锦天城律师事务所合伙人。
** 锦天城律师事务所律师。

迷，在首轮认购结束后，投资者认购资金未达到本次发行拟募集资金总额，项目组立即与发行人、保荐机构会商决定启动追加认购程序，终于在当日 18 时追加认购期结束前，完成了足额募集。2022 年 11 月 29 日，经验资，三安光电本次非公开发行股票募集资金总额为 79 亿元。募集资金将紧密围绕三安光电主营业务使用，用于落户于湖北省鄂州市的湖北三安光电有限公司 Mini/Micro 显示产业化项目及补充流动资金。

二、办案难点

（一）疫情期间发行人境外重要子公司的核查

法律法规及配套规则制度，明确要求发行人需要披露子公司的经营情况，明确要求发行人律师需要对发行人境外经营情况进行尽职查验。然而，项目正处于新冠肺炎疫情全球肆虐的当口，项目组无法对发行人的境外子公司进行实地查验。

（二）发行人报告期内存在未结诉讼较多

作为发行人律师，若发行人在报告期内存在未决诉讼，则需要对相关诉讼案件逐一进行尽职调查，了解诉讼案件诉讼地位、诉讼进程、裁判结果的风险，并判断是否会对发行人的持续经营产生影响。截至报告期末，三安光电及其子公司存在多笔 4 个涉案金额较大的未决诉讼，且涉案金额均在 2 000 万元以上。

（三）大额派息后再融资的合理合规性

三安光电在 2020 年度实现净利润为 3 年来最低情况下，进行高额现金分红的情况仍不免引起监管机构的关注。

三、法律分析

（一）发行人境外重要子公司的核查

《律师从事证券法律业务尽职调查操作指引》第 62 条规定："律师须披露发

行人是否在中国大陆以外经营。"

"律师应当尽职查验以下文件或事项:(1)政府有权部门(包括但不限于发改委、商务部门和外汇管理部门等)就发行人为中国大陆以外经营主体的境外项目行政许可、境外投资批准证书、利润来源证明及境外投资之外汇核准件原件;(2)发行人法定申报期间的财务报告原件;(3)发行人境外主体之商业登记证或类似公司主体登记文件、业务经营所需资质的境外审批文件原件;(4)经境外公证、认证程序之发行人境外主体公司良好存续证明(注册机构签发)及股东、董事情况证明书(注册代理机构签发)等类似文件原件;(5)必要时,走访发行人的董事长、总经理、相关业务人员、财务人员,并制作访谈笔录;(6)必要时,就发行人境外业务所涉及的境外经营性资产、境外仓储、境外运输等进行实地查验,并制作查验记录;(7)必要时,走访发行人有关审计、行业资讯机构及相关人员,并制作访谈笔录;(8)要求发行人境外机构设立地的律师出具法律意见书,说明该境外机构的合法性,如该境外机构对发行人的业务而言较为重要,则法律意见书应包括其经营的合法性;(9)发行人就发行人是否存在境外经营进行的确认说明及承诺;(10)对于发行人存在重要境外子公司或主要采取外销模式的,律师应到发行人境外子公司所在地及主要外销客户所在地实地走访调查。"

《公开发行证券的公司信息披露内容与格式准则第57号——招股说明书》第三十一条第二款的规定:"发行人确定子公司是否重要时,应考虑子公司的收入、利润、总资产、净资产等财务指标占合并报表相关指标的比例,以及子公司经营业务、未来发展战略、持有资质或证照等对公司的影响等因素。"

可以看出,法律法规及配套规则制度,明确要求发行人需要披露子公司的经营情况,明确要求发行人律师需要对发行人境外经营情况进行尽职查验,查验的方式通常包括:要求境外律师对发行人境外子公司进行尽职调查出具法律意见书、实地查验、访谈相关人员、走访客户和供应商、查验原始凭证等。鉴于不同法域的区别,境外子公司是否符合境外所在国的法律规定必须由境外律师进行相关核查并出具法律意见。

项目组根据上述规定,综合考虑发行人境外子公司的收入占比,选取了发行人的重要子公司进行重点核查。因正处于新冠肺炎疫情全球肆虐的当口,项目组无法对发行人的境外子公司进行实地查验,于是项目组律师充分利用锦天城设立的境外办公室及分所的优质资源平台,联动各境外办公室的律师同仁根据当地的相关法律法规并结合境内证券监管的相关规则,对发行人的境外子公司进行了尽职尽责的合规性审查,并根据相关要求出具了法律意见书。

(二)发行人报告期内存在未结诉讼较多

根据《上市公司证券发行管理办法》(项目当时有效,现已失效废止,现行有效规章为《上市公司证券发行注册管理办法》)第七条的规定:"上市公司的盈利能力具有可持续性,符合下列规定:(一)最近三个会计年度连续盈利。扣除非经常性损益后的净利润与扣除前的净利润相比,以低者作为计算依据;(二)业务和盈利来源相对稳定,不存在严重依赖于控股股东、实际控制人的情形;(三)现有主营业务或投资方向能够可持续发展,经营模式和投资计划稳健,主要产品或服务的市场前景良好,行业经营环境和市场需求不存在现实或可预见的重大不利变化;(四)高级管理人员和核心技术人员稳定,最近十二个月内未发生重大不利变化;(五)公司重要资产、核心技术或其他重大权益的取得合法,能够持续使用,不存在现实或可预见的重大不利变化;(六)不存在可能严重影响公司持续经营的担保、诉讼、仲裁或其他重大事项;(七)最近二十四个月内曾公开发行证券的,不存在发行当年营业利润比上年下降百分之五十以上的情形。"及现行有效的《上市公司证券发行注册管理办法》第九条的规定:"上市公司向不特定对象发行股票,应当符合下列规定:(一)具备健全且运行良好的组织机构;(二)现任董事、监事和高级管理人员符合法律、行政法规规定的任职要求;(三)具有完整的业务体系和直接面向市场独立经营的能力,不存在对持续经营有重大不利影响的情形;(四)会计基础工作规范,内部控制制度健全且有效执行,财务报表的编制和披露符合企业会计准则和相关信息披露规则的规定,在所有重大方面公允反映了上市公司的财务状况、经营成果和现金流量,最近三年财务会计报告被出具无保留意见审计报告;(五)除金融类企业外,最近一期末不存在金额较大的财务性投资;(六)交易所主板上市公司配股、增发的,应当最近三个会计年度盈利;增发还应当满足最近三个会计年度加权平均净资产收益率平均不低于百分之六;净利润以扣除非经常性损益前后孰低者为计算依据。"

可以看出不论是已经失效的《上市公司证券发行管理办法》还是现行有效的《上市公司证券发行注册管理办法》中规定的发行条件均要求发行人不存在对公司持续经营有重大不利影响的情形。作为发行人律师，若发行人在报告期内存在未决诉讼，则需要对相关诉讼案件逐一进行尽职调查，了解诉讼案件诉讼地位、诉讼进程、裁判结果的风险，并判断是否会对发行人的持续经营产生影响。

截至报告期末，三安光电及其子公司存在 4 个涉案金额较大的未决诉讼。项目组律师为了更全面地了解案件详情，仔细查阅了 4 个案件的诉讼材料，访谈了案件的代理律师，明晰案件的争议焦点并咨询了解代理律师对案件的结果判断，项目组还查找了相关类似案例，查询了同类案件的判决结果。根据《上海证券交易所股票上市规则》的规定，重大诉讼的定义为"涉案金额超过 1 000万元，并且占公司最近一期经审计净资产绝对值 10% 以上"。三安光电的上述 4个未决诉讼虽然涉案金额均在 2 000 万元以上，但并未占公司最近一期经审计净资产绝对值的 10% 以上，因此并不属于重大诉讼。会计师根据《企业会计准则第 13 号——或有事项》及发行人的会计政策，对未决诉讼进行了减值准备计提及预计负债计提。最终项目组综合考虑案件事实及案涉金额占比，认为截至报告期末三安光电存在的 4 个未决诉讼不会影响发行人的持续经营。

（三）大额派息后进行再融资的合理合规性

三安光电报告期内现金分红情况如表 1 所示。

表 1

项　　目	2020 年度	2019 年度	2018 年度
归属于上市公司股东的净利润	101 628.00	129 846.67	283 015.81
现金分红金额（含税）	67 190.12	40 539.31	81 078.61
股份回购金额	—	—	34 999.93
现金分红总额	67 190.12	40 539.31	116 078.54
现金分红占当年归属于上市公司股东的净利润的比例	66.11%	31.22%	41.01%

（续表）

项　　　目	2020 年度	2019 年度	2018 年度
最近三年累计现金分红金额（含税、含回购金额）		223 807.96	
最近三年合并报表中归属于上市公司股东的合计净利润		514 490.48	
最近三年合并报表中归属于上市公司股东的年均净利润		171 496.83	
最近三年累计现金分红金额占归属上市公司股东的合计净利润的比例		43.50%	
最近三年累计现金分红额占归属于上市公司股东的年均净利润的比例		130.50%	

　　虽然当时适用的《上市公司证券发行管理办法》发行条件中关于利润分配仅规定了"最近三年以现金方式累计分配的利润不少于最近三年实现的年均可分配利润的百分之三十"（现行有效的《上市公司证券发行注册管理办法》已取消该规定）。但三安光电在 2020 年度实现净利润为 3 年来最低情况下，进行高额现金分红的情况仍不免引起监管机构的关注。

　　2020 年度公司实现归母净利润 101 628 万元，同期进行现金分红 67 190 万元，分红比例达 66.11%。最近三年累计现金分红比例占最近三年净利润的比例为 130.5%。

　　针对上述情况，项目组律师会同券商及会计师取得并核查了公司报告期内历次现金分红决策程序的相关文件，包括董事会议案及决议、监事会议议案及决议、独立董事独立意见、股东大会决议以及相关信息披露文件等；与公司高管进行访谈，了解了公司报告期内历次现金分红的决策背景和依据；取得了报告期内公司财务报告、审计报告，分析公司经营情况及现金流量情况；取得了公司本次募投项目的可行性研究报告，了解公司本次再融资的必要性及合理性。

　　经查阅相关资料及对公司高管访谈后了解到，公司章程关于分红比例的规定如下："第一百五十五条：……在公司足额提取法定公积金和任意公积金后，最近三年以现金方式累计分配的利润不少于最近三年实现的年均可分配利润的百分之三十"。2018—2020 年，公司归属于母公司所有者的净利润合计

514 490.48 万元，年均可分配利润为 171 496.83 万元；公司累计现金分红（含股份回购）金额为 223 807.96 万元，占最近三年累计归属于母公司所有者的净利润的 43.50%，占最近三年实现的年均可分配利润的 130.50%，高于公司章程规定的下限，主要原因包括：（1）公司业务发展良好，盈利能力较强；（2）公司经营状况与现金流量稳定，具备执行稳定现金分红政策的能力，不存在现金分红影响日常生产经营及业务发展需要的情形；（3）公司积极响应上市公司现金分红相关政策的号召，进一步完善和健全公司科学、持续、稳定的分红政策和监管机制，给予投资者合理的投资回报。

公司章程关于分红决策程序的规定如下："第一百五十五条：董事会应提出科学、合理的现金分红预案，独立董事发表意见，独立董事也可以征集中小股东的意见，提出分红提案，并直接提交董事会审议，待董事会审议后，方能提交股东大会表决。……公司监事会对董事会和经营管理层执行现金分红政策、股东回报规划的情况以及决策程序应进行有效监督。"经核查，公司 2018—2020 年度利润分配方案均已依照公司章程的规定履行了董事会决议程序、监事会决议程序，独立董事已发表独立意见，并经出席股东大会的股东所持表决权的三分之二以上表决通过，决策程序合规。

综上，报告期内，公司执行相对较为稳定的现金分红政策，最近三年累计现金分红比例高于公司章程规定的下限，主要原因是：（1）公司业务发展良好，盈利能力较强；（2）公司经营状况与现金流量稳定，具备执行稳定现金分红政策的能力，不存在现金分红影响日常生产经营及业务发展需要的情形；（3）公司积极响应上市公司现金分红相关政策的号召，进一步完善和健全公司科学、持续、稳定的分红政策和监管机制，给予投资者合理的投资回报。

2018—2020 年，公司归属于母公司所有者的净利润合计 514 490.48 万元，累计现金分红（含股份回购）金额为 223 807.96 万元，占最近三年归属于母公司所有者的净利润的 43.50%，其余大部分盈利仍主要留存用于支持公司业务发展。此外，若按照公司章程规定现金分红比例下限模拟测算，公司年均减少现金分红支出 5.75 亿元，相较于公司本次募投项目"湖北三安光电有限公司 Mini/Micro 显示产业化项目" 120 亿元的项目总投资规模以及公司 51.40 亿元的流动资金缺口而言，影响较小。

因此，公司报告期内高比例分红的同时又申请再融资具备合理性。

四、案件结论

新冠肺炎疫情的肆虐，给本次项目的尽职调查过程带来了较大的影响，对于在项目过程中碰到的重难点问题，项目组律师打开思路，通过多种形式的核查手段完成对发行人的尽职调查。在工作过程中，律师的身份在监管者与服务者之间相互转变，作为监管者发现发行人存在的问题，作为服务者，针对发现的问题依照相关法律法规及相关监管规定为发行人提供良好的整改方案。最终在发行人及三家中介机构的共同努力下，顺利完成了本次发行的足额募集。

本次发行募集资金主要用于湖北三安光电有限公司 Mini/Micro 显示产业化项目，项目总投资额 120 亿元，该项目的落地将有效推动鄂豫皖赣区域集成电路产业集群的形成，助力区域经济高质量发展。三安光电的此次发行积极响应了国家集成电路发展战略，本次非公开发行将为持续突破化合物半导体领域关键核心技术提供充裕的资金保障。三安光电作为全球极少数具备 Mini LED 芯片稳定量产能力的龙头企业，本次募投项目的实施将推动三安光电进一步提升产能、巩固先发优势，助力实现具备国际竞争力半导体厂商的战略发展目标。同时，三安光电本次募集资金总额为 79 亿元，成为 2022 年全年 A 股半导体行业集成电路领域最大规模再融资项目。

蓝帆医疗向不特定对象发行可转换
公司债券项目

王 蕊[*]

一、案情介绍

2020 年 5 月 19 日，蓝帆医疗股份有限公司（以下简称"蓝帆医疗"，股票代码 002382）公告收到中国证监会印发的批复，核准公司向社会公开发行面值总额 314 404 万元可转换公司债券。

本所律师全程主办了上述蓝帆医疗公开发行 314 404 万元可转换公司债券项目，此外募投项目所涉全部境内收购及跨境并购项目也由本所律师协助完成：（1）跨境收购瑞士 NVT AG 100%（涉及德国、意大利及西班牙子公司）的股权并后续补充运营资金；（2）跨境收购 CB Cardio Holdings Ⅱ Limited 少数股权项目，本次收购完成后 CB Cardio Holdings Ⅱ Limited（注册地址为新加坡）成为发行人的全资子公司；（3）收购武汉必凯尔救助用品有限公司 100% 的股权。

---

[*] 上海市锦天城律师事务所高级合伙人。

二、办案难点

上市公司蓝帆医疗是一家大型跨国公司，拥有 56 家并表子公司，其中境外子公司三十多家，涉及欧洲、美洲、大洋洲、亚洲等多个国家；募投项目涉及境内境外多家标的公司，项目实施主体涉及发行人的多家境外子公司，其中境外标的公司分布在瑞士等 4 个国家。

综合以上因素，使得该项目的实施和完成具有相当的难度：

第一，上市公司并表的主要子公司位于新加坡、意大利、马来西亚等数个国家，涉及境外专利、商标均高达数百项，涉及十余个国家，需要协调香港、新加坡、意大利等各国律师出具符合申报需要的法律意见书或尽职调查报告。

第二，发行人境外子公司涉及重大诉讼以及刑事处罚等事项，境外合规经营情况以及是否符合本次发行的合规性要求，成为中国证监会的关注事项。

第三，收购标的涉及境外瑞士、德国、意大利、西班牙等欧洲国家，作为收购方律师对境外的生产、经营场所进行尽调并协调各国家律师出具符合中国证监会文件申报要求的法律意见。

第四，实施跨境收购，需要履行中国企业开展境外投资对应的发改委、商务主管部门以及外汇管理等相关 ODI 审批备案流程。

第五，收购德国标的公司，需要协调取得德国经济事务和能源部的批准。

第六，此次交易中，收购境外标的公司涉及分手费及现有资产人员业务的部分留存整合部分剥离、既有员工激励平台的拆除、期权计划终止、既有部分人员业务的剥离整合等事项。

三、法律分析

（一）募投项目中境外收购项目相关法律审核关注要点

1. 境外投资项目是否经有权机关审批或备案

收购介入主动脉瓣膜公司 NVT AG 100% 股权及补充营运资金项目涉及境外直接投资，属于发改主管部门和商务主管部门实行备案管理的项目，审批机关分别为山东省发改委和山东省商务厅。发行人就该项目取得了山东省发改委出具的《境外投资项目备案通知书》（鲁发改外资备〔2019〕第128号）以及山东省商务厅颁发的《企业境外投资证书》（境外投资证第N3700201900286号）。

收购CBCHII 6.63%的少数股权项目涉及境外直接投资，属于发改主管部门和商务主管部门实行备案管理的项目，审批机关分别为山东省发改委和山东省商务厅。发行人已就该项目取得了山东省发改委出具的《境外投资项目备案通知书》（鲁发改外资备〔2019〕第129号）以及山东省商务厅颁发的《企业境外投资证书》（境外投资证第N3700201900288号、境外投资证第N3700201900289号）。

由于本次境外募投项目之收购介入主动脉瓣膜公司NVT AG 100%股权及补充营运资金项目涉及对NVT AG德国全资子公司的间接收购，因此正在等待德国联邦经济事务和能源部（BMWi）就发行人已提交的非欧盟投资者间接收购NVT AG德国全资子公司的无异议申请的确认。

根据泰德威律师行出具的备忘录：（1）根据德国《对外贸易条例》（Foreign Trade Regulation，"AWV"），仅当标的企业经营领域涉及"关键基础设施"（Critical Infrastructures）（§55 para.1 AWV）或者标的企业生产或提供的服务与国防领域相关时，非欧盟投资者有义务通知BMWi（§55 para.4及§60 para.3 AWV）；（2）根据泰德威律师行的判断，本次NVT收购项目并无向德国联邦经济事务和能源部（BMWi）申报的法定义务，向德国联邦经济事务和能源部（BMWi）提交无异议的申请并非强制义务，而是为了获得德国联邦经济事务和能源部（BMWi）对本次收购不会引起任何公共秩序或安全顾虑的正式确认；（3）如若德国联邦经济事务和能源部（BMWi）在收到申请后两个月内未回复或未出具无异议函，即未启动第二阶段审查，则将视为无异议（§58 para.2，第一阶段审查）；德国联邦经济事务和能源部（BMWi）亦有可能在两个月之内出具一个无异议函；（4）根据泰德威律师行的意见，考虑到NVT AG的产品范围、相对较小的收入规模，该交易获得无异议并无实质障碍。

基于上述，本次收购NVT AG项目并无向德国联邦经济事务和能源部（BMWi）申报的法定义务，取得德国联邦经济事务和能源部（BMWi）就非欧盟投资者间接收购NVTAG德国全资子公司的无异议无实质障碍。除上述情形之外，本次募投境外收购项目无需要取得的境外许可。

2. 境外收购项目是否符合《关于进一步引导和规范境外投资方向的指导意见》

根据《关于进一步引导和规范境外投资方向的指导意见》（国办发〔2017〕74号）（以下简称"《指导意见》"）的规定，限制境内企业开展与国家和平发展外交方针、互利共赢开放战略以及宏观调控政策不符的境外投资，包括："（一）赴与我国未建交、发生战乱或者我国缔结的双多边条约或协议规定需要限制的敏感国家和地区开展境外投资；（二）房地产、酒店、影城、娱乐业、体育俱乐部等境外投资；（三）在境外设立无具体实业项目的股权投资基金或投资平台；（四）使用不符合投资目的国技术标准要求的落后生产设备开展境外投资；（五）不符合投资目的国环保、能耗、安全标准的境外投资。"

经本所律师核查，本次涉及境外投资的募投项目不属于《指导意见》所列举限制开展的境外投资，具体如下：

（1）收购介入主动脉瓣膜公司NVT AG 100%股权及补充营运资金项目的标的公司NVT AG注册于瑞士，子公司位于德国、意大利和西班牙；收购CBCHII 6.63%的少数股权项目标的公司CBCHII注册于开曼群岛，其主要运营实体分布在新加坡、瑞士、法国、德国、西班牙、英国、荷兰、日本、韩国、美国、马来西亚和印度尼西亚等地，上述国家和地区均不属于"与我国未建交、发生战乱或者我国缔结的双多边条约或协议规定需要限制的敏感国家和地区"。

（2）NVT AG及其子公司主要产品为TAVR（经导管主动脉瓣置换术）的植入器械，CBCHII及其子公司的主要产品为心脏支架及介入性心脏手术相关器械产品，同属于医疗器械行业，不属于"房地产、酒店、影城、娱乐业、体育俱乐部"等行业。

（3）NVT AG及其子公司主要从事结构性心脏病介入瓣膜产品的研发、生产和销售，CBCHII及其子公司主要从事用于介入性心脏手术相关的心脏支架的研发、生产及销售，均不属于"在境外设立无具体实业项目的股权投资基金或投资平台"。

（4）本次境外收购的标的资产均为公司股权，不涉及使用不符合投资目的国技术标准要求的落后生产设备开展境外投资。收购完成后，如有需要，被收购主体将根据所在国相关法律法规和技术标准购置相关生产设备。

（5）本次境外收购的标的资产均为公司股权，不涉及境外建设募投项目，不涉及境外环保、能耗、安全标准审查。

此外，《指导意见》进一步禁止境内企业参与危害或可能危害国家利益和国家安全等的境外投资，包括："（一）涉及未经国家批准的军事工业核心技术和产品输出的境外投资；（二）运用我国禁止出口的技术、工艺、产品的境外投资；（三）赌博业、色情业等境外投资；（四）我国缔结或参加的国际条约规定禁止的境外投资；（五）其他危害或可能危害国家利益和国家安全的境外投资。"相关募投项目不属于上述列举的禁止境内企业的境外投资情形。

《指导意见》鼓励开展的境外投资包括"加强与境外高新技术和先进制造业企业的投资合作，鼓励在境外设立研发中心"。NVT AG 及其子公司具备心脏瓣膜领域核心技术，产品属于高附加值介入性医疗器械，处于结构性心脏病学研究的前沿领域，为获得 CE 认证的 TAVR 生产厂商；CBCHII 及其子公司是心脏支架研发、生产和销售企业，在世界范围内拥有高水平的技术研发团队和顶尖的研发力量。

基于上述，本次募投项目不属于《指导意见》中规定的限制、禁止境内企业进行境外投资的范围，属于《指导意见》鼓励开展的境外投资，符合《指导意见》的相关规定。

3. 是否依法办理外汇登记，是否取得境内外全部许可

根据 2015 年国家外汇管理局发布的《国家外汇管理局关于进一步简化和改革直接投资外汇管理政策的通知》（汇发〔2015〕13 号）规定："取消境内直接投资项下外汇登记核准和境外直接投资项下外汇登记核准两项行政审批事项，改由银行按照本通知及所附《直接投资外汇业务操作指引》直接审核办理境内直接投资项下外汇登记和境外直接投资项下外汇登记，国家外汇管理局及其分支机构通过银行对直接投资外汇登记实施间接监管。"上述境外收购项目无需办理国家外汇管理局的外汇登记手续，由银行按规定进行审核监管及办理。根据发行人出具的书面确认，发行人已就外汇登记事项与银行进行了沟通，根据银行实际操作要求，外汇业务登记凭证将与资金汇出手续同时办理，发行人将在募集资金到位后，严格按照我国外汇管理相关法律、法规及规范性文件的规定，将相关申请资料提交银行，履行外汇登记、账户开立及资金汇出等相关程序。

基于上述，本所律师认为，发行人已就境外收购项目办理完毕发改、商务部门备案程序，在募集资金到位后，发行人按照我国外汇管理相关法律法规及规范性文件的规定履行外汇登记、账户开立及资金汇出等相关程序，当前不存在实质障碍。

4. 募投项目是否具备实施募投项目的全部资质许可，项目涉及产品是否已通过境内外审批或者注册

NVT AG 的主要生产主体为 NVT GmbH，主要的销售主体为除生产主体外的其余销售子公司，NVT AG 主要作为控股公司存在。

根据 Bratschi Ltd. 出具的 NVT AG 法律意见书，瑞士法律不要求公司的任何经营证书、资格或执照。除非有相反的法律，任何人都有权在没有任何许可证的情况下经营任何业务。根据 Taylor Wessing 出具的 NVT GmbH 和 NVT Sales GmbH 的法律意见书，经 DEKRA 认证，Allegra TAVR 系统的部件符合欧盟现行医疗器械法，具体的 CE 证书情况如下：（1）No.17.1.21：EC Declaration of Conformity re. ALLEGRA Transcatheter Heart Valve（valid until 14 March 2022），（2）No.17.1.20：EC Declaration of Conformity re.ALLEGRA Delivery System TF 1（valid until 14 March 2022），（3）No.17.1.26：EC Declaration of Conformity re. ALLEGRA Loading System TF（valid until 14 March 2022）。

NVT AG 的主要产品在德国、意大利、西班牙进行直销，在其余地区如英国 / 爱尔兰、瑞士、奥地利、荷兰和北欧等地由独家分销商进行分销，上述国家和地区适用 CE 认证。

除此之外，在取得相关产品 CE 认证之后，生产上述 Allegra TAVR 系统的三个组成部件不需要特别的生产许可证；医疗器械的分销需满足以下条件：医疗设备的合格性必须由指定机构进行评估和认证，公司需将分销情况向指定机构进行报告。根据 Taylor Wessing 出具的关于 NVT GmbH 和 NVT Sales GmbH 的法律意见书，NVT GmbH 和 NVT Sales GmbH 满足上述条件。

NVT 在西班牙、意大利的子公司 NVT Productos Cardiovasculares，S.L. 和 NVT Italia S.r.l. 主要从事销售业务，可依据取得的 CE 认证在欧盟范围内销售〔部分欧盟国家（如法国）市场准入还需要履行额外的临床注册程序〕。因此，NVT Productos Cardiovasculares，S.L. 和 NVT Italia S.r.l. 具备从事销售业务的

资质。

基于上述，NVT 及下属公司已经取得了其目前从事 TAVR 业务所必需的资质和许可。

公司于 2018 年完成对 CBCH II 93.37% 股权的收购，从而进入冠脉介入领域，公司及其心脑血管事业部子公司已经取得了从事心脏支架业务所必需的资质和许可。

（二）审核部门关注摩纳德公诉案件是否构成上市公司的重大违法违规行为

公司控股子公司 BESA 被意大利摩德纳公诉人提起公诉，被指控未能采取有效的系统和内控（System and Controls）防止内部人员实施贿赂医生和欺诈医保机构的行为。

根据 Clifford Chance 律师事务所出具的《备忘录》，相关案件具体情况和进展如下。

2012 年 1 月 3 日，意大利摩德纳公诉人以涉嫌与一宗贿赂和欺诈案件相关为由，向包括 BESA 在内的数家医疗器械企业开展调查；2013 年 5 月 9 日，BESA 被意大利摩德纳公诉人提起公诉，被提出刑事指控，其未能采取有效的系统和内控（System and Controls）防止内部人员施行贿赂摩德纳医院医生和欺诈国家医保机构的行为；被起诉主体不涉及 BESA 任何员工。

2017 年 11 月 10 日，摩德纳法院就该案件作出判决，向几乎所有涉案被告（包括数名涉案人员和数家医疗器械企业）作出有罪裁决。其中，BESA 因未能在相关时间采取有效的系统和内控防止贿赂和欺诈国家医保机构行为的发生，被处以 210 000 欧元罚金，非立即执行；除此之外，BESA 并未被判处任何禁止令的处罚。针对 BESA 的上述判决，根据 Clifford Chance 律师事务所出具的《备忘录》，相关案件发生后 BESA 已经完成其系统和内控的整改措施，并于 2016 年 2 月 4 日的听证会上提交系统和内控手册及全套相关文件；此外，BESA 聘请的一名独立的意大利专家对其相关系统和内控进行审查，在庭审期间向法庭提供证词；法院采纳了上述一系列整改措施的证词，认为 BESA 的系统和内控在事后已得到正确执行，因此未处以任何禁止令处罚并对罚金给予了三分之一的折扣。

2018 年 3 月 23 日，摩德纳法院就该案件作出完整刑事判决。摩德纳法院充分认可 BESA 已正确地采取有效的系统和内控措施以防止类似该案件的贿赂或欺诈行为，对 BESA 的罚金给予三分之一的折扣。

2018 年 5 月 9 日，BESA 的意大利律师针对摩德纳法院的判决向意大利博洛尼亚上诉法院（the Court of Appeal of Bologna）提出了上诉；2019 年 11 月 28 日，BESA 被正式通知针对上述上诉的首次听证会将于 2020 年 3 月 10 日召开。当前案件正处于 BESA 的上诉程序中。由于 BESA 尚未被施加最终处罚或罚金，因此到目前为止尚未支付任何罚金。

根据 Clifford Chance 律师事务所出具的《备忘录》，在上诉阶段，由于公诉人无权对摩德纳法院已作出的判决作出上诉，博洛尼亚上诉法院可能：（1）维持摩德纳法院的判决；（2）修改摩德纳法院的判决；（3）驳回摩德纳法院的判决。如果博洛尼亚上诉法院拟修改摩德纳法院的判决，其判决亦不可能比摩德纳法院所作判决更不利于 BESA。因此，BESA 被处以的罚金将被确认，但不会再增加。

经本所律师核查，本案对公司生产经营无重大影响，亦不构成重大违法违规行为。根据《再融资业务若干问题解答（一）》之规定："如被处罚主体为发行人收购而来，且相关处罚于发行人收购完成之前作出，原则上不视为发行人存在相关情形。但上市公司主营业务收入和净利润主要来源于被处罚主体或违法行为社会影响恶劣的除外。"

首先，该案被起诉主体为发行人收购而来，且相关处罚于发行人收购完成之前作出。

根据 BMGAVOCATS 出具的法律意见，BESA 为公司于前次重组收购后控制的子公司，上述涉嫌违法的行为发生于 2012 年 1 月之前，并于 2017 年 11 月被处以 21 万欧元罚金非立即执行的判决，无论违法行为还是相关判决均发生于前次重组完成之前。

其次，公司主营业务收入和净利润并非主要来源于 BESA，且该案件结果对发行人的生产经营不会构成重大不利影响。

2018 年度和 2019 年 1—9 月，BESA 的营业收入、净利润占发行人营业收入、净利润情况如表 1 所示。

表 1

公司名称	2019 年 1—9 月		2018 年度	
	营业收入	净利润	营业收入	净利润
Biosensors Europe SA	36 929.68 万元	−1 724.61 万元	37 186.19 万元	1 658.78 万元
蓝帆医疗	259 853.78 万元	39 600.43 万元	265 312.01 万元	35 533.77 万元
占比	14.21%	—	14.02%	4.67%

其中，来自意大利市场的收入和毛利润数据及占柏盛国际和发行人相应指标的比例如表 2 所示。

表 2

公司名称	2019 年 1—9 月		2018 年度	
	营业收入	毛利润	营业收入	毛利润
意大利市场	1 997.06 万元	809.25 万元	2 770.41 万元	1 325.18 万元
蓝帆医疗	168 651.62 万元	119 480.99 万元	265 312.01 万元	107 630.30 万元
意大利市场 / 蓝帆医疗	1.18%	0.68%	1.04%	1.23%

注 1：意大利市场的收入数据为第三方销售数据；由于 BESA 在意大利市场的业务未单独核算，并无意大利业务的净利润数据。

注 2：意大利市场 2018 年度的财务数据为全年数据，发行人 2018 年度财务数据仅包含柏盛国际及其相关子公司 2018 年 6—12 月的经营业绩。

根据 Clifford Chance 律师事务所出具的《备忘录》，由于该案件仍未结案，且即使最终判决形成，亦无针对 BESA 具体人员的指控或 BESA 被处以任何禁止令的处罚；若 BESA 在当地市场系通过经销商参与相关招标和开展业务，则该项刑事诉讼的结果均不会对 BESA 或柏盛国际的生产经营产生不利影响。

此外，由于 EMEA 地区各个国家和地区的市场招标是互相独立的，相关监管政策、招标制度、招标体系、市场主体和销售渠道基本相互独立，BESA 在其中某一国家或地区涉及的纠纷或诉讼并不会对其在其余国家和地区的经营造成实质影响。

基于上述，考虑到：（1）BESA 的收入占发行人合并报表口径比例仅 14% 左右、利润占比不到 5%，且该案件涉及的意大利市场的收入占发行人合并报表口径相应指标的比例仅 1% 左右；（2）该案件不影响 BESA 通过经销商参与当地市场招标和开展业务、亦不实质影响其在其他国家和地区的经营，该项诉讼的结果不会对发行人的生产经营产生重大不利影响。

最后，该案件中 BESA 受到的裁决理由为"因未能在相关时间采取有效的系统和内控防止贿赂和欺诈国家医保机构行为的发生"，不涉及商业贿赂或欺诈。根据意大利摩德纳法院 2018 年 3 月所作的判决及 Clifford Chance 律师事务所的《备忘录》：该案件系因 BESA 内控不完善而产生，法院对 BESA 的判决理由为其未能在相关时间采取有效的系统和内控防止贿赂和欺诈国家医保机构行为的发生，且法院采纳了 BESA 及相关人员所作的一系列整改措施的证词，认为 BESA 的系统和内控在事后已得到正确执行，因此未处以任何禁止令处罚并对罚金给予了三分之一的折扣。

基于上述，该案件被起诉主体 BESA 为发行人收购而来，且相关违法行为和相关判决均于发行人收购完成之前作出；BESA 并非上市公司主营业务收入和净利润主要来源，且该案件结果对公司的生产经营不会构成重大不利影响；该案件中 BESA 受到的裁决理由为 BESA 内控不完善，不涉及商业贿赂或欺诈。此外，当前系由 BESA 提出上诉的程序，最终判决结果预计不会较原判决不利于 BESA。

因此，上述情形不会对公司的生产经营产生实质影响，亦不构成上市公司的重大违法违规行为。

（三）审核部门关注商标诉讼案件对公司产生的影响

公司存在针对控股子公司 BESA 拥有的"Biosensors"商标的诉讼案件。审核部门关注案件受理情况和基本案情，主要诉讼请求，是否涉及公司核心专利、商标、技术、主要产品等，判决结果及执行情况，对公司生产经营、财务状况、未来发展的影响，如果败诉是否对公司产生重大不利影响。

1. 案件受理情况和基本案情、主要诉讼请求，判决结果和执行情况

根据 BMG AVOCATS 律师事务所出具的法律意见、发行人出具的书面说明并经本所律师核查，公司控股子公司 BESA 涉及一起有关"Biosensors"商

标的诉讼案件，具体情况为：一家名为 Biosensor Indústriae Commérco Ltda 的巴西公司（与发行人无关联关系的第三方公司，主要产品为医疗、手术、牙科诊所和实验室使用的非电子器械和器皿）作为原告，于 2012 年 5 月 28 日向巴西圣保罗 14ª 低等民事法院提起诉讼，要求 BESA 停止使用其在巴西注册的"Biosensor"的商标，并对未经其授权使用"Biosensor"商标赔偿其利润损失；2017 年 2 月 14 日，法院判决其与客户有关的索赔是毫无根据的；2018 年 2 月，原告提出澄清动议后被法院驳回；2018 年 1 月，原告提起上诉被法院驳回；2019 年 3 月，原告向巴西圣保罗高等法院提出特别上诉，后被法院驳回；2019 年 9 月，原告向特别法庭提起重审请求（Bidfor Review），BESA 于 2019 年 9 月 13 日提交答复，案件尚待进一步审理。

根据公司出具的说明并经本所律师核查，BESA 的立场得到了多级法院认可。法院判定原告败诉，驳回原告的上诉及特别上诉主要基于以下几点判决理由：

（1）BESA 仅将"Biosensors"作为商号而非商标使用，其在巴西市场销售的产品不使用"Biosensors"商标，而是使用其他商标，以识别及区分其具体的产品；（2）虽然 BESA 与原告于同一地域展开销售，但由于 BESA 与原告生产的产品有着显著的差异，且其各自产品的目标客户存在差异，目标客户有能力进行区分，不存在混淆两家公司生产的不同产品的情形；（3）"Biosensors"一词是被告（BESA）作为公司名称经常使用的文字，因此限制 BESA 使用这个文字是不合理的；（4）BESA 与原告使用的公司标识有显著区别，不容易引起混淆；以及（5）原告无法证明其因此遭受损失。

上述案件存续期间，作为回应，BESA 在德国杜塞尔多夫针对前述巴西公司 Biosensor Indústriae Commérco Ltda 提起了商标侵权诉讼，于 2015 年 5 月取得商标侵权的禁制令，并在杜塞尔多夫举行的世界医学论坛（MEDICA）大会期间，通过德国驻巴西使馆向巴西法院递交了禁止令。鉴于跨国执行程序繁琐，且考虑到在巴西当地承认与执行外国（德国）判决书的收益（约 6 000 欧元）和聘请巴西律师的费用相比甚微，BESA 目前没有计划实际启动执行程序。

2. 本案不会对公司生产经营产生重大不利影响

本案不涉及公司核心专利、商标、技术、主要产品等，不会对公司生产经营、财务状况和未来发展的影响。若败诉，亦不会对公司生产经营产生重大不利影响。

根据发行人出具的书面确认，本案所涉及的商标为 BESA 拥有的"Biosensors"商标，但 BESA 未将该商标在巴西进行注册，因此对方以使用在先为由起诉 BESA 侵权。BESA 在巴西市场销售的产品主要是 Biomatrix Alpha、Biomatrix Flex、BioFreedom、Chroma 和 Powerline 产品，使用的是相关产品的系列商标，即 BioMatrix AlphaTM、BioMatrix FlexTM、BioFreedomTM、ChromaTM 和 PowerlineTM 等商标，"Biosensors"仅作为销售商 Biosensors Europe S.A. 的商号进行使用。

根据 BMG AVOCATS 律师事务所出具的法律意见书，以上与"Biosensors"商标相关的案件仅涉及"Biosensors"商标是否有权使用事宜，与 BESA 当前经营的产品无关，不会影响公司的生产经营。

此外，根据发行人出具的书面确认，本案仅涉及"Biosensors"商标在巴西地区的使用，不涉及在其他国家和地区的销售；2018 年度和 2019 年 1—9 月，BESA 在巴西市场的产品销售金额占上市公司营业收入比重不到 2%，本案对 BESA 及公司的影响较小。

除上述情形外，针对该案件相关管辖法院均判决 BESA 胜诉，因此 BESA 败诉风险较小；且巴西市场收入占比较小，不会对公司的生产经营产生重大不利影响。

综上，本所律师认为，本案不涉及公司核心专利、商标、技术、主要产品等，不会对公司生产经营、财务状况和未来发展的影响；本案发行人的败诉风险很小，不会对公司的生产经营产生重大不利影响。

四、案件结论

蓝帆医疗于 2020 年 4 月 15 日获得中国证监会批文《关于核准蓝帆医疗股份有限公司公开发行可转换公司债券的批复》，核准向社会公开发行面值总额 314 404 万元可转换公司债券，2020 年 6 月 19 日，蓝帆医疗可转换公司债券上市，各收购项目均已完成交割。

蓝帆医疗在完成收购 NVT AG 的交易后，成为继爱德华生命科学、美敦力、波士顿科学、雅培后，拥有 TAVR 产品 CE 认证的全球第五家企业。

恒邦股份向不特定对象发行可转换公司债券项目

杨依见 [*]

一、案情介绍

恒邦股份创建于 1988 年，2008 年在深圳证券交易所上市，2019 年成为江西铜业股份有限公司控股子公司。恒邦股份是一家黄金企业，专注于黄金矿产资源开发、贵金属冶炼、高新材料研发及生产、国际贸易等业务；亦是国家科技进步奖获奖企业、国家高新技术企业，同时还是中国黄金销售收入十大企业、中国黄金经济效益十佳企业、中国黄金十大冶炼企业。

恒邦股份本次可转债募集资金总额 31.60 亿元，拟用于建设"含金多金属矿有价元素综合回收技术改造项目"及补充流动资金。2023 年 7 月，恒邦股份完成本次可转债发行并在深交所上市。

---

[*] 上海市锦天城律师事务所高级合伙人。

二、办案难点

（一）上市公司持股 5% 以上股东是否参与本次可转债发行认购

根据《证券发行与承销管理办法》等规定，上市公司向不特定对象募集股份或者向不特定对象发行可转换公司债券的，可以全部或者部分向原股东优先配售。

因此，上市公司向不特定对象发行可转债，上市公司原股东可享有优先配售权。

而可转债的买入及卖出也被纳入短线交易规制范围：《深圳证券交易所上市公司自律监管指引第 15 号——可转换公司债券》规定"上市公司持有 5% 以上股份的股东、董事、监事、高级管理人员申购或者认购、交易或者转让本公司发行的可转债，应当遵守《中华人民共和国证券法》第四十四条短线交易的相关规定"。

因此，为避免短线交易的发生或提醒避免短线交易的发生，"上市公司持股 5% 以上股东是否参与本次可转债发行认购"基本是上市公司申请可转债过程中审核监管机构的必问问题。

本项目中，中国证监会在反馈意见中问询：

"根据申报文件，本次可转换公司债券可向公司原股东优先配售。请申请人补充说明，上市公司持股 5% 以上股东或董事、监事、高管，是否参与本次可转债发行认购；若是，在本次可转债认购前后六个月内是否存在减持上市公司股份或已发行可转债的计划或者安排，若无，请出具承诺并披露。"

在恒邦股份提交申请文件后、中国证监会下达反馈意见前，发行人持股 5% 以上股东之一致行动人因意外事故逝世，其股份分割及继承在短时间内无法完成。因此如何回复中国证监会对该问题的问询是本项目的难点。

（二）控股股东无偿划转的情况及对发行人的影响，未来是否会新增同业竞争

恒邦股份控股股东系江铜铜业，江铜铜业控股股东系江铜集团：

2022 年 3 月，江西省人民政府办公厅印发关于本次无偿划转的通知文件，为深入实施国资国企改革创新行动，做优做强做大省属国有资本运营平台，经江西省人民政府同意，决定将江西省国资委持有的江铜集团、江西交投、江西铁航等多家大型省属国有企业股权无偿划转至江西省国有资本运营控股集团有限公司（以下简称"江西国控"）。

2022 年 10 月，江西省国资委与江西国控签署《无偿划转协议》。根据协议约定，本次无偿划转的基准日为 2021 年 12 月 31 日，江西省国资委将其持有的江铜集团、江西交投、江西铁航等多家大型省属国有企业股权无偿划转给江西国控，江西国控同意接受无偿划入的标的股权。

上述无偿划转涉及总资产逾 6 500 亿元，涉及上千家子公司。

上述无偿划转完成后江西国控将成为恒邦股份间接控股股东，中国证监会在反馈意见中问询：

"请申请人说明，相关无偿划转的情况及对发行人的影响，未来是否会新增同业竞争"。

鉴于本次无偿划转所设公司众多，对新增同业竞争的核查工作量巨大，亦是本项目重难点。

（三）与控股股东江西铜业目前是否存在同业竞争及相应解决情况

恒邦股份是一家黄金企业，专注于黄金矿产资源开发、贵金属冶炼，而其控股股东江铜铜业下属公司江西黄金持有黄金矿山权益（暂无实际经营业务），故与恒邦股份存在潜在同业竞争。

控股股东江西铜业曾于 2020 年 6 月承诺，为有效解决潜在同业竞争，自 2019 年 3 月起 60 个月内，在江西黄金下属金矿完成金矿储量在自然资源部备案，取得采矿许可证、安全生产许可证等证照，具备开采条件后 12 个月内启动将所持有的江西黄金的权益转让给恒邦股份的相关工作。

中国证监会在审核过程中重点关注恒邦股份与控股股东之间的同业竞争问题，在反馈意见中要求：

① 结合控股股东及相关方控制的企业及其实际经营业务，说明存在相同或相似业务情况，是否构成同业竞争及相应解决情况；

② 如条件具备，江西铜业将所持有的江西黄金的权益转让给恒邦股份还需履行哪些审批程序，承诺履行是否存在政策障碍或重大不确定性。

三、法律分析

（一）上市公司持股 5% 以上股东是否参与本次可转债发行认购

回复思路：参照市场案例，发行可转债的上市公司常规处理方式，即由公司持股 5% 以上股东及其一致行动人出具承诺，承诺将按照《证券法》《可转换公司债券管理办法》等相关规定，于本次可转债发行时决定是否参与认购本次可转换公司债券；此外，针对公司持股 5% 以上股东之一致行动人王信恩去世情况，如实披露其股票之继承人尚未确认参与本次发行认购之事实，并阐述公司董事会已向其继承人函告是否参与认购、短线交易的认定情形及处理方式：

公司控股股东江西铜业、持股 5% 以上股东烟台恒邦集团有限公司及其一致行动人之一王家好及公司董事、监事、高级管理人员对于参与本次可转债发行认购及减持情况已出具承诺函，承诺将按照《证券法》《可转换公司债券管理办法》等相关规定，于本次可转债发行时决定是否参与认购本次可转换公司债券并严格履行相应信息披露义务。

因烟台恒邦集团有限公司实际控制人王信恩去世，正在办理财产继承事项，依据公司出具的说明，公司持股 5% 以上股东烟台恒邦集团有限公司一致行动人王信恩原持有的恒邦股份股票之继承人尚未确认是否参与本次发行认购；如相关继承人后续决定认购本次可转债，将出具符合《证券法》等法律法规以及可转换公司债券交易规定的承诺并及时履行信息披露义务。

公司董事会就本次可转换公司债券的认购事项向王信恩原持有的恒邦股份股票之继承人出具了《告知函》，说明若其参与认购公司本次发行的可转债并认购成功，如相关继承人在本次可转债发行启动前六个月内存在卖出公司股票（包括前述人员配偶、父母、子女持有的及利用他人账户持有的股票），或自认购本次可转债之日起至本次可转债发行完成后六个月内存在减持公司股票或本次发行的可转债（包括前述人员配偶、父母、子女持有的及利用他人账户持有的公司股票或本次发行的可转债）的行为，则构成《证券法》第四十四条规定的短线交易，前述交易所得收益归公司所有，由公司董事会收回。

公司持股 5% 以上股东江西铜业、恒邦集团向公司出具的《关于公司本次可转债认购及减持的承诺函》，针对认购本次可转债的计划作出说明及承诺如下：

"1. 如公司启动本次可转债发行，本企业将按照《证券法》《可转换公司债券管理办法》等相关规定，将根据本次可转债发行时的市场情况及资金安排决定是否参与认购公司本次发行的可转债，并严格履行相应信息披露义务。若公司启动本次可转债发行之日与本企业最后一次减持公司股票的日期间隔不满六个月（含）的，本企业将不参与认购公司本次发行的可转债。

2. 若认购成功，本企业承诺，本企业将严格遵守相关法律法规对短线交易的要求，即自认购本次可转债之日起至本次可转债发行完成后六个月内不减持公司股票或本次发行的可转债。

3. 本企业自愿作出本承诺函，并接受本承诺函的约束。若本企业出现违反承诺的情况，由此所得收益全部归公司所有，并依法承担由此产生的法律责任。若给公司和其他投资者造成损失的，本企业将依法承担赔偿责任。"

公司持股 5% 以上股东烟台恒邦集团一致行动人之一王家好向公司出具了《关于公司本次可转债认购及减持的承诺函》，针对认购本次可转债的计划作出说明及承诺如下：

"1. 如公司启动本次可转债发行，本人将按照《证券法》《可转换公司债券管理办法》等相关规定，将根据本次可转债发行时的市场情况及资金安排决定是否参与认购公司本次发行的可转债，并严格履行相应信息披露义务。若公司启动本次可转债发行之日与本人最后一次减持公司股票的日期间隔不满六个月（含）的，本人将不参与认购公司本次发行的可转债。

2. 若认购成功，本人承诺，本人及配偶、父母、子女将严格遵守相关法律法规对短线交易的要求，即自认购本次可转债之日起至本次可转债发行完成后六个月内不减持公司股票或本次发行的可转债。

3. 本人自愿作出本承诺函，并接受本承诺函的约束。若本人及配偶、父母、子女出现违反承诺的情况，由此所得收益全部归公司所有，并依法承担由此产生的法律责任。若给公司和其他投资者造成损失的，本人将依法承担赔偿责任。"

（二）控股股东无偿划转的情况及对发行人的影响，是否会新增同业竞争

回复思路：通过对江西国控进行现场走访，了解本次无偿划背景、对发行人的影响及当前进展情况；同时向江西国控获取相关资料（包括但不限于划转企业控制表、其聘请的中介机构所梳理的相关文件、江西国控出具的承诺函），核查江西国控及划转企业的经营范围、主营业务情况，并通过企查查、天眼查等公开渠道查询该等企业的经营情况，综合与发行人经营范围、主营业务情况比对判断是否存在新增同业竞争，并通过引用江西国控出具的关于保持上市公司独立性的承诺、关于避免同业竞争的承诺、关于规范和减少关联交易的承诺来论述无偿划转不会对上市公司造成不利影响：

1. 江铜集团 90% 股权无偿划转情况

2022 年 3 月，江西省人民政府办公厅印发关于本次无偿划转的通知文件，为深入实施国资国企改革创新行动，做优做强做大省属国有资本运营平台，经江西省人民政府同意，决定将江西省国资委持有的江铜集团 90% 股权无偿划转至江西国控。

2022 年 10 月，江西省国资委与江西国控签署《无偿划转协议》。根据协议约定，本次无偿划转的基准日为 2021 年 12 月 31 日，江西省国资委将其持有的江铜集团 90% 股权对应注册资本 6 056 681 521.92 元无偿划转给江西国控，江西国控同意接受无偿划入的标的股权。

2022 年 10 月 11 日，公司就上述无偿划转进展披露了《关于实际控制人国有股权划转进展的提示性公告》和《山东恒邦冶炼股份有限公司收购报告书摘要》。

2022 年 10 月 18 日，公司就上述无偿划转进展披露了《山东恒邦冶炼股份有限公司收购报告书》。

2022 年 12 月 30 日，公司披露了《山东恒邦冶炼股份有限公司关于实际控制人国有股权划转完成工商变更登记的公告》，本次国有股权无偿划转事宜已通过国家市场监督管理总局经营者集中反垄断审查。江铜集团已完成了本次国有股权无偿划转的工商变更登记及备案手续。

至此，江铜集团 90% 股权无偿划转已完成。

2. 本次划转对发行人的影响

（1）本次划转对发行人独立性的影响

本次划转不涉及发行人控股股东及实际控制人的变化，本次划转完成后，发行人的资产完整、人员独立、财务独立、机构独立、业务独立等不因本次划转而发生变化。本次划转不会影响发行人的独立经营能力，发行人在采购、生产、销售、知识产权等方面将继续与控股股东保持独立。

为保证上市公司独立性，江西国控出具了《关于保证上市公司独立性的承诺函》，主要内容如下：

"一、江西国控保证在资产、人员、财务、机构和业务方面与上市公司保持分开，并严格遵守中国证券监督管理委员会关于上市公司独立性的相关规定，不利用控股地位违反上市公司规范运作程序、干预上市公司经营决策、损害上市公司和其他股东的合法权益。江西国控及其控制的其他下属企业保证不以任何方式占用上市公司及其控制的下属企业的资金。

二、上述承诺于江西国控对上市公司拥有控制权期间持续有效。如因江西国控未履行上述所作承诺而给上市公司造成损失，江西国控将承担相应的赔偿责任。"

（2）本次划转对发行人同业竞争的影响

① 本次划转完成后的同业竞争情况

本次划转完成后，江铜集团仍为发行人的间接控股股东，江西国控将通过持有江铜集团 90% 的股权间接控制发行人。

江西国控及其控制的企业的主营业务与发行人的主营业务（贵金属冶炼、有色金属冶炼、有色金属贸易、化工生产、矿粉销售等业务）不存在相同或相似的情形。江西国控及其控制的企业未直接或间接从事或参与和发行人的上述主营业务构成竞争或可能构成竞争的业务。

② 关于避免同业竞争的承诺

为避免江西国控与上市公司产生同业竞争，江西国控出具了《关于避免同业竞争的承诺函》，主要内容如下：

"一、自本承诺函出具之日起，江西国控将不会以任何形式从事或经营任何与上市公司的主营业务构成竞争或可能构成竞争的业务。江西国控获得与上市公司的主营业务可能产生竞争的业务机会时，江西国控将给予上市公司该类机会的优先发展权和项目的优先收购权，有关交易的价格公平合理，并将以与独立第三方进行正常商业交易时所遵循的商业惯例作为定价依据；

二、如上市公司未来进一步拓展其主营业务范围，江西国控将不与上市公司拓展后的主营业务相竞争；若与上市公司拓展后的主营业务产生重大不利影响的竞争，江西国控将以停止经营竞争业务，将竞争业务纳入上市公司，或将竞争业务转让给无关联关系第三方等方式避免与上市公司同业竞争；

三、上述承诺于江西国控对上市公司拥有控制权期间持续有效。如因江西国控未履行上述所作承诺而给上市公司造成损失，江西国控将承担相应的赔偿责任。"

（3）本次划转对发行人关联交易的影响

为规范和减少江西国控与上市公司的关联交易，江西国控出具了《关于规范和减少关联交易的承诺函》，主要内容如下：

"1. 在不对上市公司及其全体股东的利益构成不利影响的前提下，本公司承诺将尽可能地避免和减少与上市公司之间将来可能发生的关联交易。

2. 对于无法避免或者有合理原因而发生的必要的关联交易，在不与法律、法规相抵触的前提下，本公司承诺将本着公开、公平、公正的原则确定交易价格，并依法签订规范的关联交易协议，确保关联交易定价公允。

3. 对于与上市公司发生的必要的关联交易，将严格按照相关法律法规和公司章程的规定履行审批程序，包括关联董事和关联股东履行回避表决义务，并按照相关法律法规和公司章程的规定进行信息披露。

4. 本公司保证不通过关联交易非法转移上市公司的资金、利润，不要求上市公司违规向本公司提供任何形式的担保，不利用关联交易损害上市公司及其他股东的合法权益。

5. 上述承诺于江西国控对上市公司拥有控制权期间持续有效。如江西国控违反上述承诺，江西国控将依法承担及赔偿因此给上市公司造成的损失。"

（三）与控股股东江西铜业目前是否存在同业竞争及相应解决情况

1. 结合控股股东及相关方控制的企业及其实际经营业务，说明存在相同或相似业务情况，是否构成同业竞争及相应解决情况

回复思路：根据江西铜业与江铜集团提供的审计报告及下属企业控制表，核查江西铜业与江铜集团控制下属子公司的经营范围、主营业务、主要产品/服务情况，与发行人经营范围、主营业务、主要产品/服务情况比对判断是否存在同业竞争；同时，访谈江西铜业等公司相关人员，了解其历史沿革、人员、资产、主营业务情况，判断与发行人之间是否构成竞争，取得江西铜业、江铜铅锌和金德铅业2019至2021年度前五大客户名单，分析其与发行人间的客户、供应商重叠情况，判断是否存在竞争；此外，江铜黄金虽持有黄金矿山权益，但未实际开展经营，与发行人存在潜在同业竞争、并不存在实际同业竞争。

（1）控股股东及相关方控制的企业及其实际经营业务与发行人相同或相似的情况

发行人的实际控制人为江西省国有资产监督管理委员会。根据《深圳证券交易所股票上市规则》《企业会计准则第36号——关联方披露》的相关规定，仅受同一国有资产管理机构控制的企业不构成关联关系。

发行人控股股东为江西铜业股份有限公司，间接控股股东为江西铜业集团有限公司。根据发行人控股股东提供的江铜集团下属企业控制表及公开信息查询，除发行人及其控股公司外，控股股东及相关方控制的企业实际经营业务情况如下：

江西铜业的主要业务涵盖铜和黄金的采选、冶炼与加工；稀散金属的提取与加工；硫化工以及金融、贸易等领域，并且在铜以及相关有色金属领域建立了集勘探、采矿、选矿、冶炼、加工于一体的完整产业链。其中，恒邦股份为江西铜业旗下的黄金板块业务平台。

除发行人外，江西铜业拥有和控股的主要资产主要包括：

① 四家在产冶炼厂：贵溪冶炼厂、江西铜业（清远）有限公司、江铜宏源铜业有限公司及浙江江铜富冶和鼎铜业有限公司。

② 五座100%所有权的在产矿山：德兴铜矿（包括铜厂矿区、富家坞矿区、

朱砂红矿区）、永平铜矿、城门山铜矿（含金鸡窝银铜矿）、武山铜矿和银山矿业公司。

③ 八家现代化铜材加工厂：江西铜业铜材有限公司、广州江铜铜材有限公司、江西省江铜耶兹铜箔有限公司、江铜—台意特种电工材料有限公司、江铜龙昌精密铜管有限公司、江西铜业集团铜材有限公司、江铜华北（天津）铜业有限公司和江铜华东（浙江铜材）有限公司。

经比对发行人与江西铜业及其控制的下属公司实际经营业务情况，江西铜业作为上市公司整体与发行人存在相同或相似业务；江西铜业控股的江西黄金虽未实际开展业务，但其与发行人存在潜在相同或相似业务，具体情况如表1所示。

表 1

公司名称	成立时间	主营业务	实际经营业务重叠情况	控股时间	持股比例
江西铜业	1997 年 1 月	有色金属、稀贵金属采、选、冶炼、加工及相关技术服务，有色金属矿、稀贵金属、非金属矿、有色金属及相关副产品的冶炼、压延加工与深加工，与上述业务相关的硫化工及其延伸产品、精细化工产品；有色金属贸易和贵金属贸易	江西铜业以铜精矿冶炼作为主业，主要产品铜及附产金、银等，与发行人存在重叠的情形	—	—
江西黄金	2015 年 4 月	黄金的勘查、采选、冶炼、加工和销售	江西黄金暂无实际经营业务，但持有黄金矿山权益，故与发行人存在潜在相同业务的情形	2017 年 11 月	60%

江铜集团控制的除江西铜业外企业情况：

江铜集团业务板块涵盖铜、稀土、金融、贸易、铅锌、黄金、硫化工、物流、技术服务和稀散金属，业务主要由旗下各板块子公司实施经营，其中江西铜业主要为铜及相关产业板块业务平台，恒邦股份为黄金板块业务平台。

经比对发行人与江铜集团除江西铜业外下属公司经营范围和实际业务情况，

江铜铅锌、金德铅业与发行人存在相同或相似业务，具体如表 2 所示。

表 2

公司名称	成立时间	主营业务	实际经营业务重叠情况	控股时间	持股比例
江铜铅锌	2009 年 9 月	铅锌金属、稀贵金属冶炼、加工	江铜铅锌以铅锌矿冶炼作为主业，主要产品电解铅、锌锭及附产银、粗金等，与发行人存在重叠的情形	2009 年 9 月	98.80%
金德铅业	2007 年 12 月	电铅、铅材、铅应用产品和电金、电银、精铋、铜、锌及其他有色金属综合回收产品的生产、销售、技术转让	金德铅业以铅矿冶炼作为主业，主要产品电解铅及附产银、粗金等，与发行人存在重叠的情形	2010 年 11 月	87.81%

综上，在发行人控股股东及相关方控制的企业中，江西铜业、江西黄金、江铜铅锌和金德铅业与发行人存在相同或相似业务。

（2）江西铜业及其部分关联企业与发行人不构成竞争

根据《再融资业务若干问题解答》问题 1 和《首发业务若干问题解答》问题 15 关于同业竞争事项的核查范围、判断原则等相关规定，按照实质重于形式的原则，结合发行人、江西铜业、江西黄金、江铜铅锌和金德铅业的历史沿革、资产、人员、主营业务等方面，江西黄金暂未开展与发行人竞争的相关业务，与发行人不构成竞争。江西铜业、江铜铅锌、金德铅业虽由于矿产伴生关系，在经营其主要矿产品种的同时存在伴生黄金相关业务。但上述企业在原料来源、生产目的、生产工艺、销售产品、客户供应商等方面与发行人存在较大差异。因此，发行人与江西铜业、江铜铅锌、金德铅业不构成同业竞争。

2. 如条件具备，江西铜业将所持有的江西黄金的权益转让给恒邦股份还需履行哪些审批程序，承诺履行是否存在政策障碍或重大不确定性

回复思路：江西铜业及恒邦股份均系 A 股国有上市公司，江西铜业将所持有的江西黄金的权益转让给恒邦股份需同时履行国资交易及上市公司资产交易相关审批程序；鉴于江西铜业及恒邦股份之国家出资企业均为江铜集团，根据

《企业国有资产交易监督管理办法》第三十一条第一款第（二）项之规定可以通过非公开协议转让方式，不存在公开挂牌被第三方摘牌的交易风险；此外，由江铜铜业出具相关说明论述江西铜业将所持有的江西黄金的权益转让给恒邦股份不存在无法通过上市公司审批决策的不确定性风险：

（1）需经江铜集团审议决策

鉴于江西铜业及恒邦股份均系江铜集团下属公司，江西铜业及恒邦股份之国家出资企业均为江铜集团，根据《企业国有资产交易监督管理办法》第三十一条第一款第（二）项之规定，"同一国家出资企业及其各级控股企业或实际控制企业之间因实施内部重组整合进行产权转让的，经该国家出资企业审议决策，可以采取非公开协议转让方式"；因此，江西铜业将其所持有的江西黄金权益转让给恒邦股份可以采取非公开协议转让方式，且需经江铜集团审议决策。

鉴于江铜集团曾于 2019 年 3 月（江西铜业收购恒邦股份控股权时）作出承诺，保证在恒邦股份控股权收购完成后 60 个月内，根据所控制企业的主营业务发展特点整合各企业发展方向，按照监管机构及法律法规的要求尽一切合理努力解决与恒邦股份及其下属企业构成竞争或潜在竞争的业务，包括但不限于将符合条件的优质资产、业务优先注入恒邦股份；因此，江西铜业将其所持有的江西黄金权益转让给恒邦股份不存在无法取得江铜集团审批同意的重大不确定性。

（2）需江西铜业、恒邦股份分别履行上市公司资产交易相关审批程序

鉴于江西铜业与恒邦股份均为 A 股上市公司，江西铜业与恒邦股份将分别根据《上市公司治理准则》、各自公司章程及相关上市公司监管规定，基于股权评估结果、交易价格等分别履行所需的董事会、股东大会等内部审批程序。

由于江西省地质部门架构整合等外部客观因素的影响，石坞金矿转让工作有所延误。目前，《江西省德兴市石坞金矿勘探项目竣工结算审计报告书》已呈交江西省地质局，尚待其确认审计结果。

根据江西铜业出具的关于履行承诺不存在重大障碍的相关说明，对其承诺履行说明如下：

"1. 本公司将积极推进江西黄金取得石坞金矿 100% 权益相关工作，预计在

2019 年 3 月起 60 个月内，江西黄金取得石坞金矿 100% 权益不存在重大障碍；

2. 在江西黄金取得石坞金矿 100% 权益后，本公司将积极推进石坞金矿探矿权转采矿权相关工作，尽快取得采矿许可证及其他开采手续；

3. 如在上述期限内，江西黄金取得石坞金矿采矿权证并具备开采条件，本公司将按承诺立即履行将所持有的江西黄金的权益转让给恒邦股份的相关工作；

4. 如在上述期限内，因外部客观因素影响，江西黄金未取得石坞金矿采矿权证或不具备开采条件，本公司仍将按上述承诺在原定期限内履行将所持有的江西黄金的权益转让给恒邦股份的相关工作，并继续协助江西黄金办理后续手续。"

四、案件结论

首先，本次可转债发行募集资金金额较大，为 31.60 亿元。系 A 股实施全面注册制以来，深市主板首单面向不特定对象发行的可转债项目。其次，本项目在再融资申请及审核问询过程中，涉及恒邦股份上层控股股东江铜集团 90% 股权无偿划转涉及总资产逾 6 500 亿，涉及上千家子公司，项目团队律师对是否存在新增同业竞争以及同业竞争的解决进行了详细核查并提供了专业的法律意见及解释思路，为项目的顺利推进提供了高效的法律保证。再次，本次可转债发行向公司原股东优先配售，但在本项目审核过程中，发行人原持股 5% 以上股东之一致行动人因突发事件去世，项目团队律师为股权继承事项及相关承诺文件的签署、权益变动等信息披露提供了严谨周密的法律意见及实施方案，并获得证券监管部门的认可，保障项目正常推进。

上市公司并购重组篇

锦天城律师事务所经典案例集

ALLBRIGHT
——— LAW OFFICES ———
锦天城

长江通信重大资产重组项目

李和金 * 　张东晓 ** 　包智渊 ***

一、案情介绍

　　武汉长江通信产业集团股份有限公司（以下简称"长江通信"）系央企中国信息通信科技集团有限公司（以下简称"中国信科集团"）的下属企业，于 2000 年 12 月在上海证券交易所（以下简称"上交所"）上市。在 2022—2023 年度，长江通信成功实施了一项重大的资产重组交易，即通过发行股份的方式购买了电信科学技术第一研究所有限公司（以下简称"电信一所"）等十家企业持有的迪爱斯信息技术股份有限公司（以下简称"迪爱斯"）100% 的股权，并同时向中国信科集团发行股份以募集配套资金（以下简称"该重组项目"或"本次交易"）。该重组项目发行股份购买资产部分的交易金额约 11.07 亿元，募集配套资金部分的规模近 6.5 亿元。

　　本所高级合伙人李和金律师、张东晓律师，合伙人包智渊律师，及王婷律师等组成的律师团队为该重组项目提供了全程法律服务。

＊　　上海市锦天城律师事务所高级合伙人。

＊＊　 上海市锦天城律师事务所高级合伙人。

＊＊＊　上海市锦天城律师事务所合伙人。

该重组项目在提交中国证券监督管理委员（以下简称"证监会"）注册前历经了预案披露、申报受理、上交所问询及回复、重组委问询及回复、上会五个主要阶段。2023 年 10 月中旬，该重组项目获得上交所并购重组审核委员会审核通过。

二、办案难点

（一）同业竞争问题

基于《上市公司重大资产重组管理办法》《公开发行证券的公司信息披露内容与格式准则第 26 号——上市公司重大资产重组》以及上交所的相关规则，长江通信需要充分说明并披露本次交易是否有利于其避免同业竞争，交易完成后其与实际控制人及其关联企业之间是否存在同业竞争、同业竞争的具体内容和拟采取的具体解决或规范措施。

中国信科集团是长江通信的间接控股股东。该集团还拥有另一家上市企业武汉理工光科股份有限公司（以下简称"理工光科"），理工光科近年来逐步涉足智慧消防业务。与此同时，长江通信此次交易的收购目标迪爱斯的主营业务同样涉及智慧消防。鉴于此，长江通信通过本次交易收购迪爱斯有可能引发的新的同业竞争问题。自 2023 年 3 月上交所首次下发问询以来，该同业竞争问题始终是审查过程中的重要法律问题，从最初上交所的问询，一直持续到 2023 年 10 月的并购重组委员会的问询阶段。为了解决这一问题，项目组通过分析、对比和论证，提出了对长江通信和理工光科的业务进行明确划分的建议，使得同业竞争问题得到了较好的解决。

（二）员工持股平台合规问题

《关于国有控股混合所有制企业开展员工持股试点的意见》（国资发改革〔2016〕133 号，以下简称"133 号文"）规定，参与持股人员应为在关键岗位工作并对公司经营业绩和持续发展有直接或较大影响的科研人员、经营管理人员和业务骨干，且与本公司签订了劳动合同。另外，《国务院国有资产监督管理委员会关于规范国有企业职工持股、投资的意见》（国资发改革〔2008〕139 号，以下简称"139号文")规定，职工入股原则限于持有本企业股权……但不得直接或间接持有本企业所出资各级子企业、参股企业及本集团公司所出资其他企业股权。科研、设计、高新技术企业科技人员确因特殊情况需要持有子企业股权的，须经同级国资监管机构批准，且不得作为该子企业的国有股东代表。

迪爱斯于2020年12月通过相关员工持股方案。在当时参与员工持股的人员中，甲的劳动关系仍隶属于电信一所。直至2021年1月，甲与电信一所才解除劳动关系并入职迪爱斯。该情况违反了133号文和139号文关于国企员工持股不得出现"上持下"情形的规定。此外，在参与员工持股的人员中，另一名员工乙亦存在同时担任上级单位电信一所相关职务的情况；并且，其在2022年6月因工作调动而卸去了在迪爱斯的全部职务，但却未能在持股方案规定的期限内转出平台。为了解决上述问题，项目组建议迪爱斯补充相关的确认和承诺手续，以避免该等事项成为本次交易的障碍。

三、法律分析 //////////////////////////////////

（一）同业竞争问题

1. 通过合理划分业务范围解决同业竞争

同业竞争问题是国有企业上市或重大资产重组项目的常见问题。大型国有企业，尤其是央企集团旗下的业务板块和相应的子企业较多，由此而产生的不同主体间的业务重合现象具有一定的普遍性。

为此，国务院国资委和证监会于2013年8月颁布《关于推动国有股东与所控股上市公司解决同业竞争规范关联交易的指导意见》，要求国有股东及其控股上市公司在结合发展规划，明确战略定位的基础上，对各自业务进行梳理，合理划分业务范围与边界，解决同业竞争，规范关联交易；要按照"一企一策、成熟一家、推进一家"的原则，结合企业实际以及所处行业特点与发展状况等，研究提出解决同业竞争的总体思路；综合运用资产重组、股权置换、业务调整等多种方式，逐步将存在同业竞争的业务纳入同一平台，促进提高产业集中度和专业化水平。

项目组在深入分析迪爱斯和理工光科在智慧消防业务领域的同业竞争状况

时，发现尽管两者均涉足该业务，但它们在产品内容、技术方案、功能优势以及市场重点等方面存在显著差异。

具体来说，理工光科的核心业务聚焦于提供"光纤传感技术安全监测系统整体解决方案及相关服务"，这使得它在智慧消防领域主要依靠其光纤传感器产品，专注于为石油化工、隧道、城市综合管廊、桥梁、政府机关、重要工厂、机场、输油管线等特定场景提供火灾报警和监测等物联网解决方案。其中，只有一小部分业务——即面向政府消防部门的"消防指挥调度及接处警"业务，与迪爱斯的"智慧消防灭火救援指挥系统"产生直接竞争。

鉴于上述情况，项目组建议迪爱斯向中国信科集团申请对迪爱斯及理工光科的智慧消防业务进行合理划分。

2023 年 1 月，中国信科集团经过研究后出具了业务划分意见，其主要内容包括：（1）对于理工光科、迪爱斯在智慧消防领域已签订的历史合同，按照现有合同的约定继续履行完毕；（2）迪爱斯现有消防业务（即"智慧消防灭火救援指挥系统"及配套的"消防排队通信及调度专用装备""消防精细化联动控制设备"硬件产品或集成服务）由迪爱斯继续保留。理工光科除妥善处理已签署的合同外，不再开展有关消防指挥调度及接处警相关产品的经营，不得从事与迪爱斯现有消防业务相同或类似的业务，包括不得进行上述消防指挥调度或接处警产品（包括与上述产品相同、类似或在功能上可替代的软硬件产品）的研发、集成服务、生产、推广、转售、销售等任何经营活动；（3）理工光科在智慧消防领域从事的智慧消防物联网产品开发或集成服务由其继续保留。迪爱斯目前未从事该类业务，将来亦不得从事有关智慧消防物联网产品的经营；（4）迪爱斯的智慧消防业务在中国港澳台地区和境外市场耕耘多年且已取得一定业绩，因此有关智慧消防业务在中国港澳台地区及境外的市场继续由迪爱斯进行独占开发、经营。

项目组在提供划分建议时，坚持了精确性和合理性原则，确保划分结果符合两家公司的实际业务状况，尽可能避免采取一刀切式的粗放处理方式，因为这可能无法得到相关方的接受。而中国信科集团最终作出的划分意见亦认可了项目组的想法，仅对实际存在竞争的消防指挥调度及接处警相关产品进行了划分，允许理工光科继续保留其在智慧消防物联网产品开发和集成服务方面的业务。这样的划分不仅有利于两家公司清晰地界定业务范围，而且有助于各自发挥优势，符合上述《指导意见》的精神，具有良好的示范效应。

2. 相关方遵守划分意见需要履行内部审批程序

对于国有股东就解决同业竞争问题所提出的业务划分意见，相关企业如何通过内部决策程序确保这些意见对其自身产生约束力，是上交所在审核过程中持续关心的问题。对于此类问题，需要结合相关业务的地位及企业内部规章制度进行分析。具体到本次交易，上交所在反馈意见中明确问询了中信科集团的业务划分意见对理工光科的效力，是否需要理工光科股东大会的批准。

针对上交所提出的疑问，项目组依据理工光科的章程，并考虑了智慧消防业务在理工光科的整体业务中所占的比例，进行了如下分析和判断：

理工光科在智慧消防业务领域所从事的"消防指挥调度及接处警"系统集成服务，其本身不属于理工光科在消防报警系统及消防工程主营的监测、预警类产品或服务。并且，该部分业务的收入和毛利占比都较小，理工光科采用外协、外采和集成模式向客户提供服务，本身没有对应产品的研发投入和研发计划。因此，理工光科遵守并执行《划分意见》并不涉及经营范围和主营业务调整，无需经过其董事会及股东大会审议通过。

2023 年 6 月，长江通信及项目组在对问询函的首次正式回复中提出了上述意见。上交所收到回复后，针对划分意见是否需要经过理工光科董事会或股东大会审议程序的问题与项目组进行了多次沟通，并进一步要求项目组依据理工光科的章程、议事规则等内部管理制度，详细分析并阐述理工光科在执行划分意见前应遵循的决策流程。

为此，项目组对理工光科的章程、股东大会议事规则和董事会议事规则进行了详细分析，并取得了理工光科执行划分意见的总经理办公会纪要。2023 年 9 月，项目组根据前述工作，再次向上交所回复：相关业务在理工光科的收入和毛利占比都较小，不涉及其经营范围和主营业务的调整，相关事项不属于需要由其董事会审议批准的"公司的经营计划和投资方案"的范畴，也不属于需要由其股东大会审议批准的"公司的经营方针和投资计划"的范畴。因此，业务划分无需经过理工光科董事会和股东大会的审议批准。理工光科总经理办公会已经同意遵守并执行划分意见。

随后，上交所要求项目组就同业竞争问题提供一份专门的核查意见，并要求项目组再次系统性地阐述理工光科执行划分意见无需经过董事会及股东大会审议通过的理由。根据上交所的要求，项目组出具了专项核查意见，其结论与之前的回复基本相同。

在本次交易中，由于划分意见禁止理工光科继续开展的业务在收入和毛利方面占比较低，且不涉及主营业务内容的调整，项目组根据理工光科的内部制度判断，相关事项无需提交董事会和股东大会审议。最终，为了谨慎起见，项目组仍建议理工光科的管理层出于审慎考虑，向董事会提交相关议案，以尽可能减少潜在的相关争议和风险。2023 年 10 月下旬，理工光科召开董事会会议，审议通过了同意遵守划分意见的议案。

（二）员工持股平台合规问题

迪爱斯的控股股东电信一所系国务院国有企业改革领导小组办公室确定的"双百企业"。2020 年底至 2021 年初，迪爱斯根据电信一所"双百行动"综合改革细化方案实施国有企业混合所有制改革，引入包括民营资本在内的战略投资者，同时实施骨干员工持股。通过这次混改，迪爱斯实现了国资控股下的股权多元化，并通过实施员工持股进一步完善内部激励机制。

本次交易系长江通信发行股份购买迪爱斯股东的股权，其一方面使得参与上述国企混改的民营资本获得了合理的投资回报；另一方面，员工持股平台在获得上市公司股票的同时又负有锁定期和业绩承诺义务，使得标的公司的激励约束机制更为完善、可量化和长期化，有利于系统提升激励效果。因此，本次交易可视为国企混合所有制改革和"双百行动"的典范案例，具有良好的示范作用。这不仅为非公资本积极参与国企混改注入了信心与活力，也为国企员工股权激励的实务操作和深入研究提供了宝贵的参考样本。然而，关于本次交易所涉及的标的公司的员工持股平台，项目组在尽职调查过程中亦发现了以下需要考虑和解决的问题。

1. 上级单位出具文件消除"上持下"瑕疵的不利影响

迪爱斯于 2020 年 12 月通过相关员工持股方案。在当时参与员工持股的人员中，甲的劳动关系仍隶属于电信一所。直至 2021 年 1 月，甲与电信一所才解除劳动关系并入职迪爱斯。

考虑到上述情况不符合 133 号文和 139 号文关于国企员工持股不得出现"上持下"情形的规定,项目组在检索查阅了类似案例后,建议迪爱斯主动与上级单位沟通并获取相关认可文件,以消除这一瑕疵可能带来的不利影响。

此后,经过持续的沟通和协调,控股股东电信一所出具了确认文件,其中主要包含以下几点意见:(1)增资扩股及员工持股计划已经履行了公司内部决策程序,并得到了中国信科集团的批复同意;(2)甲在迪爱斯的主要工作职责是协助开拓业务,对迪爱斯的业务发展具有重要意义。由于工作疏忽,甲在 2020 年 12 月参与员工持股时,其劳动关系仍在电信一所。然而,自 2021 年 1 月起,甲已与迪爱斯建立了劳动合同关系,并解除了与上级单位的劳动关系。因此,上述瑕疵已经在极短时间内得到了事实上的消除;(3)电信一所认为,甲参与持股的资格瑕疵已经事实性消除,并且甲的工作内容和对迪爱斯发展所起的作用均符合员工持股方案的本意和要求,整体符合《关于规范国有企业职工持股、投资的意见》《关于实施〈关于规范国有企业职工持股、投资的意见〉有关问题的通知》《关于国有控股混合所有制企业开展员工持股试点的意见》等相关法律法规规定的条件;(4)作为迪爱斯的控股股东,电信一所对前述情况表示认可,并决定不予追究。

2. 关于持股方案或激励计划中应预设重组相关内容的建议

除上述甲的持股资格及合规问题外,在参与员工持股的人员中,另一名员工乙存在同时担任上级单位电信一所相关职务的情况;并且,其在 2022 年 6 月因工作调动而卸任在迪爱斯的全部职务。

根据 139 号文及《关于支持鼓励"双百企业"进一步加大改革创新力度有关事项的通知》(国资改办〔2019〕302 号)的相关规定,属于科研、设计、高新技术企业的,其科技人员确因特殊情况需要持有子企业股权的,可以报经集团公司批准后实施,并报同级国有资产监管机构事后备案。由于乙属科技人员范畴,对于其参加持股计划时在上级单位电信一所任职的问题,相关各方当时已经完成了中国信科集团的审批和国资委的备案程序,这方面的合规性问题已解决。

然而,该员工于 2022 年 6 月因工作安排而卸任其在迪爱斯的全部职务,根据迪爱斯的员工持股方案，其应当在 9 个月内（即 2023 年 3 月底前）自行寻找符合持股方案的受让主体，将其所持平台份额按照双方商定的价格进行转让，若逾期办理上述事项，迪爱斯总经办有权要求该员工在上述 9 个月期满后的 3 个月内（即 2023 年 6 月底前）按照持股方案所规定的价格转让给总经办所指定的主体。但直至本次交易获上交所并购与重组委员会审核通过之时，乙仍未完成将平台份额转出的工作。

在尽职调查过程中，项目组与迪爱斯及该员工进行了多次沟通，了解到乙确实为了转让其财产份额进行了寻找买方和初步协商的工作。迪爱斯总经办也协助该员工寻找了潜在的受让方。但是，由于当时重组事宜的不确定性，加之持股平台承诺的锁定期较长，且乙并不接受部分意向受让方提出的按成本价转让的提议，因此相关转让事宜一直未能完成。为此，项目组对乙及总经办进行了访谈，并要求乙做出积极寻找意向受让方并积极磋商和促成相关交易的承诺。

上述问题并未构成本次交易的实质障碍，但笔者在处理上述问题时意识到此类问题具有一定的普遍性。许多国有企业在制定员工持股方案或激励计划时，可能与迪爱斯一样，未预见到未来可能发生的重大资产重组等特殊情况。故而，这些持股方案或激励计划中设定的锁定期、减持规则、强制转让条款等，主要是基于公司是否上市以及上市后的锁定期来制定的。在员工离职等需要强制转让平台份额的情形下，转让价格通常是按照被投资公司的净资产值来确定的。于此情形，在公司开展重大资产重组时，上述持股方案或激励计划的规定可能无法适用。

就拿本次交易来举例，交易完成后，员工持股平台原本持有的迪爱斯股权全部转换为长江通信的股票，这意味着员工们已通过本次交易实现了投资退出，从迪爱斯的间接股东转变为长江通信的间接股东。因此，持股平台已经不再具备迪爱斯员工持股平台的属性。在这种情况下，原先制定的持股方案（包括该方案所设定的锁定期、减持规则、强制转让条款等）实际已无法适用。因此，交易完成后，乙可以主张不再受持股平台强制转让规则的约束。同时，持股平台也仅受本次交易的相关协议（主要是业绩承诺及补偿协议）及其在重组报告书中作出的公开承诺（如锁定期承诺）的约束。

笔者建议国资监管部门和相关企业在未来设计持股方案或股权激励计划时，

或是在开展重大资产重组的过程中，充分考虑重组交易对于持股方案和激励计划的潜在影响，以确保相关制度、方案能够与未来可能发生的重组交易相互协调，尽可能避免规则遗漏导致的不确定性风险。

四、案件结论

截至本文撰稿时，长江通信发行股份购买资产并募集配套资金重大资产重组项目已顺利完成了证监会注册、资产交割等各项工作。作为项目组成员之一，笔者撰写本文旨在对项目进行简要小结并分享一些经验。本文讨论的同业竞争和员工持股平台等问题是该项目中较为突出的法律难题，但它们远非该项目涉及的所有法律问题。希望通过本文，能为未来从事类似业务的同行提供一定的参考和帮助。

中国船舶重大资产重组项目

孙亦涛[*]

一、案情介绍

（一）基本情况

中国船舶工业股份有限公司（以下简称"中国船舶"或"上市公司"），前身为沪东重机股份有限公司，是经中国船舶工业总公司以"船总生（1998）41号"文件和国家经济体制改革委员会"体改生（1998）17号"文件批准，由原沪东造船厂［现公司名称变更为沪东中华造船（集团）有限公司］和原上海船厂（现公司名称变更为上海船厂船舶有限公司）共同发起设立的股份有限公司，于1998年5月20日在上海证券交易所上市交易。2006年11月，经国务院国有资产监督管理委员会批准，中国船舶工业集团有限公司（以下简称"中船集团"）成为直接控股股东，实际控制人为国务院国有资产监督管理委员会。上市公司从事的业务包括船舶造修、动力业务、海洋工程、机电设备等。

本次上市公司重大资产重组涉及的标的公司是江南造船（集团）有限责任公司（以下简称"江南造船"）、广船国际有限公司（曾用名"广州中船龙穴造

船有限公司"）（以下简称"广船国际"）、中船黄埔文冲船舶有限公司（以下简称"黄埔文冲"）、上海外高桥造船有限公司（以下简称"外高桥造船"）、中船澄西船舶修造有限公司（以下简称"中船澄西"）。

本次重组的标的资产是江南造船 100% 股权、外高桥造船 36.271 7% 股权、中船澄西 21.459 8% 股权、广船国际 51% 股权、黄埔文冲 30.983 6% 股权。

（二）重组交易方案

本次交易方案包括两部分，分别为发行股份购买资产和募集配套资金。本次交易完成后，江南造船、外高桥造船和中船澄西成为中国船舶的全资子公司；广船国际和黄埔文冲分别成为中国船舶的控股子公司和参股子公司。

1. 本次交易方案的主要内容

（1）增资还债

在本项目中，中国船舶在标的公司层面实施市场化债转股，投资者以"收购债权转为股权"及"现金增资偿还债务"两种方式对外高桥造船和中船澄西进行增资，即先为公司引入华融瑞通、新华保险、结构调整基金、太保财险、中国人寿、人保财险、工银投资、东富天恒 8 名投资者，合计增资金额为 540 000 万元。同时中船防务也引入了 9 名投资者对广船国际和黄埔文冲进行了增资。

（2）发行股份购买资产

本次交易中，上市公司发行股票的价格为 13.14 元 / 股，不低于经除息后定价基准日前 120 个交易日公司股票交易均价的 90%。

以 2019 年 4 月 30 日为评估基准日，本次重组标的资产的评估价值合计为 3 736 846.17 万元，交易价格为 3 736 846.17 万元。

（3）募集配套资金

上市公司通过锁价方式向军民融合基金、国华基金、国新建信基金、广东粤科资本投资有限公司、西藏万青投资管理有限公司、平安证券股份有限公司、法国巴黎银行、上海同安投资管理有限公司—同安巨星 1 号证券投资基金、振源鑫汇 3 号私募证券投资基金、东海基金管理有限责任公司、日喀则信瑞基础设施产业投资基金合伙企业（有限合伙）等十一名配套融资投资者非公开发行股份 250 440 414 股募集配套资金,募集配套资金总额不超过 386 680.00 万元。

2．证监会批准

2020 年 2 月 5 日,中国证券监督管理委员作出《关于核准中国船舶工业股份有限公司向中国船舶工业集团有限公司等发行股份购买资产并募集配套资金的批复》(证监许可〔2020〕225 号),核准中国船舶本次重组相关事项。

二、办案难点

第一,本次交易是否符合市场化债转股相关政策的各项要求?因本次交易是由交易方先将标的资产实施了市场化债转股操作,再发行股份购买资产。若本次交易不满足市场化债转股相关政策的各项要求,将导致项目不符合法规要求而失败。

第二,本次交易对方之间及交易对方与上市公司及其控股股东和关联方之间是否存在关联关系、一致行动关系或其他利益关系?

三、法律分析

（一）本次交易是否符合市场化债转股相关政策的各项要求

根据相关规范文件及公司的实际情况,本次交易符合市场化债转股相关政策的各项要求。

1．本次交易符合适用企业和债权范围的要求

54 号文规定:"市场化债转股对象企业由各相关市场主体依据国家政策导向自主协商确定。市场化债转股对象企业应当具备以下条件:发展前景较好,具有可行的企业改革计划和脱困安排;主要生产装备、产品、能力符合国家产业发展方向,技术先进,产品有市场,环保和安全生产达标;信用状况较好,无故意违约、转移资产等不良信用记录。鼓励面向发展前景良好但遇到暂时困难的优质企业开展市场化债转股,包括:因行业周期性波动导致困难但仍有望逆转的企业;因高负债而财务负担过重的成长型企业,特别是战略性新兴产业领域的成长型企业;高负债居于产能过剩行业前列的关键性企业以及关系国家安全的战略性企业。禁止将下列情形的企业作为市场化债转股对象:扭亏无望、

已失去生存发展前景的'僵尸企业'；有恶意逃废债行为的企业；债权债务关系复杂且不明晰的企业；有可能助长过剩产能扩张和增加库存的企业。转股债权范围以银行对企业发放贷款形成的债权为主，适当考虑其他类型债权。转股债权质量类型由债权人、企业和实施机构自主协商确定。"

中船集团本次市场化债转股对象企业为江南造船、广船国际、黄埔文冲、外高桥造船、中船澄西，是我国船舶工业和海军装备研制的国家队、主力军，是海洋装备制造行业的骨干企业，但受行业周期波动影响，导致阶段性经营活动现金流恶化、资产负债率上升、流动性压力增大。通过实施本次债转股，引入特定投资者补充资金，优化上市公司资本结构、降低杠杆率，减轻下属子公司财务负担、改善经营质量，提高经营业绩和利润水平。江南造船、广船国际、黄埔文冲、外高桥造船、中船澄西不存在禁止作为市场化债转股对象的情形，符合"鼓励面向发展前景良好但遇到暂时困难的优质企业开展市场化债转股"的情形。

本次债转股范围内的债权为财务公司贷款债权，符合国家发展和改革委员会、中国人民银行、财政部、中国银行业监督管理委员会、国务院国资委、中国证监会、中国保险监督管理委员会联合发布的《关于市场化银行债权转股权实施中有关具体政策问题的通知》（发改财金〔2018〕152号）第五条规定的转股债权范围，均为正常类贷款，无关注和不良类贷款，债权质量较好，范围由债权人、企业和实施机构自主协商确定。

综上，本次债转股标的企业和债权范围的选择符合市场化债转股相关政策的要求。

2. 本次交易符合债转股实施机构范围的要求

54号文规定："除国家另有规定外，银行不得直接将债权转为股权。银行将债权转为股权，应通过向实施机构转让债权、由实施机构将债权转为对象企业股权的方式实现。鼓励金融资产管理公司、保险资产管理机构、国有资本投资运营公司等多种类型实施机构参与开展市场化债转股；支持银行充分利用现有符合条件的所属机构，或允许申请设立符合规定的新机构开展市场化债转股；鼓励实施机构引入社会资本，发展混合所有制，增强资本实力。……鼓励各类实施机构公开、公平、公正竞争开展市场化债转股，支持各类实施机构之间以及实施机构与私募股权投资基金等股权投资机构之间开展合作。"

中国船舶本次交易的交易对方中，华融瑞通、中原资产属于金融资产管理公司；新华保险、太保财险、中国人寿、人保财险属于保险资产管理机构；中船投资、结构调整基金、东富天恒、军民融合基金、国华基金、国新建信基金、东富国创、国发基金属于国有资本投资运营公司；工银投资、交银投资、农银投资、中银投资属于银行设立的开展市场化债转股的新机构，均符合上述规定。

综上，本次市场化债转股参与的实施机构均符合市场化债转股相关政策的要求。

3. 本次交易符合自主协商确定交易价格及条件的要求

54号文规定："银行、企业和实施机构自主协商确定债权转让、转股价格和条件。对于涉及多个债权人的，可以由最大债权人或主动发起市场化债转股的债权人牵头成立债权人委员会进行协调。经批准，允许参考股票二级市场交易价格确定国有上市公司转股价格，允许参考竞争性市场报价或其他公允价格确定国有非上市公司转股价格。为适应开展市场化债转股工作的需要，应进一步明确、规范国有资产转让相关程序。"

中国船舶及中船防务本次市场化债转股价格及条件均由中国船舶及中船防务与交易对方谈判形成，双方根据法律法规签署了债权转让协议、增资协议等一系列市场化债转股协议文件，对债权转让、转股价格等具体交易条款进行了约定。

本次交易中，标的资产的增资价格、交易价格均根据具有证券期货业务资格的资产评估机构出具并经相关国资监管机构备案的评估报告的评估结果确定，经上市公司董事会、股东大会审议通过，履行了国有资产交易相关程序。

综上，本次市场化债转股债权转让、转股价格和条件由企业和实施机构自主协商确定，交易价格及条件符合市场化债转股相关政策的要求。

4. 本次交易符合规范履行程序的要求

54号文规定："债转股企业应依法进行公司设立或股东变更、董事会重组等，完成工商注册登记或变更登记手续。涉及上市公司增发股份的应履行证券监管部门规定的相关程序。"

江南造船、广船国际、黄埔文冲、外高桥造船、中船澄西依法完成增资及股东变更的内部决策及工商变更登记手续。

中国船舶向交易对方发行股份收购其持有的江南造船、广船国际、黄埔文冲、外高桥造船、中船澄西少数股权，涉及上市公司增发股份，本次交易方案已经上市公司董事会和股东大会审议通过，上市公司已向中国证监会报送本次重组的申请材料，符合证券监管部门规定的相关程序。

综上，本次市场化债转股规范履行程序，符合市场化债转股相关政策的要求。

5. 符合依法依规落实和保护股东权利的要求

54 号文规定："市场化债转股实施后，要保障实施机构享有公司法规定的各项股东权利，在法律和公司章程规定范围内参与公司治理和企业重大经营决策，进行股权管理。"

本次交易完成后，上市公司将继续遵守《中华人民共和国公司法》《中华人民共和国证券法》等有关规定，保障实施机构在内的全体股东合法权利、维护中小股东的合法利益不受侵害，上市公司将确保实施机构在法律法规、公司章程和合同约定的范围内参与公司治理和企业重大经营决策，进行股权管理。

综上，本次市场化债转股完成后，中国船舶依法依规落实和保护实施机构的股东权利，符合市场化债转股相关政策的要求。

6. 符合市场化方式实现股权退出的要求

54 号文规定："实施机构对股权有退出预期的，可与企业协商约定所持股权的退出方式。债转股企业为上市公司的，债转股股权可以依法转让退出，转让时应遵守限售期等证券监管规定。债转股企业为非上市公司的，鼓励利用并购、全国中小企业股份转让系统挂牌、区域性股权市场交易、证券交易所上市等渠道实现转让退出。"

本次重组投资机构可以获得上市公司股权。本次重组完成后，交易对方持有上市公司股权，其通过本次交易取得的对价股份将根据《上市公司重大资产重组管理办法》等有关规定予以锁定，锁定期满后相关证券可依法依规实现退出。

综上，本次市场化债转股的实施机构可以以市场化方式实现股权退出，符合市场化债转股相关政策的要求。

7. 符合市场化筹集债转股资金的要求

54 号文规定："债转股所需资金由实施机构充分利用各种市场化方式和渠道筹集，鼓励实施机构依法依规面向社会投资者募集资金，特别是可用于股本投资的资金，包括各类受托管理的资金。"

本次交易中，参与本次市场化债转股的实施机构的资金来源合法合规并且能够用于股本投资。

综上，本次市场化债转股的实施机构的资金来源符合市场化债转股相关政策的要求。

（二）本次交易对方之间及交易对方与上市公司及其控股股东和关联方之间是否存在关联关系、一致行动关系或其他利益关系

1. 交易对方之间是否存在关联关系、一致行动关系或其他利益关系

（1）交易对方中船集团、中船防务及中船投资存在关联关系、构成一致行动关系

截至 2019 年 9 月 30 日，中船集团直接持有中船防务 35.50% 股份，通过中船国际控股有限公司持有中船防务 24.47% 股权，合计控制中船防务 59.97% 股权，为中船防务控股股东。中船集团持有中船投资 100% 股权，为中船投资控股股东。因此，中船集团、中船防务及中船投资存在关联关系、构成一致行动关系。

（2）交易对方东富天恒与东富国创存在关联关系、不构成一致行动关系

截至 2019 年 12 月 23 日，东富天恒与东富国创均为中国东方资产管理股份有限公司（以下简称"东方资产"）持有 50% 以上认缴出资额的股权投资平台，东富天恒与东富国创的执行事务合伙人为北京东富汇通投资管理中心（有限合伙）（以下简称"东富汇通"）。其中，东方资产持有东富国创 50% 以上实缴出资份额，东方资产对东富天恒无实缴出资，东富天恒和东富国创存在关联关系。

另外，根据《上市公司收购管理办法》（2014 版）第八十三条对东富国创与东富天恒之间的关系进行核查，虽然推定情形中的"投资者受同一主体控

制"和"投资者的董事、监事或者高级管理人员中的主要成员，同时在另一个投资者担任董事、监事或者高级管理人员"符合东富国创与东富天恒之间的关系，但两者在本次重组中不构成一致行动关系，主要原因为根据双方合伙协议的约定，东富天恒实行目标项目制，东方资产虽然作为东富天恒的有限合伙人，但对东富天恒无实缴出资、也非东富天恒投资中船集团债转股项目的目标项目合伙人，东方资产对东富天恒中船集团的债转股项目的投资决策及退出决策不产生影响。东富国创实行目标项目制，东方资产虽然作为东富国创的目标有限合伙人，需与其他目标有限合伙人协商确定中国船舶项目的投资决策事项、管理及退出方案。虽然东富汇通为东富天恒和东富国创的执行事务合伙人，但东富汇通在东富天恒和东富国创目标项目上仅依据目标有限合伙人的方案或指令进行管理或处分，对中国船舶项目的投资决策事项、管理及退出方案不产生重大影响。另外结合东方资产、东富天恒、东富国创及东富汇通出具的说明，在本次重组中，东富天恒与东富国创不构成一致行动关系。

（3）交易对方国发基金与农银投资存在关联关系、不构成一致行动关系

截至 2019 年 12 月 23 日，农银投资直接持有国发基金 22.89% 股权，并持有国发基金执行事务合伙人航发基金管理有限公司 10.00% 股权，且国发基金投委会委员存在农银投资委派人员 1 名，国发基金和农银投资存在关联关系。

另外，根据《上市公司收购管理办法》（2014 版）第八十三条对国发基金与农银投资之间的关系进行核查，虽然推定情形中的"投资者参股另一投资者，可以对参股公司的重大决策产生重大影响"和"投资者之间存在合伙、合作、联营等其他经济利益关系"符合国发基金与农银投资之间的关系，但两者在本次重组中不构成一致行动关系，主要原因为根据国发基金合伙协议的约定，国发基金下设"投资决策委员会"，专门设置投资决策委员会对合伙企业的投资相关事项进行专业的独立决策，农银投资虽向国发基金投委会委派委员 1 名，但国发基金投委会委员共计 5 名，农银投资对国发基金的投资决策不构成重大影响。另外结合国发基金及农银投资出具的说明，在本次重组中，国发基金与农银投资不构成一致行动关系。

（4）交易对方国发基金与军民融合基金存在关联关系、不构成一致行动关系

截至 2019 年 12 月 23 日，军民融合基金持有国发基金 18.50% 股权，为国发基金关联方。

另外，根据《上市公司收购管理办法》（2014 版）第八十三条对国发基金与军民融合基金之间的关系进行核查，虽然推定情形中的"投资者参股另一投资者，可以对参股公司的重大决策产生重大影响"和"投资者之间存在合伙、合作、联营等其他经济利益关系"符合国发基金与军民融合基金之间的关系，但两者在本次重组中不构成一致行动关系，主要原因为根据国发基金合伙协议，国发基金下设"投资决策委员会"，专门设置投资决策委员会对合伙企业的投资相关事项进行专业的独立决策，军民融合基金未向国发基金委派负责投资决策的投委委员。另外结合国发基金出具的说明，在本次重组中，国发基金与军民融合基金不构成一致行动关系。

（5）交易对方中船投资与军民融合基金存在关联关系、不构成一致行动关系

截至 2019 年 12 月 23 日，中船投资认缴军民融合基金 5.36% 股权，为军民融合基金关联方。

另外，根据《上市公司收购管理办法》（2014 版）第八十三条对中船投资与军民融合基金之间的关系进行核查，虽然推定情形中的"投资者参股另一投资者，可以对参股公司的重大决策产生重大影响"符合中船投资与军民融合基金之间的关系，但两者在本次重组中不构成一致行动关系，主要原因为根据军民融合基金章程的约定，基金管理人惠华基金管理有限公司"组建投委会并监督委员遵守管理公司投委会议事规则履行职责"，"各投委会委员应以委员个人身份，通过运用自身的专业知识和行业经验就投委会审议事项独立发表意见并作出判断，不受任何单位或机构影响"。中船投资未向军民融合基金管理人委派投委会委员，中船投资对军民融合基金投资决策不构成重大影响。另外结合中船投资出具的说明，在本次重组中，中船投资与军民融合基金不构成一致行动关系。

（6）新华保险与太保财险之间的其他利益关系

截至 2019 年 12 月 23 日，新华保险董事李琦强先生，自 2019 年 8 月 16 日

起担任新华保险董事；同时自 2019 年 8 月 22 日起在太保财险的母公司中国太平洋保险（集团）股份有限公司担任董事职务。

（7）国华基金与人保财险之间的其他利益关系

截至 2019 年 12 月 23 日，交易对方国华基金的有限合伙人中国人保资产管理有限公司持有国华基金份额为 14.21%。中国人保资产管理有限公司与交易对方人保财险同为中国人民保险集团股份有限公司全资子公司。国华基金与人保财险不存在关联关系。

除上述情况外，本次重组交易对方之间不存在其他关联关系、一致行动关系或其他利益关系。

2. 交易对方与上市公司是否存在关联关系、一致行动关系或其他利益关系

交易对方中船集团、中船防务和中船投资与上市公司中国船舶存在关联关系。截至 2019 年 9 月 30 日，中船集团直接持有中国船舶 51.18% 股份，通过中船投资持有中国船舶 1.80% 股权，合计控制中国船舶 52.98% 股权，中船集团为上市公司中国船舶的控股股东。中船集团为上市公司关联方。

截至 2019 年 12 月 23 日，中船防务和中船投资与上市公司中国船舶同为中船集团控股子公司，中船防务和中船投资为上市公司关联方。

3. 交易对方与上市公司控股股东是否存在关联关系、一致行动关系或其他利益关系

上市公司控股股东为中船集团，本次重组交易对方中船防务、中船投资与中船集团存在关联关系、一致行动关系，详见前文"1. 交易对方之间是否存在关联关系、一致行动关系或其他利益关系"之"（1）交易对方中船集团、中船防务及中船投资存在关联关系、构成一致行动关系"所述。

4. 交易对方与上市公司关联方及控股股东控制的关联方之间是否存在关联关系、一致行动关系或其他利益关系

根据《上海证券交易所股票上市规则》（2019 版）、《上海证券交易所上市公司关联交易实施指引》等规定，考虑到中船集团与中船重工集团实施联合重组的背景，与本次重组相关的上市公司关联方及控股股东控制的关联方包括：中国船舶集团有限公司、中船重工集团、中船集团、中船防务、中船投资。

（1）交易对方军民融合基金与中船投资存在关联关系、不构成一致行动关系

详见前文"1. 交易对方之间是否存在关联关系、一致行动关系或其他利益关系"之"（5）交易对方中船投资与军民融合基金存在关联关系、不构成一致行动关系"所述。

（2）交易对方军民融合基金与中船重工集团存在关联关系、不构成一致行动关系

截至 2019 年 12 月 23 日，中船重工集团持有军民融合基金 7.14% 股权，为军民融合基金关联方。

另外，根据《上市公司收购管理办法》（2014 版）第八十三条对中船重工集团与军民融合基金之间的关系进行核查，虽然推定情形中的"投资者参股另一投资者，可以对参股公司的重大决策产生重大影响"符合中船重工集团与军民融合基金之间的关系，但两者在本次重组中不构成一致行动关系，主要原因为根据军民融合基金与惠华基金管理有限公司签署的《国家国防科技工业军民融合产业投资基金委托管理协议》的约定，基金管理人惠华基金管理有限公司"组建投委会并监督委员遵守管理公司投委会议事规则履行职责"，"各投委会委员应以委员个人身份，通过运用自身的专业知识和行业经验就投委会审议事项独立发表意见并作出判断，不受任何单位或机构影响"。中船重工集团未向军民融合基金管理人委派投委会委员，中船重工集团对军民融合基金投资决策不构成重大影响。另外结合军民融合基金出具的说明，在本次重组中，中船重工集团与军民融合基金不构成一致行动关系。

（3）交易对方中船集团、中船防务及中船投资与中国船舶集团有限公司、中船重工集团为关联关系

截至 2019 年 12 月 23 日，中船集团与中船重工集团实施联合重组，新设中国船舶集团有限公司，中船集团和中船重工集团整体划入中国船舶集团有限公司。中船集团与中国船舶集团有限公司、中船重工集团为关联关系。

截至 2019 年 12 月 23 日，中船集团直接持有中船防务 35.50% 股份，通过中船国际控股有限公司持有中船防务 24.47% 股权，合计控制中船防务 59.97% 股权，为中船防务控股股东。结合中船集团与中船重工集团实施联合重组的背景，中船防务与中国船舶集团有限公司、中船重工集团为关联关系。

截至 2019 年 12 月 23 日，中船集团持有中船投资 100% 股权，为中船投资控股股东。结合中船集团与中船重工集团实施联合重组的背景，中船投资与中国船舶集团有限公司、中船重工集团为关联关系。

（4）交易对方国华基金与中国船舶集团有限公司的其他利益关系

截至 2019 年 12 月 23 日，中船重工集团下属公司中国船舶重工集团资本控股有限公司持有国华基金 2.84% 股权，中船集团下属公司中船投资持有国华基金 1.42% 股权，中国船舶集团有限公司合计持有国华基金 4.26% 股权。此外，国华基金管理人国华军民融合产业发展基金管理有限公司董事时志刚，同时为中船重工柴油机动力有限公司董事，监事王军同时为中船投资的董事。

上市公司控股股东及其关联方对国华基金没有控制关系。

（5）交易对方结构调整基金与中船重工集团在中国重工层面构成一致行动关系

截至 2019 年 12 月 23 日，结构调整基金持有中船重工集团控股子公司中国船舶重工股份有限公司（以下简称"中国重工"）1.68% 股份，与中船重工集团签署一致行动协议，仅在中国重工层面与中船重工集团一致行动。

综上，本次交易对方之间及交易对方与上市公司及其控股股东和关联方之间的关联关系、一致行动关系或其他利益关系如下表。除表 1 所述情形之外，不存在其他关联关系、一致行动关系或其他利益关系。

表 1

序号	交易对方		关联关系	一致行动人关系	其他利益关系
1	中船集团	中船防务	是	是	否
2	中船集团	中船投资	是	是	否
3	中船防务	中船投资	是	是	否
4	东富天恒	东富国创	是	否	否
5	国发基金	农银投资	是	否	否
6	国发基金	军民融合基金	是	否	否
7	中船投资	军民融合基金	是	否	否
8	新华保险	太保财险	否	否	是
9	国华基金	人保财险	否	否	是

（续表）

序号	交易对方	上市公司	关联关系	一致行动人关系	其他利益关系
1	中船集团		是	—	否
2	中船防务	中国船舶	是	—	否
3	中船投资		是	—	否

序号	交易对方	上市公司控股股东	关联关系	一致行动人关系	其他利益关系
1	中船防务	中船集团	是	是	否
2	中船投资		是	是	否

序号	交易对方	上市公司关联方及控股股东控制的关联方	关联关系	一致行动人关系	其他利益关系
1	军民融合基金	中船投资	是	否	否
2	军民融合基金	中船重工集团	是	否	否
3	国华基金	中国船舶集团有限公司	否	否	是
4	中船集团		是	—	否
5	中船投资	中国船舶集团有限公司、中船重工集团	是	—	否
6	中船防务		是	—	否
7	结构调整基金	中船重工集团	—	是（中国重工层面）	否

四、案件结论

（一）项目总结

本项目于 2017 年 9 月正式启动市场化债转股等一系列工作，历时近三年，严格按照 54 号文件要求引入了多家市场化债转股机构，最终以 373.68 亿元完美收官。此举大幅降低了集团公司、上市公司、标的企业杠杆率水平，为面临暂时性困难的骨干船企渡过难关和高质量发展提供了强大助力。

上述交易完成后，江南造船、外高桥造船和中船澄西成为中国船舶的全资子公司；广船国际和黄埔文冲分别成为中国船舶的控股子公司和参股子公司。其中收购标的江南造船、黄埔文冲和广船国际在军、民船舶造修领域具有较强的核心竞争优势和行业地位，有利于完善上市公司造修船板块布局、巩固业务竞争优势、提升上市公司资产规模。

（二）业务亮点

本项目通过将标的资产实施市场化债转股，降低了资产负债率，进而再发行股份购买资产，让投资者将取得的股权证券化，实现了投资收益的最大回报。主要步骤中的亮点如下：

第一，实施市场化债转股行为，收购债权转为股权，实现股权证券化。即先为子公司引入投资者实现债转股，后上市公司发行股份收回资产。收购对象即为债转股所形成的两家子公司少数股东股权，由"子公司债转股"和"上市公司发行股份购买资产"两部分构成。前一步骤由交易对方现金增资标的公司偿还贷款和直接以债权转为标的公司股权；后一步骤由上市公司向交易对方发行股份购买其通过子公司债转股持有的标的公司股权。

第二，向特定投资者发行股票，募集配套资金。这部分资金用于上市公司有关项目的实施，助力上市公司的发展，使得投资者股权收益最大化。

两家 A 股上市公司之间的重大资产交易

莫海洋[*]　裴斌侠[**]

一、案情介绍

A 股上市公司 L 公司于 2019 年联合并购基金（B 基金）及标的公司管理层持股平台（M 合伙企业）以现金方式收购另一家 A 股上市公司 X 公司持有的 W 公司 100% 股权，交易金额合计 7.6 亿元，其中 L 公司以 4.8 亿元价格受让 60% 股权，B 基金以 2 亿元价格受让 25% 股权，M 合伙企业以 7 856 万元价格受让 15% 股权（鉴于 M 合伙企业承担标的公司的业绩承诺和补偿，其受让价格较其他受让方有一定折让）。本次交易构成上市公司 L 公司重大资产重组。

二、办案难点

（一）交易方案设计

本次交易方案设计需考虑并购资金来源、业绩承诺及补偿主体、并购基金及管理层退出安排等诸多因素。本次交易的标的资产体量较大，收购方采取现

---

[*]　上海市锦天城律师事务所合伙人。

[**]　上海市锦天城律师事务所律师。

金收购的方式，具有一定的资金压力。本次交易时，标的公司的资产总额占主要收购方 L 公司资产总额的比例达到 50% 以上；标的公司的营业收入占 L 公司营业收入的比例达到 100% 以上，且超过 10 亿元人民币。本次交易以收益法评估值 80 677 万元作为作价依据，在 L 公司不发行股份的情况，如何设计交易结构，减轻上市公司现金收购的资金压力，控制综合资金成本是本次交易方案设计需考虑的重点问题之一。其次，本次交易的出售方 X 公司同为上市公司，标的公司管理层在交易前不持有 W 公司股权，如何合理设置业绩承诺与补偿方案并有效激励标的公司管理团队，也是本次交易方案设计的难点之一。

（二）经营者集中反垄断审查

根据当时有效的《国务院关于经营者集中申报标准的规定（2018 年修订）》关于经营者集中申报标准的规定，本次交易达到经营者集中的申报标准。因此，本次交易需按照《中华人民共和国反垄断法》《国务院关于经营者集中申报标准的规定（2018 年修订）》等相关规定向国务院反垄断执法机构进行经营者集中申报。在有序推进本次交易的过程中，适时完成经营者集中反垄断审查亦是重点工作之一。

（三）标的公司的合规性问题

本次交易完成后，标的公司即成为上市公司 L 公司的子公司，需满足上市公司子公司的合规性要求。因此，标的公司合规性问题亦是本次交易的核查重点之一。经本次交易的中介机构核查，并经交易所问询，本次交易主要关注的标的公司合规性问题如下：

1. 环保、安全生产处罚

标的公司在报告期内存在因环境保护问题受到环保主管部门行政处罚的情形和因安全生产问题受到安全监督管理部门行政处罚的情形。前述行为是否构成重大违法违规行为，是本次交易的核查重点。

2. 房屋、土地产权瑕疵、土地租赁瑕疵

标的公司部分房屋建筑物、土地因前置手续不完善、集体土地等原因，尚未办理产权证书，存在房屋、土地产权瑕疵；租赁集体土地未完全履行相关法律法规规定的决策、备案程序，并在集体土地上建设房屋，存在土地租赁瑕疵。前述问题是否对标的公司未来生产经营构成重大不利影响亦是本次交易重点关注的问题。

三、法律分析

（一）交易方案

1. 交易方案的总体设计

本次交易采用了现金收购的方式，为缓解收购方的资金压力，L 公司引入了两个联合收购方——并购基金（B 基金，L 公司作为有限合伙人，认购了部分财产份额），以及标的公司管理层持股平台（M 合伙企业）。此外，由于本次重组为两个上市公司之间的交易，交易完成后标的公司继续由原管理团队经营管理，综合各方面因素，确定本次交易的业绩对赌方为收购方之一——M 合伙企业，出售方不承担业绩对赌。同时，出售方给予 M 合伙企业适当的价格折扣。交易方案的设计还考虑到了并购基金与管理层的退出安排。本次交易方案具体分析如下：

（1）收购方的资金安排

收购方 L 公司引入了并购基金及标的公司管理层持股平台共同参与收购。收购方 L 公司按 8 亿元的估值受让出售方 X 公司持有的标的公司 60% 股权，交易价格为 4.8 亿元。同时，收购方 L 公司作为 LP 认购了并购基金部分财产份额。

据此，收购方 L 公司实际支付的现金减少至 6 亿元左右。在此基础上，L 公司向银行申请并购贷款 2.4 亿元，进一步减少了本次收购的现金压力。并购贷款的借款期限为 5 年，综合资金成本在 5% 以内，并购贷款的财务费用对 L 公司净利润的影响较小；贷款后 L 公司的资产负债率也保持在合理水平，不会对上市公司的资金状况以及未来经营产生重大不利影响。

收购方上市公司通过引入联合收购方，同时向银行申请了并购贷款，减少了本次交易的现金压力，提升了本次交易的可操作性。

（2）并购基金的交易安排

联合收购方之一 B 基金按 8 亿元的估值受让了标的公司 25% 股权，交易价格为 2 亿元。L 公司认购了 B 基金一定的财产份额，同时为并购基金设计退出安排。

（3）标的公司管理层持股平台的交易安排

① 具体安排

另一联合收购方——标的公司管理层持股平台（M 合伙企业）受让标的公司 15% 股权，交易价格为 7 856 万元（在评估价值的基础上给予适当折让）。M 合伙企业承担业绩对赌，享受价格折让，同时也约定了退出安排。

② 标的公司管理层持股平台享受价格折让的合理性

因 M 合伙企业财产份额由标的公司管理团队持有，而管理团队对于标的公司的经营状况可以施加最直接的影响，因此交易各方一致认可由 M 合伙企业作为本次交易业绩承诺责任方。M 合伙企业作为本次交易收购方之一，将持有标的公司 15% 股权，按照本次交易估值计算的转让价格为 1.2 亿元，因其承担业绩承诺及对赌，经 X 公司与 M 合伙企业协商，最终 M 合伙企业受让标的公司 15% 股权的价格确定为 7 856 万元。标的公司管理层持股平台享受价格折让既为本次交易提供一个值得信赖的业绩承诺方；同时也调动了管理团队的积极性，为标的资产未来三年平稳运营奠定了基础。这种协议安排一方面消弭了交易各方分歧，另一方面最大限度地降低了标的资产的业绩波动风险，保护了上市公司的利益。

综上，本次交易方案总体设计平衡了交易各方的利益，极大减少了交易阻力，确保了交易的顺利完成。

2. 业绩承诺及补偿安排

（1）业绩承诺及补偿方案

① 业绩承诺及补偿的承担主体。

标的公司管理层持股平台（M 合伙企业）。

② 业绩承诺具体指标。

2019 年度净利润不低于 1 亿元、2020 年度净利润不低于 1.1 亿元、2021 年度净利润不低于 1.2 亿元，2019 年至 2021 年三年合计净利润不低于 3.3 亿元。

③ 业绩补偿具体方式。

如果标的公司上述任一年度的实际业绩达成率不低于 90%，则视同完成业绩承诺。实际业绩达成率 = 当年实现净利润 / 当年承诺净利润 ×100%。

如果标的公司上述任一年度的实际业绩达成率低于 90%，且 2019 年至 2021 年三年合计实现的净利润低于 3 亿元，M 合伙企业同意以其所持有的标的公司股权向收购方 L 公司和 B 基金进行补偿。补偿的标的公司股权比例 =（累计承诺业绩 - 累计实际完成业绩）/ 交易标的总对价 ×100%，L 公司和 B 基金按其持有的标的公司股权比例分配 M 合伙企业补偿的标的公司股权。

④ 超额业绩奖励。

如果标的公司上述任一年度的实际业绩达成率不低于 110%，L 公司和 B 基金同意将标的公司当年实现的净利润超过承诺净利润部分的 20% 作为年度奖金奖励给标的公司管理团队。

⑤ 业绩完成情况。

标的公司 2019 年度、2020 年度和 2021 年度实现的净利润分别为 1.6 亿元、1.9 亿元和 2.4 亿元，超额完成了业绩指标。

（2）业绩承诺及补偿方案的设计特点

上述对赌安排较为独特，由收购方之一——标的公司管理层持股平台（M 合伙企业）做出业绩承诺；同时，补偿方式的设计也独具特色，在通过业绩对赌防范收购方所需承担的标的公司业绩下滑的风险的同时，亦兼顾了业绩承诺方的风险与收益。本次业绩承诺及补偿方案的设计一方面可以降低并购风险，保证标的资产未来盈利能力实现预期，另一方面可以降低谈判难度，推动并购进程，获得较为有利的价格条件，从而实现交易各方共赢。

① 标的公司管理层持股平台作为业绩承诺方的原因及合理性。

标的资产日常运营事务及具体管理工作均长期由管理团队负责，本次交易完成后除主要财务人员来自收购方 L 公司之外，其余管理团队成员保持稳定，且核心成员均通过 M 合伙企业持有标的公司股权。管理团队的管理效果是决定标的公司未来三年业绩情况关键因素。同时，因出售方与收购方上市公司实际控制人无关联关系，不属于《上市公司重大资产重组管理办法》规定的必须提供业绩补偿的情形；且出售方亦为上市公司，本次交易后将不再持有标的公司任何股权，从保护上市公司和投资者利益的角度出发，出售方不便对标的资产未来收益提供承诺及补偿。而作为资产收购方，为了降低本次交易的潜在风险，保护上市公司的权益，需要标的资产未来经营业绩的预期尽量合理稳定。因此，各方达成一致，由标的公司管理层持股平台承担标的资产业绩承诺与补偿，出售方就 M 合伙企业受让 15% 标的公司股权给予一定的价格折让。

② 标的公司管理层持股平台对业绩承诺的履约能力、保障业绩补偿实现的具体安排。

M 合伙企业持有的标的公司 15% 股权价值为 1.2 亿元，经业绩对赌公式的设计，其可以覆盖标的公司利润下滑 40% 导致的损失风险。所以，业绩承诺方的补偿能力能够覆盖标的资产面临的主要风险。

其次，M 合伙企业为业绩承诺提供了合理适当的履约保障。本次交易相关协议已约定，如标的公司未完成 2019 年度业绩承诺，则 M 合伙企业所持标的公司股权不得提前退出；如标的公司未完成三年总体业绩承诺目标，在进行股权补偿之后，由 L 公司与 M 合伙企业协商确定 M 合伙企业所持标的公司剩余股权的退出方式。M 合伙企业亦出具承诺函，保证其持有的标的公司股权优先用于履行业绩补偿，在业绩补偿完成前非经其他收购方同意不得处置（转让、质押等）其持有的标的公司股权，不通过质押股权等方式逃废补偿义务等；如违反相关承诺，同意全额承担业绩补偿义务，并赔偿其他收购方的全部损失。

3. 联合收购方的退出安排

（1）并购基金的退出安排

并购基金的退出安排为：在本次交易交割完成满 12 个月后的一年以内，收购方 L 公司同意收购 B 基金持有的标的公司股权，收购方式为 L 公司向 B 基金发行股份、可转债或现金收购或两者结合，具体收购方式及收购价格由两方协商确定。

实际退出情况：2020 年 8 月，L 公司及其子公司受让了 B 基金其他合伙人的财产份额，实现并购基金管理人及其他投资人的退出。

（2）标的公司管理层持股平台的退出安排

① 具体退出安排。

标的公司管理层持股平台的退出安排如下：如标的公司完成 2019 年度业绩承诺，则在本次交易交割完成满 12 个月后的一年以内，M 合伙企业可以选择由

L 公司收购其持有的标的公司部分股权。收购比例不超过其所持标的公司股权的三分之一，收购价格、收购方式与 L 公司收购 B 基金持有的标的公司股权一致；M 合伙企业持有的剩余股权在标的公司完成 2019 年至 2021 年三年业绩承诺后可以退出，退出方式为 L 公司向 M 合伙企业发行股份、可转债或现金收购或两者结合，具体退出方式及退出价格由双方协商确定。

如果标的公司未完成 2019 年业绩承诺，则 M 合伙企业所持标的公司股权不得提前退出。待三年业绩承诺期满后，如果标的公司总体业绩达标，则 M 合伙企业可以退出，退出方式为 L 公司向 M 合伙企业发行股份、可转债或现金收购或两者结合，具体退出方式及退出价格由双方协商确定。

如果标的公司未完成三年总体业绩承诺目标，在进行股权补偿之后，由 L 公司与 M 合伙企业协商确定 M 合伙企业持标的公司剩余股权的退出方式。

② 退出安排的合理性。

若 2019 年业绩达标，标的公司管理层持股平台可以选择由收购方上市公司收购三分之一标的资产股权。进行该等安排的主要原因是：

从时间来看，标的公司管理层持股平台承担业绩承诺的期限是 3 年，2019 年如果完成业绩承诺，则其业绩承诺期限完成了三分之一；从金额来看，2019 年业绩承诺目标约占整个承诺业绩合计数的三分之一。因此，在 2019 年标的公司达到业绩承诺目标之后，标的公司管理层持股平台的整体业绩承诺一定程度上可以被视作完成了三分之一，故上市公司给予 M 合伙企业所持三分之一股权的回购机会，也更有利于调动管理团队的积极性。标的公司 2018 年 1—9 月标的资产净利润为 10 695 万元，2019 年至 2021 的业绩目标在 2018 年的基础上略有增长，具有较大的可实现性，M 合伙企业出售三分之一股权而后续业绩目标难以达成的可能性较低。标的公司管理层持股平台出售三分之一股权的收购价格、收购方式与 L 公司收购 B 基金持有的标的公司股权一致，即届时将以第三方的成交价格为准。因此，上述安排合理，相关定价机制公允，不存在损害上市公司利益的情形。

管理层实际退出情况：2020 年 7 月，L 公司以 6 400 万元价格收购 M 合伙企业持有的标的公司 5% 股权；2022 年 4 月，L 公司以 17 338 万元收购 M 合伙企业持有的标的公司 10% 股权。最终管理层退出的总交易对价为 23 738 万元。

（二）经营者集中申报

1. 经营者集中申报标准

根据本次交易时有效的《国务院关于经营者集中申报标准的规定（2018 年修订）》规定，经营者集中达到下列标准之一的，经营者应当事先向国务院反垄断执法机构申报，未申报的不得实施集中：①参与集中的所有经营者上一会计年度在全球范围内的营业额合计超过 100 亿元人民币，并且其中至少两个经营者上一会计年度在中国境内的营业额均超过 4 亿元人民币。②参与集中的所有经营者上一会计年度在中国境内的营业额合计超过 20 亿元人民币，并且其中至少两个经营者上一会计年度在中国境内的营业额均超过 4 亿元人民币。营业额的计算，应当考虑银行、保险、证券、期货等特殊行业、领域的实际情况，具体办法由国务院反垄断执法机构会同国务院有关部门制定。

据此，本次交易达到上述经营者集中申报标准，收购方 L 公司需依法向国务院反垄断执法机构进行经营者集中申报。

2. 经营者集中申报与审查

收购方 L 公司作为本次交易涉及的经营者集中申报的申报方，于 2019 年3 月就本次交易按照简易程序向国家市场监督管理总局提交了经营者集中申报，并于 2019 年 4 月获得了国家市场监督管理总局出具的《经营者集中反垄断审查不实施进一步审查决定书》。

在交易所对本次交易进行问询时，申报方已提交申报但尚未取得主管部门的审查结果。本次交易的中介机构通过以下几方面的分析，通过了交易所的问询，确保了本次交易的正常推进，具体分析如下：

从申报进展上分析，本次交易已提交申报，本次交易涉及的经营者集中申报正在正常审查中；若本次交易未被反垄断执法机构认定将产生或可能产生竞争问题，则预计将于 6—8 周内完成审查工作，经营者集中反垄断审查不存在重大法律障碍。从主营业务及细分产品上分析，两者的细分主打产品不同；从市场份额方面分析，本次交易完成后，所占市场份额不具备市场控制力；从交易目的分析，本次交易的目的亦不是为了达成垄断地位，不具有排除、限制竞争的效果。从经营者集中申报对本次交易进展的影响方面分析，本次交易涉及的经营者集中申报为本次交易实施的先决条件，在反垄断执法机构做出不实施进一步审查／对经营者集中不予禁止的决定或者逾期未做出决定之前，本次交易不能实施，但经营者集中申报事项不影响本次交易其他程序的正常推进。

（三）标的公司的合规性

中介机构在对标的公司进行尽职调查的过程中，发现了标的公司在合规性方面存在一些问题。通过对相关问题的具体分析，中介机构判断相关问题并不会对本次交易构成实质性障碍，具体问题与分析情况如下：

1. 环保、安全生产处罚

标的公司在报告期内存在因环境保护方面的违法违规行为被环保主管部门行政处罚的情形和因安全生产事故被安全监督管理部门行政处罚的情形。

对于标的公司环境保护方面的处罚事项，标的公司及时按照要求进行了整改，并由相关主管部门出具了证明，标的公司被处罚的行为不属于重大违法违规行为。

本次交易报告期内，标的公司存在被安全监督管理部门行政处罚的情形。但相关情形未被认定为重大安全生产事故，且标的公司已按照要求进行了整改。根据相关主管部门出具的证明，标的公司被处罚的行为不属于重大违法违规行为。

2. 房屋产权瑕疵、土地租赁瑕疵

（1）房屋产权瑕疵

标的公司部分房屋建筑物在自有土地上建设，因未办理规划、施工许可等前置手续，尚未办理不动产权证书；部分房屋建筑物因在租赁的农村集体建设用地上建设，无法办理不动产权证书。上述房屋建筑物未来存在被相关行政主管部门认定为违章建筑，进而被责令拆除、罚款等风险。

鉴于：第一，标的公司未因其使用的上述无证房屋建筑物相关事宜受到相关行政处罚，未曾发生过任何相关的争议、纠纷或诉讼、仲裁案件；第二，上述无证房屋建筑物用途为仓库或临时办公，属于生产经营的配套用房，不属于核心生产经营用房，可替代性较强；第三，标的公司可调整现有有产权证的房屋建筑物的用途、新建房屋建筑物以替代使用的无证房产；第四，出售方在协

议中承诺，如标的公司因交割日前的行为受到土地、房产、行政审批等方面的处罚或被相应监管机关要求补缴标的公司交割日前应缴纳但未缴纳的税款或费用，因此受到的损失由出售方赔偿。

综上所述，上述无证房屋建筑物存在权属瑕疵，但均不属于核心生产经营用房，可替代性较强，账面价值、建筑面积占比均较低，且标的公司采取了一定的保障措施，该等房屋建筑物的权属瑕疵不会对标的公司正常生产经营产生重大不利影响。

（2）土地租赁瑕疵

标的公司存在租赁农村集体建设用地建设仓库、道路，不符合当时生效适用的《中华人民共和国土地管理法》规定的经村民会议三分之二以上成员或者三分之二以上村民代表的同意，并报乡（镇）人民政府批准等相关规定，存在法律瑕疵，存在租地协议被认定无效、被要求退还土地、拆除地上建筑物、罚款等风险。

鉴于：第一，租赁的上述集体建设用地由于特殊历史原因导致存在上述法律瑕疵。开始土地租赁之初，处于计划经济时代，尚无相关法律法规对集体土地租赁的决策、备案程序进行规定。后来土地租赁主体经过多次更名、资产重组等变迁，村委会认为，每次土地租赁主体发生变更重新签订协议，本质上均属于协议续签，故至今未履行相关法律法规规定的决策、备案程序。上述承租方与出租方均签署了土地租赁协议，按时支付了租赁费用，并履行了村党支部、村委会研究同意手续，土地租赁协议、村党支部、村委会相关会议记录均交由政府存档；第二，经村委会相关人员确认，标的公司租赁的村集体建设用地不存在被征用、拆迁、搬迁等影响标的公司正常生产经营的风险，相关村民亦未提出异议；第三，标的公司从未受到相关行政主管部门的行政处罚，不存在其他第三方对其使用上述集体建设用地提出异议、要求赔偿等影响其正常使用上述集体建设用地的情形。上述集体建设用地主要用途为仓库、道路，属于生产经营的配套用地，不属于核心用地，对标的公司的生产经营不构成重大影响；第四，当地国土资源局出具证明，未发现标的公司违法用地；第五，标的公司每年均按约支付租金，租赁双方均不存在违约、纠纷等情况，且双方已在土地租赁协议中约定协议期满可经双方协商续租，发生违约或不能续租的风险较小；

第六，出售方在协议中承诺，如标的公司因交割日前的行为受到土地、房产、行政审批等方面的处罚或被相应监管机关要求补缴标的公司交割日前应缴纳但未缴纳的税款或费用，因此受到的损失由出售方赔偿。

综上，上述租赁集体建设用地瑕疵不会对标的公司的生产经营造成重大不利影响，也不会对本次交易构成实质性障碍。

四、案件结论

（一）本次交易实施情况

本次交易系两家 A 股上市公司之间的交易，由一家上市公司收购另一家上市公司持有的非主业资产。根据《上市公司重大资产重组管理办法》的规定，本次交易构成上市公司重大资产重组。本次交易采取现金收购的方式，不存在发行股份的情况。收购方 L 公司于 2018 年 10 月披露了拟筹划重大资产重组的公告，本次交易于 2019 年 3 月经交易所问询，并于 2019 年 4 月获得了国家市场监督管理总局出具的《经营者集中反垄断审查不实施进一步审查决定书》，于 2019 年 6 月完成了交割。

（二）本次交易的特点

本次交易为两家 A 股上市公司间的交易，收购方 L 公司构成重大资产重组，交易对方上市公司剥离非主业资产。交易方案设计灵活，上市公司与并购基金、管理层持股平台联合收购，解决了收购方资金需求。本次交易的出售方不参与业绩对赌、收购方之一承担业绩承诺和补偿，实现了管理层持股及激励，交易方案平衡了多个交易参与方的利益，交易效果较好。

（三）本次交易的影响

本次交易实现了行业内的两大公司强强联手。本次交易前，收购方 L 公司的主营业务产品以某类杀菌剂为主。而标的公司拥有多种杀虫剂产品，同时在除草剂产品生产技术方面拥有先进的合成技术，并拥有多种兽药产品。本次交易实现了双方在农药产品结构和技术方面的优势互补。本次交易有助于提升上市公司的盈利能力和抗风险能力，为上市公司未来业绩提供新的增长点，有利于上市公司未来持续经营能力的提升。本次交易完成后，农药产品价格波动较大，本次交易丰富了 L 公司的产品类型，提高了上市公司的抗风险能力和业绩稳定性，L 公司开展了集团化运营，标的公司成为集团内的重要子公司，实现了 1+1 > 2 的目标。

本次交易实现了收购方、出售方、并购基金、标的公司管理团队、员工等多方共赢，是比较有代表性的并购重组成功交易案例。

中广核技重大资产重组项目

孙亦涛 *

一、案情介绍

（一）项目基本情况

中国大连国际合作（集团）股份有限公司（以下简称"大连国际""上市公司"）是 1993 年 3 月由中国大连国际经济技术合作集团有限公司（以下简称"国合集团"）作为发起人定向募集设立的股份有限公司。1998 年 6 月，大连国际在深圳证券交易所公开发行股票并上市。在本次重大资产重组前，上市公司的控股股东为国合集团，实际控制人为国合集团的经营管理团队，上市公司的主营业务包括远洋运输、房地产开发、工程承包、国际劳务合作、远洋渔业和进出口贸易等业务。

本次上市公司重大资产重组涉及的标的公司是中广核核技术应用有限公司（以下简称"核技术公司"或"中广核核技术"）直接或间接控股的高新核材、深圳沃尔、中科海维、中广核达胜、中广核俊尔、苏州特威和湖北拓普七家公司，分别从事加速器制造、辐照加工服务、改性高分子材料三大核心业务。

---

* 上海市锦天城律师事务所高级合伙人。

本次重组的标的资产是高新核材 100% 股权、深圳沃尔 100% 股权、中科海维 100% 股权、中广核达胜 100% 股权、中广核俊尔 49% 股权、苏州特威 45% 股权和湖北拓普 35% 股权。本次重组的交易对方为核技术公司及苏州德尔福、沃尔核材、科维机械以及自然人魏建良、陈晓敏等其余四十五人（均为本次重组涉及的相关目标公司小股东，并已通过签署《一致行动协议》成为核技术公司的一致行动人）。

本次重组完成后，中广核核技术及苏州德尔福等其余四十五人成为上市公司股东，七家目标公司则成为上市公司下属全资子公司或孙公司；上市公司控股股东变更为中广核核技术，实际控制人变更为中国广核集团有限公司（以下简称"中国广核集团"）。

中广核核技术另一控股子公司东莞祈富由于经营条件尚不成熟，本次未纳入重大资产重组交易范围。为避免同业竞争，中广核核技术将东莞祈富整体托管给目标公司之一的高新核材进行经营管理。

（二）重组交易方案

本次交易方案包括两部分，分别为发行股份购买资产和募集配套资金。本次交易完成后，上市公司即拥有七家标的公司的相应权益；中广核核技术成为上市公司的控股股东，中国广核集团成为上市公司的实际控制人。

1. 本次交易方案的主要内容

（1）发行股份购买资产

上市公司以发行股份的方式购买中广核核技术等交易对方持有的高新核材 100% 股权、中科海维 100% 股权、中广核达胜 100% 股权、深圳沃尔 100% 股权、中广核俊尔 49% 股权、苏州特威 45% 股权、湖北拓普 35% 股权。本次交易中，上市公司发行股票的价格为 8.77 元／股，不低于定价基准日前 120 个交易日公司股票交易均价的 90%。

以 2015 年 6 月 30 日为评估基准日，标的资产的评估值合计为 420 077.03 万元，交易价格为 420 077.03 万元。

（2）募集配套资金

上市公司通过锁价方式向中广核核技术、国合集团、国合长泽、天津君联、发展基金、深圳隆徽及中广核资本等七名配套融资投资者非公开发行股份不超过 26 768.64 万股募集配套资金，拟募集资金总额不超过 28 亿元。

（3）目标公司在本次交易完成前后的股权结构

① 本次交易完成前股权结构。

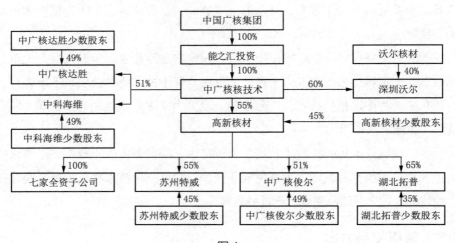

图 1

② 本次交易完成后股权结构。

本次交易（含配套融资）完成后目标公司股权结构如图 2 所示。

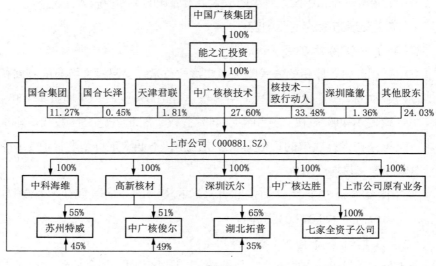

图 2

（4）业绩承诺和补偿安排

中广核核技术作为目标公司的直接或间接控股股东，承诺 2016 年、2017 年和 2018 年期间，除深圳沃尔以外其余六家目标公司（合称"六家目标公司"）每年度经审计的合并报表的净利润（该净利润指扣除非经常性损益后的直接归属于上市公司的净利润，2016 年度的净利润包括交割日前归属于交易对方的净利润及交割日后直接归属于上市公司的净利润，下同）合计数分别不低于 30 130.99 万元、38 059.43 万元、47 325.30 万元，即累计不低于 115 515.72 万元。

业绩承诺期间，六家目标公司在业绩承诺期内任何一年的截至当期期末累计实现的合并报表的净利润合计数低于截至当期期末累计承诺净利润数的，中广核核技术应向上市公司进行补偿。

业绩承诺期限届满后，上市公司应聘请具有证券从业资格的会计师事务所对标的资产进行减值测试，并出具《减值测试报告》。若六家目标公司的标的资产合计期末减值额 > 业绩承诺期内已支付的盈利补偿金额，则中广核核技术应当以股份对上市公司进行补偿。

中广核核技术用于盈利补偿或减值补偿的股份包括：中广核核技术自身因出售标的资产而获得的上市公司股份以及中广核核技术指定的其他交易对方向上市公司自愿交付的上市公司股份。

2. 本次交易的证监会核准

2016 年 10 月 24 日，中国证监会以《关于核准中国大连国际合作（集团）股份有限公司向中广核核技术应用有限公司等发行股份购买资产并募集配套资金的批复》（证监许可〔2016〕2412 号），核准大连国际向中广核核技术等 46 名交易对方发行共计 47 899.32 万股股份购买相关资产；核准大连国际非公开发行不超过 267 686 421 股新股募集本次发行股份购买资产的配套资金。

二、办案难点

第一，本次交易是否触发"借壳上市"？因标的资产尚不满足首发上市条件，一旦触发"借壳上市"将导致项目不符合法规要求而失败。

第二，本次重组后是否存在同业竞争？若存在同业竞争的，解决方案如涉及资产注入，是否因预期合并原则而再次触发"借壳上市"？

第三，本次交易发行股份购买资产的交易对方为中广核核技术及目标公司其余少数股东，但本次业绩对赌的补偿方仅为中广核核技术，对赌方案是否损害国有股东利益？是否有相应保障措施？

三、法律分析

（一）关于本次交易是否触发"借壳上市"

根据本次交易方案及相关数据分析，本次交易构成重大资产重组，但不构成借壳上市。

1. 本次交易构成重大资产重组

根据大连国际 2014 年 12 月 31 日经审计的合并财务报表数据、本次重组拟购买资产 2014 年度和 2015 年度模拟汇总财务报表财务数据以及交易作价情况，相关计算指标及占比情况如表 1 所示。

表 1

项目	上市公司	拟购买标的资产	交易价格	占比
资产总额	603 674.57 万元	241 121.33 万元	420 077.03 万元	69.59%
资产净额	163 885.66 万元	119 873.03 万元	420 077.03 万元	256.32%
营业收入	202 965.04 万元	213 651.23 万元	—	105.27%

由于上述三项指标均超过 50%，根据《重组办法》（2014 版）规定，本次重组构成重大资产重组，且本次重组属于发行股份购买资产，因此需提交中国证监会并购重组审核委员会审核。

2. 本次重组不构成借壳

截至 2015 年 12 月 31 日，本次重组拟购买资产模拟汇总的资产总额为 241 121.33 万元，本次重组注入资产的交易价格为 420 077.03 万元，上市公司截至 2014 年 12 月 31 日的资产总额为 603 674.57 万元。按照孰高原则计算，本次交易拟购买资产的交易价格占上市公司 2014 年 12 月 31 日经审计资产总额的

69.59%，未达到 100%。因此，本次交易不属于《重组办法》（2014 版）第十三条规定的借壳上市。①

（二）关于重组后是否存在同业竞争以及解决方案是否涉及预期合并而再次触发"借壳上市"

1. 关于同业竞争及其解决方案

中广核核技术控股孙公司东莞祈富（由中广核核技术持股 55% 的控股子公司三角洲投资持股 70%）主要从事辐射改性塑料制品的生产、加工及销售等业务，故其与本次交易完成后的上市公司存在一定同业竞争。由于东莞祈富的经营条件尚不成熟，本次未纳入交易范围。本次交易后，目标公司成为上市公司的全资子公司，除东莞祈富外，中广核核技术、中国广核集团并不控制与上市公司或目标公司主营业务相同或近似的企业或经营性资产。

为解决东莞祈富的同业竞争问题，2015 年 12 月 30 日，东莞祈富的控股股东三角洲投资与本次交易的目标公司之一高新核材签署了股权托管协议，将其在东莞祈富的除所有权、处置权、收益权以外的其余股东权利，包括但不限于参与经营管理、委派董事监事、决定聘任或解聘高级管理人员、制定规章制度等，均托管给高新核材，由高新核材以其自己的名义行使该等股东权利，从而确保东莞祈富不会因同业竞争事项损害高新核材及上市公司利益；三角洲投资应当就东莞祈富股权托管事宜向高新核材支付适当的托管报酬，该托管报酬视东莞祈富在托管期间归属于母公司净利润（含税）的情况由双方酌情商定；托管期限自 2016 年 1 月 1 日起至下列日期中的孰早之日止：（1）2019 年 12 月 31 日；或（2）三角洲投资或东莞祈富股权注入上市公司（含其下属控股企业，下同）从而彻底解决同业竞争问题之日；或（3）三角洲投资或东莞祈富的股权转让给其他无关联第三方从而彻底解决同业竞争问题之日。如东莞祈富股权因任何原因在 2019 年 12 月 31 日仍无法实现注入上市公司或转让给其他无关联第三方从而彻底解决同业竞争问题的，则经双方书面协商同意，托管期限可自动延

---

① 2016 版重组办法中规定资产、净资产、营业收入、净利润、发行股份数任一项超过
100%，或者主营业务发生根本变化的，均构成借壳上市。

长至双方另行商定的日期。

为保护上市公司及中小股东的利益，除签订关于东莞祈富的股权托管协议外，本次交易完成后的上市公司控股股东中广核核技术、实际控制人中国广核集团也分别出具了《关于避免同业竞争的承诺函》，承诺在本次发行股份购买资产获得中国证监会核准之日起 48 个月内，通过现金收购或资产重组等方式，将与上市公司存在或可能存在同业竞争的资产注入上市公司或转让给无关联的独立第三方；在该等资产注入上市公司或转让给独立第三方之前，该等资产将托管给上市公司或其子公司管理。

故通过上述安排，本次交易完成后，上市公司不会新增同业竞争，上市公司与中广核核技术、中国广核集团及其其他下属企业之间不存在同业竞争情况。

2. 若实施前述资产注入适用《证券期货法律适用意见第 12 号》有关执行预期合并的原则，亦不构成借壳上市

根据《备考审阅报告》，截至 2015 年 12 月 31 日，本次重组拟购买资产的模拟汇总资产总额为 241 121.33 万元，本次重组注入资产的交易价格为 420 077.03 万元，上市公司截至 2014 年 12 月 31 日的资产总额为 603 674.57 万元。按照孰高原则计算，本次交易拟购买资产的交易价格占上市公司 2014 年 12 月 31 日经审计资产总额的 69.59%，未达到 100%。

虽然东莞祈富从事的业务与本次重组的标的资产之间存在同业竞争，但是，由于东莞祈富的财务基础薄弱，未将其纳入本次重组的范围之内。根据中广核核技术、中国广核集团分别出具的《关于避免同业竞争的承诺函》，中广核核技术将在本次发行股份购买资产获得中国证监会核准之日起 48 个月内，通过现金收购或资产重组等方式，将与上市公司存在或可能存在同业竞争的资产注入上市公司或转让给无关联的独立第三方。

根据《〈上市公司重大资产重组管理办法〉第十四条、第四十四条的适用意见——证券期货法律适用意见第 12 号》规定的预期合并原则，即收购人申报重大资产重组方案时，如存在同业竞争和非正常关联交易，则对于收购人解决同业竞争和关联交易问题所制定的承诺方案，涉及未来向上市公司注入资产的，也将合并计算，故本次重组在计算重大资产重组的指标时，应考虑东莞祈富对本次重组的影响。

截至 2015 年 12 月 31 日，东莞祈富未经审计的资产总额为 4 179.87 万元，占上市公司截至 2014 年 12 月 31 日资产总额的比例为 0.69%，规模较小。假设东莞祈富未来注入上市公司，以东莞祈富 2015 年年底的资产规模计算，本次交易拟购买资产的资产总额占上市公司 2014 年 12 月 31 日经审计资产总额的比例仍未达到 100%，因此本次交易不会构成借壳上市。

（三）关于本次交易业绩对赌方案是否损害国有股东利益以及相应保障措施

根据上市公司与中广核核技术就重大资产重组标的资产的利润承诺事宜签署的《盈利补偿协议》所约定内容，一旦重组标的资产盈利承诺未能完成或发生减值的，中广核核技术作为上市公司控股股东将以股份形式向上市公司进行补偿，其用于盈利补偿或减值补偿的股份包括中广核核技术自身因出售标的资产而取得的上市公司股份以及中广核核技术指定的其他交易对方（即目标公司的少数股东）向上市公司自愿交付的上市公司股份。

根据中广核核技术与少数股东签署的《利润保障协议》所约定内容，如果目标公司的少数股东在资产重组利润承诺期内任一年度未完成上市公司资产重组利润承诺，则该目标公司的少数股东应无条件根据中广核核技术的书面指示将其应承担的当期盈利补偿金额以股份方式补偿给上市公司；若资产重组利润承诺期满，目标公司存在减值的，少数股东应根据中广核核技术的书面指示将资产减值应补偿金额以股份方式补偿给上市公司。若少数股东根据中广核核技术指示需向上市公司补偿股份的，在上市公司董事会 / 股东大会审议通过后，由上市公司按照 1 元人民币的总价回购应补偿股份，并按照相关法律规定予以注销。少数股东应在中广核核技术发出书面补偿通知之日起一个月内完成股份补偿事宜，每逾期一日应当向中广核核技术支付未补偿金额每日万分之五的滞纳金。

为确保少数股东严格履行《利润保障协议》《一致行动协议》所约定的义务，中广核核技术与少数股东签署了《股票质押合同》，由少数股东将其作为重大资产重组的交易对方所取得的上市公司股票质押给中广核核技术，质押期限至少数股东应承担的全部责任及应履行的全部义务执行完毕之日或双方协商一致确定的解除质押之日止。

由此可见，根据上述《股票质押合同》的相关约定，少数股东只有在履行完毕《利润保障协议》《一致行动协议》以及出具的可能最终涉及中广核核技术权益的其他所有承诺文件或签署的相关合同项下的全部义务及责任，包括：应履行的利润保障、差额补偿、违约赔偿、一致行动、竞业限制、赔偿等全部义务及应承担的全部责任等后，方可办理股票解押手续。因此，一旦少数股东在重大资产重组的利润保障承诺未能全部完成的情况下，仍未按照《盈利补偿协议》和《利润保障协议》履行股份补偿义务的，则中广核核技术可根据《利润保障协议》的约定向其追究违约责任，并可根据《股票质押合同》的约定行使质权；在少数股东履行完毕全部利润保障义务前，中广核核技术有权不解除其股票质押。通过上述安排，切实保障了中广核核技术无需承担超出其所持上市公司权益范围的额外对赌责任，确保了国有股东所持国有资产不会因此遭受额外损失。

四、案件结论

（一）项目总结

本次上市公司发行股份购买资产及配套募集融资交易于 2017 年 1 月完成，公司成为《重组办法》（2014 版）修订前的最后一批以"类借壳"方式完成重组上市的上市公司之一。这一案例也是当时国内 A 股民用非动力核技术应用领域最大的并购重组案例。重组完成后，上市公司更名为"中广核核技术发展股份有限公司"，股票简称变更为"中广核技"，上市公司从一家从事远洋运输、房地产和贸易的传统企业转型成为国内加速器生产制造、辐照加工应用以及高新线缆材料等行业中具有国内领先技术优势的国有控股上市企业，由此实现了中国广核集团民用核技术应用业务的整体上市，也成为中国广核集团旗下首家国内 A 股上市平台。

（二）业务亮点

1. 通过并购方式帮助国有企业迅速成长发展并成功完成证券化，实现国有资产的保值增值

自 2011 年成立以来，中广核核技术依托控股股东中国广核集团在行业内的

优势背景，通过对民用核技术应用领域公司的大量收购、培育，逐渐确定了在国内民用核技术应用领域的领先地位。业内民企由于对技术的追求和市场的敏感性，是核技术应用领域的主要推动力量，但是资金、技术等方面的门槛成了制约民企发展核应用技术的主要原因；而国有资本的嫁接能够很好地解决相关问题，在技术、资金方面相互配合，能够迅速提高企业效益，推动核技术应用的发展。被收购公司在中广核核技术控股后能够得到快速发展，主要体现在资金协同价值、业务协同价值、规模经济效应等方面。中广核核技术通过并购实现行业整合、协同发展，构建了所在行业的高端产业链，自 2013 年起，业务发展迅速，营业收入连年跳跃发展，年复合增长率超过 300%，也使得其自身迅速具备重组上市的条件。

通过本次"类借壳"重组上市，中广核核技术在成立后的短短五年时间里即迅速完成公司业务和资产的证券化，实现了中国广核集团民用核技术应用业务板块整体上市，成为通过资本市场实现国有资产保值增值的又一良好典范。

2. 探索国企骨干持股的新模式，同时确保国有资产不流失

通过资本市场落实国企混合所有制改革的路径主要包括引进战略投资者、资产重组以及员工持股等，其中的资产重组主要包括国有资本收购非国有上市公司、国有上市公司发行股份购买资产、国有资本借壳上市等，员工持股则主要包括国有上市公司员工持股计划、股权激励等。

本次重组上市交易的交易对方除了中广核核技术外，其余 45 名交易对方均为目标公司少数股东，其构成主要为目标公司的管理层和业务骨干。通过本次交易，该等少数股东将所持目标公司股权折股换为上市公司股票，与国有控股股东一并分享了标的资产证券化的收益。

此外，由于本次重大资产重组涉及多家目标公司，对应的目标公司股东人数较多，且业绩承诺系以全部目标公司预测实现的净利润合计数为标准而作出，若全体交易对方均参与业绩对赌，不易区分各家目标公司股东应承担的具体盈利补偿责任，且容易造成各家目标公司股东之间对责任分担问题的推诿扯皮。故本次交易采取由各目标公司的共同国有控股股东中广核核技术向上市公司一揽子承担对赌责任，充分保障了上市公司及公众股东的利益，同时提升了业绩对赌所触发回购事项的操作效率。

　　同时，中广核核技术通过与目标公司其他少数股东签署的《利润保障协议》和《质押合同》，约定了各目标公司的具体业绩对赌目标、内部奖惩机制、股份锁定和质押安排等事宜，体现了各交易对方之间的权、责、利相匹配，实现了少数股东与国有控股股东的利益捆绑、风险共担，确保国有资产不流失。

三维化学重大资产重组项目

王　蕊[*]

一、案情介绍

山东三维化学集团股份有限公司（三维化学，股票代码：002469，曾用名"山东三维石化工程股份有限公司"，曾用股票简称"三维工程"）以现金方式收购淄博诺奥化工股份有限公司（以下简称"诺奥化工"或"标的公司"）17.37%的股份，同时以发行股份及支付现金方式收购淄博诺奥化工股份有限公司72.53%的股份，并非公开发行股份募集配套资金。标的公司100%股权作价85 000万元，募集配套资金总额30 823.73万元。2020年10月28日，该项目获得中国证监会并购重组委2020年第48次工作会议审核无条件通过。

三维化学系深圳证券交易所（以下简称"深交所"）上市公司，本次交易前主营业务为向石油石化行业客户提供工程咨询、工程设计、工程总承包等一体化工程技术服务和催化剂产品。本次交易中，三维化学分两步通过现金收购、发行股份及支付现金收购淄博诺奥化工股份有限公司（以下简称"诺奥化工"）89.90%股份。诺奥化工系国内最大的正丙醇生产企业、国内规模领先的正戊醇

---

[*]　上海市锦天城律师事务所高级合伙人。

生产企业和丁辛醇残液回收企业。本次交易完成后，上市公司进一步拓展在石油石化行业的业务布局，扩大上市公司业务规模，提高上市公司的资产质量和盈利能力，增强持续经营能力，提升上市公司在石油石化行业的领先地位和综合竞争力，发展成为一家集化工石化技术和产品研发、工程技术服务、催化剂及基础化工原材料生产销售于一体、"科技＋工程＋实业"互驱联动发展的科技型特色化学集团公司。

二、办案难点

本项目由上市公司重大资产重组和上市公司非公开发行股票募集配套资金两大业务板块构成。本项目涉及事项多、方案复杂、挑战性强，核心问题包括：

1. 股东超 200 人国企改制企业的规范

由于标的公司诺奥化工属中石化体系下的齐鲁石化改制企业，股东有 380 余人。涉及集体工身份、全民工身份以及匹配的国有资产及集体资产，涉及三个改制主体，改制程序及改制主体的持股情况、股权代持的合法合规性、历史遗留问题的合规性论证及规范等历史沿革问题的核查规范较为复杂。

由于改制背景，股东人数超过 200 人，涉及的人员范围广且核查工作烦琐、工作量大，需要对股东的持股情况的真实性和合法合规性进行确认。参照非上市公众公司监管指引 4 号文，项目组律师同其他中介机构组织开展了面向全体股东的确权；并核查是否涉及公开转让及公开发行的情况。

2. 创新性的收购方案得到中国证监会的认可

本次交易人数超 200 人，在交易方案设计、交易方案具体实施及交易进程推进等各个层面均存在相当的难度，因此交易需要分步走，首先用现金方式收购部分股东的股份，将股东人数降到 200 人以下，然后以发行股份及支付现金的方式购买剩余标的公司股份。该等交易方案得到了深圳证券交易所及中国证监会的认可。

3. 敏感期买卖股票问题的妥善解决

本次交易因交易对手方等存在敏感期买卖股票情况，中国证监会要求山东证监局进行核查，这关系到此项交易是否能成功进行。对此，项目律师团队通过全面分析相关规定，认真核查事实情况，提出了有效的解决方案并积极协助进行相关处理，得到了山东证监局及中国证监会的认可，避免了该等敏感期股票交易行为对本项目形成障碍，使得此交易得以顺利进行。

4. 危险化学品生产企业核查及合法合规性论证

标的公司为化工类企业，涉及危险化学品生产，资质核查及环保安全的核查工作繁重。在标的公司业务及资质核查、环保安全核查、标的公司行政处罚是否构成重大违法违规的论证均得到了深圳证券交易所及中国证监会的认可。

5. 改制遗留问题对标的资产评估作价影响的论证

一方面需要解决该部分资产出资瑕疵的规范性问题，另一方面需要解决房地分属两个主体如何有效支持评估作价的问题。

6. 本项目还涉及非公开发行股票募集配套资金，募集配套资金方案须经证监会审核，并根据法律法规及证监会规定、审核导向及时调整募集配套资金方案涉及的发行对象、发行价格、发行数量及锁定期等相关安排。

三、法律分析

（一）关于标的公司改制过程合规性、集体资产流失、纠纷及法律风险

诺奥化工是由诺奥有限以经审计净资产折股的方式整体变更设立。诺奥有限系于 2006 年 4 月由二化实业部下属的综合利用化工厂、二化社区及二化老经部改制设立。

1. 本次改制系由有权机关作出，政策法规依据充分，程序合法

根据国经贸企改〔2002〕859 号文、国资分配〔2003〕21 号文之规定，中国石油化工集团公司作为中央企业的集团公司，应当将改制分流总体方案报国资委、财政部、劳动保障部共同审核，并由国资委代章出具联合审批意见。依据国办发〔2005〕60 号、中国石化企〔2003〕174 号文、中国石化企〔2005〕309 号文，对于国有单位主办集体企业改制分流，应当按照中国石化企〔2003〕174 号文及有关配套政策规定的改制分流审批程序，分别上报初步方案和实施方案，经中国石油化工集团公司正式批复，且改制分流方案须由改制单位职工大会或者职工代表通过。

经本所律师核查标的公司改制审批程序，中国石油化工集团公司批复确认了被改制主体的改制分流初步方案，作为中央企业的集团公司将改制分流总体方案报国资委、财政部、劳动保障部共同审核，取得了国资委代章出具的联合审批意见；被改制主体的改制实施方案系经职工代表大会审议通过并取得了中国石油化工集团公司的批复认定。

基于上述，本所律师认为，标的公司改制系由有权机关作出，改制的政策法规依据充分。

2. 关于集体资产流失

诺奥有限本次改制政策法规依据充分，改制分流的总体方案取得了国资委代章出具的国资委、财政部、劳动保障部的联合审批意见，并由中国石油化工集团公司针对具体改制实施方案进行了单独批复认定，本次改制已由有权机关作出；改制过程中，被改制主体履行了资产清查审核、审计、评估及评估备案等程序，且诺奥有限的改制实施方案经职工代表大会审议通过，改制程序符合相关政策法规之规定。

在本次改制政策法规依据充分、已由有权机关作出且改制程序符合相关政策法规之规定的前提下，根据齐鲁石化出具的《企业改制分流实施结果表》，参加改制的股东通过改制取得并投入诺奥有限的出资资产共计 2 780.87 万元，上述改制资产均已经评估并按照评估值支付了对价，其中 2 682.61 万元净资产系以职工补偿补助金 1 258.00 万元、经营者岗位激励股 154.04 万元以及 1 002.50 万元职工自有的现金认购；改制方案实施完成后超额匹配的被改制主体净资产 98.26 万元，计作了诺奥有限对齐鲁石化的负债，并由诺奥有限以自有资金 98.26 万元现金向齐鲁石化进行了支付。

基于上述，本所律师认为，标的公司改制不涉及集体资产流失的情形。

3. 关于改制过程中的纠纷及法律风险

诺奥有限改制设立经由有权机关决策批复、法律依据充分、履行的程序合法，且不涉及集体资产流失的情形。

此外，2020 年 4 月，项目组律师对诺奥化工的股东进行了访谈并取得了股东出具的书面确认，经访谈确认的股份比例及股东比例均达到 99% 以上，本次股份确权经山东省淄博市临淄公证处进行了公证。经本所律师访谈确认，诺奥化工的股东就诺奥有限的改制设立过程予以认可，不存在异议、争议和纠纷。此外，2020 年 4 月 18 日，标的公司召开股东大会，全体股东出席了会议，并以 99% 以上的赞成比例审议确认了包括标的公司改制设立在内的股权演变情况。

2020 年 5 月，齐鲁石化出具《关于对淄博诺奥化工有限公司、淄博康平园餐饮有限公司改制相关事宜进行确认的复函》（齐鲁函〔2020〕13 号），确认："按照中国石油化工集团有限公司有关政策，原中国石化集团齐鲁石油化工公司二化实业部下属的综合利用化工厂实施改制分流，于 2006 年 4 月 18 日完成改制分流工商注册，成立淄博诺奥化工有限公司……改制过程中不存在侵占国有资产和导致国有资产流失的情况。"另根据标的公司的书面确认并经本所律师核查，自诺奥有限改制设立以来，不存在因改制过程存在问题而发生的争议及纠纷。

基于上述，本所律师认为，标的公司改制过程中不存在纠纷及可能影响本次交易的法律风险。

（二）交易两步走是否构成一揽子交易的论证

诺奥化工由集体所有制企业改制而来，截至 2020 年 3 月，共有股东 281 名，2020 年 4 月 29 日，上市公司现金收购诺奥化工 17.37% 股份，涉及交易对方 83 名，成为诺奥化工第一大股东。审核部门重点关注现金收购与本次交易是否构成一揽子交易。

经本所律师核查，就上市公司以现金收购 83 名诺奥化工的股东所持诺奥化工 17.37% 股份（以下简称"前次交易"），上市公司与该 83 名诺奥化工的股东签署了《支付现金购买资产协议》，并约定协议的生效条件为经企业签约方的法定代表人或授权代表签字并各自加盖公章且经自然人签约方签字后成立，并于上市公司董事会批准后生效。

经本所律师核查，前次交易已经上市公司于 2020 年 4 月 29 日召开的第四届董事会 2020 年第三次会议审议通过，并于 2020 年 5 月 13 日已完成相关过户手续，上市公司已经支付了相应的股权转让款，前次交易已经完成。

就本次交易，上市公司与交易对方签署了《购买资产协议》及其补充协议，并约定协议的生效条件为：经企业签约方的法定代表人或授权代表签字并各自加盖公章且经自然人签约方签字后成立，于上市公司董事会、股东大会批准以及中国证监会核准后生效。此外，上市公司于 2020 年 4 月 29 日召开的第四届董事会 2020 年第三次会议就前次交易及本次交易分别作为单独的议案进行了审议，且前次交易经上市公司董事会审议通过后已经生效并实施，本次交易相关议案已另行提交上市公司股东大会审议通过，尚需获得中国证监会核准。

基于上述，本所律师认为，就上述两次交易，相关内部决策文件、交易协议中未设置成互为条件，亦未作出任何关于本次交易的承诺与保证，前次交易及本次交易为分别进行的两次独立交易，且前次交易当前已经完成。因法律及行政法规不涉及相关事项，本所律师认为上市公司 2020 年 4 月 29 日现金收购 83 名交易对方持有的诺奥化工 17.37% 股份，与本次交易不构成一揽子交易。

（三）关于敏感期买卖上市公司股票的问题

根据《上市公司重大资产重组管理办法》《关于规范上市公司信息披露及相关各方行为的通知》以及深交所的相关要求，上市公司及其董事、监事、高级管理人员、实际控制人，上市公司的控股股东及其董事、监事、高级管理人员，股份认购方及其董事、监事、高级管理人员，交易对方（包括原交易对方），标的公司及其董事、监事、高级管理人员，经办相关业务的其他人员，本次交易的中介机构及其相关业务经办人员，以及前述自然人的直系亲属（指配偶、父母、年满 18 周岁的成年子女）等主体，对 2019 年 10 月 16 日（上市公司股票停牌前 6 个月）至 2020 年 6 月 23 日期间（以下简称"自查期间"）买卖上市公司股票的行为进行了自查，并出具了自查报告。根据上述相关主体的自查报告和买卖股票的情况说明、登记结算公司出具的《股份变更查询证明》，本所律师对自查期间内上述自查范围内的主体买卖三维工程股票的情形进行了逐笔核查。

项目组律师对自查范围内买卖上市公司股票的人员进行了分类核查，在时间上对买卖上市公司股票的行为发生事件分为在本次重组预案公告前、本次重组预案公告后两类，并在时间分类的基础上，对买卖上市公司股票的人员在身份上区分交易对方、交易对方的近亲属、标的公司董监高、标的公司董监高的近亲属、上市公司董监高及近亲属、预案募集配套资金认购方员工等类别，根据对本次交易的影响程度采取不同处理方案。

项目组律师及其他中介机构经充分核查并与上市公司商议规范措施，上市公司及交易各方本着谨慎性原则，经协商一致，为消除对本次交易的审核进展带来的负面影响，就相关情形采取了相应的规范措施。其中，《重组预案》公告前其本人或者本人的直系亲属存在进行上市公司股票交易情形的，本次交易的相关交易方均已经退出本次交易，相关标的公司董事、监事、高级管理人员均已不再任职。

项目组律师对所有自查范围内买卖上市公司股票的人员进行访谈，并要求相关人员出具承诺文件，若根据相关法律法规之规定或证券监管机构的要求，需要将自查期间买卖三维工程的股票所得的收益全额上缴三维工程或其他相关主体的，其将无条件予以配合。

基于上述核查情况，本次交易的原交易对方、标的公司董事会秘书李满天之配偶于连军在自查期间交易三维工程股票的行为，被中国证监会山东监管局认定为内幕交易并出具了警示函，李满天已经退出本次交易并不再担任诺奥化工的董事会秘书等职务，于连军上述买卖上市公司股票的情形不会对本次交易构成法律障碍。

除于连军外，在上述相关人员的声明和承诺真实、准确、完整的前提下，相关人员在自查期间交易三维工程股票的行为不构成内幕交易；此外，《重组预案》公告前其本人或者本人的直系亲属存在进行上市公司股票交易情形的，相关本次交易的原交易对方均已经退出本次交易，相关标的公司的董事、监事、高级管理人员均已不再任职。因此，自查期间内相关人员买卖上市公司股票的情形不会构成本次交易的法律障碍。

（四）关于标的公司资质及行政处罚问题

1. 关于业务资质

标的公司为化工类企业，涉及危险化学品生产，资质核查及环保安全的核查工作繁重，项目组律师对标的公司的产品进行了全面核查，核实了标的公司具备完整的业务资质，包括安全生产许可证、危险化学品登记证、危险废物经营许可证、全国工业产品生产许可证、危险化学品经营许可证。

2. 关于行政处罚

报告期内，标的公司及下属子公司多次受到安全、环保部门的行政处罚，如表1所示。

表 1

序号	处罚决定书编号	被处罚主体	违法事由	处罚结果	处罚机关	处罚时间
1	临环罚字〔2019〕第 81 号	诺奥化工	1 万吨/年丙醇装置东侧的 1# 储存罐区 R2012A 储罐、R2001 储罐异味回收管线上阻火器因杨絮过多引发阻塞，未及时对异味回收管线进行维护，造成储罐呼吸阀散发的含挥发性有机物的废气回收不畅，产生化工异味扩散，产生含挥发性有机物废气的企业未按照规定使用大气污染防治设施。	罚款 3 万元	淄博市生态环境局临淄分局	2019.7.1
2	临环罚字〔2019〕第 45 号	诺奥化工	60 000 t/a 丁辛醇残液分离及气、液相加氢装置项目生产中，丁辛醇残液分水罐上一呼吸阀未采取有效措施，直排大气环境，造成异味。	罚款 5 万元	淄博市生态环境局临淄分局	2019.5.13
3	临环罚字〔2019〕第 30 号	诺奥化工	停产检修中，清理 200# 塔底换热器产生的物料时，直接用塑料软管将物料直接装卸到塑料桶中，未采取集中收集处理等措施，也未在密闭空间中进行，导致有机废气外逃，现场有异味。	罚款 5 万元	淄博市生态环境局临淄分局	2019.5.13
4	临环罚字〔2019〕第 31 号	诺奥化工	停产检修中，1.5 万吨/年丁辛醇残液回收项目生产装置在进行检修时，部分产品、反应中间物质、釜底残渣等物料洒落在地面和装置区沟渠内，对泄漏的物料未及时清理，物料散发的废气无组织排放，现场有明显异味。	罚款 5 万元	淄博市生态环境局临淄分局	2019.5.13
5	宁应急执处罚〔2019〕116-1 号	南京诺奥	危险化学品装车站作业人员在高处作业时，违反操作规程未系挂安全带作业。	责令限期改正，罚款 1 万元	南京市应急管理局	2019.12.11

（续表）

序号	处罚决定书编号	被处罚主体	违法事由	处罚结果	处罚机关	处罚时间
6	宁新区管环罚〔2019〕77号	南京诺奥	突发环境事件应急预案未备案；无一般工业固废贮存场所，废保温棉露天堆放。	罚款5.7万元	南京市江北新区管理委员会环境保护与水务局	2019.12.26

对于表 1 序号 1—4 的行政处罚，根据淄博市生态环境局临淄分局出具证明，报告期内诺奥化工未发生严重环境污染、重大人员伤亡或社会影响恶劣的情形，本所律师认为上述相应违法情形不构成重大环境违法的情形。

对于表 1 序号 5 的行政处罚，根据行政处罚决定书，因南京诺奥的危险化学品装车站作业人员在高处作业时，违反操作规程未系挂安全带作业，南京市应急管理局根据《安全生产违法行为行政处罚办法》第四十五条之规定进行了处罚。经本所律师核查，《安全生产违法行为行政处罚办法》第四十五条规定："危险物品的生产、经营、储存单位以及矿山企业、建筑施工单位有下列行为之一的，责令改正，并可以处 1 万元以上 3 万元以下的罚款：……（二）未配备必要的应急救援器材、设备，并进行经常性维护、保养，保证正常运转的"，南京诺奥被处罚款 1 万元，处罚裁量选择的为最低处罚标准，且罚款金额较低，本所律师认为上述处罚不构成重大行政处罚。此外，根据 2020 年 4 月 3 日南京市江北新区管理委员会应急管理局出具的《无生产安全事故记录证明》（编号：2020 第 24 号），报告期内南京诺奥在南京市江北新区直管区范围内从事生产经营活动的过程中，无生产安全事故记录。

对于表 1 序号 6 的行政处罚，2020 年 4 月 23 日，南京市江北新区管理委员会生态环境和水务局出具《政府信息公开申请答复书》（宁新区管环依信复〔2020〕26 号），确认南京诺奥从 2018 年 1 月 1 日至答复书出具之日，在该局管辖范围内，于 2019 年 12 月 26 日因未按规定将突发环境事件应急预案备案和对暂时不利用的工业固体废物未建设贮存的设施场所安全分类存放，被该局行政处罚 5.7 万元，南京诺奥已于 2020 年 1 月 17 日缴纳罚款。经本所律师核查，根据南京市生态环境局《关于调整南京市环境保护系统重大行政处罚案件标准的通知》(宁环发〔2015〕165号)之规定,"区级环保局作出二十万元以上罚款的"方构成南京市环保系统重大行政处罚案件。该项处罚为南京市江北新区管理委员会生态环境和水务局作出,金额为5.7万元,未达到"环保系统重大行政处罚案件"标准,因此不属于重大行政处罚。

(五)关于标的公司资产瑕疵问题

标的公司诺奥化工及其下属子公司存在尚未办理完毕产权变更登记事项及尚未取得权属证书的资产情况,具体如表2所示。

表2

序号	所有人	建筑物名称	实际用途	房产坐落	建筑面积(m²)
1	诺奥化工	综合化工厂仓库(综合化工)	控制室	租赁齐鲁石化土地	838.30
2	诺奥化工	综合厂车库	办公、仓库		267.33
3	诺奥化工	门卫值班	门卫		66.15
4	诺奥化工	防腐二层楼	实验室		276.04
5	诺奥化工	办公楼	办公		1 613.40
6	南京诺奥	仓库	仓库	自有土地	69.30

表2所列第1—5项房产为诺奥有限改制设立时取得的改制资产,在改制之前权利人为齐鲁石化,因该等房产所坐落土地未纳入改制资产范围,属于齐鲁石化所有,导致房、地所属主体不一致,改制后无法将该等房产的产权证书办理至诺奥化工名下。诺奥化工系向齐鲁石化租赁使用该等房产所坐落土地,当前租赁协议约定的租赁期限至2026年12月31日。根据齐鲁石化于2020年5月9日出具的《关于对淄博诺奥化工有限公司、淄博康平园餐饮有限公司改制相关事宜进行确认的复函》,确认对诺奥有限改制分流过程中匹配的房屋建筑物、构筑物属改制资产,不会主张权利,对于诺奥化工租赁使用的土地,按照"市场化运作、合同化管理、同等优先"的原则保持租赁关系。表2所列第6项房产为南京诺奥于2019年12月底自建的仓库,面积较小,当前尚未办理完成相应的产权证书。

基于上述，诺奥化工上述未取得权属证书的房产主要系由于改制原因而产生，其权属不存在争议及纠纷，因坐落于非自有土地上，因此无法取得相应的产权证书，但自改制设立以来，诺奥化工即向齐鲁石化租赁使用该等房产所坐落的土地，当前租赁关系较为稳定，不影响诺奥化工的正常生产经营使用；南京诺奥于 2019 年 12 月底于自有土地上自建的仓库，面积较小，相关报建手续正在办理过程中，当前不存在取得产权证书的法律障碍。

基于上述，标的公司部分资产尚未办理完毕产权变更登记事项以及尚未取得权属证书，不会对标的公司及其子公司的生产经营产生重大不利影响，对本次交易不构成实质性法律障碍。

（六）关于募集资金交易方案调整

本次交易原拟将向控股股东山东人和投资有限公司（以下简称"人和投资"）、战略投资者淄博盈科嘉仁股权投资基金合伙企业（有限合伙）（以下简称"盈科嘉仁"）募集配套资金 30 823.73 万元，发行价格为 3.56 元 / 股，不低于定价基准日前 20 个交易日公司股票交易均价的 80%。

2020 年 3 月 20 日，中国证监会发布《发行监管问答——关于上市公司非公开发行股票引入战略投资者有关事项的监管要求》，明确了上市公司非公开发行股票引入战略投资者的具体要求，"战略投资者，是指具有同行业或相关行业较强的重要战略性资源，与上市公司谋求双方协调互补的长期共同战略利益，愿意长期持有上市公司较大比例股份，愿意并且有能力认真履行相应职责，委派董事实际参与公司治理，提升上市公司治理水平，帮助上市公司显著提高公司质量和内在价值，具有良好诚信记录，最近三年未受到证监会行政处罚或被追究刑事责任的投资者。战略投资者还应当符合下列情形之一：1. 能够给上市公司带来国际国内领先的核心技术资源，显著增强上市公司的核心竞争力和创新能力，带动上市公司的产业技术升级，显著提升上市公司的盈利能力。2. 能够给上市公司带来国际国内领先的市场、渠道、品牌等战略性资源，大幅促进上市公司市场拓展，推动实现上市公司销售业绩大幅提升"。

上市公司于 2020 年 10 月 12 日召开了第五届董事会 2020 年第六次会议，对本次交易方案中募集配套资金的部分进行了调整，将原交易方案中募集配套资金部分的发行方式由定价发行调整为询价发行，拟以询价方式向包括控股股东人和投资在内的不超过 35 名特定投资者非公开发行股份募集配套资金，本次拟募集配套资金总额不超过 30 823.73 万元，其中，人和投资认购不低于 10 000.00 万元，盈科嘉仁不再作为董事会阶段确定的发行对象。

至此，盈科嘉仁已不再作为董事会拟引入的战略投资者，不适用《发行监管问答——关于上市公司非公开发行股票引入战略投资者有关事项的监管要求》的相关规定。本次交易方案调整，不属于《重组管理办法》第二十八条及《〈上市公司重大资产重组管理办法〉第二十八条、第四十五条的适用意见——证券期货法律适用意见第 15 号》所规定的构成重组方案重大调整的情形。

四、案件结论

2020 年 10 月 28 日，该项目获得中国证监会并购重组委 2020 年第 48 次工作会议审核无条件通过。2020 年，包括本项目在内，中国证监会一共审核通过 64 家重大资产重组项目，其中 27 家无条件通过，三维化学本次重大资产重组获得无条件通过。与其他项目相比，本项目具有涉及事项多、方案复杂、挑战性强等独特性。

本次交易完成后，三维化学 2020 年报告期末资产总额较期初增加 81.60%，归属于上市公司股东的净利润较上年同期增长 382.35%，本次交易得到了广大投资者的充分认可。通过本次交易，进一步扩大了上市公司业务规模，提高上市公司的资产质量和盈利能力，增强持续经营能力，为提高上市公司质量、推动经济高质量发展贡献了一份力量。

宝钢股份换股吸收合并武钢股份资产重组项目

张莉莉[*]   丁启伟^{**}   方晓杰^{***}   董君楠^{****}

一、案情介绍

由锦天城（作为券商律师）经办的宝山钢铁股份有限公司（以下简称"宝钢股份"）换股吸收合并武汉钢铁股份有限公司（以下简称"武钢股份"）项目（以下简称"本次交易"）已经成功办结。锦天城作为该项目中武钢股份财务顾问中信证券股份有限公司（以下简称"中信证券"）的券商律师，先后参与了重组方案的分析论证、武钢股份尽职调查、合并协议讨论及修订、重组报告书部分章节起草等多项工作。

（一）本次交易的背景

1. 钢铁行业产能严重过剩，市场供大于求的矛盾比较突出

随着中国进入工业化后期发展阶段，中国钢铁行业已进入成熟发展阶段。

---

* 上海市锦天城律师事务所高级合伙人。

** 上海市锦天城律师事务所高级合伙人。

*** 上海市锦天城律师事务所高级合伙人。

**** 上海市锦天城律师事务所合伙人。

本次交易推进时,以 2015 年度为例,中国钢铁行业粗钢产量 8.04 亿吨,占全球钢铁行业粗钢产量的 49.5%,产能利用率仅为 67%。自 2013 年出现钢铁需求峰值 7.65 亿吨之后,中国钢铁消费量呈现逐年递减趋势。随着中国国民经济发展进入新常态,单位 GDP 耗钢强度将会进一步下降,钢材消费将总体进入下降通道。产能利用率过低、供需严重失衡将成为未来很长一段时期内中国钢铁行业发展面临的突出问题。

2. 国家政策倡导供给侧结构性改革,积极推进钢铁行业"去产能"

本次交易于 2016 年推进时,中央经济工作会议提出,要着力推进供给侧结构性改革,将"去产能"作为 2016 年全国经济工作的五大任务之一,要求自 2016 年起,用 5 年时间压减全国粗钢产能 1 亿—1.5 亿吨。化解钢铁行业产能过剩工作是党中央、国务院主动适应经济发展新常态、妥善应对重大风险挑战而做出的重大战略部署,是钢铁行业脱困、调整、转型升级的首要任务、攻坚之战。

3. 钢铁行业组织分散,影响化解过剩产能政策效果

本次交易推进时,以 2015 年为例,中国钢铁行业前十名的市场占有率回落至 34.2%,产业集中度降至近十年来的最低点。钢铁行业集中度过于分散,少数钢铁企业僵而不死,难以实现有效自律,严重影响化解过剩产能政策落实效果,对行业供给侧结构性改革和平稳发展造成不利影响。

4. 国家鼓励钢铁企业通过兼并重组化解过剩产能

推进兼并重组、提高行业集中度始终是国家对钢铁行业的主要政策导向。国家明确鼓励钢铁企业进行实质性联合重组,尤其要"支持优势钢铁企业强强联合,实施战略性重组",提出到 2025 年,国内前十家钢铁企业(集团)粗钢产量占全国比重不低于 60%。中央经济工作会议、国务院近期出台的化解钢铁过剩产能的一系列政策都进一步明确了要更多发挥兼并重组在钢铁行业"去产能"过程中的重要作用,明确鼓励有条件的钢铁企业实施减量化兼并重组,退出部分过剩产能。

(二)本次交易的目的

1. 优化两家钢铁上市公司资源配置,推动合并后上市公司提质增效

宝钢股份与武钢股份实施合并重组,将在战略高度统筹钢铁生产基地布局,多

角度体系化整合钢铁主业区位优势，有利于统筹平衡内部产能，对不同生产基地和不同产线实施协同整合，避免重复建设，有效实现提质增效，助力钢铁产业结构转型升级。通过合并重组，宝钢股份和武钢股份可以快速移植和整合各自在汽车板、硅钢、镀锡（铬）板、工程用钢、高等级薄板等领域的成果，迅速提升钢铁制造能力；通过整合各自的研发人员和经费，大幅提高研发效率，减少重复投入；通过集中整合销售、剪切、激光拼焊能力，明显降低服务成本，大幅提升产品增值能力和对全球客户的服务能力；优化统筹原材料供应和物流配送，降低采购和物流成本；整合管理资源，提升管理效率，为合并后上市公司提质增效奠定基础。

2. 加快培育世界一流钢铁上市公司，提升中国钢铁工业国际竞争力

宝钢股份和武钢股份合并重组后，将大力推进钢铁产业布局优化、结构调整以及跨地域协同等变革，充分发挥协同效应，实现规模、品种、成本、技术、服务等全方位持续提升，建成代表中国钢铁工业最高技术和实力水平，拥有钢铁技术自主知识产权、拥有国际钢铁行业话语权和强大竞争力的世界一流钢铁上市公司。宝钢股份和武钢股份的合并重组将极大地提升中国钢铁工业的国际竞争力和影响力，进一步提高国际社会对中国钢铁工业技术水平和生产装备的认同感和接受度，为我国钢铁行业参与"一带一路"建设和国际产能合作、加快中国钢铁企业"走出去"的步伐提供重要支撑。

（三）本次交易的核心方案

本次交易的核心方案为：宝钢股份向武钢股份全体换股股东发行 A 股股票，换股吸收合并武钢股份。宝钢股份为本次交易的合并方暨存续方，武钢股份为本次交易的被合并方暨非存续方。

宝钢股份和武钢股份的换股价格以上市公司审议本次换股吸收合并事项的董事会决议公告日前 20 个交易日的股票交易均价为市场参考价，并以不低于市场参考价的 90% 作为定价原则。由上述换股价格确定武钢股份与宝钢股份的换股比例为 1:0.56，即每 1 股武钢股份的股票换 0.56 股宝钢股份的股票。同时，宝钢股份将吸收合并武钢股份，武钢股份现有的全部资产、负债、业务、人员、合同、资质及其他一切权利与义务由武钢有限承接与承继，自交割日起，武钢有限的 100% 股权由宝钢股份持有。

本次交易后的上市公司将成为全球钢铁上市公司中粗钢产量排名前三的行业龙头，本次战略重组将优化我国钢铁行业的资源配置，更好地发挥两家上市公司的协同效应，提升中国钢铁工业的国际竞争力。同时，在我国本轮供给侧结构性改革去产能、提高行业集中度为目的的新一轮钢铁行业兼并重组浪潮下，宝武战略重组起到模范作用，堪称我国钢铁行业发展历史上的里程碑事件。

二、办案难点

本次交易中，由于宝钢股份与武钢股份均为央企上市公司，故二者的吸收合并交易方案操作难度较高。具体而言，本次交易的难点问题包括：本次交易涉及的土地合规性事项、武钢股份的存续债券处置事项、职工利益保护事项、设立武钢有限及相应的资产、业务、债权债务转移等，受限于篇幅，本文仅就部分问题展开论述。

三、法律分析

（一）本次交易涉及的土地合规性事项

央企土地使用权配置方式较为多样，除了常见的通过出让、划拨方式取得的土地使用权外，部分国有企业存在使用授权经营土地的情况。国有土地使用权授权经营是指国家根据需要，将一定年期的国有土地使用权作价后授权给经国务院批准设立的国家控股公司、作为国家授权投资机构的国有独资公司和集团公司经营管理的行为。

在本次交易的操作过程中，项目组会同其他中介机构，在如下几个方面关注了国有土地使用权授权经营的合规性。

1. 国有土地使用权授权经营是否经依法审批

根据《国土资源部关于改革土地估价结果确认和土地资产处置审批办法的通知》等规定，在国有企业改制过程中，对原划拨土地使用权采用授权经营方式处置的，需经省级以上人民政府批准。改制企业根据批准文件，拟订土地资产处置总体方案，向有批准权的土地行政主管部门申请核准。例如，在宝钢股份换股吸收合并武钢股份案例中，武钢股份通过租赁方式使用的授权经营国有土地使用权亦系湖北省国土资源厅批复给武钢集团授权经营。再比如，在中航黑豹发行股份购买沈飞集团 100% 股权的案例中，沈飞集团当时存在授权经营的国有土地使用权，由辽宁省国土资源厅批复给中航一集团授权经营。

因此，遇到国有土地使用权授权经营的情况，项目组关注了上述主体是否取得主管国土部门对包括国有土地使用权授权经营在内的土地处置总体方案的批复文件，以及是否取得《国有土地使用权经营管理授权书》等文件。

2. 授权经营的国有土地使用权的估价、估价结果备案

根据《国土资源部关于加强土地资产管理促进国有企业改革和发展的若干意见》《国土资源部办公厅关于印发〈企业改制土地资产处置审批意见（试行）〉和〈土地估价报告备案办法（试行）〉的通知》等规定，授权经营的国有土地使用权应估价并经国土部门备案后，按照估价结果作为资本金或股本金投入授权经营土地使用权的企业。因此，项目组关注了前述授权经营土地是否已经估价备案及估价备案的具体情况。

3. 标的公司取得授权经营的国有土地使用权的过程

根据《国有企业改革中划拨土地使用权管理暂行规定》的规定："国有土地使用权经营，由国家土地管理局审批，并发给国有土地使用权经营管理授权书。被授权的国家控股公司、作为国家授权投资机构的国有独资公司和集团公司凭授权书，可以向其直属企业、控股企业、参股企业以作价出资（入股）或租赁等方式配置土地，企业应持土地使用权经营管理授权书和有关文件，按规定办理变更土地登记手续。"

根据前述规定，在国企重组案例中存在标的公司对国有土地使用权授权经营的，应关注其获得授权经营的国有土地使用权的过程是否符合上述规定，具体而言：

首先，需关注《国有土地使用权经营管理授权书》是否允许央企集团公司通过作价出资（入股）或租赁等方式向直属企业、控股企业、参股企业配置土地；

其次，如标的公司系通过央企集团公司以授权经营的国有土地使用权向其作价入股，则需核查该等作价出资（增资）是否有主管国家出资企业或主管国资机构的批复、是否符合当时国有企业增资的规定、是否办理了权属主体的变更登记；如标的公司系通过向央企集团公司租赁方式而使用授权经营的国有土

地使用权,则需关注双方是否就该等国有土地使用权租赁签署了相关协议,协议约定是否符合法律法规的规定。

(二)本次交易涉及的武钢股份的存续债券处置事项

本次交易涉及的债权人利益保护的重点工作之一便是武钢股份的存续债券处置事项。武钢股份发行了"武汉钢铁股份有限公司 2014 年公司债券"(债券简称为"14 武钢债")。根据《合并协议》的约定,本次交易完成后,武钢股份现有的全部资产(包括其下属企业的股权)、负债、业务、资质、合同及其他一切权利与义务将由武钢有限承继与履行。因此,本次交易推进过程中,需制定相关债券处置方案,从而保护债权人利益。

对于前述事项,经项目组与宝钢股份、武钢股份及其他中介机构讨论,确定了债券处置的方案并实际开展了相关债权人保护工作,主要步骤为:

首先,由武钢股份分别召开董事会及股东大会,审议通过了《关于设立全资子公司及武钢股份资产转移的议案》,同意武钢股份设立全资有限责任公司,武钢股份现有的全部资产、负债、业务、人员、资质、合同及其他一切权利和义务将被转移至武钢有限。武钢股份董事会及股东大会同时审议通过了《关于债券持有人利益保护方案的议案》,同意 14 武钢债原担保人武钢集团对 14 武钢债担保的种类、数额、方式保持不变,宝钢股份为 14 武钢债追加提供全额无条件不可撤销的连带责任保证担保。

其次,宝钢股份分别召开董事会及股东大会,表决通过了《关于公司提供对外担保暨关联交易的议案》,同意由宝钢股份为 14 武钢债的偿还提供追加的连带责任保证担保。同时,针对前述宝钢股份为 14 武钢债的偿还提供追加的连带责任保证担保事宜,宝钢股份已与武钢股份签署《担保协议》,并由宝钢股份披露了对外提供担保的公告。

再次,武钢股份召开了 14 武钢债的债券持有人会议,审议通过了《关于本次交易重组事项中对本期债券相关安排的议案》,并审议通过了《关于债券持有人利益保护方案的议案》,同意 14 武钢债原担保人武钢集团对 14 武钢债担保的种类、数额、方式保持不变,宝钢股份为 14 武钢债追加提供全额无条件不可撤销的连带责任保证担保,14 武钢债债券持有人不因本次交易项下事宜要求提前清偿 14 武钢债项下的债务。

通过上述债券主体转移的方案以及追加担保的方案，较好地保护了债券持有人的利益并取得了债券持有人的认可，保障了本次交易的顺利实施。

（三）本次交易涉及的职工利益保护事项

根据当时有效的证监会公告〔2014〕53 号《公开发行证券的公司信息披露内容与格式准则第 26 号——上市公司重大资产重组（2014 年修订）》，上市公司重组报告书中需要披露"结合本次交易职工安置方案及执行情况，分析其对上市公司的影响"。同时，本次交易推进时，"关于同意职工安置方案的职工代表大会决议或相关文件（涉及职工安置问题的）"是证监会对于上市公司重大资产重组申请的必备文件。

结合通常重组项目经验，证券审核机构一般会关注吸收合并案例涉及的职工安排事项，包括是否履行职代会民主程序、是否存在员工纠纷事项等。

为保护职工利益，项目组会同各方沟通确定了本次交易涉及的人员安排方案，即：本次交易完成后，武钢股份全体员工的劳动合同由武钢有限承继与履行，武钢股份子公司的员工与该等子公司的劳动关系保持不变。

此外，为充分保护武钢股份员工的合法权益，实现劳动关系的稳定过渡，武钢股份召开了武汉钢铁股份有限公司重大资产重组专题职工代表大会，以无记名投票表决的形式审议通过了武钢股份本次交易所涉及的人员安排方案。武钢股份员工的劳动关系将由武钢有限承接与承继，原劳动合同继续有效，由武钢有限继续履行。

四、案件结论

本次交易完成后的上市公司成为全球钢铁上市公司中粗钢产量排名前三的行业龙头，本次战略重组优化我国钢铁行业的资源配置，更好地发挥两家上市公司的协同效应，提升中国钢铁工业的国际竞争力。同时，在我国供给侧结构性改革去产能、提高行业集中度为目的的新一轮钢铁行业兼并重组浪潮下，宝武战略重组将起到模范作用，堪称我国钢铁行业发展历史上的里程碑事件。锦天城项目组以扎实的专业能力及认真严谨的工作作风得到了客户的一致好评。

对慧球科技的二级市场举牌收购、接管及整改项目

杨文明*　魏苏川**

一、案情介绍

2016 年，深圳市瑞莱嘉誉投资企业（有限合伙）（下称"瑞莱嘉誉"）通过二级市场收购上市公司广西慧球科技股份有限公司（股票代码：600556，下称"慧球科技"或"上市公司"），成为其第一大股东。当时上市公司的实际控制人为对抗瑞莱嘉誉的收购，对上市公司实施"焦土"政策。上市公司因公司治理、信息披露违规问题于 2016 年 9 月被上海证券交易所实施 ST 风险警示处理。2017 年 1 月，上市公司原董事会甚至提出 1001 项股东大会议案，上市公司因此股票停牌。

在本次收购过程中，瑞莱嘉誉曾先后向慧球科技董事会、监事会提请召集召开临时股东大会，并提交了相关提案，但未收到董事会、监事会及时回复。因此，瑞莱嘉誉在其连续持股达到 90 日时，自行召集临时股东大会，同时公开

*　上海市锦天城律师事务所高级合伙人。

**　上海市锦天城律师事务所合伙人。

征集投票权以取得中小股东支持，并制定了详细的股东大会召开现场安排与应急预案。瑞莱嘉誉成功自行召集召开股东大会，并在后续继续提请召开新的股东大会提交罢免、改选相关董事、监事等议案，并于 2017 年通过慧球科技董事会、监事会改选，瑞莱嘉誉取得上市公司的实际控制权，并逐步完成了上市公司的接管及整改规范工作。

二、办案难点

上市公司原实际控制人为对抗本次收购，控制原董事会、高管层，对上市公司实施焦土政策，导致上市公司的治理、信息披露严重违规，出现了董事长失联、实际控制人不明、贴吧违规披露、1001 项议案等事件，监管机构高度重视，市场关注度极高。

同时本案例涉及上市公司二级市场收购、控制权争夺、上市公司全面接管、整改规范全过程的全面法律服务，案件难度大，复杂程度高，要同时确保收购方收购行为的合法合规性，保护中小投资者的合法权益，符合监管要求。就项目过程中采用的公开征集投票权、自行召集召开股东大会涉及的股东提案权、董事、监事是否可以同时罢免、同时选举的困局等相关法律问题及实际操作问题，均系本案的重点、难点问题。

三、法律分析

（一）关于股东公开征集投票权

瑞莱嘉誉本次通过二级市场举牌收购慧球科技的过程中，其作为股东自行召集召开股东大会时，同时向广大中小股东公开征集投票权，最终获得部分股东的委托投票，并在慧球科技股东大会上代表该等股东进行了表决。上市公司的股权控制权之争，往往是基于争夺双方对于上市公司的持股、控制并未占据绝对优势，在控制权之争中合理运用公开征集投票权制度可以为己方争取更多的支持。

项目开展过程中，当时有效的《中华人民共和国证券法（2014 修正）》及上海证券交易所《上市公司日常信息披露工作备忘录——第一号 临时公告格式指引》均未直接就征集投票权事项进行规定，对于征集投票权的股东的"有关条件"、征集投票权的具体途径、方式及信息披露具体要求等，当时的法律法规亦为空白，在征集投票权实施过程需摸着石头过河，亦可能存在因程序不规范受到监管部门挑战的风险。

为解决实践中存在的问题，《中华人民共和国证券法（2019修订）》（以下简称"新《证券法》"）在"投资者保护"专章新增了关于公开征集股东权利制度的规定，完善了可以公开征集股东权利的主体。新《证券法》第90条第一款规定："上市公司董事会、独立董事、持有百分之一以上有表决权股份的股东或者依照法律、行政法规或者国务院证券监督管理机构的规定设立的投资者保护机构（以下简称投资者保护机构），可以作为征集人，自行或者委托证券公司、证券服务机构，公开请求上市公司股东委托其代为出席股东大会，并代为行使提案权、表决权等股东权利。"其中确立投资者保护机构可作为公开征集股东权利主体的法律地位有利于充分发挥公开征集股东权利的制度功效，有利于进一步保护投资者合法权益。同时，规定了征集文件的披露等内容，新《证券法》第90条第二款规定："依照前款规定征集股东权利的，征集人应当披露征集文件，上市公司应当予以配合。"其中征集文件应当包含比实践中常见的征集公告更为详尽的内容。此外，新《证券法》还要求公开征集股东权利"禁止以有偿或者变相有偿的方式"进行。如果公开征集股东权利违法违规，"导致上市公司或者其他股东遭受损失的，应当依法承担赔偿责任"。

为进一步落实新《证券法》关于股东权利公开征集的一般性规定，证监会于2021年11月9日发布《公开征集上市公司股东权利管理暂行规定》，其内容详尽丰富，对公开征集股东权利的具体操作提供了明确的指引。相信随着相关具体规则的实施，后续对于"规范公开征集上市公司股东权利业务活动，促进提升上市公司治理水平及保护投资者合法权益"都将大有裨益。

（二）关于股东提案权

在瑞莱嘉誉二级市场举牌收购慧球科技过程中，瑞莱嘉誉曾于2016年9月先后向慧球科技董事会、监事会提请召开临时股东大会，并提交了相关提案，但没有得到董事会、监事会及时的书面反馈。于是，瑞莱嘉誉在其持股时间达到连续 90 日后，自行召集召开慧球科技 2016 年度第三次临时股东大会，并将之前的部分提案提交临时股东大会审议。之后，瑞莱嘉誉于 2016 年 12 月向慧球科技董事会提请召开临时股东大会，并提交了罢免原董事、监事，选举新董事、监事的议案。在此过程中，项目组针对选举董事、监事的提名与提案区别与联系、股东提案权范围、包括董事会在内的股东大会召集人对股东提案是否有审查权等问题，并做了研究与分析，具体如下。

1. 关于股东提案权的定义

（1）提案与议案的区别

按照《现代汉语词典》的解释，提案是提交会议讨论决定的建议，议案是指列入会议议程的提案。因此提案是因，议案是果。

（2）股东提案权的定义

股东提案权是指符合一定条件的股东依照法定程序提出提案作为股东大会审议的议案的权利。

（3）提名权与提案权的区别与联系

根据《上市公司独立董事管理办法》《上市公司章程指引》等相关规定，上市公司在选举非职工代表董事、监事时，先由董事会、监事会或符合条件的股东进行提名，确定非职工代表董事、监事候选人名单。然后在正式选举非职工代表董事、监事时，以提案的方式提请股东大会表决。可知，上市公司非职工代表董事、监事选举过程中的提名与提案是先后关系，缺一不可，提名是确定候选人的过程，提案是将正式选举议案提交股东大会的方式。

2. 关于股东提案权的范围

（1）相关规定

①《中华人民共和国公司法》（2018 修订，下称"《公司法》"）①

第一百零二条第二款　单独或者合计持有公司百分之三以上股份的股东，可以在股东大会召开十日前提出临时提案并书面提交董事会；董事会应当在收到提案后二日内通知其他股东，并将该临时提案提交股东大会审议。临时提案

---

① 根据《公司法》（2023 修订，于 2024 年 7 月 1 日实施）第一百一十五条第二款规定，提案股东的持股比例要求调整为"单独或者合计持有公司百分之一以上股份"，并规定公司不得提高提出临时提案股东的持股比例。

的内容应当属于股东大会职权范围，并有明确议题和具体决议事项。

②《上市公司章程指引》（2023 修订）

第三十二条　公司召开股东大会、分配股利、清算及从事其他需要确认股东身份的行为时，由董事会或股东大会召集人确定股权登记日，股权登记日收市后登记在册的股东为享有相关权益的股东。

第五十四条　公司召开股东大会，董事会、监事会以及单独或者合并持有公司百分之三以上股份的股东，有权向公司提出提案。

单独或者合计持有公司百分之三以上股份的股东，可以在股东大会召开十日前提出临时提案并书面提交召集人。召集人应当在收到提案后两日内发出股东大会补充通知，公告临时提案的内容。

除前款规定的情形外，召集人在发出股东大会通知公告后，不得修改股东大会通知中已列明的提案或增加新的提案。

股东大会通知中未列明或不符合本章程第五十三条规定的提案，股东大会不得进行表决并作出决议。

（2）股东提案权的范围

①临时提案权。

《公司法》明确规定了股份有限公司单独或者合计持有公司百分之三以上股份的股东享有临时提案权，结合《上市公司章程指引》的规定，上市公司股东的临时提案权行使期间为上市公司发出股东大会通知后、股东大会召开 10 日前。

②其他提案权。

股东除了享有临时提案权，是否享有其他提案权，即在股东大会通知发出之前进行提案的权利。我们理解，《上市公司章程指引》规定，董事会、监事会以及单独或者合并持有公司 3% 以上股份的股东，有权向公司提出提案。此处的股东有权向公司提出提案不仅是指股东的临时提案权，还包括其他阶段的提案权。

第一，股东提请董事会、监事会召开股东大会，或自行召集召开临时股东大会时的提案权。

《上市公司章程指引》规定，单独或者合计持有公司 10% 以上股份的股东有权向董事会请求召开临时股东大会，董事会同意并发出股东大会通知的，通知中对股东原请求的变更应征得相关股东同意。同样地，相关股东向监事会提议召开临时股东大会，监事会发出的股东大会通知对原提案的变更也应当征得相关股东同意。如果董事会、监事会均不同意股东的提议，连续 90 日以上单独或者合计持有公司 10% 以上股份的股东可以自行召集和主持临时股东大会。如果之前不能向董事会、监事会提案，现在也不能向召集人提案，那么股东大会应该审议什么内容？《上市公司股东大会规则》也有上述类似的规定。可知，单独或者合计持有公司 10% 以上股份的股东，在向董事会、监事会提请召开临时股东大会时享有提案权，连续 90 日以上单独或者合计持有公司 10% 以上股份的股东自行召集召开临时股东大会时享有提案权。

第二，股东在董事会、监事会召开临时股东大会之前的提案权。

在董事会、监事会召开临时股东大会之前，股东是否享有提案权也无规定。该阶段下的提案权对于保护在上市公司董事会、监事会没有占有席位的持股 3% 以上的股东有一定的意义：首先，虽然该类股东可以通过临时提案权表达自身诉求，但是临时提案权有提案时间限制，准备时间可能不够充足；其次，股东该阶段的提案可以作为董事会、监事会提案的来源，股东可以通过该种方式参与公司治理。但在该阶段，董事会、监事会如果每次决定召开股东大会之前均通知相关股东进行提案，程序烦琐，影响效率。而且董事会、监事会本身往往由大股东提名，代表了大股东的利益。在大股东与其他有提案权的股东存在利益冲突时，董事会、监事会一般不会将其他股东的提案一并提交股东大会审议。此时，其他股东可以通过临时提案的方式表达自身诉求。所以，该阶段的股东理论上应该享有提案权，但实践中可操作性不强。

（3）相关案例

表1

序号	证券简称	股票代码	股东名称	股东持股情况	类型	是否有提案	股东大会召开时间
（1）	中房股份	600890	嘉益（天津）投资管理有限公司	持股 18.96%，为第一大股东	自行召集召开临时股东大会	是	2015 年 9 月 7 日

（续表）

序号	证券简称	股票代码	股东名称	股东持股情况	类型	是否有提案	股东大会召开时间
（2）	新华百货	600785	上海宝银创赢投资管理有限公司、上海兆赢股权投资基金管理有限公司（一致行动人）	合计持股32%，为第一大股东	向董事会、监事会提请召开临时股东大会	是	2016年9月，董事会、监事会不认可股东提议，未召开股东大会
（3）	ST慧球	600556	深圳市瑞莱嘉誉投资企业（有限合伙）	持股10.98%，为第一大股东	自行召集召开临时股东大会	是	2016年12月22日
（4）	ST慧球	600556	深圳市瑞莱嘉誉投资企业（有限合伙）	持股10.98%，为第一大股东	向董事会提请召开临时股东大会	是	2017年1月25日
（5）	ST新亿	600145	深圳市易楚投资管理有限公司、深圳市瑞弘宝科技有限公司（非一致行动人）	合计持股11.9%，非第一大股东	自行召集召开临时股东大会	是	2017年11月，股东自行中止召集
（6）	中超控股	002471	江苏中超投资集团有限公司	持股17.08%，为第二大股东	自行召集召开临时股东大会	是	2018年10月17日

（4）小结

关于上市公司股东对股东大会的提案权范围，我国《公司法》《上市公司章程指引》《上市公司股东大会规则》明确规定了股东享有临时提案权，但对股东是否享有其他提案权没有明确规定。根据《上市公司章程指引》《上市公司股东大会规则》相关条文，结合上市公司股东大会实践案例，项目组认为，上市公司单独或者合计持有公司 10% 以上股份的股东在提请董事会、监事会召开股东大会享有提案权，连续 90 日以上单独或者合计持有公司 10% 以上股份的股东自行召集召开临时股东大会时享有提案权。上市公司股东在董事会、监事会自行召开股东大会之前，理论上应该享有提案权，但是实践中可操作性不强。

3. 召集人对股东提案的审查权

根据《上市公司章程指引》《上市公司股东大会规则》，上市公司董事会、监事会及连续 90 日以上单独或者合计持有公司 10% 以上股份的股东可以作为上市公司股东大会的召集人。对于股东或其他有权主体的提案，召集人是否有权进行审查？如有，其审查范围是什么？

（1）学术理论观点

关于董事会作为召集人是否对股东提案享有审查权，支持的学者认为对提案进行审查可以减少股东大会决议内容瑕疵 ①；有学者认为需要赋予董事会对提案进行审查的权利，但是要配以一定的救济 ②；也有学者认为，不符合条件的股东提案，公司董事会有权不提交股东大会审议 ③；还有学者认为，应借鉴美国法，规定对股东提案的排除理由 ④。反对者则认为董事会无权审查股东提案，必须无条件地将其提交给股东大会审议。⑤

（2）相关规定

《公司法》《上市公司章程指引》《上市公司股东大会规则》均没有规定包括董事会在内的召集人有权审查股东提案，而是收到提案后 2 日内通知其他股东，并提交股东大会审议。

（3）相关案例

尽管现行法律规定股东大会召集人无提案审查权，但是实践中包括董事会在内的股东大会召集人却在实际行使审查权排除股东提案。

① 新华百货（600785）。

2016 年 9 月，新华百货董事会、监事会先后收到股东上海宝银创赢投资管理有限公司及上海兆赢股权投资基金管理有限公司向公司发来的关于提请召开

---

① 石纪虎：《股东大会决议内容瑕疵的法理分析——兼论股东大会提案审查的重要性》，《西南政法大学学报》2008 年第 3 期。

② 李荣：《我国提案制度的缺陷与完善——兼论新〈公司法〉第 103 条第 2 款》，《社会科学研究》2006 年第 6 期。

③ 桂敏杰、安建：《新〈公司法〉条文解析》，北京：人民法院出版社 2006 年版，第 244 页。

④ 肖和保：《股东提案权制度：美国法的经验与中国法的完善》，《比较法研究》2009 年第 3 期。

⑤ 刘俊海：《新〈公司法〉的制度创新：立法争点与解释难点》，北京：法律出版社 2006 年版，第 371 页。

新华百货 2016 年第三次临时股东大会的函件及换届选举提案。新华百货董事会、监事会均以"公司董事会及监事会已合法产生并已开始正常履职的情况下，继续提议召开股东大会提出所谓换届选举议案，将造成公司后续治理和经营的混乱，将严重损害除其以外其他股东的权益"为由拒绝了股东的提案。

② *ST 新梅（600732）。

2016 年 6 月 23 日，*ST 新梅董事会办公室收到了股东提交的 2015 年度股东大会临时提案资料。公司董事会和律师对材料进行了核查，认为提案股东的身份及真实意愿无法核实，且该次临时提案并未满足股东行使股东大会临时提案权的合计持股比例要求，该次临时提案不符合提交公司股东大会审议的条件。因此不予将该提案提交股东大会审议。对此，公司对此作出了董事会决议，律师专门对此发表了法律意见。

（4）小结与建议

虽然现行相关法律法规没有规定股东大会召集人对股东的提案享有审查权，但是在实践操作中包括董事会在内的召集人有实际行使提案审查权。我们认为，召集人应该有一定的提案审查权。如果没有审查权，只要有股东提案就将其提交股东大会审议的做法将会导致股东滥用提案权，出现大量"垃圾提案"甚至出现类似慧球科技"1001 项议案"的荒谬提案，损害公司及其他股东的合法权益。如果赋予召集人一定的审查权，召集人可以从形式上审查提案股东提交的资料是否完备，从程序上审查提案股东是否符合提案的时间限制，从内容上审查提案股东是否具有提案资格，提案是否符合法律、行政法规和公司章程的有关规定，有关议案是否属于股东大会的职权范围。[①] 同时，为了防止召集人滥用提案审查权，我国也应该制定配套措施限制召集人的提案审查权。如可以考虑借鉴美国股东提案规则中关于股东提案排除事由的相关规定，明确列举公司可以排除股东提案的情形。

在提案争议救济方面，我国目前提案股东只能够援引《公司法》第 22 条、

---

① 《公司法》（2023 修订，于 2024 年 7 月 1 日实施）第一百一十五条已经对于董事会的审查权进行了一定规定，规定为"董事会应当在收到提案后二日内通知其他股东，并将该临时提案提交股东会审议；但临时提案违反法律、行政法规或者公司章程的规定，或者不属于股东会职权范围的除外"。

《最高人民法院关于适用〈中华人民共和国公司法〉若干问题的规定（四）》相关规定，以会议召集程序、表决方式违反法律、行政法规或者公司章程，或者决议内容违反公司章程为由，请求法院撤销股东大会决议。同时还可以根据《民事诉讼法》提出行为保全，请求不执行相关股东大会决议。但该种方式成本高、效率低，属于事后救济。我国法律应该进一步完善股东大会召集人不将股东提案提交股东大会审议的法律后果、救济手段。

4. 新任董事、监事选举的困局

在上市公司收购中，董事会、监事会控制权往往决定收购的成败。通常而言，新任董事、监事的选举途径主要有两种：第一，股东大会罢免现任董事、监事，选任新董事、监；第二，股东大会修改公司章程增加董事会、监事会人数，选任新董事、监事。

在瑞莱嘉誉收购慧球科技的过程中，瑞莱嘉誉拟罢免现任董事、监事，同时推举新的董事、监事候选人，改选上市公司董事会、监事会，以取得控制权。下文将重点讨论关于本次收购中关于董事、监事选举的两个特殊问题。

（1）罢免议案与选举议案能否在同一次股东大会审议

2017 年 1 月，慧球科技发布董事、监事辞职的公告。原董事、监事集体辞职，为瑞莱嘉誉改选董事会并取得上市公司控制权扫清障碍。如果在慧球科技原董事、监事没有辞职的情况下，瑞莱嘉誉能否在同一次股东大会提起审议原董事、监事罢免议案与新董事、监事选举议案，这是本次收购策略中的重点讨论事项之一。

在没有原董事、监事的情况下，可当选的新任董事、监事人数必须以相应数额的原董事、监事的被罢免为前提，即董事会、监事会必须有空缺席位，方能补充选任新董事、监事。因此，主要问题为罢免议案与选举议案能否在同一次股东大会审议，或应召开两次股东大会就罢免和补选董事议案分别进行审议。

经查，慧球科技当时的《公司章程》《上市公司股东大会规则（2016 年修订）》以及交易所规范指引，对上述问题均无明确规定。但实务中确有不少案例，比如新华百货（600785）、*ST 康达（000048）、中超控股（002471）以及新潮能源（600777）等。其中，深交所在 *ST 康达一案中出具关注函，要求说明在罢免议案与选举议案出现互斥表决结果的情形下，如何确保议案表决结果的合法有效性。京基集团作为收购人，认为罢免议案和选举议案可以在同一次股东大会上审议表决，理由如下：

"……罢免议案和选举议案可以在同一次股东大会上审议表决。以罢免议案的全部或部分通过为前提，选举议案可以相应全部或部分有效通过。在全部罢免议案均不获通过时，即使选举议案中的非独立董事、独立董事、监事候选人得票总数达到法定数额，该表决结果将不产生法律效力，公司董事会、监事会维持现有成员不变；……"

根据 *ST 康达 2016 年 9 月 19 日发布的《2016 年第一次临时股东大会决议公告》，*ST 康达还是选择允许罢免议案和选举议案在同一次会议上审议。*ST 康达董事会认为关于新任董事的选举议案不具备表决条件，对相关选举议案的表决就未统计投票情况。

由此可见，深交所关注的重点是确保互斥议案表决结果的合法有效性的具体措施。就同一次股东大会审议罢免、选举议案事宜，罢免董事的议案能够获得表决通过是选举新董事的前提。若罢免董事的议案未能通过，将导致选举新董事的议案因不具备表决条件而表决结果无效。因此，在董事会、监事会席位控制权争夺中，应当尽量确保罢免议案有效通过。

（2）罢免议案以致董、监事会低于法定人数的补救措施

现行《公司法》第四十五条、第五十二条、第一百零八条、第一百一十七条仅规定了两种情况导致董事会、监事会成员低于法定人数的（任期届满未及时改选以及董事、监事辞职），在改选的董事、监事就任前，由原董事、监事履行职务。当股东大会罢免一名或多名董事、监事时，可能会导致董事、监事人数少于法定人数或公司章程规定的人数，进而影响上市公司正常运营。

对于上述问题，我国尚无具体的应对制度，但已在实务案例中引起交易所重点关注。"宝万之争"一案中，深交所曾出具关注函，要求深圳市钜盛华股份有限公司充分考虑并说明上市公司董事、监事被罢免后对万科日常经营的影响，以及为消除影响拟采取的措施。

此后，深交所在 *ST 华泽（000693）一案的提问更为直接，认为如上市公司董事、监事罢免议案全部获得股东大会表决通过，则董事人数和监事人数将

低于《公司法》规定的最低人数。要求上市公司针对前述股东大会可能出现的各类结果，书面说明如果出现公司董事人数和监事人数低于法定最低人数的情形下，罢免董事或监事的股东大会决议的生效条件和时间，以及该公司拟采取的应对措施及其时间表，并要求见证律师发表法律意见。

从上述问询不难得知，罢免董事、监事以致董、监事会成员低于法定人数或公司章程规定的，交易所关注拟采取的应对措施以及时间表，确保上市公司正常运营，以保障广大中、小股东的利益。因此，在争夺董事、监事会控制权时，制定的策略应当考虑如罢免议案通过导致上述问题的应对措施。

5. 上市公司股东大会召开现场安排与应急预案

在瑞莱嘉誉举牌收购慧球科技项目中，慧球科技曾召开了两次临时股东大会。鉴于以往关于上市公司控制权争夺的股东大会具有很强的对抗性，为避免股东大会召开过程中出现激烈冲突，或其他突发事项影响股东大会的顺利进行，本项目做了一些安排与应急预案：

（1）现场安保安排

在会议现场安排若干安保人员进行站岗和巡逻，保证股东大会召开前的会议程序和股东大会的顺利进行。考虑到股东大会召开地社会治安情况复杂，沟通、联系地方的公安机关派遣相关人员在会场附近待命，如若会场发生激烈冲突可及时控制现场。

（2）信息保密措施

为防止股东大会进行过程中出现相关信息违规泄露，股东大会进行时加强对媒体记者的股东身份核验，并采取相关技术手段防止信息泄露。

（3）监管部门参会

由于本次收购引起社会的广泛关注，相关监管部门非常重视股东大会的召开，召集人邀请了相关监管部门委派代表出席或通过网络系统远程参与股东大会。同时还邀请了中证中小投资者服务中心的代表现场参会、行权。

（4）股东质询安排

股东大会进行过程中有一个董监高接受股东质询阶段，由于股东大会时间有限，为了节省时间并防止在股东质询阶段出现不可控的情形，工作人员在股东大会召开前的会议登记阶段就开始了股东质询问题的收集工作。

四、案件结论

2016 年 7 月末，瑞莱嘉誉开始通过二级市场增持慧球科技的股票，成为慧球科技第一大股东。瑞莱嘉誉于 2016 年 12 月自行召集、召开上市公司 2016 年第三次临时股东大会，并公开征集投票权，该次股东大会通过决议修订了公司章程，并暂停违规对外重大投资等事项。瑞莱嘉誉随即向上市公司董事会提请召开新的股东大会，并提交关于罢免全体董事、非职工监事、选举新董事、监事等议案。此后，上市公司相关董事、监事分别提交了辞职报告，上市公司董事会依据瑞莱嘉誉请求召开了 2017 年第一次临时股东大会。董事会、监事会进行改选，瑞莱嘉誉取得上市公司的实际控制权。

本律师团队在瑞莱嘉誉本次举牌收购项目中担任法律顾问，提供包括非诉、诉讼一揽子的全程法律服务，协助瑞莱嘉誉成功收购慧球科技的控股权，对上市公司进行全面接管，并协助上市公司对信息披露、公司治理违规问题进行整改、规范。

振兴生化控制权争夺项目

杨文明* 吴传娇**

一、案情介绍

上市公司振兴生化股份有限公司（股票代码：000403，现名派斯双林生物制药股份有限公司，以下简称"振兴生化"或"上市公司"）原控股股东为振兴集团有限公司（以下简称"振兴集团"）。

2017年6月21日，浙江民营企业联合投资股份有限公司通过发起杭州浙民投天弘投资合伙企业（有限合伙）（以下简称"浙民投"）向振兴生化发出要约收购文件，其将以36元/股的价格向振兴生化股东要约收购74 920 360股股份，占总股本的27.49%，收购完成后浙民投将成为上市公司第一大股东。

振兴生化及振兴集团采取了停牌、诉讼等多种反制措施抵御要约收购。2017年11月28日，深圳市航运集团有限公司（混合所有制企业，深圳市国资委占股30%，佳兆业集团占股70%）旗下深圳市航运健康科技有限公司（以下简称"航运健康"）、中国信达资产管理股份有限公司深圳市分公司（以下简称"信达深圳分公司"通过与振兴集团签订三方协议，以债务重组方式取得振兴生

* 上海市锦天城律师事务所高级合伙人。

** 上海市锦天城律师事务所合伙人。

化股份。航运健康与信达深圳分公司共获取振兴生化22.61%的股份，股份过户完成一年内，信达深圳分公司与航运健康为一致行动人。佳兆业集团作为白衣骑士率先入主振兴生化。

2017年12月14日浙民投公告完成要约收购，收购后浙民投及其行动一致人持有振兴生化29.99%股份，成为振兴生化第一大股东。

2018年5月，振兴生化董事会完成补选工作，第一、第二大股东达成一致，携手共同管理振兴生化，董事会改选后浙民投占4席，航运健康占3席，由浙民投代表担任振兴生化董事长。航运健康代表继续担任振兴生化总经理，负责日常管理事务。

广东双林生物制药有限公司（以下简称"广东双林"）主营业务是血液制品科研开发、生产和销售，是上市公司全资核心子公司。

2018年12月广东双林免去原总经理朱光祖职务，同时任命航运健康代表人员为总经理。航运健康与浙民投对于广东双林董事、总经理任免发生分歧，引发双方对广东双林控制权争夺之战。浙民投代表陈耿作为上市公司董事长召集临时董事会会议，浙民投以董事会多数席位的优势，作出振兴生化董事会决议（第七届董事会第四十五次会议），撤销振兴生化2018年1月3日作出的股东决定（关于改选广东双林董事会及修订广东双林公司章程事宜），撤销史跃武等人广东双林董事职务，任命杨成成女士为广东双林执行董事和法定代表人，同意杨成成女士免去罗军广东双林总经理职务，同意杨成成女士任命朱光祖为广东双林总经理，并通过广东双林章程修正案。

随后上市公司召开股东大会（2018年第四次临时股东大会）对董事会、监事会进行换届，浙民投方获得4个董事席位，航运健康获得2个董事席位，浙民投占据董事会优势并由新一届董事会召开会议（第八届董事会第一次会议）选举新的董事长，卸任原董事会秘书，聘任新的总经理、财务总监、副总经理兼证券事务代表，将航运健康一方原安排高级管理人员排除在外，并要求离任人员办理职务交接，同意制定《印章及证照管理办法》及修订《子公司管理办法》等相关制度，并同意启用新的公章、合同章，由此关于广东双林控制权争夺之战升级加剧。

经过一番争斗、拉锯对抗，双方于2019年1月中旬实现和解。

本项目中，我们接受佳兆业集团委托，为其入主振兴生化后有关公司治理、有关控制权之争等相关事项提供了诉讼、非诉一揽子法律服务。

二、办案难点

　　航运健康与浙民投对于广东双林控制权的争夺之战中，浙民投率先召开董事会利用其在董事会的优势席位通过关于撤销广东双林已作出的股东决定，以及变更广东双林关键岗位的人员，并通过章程修正案，并且在随后股东大会董事会换届改选中获得董事会绝对优势地位，进而在新的董事会通过一系列对航运健康不利的议案。对此，航运健康应当采取何种攻守措施才能有效对抗对方是本项目的难点之一。而佳兆业集团在入主振兴生化后，关于其控制的航运健康与振兴集团等主体之间的债务承接及股份转让系列协议履行的相关事宜，亦是本项目中需要关注的重点问题。

三、法律分析

（一）广东双林控制权争夺战中航运健康的攻守措施

　　航运健康与浙民投对于广东双林控制权的争夺之战中，浙民投率先召开上市公司第七届董事会第四十五次会议，利用其在董事会的优势席位通过关于撤销振兴生化 2018 年 1 月 3 日作出的股东决定（关于改选广东双林董事会及修订广东双林公司章程事宜），以及变更广东双林关键岗位的人员（包括执行董事、法定代表人、总经理），并通过广东双林章程修正案等议案，并且在随后的 2018 年第四次临时股东大会董事会换届改选中获得董事会绝对优势地位，并进一步通过新一届董事会改选新的高级管理人员，修改、制定相关的制度及通过启用新的印章等议案，使得广东双林控制权争夺战矛盾进一步加剧升级，并使得航运健康一方处于劣势。

　　从航运健康一方而言，如果认可上述有关董事会、股东大会决议则必然要在此次争夺战中败阵，因此采取何种措施抵抗上述有关董事会、股东大会决议尤为重要。航运健康一方可采取的应对措施包括：

1. 由股东对有关董事会决议、股东大会决议提起撤销诉讼

　　根据《中华人民共和国公司法》规定："第二十条　公司股东应当遵守法

律、行政法规和公司章程，依法行使股东权利，不得滥用股东权利损害公司或者其他股东的利益；不得滥用公司法人独立地位和股东有限责任损害公司债权人的利益。第二十二条　公司股东会或者股东大会、董事会的决议内容违反法律、行政法规的无效。股东会或者股东大会、董事会的会议召集程序、表决方式违反法律、行政法规或者公司章程，或者决议内容违反公司章程的，股东可以自决议作出之日起六十日内，请求人民法院撤销。股东依照前款规定提起诉讼的，人民法院可以应公司的请求，要求股东提供相应担保。"

上述相关董事会决议、股东大会决议可能存在召集程序、表决方式违反法律、行政法规或者公司章程，或者决议内容违反公司章程的情形，具体而言如下：

（1）第七届董事会第四十五次会议决议

首先，第七届董事会第四十五次会议召集、表决程序存在瑕疵。

根据公司《董事会议事规则》，董事会在召开会议前应当通知全体董事，其中第十六条规定"董事应当认真阅读有关会议材料，在充分了解情况的基础上独立、审慎地发表意见。"第十七条规定："每项提案经过充分讨论后，主持人应当适时提请与会董事进行表决。"《董事会议事规则》是振兴生化《公司章程》的附件，其相关内容是《公司章程》的有效组成部分。

但根据《第七届董事会第四十五次会议（临时会议）决议公告》，上市公司原董事长在 2018 年 12 月 14 日晚 19:47 突然紧急召集董事会，部分董事于当天 20:15 才电话接到董事会开会通知，这意味着在会议通知未送达全部董事时，董事会议已经召开。会议要求各位董事须在当晚 20:30 前进行表决，否则视为弃权，具体召开时间仅 40 分钟，而议案资料约有 1 万字左右，甚至部分董事在 20:17 才进入会议见到会议资料，这表明与会董事未能充分阅读资料、了解情况。

该次会议在全体董事未通知到位的情形下已经召开，并在与会董事未充分阅读资料、了解情况并进行充分讨论的基础上，强制与会董事在极短的时间内作出表决意见，召开、表决程序不符合《董事会议事规则》上述规定。

第二，第七届董事会第四十五次会议表决内容董事会并未获得明确授权，其可能违反公司章程。

第七届董事会第四十五次会议决议内容包括撤销原已对子公司广东双林作出的股东决定（关于改选广东双林生物制药有限公司董事会及修订广东双林生物制药有限公司章程事宜），并审议了子公司广东双林章程修正案，并撤销广东双林原任董事，直接任命新的人员作为广东双林董事长、法定代表人、总经理。该等事项决策后并未提交股东大会进行最终决策。

上述决议内容针对的是子公司的股东决议、章程、人员任免，虽然在上市公司层面固然具有权限决定子公司的事项，但是在当时振兴生化公司章程、股东大会议事规则、董事会议事规则、子公司管理办法等制度层面并无明确规定上述事项具体应由哪一级别组织机构即董事会还是股东大会进行审批，这意味着上市公司董事会并未获得明确授权。并且，广东双林作为上市公司核心资产，根据其对上市公司的重要影响程度，广东双林上述重大事项是否应提交股东大会层面审议批准可能存在争议。因此，第七届董事会第四十五次会议表决内容董事会并未获得明确授权情形下，其直接由董事会最终作出决策可能违反公司章程。

（2）2018 年第四次临时股东大会决议、第八届董事会第一次会议决议

首先，2018 年第四次临时股东大会表决程序涉嫌违反法律法规及公司章程规定。

2018 年第四次临时股东大会相关议案为董事会、监事会换届选举。根据中国证监会、深圳证券交易所的相关规定，上市公司应当在董事、监事选举中积极推行累积投票制度，充分反映中小股东的意见；控股股东控股比例在 30% 以上的公司，应当采用累积投票制，振兴生化《公司章程》对此也有明确规定。

根据振兴生化于 2017 年 12 月 14 日发布的《关于杭州浙民投天弘投资合伙企业（有限合伙）部分要约收购结果暨公司股票复牌的公告》，浙民投及其一致行动人已合计持有振兴生化 81 773 180 股股份，占振兴生化股份总数的 29.99%，已经达到了振兴生化股份总数 30% 的前一手，按照监管实践中的通常理解，应认定浙民投及其一致行动人的控股比例已达 30%。

在广西慧球科技股份有限公司（股票代码：600556）案例中，深圳市瑞莱嘉誉投资企业（有限合伙）通过二级市场增持广西慧球科技股份有限公司股份

1 973.96 万股，比例为 4.999 978%，广西慧球科技股份有限公司以深圳市瑞莱嘉誉投资企业（有限合伙）以比例为 4.999 978% 未达到 5% 为由未披露其权益变动报告书，上海证券交易所根据《上市公司股东及其一致行动人增持股份行为指引（2012 年修订）》第十六条规定的规定，将深圳市瑞莱嘉誉投资企业（有限合伙）的持股比例认定为达到了 5%，要求披露其权益变动报告书。

因此按照通常理解及相关案例，应认定浙民投及其一致行动人的控股比例已达 30%，其应当在董事、监事选举中采用累积投票制度，但据振兴生化于 2018 年 12 月 18 日发布的《2018 年第四次临时股东大会决议公告》，本次换届选举所采取的投票表决方式为非累积投票的表决方式。

因此，2018 年第四次临时股东大会换届选举采取非累积投票的表决方式不符合相关法律法规及公司章程规定。在 2018 年第四次临时股东大会存在程序瑕疵的情形下，第八届董事会第一次会议合法性基础也存疑。

根据上述，有关董事会决议、股东大会决议可能存在可撤销的情形，可以由股东对此提起撤销诉讼，可以借此向对方施加压力，实现"以打促谈"。

2. 在提起撤销诉讼同时申请行为保全

根据当时有效的《中华人民共和国民事诉讼法》第一百条规定，人民法院对于可能因当事人一方的行为或者其他原因，使判决难以执行或者造成当事人其他损害的案件，根据对方当事人的申请，可以裁定对其财产进行保全、责令其作出一定行为或者禁止其作出一定行为；当事人没有提出申请的，人民法院在必要时也可以裁定采取保全措施。人民法院采取保全措施，可以责令申请人提供担保，申请人不提供担保的，裁定驳回申请。人民法院接受申请后，对情况紧急的，必须在四十八小时内作出裁定；裁定采取保全措施的，应当立即开始执行。

第一百零一条规定，利害关系人因情况紧急，不立即申请保全将会使其合法权益受到难以弥补的损害的，可以在提起诉讼或者申请仲裁前向被保全财产所在地、被申请人住所地或者对案件有管辖权的人民法院申请采取保全措施。申请人应当提供担保，不提供担保的，裁定驳回申请。人民法院接受申请后，必须在四十八小时内作出裁定；裁定采取保全措施的，应当立即开始执行。申请人在人民法院采取保全措施后三十日内不依法提起诉讼或者申请仲裁的，人民法院应当解除保全。

在成都路桥（股票代码：002628）案例中，股东李勤因公司决议效力确认纠纷向法院起诉同时提起行为保全，法院作出裁定：（1）暂缓成都路桥执行 2016 年第一次临时股东会决议、2016 年第二次临时股东会决议事项；如需执行上述决议中的部分事项，须经法院许可；（2）自裁定作出后，未经法院许可，成都路桥不得召开股东大会；（3）冻结申请人李勤持有的成都路桥股份；（4）暂缓成都路桥执行 2017 年第一次临时股东大会决议事项；如需执行上述决议中的部分事项，须经法院许可。

本案与此类似，也可向法院申请行为保全，暂缓有关董事会、股东大会决议执行，以争取更多解决问题的时间。

3. 其他非诉措施

鉴于广东双林控制权的争夺在当时非常激烈，广东双林印章、证照的交接也成为争议焦点，浙民投迅速办理了广东双林有关人员的工商变更登记，并通过有关外部强制的措施及压力获得了公章。在此过程中，诉讼策略之外，我们也协助委托方制定了一系列的非诉应对措施及方案，包括向有关监管部门、主管机关投诉、举报，获得中证中小投资者服务中心支持等，以诉讼与非诉相结合的方式，推动双方实现和谈。

（二）债务承接及股份转让系列协议履行的相关事宜

1. 航运健康是否有权单方解除《关于振兴生化股份有限公司之股份转让协议》(《股份转让协议》")问题

佳兆业集团为收购振兴生化，已安排关联企业航运健康分别与相关方签署债务承接及股份转让一揽子协议，其中包括振兴集团及其子公司、航运健康与信达深圳分公司签署的《重组三方协议》，振兴集团、航运健康签署的《股份转让协议》等。其中最值得关注的是《股权转让协议》，航运健康曾经作出过可能被认为是其豁免解除协议的表示，航运健康是否还能行使单方解除权？如果航运健康行使单方解除权，可能会面临何种风险，以及采取怎样的诉讼应对措施，是需要关注的重点问题，分析如下：

《股份转让协议》相关条款约定，如振兴集团失去振兴生化第一大股东地位的，航运健康有权单方面立即解除该协议。

就上述条款而言，振兴生化 2017 年 12 月 16 日公告了航运健康《关于对深圳市航运健康科技有限公司的关注函》的回复，航运健康作为信息披露义务人提示"2017 年 12 月 14 日，上市公司发布了《关于杭州浙民投天弘投资合伙企业（有限合伙）部分要约收购结果暨公司股票复牌的公告》，本次要约收购后，浙民投及一致行动人合计持有 ST 生化 81 773 180 股股份，占 ST 生化股份总数的 29.99%，成为上市公司第一大股东"。航运健康同时表示"浙民投本次要约收购后，振兴集团不再是上市公司第一大股东。基于对上市公司未来发展潜力的认可，本公司仍将继续执行于 2017 年 11 月 28 日与相关方签署的有关协议，推进本次权益变动"。此表述还曾出现在振兴生化 2018 年 1 月 13 日披露的《详式权益变动报告书》《华泰联合证券有限责任公司关于振兴生化股份有限公司详式权益变动报告书之财务顾问核查意见书》、2017 年 12 月 16 日披露的《详式权益变动报告书》中。而且，当时振兴生化换届选举时，航运健康对代表浙民投的董事进入上市公司董事会投票赞成。

航运健康作出的上述表达及行为，可能会被认定为航运健康已豁免这一解除协议的情形，如航运健康仍以振兴集团失去第一大股东地位作为解除协议的理由，则与上述披露信息矛盾，同时，有可能被振兴集团要求继续履行协议，并根据《股份转让协议》有关条款约定承担相应的违约责任。

2. 关于行使单方解除权的风险及诉讼应对措施

如航运健康以振兴集团已丧失上市公司第一大股东地位为由要求单方解除《股份转让协议》，振兴集团可能会起诉航运健康，要求继续履行该协议并承担相应的违约责任。

由于航运健康多次在相关报告、回复中表示，即使振兴集团不再是上市公司第一大股东，但基于对上市公司未来发展潜力的认可，将继续执行《股份转让协议》《债务重组三方协议》等相关协议。而且，当时振兴生化换届选举时，航运健康对代表浙民投的董事进入上市公司董事会投票赞成，间接说明了佳兆业集团不再谋求上市公司第一大股东地位并控制上市公司董事会。法院很可能根据该种表达及行为认为实质上豁免了"振兴集团丧失第一大股东地位即可单方解除股份转让系列协议"这一情形，认定佳兆业集团违约。

佳兆业集团可采取的抗辩理由包括以下：

根据当时有效的《中华人民共和国合同法》（以下简称"《合同法》"）第九十三条　当事人协商一致，可以解除合同。当事人可以约定一方解除合同的条件。解除合同的条件成就时，解除权人可以解除合同。

第九十五条　法律规定或者当事人约定解除权行使期限，期限届满当事人不行使的，该权利消灭。

法律没有规定或者当事人没有约定解除权行使期限，经对方催告后在合理期限内不行使的，该权利消灭。

当约定的单方解除权条件成就时，解除权人有权解除合同，但不是必须立刻解除合同，且《股份转让协议》没有约定解除权的行使期限、对方也没有催告。因此，佳兆业集团目前仍有单方解除的权利。

3. 关于债务承接中振兴生化股票质押的质权人资格的问题

《三方重组协议》履行完毕后，航运健康将作为振兴集团及其子公司的债权人。为保障债权，佳兆业集团可能会考虑要求振兴集团将其持有的上市公司相应股票质押在航运健康名下，航运健康将成为质权人。关于航运健康作为质权人的适格性：

目前的股票质押融资交易中，资金方一般为银行、信托、券商、基金子公司、金融资产管理公司等各类金融机构，融资方为持有上市公司股票的机构或个人。股票质押融资主要分为券商开展的场内质押模式及银行、信托等金融机构主要开展的场外质押模式。根据《股票质押式回购交易及登记结算业务办法》《中国证券登记结算有限责任公司关于完善证券质押登记要素的通知》，场内质押即股票质押式回购交易，符合条件的资金融入方以所持有的股票或其他证券质押，向符合条件的资金融出方融入资金，并约定在未来返还资金、解除质押的交易。

融出方包括证券公司、证券公司管理的集合资产管理计划或定向资产管理客户、证券公司资产管理子公司管理的集合资产管理计划或定向资产管理客户。专项资产管理计划参照适用。证券公司及其资产管理子公司管理的公开募集集合资产管理计划不得作为融出方参与股票质押回购。

融出方是证券公司的，《业务协议》应当约定质权人登记为证券公司；融出方是集合资产管理计划的，《业务协议》应当约定质权人登记为管理人；融出方是定向资产管理客户的，《业务协议》应当约定质权人登记为定向资产管理客户或管理人。

根据当时有效的《中华人民共和国物权法》《中华人民共和国担保法》及其司法解释、《中国证券登记结算有限责任公司证券登记规则》等相关规定，为担保债务，债务人可以将其持有的可以转让的上市公司股票质押给债权人。上市公司股份质押的，质权自证券登记结算机构办理出质登记时设立，证券质押合同在质押双方办理质押登记后生效，但没有对上市公司股票质押的质权人资格做规定。

因此，除了通过股票质押式回购交易质押融资时需要关注质权人是否为适格主体，其他债权债务关系中存在股票质押担保的，对质权人的资格不作特别要求。

四、案件结论

浙民投收购振兴生化是中国资本市场上第一起以公开要约收购方式成功取得上市公司控制权的案例。除去振兴生化原控股股东振兴集团持有的股份、其他限售流通股以及收购人浙民投与其一致行动人原持有的振兴生化 2.51% 股份后，振兴生化实际可参加要约的全部流通股数量为 1.94 亿股。而本次收购有效预受股份达 1.47 亿股，股东出席比例高达 75.5%。如此之高的股东出席比例创下了我国中小股东集体行权的记录，也成为我国中小股东参与公司治理及决策人数最多、意义重大的典型案例。要约收购后，证监会直接管理的证券金融类公益组织——中证中小投资者服务中心第一时间发声，称本次要约收购是"中小投资者集体积极行使股东权利的结果"。佳兆业集团作为"白衣骑士"率先入主振兴生化，随着浙民投完成要约收购成为振兴生化第一大股东，并在董事会换届选举中进一步争夺上市公司的控制权，双方矛盾再度升级并公开化。本项目涉及的控制权之争市场关注度非常高。

为本项目提供法律服务过程中，锦天城为佳兆业集团提出"全面反击"与"以打促和"策略，分析权衡了法律风险和收益后采取综合非诉、诉讼方案，助力浙民投与佳兆业集团对于振兴生化的管理达成了一致，使得原来敌对的双方实现握手言和，化解了争端，并妥善处理了后续的债务承接及股份转让等系列协议履行的相关事宜。

海默科技控制权变更及向特定对象发行股票项目

窦方旭[*]

一、案情介绍

海默科技（集团）股份有限公司（以下简称"海默科技"，股票代码300084）为深圳市证券交易所创业板上市公司，主要从事油田高端装备制造及相关服务和油田数字化业务。海默科技对新产品、新市场开拓并举，促进业务收入的增长，也使得公司对流动资金的需求日益增大；同时，公司产品属于具有高附加值的技术和资金密集型产品，公司也需要资金储备用于支持持续的技术创新和研发投入。山东新征程能源有限公司（以下简称"山东新征程"）看好海默科技在油田高端装备制造领域的行业地位和核心竞争力，以及海默科技油田数字化业务的广阔发展前景，拟通过本次交易取得上市公司海默科技的控制权（以下简称"本次交易"或"本项目"）。

交易方案涉及两部分：

第一部分：山东新征程通过协议转让的方式受让上市公司原控股股东窦剑

---

* 上海市锦天城律师事务所高级合伙人。

文及其一致行动人所持有的上市公司 20 000 000 股股票，同时，接受其剩余全部 53 300 006 股股份的表决权委托。协议转让及表决权委托完成后，山东新征程将拥有表决权对应的股份数量合计为 73 300 006 股，占上市公司总股本的 19.05%。同时原控股股东窦剑文及其一致行动人与山东新征程签署了新的一致行动协议，与山东新征程一致行动。上市公司的控股股东变更为山东新征程。2023 年 2 月 23 日，海默科技确认股份转让事项已完成过户登记。

第二部分：山东新征程通过认购海默科技向特定对象发行股份方式发行的 114 260 979 股股份。发行完成后，山东新征程直接持有海默科技的股份数量将进一步增加为 134 260 979 股，占海默科技总股本的 26.90%，巩固山东新征程控股股东的控制地位。2023 年 11 月 10 日，中国证监会出具《关于同意海默科技（集团）股份有限公司向特定对象发行股票注册的批复》(证监许可〔2023〕2495 号)，同意海默科技向特定对象发行股票的注册申请。

山东新征程成立于 2022 年 10 月 25 日，注册资本 2 000 万元，隶属于山海新能控股（北京）集团有限公司，实际控制人为苏占才。

本次交易采用"协议转让+表决权委托+一致行动+定向增发"架构，实现了山东新征程对海默科技的控制权收购。

二、办案难点

本次交易难点主要集中在以下两方面。

（一）整体交易方案的设计

本次交易基于海默科技资金压力日益增加，亟须通过实施股权融资解决资金需求、优化资本结构的背景下开展。交易目的不仅仅是为了使山东新征程取得海默科技控制权，更要通过注入新的股权资本，解决公司日常经营、研发投入、市场开拓等方面的资金需求问题，同时降低资产负债率，拓宽公司融资渠道。除此外，本次交易还需解决原控股股东的资金需求问题，同时基于原控股股东为海默科技董事，股份转让的数量受限。综合考虑各种需求、影响因素后项目组针对上述目的设计"协议转让+表决权委托+一致行动+定向增发"的交易架构。

（二）全面注册制实施对本项目的影响

本项目实施过程中，遇到推行全面注册制。项目组需及时梳理新的要求，审核要点的变化，根据项目整体进度安排调整工作。此次变化，使得本就紧张的时间变得更紧凑。

三、法律分析

（一）本次交易架构的设计

当时有效的《证券法》第六十二条规定：投资者可以采取要约收购、协议转让及其他合法方式收购上市公司。《上市公司收购管理办法》第五条第一款进一步明确，收购方可以通过取得股份的方式成为一个上市公司的控股股东，可以通过投资关系、协议、其他安排的途径成为一个上市公司的实际控制人，也可以同时采取上述方式和途径取得上市公司控制权。

A股上市公司控制权收购的基础方式包括协议转让、要约收购、间接收购、二级市场收购、表决权委托/放弃、定向增发等。

1. 协议转让

根据深圳证券交易所发布的《上市公司股份协议转让业务办理指引》中关于办理协议转让的受理条件里规定"转让股份数量不低于上市公司境内外发行股份总数 5% 的协议转让"。因此，转受让双方在进行协议转让交易谈判前，应首先考虑是否符合办理协议转让的条件，只有符合条件才可进一步就相关协议的内容进行沟通协商。

本次交易中，有转让意向的为公司的原控股股东窦剑文先生，其既为海默科技的自然人股东，同时也为海默科技的董事。在进行股份减持时，需满足减持规定的要求。

《公司法》第一百四十一条规定："公司公开发行股份前已发行的股份，自公司股票在证券交易所上市交易之日起一年内不得转让。""公司董事、监事、高级管理人员……在任职期间每年转让的股份不得超过其所持有本公司股份总数的百分之二十五；所持本公司股份自公司股票上市交易之日起一年内不得转让。上述人员离职后半年内，不得转让其所持有的本公司股份。公司章程可以对公司董事、监事、高级管理人员转让其所持有的本公司股份作出其他限制性规定。"

根据上述的规定，窦剑文先生作为公司董事，遵守上述规则减持时，无法满足转让股份数量达到发行股份总数 5% 的要求。

在该种情况下，需寻求其他股东联合进行股份转让。经沟通，其一致行动人可以进行转让。核查后，有一位一致行动人曾担任海默科技董高，并已离职，但其正处于离职后半年内不得进行转让的时期。最终由原股东窦剑文与其另一位一致行动人进行了股份转让，以满足股份协议转让数量的最低要求。

在设计股份协议转让时，除了考虑是否满足最低转让数量要求，是否满足减持规则外，还需要防范短线交易。

《证券法》第四十四条规定："上市公司、股票在国务院批准的其他全国性证券交易场所交易的公司持有百分之五以上股份的股东、董事、监事、高级管理人员，将其持有的该公司的股票或者其他具有股权性质的证券在买入后六个月内卖出，或者在卖出后六个月内又买入，由此所得收益归该公司所有，公司董事会应当收回其所得收益。"

转让方需避免构成短线交易违规情形自可不必赘言，而对于股份协议转让的受让方而言，如曾经存在卖出上市公司具有股权性质的证券的情形的，也应注意股份协议转让的交易时间，避免构成短线交易的违规情况。在交易前，需要核查转受让方股票或者其他具有股权性质的证券买卖的情况，如有需要根据该情况确定本次交易的时点。

2. 表决权委托 + 一致行动协议

为了保障本次交易的稳定，上市公司的控制权稳定，在本次交易中采用了表决权委托。

表决权委托是指股东将其在股东大会或其他公司决策机构中的表决权委托给他人行使的行为。委托方可以是任何股东，而被委托方可以是其他股东、公司管理层或第三方代理人。委托方通过委托行为将自己的表决权交给被委托方，以便被委托方能够代表委托方行使表决权。

《公司法》第一百零六条："股东可以委托代理人出席股东大会会议，代理人应当向公司提交股东授权委托书，并在授权范围内行使表决权。"法律允许股东将其表决权委托给他人行使，但存在一定限制和规范，必须以书面形式进行，且授权委托书应当载明委托方和被委托方之间的委托范围。因此，协议各方就委托事项范围、标的股份处置、委托期限、协议解除、违约责任及救济方式等事项在协议中进行了明确约定。

《民法典》第九百一十九条："委托合同是委托人和受托人约定，由受托人处理委托人事务的合同。"表决权授权委托书在形式上符合《民法典》对于委托合同的定义。就表决权委托是否可以适用《民法典》第九百三十三条规定的任意解除权司法实践中存在不同的裁判。同样是为了保障本次交易的稳定，项目组在架构中加入了一致行动安排，该种安排也提前获得了交易所的认可。

《上市公司收购管理办法》第八十三条："本办法所称一致行动，是指投资者通过协议、其他安排，与其他投资者共同扩大其所能够支配的一个上市公司股份表决权数量的行为或者事实。在上市公司的收购及相关股份权益变动活动中有一致行动情形的投资者，互为一致行动人"，"一致行动人应当合并计算其所持有的股份。投资者计算其所持有的股份，应当包括登记在其名下的股份，也包括登记在其一致行动人名下的股份。"

在采用表决权委托方式时，还需要注意表决权委托所获得权益与受托方自有股份权益相加是否会触发要约收购。

要约收购是指收购人向被收购的上市公司全体股东发出收购其所持股份的要约的行为。较之于一般的举牌收购、协议收购，要约收购直接面向上市公司全体股东，且在收购要约中一次性列明拟收购的股份数量、收购价格等，收购过程更为公开，收购力度也更为强劲。

根据《上市公司收购管理办法》的规定，要约收购可分为自愿要约（或主动要约）与强制要约、部分要约与全面要约。

强制要约，依照《上市公司收购管理办法》第二十四条的规定，指收购人持有一个上市公司的股份达到该公司已发行股份的30%时，继续增持股份的，"应当"采取要约方式进行。本次交易中需避免触发强制要约。

因此，本次交易中就表决权委托的时间进行了多轮讨论，并根据交易各方需求进行了设定。表决权委托期限设置了终止条件，主要为："发生以下情形之一时本协议自动终止（以较早者为准）：（1）乙方成功认购上市公司向特定对象发行股票，其认购的股份在中国证券登记结算有限责任公司深圳分公司完成登记之日；（2）乙方通过其他形式，实现实际持有海默科技股份20%以上，成为上市公司第一大股东时。"

根据上述约定，表决权委托实际解除的时点和条件为山东新征程成功认购定向增发的股份，且在中证登完成登记。根据本次发行相关的股东大会和董事会决议，以及后续签署的《附条件生效的股份认购协议之补充协议》，山东新征程参与本次发行的认购数量不超过114 260 979股；同时，根据山东新征程出具的《关于认购股票数量及金额的承诺函》，其认购本次发行股份的下限为114 260 979股。因此，山东新征程在本次发行认购成功时直接持有的上市公司股份数量将增加至114 260 979股，占上市公司总股本的比例为27.11%，将成为海默科技第一大股东。

因此，在整个交易过程中均不会触发《上市公司收购管理办法》第二十四条、第四十七条规定的需要发出全面要约的条件，无需根据《上市公司收购管理办法》规定履行信息披露义务、要约收购豁免、股份锁定等程序。

3. 向特定对象发行股份

本次交易中受让方拟在后期海默科技定向增发时，采取锁价增发的方式。《上市公司证券发行注册管理办法》第五十七条第二款规定："上市公司董事会决议提前确定全部发行对象，且发行对象属于下列情形之一的，定价基准日可以为关于本次发行股票的董事会决议公告日、股东大会决议公告日或者发行期首日：（一）上市公司的控股股东、实际控制人或者其控制的关联人；（二）通过认购本次发行的股票取得上市公司实际控制权的投资者；（三）董事会拟引入的境内外战略投资者。"海默科技向山东新征程发行股份能够满足锁价发行的要求。

本次项目组为山东新征程收购海默科技选择的"协议转让＋表决权委托＋一致行动＋定向增发"就是这样一种复合型交易模式。这种交易架构通过结合协议转让的直接所有权变更、表决权委托的控制权过渡，以及定向增发的资本结构调整，最终实现对上市公司的有效控制。不但为上市公司带来了资金注入和战略重组的机会，还能为收购方提供灵活的资本运作手段，同时还使得股价持续走低情形下的老股东能以满意的价格退出。

（二）在交易环节中值得关注点

1. 交易对价如何兼顾交易双方经济利益？

2020 年及 2021 年，海默科技连续两年亏损。2022 年前三季度，海默科技营收 2.63 亿元，同比下滑 11.58%，净利润亏损 4 511 万元，同比下滑 58.33%。在企业市场表现不佳、股票价格持续走低的情况下，海默科技原控股股东窦剑文及其一致行动人如果单纯采用老股转让模式出售公司控制权，将面临以下困境：以目前市场价格为基准进行转让，会导致其巨额亏损；以原有投资成本为基准并实现适当溢价，可能很难找到愿意接受这一价格的收购方。

本项目所采取的交易结构为走出这一困境提供了更多可能。

在本次发行预案披露的前一个交易日（即 2022 年 12 月 29 日），海默科技股票的收盘价为 4.41 元 / 股，而本次股份转让价格为 9.5 元 / 股，向山东新征程发行股份的发行价为 3.88 元 / 股。通过上述"高溢价转让老股 + 低价认购新股"的交易安排，双方的利益都能够得到兼顾。对于窦剑文等人，此次交易使得其在市场参考股价表现不佳的情况下实现了高溢价退出；对于山东新征程，虽然这一环节其支付的成本较高，但在将协议转让 + 定向增发的股份合并计算之后，总成本也落回可控范围内。

但由于股份转让价格是停牌前的收盘价的 215.42%，而发行价只有停牌前的收盘价的 87.98%，两者悬殊的价差不可避免地受到了监管的关注。在股票复牌当天（2023 年 1 月 4 日），海默科技即收到深交所下发的关注函，要求对于定价依据、合理性及是否有利于维护上市公司及中小投资者利益做出说明。

这一问题的关键在于股份转让价格与发行股份价格的合理性。

协议转让价格和新股发行价格分别受到不同法律规范的制约。协议转让价格应满足根据《深圳证券交易所上市公司股份协议转让业务办理指引（2021 年修订）》第十条："上市公司股份协议转让应当以协议签署日的前一交易日转让股份二级市场收盘价为定价基准，转让价格范围下限比照大宗交易的规定执行，法律、行政法规、部门规章、规范性文件及本所业务规则等另有规定的除外。"这一规定的重点在于"不设上限"。这是因为协议交易的特点是意思自治，转让价格更多地反映了双方对于公司价值的判断和对未来发展的预期。基于对公司发展前景、行业前景、管理团队等综合因素的考量，双方可能同意以高于市场价格的溢价进行交易。

在本次协议交易环节，各方在签署《股份转让协议》时一并签署了《表决权委托协议》，窦剑文、张立刚、张立强将所持全部剩余股份表决权均委托给山东新征程行使，这一安排使得山东新征程在仅持股 5.20% 的情况下就能够支配 19.05% 的表决权，控股海默科技。另外，本次交易涉及上市公司控制权变更，上市公司平台的股权融资渠道，也是上市公司价值的重要组成部分，因此交易各方在协商股份转让价格时亦将控制权变更因素考虑在内。

新股发行价格则应满足《创业板上市公司证券发行注册管理办法（试行）》（已失效）第五十六条："上市公司向特定对象发行股票，发行价格应当不低于定价基准日前二十个交易日公司股票均价的百分之八十。"第五十七条："上市公司董事会决议提前确定全部发行对象，且发行对象属于下列情形之一的，定价基准日可以为关于本次发行股票的董事会决议公告日、股东大会决议公告日或者发行期首日：1. 上市公司的控股股东、实际控制人或者其控制的关联人；2. 通过认购本次发行的股票取得上市公司实际控制权的投资者；3. 董事会拟引入的境内外战略投资者。"这一规定的重点在于"要设下限"，旨在保护中小股东的利益，避免发行价格过低导致股权稀释效应过重。

本次定向发行的对象是公司控股股东，定价基准日为公司第七届董事会第九次会议决议公告日，发行股份价格不低于定价基准日前二十个交易日公司股票交易均价的 80%，符合上述规定。

综上所述，协议转让价格的溢价反映了控制权变更的特殊性和对未来发展的预期，而发行价格的确定则更多地受到法规限制和保护中小股东利益的考虑。两种价格的差异在一定程度上体现了市场与监管的不同考量。

2. 以再融资事项获得证监会注册作为支付第三期转让款是否合理？

在股份协议转让中，以上市公司向特定对象发行股票通过深交所审核并取得证监会予以注册批文作为本次股份转让剩余款项支付的其中一项条件。该项条件的设置，从监管层面来看，将转让价款与未来是否通过再融资注册挂钩，可能影响到上市公司控制权的稳定。针对该事情，在前期交易阶段，各方已进行过充分的协商讨论。项目组及公司就监管的问题也进行了答复，本次回复的重点就是阐释合理性。

回复逻辑主要为以再融资事项获得证监会注册作为支付第三期转让款的时点系交易双方协商一致的结果，这个必然是前提。从整个交易来看，本次控制权收购中，大额资金是进入海默科技的，海默科技亟需股权资本注入，来解决公司对营运资金的需求。如果再融未能获得通过，公司主营业务的开展可能会因为资金压力的日益增大而受限。除此外，股份协议转让中，交易各方在协商股份转让价格时考虑了控制权变更因素，因此股份转让价格较公司本次交易披露前一交易日股票收盘价以及本次发行股份价格存在一定的溢价。其中，上市公司平台的股权融资渠道，也是上市公司价值的重要组成部分。若公司再融资事项未能获得证监会注册，则会在一定程度上影响公司直接融资渠道，并会在一定程度上影响公司控制权的溢价空间。若公司再融资事项未能获得证监会注册，山东新征程仍需通过其他方式增持股份以巩固控股地位，一来会使其持股成本上升，影响公司控制权的溢价空间，二来其投入资本无法注入海默科技以用于公司发展，影响公司直接融资渠道。

（三）全面注册制的影响

2023 年 2 月 17 日，《上市公司证券发行注册管理办法》正式发布实施。本项目在进行过程中，遇到发行中所依据的主要法律法规的变动。发生该变动后，项目组与公司就该事项的影响进行了讨论，并重新召开董事会，股东大会重新审议了本次发行有关的议案。

全面注册制后，项目组立即梳理新的要求，审核要点的变化，根据项目整体进行及时调整了工作安排。项目组对项目的申报文件等及时按照新的要求进行了调整，保障项目的整体进度。

四、案件结论 ////////////////////////////////

本项目中海默科技为传统能源服务行业，山东新征程为新能源行业，此次控股权交易完成后，有助于解决海默科技传统主业盈利能力承压等问题，也为海默科技业务多元化发展提供了可能。

本次项目涉及阶段多，每个交易环节之间的钩稽及关联性较大，且结合海默科技作为上市公司的特殊性，项目交易结构设计的要求高、难度大。在交易框架沟通、谈判环节，原控股股东及新控股股东的需求不同，继续保障控制权的稳定性，也需合理保障原控股股东的利益，因此，交易谈判的难度较大。

本项目时间紧，项目初步接洽、方案敲定、初步尽调到发行等每个阶段的时间要求都很严格。在该种情况下，对于服务团队的协作提出了高要求。项目组接到任务后，在项目交易阶段前期，在内部讨论的基础上，进行了项目成果输出。项目初步接触时期恰逢 2022 年底疫情反复时期，本项目律师团队的专业服务以及高效协作，保证了本项目的有序进行。

本项目恰逢注册制全面实施，《上市公司证券发行注册管理办法》等规范性文件对此类项目的要求进行了重大的修改。项目团队需要根据最新的要求完成法律工作。新的规范也在一定程度上增加了项目时间，项目团队需配合公司、券商在能力范围内尽量缩减项目时间。

本次交易有助于海默科技从传统能源领域向包括光伏、风电及储能等新能源领域的拓展与转型，推动公司业务的多元化发展，从而进一步提升公司的盈利能力。

图书在版编目(CIP)数据

锦天城律师事务所经典案例集.证券与资本市场卷 /
上海市锦天城律师事务所证券与资本市场专业委员会编.
上海 : 上海人民出版社, 2024. -- ISBN 978-7-208
-19057-3

Ⅰ. D9 - 53

中国国家版本馆 CIP 数据核字第 20242JL008 号

责任编辑 史美林
封面设计 谢定莹

锦天城律师事务所经典案例集·证券与资本市场卷

上海市锦天城律师事务所证券与资本市场专业委员会 编

出　　版　上海人民出版社
　　　　　（201101　上海市闵行区号景路 159 弄 C 座）
发　　行　上海人民出版社发行中心
印　　刷　苏州工业园区美柯乐制版印务有限责任公司
开　　本　720×1000　1/16
印　　张　39
插　　页　4
字　　数　610,000
版　　次　2024 年 8 月第 1 版
印　　次　2024 年 8 月第 1 次印刷
ISBN 978 - 7 - 208 - 19057 - 3/D · 4372
定　　价　198.00 元